BIBLIOTHÈQUE HISTORIQUE

ARMÉNIENNE

LISTE DES OUVRAGES
DONT SE COMPOSERA
LA BIBLIOTHÈQUE HISTORIQUE ARMÉNIENNE.

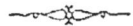

Recherches sur la Chronologie arménienne technique et historique, avec de nouvelles considérations sur l'origine et la forme des ères mondaines, et une table manuelle pour le calcul des principales ères employées par les chronographes byzantins et slavons.

Tome Ier. — Chronologie technique (sous presse à l'Imprimerie impériale).

Tome II. — Chronologie historique, comprenant :

1° Les listes chronologiques des souverains et des princes nationaux ou étrangers qui ont gouverné l'Arménie, et celle des catholicos ou patriarches;

2° Les Chronographies de Samuel d'Ani et de Mekhithar d'Aïrivank'.

HISTORIENS ARMÉNIENS.

PÉRIODE ANCIENNE

Depuis le quatrième siècle de l'ère chrétienne jusqu'à l'entier asservissement de l'Arménie par les Arabes.

Agathange. — Zénob de Klag, continué par Jean Mamigonien. — Faustus de Byzance. — Moyse de Khoren. — Lazare de Ph'arbe. — Elisée. — Le biographe du patriarche saint Nersès le Grand. — Oukhthanès d'Edesse. — Sébêos. — Léonce le Prêtre.

PÉRIODE DU MOYEN-AGE

Depuis l'avénement des Bagratides d'Ani (885), jusqu'à la destruction du royaume de la Petite-Arménie, en 1375.

Moyse Gagh'angadouatsi. — Jean Catholicos. — Etienne Açogh'ig. — Thomas Ardzrouni. — Arisdaguès Lasdiverdtsi. — Le patriarche saint Nersès Schnorhali. — Le patriarche Grégoire Dgh'a'. — Histoire de Géorgie. — Guiragos de Kantzag. — Vartan. — Michel le Syrien. — Malachie le Moine. — Vahram d'Edesse. — Etienne Orbélian. — Thomas de Medzoph'. — Le connétable Sempad.

Cartulaire des rois de la Petite-Arménie et recueil de documents concernant ce royaume, par M. Victor Langlois.

PÉRIODE MODERNE

Depuis l'extinction de la nationalité arménienne, en 1375, jusqu'à nos jours.

Ar'ak'el de Tauris. — Haçan Dchalaliants, continué par Abraham de Thrace. — Ephrem, catholicos de Sis. — Michel Tchamitch. — Le R. P. Tchakedjian, jusqu'en 1850.

BIBLIOTHÈQUE HISTORIQUE
ARMÉNIENNE

OU

CHOIX DES PRINCIPAUX HISTORIENS ARMÉNIENS

TRADUITS EN FRANÇAIS

ET

ACCOMPAGNÉS DE NOTES HISTORIQUES ET GÉOGRAPHIQUES

Collection destinée à servir de complément aux Chroniqueurs byzantins et slavons

PAR

M. ÉDOUARD DULAURIER

Professeur à l'École impériale des Langues orientales vivantes

PARIS
A. DURAND, LIBRAIRE, RUE DES GRÈS, 7
M DCCC LVIII

CHRONIQUE
DE
MATTHIEU D'ÉDESSE
(962-1136)

AVEC LA

CONTINUATION DE GRÉGOIRE LE PRÊTRE
JUSQU'EN 1162

D'après trois manuscrits de la Bibliothèque impériale de Paris

A SA MAJESTÉ

L'EMPEREUR ALEXANDRE II

AUTOCRATE DE TOUTES LES RUSSIES

HOMMAGE OFFERT

D'APRÈS LA TRÈS-GRACIEUSE PERMISSION

DE

SA MAJESTÉ IMPÉRIALE

EN TÉMOIGNAGE

DE LA RECONNAISSANCE ET DU TRÈS-PROFOND RESPECT

DE

L'AUTEUR ET TRADUCTEUR

Edouard Dulaurier

PRÉFACE.

Dans l'Introduction à mes *Recherches sur la Chronologie arménienne,* ouvrage qui, par le sujet même qu'il embrasse, doit être considéré comme le préambule de la collection qu'inaugure le volume que je fais paraître aujourd'hui, j'ai indiqué l'objet et le plan de ma publication ; j'ai montré l'importance historique de la littérature arménienne et donné la liste chronologique des auteurs qu'elle a produits et que je me propose de faire connaître. Je n'ai pour le moment qu'à m'occuper du chroniqueur dont l'ouvrage voit ici le jour, traduit pour la première fois dans une langue européenne, à essayer d'apprécier le mérite par lequel cet ouvrage se recommande, et à tracer une esquisse de la scène sur laquelle nous allons être introduits. Au temps où nous place Matthieu d'Edesse dès le début de sa narration, vers le milieu du xe siècle, le khalifat, asservi par ces esclaves turks, véritables soldats de fortune, accourus du fond des steppes de l'Asie pour former la garde particulière des souverains de Bagdad, le khalifat penchait vers sa décadence et sa ruine. Les parties de ce vaste empire, que des mains faibles ou inhabiles ne pouvaient plus retenir, tendaient à se disloquer et à se détacher de l'unité. Déjà depuis un siècle les plus belles provinces de la Perse avaient commencé à leur échapper pour passer sous le joug de différents princes dont les plus puissants furent les Ghaznévides, tandis qu'ailleurs, sur les bords du Nil, des émirs turks, les Thoulounides et les Ikhschidites, s'étaient rendus indépendants. Le nord de la Syrie et la Mésopotamie appartenaient à la famille arabe des Hamadanites, qui, après avoir lutté glorieusement contre les Grecs, et s'être maintenue jusqu'au commencement du xie siècle, s'éteignit pour faire place aux Mardaschides.

Dans l'Égypte, perdue sans retour pour les Abbassides, s'éleva bientôt après une dynastie rivale par ses prétentions à la suprématie politique et religieuse sur le monde musulman, et qui revendiquait la double primauté du pontificat et de la domination temporelle, comme issue de Mahomet par Aly et Fathime, la dynastie des khalifes fathimites.

PRÉFACE.

Une portion considérable du territoire de la Grande-Arménie obéissait à des émirs kurdes, dont les principaux étaient ceux de Tevïn, de la tribu des Réwadis, et les Merwanides, qui avaient hérité d'une partie des possessions des Hamadanites, et qui s'étendaient jusque sur le bord septentrional du lac de Van. Les empereurs grecs, dépouillés de la Syrie et des pays voisins de l'Euphrate par les Arabes, n'avaient point perdu l'espoir de leur reprendre ces conquêtes. Matthieu nous raconte les tentatives de Romain le Jeune contre Samosate et l'île de Crète, les expéditions de Nicéphore Phocas et de Jean Zimiscès dans la Mésopotamie, la Syrie et la Palestine, préludes de celles qui furent entreprises deux siècles plus tard par les Occidentaux pour arracher les Lieux Saints des mains des infidèles. A tous ces pouvoirs d'origine diverse qui s'étaient partagé les contrées de l'Asie occidentale vint s'imposer une domination nouvelle, qui ne tarda pas à les absorber tous. Les Turks Seldjoukides, fraction de la nation des Ouzes, les Ghozz des écrivains orientaux, après avoir franchi l'Iaxarte et l'Oxus, et conquis la Perse, étendirent leurs courses dévastatrices et victorieuses jusqu'à la Méditerranée. L'Arménie ne fut pas épargnée; ses campagnes se couvrirent de ruines et de sang, ses plus belles villes furent saccagées et détruites. Notre chroniqueur décrit longuement et en termes lamentables toutes les péripéties de cette invasion.

Tandis que les enfants de Seldjouk régnaient dans l'Iran, d'autres princes de cette famille s'établissaient dans le Kerman, à Alep, à Damas, et fondaient dans l'Asie mineure cet empire d'Iconium contre lequel vinrent tant de fois se heurter les Croisés.

A côté des émirs kurdes, turks ou turkomans, qui s'étaient approprié des fractions considérables du sol de la Grande-Arménie, restaient encore debout plusieurs chefs indigènes, auxquels les khalifes avaient accordé le titre de Rois, en ne leur laissant toutefois qu'une autorité très limitée. A leur tête étaient les Bagratides, qui possédaient le district de Schirag, dans la province d'Ararad, et qui avaient pour capitale la ville d'Ani (885-1045). Deux autres branches de cette famille étaient celle de Gars, qui n'eut qu'une existence éphémère (962-1064), et celle des princes Goriguians, auxquels la ville de Lor'è, dans l'Agh'ouanie arménienne, servait de résidence, et dont la durée se prolongea depuis la fin du xe siècle (982) jusqu'au du milieu du xiiie. Une autre famille jadis très-puissante, les Ardzrouni, avait pour domaine la vaste province du Vasbouragan, à l'est du lac de Van. Ce n'est point seulement contre les infidèles que ces chefs, débris de l'ancienne féodalité arménienne, avaient à défendre leur territoire et ce qui leur restait d'indépendance, mais aussi contre les souverains de Byzance, qui n'avaient jamais perdu de vue leurs prétentions sur l'Arménie, et se flattaient toujours de l'espoir d'en chasser les Turks. Profitant de l'effroi causé par l'apparition de ces hordes féroces, ils favorisèrent de tout leur pouvoir l'émigration des Arméniens sur les terres de l'empire. Le roi du Vasbouragan, Jean Sénékérim, abandonna en 1021 ses États à l'empereur Basile II, qui lui donna en échange la ville de Sébaste en Cappadoce. En 1042, un prince de la même maison, nommé Abelgh'arib, reçut de Constantin Monomaque le gouvernement de la ville de Tarse et de la Cilicie. En employant la ruse et le parjure, Monomaque réussit à attirer à sa cour Kakig II, prince bagratide d'Ani, et après lui avoir extorqué la cession de ce royaume, lui donna en retour les villes de Galonbegh'ad et Bizou, situées, à ce que l'on suppose, dans le voisinage de Césarée. Un autre Kakig, de la dynastie des Bagratides de Gars, livra en 1064 sa capitale à Constantin Ducas, qui lui abandonna la ville de Dzamentav, dans le Taurus, non loin de Mélitène. D'autres chefs arméniens, moins considérables, désespérant de résister aux Turks, suivirent cet exemple, et ne tardèrent pas à quitter leurs foyers. L'un d'eux, Oschïn, qui occupait une partie de la province d'Artsakh, dans l'Arménie orientale, passa dans la Cilicie, en 1072, avec ses frères Halgam et Pazouni, et les nobles attachés à son service, et s'étant emparés sur les infidèles de la forteresse de Lampron, fut confirmé par Alexis Comnène dans la possession de cette place à titre de vassal de l'empire. Il fut la tige des princes *Héthoumiens,* qui plus tard s'assirent sur le trône de la Petite-Arménie, par l'avénement de Héthoum Ier (1226). En 1079, Kakig, roi d'Ani, ayant été tué par les Grecs, et la royauté nationale arménienne ayant pris fin, un des grands officiers de son armée et son parent, R'oupên, se jeta dans les gorges du Taurus cilicien, et ralliant à lui ceux de ses compatriotes qui habitaient ces montagnes, s'y cantonna malgré tous les efforts des Grecs pour l'en repousser. Son fils Constantin, aussi brave, aussi entreprenant que lui, leur enleva le château de Vahga, et y établit le siége de sa domination. Tels furent les commencements du royaume de la Petite-Arménie et de la dynastie des Roupéniens. Nous devons à Matthieu d'Edesse de curieuses révélations sur les origines de ce royaume, qui figura, non sans éclat, au temps des croisades, parmi les États chrétiens de l'Orient, et dont l'histoire se lie intimement à celle des colonies fondées par les Latins dans la Syrie et l'île de Chypre.

Au temps où il écrivait son livre, la puissance des Seldjoukides était à son apogée; les sulthans de la Perse dictaient des lois jusque dans la Mésopotamie, où ils entretenaient un représentant à Mossoul, point de départ de tant d'expéditions contre les

Franks. Les Seldjoukides de la Syrie avaient pour voisins au sud les Fathimites, dont le drapeau flottait sur Jérusalem et les principales villes de la Palestine. Au nord de l'empire d'Iconium, dans la Cappadoce, régnaient les émirs turkomans de la maison de Danischmend, dont le chef Mohammed Kumusch-Tékïn fut un des plus redoutables adversaires des Croisés. La Grande-Arménie, déshéritée de ses maîtres anciens et légitimes, était morcelée en une foule de principautés, dont les plus importantes étaient celles des Schah-Armên, qui tenaient sous leur juridiction la partie nord-ouest du pourtour du lac de Van, et confinaient, dans la Mésopotamie arménienne, aux émirs ortokides de Hisn-Keïfa et d'Amid et à ceux de Mardïn et de Meïafarékïn. Plus bas, sur l'Euphrate, s'élevait Hillah, capitale des princes arabes Açadites, hérétiques au sein de l'islamisme, et les ennemis acharnés des khalifes. Enfin, dans un coin du tableau retracé par notre historien, nous apercevons la sombre figure des Ismaéliens ou Assassins, retranchés sur les sommets du Liban et dans les montagnes du Dilem, et révélant déjà leur puissance occulte et formidable, par des coups aussi rapides, aussi inattendus que ceux de la foudre.

Tel était l'état politique de l'Orient lorsque les Franks, sous la conduite de Godefroy de Bouillon, vinrent y conquérir leur place et fonder, au milieu des infidèles, cet empire de la Croix, dont la durée fut si courte, mais qui a laissé de si nobles et si glorieux souvenirs. Dans son récit de la première croisade, Matthieu est neuf et original, lorsqu'il nous parle du concours empressé que ses compatriotes prêtèrent aux Occidentaux, des relations qu'ils formèrent et qu'ils entretinrent avec eux, et des événements dont furent témoins les lieux où les populations arméniennes vivaient alors disséminées en nombre considérable, le nord du territoire d'Antioche, la Cilicie et le comté d'Edesse. Pour cette partie de l'histoire des guerres saintes d'outre-mer, il nous fournit avec son continuateur Grégoire le Prêtre, des détails que l'on chercherait vainement dans les chroniqueurs contemporains, arabes, syriens, grecs ou latins.

Je voudrais maintenant présenter quelques détails sur la vie de Matthieu; mais il en est pour lui malheureusement comme pour tous les autres écrivains de sa nation; leur biographie nous fait défaut. La littérature dont ils émanent, si riche en monuments de l'histoire politique ou religieuse, n'a rien produit d'analogue à ce qui constitue pour nous l'histoire littéraire, et nous ne pouvons retracer cette biographie qu'en la recomposant avec des traits épars çà et là et toujours insuffisants. Tout ce que nous

PRÉFACE.

savons au sujet de notre chroniqueur est ce qu'il nous apprend lui-même dans les prologues de sa 2ᵉ et de sa 3ᵉ parties. Il se donne le surnom ethnique d'*Our'haïetsi*, c'est-à-dire habitant ou plutôt natif d'Édesse (Our'ha); et en effet, il ajoute immédiatement (p. 94) que cette cité lui avait donné le jour ; quelques lignes plus loin, il se qualifie de *vanérêts* ou supérieur de couvent. La date de sa naissance et de sa mort nous est inconnue. Ce qui est indubitable, c'est que son existence dut se prolonger au-delà de 1136, année où se termine son livre. C'est sans aucun fondement qu'un historien arménien moderne, le P. Michel Tchamitch (1), suppose que Matthieu, déjà très-avancé en âge, fut enveloppé dans le massacre des habitants d'Edesse lorsque cette ville fut prise en 1144 par Emad-eddin Zangui, prince de la dynastie des Atabeks de Syrie et père du fameux Nour-eddin. Il paraît qu'il y passa la plus grande partie de sa vie, puisqu'il affirme que c'est là qu'il rassembla et mit en œuvre les matériaux de sa Chronique, dont les deux premières parties seulement lui avaient coûté quinze années de recherches persévérantes (p. 238). On peut inférer de ce qu'il dit au chap. CCLIII que plus tard il s'était retiré à K'écoun, ville du nord de la Comagène, qui appartenait alors, ainsi que Marasch, à un

---

(1) *Histoire d'Arménie*, T. III, p, 67.

prince latin nommé Baudouin, le *Balduinus de Mares* de Guillaume de Tyr (1). En effet, ses paroles semblent indiquer qu'il était à K'éçoun lorsque l'émir de Cappadoce Amer-Gazi, fils d'Ibn-el-Danischmend, vint en faire le siége en 1136; et, en parlant de Baudouin, il le nomme *notre comte,* comme s'il voulait faire entendre qu'il dépendait de ce chef.

Le lieu qui fut le berceau de notre chroniqueur, et où s'élevait le monastère dont il fut le chef, lui offrait, mieux que partout ailleurs, un champ ouvert aux investigations de la science historique. Edesse, cette antique cité de la Mésopotamie, était située au milieu des grands empires qui fleurirent dans l'Asie occidentale; elle était sur les limites du monde grec et du monde oriental. Elle avait à l'est la Perse, au nord l'Arménie, au sud l'empire des Khalifes, à l'ouest la Syrie et la Palestine, et les vastes possessions des souverains de Byzance. Les révolutions dont cette partie de l'Orient fut le théâtre s'accomplirent autour d'elle, et elle en ressentit plus d'une fois le contre-coup. Fondée ou plutôt restaurée par les Macédoniens, qui transformèrent son nom primitif d'*Ourhoï* (2) en celui d'Edesse, pour rappeler un souvenir de la patrie absente, elle

---

(1) Liv. XVI, ch. 14 et 17.

(2) Our'ha, suivant la prononciation et l'orthographe arméniennes.

devint, avec Nisibe, au temps des Séleucides, une forte position stratégique, qui protégeait les États des Arsacides d'Arménie et de Perse contre les agressions des Grecs de la Syrie. L'importance de la capitale de l'Osrhoëne comme métropole littéraire et comme centre d'une civilisation raffinée ne fut pas moins grande. De bonne heure elle devint un foyer actif d'études syriennes, grecques et arméniennes.

Moyse de Khoren (1) mentionne les archives d'Edesse, où était conservée l'histoire des rois arsacides d'Arménie, et atteste avoir vu lui-même ce riche dépôt. Ailleurs (2), il dit que sous Vespasien et Titus, les Romains ayant obtenu d'Erouant, usurpateur du trône de l'Arménie, la cession de la Mésopotamie, restaurèrent magnifiquement Edesse, y établirent deux écoles, l'une pour l'enseignement de la langue du pays, le syriaque, l'autre pour l'enseignement de la littérature grecque, et y recueillirent tout ce qu'ils purent trouver de documents relatifs aux tributs et aux temples, et notamment ceux que leur fournit la ville de Sinope, dans le Pont. La preuve d'une culture ancienne des études historiques arméniennes à Edesse, mais postérieure au christianisme, ressort des pages du même écrivain, où il reproduit des fragments des Annales d'Ar-

---

(1) *Histoire d'Arménie*, II, 10.
(2) *Ibid. ibid.*, 38

ménie par le Syrien Mar Ibas Katina (1), auteur d'un âge moins reculé que Moyse ne l'a supposé, mais qui nous a conservé des traditions dont plusieurs ont une authenticité incontestable; et des passages où il cite les chroniques de Bardésane (2) et de son disciple Lérubnas, fils d'Aph'schatar (3). C'est dans la riche bibliothèque d'Edesse que puisèrent Jules l'Africain, Eusèbe de Césarée, et c'est de là aussi que proviennent sans doute en très-grande partie les renseignements employés par les premiers chroniqueurs syriens (4). Dans ses murs fleurit cette savante école qu'illustra saint Ephrem, au IVe siècle, et qui, envahie sous Ibas par les doctrines du nestorianisme, fut détruite et dispersée à la fin du Ve siècle par l'empereur Zénon, jaloux d'empêcher les relations des nestoriens d'Edesse avec les rois de Perse (5).

Les traces de ce mouvement intellectuel durent

---

(1) *Histoire d'Arménie*, liv. Ier, *passim*, et chap. 1-9 du livre second.

(2) *Ibid.*, II, 66.

(3) *Ibid., ibid.*, 36.

(4) Voir dans mon *Extrait de la Chronique de Michel le Syrien*, Journal Asiatique, octobre 1848, p. 288 et 314-316, et *Greg. Abulpharagii sive Bar-Hebræi Chronicon syriacum*, p. 2, la liste des écrivains syriens consultés par ces deux auteurs. Cf. V. Land, *Johannes Bischof von Ephesos*, Leyden, in-8°, 1856.

(5) Bayer, *Historia Osrhoëna et Edessena*, Petropoli, in-4°, 1744, p. 271-272; et *Essai sur l'école chrétienne d'Edesse*, par M. l'abbé Allemand-Lavigerie, Paris, in-8°, 1850.

s'affaiblir de plus en plus au milieu des vicissitudes politiques et des changements de maîtres qu'Edesse subit. Enlevée à la domination byzantine par les Arabes, elle retomba plus tard au pouvoir des Grecs, pour passer, en 1087, sous le joug des Turks Seldjoukides, et, en 1099, sous celui des Franks, auxquels, en 1144, elle fut arrachée par Zangui. Il est probable néanmoins qu'au commencement du xiie siècle, au temps de Matthieu, les dernières traces de ces goûts littéraires, qui avaient fait la gloire de l'antique métropole de l'Osrhoëne, n'avaient pas encore entièrement disparu; et son livre montre toutes les ressources qu'elle fournit à sa studieuse ardeur. Plusieurs fois il répète qu'il a consulté la tradition orale et les historiens qui l'ont précédé. Mais quels sont ces historiens? C'est ce qu'il nous laisse ignorer, car il ne cite ni un seul nom propre, ni le titre d'un seul ouvrage; et la littérature arménienne n'en a produit aucun où soient rappelés les faits qu'il a racontés, et qui puisse nous servir de thème de comparaison.

Il y a plus; les auteurs postérieurs semblent l'avoir entièrement négligé ou même ne l'avoir pas connu, à l'exception du connétable Sempad, qui vivait au xive siècle, et qui, dans la première partie de sa Chronique des rois de la Petite-Arménie, a abrégé Matthieu, mais sans jamais prononcer le nom de celui qu'il a pris pour guide. Ce silence me paraît tenir à une cause : c'est que Matthieu s'est occupé principalement de l'histoire des provinces occidentales de l'Arménie et des pays limitrophes à l'ouest, appartenant aux Musulmans, aux Grecs et aux Croisés ; tandis que les écrivains venus après lui, et entre autres Guiragos et Vartan, disciples des célèbres écoles de Sanahïn, de Hagh'pad et de Kédig, dans l'Arménie orientale, ont eu en vue surtout cette partie de la Grande-Arménie qui, à l'est et au nord, touche à la Perse et à la Géorgie. Ils n'ont donc pu se rencontrer avec Matthieu sur le même terrain.

Ce dernier, simple chroniqueur, se borne à enregistrer année par année les faits qu'il a recueillis, soit *de la bouche des vieillards* (p. 240), soit dans les livres qui ont été à sa disposition. Son érudition est très-bornée, comme lui-même l'avoue ingénument ; il ne connaît ni les antiquités de sa nation, ni les ouvrages de ceux de ses compatriotes où elles sont décrites. Lorsqu'au chapitre Ier, il parle de la fondation ou peut-être de la restauration d'Edesse, il l'attribue, d'après je ne sais quelle tradition, à Tigrane, sans distinguer parmi les trois souverains d'Arménie qui portèrent ce nom celui auquel il fait allusion. Dans les chapitres suivants, jusqu'à la seconde partie, il brouille entièrement la chronologie des Bagratides, qui cependant avaient vécu dans des siècles assez rapprochés de lui, et pour le règne desquels il pouvait recourir aux historiens Schabouh (Sapor), Jean Catholicos et Etienne Açogh'ig. Ses études théologiques ne s'étaient point étendues au-delà d'une intelligence littérale de la Bible ; et s'il affecte d'en citer à chaque instants des passages, il lui arrive parfois de les tronquer. Les Saints Pères de l'Église grecque, si familiers aux anciens docteurs de sa patrie, lui sont restés inconnus. Sa vie écoulée dans les lieux où la littérature syrienne avait jadis jeté tant d'éclat, pourrait faire supposer d'abord qu'il mit à contribution les monuments qui ont enrichi la langue parlée si éloquemment par saint Ephrem. Mais, à en juger par deux écrivains syriens postérieurs à Matthieu, Michel et Aboulfaradj, on voit combien l'école à laquelle ils se rattachaient s'éloigne de l'école arménienne par les idées religieuses, les préjugés nationaux, et la manière d'envisager les faits historiques. Matthieu et Aboulfaradj, qui représentent ces tendances opposées dans ce qu'elles ont de plus tranché, ne manquent jamais, le premier d'imputer aux Syriens les vices et les crimes les plus odieux, et le second d'accuser et de noircir les Arméniens toutes les fois qu'il le peut. Cet antagonisme implique déjà un défaut de communications mis d'ailleurs hors de doute par l'absence, dans le livre de Matthieu, de toute idée ou expression qui décèle une origine syrienne.

La comparaison de Matthieu avec les Byzantins

conduit au même résultat négatif; il s'écarte tellement de ceux que nous possédons, que l'on est autorisé à conclure qu'il a puisé à d'autres sources. Si on le confronte par exemple avec Léon le Diacre pour le récit des règnes de Nicéphore Phocas et de Jean Zimiscès, on s'aperçoit que tout en s'accordant au fond avec l'auteur grec, il a travaillé sur des documents d'une provenance différente. Cette comparaison, continuée avec Scylitzès, Cedrenus, Zonaras, Anne Comnène, etc., met en saillie les mêmes dissimilitudes; elles proviennent non-seulement d'une diversité d'informations, mais aussi de la position particulière où ont été placés ces chroniqueurs et Matthieu.

S'ils sont beaucoup mieux que lui au courant des affaires intérieures de la cour de Constantinople, et des révolutions qui agitèrent les contrées occidentales de l'Empire, en revanche il sait mieux qu'aucun d'eux tout ce qui a rapport aux événements survenus dans les provinces asiatiques. Sur ce point il peut aider à les rectifier et à les compléter. C'est ainsi que, grâce au soin qu'il a pris de nous transmettre un des plus curieux documents de l'histoire byzantine, la lettre de Zimiscès à Aschod III, roi de la Grande-Arménie (chap. XVI), nous connaissons aujourd'hui la marche de cet empereur dans la Syrie et la Palestine avec des détails que l'on ne trouve point dans Léon le Diacre. L'authenticité de cette pièce, qui provient sans doute des archives des rois bagratides d'Ani, ne saurait être contestée, car les fautes même que l'on y remarque prouvent qu'elle a été traduite en arménien sur un original grec. Dans quelques passages, cette version présente des noms propres conservant les inflexions grammaticales qu'ils avaient dans le texte primitif. On y lit *Vridoun*, qui est le nom de la ville de Béryte à l'accusatif, *Beryton*; *ovoulôn* pour *obolôn*, génitif pluriel d'*obolos*, obole.

Un autre document de non moindre valeur, et dont nous sommes redevables à Matthieu (ch. XCIII), est le discours prononcé par le roi Kakig II, dans l'église de Sainte-Sophie à Constantinople, en présence de l'empereur Constantin Ducas et du clergé grec, sur des articles de foi controversés entre l'Église arménienne et l'Église byzantine. Ce discours dut être composé en arménien, qui était la langue maternelle de Kakig, mais traduit et prononcé en grec. C'est donc l'original que Matthieu nous a conservé.

Dans le doute où il nous laisse sur les sources où il a puisé, si j'avais à émettre une opinion, je dirais que, n'ayant consulté ni les écrivains syriens ni les byzantins, dont sans doute il ignorait la langue, il a dû nécessairement faire usage de livres ou de mémoires contemporains écrits en arménien et aujourd'hui perdus.

Son style achève de prouver ce que je disais

tout-à-l'heure, qu'il était dépourvu de toute culture littéraire; non-seulement rien ne rappelle en lui les grands modèles qu'avait produits l'âge d'or de la littérature de son pays, Moyse de Khoren, Elisée et Eznig, mais encore il est à une distance pour ainsi dire infinie des auteurs des VIIIe, IXe et Xe siècles. Il n'a point la narration pompeuse, mais souvent emphatique et obscure de Thomas Ardzrouni, ni l'élégance affectée et verbeuse et le tour oratoire de Jean Catholicos, ni la sobriété ingénieuse et savante d'Etienne Açogh'ig. Il écrit sans art, dans le langage vulgaire qui avait cours de son temps; il est aux écrivains que je viens de mentionner, ce que nos chroniqueurs latins du moyen-âge sont aux historiens de l'antiquité classique. Appartenant à une époque de décadence des lettres et de la nationalité arméniennes, il reflète les idées, les instincts et les préjugés de la société au milieu de laquelle il vécut. Il est simple, il est crédule comme un pauvre moine arménien du XIIe siècle; exclusif et borné dans ses vues. Quoiqu'il ait passé son existence dans une ville ouverte à toutes les influences politiques et littéraires, il est Arménien, non-seulement de langage, mais encore par la pensée, par le génie et jusque dans les profondeurs les plus intimes de la conscience. Comme tous ses compatriotes, adversaire passionné du concile de Chalcédoine, tout

en professant avec eux le dogme des deux natures en
J.-C., il exhale ses antipathies religieuses contre les
Grecs, par toutes les injures qu'une ardente indignation peut lui suggérer. Sa haine n'est ni moins vive
au fond, ni moins véhémente dans son expression,
contre les Turks, fléaux des populations et ennemis
de la Croix. Elle n'épargne pas non plus les Franks,
qui dominaient sur une partie des pays habités par
les Arméniens. Si quelque chose peut excuser ces
excès, c'est le patriotisme qui anime Matthieu, et
dont les inspirations exagérées, mais désintéressées,
l'ont entraîné. La cour de Byzance, loin de chercher
à ramener les Arméniens à l'unité de la foi par la
persuasion et la douceur, avait pris à tâche de les
persécuter. Constantin Monomaque, en attirant auprès de lui, par la ruse et le parjure, le roi Kakig II,
et en le dépouillant de ses États, avait mis fin à la
royauté nationale de l'Arménie ; sa politique ombra-
geuse et celle de ses successeurs avait éloigné de ce
pays tous ceux de ses enfants dont les talents militaires pouvaient le protéger contre les infidèles.
Depuis un siècle et demi, les Turks ne cessaient d'y
promener la mort, la ruine et l'esclavage. Les
Franks, s'abandonnant à ces instincts de pillage et
de rapine, à cet esprit d'ambition qu'ils alliaient
aux pratiques d'une naïve dévotion, les Franks
s'étaient emparés sur plusieurs chefs arméniens, de

provinces qu'ils accablaient d'exactions et traitaient en conquérants et en étrangers. C'est le souvenir ou le spectacle de ces violences et des malheurs de la patrie qui arrache à notre chroniqueur ces imprécations et ces paroles amères que l'on regrette de rencontrer si souvent chez lui.

Mais ces défauts portent en eux-mêmes en quelque sorte leur compensation. Cette narration, où rien n'est apprêté, où rien n'arrête l'essor de la pensée et n'en voile l'expression, et qui n'admet point les délicatesses d'un art raffiné, nous représente l'état intellectuel et moral de la nation arménienne, avec des couleurs plus vraies et mieux tranchées que ne le ferait un style savamment travaillé. Il semble qu'il y ait je ne sais quelle harmonie entre cette manière inculte d'écrire l'histoire et l'époque barbare et agitée où elle était en usage. De ces récits, esquissés d'une main rude et inexpérimentée, ressort en plein, si je ne me fais illusion, tout ce qu'il y a de beautés dans le fond même du sujet. Quel dramatique tableau que celui de ces populations inoffensives expirant avec une résignation chrétienne sous le tranchant du glaive impitoyable qui les immole par milliers! Quel dévouement dans ces Arméniens du Taurus, qui, à l'approche des Croisés, saluent l'arrivée des vengeurs de la Croix humiliée, volent à leur secours dans les rigueurs de la famine, au siége d'Antioche, et partagent avec eux tous les hasards de la guerre! Comme notre moine arménien est grand dans son patriotisme, lorsqu'il n'avilit point ce noble sentiment par les égarements de la haine et de la passion! Comme il aime son pays, et se plaît à exalter les actions des enfants de l'Arménie qui l'ont défendue et illustrée! Avec quelle éloquente simplicité il raconte (chap. LXIII) la mort de ce héros de quinze ans qui s'échappe de la maison paternelle pour aller se jeter au milieu des Turks, et qui tombe sous leurs coups ; . et celle de son vieux père, qui, à ce spectacle de douleur, laisse échapper son épée de sa main affaiblie et découragée! Et le trépas sublime de cet humble pasteur de village, le prêtre Christophe (chap. LXXXVI); surpris par les Turks, il rassemble à la hâte dans son église ses ouailles, et pendant que cet édifice est cerné de tous côtés, il célèbre les saints Mystères et distribue le pain et le vin sacrés à chacun des assistants, qui vont successivement s'offrir au fer des barbares; jusqu'à ce que Christophe et ses deux fils Thoros et Etienne, restés seuls, se donnent le baiser d'adieu, et après cette suprême et solennelle étreinte, courent tous trois recevoir, sur le seuil du temple, la couronne du martyre! Quelle fidélité au culte de la royauté déchue, aux souvenir glorieux du siége de saint Grégoire l'Illuminateur, jadis si riche des pieuses largesses des souverains arméniens, et alors dégradé par la pauvreté et l'oppression! Comme il sait appeler la pitié et faire couler les larmes sur le dernier de cette noble race des Bagratides, Kakig II, ce prince qui alliait au courage guerrier un vaste savoir, et qui, trahi par les siens, dépouillé de l'héritage de ses pères, traîna dans l'exil et le malheur une existence terminée par la plus déplorable catastrophe!

C'est à ce manque d'éducation littéraire que je signalais tout à l'heure dans notre auteur, qu'il faut attribuer d'autres défauts qu'une culture exercée lui aurait fait éviter facilement, l'amour de l'exagération, la répétition fatigante des mêmes images et des mêmes tournures, la tendance à la déclamation, la concision extrême dans le récit d'événements très-importants, et la prolixité dans des circonstances d'un faible intérêt, mais où sa partialité nationale et religieuse se trouvait en jeu.

Son continuateur, Grégoire, doit avoir été son disciple, si l'on en juge par l'animosité extrême qu'il témoigne comme Matthieu contre les Grecs, et par la manière identique dont il juge les évènements et les hommes. Il se qualifie d'*érêts* ou prêtre séculier, c'est-à-dire non engagé dans l'état monastique et marié. Il occupait, à ce qu'il paraît, un rang considérable parmi ses compatriotes, puisque le début de son livre nous le montre s'adressant aux grands et au gouverneur de K'éçoun, lorsque, en 1137, cette ville fut abandonnée par ses habitants, menacés par les Turks, pour les exhorter à la défendre, et s'y renfermant avec eux. Les deux expéditions de l'empereur Jean Comnène en Cilicie et en Syrie, la prise d'Edesse sur les Franks par Zangui, les relations tantôt hostiles, tantôt bienveillantes, des sulthans d'Iconium avec les princes roupéniens, les démêlés et les guerres de ces sulthans avec les émirs de Cappadoce de la famille de Danischmend, la fin de la dynastie des comtes d'Edesse de la maison de Courtenay, les entreprises des Croisés contre Nour-eddin, celles des rois de Géorgie sur le territoire arménien contre les villes d'Ani et de Tevïn, tels sont les faits principaux que son livre embrasse. Son style n'est pas moins vulgaire et trivial que celui de Matthieu.

Je me suis efforcé, dans ma traduction, de faire ressortir dans tout leur relief les traits de la physionomie de nos deux auteurs; j'ai rendu le texte avec le plus de fidélité possible et dans toute son intégrité, reproduisant l'ordre des idées et la construction des phrases, autant que le comporte le génie de notre langue, et conservant même certaines pensées ou images répétées à satiété. Malgré tous mes soins, je ne doute pas que des erreurs ne me soient échappées; on les excusera, j'ose l'espérer, comme inévitables à celui qui, entreprend le premier de rendre dans un idiôme moderne un texte ancien, encore inédit, et que des transcriptions multipliées d'âge en âge ont plus ou moins altéré.

Ma version a été faite sur trois manuscrits in-4° de la Bibliothèque impériale de Paris, cotés sous les n°s 95 et 99 de l'ancien fonds arménien, et le troisième classé dans le supplément à ce fonds. — Le premier est tracé avec assez d'élégance sur cette sorte de papier de coton appelée improprement *papier turk,* dans la forme d'écriture cursive que l'on nomme *nôdrakir* (écriture de notaire ou de chancellerie), et dont on fait remonter l'usage au commencement du xviie siècle. Le texte de ce manuscrit, qui est ordinairement assez correct, comprend les 120 premiers chapitres de la Chronique de Matthieu, jusqu'à l'année 530 de l'ère arménienne (1er mars 1081 - 28 février 1082). — Le manuscrit n° 99 a été transcrit sur papier d'Europe, en caractère *nôdrakir,* à double colonne, par un scribe à la main inhabile et ignorant, qui a fait dans sa copie tant de fautes et d'omissions, qu'il l'a rendue souvent inintelligible. Mais il est plus complet que le précédent, puisqu'il va jusqu'au chap. CCVII inclusivement, 560 de l'ère arménienne (22 février 1111-21 février 1112). — Le troisième manuscrit est une copie des 132 derniers chapitres de la Chronique de Matthieu et de la Continuation de Grégoire le Prêtre, se terminant à l'année 611 (9 février 1162-8 février 1163). Cette copie a été faite en 1849 par un jeune et savant religieux, le R. P. Khoren Calfa, sur cinq exemplaires que possèdent les RR. PP. Mekhitharistes dans leur bibliothèque du couvent de Saint-Lazare à Venise, et dont il a eu soin de noter en marge les variantes.

J'avais déjà publié en 1850, sous le titre de : *Récit de la première croisade*, un fragment de l'ouvrage de Matthieu, à partir du chap. CL, jusques et y compris le chap. CCLIII. J'ai refait ma version en l'améliorant par de nouvelles recherches, et en étudiant d'une manière plus approfondie et dans son ensemble ce curieux monument de la littérature arménienne du moyen-âge.

J'ai cru devoir me dispenser de marquer la page ou le folio des ouvrages de plusieurs historiens arméniens inédits, tels que Guiragos, Vartan, Açogh'ig, etc., que j'ai cités fréquemment dans mes notes. Ces indications eussent été inutiles pour des manuscrits qui sont aujourd'hui fort rares, et dont la pagination varie dans les exemplaires que renferment les collections privées ou les établissements littéraires particuliers auxquels j'ai eu accès. — Quant aux chroniqueurs arabes qui existent en manuscrits à la Bibliothèque impériale de Paris, comme Kemâl-eddin, Ibn-Alathir, Noveïri, Ibn-Djouzi, etc., et auxquels j'ai eu recours, j'ai noté autant que possible, l'année où sont rapportés les passages que je leur ai empruntés, parce que ce renseignement m'a paru suffisant pour permettre de retrouver et de vérifier ces passages, et parce qu'il est applicable à toutes les copies de ces auteurs qui appartiennent aux autres bibliothèques de l'Europe.

Les déterminations sur lesquelles est fondée la concordance que j'ai donnée de l'ère arménienne et de l'ère chrétienne, sont exposées tout au long dans mes *Recherches sur la Chronologie arménienne,* ouvrage depuis longtemps en cours d'impression, mais dont l'apparition a été retardée par les exigences d'une exécution typographique longue et difficile. Dans ce livre, les différentes ères que j'ai eu le plus fréquemment occasion d'employer sont indiquées par des abréviations dont plusieurs se rencontrent dans les notes du présent volume. Après une date énoncée en chiffres, È. A. signifie *Ère Arménienne;* È. Nat., *Ère de la Nativité,* qui est celle dont fait usage le chronographe Samuel d'Ani, et qui part de la deuxième année avant l'ouverture de notre ère chrétienne vulgaire, que je représente par l'abréviation È. Ch.; l'*Indiction* est exprimée par Ind.; l'*Hégyre* par Hég. On trouvera dans le même ouvrage les raisons qui expliquent et justifient le système de transcription en lettres françaises que j'ai suivi pour les noms arméniens de personnes et de lieux.

Ed. Dulaurier.

Paris, juin 1858.

CHRONIQUE
DE MATTHIEU D'ÉDESSE.

PREMIÈRE PARTIE.

I. En l'année 404 de l'ère arménienne (2 avril 952 – 1 avril 953) (1), une famine terrible désola un grand nombre de pays. Dans les contrées du sud (2), chez les Dadjigs (musulmans) (3), ce fléau se fit sentir avec une violence extrême, mais nulle part comme dans toute la Mésopotamie. Dans une foule de lieux, et notamment à Edesse (Our'ha) (4), cette célèbre métropole, restaurée par le roi d'Arménie Tigrane (Dikran) (5), les populations furent en proie à toutes sortes de tourments et de calamités. La famine dura sept ans, pendant lesquels elle fit périr une multitude incalculable de personnes. Chez les musulmans, la mortalité fut très-grande; elle emporta aussi un nombre immense de chrétiens. Il y avait cinq ans que ce fléau régnait, lorsque les sauterelles se répandirent du fond de cette province par nuées aussi épaisses que le sable de la mer, et ravageant toutes les campagnes, augmentèrent la rigueur de la famine. Une foule de gens, exaspérés par les angoisses de la faim, se précipitaient avec la cruauté des bêtes féroces, les uns sur les autres, et s'entredévoraient. Les grands et les riches étaient réduits à se nourrir de légumes et de fruits, car la mortalité avait détruit les bestiaux. Beaucoup de villages et de provinces perdirent leurs habitants, et depuis lors ne se sont plus repeuplés.

II. En l'année 407 (1 avril 958 - 31 mars 959), les musulmans se réunirent en corps d'armée à Edesse et dans toute la province qui dépend de cette ville. Ayant traversé en nombre immense l'Euphrate, ils marchèrent contre la place forte de Samosate (Samousad) (1). L'accubiteur (2), général des Romains, homme vaillant et courageux, s'avança à leur rencontre. L'action s'engagea sous les murs de Samosate; les musulmans battirent dans cette journée les troupes romaines (3) et en firent un grand carnage. Au bout de quelques jours ils prirent Samosate. Cette ville est dans le voisinage d'Edesse.

III. L'an 408 (1 avril 959 - 30 mars 960), l'empereur (1) Romain (Romanos) (2), ayant rassemblé une armée, entreprit une expédition contre les musulmans. Ayant franchi l'Océan (3) sur une flotte, il s'avança contre la grande île de Crète (Grid), et après une lutte acharnée, il l'enleva aux Egyptiens, car toutes les îles et tous les pays situés sur le bord de la mer étaient au pouvoir des musulmans depuis quatre cents ans (4). Cette même année, les Arméniens défirent Hamdoun (5), général des musulmans.

IV. En l'année 410 (34 mars 961 - 30 mars 962), les musulmans (1) s'emparèrent d'Anazarbe (Anavarza) et d'Alep (Halab), sur le roi d'Égypte (2), et exterminèrent les chrétiens, en nombre beaucoup plus considérable que leurs propres coréligionnaires.

V. Cette même année, le général des Arméniens (1) réunit le corps des troupes régulières (2), qui comptait 45,000 hommes d'une bravoure éprouvée, et l'élite de l'armée royale. Tous les satrapes d'Arménie se rendirent auprès du saint patriarche Ananie (3), afin de s'entendre avec lui pour donner l'onction royale à Aschod, père de Kakig (4), comme on l'avait conférée à ses aïeux ; car ce prince ne s'était pas encore assis sur le trône d'Arménie et n'avait pas placé la couronne sur sa tête.

VI. Ils appelèrent, en le pressant par de vives instances, l'éminent seigneur Jean (Ohannès), catholicos des Agh'ouans (Albanie) (1), et quarante évêques avec lui. Ils convoquèrent aussi, avec une pompe digne de son rang, le saint et pieux roi de ce pays, Ph'ilibbê, fils de Kotchazkaz, fils de Vatchakan, ses prédécesseurs sur le trône (2). Il y eut alors une réunion imposante dans la ville d'Ani, qui est aujourd'hui une résidence royale. Aschod fut sacré comme l'avaient été ses ancêtres, et il monta sur le trône qu'ils avaient possédé. Toute la nation fut dans la joie en contemplant la restauration de cette antique monarchie que nos pères avaient vue fleurir. Mais ce qui charmait tout le monde, c'était la bravoure de Kakig, qui était un vaillant guerrier. A cette époque eut lieu le dénombrement de ses troupes, qui se montaient à 100,000 hommes tout équipés, et qui s'étaient illustrés par leurs prouesses;

car, semblables à des lionceaux ou à des aiglons, ils ne respiraient que les combats. Tous les souverains des pays voisins, celui des Aph'khaz (3), des Grecs (4), des Babyloniens (5) et des Perses (6), ayant appris l'élévation d'Aschod, lui envoyèrent, avec des protestations d'amitié, des présents considérables comme un témoignage d'honneur rendu au roi d'Arménie. Après quoi le roi des Agh'ouans, Ph'ilibbê, et le catholicos, le seigneur Jean, les évêques et les troupes qui les avaient accompagnés, se retirèrent chargés de cadeaux et comblés de prévenances dans leur pays, où s'élève le trône de saint Thaddée, qui, avec saint Barthélemy, fut le premier apôtre de la Grande Arménie (7).

Au bout de deux ans mourut l'empereur Romain l'Ancien (8), laissant deux fils, Basile et Constantin (9). L'année 412 (31 mars 963 - 29 mars 964), Nicéphore (Niguiph'òr) régna sur les Grecs (10). C'était un homme de bien, saint, animé de l'amour de Dieu, plein de vertu et de justice, et en même temps brave et heureux dans toutes ses guerres. Miséricordieux pour tous les fidèles du Christ, il visitait les veuves·et les captifs, et nourrissait les orphelins et les pauvres (11). Ayant réuni une armée immense, il traversa la mer Océane et marcha contre les musulmans, rugissant comme un lion. Il s'avança avec impétuosité contre la Cilicie, et après avoir remporté une insigne victoire, il se rendit maître de la célèbre ville de Tarse (12). De là il vint s'emparer d'Adana, de Mecis (Mopsueste), de la grande cité d'Anazarbe ; il fit un horrible carnage des musulmans et les poursuivit jusqu'aux portes d'Antioche (13). Après ces magnifiques succès, il s'en retourna, traînant après lui une multitude de captifs et chargé de butin, et rentra à Constantinople, sa capitale. Il garda auprès de lui les fils de Romain, Basile et Constantin, et leur donna pour habitation son palais, où ils étaient traités avec une haute distinction et les plus grands honneurs.

VII. En l'année 412, un homme digne des derniers châtiments était retenu prisonnier dans une île ; il se nommait Zimiscès (Tchemeschguig) (1). L'impératrice, infâme épouse de Nicéphore, envoya vers lui en secret, et ayant obtenu un ordre de l'empereur, elle le fit sortir de l'île où il était confiné, et le fit venir à Constantinople à l'insu de Nicéphore. Elle se ligua sous main avec lui pour qu'il tuât l'empereur, sous la promesse qu'elle lui fit de devenir sa femme et de lui donner l'empire. Zimiscès accepta cette proposition, et un soir que Nicéphore, ce prince pieux, assis sur son trône, lisait à la lueur de flambeaux de cire l'Écriture sainte, l'impératrice étant survenue, attacha fortement autour de lui l'épée qu'il avait à son côté. Puis elle alla trouver son complice et lui remit de sa propre main un glaive destiné à trancher la vie du juste. Zimiscès étant entré furtivement dans la chambre de l'empereur, celui-ci, en l'apercevant, lui dit : « Chien enragé, que viens-tu faire ici ? » Puis s'étant levé résolument, il cherchait son épée, mais il la trouva liée solidement à sa ceinture. Aussitôt Zimiscès se précipita sur lui, et, cruel comme une bête féroce, tua cet excellent prince et coupa son corps en trois morceaux. Celui-ci, nageant dans son sang, rendit l'âme à Notre-Seigneur Jésus-Christ, victime du plus atroce forfait. On découvrit alors qu'il portait sur sa chair un cilice que dissimulait la pourpre dont il était revêtu. Le sang de l'homme de Dieu rejaillit sur la figure de ses meurtriers (2). Il fut enseveli à côté des saints rois ses prédécesseurs, dans un magnifique sépulcre (3). L'indigne Zimiscès, monté sur le trône, s'empara du gouvernement de Constantinople, et soumit tout l'empire à son autorité. Il éloigna en toute hâte d'auprès de l'infâme impératrice les fils de Romain, Basile et Constantin, et les fit conduire à Vaçagavan, dans le district de Hantzith (4), auprès de Sbramig, la mère du grand Mekhithar, afin de les soustraire au danger d'être empoisonnés. Le meurtre dont il s'était rendu coupable l'avait plongé dans une grande tristesse, et le livrait sans repos à de cuisants remords.

VIII. Vers le commencement de l'année 420 (29 mars 971 - 27 mars 972), le roi d'Arménie Kakig finit ses jours en paix (1). Sa mort fut le signal d'une rivalité et de discussions qui s'élevèrent entre ses deux fils, Jean et Aschod (2). Jean, l'aîné, était un homme savant et ingénieux, mais d'une grande obésité. Aschod avait en partage l'esprit militaire et un courage invincible et toujours heureux dans les combats. Cependant Jean s'arrogea le trône du roi son père, tandis qu'Aschod, parcourant le pays avec des troupes, le ravageait sur un grand nombre de points, et tenait la ville d'Ani investie. Il se rendit auprès de Sénékérim, roi du Vasbouragan (3), fils d'Abouçahl, fils d'Aschod, fils de Térénig, fils de Kakig, qui étaient de la race Ardzrouni, et tiraient leur origine d'Adramélek, roi d'Assyrie (4).

IX. Aschod reçut de Sénékérim des troupes ; puis il alla vers Kourkên, roi d'Antzévatsik' (1) ; de là il vint, à la tête de cette armée, à la montagne de Varak, au couvent de la Sainte-Croix (2), et se prosterna devant le signe vénéré qui a porté Dieu, et devant l'image de la sainte Vierge. Comme il avait reçu des Arabes de l'or, qu'il avait apporté de Bagdad, et que lui avait donné le khalife, il prit sur ce trésor une valeur de 30,000 tahégans (3), qu'il offrit à la Sainte Croix, et en fit faire un étui pour renfermer cette sainte relique, qu'il enrichit de pierres précieuses et de perles. Puis il s'avança avec des forces considérables contre la ville royale d'Ani. Jean, apprenant l'arrivée de son frère, ordonna de faire retentir la trompette guerrière, tandis qu'il restait assis sur son trône sans bouger. A ce signal, tous les habitants se levèrent en armes, et au nombre de 40,000 fantassins et de 20,000 cavaliers, s'avancèrent contre Aschod. Sur ces entrefaites, un des chefs de l'armée du roi de Géorgie était venu en ambassade auprès de Jean ; car la mère de ce dernier et d'Aschod, la reine Gadramidtkh, était la fille du roi de Géorgie, Kourkê (4). Le chef Géorgien dit au roi : « O roi Jean, ordonne que l'on me montre seulement Aschod, et je me charge de le faire captif et de l'amener devant toi chargé de chaînes » ; car ce chef était un intrépide et invincible guerrier. Jean lui répondit : « Aschod est un homme vigoureux, comment pourras-tu le conduire en ma présence ? — Je le prendrai vivant avec son cheval, » ajouta le Géorgien. — « Tu ne mépriseras pas le lionceau, repartit le monarque, lorsque tu l'auras vu. » Lorsque l'on en vint aux mains, ce chef, qui était Aph'khaz de naissance, s'élança comme un aigle à la recherche d'Aschod, en criant de toutes ses forces : — « O Aschod, avance ! » Celui-ci ayant entendu ce défi, devint furieux comme un léopard, et les deux adversaires coururent l'un sur l'autre. Le Géorgien ayant présenté sa lance à Aschod, celui-ci, prompt comme la foudre, passa par dessous, et le frappant de son épée sur le casque, le fendit de la tête aux pieds, quoiqu'il fût protégé par une cotte de mailles en fer, et l'étendit à terre tout de son long. Cette journée fut signalée par un combat terrible. Les habitants d'Ani furent mis si complétement en déroute, que les fuyards ne parvinrent pas à rentrer dans la ville, et tombèrent dans le fleuve Akhourian (5). Aschod se retira après cette insigne victoire. Mais au bout de quelques jours, les Bagratides (Pakradouni) et les Bahlavouni (6), et tout le reste de la noblesse qui servait dans l'armée, songèrent à rétablir la paix entre Jean et Aschod. Alors le patriarche Pierre (7) et les satrapes se rendirent auprès de ce dernier et firent une convention, qui fut sanctionnée par un serment solennel, et qui stipulait qu'Aschod serait roi des contrées voisines du district de Schirag, et commanderait hors de cette province à tout le reste de l'Arménie, et que Jean régnerait dans la ville d'Ani, et en outre, que si Jean mourait le premier, son frère deviendrait maître de tout le royaume. C'est ainsi que l'Arménie fut pacifiée.

X. Dans ce temps là, Apas (1) fut investi à Gars (Kars) de la puissance souveraine, par la volonté du chef de sa famille, Kakig, roi d'Arménie, ainsi que Kourkên (2), chez les Agh'ouans. Car l'un et l'autre étaient princes du sang royal, et relevaient de la maison de Schirag. Quant à Aschod, il ne parvint jamais de sa vie à entrer dans la ville d'Ani.

A cette époque, un certain Abirad, fils de Haçan, lequel était un des satrapes les plus considérables de l'Arménie, redoutant le roi Jean, parce qu'il s'était ligué précédemment avec Aschod (3), cessa de reconnaître l'autorité du roi, et rompant avec lui, se retira dans la ville de Tevïn, auprès d'Abou'lséwar (Abousevar) (4), général perse, avec 12,000 cavaliers. Celui-ci fit pendant longtemps grand cas d'Abirad, mais ensuite il se trouva des gens qui lui tinrent de mauvais propos sur son compte, en lui faisant entendre que si un aussi redoutable guerrier était venu le trouver avec des troupes nombreuses, c'était pour le perdre, lui et toute la nation des musulmans. L'émir ayant alors conçu dans son cœur de la haine contre le prince arménien, le manda en secret de ses troupes, sous prétexte d'avoir un entretien amical avec lui, et le fit périr.

Sari, qui était général en chef d'Abirad, ayant ramené la femme et les enfants de ce prince, ainsi que sa cavalerie, s'en vint à Ani. Jean déplora amèrement la mort si peu méritée d'Abirad, ce héros renommé dans toute l'Arménie, et donna à ses fils Abeldchahab et Vaçag, ainsi qu'à Sari, et à leurs troupes, la province et les dignités dont avait joui Abirad.

XI. A cette époque, le roi des Dilémites (Théloumni) (1), ayant réuni ses troupes, vint fondre inopinément sur le district arménien de Nik, et arriva non loin de la forteresse de Pedchni (2). Vaçag (3), généralissime des Arméniens, était assis en ce moment à un grand banquet avec son fils bien-aimé Grégoire (Krikor), et d'autres nobles de haut rang. Comme il jetait les yeux sur les endroits scabreux de la route, il aperçut un homme arrivant en toute hâte par la partie du chemin que suivaient les piétons. Aussitôt il se mit à dire : « Voici un porteur de mauvaises nouvelles. » Et, en effet, cet homme étant parvenu à l'entrée de la forteresse de Pedchni, se mit à crier d'une voix lamentable : « Tout le district de Nik est en proie à l'ennemi ! » Aussitôt le brave Vaçag, rugissant comme un lion, se leva et revêtit sa cotte de mailles, et après lui sept nobles, ainsi que le reste de la cavalerie, au fur et à mesure qu'ils arrivaient. Le corps de la noblesse s'arma à l'imitation de Vaçag, et on vit aussi accourir le vaillant et illustre Ph'ilibbê et Georges (Kork) Tchordouanel, ainsi que d'autres, tous pleins de bravoure et accoutumés à vaincre dans les combats. Vaçag ne put résister à son ardeur et attendre que ses troupes fussent toutes réunies, car il avait 5,000 hommes sous ses ordres. Comme son courage allait jusqu'à l'orgueil, il partit avec 500 hommes seulement, et, comme un lion furieux, se jeta dans le district de Nik. Il avait confié à son fils Grégoire la garde de sa famille et de la forteresse de Pedchni. Vaçag, arrivé à un couvent, communia avec tous ses soldats, après avoir fait tous une sincère et humble confession de leurs péchés. Sur leurs pas, ils rencontrèrent un village dont tous les habitants avaient été exterminés par les infidèles. Ceux-ci ayant cerné l'église, passèrent impitoyablement au fil de l'épée les chrétiens qui s'y trouvaient renfermés. A cette vue, Vaçag fit entendre un cri terrible comme celui du lion, et s'élançant sur les infidèles avec les siens, il en tua 300. Le reste, prenant la fuite, se replia précipitamment sur le corps de l'armée ennemie, qui s'avança aussitôt contre les chrétiens. En voyant se dérouler à leurs yeux ces innombrables bataillons, ceux-ci résolurent tous de mourir, et firent des prodiges de valeur. Tels que des loups au milieu des chèvres, ou des aigles fondant sur une troupe d'oiseaux, ils se précipitèrent avec intrépidité sur les rangs de l'ennemi, et, frappant de tous côtés, firent mordre la poussière à un grand nombre. En ce moment un guerrier sortit du milieu des bataillons des infidèles. C'était un noir (4), homme redoutable, que l'on nommait *Sept-Loups*, parce qu'il faisait des ravages, à lui seul, comme sept de ces animaux à la fois au milieu d'un troupeau de moutons. Il était même plus terrible dans les combats. Ce noir marchait pareil à une nuée ténébreuse qui retentit des grondements du tonnerre ; il faisait jaillir le feu de sa cuirasse. Il cherchait et appelait à haute voix Vaçag. Le brave Emran (5) le vit qui s'avançait comme une montagne ébranlée par la tempête. Alors il revint vers Vaçag et lui dit : « Voilà un guerrier dont le pareil pour la force et la valeur n'existe pas sur la terre. — O lion et brave Emran, répondit Vaçag, pourquoi t'épouvanter de la vue de cet homme ? Je vais le combattre et le gratifier du présent que fit David à Goliath, ce blasphémateur du nom de Dieu. » Au moment où le noir arrivait, pareil à un animal féroce, en dirigeant sa lance contre Vaçag, comme s'il eût voulu l'enlever à la pointe de cette arme, aussitôt celui-ci, se glissant sous la lance, lui porta, avec son épée d'acier, un coup sur le casque, et le pourfendit de la tête aux pieds. Les deux parties de son corps, détachées l'une de l'autre, tombèrent à terre. Cet exploit redoubla le courage des chrétiens. Accablé de fatigue, au milieu de la lutte devenue plus acharnée et des coups d'épée qui se multipliaient, le brave Emran succomba ; car, dans cet engagement, les bataillons de la noblesse arménienne, égarés les uns loin des autres, ne purent être témoins de la mort de ceux d'entre eux qu'immolait le fer de l'ennemi.

XII. Vaçag, resté seul, se jeta comme un lion furieux au milieu des rangs des infidèles, et les traversa. Épuisé par la lutte qu'il avait soutenue, il se dirigea vers la montagne de Serguévéli (1), et voulant se reposer, il s'assit à l'ombre des rochers. Les paysans qui s'étaient enfuis l'ayant aperçu, l'un d'eux, semblable à Caïn le meurtrier, s'approcha, et l'ayant trouvé endormi de lassitude, le poussa vivement et le lança du haut d'un rocher élevé. Telle fut la fin du brave Vaçag le Bahlavouni.

XIII. Voici ce qui arriva en l'année 421 (28 mars 972 - 27 mars 973). Le général des Romains, le Grand Domestique Mleh (1), marcha avec des forces considérables contre les musulmans, et, dans une foule de rencontres, les vainquit par le secours du Christ. S'étant avancé contre la ville de Mélitène, il fit endurer aux habitants un blocus rigoureux qui leur interceptait les vivres et l'eau, et qui les contraignit à se rendre. Fier de ce succès, il vint mettre le siége devant Tigranaguerd, ville nommée aussi Amid (Amith), et qui est située sur le Tigre (Otgh'ad) (2). Les musulmans firent une sortie, et un grand combat s'engagea aux portes de la ville. Les infidèles ayant été mis en fuite et ayant essuyé des pertes considérables, rentrèrent dans la place. L'armée romaine établit son camp sur les bords du fleuve, dans un lieu appelé

Auçal, à deux portées de flèches d'Amid. Quelques jours après un châtiment, signe de la colère divine, tomba du haut du ciel sur les troupes chrétiennes. Il s'éleva un vent si violent, que la terre tremblait par le bruit qu'il produisait. La poussière soulevée par son souffle impétueux se répandit sur le camp, et, condensée en nuages épais, le couvrit entièrement, en entraînant les bagages dans le fleuve. Les hommes et les animaux étaient plongés dans les ténèbres, et ne pouvaient ouvrir les yeux, aveuglés par les tourbillons de cette effroyable poussière. L'armée romaine se trouvait ainsi enveloppée de tous côtés, sans issue pour sortir de cette terrible situation. Cependant les infidèles, témoins de ce châtiment céleste, et voyant que Dieu combattait pour eux, fondirent tous sur elle et en firent un horrible carnage. La plus grande partie de cette armée périt. Le général des Romains et ses principaux officiers furent faits prisonniers et conduits à Amid. Ces officiers, tous d'un haut rang et illustres, étaient au nombre de quarante. Les chefs musulmans, voyant la défaite des chrétiens, conçurent de grandes craintes et se dirent : « Tout le sang romain que nous avons versé ne nous profitera pas. Cette nation fondra sur nous et exterminera la race des musulmans. Eh bien! faisons amitié et alliance avec le général et les officiers qui sont tombés entre nos mains, et après avoir reçu leur serment, nous les renverrons en paix chez eux. » Tandis qu'ils délibéraient entre eux sur ce sujet, la nouvelle du meurtre de Nicéphore (3) leur parvint. Alors ils envoyèrent ces quarante officiers au khalife (4), à Bagdad, et tous y moururent. Le Grand Domestique adressa à Constantinople une lettre dans laquelle il avait consigné de terribles malédictions : « Nous n'avons pas été jugés dignes, disait-il, d'être ensevelis, suivant la coutume chrétienne, dans une terre bénite, et nous n'avons obtenu pour nos ossements d'autre abri qu'une terre maudite et la sépulture des malfaiteurs. Non, nous ne vous reconnaissons pas pour le maître légitime du saint empire romain ; le trépas malheureux de tant de chrétiens, leur sang versé sous les murs d'Amid, et notre mort sur la terre étrangère, sont des griefs dont vous rendrez compte sur votre tête à Jésus-Christ notre Dieu au jour du jugement, si vous ne tirez pas de cette ville une vengeance éclatante. » Cette lettre étant parvenue à l'empereur Zimiscès, à Constantinople, il leva des troupes, cette année même, dans tout l'Occident, et, bouillant de colère, pareil à un feu ardent, il marcha contre les musulmans et se prépara a pénétrer dans l'Arménie.

XIV. A cette époque, les princes arméniens du sang royal, les nobles, les satrapes et les principaux seigneurs de la nation orientale (1), se réunirent auprès du roi Aschod, le Bagratide (2). Dans le nombre étaient Philibbê, roi de Gaban, le roi des Agh'ouans, Kourkên, Apas, seigneur de Gars, Sénékérim, seigneur du Vasbouragan, Kourkên, seigneur d'Antzévatsik', ainsi que toute la maison de Sassan (3). Ils établirent leur camp dans le district de Hark' (4), au nombre de 80,000 hommes environ. Des envoyés de l'empereur des romains étant venus vers eux, virent toute la nation arménienne réunie sous les armes, dans un même lieu. Ils s'en revinrent en faire part à Zimiscès, et partirent accompagnés de Léon (Lévon) le philosophe (5), du prince Sempad Thor'-

netsi (6), ainsi que d'autres personnages, évêques ou docteurs, qui avaient été députés par les satrapes arméniens. Ceux-ci établirent paix et alliance entre l'empereur des Romains et Aschod. Zimiscès, à la tête d'une armée immense, se mit en marche et arriva en Arménie dans le district de Darôn. Parvenu à Mousch, il s'arrêta devant la forteresse d'Aïdziats (7). La première nuit, l'armée romaine fut vivement inquiétée par les fantassins de Sassan. Les chefs et les docteurs arméniens s'étant rendus auprès de Zimiscès, lui présentèrent la lettre de Vahan, patriarche d'Arménie (8). L'empereur reçut ce message et ceux qui en étaient chargés avec bienveillance et une haute distinction, et confirma le traité d'amitié qu'il avait fait avec les Arméniens. Ayant demandé que les troupes d'Aschod se joignissent aux siennes, ce prince lui fournit un corps de 10,000 Arméniens des plus braves, tout équipés. Il réclama aussi des vivres et des provisions qu'Aschod lui donna, après quoi il renvoya vers le roi d'Arménie le docteur Léon, les évêques et les chefs arméniens, comblés de marques de sa munificence.

XV. Zimiscès, que l'on nommait aussi Kyr Jean (1), porta la guerre contre les musulmans, et se signala par d'éclatantes victoires, marquant son passage en tous lieux par l'extermination et l'effusion du sang. Il détruisit jusqu'aux fondements trois cents villes ou forteresses, et arriva jusque sur les limites de Bagdad. Toutefois il épargna Edesse, par considération pour les moines qui habitaient la montagne voisine et le territoire d'alentour, au nombre d'environ dix mille. Puis il s'avança contre Amid, en proie à un violent ressentiment. Cette ville appartenait à une femme qui était la sœur de Hamdan (Hamdoun), émir musulman, et avec laquelle Zimiscès avait eu autrefois un commerce criminel. Ce souvenir retint les efforts qu'il aurait pu faire pour se rendre maître d'Amid. Cette femme s'étant présentée sur le rempart, fit entendre à l'empereur ces paroles : « Eh ! quoi, tu viens faire la guerre à une femme, sans songer que c'est une honte pour toi ? » Zimiscès lui répondit : « J'ai fait le serment de ruiner les remparts de ta ville; mais les habitants auront la vie sauve. — Puisqu'il en est ainsi, repartit-elle, va détruire le pont qui s'élève sur le Tigre, et de cette manière tu accompliras ton serment. » L'empereur suivit ce conseil. Il emporta d'Amid de grosses sommes d'or et d'argent, mais n'entreprit aucune attaque, à cause de cette femme, et aussi parce qu'il était, comme elle, originaire du district de Khozan (2), d'un lieu que l'on appelle aujourd'hui Tchemeschgadzak.

Elle était aussi de ce pays, car dans ce temps là, les musulmans avaient soumis un grand nombre de contrées. L'empereur des Grecs les traversa en faisant couler des torrents de sang, et parvint jusqu'aux confins de Bagdad. Après les avoir parcourus dans tous les sens, en pénétrant jusque dans l'intérieur, il se dirigea vers Jérusalem (3), et écrivit à Aschod, roi d'Arménie, une lettre ainsi conçue (4) :

XVI. « Aschod, Schahïnschah de la grande Arménie (1), mon fils spirituel, écoute et apprends les merveilles que Dieu a opérées en notre faveur, et nos miraculeuses victoires, qui montrent qu'il est impossible de sonder la profondeur de la bonté divine. Les éclatantes marques de protection qu'il a accordées cette année au [peuple qui est] son héritage par l'intermédiaire de Notre Royauté, nous voulons les faire connaître à Ta Gloire, ô Aschod, toi notre enfant, et t'en instruire, car en ta qualité de chrétien et de fidèle ami de Notre Royauté, tu t'en réjouiras et tu glorifieras la grandeur sublime du Christ, notre Dieu. Tu sauras par là que Dieu est le protecteur des chrétiens, lui qui a permis que Notre Royauté courbât sous le joug tout l'Orient des Perses (2). Tu apprendras comment nous avons retiré les reliques du patriarche saint Jacques, de Medzpïn (Nisibe) (3), ville des musulmans, comment nous leur avons fait payer le tribut qu'ils nous devaient, et nous leur avons enlevé des captifs. Notre expédition avait aussi pour but de châtier l'orgueil et la présomption de l'Émir-el-moumenïn (Amir-el-moumïn), souverain des Africains appelés Arabes Magrébins (4), lequel s'était avancé contre nous avec des forces considérables. D'abord, ils avaient mis notre armée en danger, mais ensuite nous les avons vaincus, grâces à la puissance irrésistible et au secours de Dieu, et ils se sont retirés honteusement, comme l'ont fait nos autres ennemis. Ensuite, nous nous sommes emparés de l'intérieur du pays, et nous avons passé au fil de l'épée les populations d'un grand nombre de provinces. Alors, opérant promptement notre retraite, nous avons pris nos quartiers d'hiver.

Au mois d'avril suivant, mettant sur pied toute notre cavalerie, nous nous sommes dirigés vers l'occident, et nous sommes entrés dans la Phénicie et la Palestine, à la poursuite des maudits Africains, accourus en Syrie

(Scham). Nous sommes partis en toute hâte d'Antioche, avec toutes nos forces, et, traversant le pays qui jadis nous appartenait, nous l'avons rangé de nouveau sous nos lois, en lui imposant d'énormes contributions et en y faisant des captifs. Arrivés devant Emesse (Hêms) (5), les habitants de ce district, qui étaient nos tributaires, sont venus à nous et nous ont reçus avec honneur. De là, nous avons passé à Baalbek (Vedolvêk), qui porte aussi le nom d'Héliopolis (Éloubolis), c'est-à-dire la ville du soleil, cité illustre, magnifique, bien approvisionnée, immense et opulente. Les habitants étant sortis dans des dispositions hostiles, nos troupes les mirent en fuite et les firent passer sous le tranchant du glaive. Au bout de quelques jours, nous commençâmes le siége de cette ville et nous enlevâmes une multitude de prisonniers, jeunes garçons et jeunes filles. Les nôtres s'emparèrent de beaucoup d'or et d'argent, ainsi que de quantité de bestiaux. De là, nous nous dirigeâmes vers la grande ville de Damas, dans l'intention de l'assiéger. Mais le gouverneur, qui était un vieillard très-prudent, envoya à Notre Royauté des députés apportant des présents considérables, et avec la mission de nous supplier de leur épargner le joug de la servitude, de ne pas les traîner en esclavage comme nous avions fait à l'égard de ceux de Baalbek, et de ne pas ruiner leur pays comme celui de ces derniers. Ils vinrent nous offrir pendant plusieurs jours de suite quantité de chevaux de prix et de magnifiques mulets, avec de superbes harnais garnis d'or et d'argent.

Les tributs des Arabes, qui s'élevaient en or à 40,000 tahégans, furent distribués par nous à nos troupes. Il nous remirent un écrit, par lequel ils s'obligeaient à nous rester soumis à jamais, de génération en génération. Nous établîmes, comme commandant de Damas, un homme éminent de Bagdad, nommé Thourk (le Turk), qui était venu, avec 500 cavaliers, nous rendre hommage, et qui embrassa la foi chrétienne; il avait déjà auparavant reconnu notre autorité. Ils s'engagèrent aussi, par serment, à nous payer un tribut perpétuel, et ils crièrent honneur à Notre Royauté. Ils s'obligèrent en même temps à combattre nos ennemis. A ces conditions, nous consentîmes à ne pas les attaquer. De là nous poursuivîmes notre marche vers le lac de Tibériade, là où Notre Seigneur Jésus Christ, avec deux poissons, fit son miracle (6). Nous résolûmes d'assiéger cette ville ; mais les habitants vinrent faire leur soumission et nous apporter, comme ceux de Damas, beaucoup de présents, et une somme de 40,000 tahégans, sans compter les autres objets de valeur. Ils nous demandèrent de placer à leur tête l'un de nos officiers, et nous remirent un écrit par lequel ils s'obligeaient à nous rester toujours fidèles et à nous payer un tribut perpétuel. Alors, nous les avons laissés libres du joug de la servitude, et nous nous sommes abstenus de ruiner leur ville et leur territoire. Nous leur avons épargné le pillage, parce que c'était la patrie des saints apôtres. Il en a été de même de Nazareth, où la mère de Dieu, la sainte vierge Marie, entendit de la bouche de l'Ange la bonne nouvelle. Etant allés au mont Thabor, nous montâmes au lieu où le Christ, notre Dieu, fut transfiguré. Tandis que nous étions arrêtés là, nous vîmes venir à nous des gens de Ramla et de Jérusalem, pour solliciter Notre Royauté et implorer merci. Ils nous prièrent de leur donner un chef, se reconnurent nos tributaires et consentirent à accepter notre joug. Nous leur accordâmes, en conséquence, ce qu'ils souhaitaient. Notre désir était d'affranchir le saint sépulcre du Christ des outrages des musulmans. Nous établîmes des chefs militaires dans tous les pays soumis par nous et devenus nos tributaires, à Béniata (7), qui se nomme aussi Décapolis, à Génésareth et à Acre (Arguéa), dite également Ptolémaïs (Bgh'odmia). Les habitants s'engagèrent par écrit à nous payer chaque année une contribution perpétuelle, et à vivre sous notre autorité. De là, nous marchâmes vers Césarée, qui est située sur le bord de la mer Océane, et qui passa sous le joug; et si ces maudits Africains, qui avaient établi là leur résidence, ne s'étaient pas réfugiés dans les forteresses du littoral, nous serions allés, soutenus par le secours de Dieu, à Jérusalem, et nous aurions pu prier dans les saints lieux. Les habitants des bords de la mer ayant pris la fuite, nous assujettîmes la partie haute du pays à la domination romaine, et nous y plaçâmes un commandant. Nous attirions à nous les populations; mais toutes celles qui se montraient réfractaires étaient domptées par la force. Nous suivîmes la route qui longe la mer, et qui va aboutir en droite ligne à Bérytus, cité illustre, renommée, protégée par de forts remparts, et qui porte aujourd'hui le nom de Bérouth (8). Nous nous en rendîmes maîtres après une lutte très-vive. Nous fîmes prisonniers mille Africains, ainsi que Nacer (Noucéri) (9), général de l'Émir-el-mouménïn, et d'autres grands personnages. Cette ville fut confiée par nous à un chef de notre choix ; puis nous résolûmes de marcher sur Sidon. Dès que les habitants eurent avis de notre projet, ils nous envoyèrent leurs anciens. Ceux-ci vinrent supplier Notre Royauté et nous proposer de devenir nos tributaires et nos très-humbles esclaves à jamais. D'après ces assurances, nous consentîmes à écouter leurs prières et à satisfaire leurs volontés. Nous exigeâmes d'eux une contribution et leur imposâmes des chefs. Nous étant remis en marche, nous nous dirigeâmes vers Byblos (10), ancienne et redoutable forteresse, que nous emportâmes d'assaut, et dont nous réduisîmes les habitants en servitude. Nous suivîmes ainsi toutes les villes du littoral, en les mettant à sac, et en livrant les habitants à l'esclavage. Nous eûmes à traverser des routes par où n'avait jamais passé la cavalerie, routes pénibles, étroites et impraticables. Nous rencontrâmes des cités populeuses et magnifiques, et des forteresses défendues par de solides murailles et des garnisons arabes. Nous les avons toutes assiégées et ruinées de fond en comble, et nous en avons emmené les habitants captifs. Avant d'arriver à Tripoli (Drabolis), nous envoyâmes la cavalerie des Thimatsis (11) et des Daschkhadamatsis (12) au défilé de Karérès (13), parce que nous avions appris que les maudits Africains s'étaient portés dans ce passage. Nous ordonnâmes à nos troupes de se mettre en embuscade et de leur préparer un piége mortel. Nos injonctions furent exécutées, et 2,000 de ces Africains s'étant montrés à découvert, s'élancèrent contre les nôtres, qui en tuèrent un grand nombre, et qui leur enlevèrent une foule de prisonniers, qu'ils conduisirent devant Notre Royauté. Partout où ils rencontraient des fugitifs, ils s'emparaient d'eux. Nous saccageâmes de fond en comble toute la province de Tripoli, détruisant les vignes, les oliviers et les jardins. Partout nous portions le ravage et la désolation. Les Africains qui se trouvaient dans ces lieux osèrent s'avancer contre nous. Aussitôt, nous précipitant sur eux, nous les exterminâmes jusqu'au dernier. Nous nous rendîmes maîtres de la grande ville de Djouel, appelée aussi Gabaon (14), de Balanée (15), de Séhoun (16), ainsi que de la célèbre Zourzau (17), et jusqu'à Ramla et Césarée, il ne resta pas un coin de mer ou de terre qui ne se soumît à nous, par la puissance du Dieu incréé. Nos conquêtes se sont étendues jusqu'à la grande Babylone. Nous avons dicté nos lois aux musulmans. Car pendant cinq mois nous avons parcouru ce pays, à la tête de forces imposantes, détruisant les villes, ravageant les provinces, sans que l'Émir-el-mouménïn osât sortir de Babylone à notre rencontre, ou envoyer de la cavalerie au secours de ses troupes; et, si ce n'eût été la chaleur excessive et les routes dépourvues d'eau, qui se trouvent dans les lieux voisins de cette ville, comme Ta Gloire ne doit pas l'ignorer, Notre Royauté serait arrivée jusque-là, car nous avions poursuivi ce prince jusqu'en Egypte, et nous l'avions complétement battu, par la grâce de Dieu, de qui nous tenons notre couronne.

Maintenant, toute la Phénicie, la Palestine et la Syrie, sont délivrées de la tyrannie des musulmans, et obéissent aux Romains. En outre, la grande montagne du Liban s'est placée sous notre domination; tous les Arabes qui l'occupaient sont tombés entre nos mains, en nombre très-considérable, et nous les avons distribués à nos cavaliers. Nous avons gouverné la Syrie avec douceur, humanité et bienveillance. Nous en avons retiré 10,000 personnes que nous avons établies à Gabaon. Tu sauras que Dieu a accordé aux chrétiens des succès comme jamais nul n'en avait obtenus. Nous avons trouvé à Gabaon les saintes sandales du Christ, avec lesquelles il a marché, lors de son passage sur cette terre (18), ainsi que l'image du Sauveur, qui dans la suite des temps, avait été transpercée par les juifs, et d'où coula aussitôt du sang et de l'eau. Mais nous n'y avons pas aperçu le coup de lance. Nous découvrîmes aussi dans cette ville, la précieuse chevelure de saint Jean-Baptiste, le Précurseur. Ayant recueilli ces reliques, nous les avons emportées, pour les déposer dans notre capitale, que Dieu protége. Au mois de septembre, nous avons conduit à Antioche notre armée sauvée par sa toute-puissante protection. Nous avons fait connaître ces faits à Ta Gloire, afin que tu admires, par la lecture de ce récit, et que tu exaltes, toi aussi, l'immense bonté de Dieu, afin que tu saches quelles belles actions ont été accomplies dans ce temps-ci, et combien le nombre en est grand. L'empire de la croix a été étendu au loin de tous côtés ; partout, dans ces lieux, le nom de Dieu est loué et glorifié ; partout est établie ma domination, dans tout son éclat et toute sa majesté. Aussi notre bouche ne cesse d'adresser à Dieu de solennelles actions de grâces, pour nous avoir accordé d'aussi magnifiques triomphes. Que le seigneur, Dieu d'Israël, soit donc éternellement béni !

A Anaph'ourdên (19), protospathaire de Terdchan (20).

à Léon, commandant militaire de Darôn, salut et joie en Notre Seigneur. Nous avons appris que tu n'as pas remis la forteresse d'Aïdziats, ainsi que tu l'avais promis. Nous avons écrit à notre commandant de ne pas l'occuper, ni de prendre les mulets que tu étais convenu de livrer, parce que maintenant nous n'en avons plus besoin. Mais les 40,000 oboles (21) que nous avons envoyées, fais les porter à notre commandant, qui les enverra à Notre Royauté. Tu obtiendras la récompense de tes travaux, et la moisson en proportion de ce que tu auras semé ; et tous les biens possibles, au fur et à mesure que tu les auras mérités. »

Zimiscès écrivit aussi au docteur arménien Léon, en ces termes :

« A notre agréable et bien-aimé philosophe, l'illustre Pantaléon, salut. Nous t'avons prescrit de te trouver à notre retour de l'expédition que nous avons entreprise contre les musulmans, dans notre ville sainte et bénie. Lorsque tu vins à nous de la part d'Aschod Schahenschah, mon fils spirituel, tu apaisas le ressentiment qu'il nous avait inspiré, et tu amenas Bab, le Bagratide, du district d'Antzévatsik', ainsi que Sempad Thor'netsi, le protospathaire. Tu feras tous tes efforts pour que nous te trouvions dans notre ville, gardée par Dieu, et là nous célébrerons des fêtes solennelles en l'honneur des sandales du Christ, notre Dieu, et de la chevelure de saint Jean-Baptiste. Je serais enchanté, surtout, de te voir entrer en conférence avec nos savants et nos philosophes, et nous nous réjouirons en vous. Que Dieu soit avec nous et avec vous, et Jésus-Christ avec ses serviteurs. »

Lorsque le docteur Léon eut connu la volonté de l'empereur, il partit pour Constantinople. Des fêtes magnifiques eurent lieu en l'honneur des sandales de Dieu et de la chevelure du saint Précurseur. L'allégresse fut générale dans Constantinople. Notre docteur arménien soutint des controverses, en présence de l'empereur, avec tous les savants de cette ville, et se montra invincible dans son argumentation. Car il répondit d'une manière satisfaisante à toutes les questions [qui lui furent proposées]. Il fut comblé d'éloges, ainsi que le maître de qui il tenait ses doctrines, et gratifié par l'empereur de cadeaux très-précieux. Puis, tout joyeux de cette réception, il s'en retourna en Arménie vers l'illustre maison de Schirag (22).

XVII. Après un grand nombre de combats livrés, et de victoires remportées, l'empereur Zimiscès fut tout à coup saisi de la crainte de la mort, et de la frayeur des jugements de Dieu. Il se rappela, dans ses réflexions, la mort injuste du vertueux Nicéphore et son sang innocent versé par ses mains. Plongé dans une douleur amère, il pleurait et poussait des soupirs. Alors il résolut d'adopter une vie sainte, pour parvenir, si c'était possible, à racheter, à force de repentir, le crime qu'il avait commis. Il y avait cinq ans qu'il était sur le trône.

Tandis qu'il était livré à ces pensées, il conçut une bonne inspiration, conforme aux volontés de Dieu. Il envoya à Vaçagavan, dans le district de Hantzith, et en fit ramener Basile et Constantin, fils de l'empereur Romain, ces deux princes qu'il avait envoyés précipitamment auprès de Sbramig, à cause de la crainte que lui inspirait pour eux la perversité et la cruauté de l'impératrice

[Théophano]. Lorsque Basile fut arrivé à Constantinople, Zimiscès rassembla tous les grands de l'empire, et il se tint une réunion imposante dans son palais. Ayant pris de ses propres mains la couronne qui était sur sa tête, il la plaça sur celle de Basile, le fit asseoir sur le trône et se prosterna la face contre terre devant lui. Après avoir remis à ce prince les rênes du gouvernement et lui avoir rendu le trône de ses pères, il se retira dans le désert et embrassa la vie monastique dans un couvent dont il fit sa résidence. Celui donc qui hier encore était revêtu de la pourpre, se trouvait maintenant le commensal des pauvres dont il avait adopté l'humble condition ; jaloux de mériter ainsi la béatitude promise par le saint Evangile, et d'acquitter la dette que lui imposait [l'effusion du sang de] l'innocent Nicéphore. (1).

XVIII. Ce fut vers le commencement de l'année 424 (28 mars 975 - 26 mars 976) que monta sur le trône Basile (1), le père de tous, et fils de Romain l'ancien, [petit-] fils de l'empereur Constantin Porphyrogénète. Il se montra toujours plein de clémence envers ses peuples, et se rendit ainsi recommandable. Il était frère de Constantin. Pendant son règne il fit rentrer dans le devoir une foule de révoltés, et s'acquit une réputation de suprême bonté. Il était miséricordieux pour les veuves et les captifs, et rendait justice aux opprimés.

XIX. A cette époque, les troupes arméniennes de la province d'Antzévatsik' éprouvèrent un échec dans le campement qu'elles occupaient. Ce fut la trahison d'un homme, brave d'ailleurs, qui en fut la cause. (1.) Le roi d'Antzévatsik', Térénig, l'ayant dépouillé du commandement de ses troupes. quoique ce fût un militaire plein de courage, le remplaça par un de ses nobles, nommé Sarkis. Abelgh'arib, profondément blessé, se mit d'intelligence avec les infidèles, et leur découvrit les moyens de surprendre les Arméniens, leur promettant en même temps de ne pas s'y opposer. « Fondez sur notre camp, leur dit-il, pendant la nuit. Le signal vous en sera donné par l'apparition d'un vêtement rouge arboré sur ma tente qui sera plantée sur la colline; et mes soldats seront avec moi. » Les infidèles marchèrent contre les Arméniens à l'improviste, tandis que le roi et ses troupes se livraient aux joies d'un festin. S'étant jetés ainsi pendant la nuit sur l'armée arménienne, ils en firent un grand carnage. Là, plus d'un brave, plus d'un illustre et intrépide guerrier trouva la mort. Jamais désastre ne fut plus déplorable; car ce n'était rien moins qu'un combat livré en temps opportun. Les infidèles firent prisonnier le roi Térénig, mais aucun d'eux n'osa s'avancer vers la tente d'Abelgh'arib, parce qu'il s'y trouvait renfermé, entouré de ses soldats, et qu'il se tenait sur ses gardes. Térénig fut conduit dans la ville de Her. (2.)

XX. Ce jour-même les moines de Varak et de tous les couvents lancèrent de terribles malédictions contre Abelgh'arib. Les ermites et les cénobites, se soulevant dans leur indignation, l'excommunièrent et le rejetèrent du sein de l'Eglise. Cependant Abelgh'arib, rentrant en lui-même, pleura; car c'était un homme loyal au fond et craignant Dieu. Il regretta amèrement d'avoir causé l'effusion du sang de tant de braves.

Alors il s'informa de la forteresse dans laquelle était

détenu le roi à Her. On lui apprit qu'Abou'lhadji (Abelhadji) (1) avait délivré Térénig de ses chaînes, et qu'à toute heure du jour il allait jouer à la paume (2) dans le meïdan (place publique), en dehors de la ville. Abelgh'arib, enchanté d'avoir obtenu ces renseignements, envoya un secret message à Térénig, et lui fit dire que lui, Abelgh'arib, se trouverait à une telle heure dans un endroit qu'il désigna, avec tout ce qu'il pourrait amener de forces, de se tenir prêt, et de monter un cheval excellent, de manière à venir le rejoindre. Un jour Abou'lhadji sortit pour aller jouer à la paume, escorté d'un grand nombre de ses officiers, et de mille hommes tout équipés. Abelgh'arib s'était placé en embuscade avec cinquante hommes. Alors Térénig ayant demandé à l'intendant des écuries son cheval, qui était des meilleurs, et lui ayant donné ce qu'il possédait, il poussa devant lui les gens dont il était entouré et les conduisit du côté où Abelgh'arib s'était posté, caché par les arbres touffus des jardins de Her. Ayant frappé vivement son cheval, il s'éloigna et prit la fuite. A cette vue, l'émir Abou'lhadji et ses soldats s'élancèrent après lui, animés de fureur. Mais le roi, plaçant sa confiance en Dieu, courait avec intrépidité et finit par rejoindre Abelgh'arib. Cependant un des infidèles, qui était un noir, homme fort et courageux, arriva dans sa course rapide sur le roi. Celui-ci, poussant un cri comme un lion, se retourna contre son adversaire, et le frappant avec rage, le partagea en deux, depuis le haut du corps jusqu'à l'aine. Témoins de cette prouesse, les infidèles s'enfuirent, et Abelgh'arib, appelant à lui ses braves guerriers, se précipita sur ses ennemis. Étant arrivé jusqu'à l'émir Abou'lhadji, il voulut l'enlever de son cheval. Il le poursuivit jusqu'à la porte de Her. Mais l'émir, prompt comme l'éclair, s'élança par cette issue dans la ville. Aussitôt Abelgh'arib, de sa massue d'acier, frappa cette porte, qui était en fer, et y fit pénétrer son arme de part en part. Elle y est demeurée sans pouvoir en être arrachée jusqu'à présent, et on l'y a consolidée comme un clou. Ce fut de cette manière qu'Abelgh'arib affranchit le roi Térénig de sa captivité. Cet événement arriva dans le district arménien de Djouasch, au village de Pag, dans le Vasbouragan.

Au commencement de l'année 425 (27 mars 976 - 26 mars 977), Dieu appela à lui le saint patriarche des Arméniens, Ananie. A sa place on consacra le meilleur de tous, le bienheureux Vahan (3), au milieu d'un immense concours de fidèles, présidé par le catholicos des Agh'ouans, le seigneur Jean. Ce fut donc cette année que s'assit sur le trône patriarcal le seigneur Vahan. Il résida dans le bourg d'Arkina (4). Son élévation à cette dignité eut lieu d'après les ordres d'Ananie, ainsi que de Jean et d'Aschod.

XXI. Un des grands de l'empire grec, homme scélérat, se révolta contre l'empereur Basile. On le nommait Sclérus (Sguélaros) (1). Ayant rassemblé une bande de malfaiteurs et de brigands, il leur faisait parcourir, le glaive à la main, les terres de la domination romaine. A la tête d'une nombreuse armée, il pénétra sur le territoire arménien. Cet homme abandonné de Dieu y fit des massacres incalculables. Les Arméniens ayant marché contre lui, le battirent complétement, taillèrent ses troupes en pièces et les mirent en fuite. Dès lors il n'osa plus revenir dans le pays des Romains ; mais se tournant du côté des musulmans, il se rendit à Bagdad. Après y avoir séjourné trois ans, il quitta cette ville et vint mourir sur les terres de l'empire, parmi ses compatriotes.

L'année 432 (26 mars 983 – 24 mars 984), le saint patriarche Vahan termina sa carrière, après avoir occupé cinq ans le trône de saint Grégoire. On lui donna pour successeur, dans les fonctions de catholicos, le seigneur Etienne (Sdéph'anos) (2), homme divin, orné des plus éclatantes vertus dont Jésus-Christ est le modèle. Il devint patriarche des Arméniens par la volonté et la bénédiction du seigneur Vahan. Le chef de la réunion qui eut lieu, lorsqu'il reçut l'onction sainte, fut le catholicos des Agh'ouans, le seigneur Jean. C'était dans le temps de l'empereur Basile, de Jean et d'Aschod, rois d'Arménie, et de Sénékérim, fils d'Abouçahl, fils d'Aschod, fils de Térénig, fils de Kakig, de la race des Ardzrounis, de la maison de Sarasar. (3.)

XXII. Sous le règne de ces princes, le maudit et exécrable tyran des Perses, Mamlan, amirabed des infidèles (1), se mit à la tête de ses troupes. Dans sa férocité et sa cruauté brutale, s'élançant comme un dragon altéré de sang, il marcha contre les fidèles du Christ, avec la pensée de répandre l'extermination dans le monde. Il s'avança à la tête d'une formidable armée, qui couvrait de ses bataillons innombrables les montagnes et les plaines. En proie à la terreur qu'inspirait ce mécréant, toute la terre tremblait. Il saccagea par le fer et le feu un grand nombre de pays, et brûla les églises, qu'il privait ainsi des bénédictions divines. Il ne cessait de proférer des blasphèmes contre le ciel et contre le Très-Haut. Quel spectacle que celui des chrétiens désespérés et anéantis par la terreur que leur causait cette bête cruelle ! car sa fureur atroce se répandait sur eux comme une bile pestilentielle. Il arriva avec cette immense armée dans le district d'Abahounik', au pays de David (Tavith) le curopalate, prince des Géorgiens (2). Il écrivit à ce pieux et saint homme une lettre remplie des plus horribles menaces et conçue en ces termes : « Que personne ne t'abuse, ô toi, David, homme exécrable, scélérat, et pourri de vieillesse ; car si tu ne nous envoies pas immédiatement le tribut de dix années, et en ôtage les fils de tes nobles, avec un écrit où tu te reconnaîtras notre esclave, je marche aussitôt contre toi avec toutes mes forces ; et qui pourra alors te sauver de mes mains ? car je te ferai subir les plus cruels châtiments, ô immonde et scélérat vieillard. » C'est ainsi qu'il faisait retentir contre David le tonnerre de ses épouvantables menaces. Lorsque ce prince eut lu cette lettre, frappé des affreuses paroles qu'elle contenait, il la jeta hors de son palais, et fondant en larmes devant Dieu il lui adressait ces supplications : » Suscite, ô Seigneur, disait-il, suscite tes armées, et rappelle-toi comment tu traitas Rabsacès et Sennachérib, cet impie, souverain de l'Assyrie (3), car celui-ci profère d'aussi épouvantables blasphèmes. Mon Seigneur, ô Jésus-Christ, ne détourne pas les yeux des fidèles qui croient à ton saint nom. » Alors il ordonna de rassembler ses troupes, sa noblesse et sa cavalerie.

Dans le nombre étaient Vatchè, Devtad, Ph'ers (4), et

les autres troupes de l'Arménie, ainsi que trois mille fantassins armés d'arcs, et deux mille cinq cents cavaliers. L'abominable Mamlan était en ce moment campé dans le pays d'Abahounik', au village nommé Khôçôns, avec 200,000 hommes. Cependant David s'avança à sa rencontre, après avoir prescrit à tous les siens de se mettre en prières, et d'obtenir le secours de la protection divine à force d'intercessions et de soupirs. Parvenu aux confins de l'Abahounik', il établit, comme préfet de nuit, un vaillant guerrier nommé Garmeraguel, en lui confiant un corps de 700 cavaliers. De son côté, le prince passa la nuit entière en prières. A la veillée du matin arriva un des infidèles, accompagné de mille chevaux, lequel était le chef de l'armée de Mamlan.

XXIII. Le combat s'engagea entre ces deux troupes, quoique la nuit durât encore. La lune répandait un vif éclat. En ce moment il tomba un peu de pluie sur les montagnes, qui resplendirent comme la flamme d'un incendie. Ce spectacle fit croire aux infidèles que là était campée une armée immense de chrétiens, et à l'instant ils prirent tous la fuite. A cette vue, Garmeraguel s'élança sur leurs traces l'épée à la main, et frappant comme sur une forêt touffue, il les exterminait sans pitié. Il s'empara de la femme de Mamlan et de son cheval de bataille, et les envoya à David, en lui annonçant l'heureuse nouvelle de la victoire qu'il venait de remporter. En cet instant le roi était encore en prières; cette nouvelle l'étonna profondément. Aussitôt il se mit à la poursuite des infidèles avec toutes ses troupes, acheva leur déroute, et en fit un grand carnage. Une multitude innombrable de captifs, et un butin considérable d'or et d'argent tombèrent entre ses mains. Mamlan regagna ses états, couvert de honte. Mais ce revers n'abattit en rien son orgueil envers Dieu ; ses regards ne s'abaissèrent pas vers la terre, et ses indignes prières ne s'adressèrent point au Seigneur.

XXIV. Quelques années après, un exécrable complot fut ourdi contre David, ce prince vénérable. Les grands de sa cour, devenus les émules de Caïn et des autres meurtriers, poussèrent à l'accomplissement de leurs criminels desseins l'archevêque géorgien Hilarion. Celui-ci crucifia Dieu une seconde fois, car il mêla du poison au corps et au sang vivifiants du Christ, et fit du principe du salut un principe de mort. Après la célébration de sa messe homicide, il mit dans la bouche du saint roi une parcelle du mystère ainsi préparée, et cela en présence de Dieu, au milieu de l'église. David s'aperçut aussitôt de ce crime, mais il garda un silence absolu ; il se contenta de prendre du contre-poison pour calmer les douleurs qui le dévoraient. Le cruel Hilarion, persistant avec rage dans son projet infâme, pénétra dans la chambre de David pendant qu'il était profondément endormi, et ayant retiré le coussin qui soutenait sa tête, il le lui plaça sur la bouche ; puis, se précipitant dessus avec force, il l'étouffa et le fit périr dans d'horribles souffrances. Au bout de quelques années, l'empereur Basile, s'étant saisi d'Hilarion, ordonna de lui attacher une grosse pierre au cou, et le fit jeter dans l'Océan : il fit éprouver le même sort à ceux des nobles qui avaient été les instigateurs de ce forfait. Ils périrent chargés des malédictions qu'ils avaient si bien méritées. Comme David portait le nom patronymique de l'empereur Basile (1), ce monarque tira vengeance de ses meurtriers.

XXV. L'an 434 (25 mars 985 – 24 mars 986) vit mourir le patriarche des Arméniens, Etienne (1). Il eut pour successeur le bienheureux Khatchig, homme illustre et habile dans la science de la sainte Ecriture. Ayant reçu une lettre du patriarche des Romains, métropolite de Mélitène, qui était un prélat expert et savant dans la connaissance des livres divins, le docteur arménien lui adressa une réponse fondée sur de solides et ingénieuses raisons, et qui plut à tous ceux qui en entendirent la lecture. Cette œuvre inspira une haute estime pour l'auteur au patriarche Théodore. Une étroite amitié se forma à cette occasion entre ce dernier et le seigneur Khatchig.

XXVI. En l'année 435 (25 mars 986 – 24 mars 987), un des grands de l'empire romain, nommé Mauro-Vart (1), se révolta contre Basile. Il ravagea une grande partie des Etats de ce prince, les parcourant le fer à la main, réduisant les populations en esclavage. Les troupes romaines ayant été rassemblées, le chassèrent sur le territoire musulman. Mais au bout d'un an, ayant voulu franchir ces limites, Basile le fit mourir.

XXVII. Cette même année fut signalée par un tremblement de terre général, et Sainte Sophie s'écroula à Constantinople (1). A cette époque, l'empereur Basile conçut le projet de ranger les Boulgares sous son obéissance. Il envoya à Alusianus (2), leur souverain, et à tous les chefs qui relevaient de ce dernier, l'ordre de venir se prosterner devant son trône. Mais ils s'y refusèrent.

XXVIII. Basile leva des troupes dans toute l'étendue de ses Etats, et, furieux, s'avança rapidement contre les Boulgares, portant partout dans leur pays la ruine et l'esclavage. Alusianus, de son côté, ayant réuni une armée, marcha à la rencontre de Basile. Une grande bataille fut livrée ; le roi des Boulgares eut le dessus, et mit en fuite les troupes de Basile jusqu'à Constantinople. Les Boulgares leur enlevèrent un immense butin et une multitude de captifs. Basile, tout honteux, rentra dans sa capitale. Deux ans plus tard, il réunit de nouvelles forces, et marcha contre le roi des Boulgares, afin d'avoir sa revanche. Ayant rencontré les ennemis, il les mit en déroute et les poursuivit vigoureusement. Il ravagea leur pays par la famine, le glaive et l'esclavage. Puis il rentra à Constantinople, tout joyeux de son triomphe.

L'an 440 (24 mars 991 - 22 mars 992) mourut le catholicos des Arméniens, le seigneur Khatchig, après avoir siégé six ans. Il avait consacré, pour lui succéder, le seigneur Sarkis, homme recommandable par sa profonde intelligence des préceptes divins, agréable aux yeux de Dieu et des hommes par la pratique de toutes les vertus, et qui éclaira l'Eglise par sa doctrine lumineuse (1).

XXIX. Cette année, les troupes égyptiennes, que l'on appelle Arabes occidentaux, pénétrèrent sur le territoire d'Antioche, et saccagèrent de fond en comble toute cette province. Les troupes romaines accoururent pour s'opposer à cette invasion. Lorsque les deux armées en vinrent aux mains, ces derniers furent mis en fuite, leurs principaux officiers faits prisonniers et conduits en Egypte (1).

Au bout de deux ans, la puissante nation des Romains vint fondre en nombre considérable sur l'Arménie, et se précipitant sur les fidèles du Christ, les livra impitoyablement à l'extermination et à l'esclavage. Elle apportait partout la mort avec elle, comme un serpent venimeux, et remplit dans cette occasion le rôle des infidèles. Mais aussitôt qu'ils furent entrés en Arménie, les troupes de la noblesse de ce pays se rassemblèrent pour les repousser. Les deux armées s'assaillirent avec fureur; les braves heurtaient les braves, et le combat dura longtemps sans que la victoire se déclarât pour les uns ou pour les autres. On voyait le sang couler à flots des deux côtés. Cependant la lutte étant devenue encore plus acharnée, les Romains plièrent, et, battus par les Arméniens, s'enfuirent directement dans leur pays, couverts de honte, et échappés à grand'peine à ce désastre.

XXX. Cette année, l'émir des musulmans, nommé Longue-Main, vint avec des forces considérables porter la ruine et l'esclavage sur le territoire d'Edesse, et fit un mal immense à cette ville. Ayant traversé le grand fleuve Euphrate, il saccagea, sur la rive orientale, les contrées des Arméniens; après quoi il s'en revint en triomphe dans le pays des Africains (Aph'riguetsis) (1).

XXXI. En l'année 446 (22 mars 997 - 21 mars 998) apparut une comète d'un aspect terrible et effrayant, et qui jetait un éclat étonnant.

XXXII. En l'année 449 (21 mars 1000 - 20 mars 1001), il y eut paix et alliance solennelle entre l'empereur Basile et Sénékérim, roi arménien [du Vasbouragan]. Cette même année fut témoin de la mort de Sahag Marzban, seigneur de Varajnounik' (1).

XXXIII. L'an 455 (20 mars 1006 - 19 mars 1007) Basile rassembla toutes les forces de son empire et marcha contre les Boulgares. Il séjourna longtemps dans leur pays, occupé à leur faire une guerre terrible.

A cette époque, de grands troubles s'élevèrent à Constantinople et dans tout l'empire, par suite de l'erreur dans laquelle tombèrent les Grecs, à Pâques, au sujet de la célébration du saint jour de la Résurrection. Tous les docteurs de cette nation se trompèrent sur le sens exact des préceptes de l'Écriture inspirée par Dieu. Adoptant le faux comput de l'opiniâtre Irion (1), ils rejetèrent le calcul irréprochable du grand André; ils portèrent la pleine lune de Pâques au samedi du dimanche précédent, et firent cette fête après un jour d'intervalle, tandis qu'il ne fallait la célébrer qu'au bout de huit jours. Toute la nation grecque erra ainsi complétement. Une grande tristesse régna dans l'église de Constantinople, mais surtout dans la sainte cité de Jérusalem, parce que, dans leur obstination orgueilleuse, ils avaient fait avancer la Pâque jusqu'au dimanche des Rameaux. Ils se mirent en contradiction sur ce point avec tous les autres peuples, et principalement avec le Christ, car la secte des philosophes avait déclaré la guerre à l'Esprit saint. A la Pâque de cette année, les lampes ne s'allumèrent pas au saint tombeau qui a reçu un Dieu, à Jérusalem (2), à cause de la fausse opinion qu'avaient adoptée les Grecs, et parce qu'ils célébrèrent cette fête en violation de la loi. Cependant, ce jour là, les infidèles qui se trouvaient à Jérusalem, témoins de la célébration de la Pâque des chrétiens, dans l'église de la sainte Résurrection, les passèrent tous au fil de l'épée, au nombre de 10,000 environ, et le sépulcre du Christ fut rempli du sang de ceux qui étaient venus y prier. Leurs ossements sont demeurés jusqu'à présent entassés dans une caverne, à l'occident de Jérusalem, et on les désigne aujourd'hui sous le nom de *Reliques des Jeunes gens*. Telle fut l'œuvre de ces judicieux savants de la nation grecque.

XXXIV. Basile, après avoir vaincu les Boulgares et s'être rendu maître de leur pays, s'en revint à Constantinople dans la joie du triomphe. Lorsqu'il eut appris les massacres qui avaient eu lieu à l'occasion du saint jour de Pâques, il appela tous les philosophes et leur demanda la cause de ce qui s'était passé. Ceux-ci entreprirent, d'après leurs idées particulières, de tromper l'empereur par différentes raisons, et par une fausse apologie de leur conduite. Mais Basile démêla ce qu'il y avait d'ambigu dans leurs réponses, et comprit qu'ils lui en imposaient, et qu'ils étaient en même temps dans l'erreur. Comme depuis longtemps il avait entendu dire que les docteurs arméniens étaient très-versés dans la science des livres saints, et qu'il connaissait de nom Joseph ('Ovseph'), abbé du couvent d'Endzaïouts (1), et Jean, surnommé Gozer'n (2), il écrivit à Jean, roi d'Arménie, de lui envoyer ces deux docteurs à Constantinople, afin qu'il apprît d'eux la véritable doctrine, et l'époque exacte de la Pâque. Mais Joseph et Jean refusèrent de se rendre à cette invitation; ils se bornèrent à écrire à Basile, et, par une suite de raisonnements bien enchaînés, par un examen approfondi de la question, ils le mirent au courant des points controversés. Le clergé de Constantinople ne céda pas toutefois à leurs raisons. Alors Basile expédia un nouveau message en Arménie, pour Jean Schahenschah, et pour le seigneur Sarkis, catholicos, et à force d'instances, il obtint d'eux qu'ils lui envoyassent Samuel, docteur très-savant et très-profond. L'empereur le mit aux prises, dans une assemblée, avec les docteurs grecs. Ceux-ci opposèrent à Samuel tous leurs livres, mais sans réussir à le faire dévier de la vérité. Le docteur arménien, commençant par le premier jour de la création et poursuivant jusqu'au jour qui était l'objet de la discussion, détermina avec certitude, en leur présence, le point fixe, au milieu de la divergence des calendriers. Tous ses raisonnements plurent à l'empereur. Les savants grecs dirent à Basile : « Seigneur, ordonne de faire venir ici le grand docteur des Hébreux, qui demeure dans l'île de Chypre, lui qui, depuis l'enfance, a acquis une si vaste érudition dans la science du calendrier, et dans toutes les branches des connaissances humaines. » Ayant envoyé à Chypre, il en fit venir ce docteur, qui se nommait Moyse (Mouci). Cet homme éloquent et savant, debout dans l'assemblée, en présence de l'empereur, se mit à discourir sur les principes du calendrier, prouva l'erreur des Grecs et les couvrit de confusion, tandis qu'il prodigua des éloges au docteur arménien, pour sa démonstration. Alors l'empereur, irrité contre les savants de sa nation, destitua un grand nombre d'entre eux de leurs fonctions ecclésiastiques, et les dépouilla de leurs honneurs; puis il renvoya Samuel, comblé de présents, en Arménie.

XXXV. Sous le règne de ce prince, et en l'année 452 (21 mars 1003 - 19 mars 1004), apparut un astre couleur de feu, dont la présence dans le ciel annonçait des malheurs et la destruction du monde. Des tremblements de terre se firent sentir partout, au point qu'une foule de gens crurent que la fin des siècles allait arriver. Comme au temps du déluge, chacun était dans la consternation. La terreur qu'inspira le fracas occasionné par ce phénomène les empêchait de se confesser et de communier. Les hommes et les animaux périrent, et les bestiaux qui avaient échappé à la destruction erraient abandonnés et sans guide.

XXXVI. En l'année 460 (19 mars 1011-17 mars 1012). Basile réunit une armée et marcha contre les Boulgares, qu'il vainquit. Il passa au fil de l'épée, sans miséricorde, les habitants d'un grand nombre de provinces, ravagea tout l'occident, et en ramena les populations en servitude. Il extermina entièrement la nation des Boulgares. Il fit périr par le poison le vaillant Alusianus, leur souverain, et après lui avoir ainsi ôté la vie, il prit sa femme et ses enfants, et les conduisit à Constantinople (1).

XXXVII. Au commencement de l'année 467 (17 mars 1018 - 16 mars 1019), un fléau annonçant l'accomplissement des menaces divines tomba sur les chrétiens, adorateurs de la sainte Croix. Le dragon au souffle mortel apparut accompagné d'un feu destructeur, et frappa les croyants à la sainte Trinité. Alors tremblèrent les fondements des livres apostoliques et prophétiques, car il arriva des serpents ailés pour vomir des flammes sur les fidèles du Christ. Je veux, par ce langage, faire entendre la première irruption des bêtes féroces altérées de sang. A cette époque, se rassembla la sauvage nation des infidèles que l'on nomme Turks (1). S'étant mis en marche, ils entrèrent dans la province de Vasbouragan, et firent passer les chrétiens sous le tranchant du glaive.

XXXVIII. La triste nouvelle de ce désastre étant parvenue au roi Sénékérim, son fils aîné, David, réunit les troupes de la noblesse arménienne, et s'avança contre le camp des Turks. Un combat terrible s'engagea entre les deux armées. Jusque-là on n'avait jamais vu de cavalerie turke. Les Arméniens, en face de l'ennemi, aperçurent ces hommes à l'aspect étrange, armés d'arcs et ayant les cheveux flottants comme des femmes. Ils n'étaient pas habitués à se prémunir contre les flèches de ces infidèles, et cependant ils les chargèrent avec intrépidité, l'épée nue; ces braves, s'avançant comme des héros, en massacrèrent un grand nombre. Les Turks, de leur côté, atteignirent avec leurs flèches beaucoup d'Arméniens. A cette vue, Schabouh (1) dit à David : « O roi, retire-toi de devant l'ennemi, car une grande partie des nôtres a été blessée à coup de flèches. Partons et allons revêtir nos armures pour résister aux armes que nous voyons entre les mains des infidèles, et nous garantir de leurs traits. » Mais David, ayant la conscience de son haut rang, et plein de fierté, n'écouta pas les conseils de Schabouh, et s'élança de nouveau au combat. Schabouh, irrité, se précipita sur lui, et le frappant rudement du poing sur les épaules, le força à retourner. Ce Schabouh était un valeureux guerrier, et comme il avait élevé David en qualité de gouverneur, il ne le craignait pas. C'est ainsi qu'il fit revenir le prince sur ses pas, avec ses troupes. S'étant rendus à la ville d'Osdan (2), ils racontèrent au roi Sénékérim comment étaient équipés les infidèles. Ce récit affligea tellement ce prince, qu'il cessa de prendre de la nourriture, et s'abandonna, tout pensif, à la plus profonde tristesse. Il passait les nuits entières sans sommeil, occupé sans cesse à l'examen des temps et des paroles des Voyants, oracles de Dieu, ainsi que des saints docteurs. Il trouva consignée dans les livres l'époque marquée pour l'irruption des Turks, et sut que la destruction et la fin du monde étaient imminentes. Voici les lignes qui s'offrirent à lui dans ses recherches :

« En ce temps-là ils s'enfuiront de l'orient à l'occident, du nord au midi, et ils ne trouveront pas de repos sur la terre, car les plaines et les montagnes seront inondées de sang. Voici ce qu'a dit Isaïe : « Les pieds de leurs chevaux sont fermes. Sans cesse et chaque jour ils s'adonnent à l'intempérance, entraînés par leur amour et leur passion pour de sales voluptés. » Le patriarche et les évêques, les prêtres et les religieux préféreront l'argent à Dieu. O mes chers enfants, désormais la volonté de Satan sera accomplie parmi les fils des hommes plutôt que celle de Dieu, par ceux-là même qui embrasseront désormais le service de ses autels. Aussi le Seigneur fera éclater sa colère contre ses créatures, mais surtout contre ceux qui l'offrent en sacrifice, car le corps et le sang du Christ, consacrés à la Messe par des ministres indignes, seront distribués à d'indignes chrétiens, et Jésus-Christ sera blessé bien plus cruellement par ces prêtres sacriléges que lorsqu'il fut torturé et crucifié par les Juifs. Satan a été délivré de ses liens au bout de mille ans depuis que le Christ l'avait enchaîné. O mes enfants, voilà ce que je viens vous annoncer, le cœur oppressé, versant des larmes et gémissant à la pensée qu'un grand nombre de chrétiens renonceront à leur foi et renieront avec ostentation le nom du Sauveur. C'est à cause de ces impiétés que les ténèbres ont enveloppé le monde. » Telles sont les paroles que fit entendre le saint patriarche d'Arménie (3) en prédisant l'accomplissement des vengeances célestes. Il annonça aussi beaucoup d'autres malheurs qui attendaient les fidèles et qui se réalisèrent successivement par suite de l'irruption de ces chiens enragés de Turks, de ces scélérats et immondes fils de Cham.

Cette même année, où se montra le terrible phénomène dont nous avons parlé précédemment, mourut le saint empereur Basile, après avoir porté le sceptre cinquante-huit ans (4). Il avait auparavant fait venir son frère Constantin, et de son vivant, lui posant la couronne sur la tête, l'avait fait asseoir sur le trône en se prosternant, la face contre terre, devant lui. Il lui confia l'administration du royaume. Par son testament, il lui recommanda l'Arménie, voulant qu'il traitât ce pays avec un amour paternel. Il appela aussi sa sollicitude sur les fils de Sénékérim, David, Adom, Abouçahl et Constantin, ainsi que sur tous les grands d'Arménie ; il lui prescrivit aussi de témoigner la plus grande bienveillance aux fidèles du Christ. Basile, après avoir passé sa vie dans la sainteté et la virginité, s'endormit en Jésus-Christ. Il fut enterré à côté des saints monarques ses prédécesseurs, avec les regrets dus au souvenir de ses vertus.

XXXIX. Cette même année, mourut Sénékérim, roi d'Arménie. Son corps fut transporté dans le tombeau de ses pères, au lieu de la sépulture de nos anciens souverains, à Varak, dans le couvent de la Sainte-Croix. C'est là qu'il fut déposé en compagnie de ses ancêtres (1). La couronne d'Arménie passa à David, son fils aîné, prince glorieux, qui avait rendu son nom redoutable au loin.

XL. Cette année fut aussi marquée par la mort de Kourki, roi de Géorgie (1). Il eut pour successeur son fils Pakrad, lequel fut investi de la domination sur tout le pays.

XLI. Constantin, frère de Basile, devenu empereur, se montra bon, pieux, compatissant pour les veuves et les captifs, et enclin à pardonner les offenses des méchants. Aussi fit-il mettre en liberté tous ceux qui avaient été incarcérés ; il ordonna de brûler la prison des condamnés, que Basile avait fait construire, et qu'il avait remplie des grands de l'empire. Car Basile, craignant pour son trône, avait fait étrangler les personnages les plus considérables, et leurs corps étaient pendus là, recouverts de leurs vêtements et attachés par la gorge à des crochets en fer. Ce spectacle arracha des larmes des yeux de Constantin, et il donna l'ordre de les ensevelir, en même temps qu'il fit détruire cette prison. Accusant la cruauté de son frère : « Eh ! quoi, s'écria-t-il, la fin de l'homme est toujours imminente ; pourquoi donc cette mort cruelle, dans le but de préserver une vie corporelle et passagère? » Constantin gouverna avec des dispositions pacifiques, et se montra plein de douceur envers les fidèles. Après un règne de quatre ans (1), il termina ses jours dans une foi parfaite en Jésus-Christ; et laissant après lui une mémoire vénérée, il alla rejoindre ses pères. Sa mort causa un deuil universel parmi le peuple, privé d'un si bon prince. Constantin avait donné sa fille, la princesse Zoé, en mariage à Romain (2), l'un des plus hauts dignitaires de sa cour, et comme il n'avait pas de fils, Romain lui succéda, et l'empire passa tout entier sous son obéissance.

XLII. L'année 479 (14 mars 1030-13 mars 1031), Romain rassembla toutes les troupes grecques et marcha contre les musulmans. Il vint camper sous les murs de la forteresse nommée Azaz, dans le voisinage d'Alep (1). Les musulmans, se réunissant en nombre immense, s'avancèrent contre les Grecs. Romain, effrayé, n'osa pas en venir aux mains, car c'était un prince efféminé, incapable, d'un mauvais naturel, et impie blasphémateur de la foi orthodoxe. Aussi ses troupes ne l'aimaient pas, et elles avaient résolu de l'abandonner pendant le combat, au milieu des musulmans, et de prendre la fuite, afin qu'il trouvât la mort dans les rangs ennemis. Cependant un des principaux chefs de son armée, nommé Aboukab, qui avait été précédemment garde de la tente de David, curopalate de Géorgie, lui révéla ce complot. Romain, épouvanté, prit la fuite pendant la nuit, escorté des grands de sa cour. Les musulmans, instruits de son départ précipité, s'élancèrent sur les traces de l'armée romaine, en firent un grand carnage, et tuèrent environ 10,000 hommes. Les Romains se débandèrent, et chacun s'enfuit de son côté, dans toutes les directions (2). Au bout de quatorze jours, un paysan de la ville de Gouris (3) trouva Romain, qui avait cherché un refuge au milieu des arbres, et tellement engourdi par le froid, qu'il paraissait mort. Cet homme quitta son travail pour transporter l'empereur dans sa maison, et lui ayant prodigué des soins, le rappela à la vie ; mais il ignorait qui il était. Quelques jours après, il le confia à des hommes qui le conduisirent dans la ville de Marasch. Là, les débris de son armée vinrent le rejoindre et l'accompagnèrent jusqu'à Constantinople. Au bout de quelques jours, Romain fit appeler celui qui l'avait recueilli, le nomma gouverneur du district de Gouris, et après l'avoir comblé de présents et de remercîments, le fit reconduire chez lui.

XLIII. Au commencement de l'année 480 (14 mars 1031-12 mars 1032), mourut Schebl, émir d'Édesse. Il y avait alors dans cette ville deux émirs, Schebl et Otheïr (Oudaïr) (1). Des trois forteresses qui s'élevaient dans son enceinte, deux, ainsi que les deux tiers de la ville, obéissaient à Schebl ; une forteresse et l'autre tiers reconnaissaient l'autorité d'Otheïr. Ces deux chefs cherchaient réciproquement à se faire périr. Un jour, Schebl invita Otheïr à un festin, et le conduisit hors de la ville, dans un lieu appelé le Couvent d'Ardjêdj, là où s'élève une colonne de pierre en face de la forteresse, sans que l'un soupçonnât les intentions de l'autre. Schebl donna à ses soldats un signal pour fondre sur Otheïr, lorsque les troupes de ce dernier, survenant tout à coup, massacrèrent Schebl. Alors Otheïr, à leur tête, dirigea ses efforts contre la principale forteresse de Schebl, et voulut s'en emparer. Salman, qui en avait le commandement, était retranché dans la partie supérieure. Otheïr l'attaqua vivement ; Salman, réduit à l'extrémité, envoya à Nacer-eddaula, qui était un des principaux émirs des musulmans, et résidait à Meïafa-rékïn (Mouph'argh'ïn) (2), pour lui dire qu'il lui cédait la forteresse d'Édesse. Nacer-eddaula envoya Bal-el-raïs (3) à la tête de mille cavaliers, et fit venir Salman et sa femme auprès de lui, en lui donnant de riches présents. Otheïr, arrêté dans ses attaques, conclut avec Bal-elraïs une paix simulée, cherchant secrètement les moyens de lui ôter la vie. Bal-elraïs ayant eu vent de ses projets, profita du moment où ils étaient assis ensemble à un banquet, hors des murs d'Édesse, pour tuer Otheïr et se rendre maître de toute la ville. La femme d'Otheïr voyant qu'elle avait perdu son mari, s'opposa héroïquement à Bal-elraïs, et arborant un drapeau noir, elle alla implorer toute la nation des Arabes. Elle leur dit que les Kurdes (Kourt), dans une irruption, venaient de s'emparer de la ville qui était le patrimoine des Arabes, et avaient tué son mari. Par ces paroles, elle souleva une multitude considérable et la guida contre Bal-elraïs. Nacer-eddaula, apprenant cette aggression, marcha contre les Arabes avec des forces considérables, tandis que la femme d'Otheïr s'avançait contre lui. Elle lui livra un grand combat et le mit en fuite. Après quoi elle attaqua Bal-elraïs et livra à la citadelle de vigoureux assauts. Bal-elraïs, réduit à la situation la plus critique, et se trouvant dans l'impossibilité d'en sortir, fit prévenir Nacer-eddaula du danger qu'il courait, et lui apprit que c'en était fait de lui, Bal-elraïs, et de tout le Kurdistan (Kertasdan). Nacer-eddaula, à bout de ressources lui-même, envoya Salman dans la forteresse d'Édesse, et rappela Bal-elraïs auprès de lui, à Meïafarékïn. Cependant la femme d'Otheïr ne cessait chaque jour d'inquiéter Salman. Celui-ci, épuisé par ces attaques incessantes, expédia à Samosate une lettre pour Maniacès, chef romain, que l'on nommait aussi Georges, et dans laquelle il lui disait que s'il obtenait pour lui de l'empereur des Romains une dignité et un gouvernement de province, il remettrait Édesse entre ses mains. Cette proposition causa un vif plaisir à Maniacès, qui s'engagea par un serment solennel à obtenir pour lui tout ce qu'il demandait, à lui rendre sa principauté héréditaire et ses dignités, et à en assurer la transmission à ses enfants.

Alors Salman appela Maniacès, et lui fit cession de la forteresse. Aussitôt celui-ci partit avec 400 hommes, et pendant la nuit il s'approcha en cachette de la porte de la place. Salman, averti de son arrivée, alla, les clefs à la main, trouver Maniacès. Se prosternant devant lui, il lui remit la forteresse, et se retira cette nuit même, emmenant sa femme et ses enfants, qu'il conduisit à Samosate. Les musulmans, apprenant que Maniacès était dans les murs d'Edesse, attaquèrent vivement cette ville en nombre considérable ; [ceux de leur nation qui l'habitaient] en sortirent. Cependant les Syriens se fortifièrent dans la grande église de Sainte-Sophie, tremblants pour leurs femmes et les trésors d'or et d'argent qu'ils possédaient ; dans la crainte d'en être dépouillés, ils n'osèrent pas se réfugier dans la citadelle. Quelques jours après, une foule d'entre eux périrent par le feu avec leurs richesses, et ceux qui échappèrent à ce funeste sort cherchèrent un asile dans la forteresse auprès de Maniacès, et furent sauvés. Ils évitèrent ainsi les assauts terribles que les musulmans donnèrent à l'église de Sainte-Sophie. Ceux-ci avaient placé du côté nord une machine qui battit fortement en brèche cet édifice, jusqu'à ce qu'il fût écroulé. Puis, ayant jeté du feu dans l'intérieur, l'incendie se déclara, et une grande partie des personnes qui y étaient renfermées, ainsi que des richesses immenses et toutes les provisions des habitants que l'on y avait accumulées, devinrent la proie des flammes. La nation entière des musulmans soulevée vint fondre sur Maniacès. Celui-ci, renfermé dans la forteresse d'Edesse avec 400 hommes seulement, fit des prodiges de valeur (4). Cependant les émirs les plus considérables accouraient chacun de leurs provinces vers Edesse, de l'Egypte, du pays des Babyloniens, ainsi que Schebl de Khar'an, celui-là même qui fut blessé par un serviteur de Maniacès, nommé Rouzar'n, lequel était venu à lui en qualité de messager, et, à ce titre, à l'abri de tout soupçon.

D'un coup de sa hache d'armes, il l'atteignit à l'épaule; puis, avec la rapidité d'un aigle, il courut vers le fossé de la ville et y sauta, après avoir perdu son cheval, qui avait été criblé de blessures. On vit arriver en même temps l'émir Saleh (5) d'Alep, Mahmoud (Memod) de Damas (Temeschg), Mohammed (Mahmèd) de Hêms, Aziz de l'Egypte (Mesr), Ali de Menbêdj, Abdoullah (Abola) de Bagdad, Koreïsch de Mossoul (Mocel), Nacer-eddaula de Pagh'êsch (6), Houceïn de Her, Goudan de Salamasd (7), Ahi d'Arzoun (8), Ahvarid de Zepon (9), Ahlou de Bassora (Paçara), Vrêan de Guerguécéra (10), Schahvarid de Séboun, sans compter quarante autres émirs, lesquels se réunirent contre la forteresse d'Edesse. Tout l'été ils rivalisèrent d'efforts pour s'en emparer. Ce siége traînait en longueur, lorsque les musulmans voulurent brûler la ville et se retirer. Mais les habitants détournèrent les effets de cette résolution, à force de supplications et de présents. Ils firent comprendre aux assiégeants que les Romains, entourés des musulmans, ne pourraient pas conserver cette ville, que dans peu de temps ils l'abandonneraient en prenant la fuite, et regagneraient leur pays. Ces raisons parurent excellentes aux principaux chefs des musulmans, et après des assauts réitérés et des attaques prolongées contre la forteresse, ils rentrèrent chacun chez eux. Cependant Maniacès, cantonné dans la place, continuait toujours à se défendre contre les gens du pays qui ne cessaient de le harceler jour et nuit. Lui et toute sa garnison se trouvaient dans une perplexité extrême, parce que les vivres leur manquaient, et qu'il était impossible d'en introduire dans la ville. L'empereur Romain ayant appris la résistance héroïque de Maniacès, éprouva une très-vive joie, qui fut partagée par tous les fidèles du Christ. Il fit venir Salman et ses enfants, et leur conféra de hautes dignités et le commandement de plusieurs provinces. Ils se firent chrétiens. Tous les ans, l'empereur envoyait des renforts de troupes à Edesse; il fit construire une forteresse qu'il appela de son nom Romanopolis (11). Cependant les Arabes des pays limitrophes ne cessaient d'inquiéter les Romains sur toute la route qui conduit de Samosate à Edesse, et chaque année ils massacraient une quantité incalculable de chrétiens, dont les ossements restaient gisants, entassés comme des monceaux de pierres. Comme Maniacès était toujours dans la situation la plus fâcheuse, Romain eut l'idée de faire transporter du pain à Édesse dans des sacs, à dos d'homme (12). Il fit partir pendant la nuit 60,000 soldats (13) romains, qui, traversant l'Euphrate, se dirigèrent vers Édesse. Or, il n'y avait d'autre édifice sur le territoire d'alentour, que Ledar (14). Lorsqu'ils furent parvenus à Barsour, Schebib fondit sur eux, et les poursuivant jusqu'à Têsnatzor (15), tailla en pièces ces 60,000 hommes. Édesse resta plongée dans ces tribulations jusqu'au moment où les habitants, reprenant courage, triomphèrent de leurs ennemis. L'empereur fit la paix, et ils recouvrèrent la tranquillité ; dès-lors la persécution contre les chrétiens eut un terme. Ces événements se passèrent sous le règne du roi Aschod le Bagratide (16), sous le patriarcat du seigneur Pierre, catholicos d'Arménie. Mais plus tard, à l'époque de Thogrul (Doukhril), sulthan des Perses (17), Édesse fut prise par les infidèles. Après avoir enduré tant de peines, tant de fatigues et de tourments, le brave Maniacès fut destitué du commandement d'Edesse par Romain, qui en investit Aboukab, garde de la tente de David le Curopalate.

XLIV. Lorsque la révolution du calendrier arménien amena l'année 480 (14 mars 1031-12 mars 1032), une famine horrible désola tous les pays, et fit périr une multitude de gens. Il y en eut un grand nombre qui, dans la pénurie qu'ils éprouvaient, vendirent leurs femmes et leurs enfants. L'état de souffrance auquel étaient réduits ces malheureux était tel, qu'en parlant, ils rendaient l'âme. La terre fut dévastée par ce fléau.

XLV. L'année 484 (13 mars 1035 — 11 mars 1036)

mourut l'empereur Romain, victime des embûches de sa femme, qui lui servit un breuvage empoisonné, et qui se défit de lui par ce crime. Michel (Mikhaïl) monta sur le trône par la volonté de l'impératrice, fille de Constantin (1).

XLVI. A cette époque, David, roi d'Arménie, fils de Sénékérim, termina sa carrière, laissant le royaume de ses pères à son frère Adom. Celui-ci était un prince vertueux et juste, d'une vie sainte en Jésus-Christ, rempli de mansuétude et de bonté, miséricordieux envers les affligés, le soutien des pauvres et le protecteur des religieux, car il bâtit un grand nombre d'églises et de couvents.

XLVII. Cette même année, les musulmans revinrent avec des forces considérables contre Edesse, et passant sur la rive orientale du grand fleuve Euphrate, ils répandirent partout le meurtre, l'esclavage et la ruine. Une foule de chrétiens furent traînés en esclavage. Ils ravagèrent Alar, Sévavérag (1), teignirent de sang les eaux des fontaines et des ruisseaux, et firent tant de massacres, que la terre fut inondée de celui des chrétiens (2).

Cette même année, les troupes romaines, se rassemblant, marchèrent contre les musulmans. Elles étaient commandées par le frère de Michel, empereur des Grecs (3). A la tête d'une nombreuse cavalerie, il arriva à Mélitène ; mais, redoutant les musulmans, il n'osa pas sortir de la ville pour en venir aux mains avec eux. Ceux-ci, ayant connu son arrivée, reprirent le chemin de leur pays. Les Romains en firent autant, et rentrèrent chez eux, craignant de s'aventurer sur le territoire ennemi. Dans leur marche, ils plongèrent les chrétiens dans le deuil, plus même que n'avaient fait les musulmans.

XLVIII. A la date de notre calendrier marquée par l'an 485 (12 mars 1036 — 11 mars 1037), le soleil s'obscurcit et offrit aux regards un aspect terrible et menaçant. Car de la même manière qu'il avait dérobé sa lumière, au moment où Jésus-Christ fut crucifié, il se couvrit alors de ténèbres et se revêtit de deuil. Les astres s'enveloppèrent d'obscurité, et les cieux se tendirent de noir, comme d'une ceinture. Le soleil se voila en plein midi, et les étoiles apparurent comme au milieu de la nuit. Les ténèbres devinrent tellement épaisses, que toutes les créatures se mirent à pousser des cris ; les montagnes et les collines en retentirent ; les rochers tremblaient, agités sur leurs bases, et les flots de l'océan bouillonnaient bouleversés. Les enfants des hommes, plongés dans la douleur, versaient des larmes. A la vue de ce spectacle, ils étaient glacés d'épouvante, comme s'ils eussent été frappés par la mort. Le fils pleurait sur son père, le père sur son fils ; les petits enfants, épouvantés, tombaient dans les bras de leurs parents ; et les mères, en proie à une profonde affliction, pareille à un feu dévorant, se lamentaient sur leur sort. C'est ainsi que tous étaient dans la tristesse, assiégés de terreur, et ne voyant aucun remède à leurs maux. En présence de ce désordre de la nature, la stupéfaction et l'épouvante étaient générales. Alors le seigneur Pierre, catholicos des Arméniens, et le roi Jean, députèrent plusieurs personnages considérables au docteur arménien Jean, surnommé Gozer'n, afin d'obtenir de lui l'explication de ce signe céleste si extraordinaire. Car c'était un saint homme, admirable par ses austérités, habile interprète de l'ancien et du nouveau Testament, et rempli des grâces de la doctrine. Ceux qui furent chargés de ce message étaient Grégoire Magistros, fils de Vaçag (1), et Sarkis le Grand, de la race de Haïg (2), ainsi que plusieurs nobles et prêtres arméniens. Ils partirent pour aller le consulter sur la seconde apparition de ce phénomène effrayant. En arrivant chez Jean, ils le trouvèrent prosterné la face contre terre et accablé de tristesse ; le sol était arrosé de ses larmes. Témoins de sa douleur et des soupirs amers qui s'échappaient de sa poitrine, aucun d'eux n'osait l'interroger, respectant l'état d'abattement où ils le voyaient. Ses pleurs ne tarissaient pas, et il ne cessait de se frapper la poitrine. Alors les nobles arméniens s'assirent à ses côtés et restèrent jusqu'à la sixième heure du jour (3), sans se hasarder à lui adresser un mot ou une question sur le sujet qui les amenait. Tous ceux qui étaient venus là pleuraient. Jean, s'en apercevant, ouvrit la bouche et commença à leur parler, entrecoupant son discours de soupirs et de larmes abondantes. Il déplora d'abord le sort de toutes les nations fidèles, celui de l'ordre sacerdotal, la destruction du mystère du Saint des saints, les infortunes de l'Eglise, et l'anéantissement des préceptes divins dont elle est dépositaire. Ce fut dans les termes suivants qu'il s'adressa aux nobles arméniens : « O mes illustres enfants, écoutez les paroles de l'inconsolable et malheureux Jean : aujourd'hui sont accomplis les mille ans des tourments du crucifiement du Christ et de la délivrance du maudit Bélial (Péliar), que le Sauveur avait enchaîné dans le fleuve du Jourdain. C'est ce qui nous avait été prédit par le premier signe, comme je l'ai révélé quatorze ans avant qu'il n'apparût ; et maintenant ce signe s'est montré de nouveau. D'abord les cieux s'étaient entrouverts et la terre avait été enveloppée d'obscurité. Cette année-ci, les astres ont caché leur lumière, annonçant que désormais toutes les nations qui croient au Christ, marcheront dans les ténèbres, et que les institutions de la sainte Eglise seront ternies même par les peuples fidèles. Les chrétiens négligeront le jeûne, la prière ; ils perdront la croyance à la vie future ; la crainte des jugements de Dieu sera méprisée ; la véritable foi disparaîtra. Le culte de Dieu cessera, les hommes prendront en hain ses préceptes ; ils résisteront aux paroles de l'Evangile. Chacun se mettra en opposition avec les commandements de Dieu ; ils mépriseront les discours des saints docteurs, railleront les règles canoniques établies par les saints patriarches. C'est ainsi qu'un grand nombre d'entre eux tomberont du faîte de la foi, qu'ils détesteront les portes de la sainte Eglise, et que, dans leur négligence du jeûne et de la prière, ils deviendront aveugles pour le vrai culte. Ils encourront l'anathème, à cause de leur désobéissance aux avis contenus dans les paroles divines des chefs spirituels. Les fils, rebelles envers leurs parents, seront maudits par eux ; les parents seront maltraités par leurs fils. L'amour et l'affection s'éteindront dans le cœur desséché des amis, des pères et des enfants. Désormais une foule d'hérésies envahiront le sein de l'Eglise, par suite de la négligence des patriarches devenus pusillanimes, incapables, peu soucieux de veiller à la pureté du dogme, et tombés dans la démence. L'amour de l'argent leur fera rejeter leur foi, et les chants de bénédiction cesseront de retentir dans la maison du Seigneur. La frayeur du jugement de Dieu, au jour redoutable qui est à venir, sera bannie de tous les esprits ; ils oublieront la rétribution qui attend le juste et le pécheur, parce qu'ils seront amis de l'iniquité et enclins à la mauvaise voie. Leurs penchants les entraîneront au séjour réservé aux méchants. Les rois, les princes et les chefs spirituels causeront la ruine du pays. Les grands seront avides de présents corrupteurs, faux dans leurs discours, et parjures ; gagnés par des cadeaux, ils rendront leurs jugements au mépris du droit qui est dû aux pauvres. Aussi, la colère de Dieu éclatera, surtout contre eux, parce qu'ils auront exercé leur puissance avec partialité, et non suivant la loi divine, parce qu'ils auront régné sur les peuples avec une autorité absolue, sans s'embarrasser de les diriger dans la crainte de Dieu, et de les instruire comme l'a prescrit l'apôtre saint Paul. Les princes et les grands préfèreront les courtisanes à Dieu ; ils auront de l'aversion pour les chastes liens du mariage ; ils se vautreront dans l'adultère et la luxure. Ils ne chercheront qu'à faire périr leurs égaux ; ils honoreront les traîtres et les voleurs, spolieront les travailleurs, et seront dans leurs jugements plus rigoureux que n'exige la justice. O mes chers enfants, désormais l'inimitié entre les chefs spirituels sera cause que les portes de l'Eglise seront brisées, et les institutions saintes abolies au sein de toutes les nations. Leur cupidité les poussera à imposer les mains à une foule d'indignes ; ils appelleront à l'honneur du sacerdoce tous les hommes souillés. Alors le Christ sera offert en sacrifice par des mains sacriléges ; un grand nombre communieront dans de mauvaises dispositions, non pour leur salut, mais pour leur condamnation et la perte de leur âme. Il y aura cependant, en quelques endroits, de véritables sacrificateurs du saint Mystère, parmi les diverses nations ; et c'est grâce à leur intercession que Dieu aura pitié du monde. O mes enfants, ils blesseront l'homme juste et vertueux, ils éloigneront du sacerdoce l'homme pur. A ceux qui n'ont pas d'argent, ils ne conféreront pas l'imposition des mains, et comme nous l'avons annoncé quatorze ans avant que l'autre signe céleste n'apparût, beaucoup de gens perdront leur foi et leur religion, car nombre de prêtres et de moines se relâcheront de leurs devoirs ; ils deviendront avides de plaisirs et de voluptés, et passeront leur temps à méditer des chants diaboliques. Les religieux fuiront le désert, ayant en horreur la vie monastique, de l'aversion et du mépris pour les austérités des anciens anachorètes. Ils se montreront transgresseurs des règles et des saintes institutions, et délaisseront le chant des psaumes. Tout ce que je vous prédis doit arriver un jour, ô mes enfants. Les chefs spirituels du pays, dominés par leur cupidité, choisiront de préférence les hommes déchus et séparés des grâces du Fils de Dieu, pour les investir des fonctions sacerdotales, et établiront tous les réprouvés comme guides du peuple chrétien. Ils perdront même la conscience du mal qu'ils auront fait par ces choix criminels, parce qu'ils seront aveuglés par leur amour de l'argent. J'ai encore à vous dire que désormais le Christ sera percé par les prêtres indignes, de blessures plus cruelles que lorsqu'il fut crucifié et torturé par les Juifs, car ce qui manqua à sa Passion sera complété par eux. Ils entendront ces paroles : — Compagnon, pourquoi es tu entré dans ce banquet?—Alors ses pieds et ses mains ayant été liés, on le jettera dans les ténèbres extérieures, et ce qu'il aura recueilli sera accumulé sur sa tête pour sa perdition. O mes chers enfants, tous ces malheurs doivent arriver dans les derniers temps, parce que Satan a été délivré des liens qui le retenaient depuis mille ans, lui que le Christ avait enchaîné par sa croix. Dès lors les fidèles du Christ accourront pour le combattre, lui dont la mission est de faire la guerre aux saints, qui, à l'abri des préceptes divins, persistent dans les institutions de la véritable confession en Jésus-Christ, parmi les diverses nations de la terre. En même temps les infidèles, les maudits fils de Cham, les immondes hordes turkes, se précipiteront contre les peuples chrétiens. Tout, chez ces derniers, sera abattu par le glaive, tout sera détruit par la famine et l'esclavage. Beaucoup de contrées resteront dépeuplées ; les forces des saints seront anéanties, un grand nombre d'églises renversées jusque dans leurs fondements, et le mystère de la croix du Christ sera aboli. Au milieu de ce débordement croissant d'iniquités, les saintes solennités seront interrompues. Les fils seront en guerre avec leurs pères, ceux-ci prendront en haine leurs enfants ; les frères s'élèveront les uns contre les autres, et chercheront à s'entredétruire par le meurtre et l'effusion du sang. Ils méconnaîtront le lien de l'amour fraternel, et le même sang qui circule dans leurs veines se desséchera. Par ces œuvres abominables, ils se rendront les émules des mécréants. La terre sera bouleversée par les infidèles, et une rosée de sang couvrira les plantes des campagnes. Pendant soixante ans le monde sera ravagé par le fer et l'esclavage;

après quoi arriveront des nations belliqueuses, les Franks, et leurs nombreuses cohortes s'empareront de la cité sainte de Jérusalem, et le tombeau qui a reçu un Dieu sera affranchi. Après ces événements, la terre sera pendant cinquante ans livrée à l'extermination et à l'esclavage par les Perses, et ces maux seront sept fois plus considérables que les précédents. Les fidèles du Christ seront dans la consternation. Les armées romaines, accablées par des revers multipliés, perdront l'espérance; bien des fois elles seront taillées en pièces et exterminées par les Perses; leurs plus illustres et plus braves guerriers succomberont par le fer ou dans la servitude. Tant de maux accumulés sur les armées romaines, les jetteront dans un découragement complet. Mais au bout de cinquante années elles commenceront peu à peu à reprendre le dessus, et partout où subsisteront des débris des anciennes troupes, ils se grossiront d'année en année, et étendront au loin leurs conquêtes. Réveillé d'un long sommeil, l'empereur des Romains fondra, rapide comme l'aigle, sur les Perses, à la tête d'une armée formidable, nombreuse comme le sable des bords de la mer. Il s'élancera, pareil à un feu ardent, et la terreur de ses armes fera trembler le monde. Les Perses et tous les bataillons des infidèles prendront la fuite jusqu'au-delà du grand fleuve Djihoun (Dchahoun) (4). L'empereur deviendra pendant longtemps le maître universel. Sur la terre rajeunie s'élèveront les fondements d'un nouvel édifice, et cette rénovation sera pareille à celle qui suivit le déluge. On verra les populations s'accroître, les animaux se multiplier, et les sources, devenues abondantes, enfler les cours d'eau ; une fertilité toujours croissante enrichira les campagnes, tandis que la famine désolera le royaume des Perses, et y durera de longues années. Les habitants, se jetant les uns sur les autres, se dévoreront mutuellement. La crainte de la puissance romaine éloignera une foule de leurs grands personnages des villes et des provinces qu'ils occupent, et sans essayer la moindre résistance, ils se retireront au-delà du Djihoun. Leurs provisions accumulées à la longue, leurs monceaux d'or et d'argent, et leurs trésors, aussi abondants que la poussière de la terre ou des amas de pierres, leur seront enlevés pour être transportés chez les Romains. Leurs jeunes garçons, leurs jeunes filles, leurs femmes, y seront emmenés en esclavage. La Perse sera ruinée et dépeuplée par les Romains, et toute puissance sur la terre sera sous la main de leur souverain. »

Après avoir prononcé ce discours, le saint docteur Jean congédia les nobles arméniens et les renvoya en paix. Aussitôt ceux-ci se mirent en route pour retourner chez eux.

XLIX. Vers cette époque, un chef arménien nommé Kantzi réunit des troupes et vint enlever la ville de Pergri (1) aux Perses; dans l'Orient il extermina tous les habitants et passa au fil de l'épée les troupes musulmanes. Longtemps il dirigea ses attaques contre la forteresse, et la réduisit à l'extrémité ; nombre d'assiégés succombèrent faute d'eau. Mais comme les troupes arméniennes faisaient cette guerre avec nonchalance et passaient leur temps à boire, Khedrig, émir de Pergri, profitant de l'occasion, écrivit aux habitants, ses sujets, de venir à son secours. Les infidèles se rassemblèrent, et surprirent les Arméniens. A l'aurore ils fondirent sur eux, et en firent un horrible carnage. Ce jour même fut tué le grand prince Kantzi, et Dadjad son fils resta maître de la principauté que Kantzi possédait; mais toutes ses troupes passèrent dans la ville de Pergri.

Au commencement de l'année 486 (12 mars 1037 - 11 mars 1038), le seigneur Pierre, catholicos d'Arménie, abandonna secrètement son siége et se rendit dans le Vasbouragan. Il prit ce parti à cause de quelques difficultés qu'il éprouvait de la part du roi, des satrapes et de la noblesse militaire, qui fermaient l'oreille aux préceptes divins. Il séjourna pendant quatre ans dans le Vasbouragan, à Tzoravank' (2), couvent qui avait été bâti par le saint patriarche Nersès. Sa retraite répandit la tristesse dans tout le pays. Le roi Jean, de concert avec les satrapes, lui adressa une lettre dans laquelle ils protestaient de leur désir de suivre ses préceptes et de se conformer à sa doctrine lumineuse. Ils confirmèrent leur déclaration par les serments les plus solennels, et pour mieux réussir à l'attirer, ils employèrent comme médiateurs les chefs romains qui étaient venus en qualité de gouverneurs de provinces. Pierre se laissa persuader par ces serments, et revint occuper son siége. Mais lorsqu'il fit son entrée dans la ville d'Ani, il fut arrêté par l'ordre du roi Jean et mis en prison; on l'y retint un an et cinq mois. Alors Jean envoya à Sanahïn (3) et en fit venir le grand Dioscore (Téosgoros), supérieur de ce couvent. Celui-ci se rendit aux ordres de ce prince, et se posant en adversaire de Pierre, il accepta la dignité de catholicos. Monté sur le siége patriarcal, il l'occupa un an et deux mois.

contre la volonté de Dieu (4). Ce célèbre érudit devint pour tous un objet de dérision. Il avilit les hautes fonctions dont il était revêtu, et personne ne voulait recevoir de lui l'imposition des mains, cette prérogative qui appartient au saint siége. Son nom ne fut pas prononcé en pleine église avec celui des autres patriarches, parce qu'on le regardait comme un intrus. Un deuil universel régnait parmi les enfants de l'Arménie. Lors de la cérémonie de sa consécration, les évêques, les prêtres et les patriarches étaient absents. Mais lui, dans l'orgueil de son cœur, se regardant comme catholicos légitime, conféra l'épiscopat à une foule d'indignes. Ceux qui, pour leur conduite publiquement scandaleuse, avaient été chassés de leur siége par les catholicos précédents, devinrent l'objet de ses préférences et de son choix. Cependant les évêques et les docteurs d'Arménie excommunièrent le roi et les satrapes comme coupables d'avoir troublé la paix de l'Eglise. Ceux-ci, tremblant sous le coup de l'anathème, voulurent faire revenir le seigneur Pierre, mais il résista longtemps à leurs instances. Quoique tous implorassent le pardon de leur faute, il le leur refusa avec fermeté. Alors le roi et les grands écrivirent au catholicos des Agh'ouans, le seigneur Joseph (5), pour le prier de venir intercéder en leur faveur et rétablir Pierre sur son siége à Ani. Le seigneur Joseph, à la réception de cette lettre, prit avec lui les évêques de son pays, et partit pour remplir la mission que l'on réclamait de lui.

L. En l'année 487 (12 mars 1038 – 11 mars 1039), il y eut dans la ville d'Ani une réunion imposante d'évêques, de moines et de docteurs, de nobles et de satrapes, au nombre d'environ quatre cents. Le chef de cette réunion était le vénérable vieillard Joseph. Ils causèrent une grande douleur à Dioscore en le condamnant sévèrement, en le dépouillant de ses honneurs, et en le chassant du siége patriarcal. Il excommunièrent tous ceux qu'il avait ordonnés, avec défense à qui que ce fût de les admettre aux fonctions sacrées. Pierre ayant été réintégré, l'Eglise d'Arménie recouvra la paix; et Dioscore reprenant le chemin de Sanahïn, rentra, couvert de honte, dans son couvent.

LI. En l'année 489 (11 mars 1040 - 10 mars 1041), apparut sur l'horizon une comète qui jetait un vif éclat. Elle se montrait vers l'occident à partir du soir, et, suivant une marche rétrograde, elle rencontra dans sa course les Pléïades et la lune; puis elle disparut en revenant vers l'occident.

LII. Cette même année les Boulgares se soulevèrent contre les Romains. L'empereur Michel ayant rassemblé toutes les troupes grecques, marcha contre eux. Il saccagea impitoyablement une grande partie de leur territoire, y porta l'esclavage, et le parcourut le fer à la main. Les Boulgares, de leur côté, se réunirent pour résister aux Romains. La guerre s'alluma vivement, et il y eut une bataille qui fut signalée par un terrible carnage. A la fin les Boulgares eurent l'avantage; ils mirent les Romains en fuite et les poursuivirent avec acharnement l'épée à la main. Dans cette journée, la surface des plaines fut inondée de sang. Michel se sauva comme un fugitif à Constantinople. Les

Boulgares, vainqueurs des Grecs, leur reprirent les pays que ceux-ci leur avaient enlevés ; et délivrés du joug qui leur avait été imposé, ils jouirent d'une tranquillité parfaite (1).

LIII. Cette même année mourut le roi d'Arménie Aschod, le Bagratide, fils de Kakig et frère de Jean, laissant un fils nommé Kakig, qui n'était âgé que de quinze ans (1). Le corps d'Aschod fut transporté à Ani et déposé dans le tombeau des anciens rois arméniens. La raison pour laquelle ce prince n'entra jamais pendant sa vie mais seulement après sa mort, dans Ani, c'est parce que Jean le redoutait extrêmement ; en effet, Aschod était remarquable par sa force et sa bravoure. Après sa mort les troupes se relâchèrent du frein de la discipline, et prirent en aversion le métier des armes ; elles courbèrent leur front sous le joug de la servitude des Romains, s'adonnèrent aux plaisirs de la table, et firent leurs délices de la lyre et de la voix des chanteuses. Renonçant à cette union qui avait été l'élément de leur force, elles ne volèrent plus au secours les unes des autres. Les pays que le fer dévastait n'étaient plus pour elles qu'un sujet de plainte lugubre ; elles se contentaient de pleurer la perte de leurs frères, et s'abandonnaient réciproquement au glaive des Grecs. Ce fut ainsi qu'elles entraînèrent la ruine de leurs compatriotes, et qu'elles méritèrent d'être comptées au rang de leurs ennemis.

LIV. A cette époque le grand émir des Perses, Abou'l-séwar, ayant réuni environ 150,000 hommes, vint fondre avec rage sur les chrétiens. Animé d'une colère au souffle mortel, il entra dans la contrée des Agh'ouans, dans la province de David Anhogh'ïn, et fit souffrir les maux les plus cruels aux habitants (1). David, effrayé de la multitudes des infidèles, ne s'avança pas pour les combattre. Pendant ce temps le scélérat Abou'Iséwar s'empara d'un grand nombre de provinces, de forteresses et de localités, au nombre de quatre cents. Ayant séjourné un an dans ce pays, il le soumit en très-grande partie ; après quoi il se prépara à marcher contre David. Ce prince, réduit aux abois, envoya dire à Jean, roi d'Ani, qu'Abou'Iséwar, après s'être rendu maître de toutes les provinces arméniennes, était sur le point de l'attaquer. « Si tu ne viens pas à mon secours, ajoutait-il, je me soumettrai à lui, et lui servant de guide, je porterai la désolation dans ton district de Schirag. » Aussitôt Jean envoya à David un corps de 3,000 hommes. David expédia un semblable message au roi de Gaban, qui lui en accorda 2,000 (2). Ayant adressé les mêmes menaces au roi des Aph'khaz, celui-ci lui donna 4,000 hommes (3). Puis David rassembla ses propres troupes, qui se composaient de 10,000 combattants environ. En même temps il envoya porter ces paroles au catholicos des Agh'ouans : « Les infidèles marchent contre nous en haine de la foi chrétienne ; ils veulent détruire le culte de la Croix, et anéantir la religion du Christ. Il est du devoir de tous les fidèles, il est juste de s'avancer au-devant de leurs glaives et de mourir pour notre Dieu. Réunis les évêques arméniens qui résident dans le pays des Agh'ouans, et accourez tous dans notre camp, afin de partager notre trépas. » Le seigneur Joseph, ayant rassemblé deux cents évêques, vint rejoindre David. Il écrivit aussi à tous les supérieurs de couvents d'accourir avec leurs religieux ; il appela pareillement les prêtres et les diacres du pays des Agh'ouans. Ensuite il fit proclamer partout l'avis suivant : « S'il y a quelqu'un, homme ou femme, qui ambitionne la couronne du martyre, l'occasion de la mériter s'offre à lui. Que celui qui soupire après Jésus-Christ vienne à nous. » Les pères accompagnés de leurs fils, les mères avec leur filles, se hâtèrent de répondre à cette invitation. La plaine était couverte au loin d'une multitude immense, qui offrait l'aspect de troupeaux de brebis. En apprenant la nouvelle de ce concours de peuple, Abou'Iséwar en fit l'objet de ses railleries. En même temps il s'avança contre les Arméniens. David fit transmettre aux évêques, aux moines et aux prêtres cette recommandation : « Que chacun prenne en main, comme arme de guerre, la Croix et l'évangile seulement, et marche à l'ennemi. » Cependant les infidèles s'ébranlèrent, et toute la légion des prêtres se mit en mesure de leur résister, tandis que David, à la tête de 10,000 soldats aguerris, se portait en avant pour soutenir le choc. Dès que le combat fut engagé, les prêtres, élevant la voix tous ensemble vers Dieu et versant des larmes, firent retentir cette prière : « Seigneur, lève-toi, viens à notre aide et sauve-nous pour la gloire de ton saint nom. » Cependant les chrétiens, se précipitant dans les rangs des infidèles comme dans une mer, furent enveloppés de tous côtés. Alors les prêtres, agitant tous à la fois le signe sacré de la Rédemption, chargèrent l'ennemi avec impétuosité, et un feu ardent sortant du milieu d'eux le frappa. Les infidèles tournèrent le dos, et les Arméniens, les poursuivant l'épée à la main, ne discontinuèrent pas, pendant cinq jours, de les tailler en pièces. Les plaines et les montagnes se couvrirent de sang ; des trésors d'or et d'argent et un butin immense tombèrent entre leurs mains. Les débris de l'armée perse se sauvèrent à grand'peine, nus et sans chaussures, et se réfugièrent dans leur pays. En trois jours David reprit le territoire qui lui avait été enlevé ; après quoi il renvoya, comblées de richesses, les troupes qui étaient accourues à son secours. Il distribua aussi aux évêques, aux prêtres et à tous ceux qui étaient venus à lui, quantité d'objets pris sur le butin. La tranquillité fut ainsi rétablie.

Cette même année, un infâme personnage, qui appartenait au corps de la noblesse de Sénékérim, alla trouver l'empereur des Grecs, et lui fit entendre les plus odieuses dénonciations contre Adom et Aboucahl, fils de Sénékérim ; il représenta ces deux princes comme nourrissant le projet de se révolter et de lui susciter des embarras et des dangers. Michel ajouta foi à ces perfides propos, et envoya à Sébaste son Acolythe (4) à la tête de 15,000 hommes, avec la mission de lui amener ces deux princes, de gré ou de force. L'Acolythe étant arrivé à Sébaste, cette nouvelle jeta les fils de Sénékérim dans une surprise et une frayeur extrêmes. Il se convainquit que personne ne les égalait en prudence ; cependant ils redoutaient de partir.

LV. Alors Schabouh (1) dit à Adom et à Aboucahl : « Voulez-vous que je disperse au loin, que je mette en fuite les Romains ? » En prononçant ces mots, il plaça cinq cuirasses en fer l'une sur l'autre, et les frappant de son épée, il les fit voler en éclats. Les jeunes princes arméniens lui répondirent : « Garde-toi de tout acte de violence ; nous partirons avec les messagers qui sont venus nous chercher. » Et ayant offert de riches présents au général romain, ils se mirent en route avec lui pour Constantinople. En entrant dans cette ville, ils se rendirent en pleurs au tombeau de l'empereur Basile, et jetant sur ce monument l'écrit qui contenait le serment qui leur avait été donné, ils s'écrièrent : « C'est toi qui nous as fait venir dans le pays des Romains, et maintenant on menace notre vie ; rends-nous raison contre nos accusateurs, ô notre père ! » Michel ayant appris ce trait d'habileté, l'admira beaucoup, et ordonna de mettre à mort le faux dénonciateur.

LVI. En l'année 490 (11 mars 1041 - 10 mars 1042) mourut le roi d'Arménie Jean, frère d'Aschod et fils de Kakig, de la famille des Bagratides. Il fut enseveli à Ani dans le tombeau des rois ses prédécesseurs. Dès que les Romains eurent appris cet événement, l'empereur Michel leva des troupes et vint en Arménie. Il saccagea ce pays et y répandit l'extermination et la servitude. Il avait pour motif que Jean, de son vivant, avait donné aux Romains une déclaration écrite, portant qu'après sa mort, Ani leur appartiendrait, et qu'en retour de cet engagement, il avait reçu d'eux des présents et des honneurs pendant quinze ans. Après la mort de Jean, un des satrapes d'Arménie, homme perfide, nommé Azad (le noble) Sarkis (1), descendant de Haïg, prévint les Romains et leur offrit en don ce royaume. Puis, ayant enlevé le trésor des anciens souverains arméniens, il l'emporta chez les Aph'khaz ; il s'empara de quantité de forteresses et de bourgs, et voulut régner sur l'Arménie. Mais la famille des Bagratides arrêta ses vues ambitieuses, parce qu'il était descendant de Haïg.

LVII. Cette même année, l'Arménie fut affligée de calamités qui eurent pour auteur David Anhogh'ïn, chef de la famille dont faisait partie le roi Jean (1). David envahit ce royaume, portant dans plusieurs lieux la mort et l'esclavage. Il était venu du pays des Agh'ouans avec des forces considérables. Il fit des ravages immenses, et ses troupes répandirent partout l'incendie. Après quoi il s'en retourna dans ses états, chez les Agh'ouans.

LVIII. Cette même année, les Romains tentèrent une nouvelle expédition contre l'Arménie. Comme nos troupes manquaient de chef, beaucoup de provinces se soumirent; car leur arrivée était le signal de l'extermination. S'étant réunis pour attaquer la ville royale d'Ani, au nombre de 100,000 hommes, ils établirent leur camp sous ses murs. Les débris de l'armée arménienne accoururent vers le généralissime Vahram le Bahlavouni, et demandèrent à marcher contre un ennemi qui venait porter la guerre dans leurs foyers, le blasphème et l'injure à la bouche. Les Arméniens, la rage dans le cœur, pareils à des bêtes féroces rendues furieuses, s'avancèrent au nombre de 30,000, tant fantassins que cavaliers, et se dirigèrent vers la porte nommée Dzagh'gots (du jardin). Se précipitant comme la foudre sur les Romains, dont l'orgueil et la jactance étaient extrêmes, ils les firent reculer, les mirent en fuite et les exterminèrent impitoyablement. Le fleuve Akhourian, qui coule tout auprès, ne roula plus que des flots de sang. Les Arméniens, s'animant de plus en plus par les cris qu'ils poussaient dans l'action, terrifiaient les fuyards, qui dans l'impuissance de se sauver, et éperdus, tombaient sous le tranchant du glaive. Cette journée fut fatale aux Romains ; de chaque myriade il n'en resta que cent. Alors le grand et saint généralissime Vahram le Bahlavouni, s'interposant comme médiateur, envoya un message aux Arméniens pour les supplier en faveur des vaincus. Mais ce ne fut qu'avec beaucoup de peine qu'il put obtenir d'eux de laisser ceux-ci se retirer immédiatement. C'est ainsi que furent épargnés les débris de l'armée ennemie ; et depuis lors les Romains ne vinrent plus revendiquer la ville d'Ani. Ils s'en retournèrent honteusement à Constantinople auprès de Michel.

LIX. A cette époque fut suscité un jeune homme de dix-neuf ans, nommé Kakig, de la race des Bagratides, fils du roi Aschod, lequel était fils d'Aschod, fils d'Apas, fils de Sempad, fils d'Ergath (1). Ce jeune prince était très-vertueux, et d'une piété exemplaire. Tous les satrapes se rendirent auprès du patriarche, le seigneur Pierre, et Kakig fut sacré roi d'Arménie, par la grâce de l'Esprit Saint, et d'après l'ordre d'un prince illustre, ordre en vertu duquel notre grand et saint patriarche accomplit cette cérémonie. Ce prince était de la race de Haïg, et par son père descendait de la famille des Bahlavounis. Il portait le nom de Grégoire, comme issu de notre saint Illuminateur. Il brilla comme un second Samuel, émule du premier, qui sacra David roi d'Israël. Ce fut lui qui établit Kakig roi de toute l'Arménie. Pieux et plein d'amour pour Dieu, il se montrait invincible parmi les savants ; ses efforts, dirigés par la sagesse, n'avaient d'autre but que d'affermir notre trône national. Il demandait sans cesse à Dieu, avec instances, sa protection pour lui et pour la famille des Bahlavounis (2).

LX. Kakig, secondé par ses troupes, s'étant emparé de la personne de Sarkis, lui fit endurer toutes sortes de tourments, jusqu'à ce qu'il lui eût arraché, malgré ses refus obstinés, les forteresses, les provinces, les villes et les trésors, héritage de ses ancêtres, que celui-ci avait enlevés. La bonté divine permit que pendant ce temps les Romains se tinssent tranquilles ; ils ne cherchèrent plus à se rendre maîtres d'Ani, et à faire la guerre aux Arméniens. Deux ans s'écoulèrent, pendant lesquels tout réussit au roi Kakig par l'inspiration de l'Esprit Saint. Dans l'intervalle, ayant rassemblé son armée, il parcourut le royaume qu'il tenait de ses pères, soumettant les rebelles et remportant d'éclatants triomphes sur ses ennemis. A la tête de forces considérables, il vint camper dans la province d'Ararad, afin de tirer vengeance de la nation du midi (1). De son côté, le puissant prince Grégoire, fils de Vaçag, de la race Bahlavouni, vint établir son camp auprès du fleuve Hourazdan (2), non loin de la grande forteresse de Pedchni (3). Aussitôt les infidèles accoururent, et il y eut de terribles rencontres. Mais les Arméniens les vainquirent et en firent un grand carnage sur les bords mêmes du fleuve. Les chefs turks furent faits prisonniers, et les débris de leur armée s'en retournèrent en Perse.

LXI. A cette époque, et à l'instigation de l'esprit du mal, les Grecs se déclarèrent de nouveau contre nous, excités par les trames et la fourberie des faux chrétiens.

sujets de David Anhogh'ïn. Ce prince, dont le nom devrait être prononcé *Ta viht* (1), parce que ce fut lui qui plongea les fidèles dans le gouffre des calamités, tourmenté intérieurement par le démon, tomba dans l'abîme de la perdition et des supplices éternels.

LXII. Cette année, Michel ayant rassemblé des troupes dans tout l'empire grec, ainsi que dans la partie de l'Arménie qui était sous sa domination, à Sébaste, à Darôn, et dans tout le Vasbouragan, marcha vers l'Occident. Il porta l'esclavage dans la contrée des Goths (Kount) (1), et fit rentrer sous ses lois ceux qui s'étaient révoltés. Après avoir soumis tout leur pays, il revint à Constantinople, et bientôt après il mourut (2).

LXIII. Il eut pour successeur son neveu (fils de sa sœur), qui était déjà César. Celui-ci régna quatre mois seulement (1); car ayant conçu des pensées perverses, il se tendit lui-même le piége où il fut pris, d'après cette parole de l'Écriture : « Celui qui creuse la fosse pour son compagnon, y tombera lui-même ». Il poussa la folie de l'orgueil si loin, qu'il avait perdu la conscience de ses propres actions. En effet, il eut l'audace de faire raser les cheveux à la fille de l'empereur Constantin, et de la reléguer, chargée de fers, dans une île. Il ordonna aussi d'arrêter le patriarche de Constantinople, et le fit enchaîner et jeter dans un cachot (2). Il voulait par là s'assurer, à lui et à sa famille, la possession permanente du trône : mais comme c'étaient des gens scélérats, impies, véritable fléau du pays, Dieu vint en aide au patriarche. Il se travestit, brisa ses fers, et se sauvant de sa prison, courut se réfugier dans Sainte-Sophie. Tout Constantinople se souleva contre le César, et il y eut de grands combats livrés dans l'enceinte de la ville. Cette journée fut marquée par une lutte longue et acharnée entre les deux partis. Des torrents de sang coulèrent dans tous les quartiers, et Sainte-Sophie en fut inondée. A la fin, le patriarche l'emporta sur l'empereur, qui fut pris et eut les yeux arrachés. On démolit de fond en comble les maisons de ses parents; après quoi on fit revenir l'impératrice Kyra Zoé, en grande pompe, à Constantinople.

Dans ce temps-là périt le grand prince arménien Khatchig (3), avec un de ses fils encore tout jeune, nommé Ischkhan (4), dans la province de Vasbouragan. Les habitants de Her et de Salamasd étant venus en masse faire une incursion dans le district de Thor'évan, Khatchig apprit que les infidèles avaient pénétré sur son territoire. C'était un brave guerrier, habitué comme ses ancêtres aux succès militaires, un aigle de race ; mais comme il était devenu vieux, il avait abandonné le métier des armes. Il déplora amèrement l'impuissance de son bras affaibli par l'âge, d'autant plus que son fils aîné, le vaillant Haçan, et son autre fils Djendjegh'oug (passereau) étaient allés rejoindre avec ses troupes l'empereur Michel. Cependant Khatchig, ne pouvant contenir son ardeur, marcha à la tête de 70 hommes contre les infidèles, après avoir renfermé dans sa maison son troisième fils Ischkhan, qui ne comptait encore que quinze ans. Khatchig, parvenu en présence des ennemis, découvrit leurs bataillons épais. Aussitôt, animant de la voix sa petite troupe, il se jeta sur eux, et les attaquant vivement, il fit mordre la poussière à un bon nombre. Tout-à-coup il aperçut son fils, qui s'était échappé du lieu où il l'avait laissé, et qui volait au combat. A cette vue, Khatchig eut le cœur brisé, car Ischkhan était un enfant d'une beauté remarquable ; il courait comme un lionceau et se battait avec intrépidité. Khatchig, allant aussitôt à lui, le saisit et le força de rentrer ; mais Ischkhan s'élança de nouveau, revint dans la mêlée, et emporté par son courage, s'y engagea avec témérité. Les infidèles, sachant que c'était le fils d'un illustre guerrier, le cernèrent, s'emparèrent de lui et le tuèrent. Témoin de ce cruel spectacle, Khatchig fut saisi de douleur, et son épée lui tomba des mains. A l'instant, les infidèles, se jetant sur lui, le prirent et le massacrèrent. Ses compagnons d'armes s'enfuirent, et chacun revint chez soi. Au bout de quelque temps, les fils de Khatchig retournèrent des contrées de l'occident, où ils avaient appris la mort de leur père et de leur jeune frère. Ils étaient vêtus de noir, et versèrent d'abondantes larmes. L'aîné, Haçan, ayant appelé un raïs (chef) kurde qui habitait un district voisin, lui donna mille tahégans, en lui recommandant de se rendre à Salamasd, de dire aux habitants que tout le district de Thor'évan était dégarni d'hommes, et de les engager à profiter de cette occasion pour s'emparer des nombreux troupeaux de brebis qui s'y trouvaient, tandis que les bergers étaient dispersés dans les champs. Le raïs ayant exécuté ponctuellement ces injonctions, les infidèles accoururent au nombre de 15,000, au lieu qui leur avait été indiqué. Le raïs vint annoncer à Haçan et à Djendjegh'oug le succès de sa mission, et aussitôt Haçan, à la tête de 5,000 hommes, et avec la rage d'une bête féroce blessée, fondit sur les mécréants. En même temps, élevant sa voix, que les larmes entrecoupaient, et s'adressant à eux : « Où est celui, s'écria-t-il, qui a donné la mort à mon père Khatchig? qu'il paraisse! » Aussitôt un des infidèles, qui était un noir d'une force athlétique, répondant à ce défi : « C'est moi, dit-il, qui ai tué le brave Khatchig. Voilà son cheval de bataille, son vêtement, son drapeau et son épée, qui maintenant sont ma propriété. » La vue de ces objets arracha de nouvelles larmes des yeux de Haçan. Dégaînant son épée, il se précipita comme un lion au milieu des infidèles, et frappant le meurtrier de son père, il le partagea en deux et l'abattit. Puis, s'emparant de son cheval et de son étendard, il s'en retourna sans avoir reçu aucune blessure. D'un autre côté, son frère Djendjegh'oug s'écria : « Quel est celui qui a tué mon frère Ischkhan? qu'il sorte des rangs à l'instant même, afin que je le connaisse! » A l'instant un Perse redoutable par sa bravoure parut et dit : « C'est moi qui ai tué Ischkhan, voilà son cheval blanc, voilà sa bannière. » Prompt comme la foudre, Djendjegh'oug fondit sur lui et lui fit mordre la poussière. Puis, saisissant le cheval de cet homme et son étendard, il vint rejoindre Haçan. En même temps, celui-ci, appelant à lui les siens, attaqua avec intrépidité les infidèles, les mit en fuite et en tua 4,000. Tout joyeux de ce succès, les fils de Khatchig s'en retournèrent tranquillement et quittèrent leurs habits de deuil.

LXIV. Au commencement de l'année 492 (11 mars 1043 - 9 mars 1044), Monomaque, nommé aussi Constantin, monta sur le trône à Constantinople (1). Cette année, les Romains eurent une guerre considérable à soutenir

Maniacès, le même qui précédemment s'était rendu maître d'Edesse, se déclara contre Monomaque, et se posa la couronne sur la tête. Il réunit sous ses drapeaux tout l'Occident, et appela comme soutiens de sa cause les populations de cette partie de l'empire. La terreur qu'il inspirait les fit ranger dans son parti, car c'était un guerrier heureux dans les combats, et d'un courage éprouvé. A son tour, l'empereur Monomaque rassembla des forces dans toute l'étendue de ses états, ainsi que les Arméniens, et marcha vers l'Occident pour s'opposer à Maniacès, qui se faisait un titre de son habileté militaire pour revendiquer la couronne. Les Romains étaient dans l'épouvante. Mais avant que les deux partis ne se fussent mesurés, la colère de Dieu frappa Maniacès, et ce guerrier tant de fois victorieux mourut subitement. Cet homme pervers ayant cessé d'exister, la paix fut rétablie, et les rebelles prirent la fuite. Monomaque, après en avoir fait rentrer plusieurs dans le devoir, rentra à Constantinople (2).

LXV. A cette époque, l'infâme Sarkis commença à donner cours à ses trames perfides. Il suggéra à Monomaque l'idée d'inviter le roi d'Arménie Kakig à se rendre auprès de lui à Constantinople, en l'attirant sous un prétexte d'amitié, et de lui enlever ainsi par surprise la ville d'Ani. Ce conseil plut singulièrement à l'empereur, et dans son cœur germa la plante de la malice, et l'envie de devenir possesseur de l'Arménie. Il écrivit à Kakig une lettre qui contenait les serments les plus solennels, et poussa si loin l'oubli de toute pudeur, qu'il accompagna cette lettre de l'envoi de l'Évangile et de la sainte Croix comme gage de sa sincérité. C'est ainsi qu'il engagea le roi d'Arménie à se rendre en ami auprès de lui, et comme pour satisfaire le désir qu'il avait de le voir. Kakig refusa d'abord, car il connaissait la duplicité des Romains. Mais le traître Sarkis et d'autres nobles qui étaient d'intelligence avec lui, se présentèrent à Kakig et le poussèrent à entreprendre ce voyage. «O Roi, lui dirent-ils, pourquoi hésites-tu après de pareils serments, confirmés par l'envoi de l'Évangile et de la sainte Croix? ne crains rien de notre part; nous mourrons pour toi, s'il le faut. » Ils prirent pour garants de leur véracité le seigneur Pierre, et firent les plus terribles serments. Ils apportèrent le Mystère sacré du corps et du sang du Fils de Dieu, et plongeant la plume dans ce sang vivifiant, eux et le patriarche consignèrent ce serment par écrit. Kakig partit donc pour Constantinople. A son arrivée, toute la ville sortit en foule au-devant de lui, et on le conduisit chez l'empereur en grande pompe et avec les honneurs dus à son rang. Pendant quelque temps, Monomaque le traita avec une haute distinction. Cependant les traîtres renégats, qui avaient scellé leurs serments avec le sang de Jésus-Christ, envoyèrent à Monomaque les quarante clefs d'Ani, avec une lettre dans laquelle se trouvaient ces mots : « Ani et tout l'Orient se sont donnés à toi. » L'empereur ayant mandé Kakig, lui montra les clefs de son palais et de la ville, ainsi que la lettre qui lui avait été adressée, et lui dit : « On m'a donné Ani et tout l'Orient. » Aussitôt Kakig comprit qu'il était victime d'une trahison ; gémissant et fondant en larmes, il s'écria : « Que le Christ soit juge entre moi et ceux qui m'ont trompé ! » Puis il dit à Monomaque : «C'est moi seul qui suis maître et souverain de l'Arménie, et je ne livre pas mon royaume entre tes mains, parce que tu m'as attiré ici. » Pendant trente jours il persista avec fermeté dans son refus ; mais enfin voyant qu'il n'y avait aucun moyen de sortir de cette position difficile, il consentit à cette cession. Monomaque lui donna en retour Galonbegh'ad et Bizou (1), et ne lui permit plus de revenir à Ani. C'est ainsi qu'il s'arrogea les possessions héréditaires du roi d'Arménie. Celui-ci séjourna comme un exilé au milieu de la cruelle et perfide nation des Grecs. Partout où il allait, sa présence les troublait, par la honte infinie qu'elle leur causait ; car il se montrait à leurs yeux avec la majesté d'un souverain. Il ne cessait de nourrir dans son cœur un profond chagrin né du souvenir du trône de ses pères que lui avaient fait perdre les apostats qui l'avaient trahi, et la race perverse des hérétiques (2).

LXVI. Au commencement de l'année 493 (10 mars 1044 - 9 mars 1045) Monomaque rassembla des forces considérables dans tout l'empire, et les envoya dans l'Orient pour revendiquer Ani. Il avait mis à leur tête l'Accubiteur (1), qui arriva avec ses troupes sous les murs de cette ville. Monomaque voulait donner le gouvernement de l'Arménie à cet homme-femme (eunuque), qu'il avait appelé à remplacer le brave Kakig, banni à jamais par lui de l'Orient. Cependant les habitants ne consentirent pas à livrer leur ville : ils réclamaient vivement leur roi, en accablant de malédictions leurs agresseurs. Ils firent une sortie générale, et une grande bataille fut livrée à la porte d'Ani. Ils mirent les Romains en déroute, les poursuivirent en les massacrant, et pillèrent leur camp. Après cette éclatante victoire, ils rentrèrent dans leurs murs, tandis que les Romains, couverts de honte, se retiraient sur leur territoire. L'Accubiteur établit ses quartiers d'hiver à Ough'thik' (2). Les Arméniens ayant appris que leur roi ne devait plus leur être rendu, et comment les satrapes l'avaient livré, toute la nation versa des larmes. Les habitants d'Ani, prosternés autour des tombeaux de leurs anciens souverains, déploraient amèrement la perte qu'ils avaient faite de leur chef, et la destruction de leur trône national; ils pleuraient sur Kakig et la race des Bagratides, en proférant d'horribles imprécations contre ceux qui avaient abusé ce prince. Cependant à la fin voyant le mal sans remède, les habitants et les troupes consentirent à ce qui leur était demandé. Ils écrivirent à l'Accubiteur de venir, lui prêtèrent serment et se donnèrent à lui. Telle fut la fin de la dynastie des Bagratides.

LXVII. En l'année 494 (10 mars 1045 – 9 mars 1046) la colère céleste éclata d'une manière terrible : Dieu jeta sur ses créatures un regard courroucé. Un effroyable tremblement de terre ébranla l'univers, suivant la parole du prophète, qui dit : « Il regarde la terre et la fait trembler. (Psaume CIII, 32). » C'est ainsi que le monde entier fut agité. Dans le district d'Eguégh'iats, beaucoup d'églises s'écroulèrent jusqu'aux fondements, et la ville d'Erzenga fut ruinée entièrement (1). La terre s'entrouvrit violemment; des hommes et des femmes furent engloutis dans ses profondeurs, et pendant plusieurs jours du sein de ces abîmes on entendit sortir des cris lamentables. On était alors dans l'été, et chaque jour le fléau se répétait.

Il serait impossible de décrire les calamités dont Dieu nous affligea en punition de nos péchés. Ce même été, l'obscurité et les ténèbres devinrent générales et si épaisses, que le soleil et la lune n'apparaissaient plus que couleur de sang. Lorsque ces deux astres montèrent au zénith, on était dans la sainte Cinquantaine (2).

LXVIII. A l'automne, les Romains marchèrent contre la ville de Tevïn. Lorsque le combat fut engagé, ils éprouvèrent les effets de la vengeance céleste : ils furent vaincus et mis en pièces par les infidèles, qui en firent un horrible carnage. La majeure partie de leur armée fut exterminée ou réduite en esclavage (1). Parmi ceux qui succombèrent étaient le général en chef des Arméniens Vahram et son fils Grégoire, qui furent tués dans l'action sous les murs mêmes de Tevïn.

LXIX. Cette année, une grande calamité nous vint de la Perse. Trois hommes sortis du divan de Thogrul Sulthan, savoir : Baugh'i, Bough'i et Anazougli, s'avancèrent dans le pays des musulmans avec des troupes nombreuses, traînant avec eux une multitude immense de captifs. Ils établirent leur camp sur les bords de la rivière Arian (1), dans le territoire de Mossoul. Le chef des troupes de Mossoul, nommé Koreïsch (Kourèsch) (2), seigneur de cette ville, ayant réuni son armée, se porta à la rencontre des ennemis, à la tête des Arabes. Une grande bataille fut livrée, dans laquelle les Turks triomphèrent des Arabes, les mirent en fuite, et s'emparèrent de leurs femmes et de leurs enfants. L'émir Koreïsch ayant arboré un drapeau noir, accourut en suppliant chez ses compatriotes, et en revint avec des forces considérables contre les Turks. Après un combat acharné, il vainquit les Turks et leur enleva non-seulement le butin qu'ils lui avaient pris, mais encore celui qui leur appartenait en propre. Les Turcs s'enfuirent jusqu'à Bagh'ïn (3), répandant le sang en une foule de lieux. Dans le district de Thelkhoum (4), le massacre des chrétiens fut très-considérable. Après avoir fait une multitude de captifs, reprenant le chemin de la Perse, ils arrivèrent à la ville arménienne d'Ardjèsch (5). Cette ville relevait d'un chef romain nommé Etienne (Sdeph'an) qui en était gouverneur avec le titre de Catapan. Les émirs perses lui envoyèrent de riches présents, afin d'obtenir passage pour regagner leur pays. Mais Etienne, plein d'orgueil, étant venu les attaquer, eut le dessous, et éprouva de grandes pertes. Il tomba entre les mains des Turks, qui le conduisirent dans la ville de Her, où ils le firent périr dans des tourments affreux. Ils l'écorchèrent, et ayant rempli sa peau de foin, la suspendirent au rempart. Les parents d'Etienne qui en furent instruits, rachetèrent son corps et sa peau au prix de 10,000 tahégans (6).

LXX. En l'année 495 (10 mars 1046 - 9 mars 1047), Monomaque leva des troupes et les plaça sous le commandement de l'un des plus hauts dignitaires de l'empire, l'eunuque [Catacalon le Brûlé], Téléarche (Déliarkh) (1). Celui-ci, à la tête d'une armée formidable, marcha contre Tevïn, et vint camper aux portes de la ville. Comme c'était pendant l'hiver, la rigueur du froid, l'abondance des pluies l'empêchèrent d'en faire le siége ; de cette manière il resta invincible, puis il rentra dans le pays des Romains.

LXXI. Lorsque le renouvellement de l'ère arménienne eut amené l'an 496 (10 mars 1047 - 8 mars 1048), le

Téléarche revint avec des forces imposantes contre Tevïn. Il commit une foule d'actes de cruauté, et répandit la désolation dans cette province, massacrant les musulmans, et les réduisant en esclavage. Après quoi il opéra tranquillement sa retraite (1).

LXXII. Cette même année, un patrice nommé Thornig (1), originaire d'Andrinople (Anternabolis), se révolta contre Monomaque. C'était un vaillant et redoutable guerrier; ayant levé des troupes innombrables dans tout l'Occident et chez les Goths (Kount), il marcha contre Constantinople. Il plongea cette ville dans le désespoir et la réduisit à la situation la plus critique. L'empereur n'osait pas sortir pour se mesurer avec lui. Les habitants avaient tellement à souffrir des rigueurs de ce siége, qu'ils fermèrent une des portes de la ville avec de la boue et des pierres. La guerre que leur faisait Thornig était si cruelle, qu'il démolit de fond en comble l'église des saints Anargyres, édifice situé hors des murs, et qu'il jeta dans l'Océan toutes les richesses de l'église des saints Martyrs (2).

Cependant Monomaque et les grands, consternés, et jugeant leur position désespérée et toute résistance impossible, imaginèrent, de concert avec le patriarche, la plus perfide machination contre Thornig. Ils lui écrivirent pour lui promettre, sous la foi des serments les plus solennels, afin de mieux le tromper, de lui donner dès ce moment la dignité de César, et après la mort de Monomaque, la couronne. Cette lettre et ces serments convainquirent Thornig de leur sincérité. Ils lui mandaient qu'ils avaient trouvé consigné dans les livres qu'après la mort de Monomaque il était destiné à s'asseoir sur le trône. Le patriarche, les prêtres et les grands se rendirent auprès de Thornig, et renouvelèrent leurs serments en sa présence. La paix ayant été conclue et l'amitié établie, ils l'amenèrent à Constantinople. Mais au bout de quelques jours, ils violèrent la foi jurée, et renièrent Dieu qu'ils avaient pris à témoin, suivant l'habitude des Romains, qui est de faire périr les grands en les abusant par de faux serments. Le brave Thornig fut privé de la vue.

LXXIII. En l'année 498 (9 mars 1049 - 8 mars 1050) sous le règne de Monomaque César, qui par la fourberie et le parjure dépouilla la dynastie des Bagratides de la souveraineté de l'Arménie, et sous le pontificat du seigneur Pierre, catholicos, une calamité, signe de la colère divine, nous vint de la Perse par ordre de Thogrul Sulthan. Deux généraux sortirent de son divan, nommés, l'un Ibrahim (Apréêm) et l'autre Koutoulmisch (Kethelmousch). Ils s'avancèrent à la tête d'une armée formidable contre l'Arménie. Ils avaient appris que, grâce aux Romains, ce pays était sans chef et sans défense, car ceux-ci avaient enlevé de l'Orient tout ce qu'il y avait de guerriers courageux, et n'envoyaient à leur place que des eunuques (1). Ils se dirigèrent d'abord contre la célèbre et populeuse ville d'Arménie que l'on appelle Ardzen (2). Ils n'ignoraient pas qu'elle était dégarnie de remparts et qu'elle renfermait une multitude d'hommes et de femmes, ainsi que des trésors immenses d'or et d'argent. A la vue des infidèles, les habitants sortirent pour les repousser. Un combat terrible s'engagea sous les murs mêmes de la ville. Il dura une grande partie de la journée, et les campagnes se couvrirent de sang ; car il n'y avait aucun lieu qui pût servir d'abri, et nul secours à attendre : la mort seule s'offrait aux habitants. Enfin, écrasés par le nombre, ils tournèrent le dos, et les infidèles, pénétrant dans la ville l'épée nue, massacrèrent tous ceux qui s'y trouvaient, au nombre de 150,000. Il serait superflu de mentionner l'or, l'argent, les étoffes de brocart d'or dont ils s'emparèrent ; la plume est impuissante à en retracer la quantité. J'ai entendu raconter souvent et par beaucoup de gens, au sujet du chorévêque Tavthoug (3), dont Ibrahim enleva les trésors, qu'il fallut quarante chameaux pour les emporter, et que huit cents sixains de bœufs sortirent de ses étables. A cette époque il y avait à Ardzen huit cents églises où l'on célébrait la messe. Ce fut par ce cruel désastre et après un affreux carnage que tomba cette belle et noble cité. Comment raconter ici, d'une voix étouffée par les larmes, le trépas des nobles et des prêtres dont les corps, laissés sans sépulture, devinrent la proie des animaux carnassiers, le sort des dames d'une haute naissance conduites avec leurs enfants comme esclaves en Perse, et condamnées à une éternelle servitude ! Ce fut le commencement des malheurs de l'Arménie. Prêtez donc une oreille attentive à ce récit douloureux. L'extermination de la nation orientale s'opéra successivement d'année en année, et Ardzen est la première ville qui fut prise et disparut dans cette ruine.

Cependant Monomaque, ayant appris cette triste nouvelle, fit partir pour l'Orient des troupes dont il confia le commandement aux généraux Catacalon (4), Grégoire [Magistros], fils de Vaçag, et Libarid, frère de R'ad le brave (5). Ils arrivèrent en Arménie à la tête de ces forces qui étaient considérables, pour repousser les Perses.

LXXIV. Cette même année, Monomaque écrivit au catholicos Pierre, pour lui mander de se rendre auprès de lui à Constantinople. Celui-ci s'empressa d'obéir à cet ordre. Mais réfléchissant que les Romains ne le laisseraient peut-être plus jamais retourner en Orient, il désigna comme son successeur un homme digne de tout éloge, le seigneur Khatchig. Il eut la même prévision à l'égard du myron (1), huile bénite servant à la consécration, dans le rite arménien. Il l'ensevelit dans le fleuve Akhourian, en la renfermant dans des vases : il y en avait 400 livres pesant. Il voulait éviter que ce précieux dépôt ne tombât entre les mains des Romains ; et il est resté là jusqu'à ce jour. Il l'y cacha pendant la nuit, dans un endroit voisin de la porte d'Ani. Puis il partit escorté des nobles attachés à sa maison, tous gens d'une haute distinction, au nombre de 300, et armés, de docteurs, d'évêques, de moines, de prêtres, au nombre de 110, montés sur des mulets, et de 200 domestiques à pied. A la suite de Pierre venaient le premier et le plus illustre de tous, le vartabed Poulkhar ; l'éminent Khatchadour, chancelier ; Thaddée (Thatêos), homme sans pareil comme littérateur ; Georges (Kêork) K'arnégh'etsi ; Jean (Ohannès) K'arnégh'etsi ; Matthieu (Madthêos), du couvent de Hagh'pad ; Mekhithar de Knaïr ; Diranoun Gabanetsi, le philosophe ; Mekhitharig ; Vartan, du couvent de Sanahïn ; Basile (Parsegh') Paschkhadetsi ; l'éminent et vénérable Elisée (Egh'ischê) ; Basile (Parsegh'), son frère ; Georges, surnommé Tchoulahag-tzak ; les seigneurs

Ephrem, Ananie et Khatchig. Tous ces docteurs, philosophes et savants, versés dans la connaissance de l'ancien et du nouveau Testament, ainsi que l'illustre seigneur Pierre, qu'ils accompagnaient, firent le voyage de Constantinople. En apprenant leur arrivée, les habitants, avec les grands de l'empire, accoururent en foule au devant de Pierre, et le conduisirent en pompe à Sainte-Sophie. Là, l'empereur et le patriarche (2) étant venus le rejoindre, l'amenèrent à un magnifique palais. Monomaque ordonna de pourvoir à toutes ses dépenses, et le premier jour, on lui donna un *centenarium* (3). Le lendemain Pierre alla au palais faire sa visite à l'empereur. Ce prince, instruit de son arrivée, s'avança au-devant de lui, et commanda de le faire asseoir sur un siége d'or, dont le seigneur Elisée se saisit lorsque le patriarche se retira. Comme les gens de service s'efforçaient de le lui arracher, Elisée le retenait avec force. Monomaque ayant demandé le motif de cette résistance, Elisée lui répondit : « O prince, ce siége est devenu un trône patriarcal, et nul n'est digne maintenant de s'y asseoir, si ce n'est le seigneur Pierre. » Monomaque goûta beaucoup cette raison, et dit : « Laissez-lui ce trône patriarcal. » Puis s'adressant à Elisée : « Ce siége, lui dit-il, vaut mille tahégans; conserve-le pour ton seigneur [le patriarche], afin que nul autre que lui ne s'y place. » Pierre vécut quatre ans à Constantinople au milieu des Romains, traité avec les plus grands égards, et chaque jour il voyait augmenter sa considération et ses honneurs. Lorsqu'il se rendait chez l'empereur, on portait devant lui la crosse patriarcale, et dès que ce prince l'apercevait, il se prosternaît à ses pieds. Il intima aux grands de sa cour l'ordre de ne jamais manquer d'aller au devant du seigneur Pierre. Au bout de ce temps l'empereur et le patriarche [de Constantinople] lui donnèrent de riches présents, des robes de brocart, beaucoup d'or et d'argent. Monomaque accorda aussi divers insignes et des dignités aux nobles de sa maison, et il éleva au rang de syncelle (4) le neveu (fils de la sœur) de Pierre, le seigneur Ananie ; puis ayant fait cadeau au patriarche de vêtements précieux de toutes sortes, il le congédia avec bienveillance, chargé des marques de sa munificence. Pierre, ne pouvant plus retourner à Ani, fixa sa résidence à Sébaste, auprès des fils de Sénékérim, et il y vécut entouré de respect.

Cependant les troupes grecques étant arrivées dans l'Orient, Catacalon, Aaron (Ar'ôn) Vestès (5) et Grégoire, fils de Vaçag, appelèrent à eux Libarid, prince des Géorgiens. Ils parvinrent auprès du fort de Gaboudrou, dans le district d'Ardchovid (6). Les Turks ayant appris qu'ils approchaient, s'arrêtèrent, tandis que les Romains étaient campés en ce lieu. Les infidèles s'étant avancés du côté de Libarid, celui-ci fit venir le préfet de nuit Tchordouanel, son neveu (fils de sa sœur), qui était un intrépide guerrier. Les Turks commencèrent l'attaque pendant la nuit ; et le bruit de la mêlée retentit aux oreilles de Libarid. « Accours, lui criait-on, les infidèles nous ont cernés. » Il répondit : « C'est aujourd'hui samedi, et ce n'est pas ce jour-là le tour des Géorgiens de combattre. » Cependant Tchordouanel, semblable à un lion, frappait dans les ténèbres les ennemis et les poussait vivement, lorsqu'une flèche vint l'atteindre à la bouche et lui sortit par la nuque ; il expira du coup. Libarid, apprenant sa mort, s'élança furieux et mit les Turks en déroute sur toute l'étendue de la plaine, qu'il changea en un marais de sang. Témoins de ses prouesses, les Romains le trahirent, l'abandonnant au milieu des infidèles, et prirent la fuite, afin de lui ôter l'occasion de se couvrir de gloire. A cette vue les Turks revinrent à la charge contre les Géorgiens. Au plus fort de la mêlée, Libarid, pareil à un lion, faisait entendre sa voix, lorsqu'un Géorgien, qui se tenait derrière lui, coupa du tranchant de son épée les jarrets du cheval de Libarid, et ce héros, tombant à terre, se trouva assis sur son bouclier. « C'est moi qui suis Libarid, s'écriait-il. » Aussitôt les infidèles massacrèrent un grand nombre de Géorgiens, et mirent le reste en fuite. Il firent Libarid prisonnier et l'emmenèrent dans le Khoraçan (7), auprès de Thogrul Sulthan (8). Car déjà depuis longtemps sa renommée était parvenue jusqu'à ce prince, qui connaissait sa bravoure à toute épreuve. Il demeura à sa cour deux ans, et se distingua par plusieurs traits de courage. Là se trouvait un noir, homme fort et courageux, que l'on mit aux prises avec Libarid en présence du sulthan : Libarid vainquit son adversaire et le tua. En récompense, Thogrul lui rendit la liberté et le renvoya comblé de présents dans le pays des Romains. Le prince géorgien s'en vint à Constantinople auprès de Monomaque, qui fut enchanté de le revoir, et qui, après lui avoir donné des preuves de sa haute munificence, lui permit de retourner chez lui rejoindre sa femme et ses enfants. Ce Libarid était frère de R'ad et de Zoïad (9). Il était géorgien de nation et descendait d'une famille qui avait produit d'illustres guerriers.

LXXV. En l'année 499 (9 mars 1050 - 8 mars 1051), les Romains eurent à soutenir de terribles assauts. Un grand nombre de provinces furent dévastées et livrées au massacre et à la ruine par les Patzinaces (Badzénig) (1), peuple avide de dévorer les cadavres, scélérat et immonde, bêtes cruelles et sanguinaires. Car la nation des Serpents (2), ayant franchi les limites de son territoire, chassa devant elle les Khardêsch (3). Les Khardêsch émigrant repoussèrent les Ouzes (4) et les Patzinaces, et tous ces peuples réunis tournèrent leur fureur contre les Romains. Constantinople fut livrée aux plus grandes calamités, et les plus nobles personnages furent traînés en esclavage. Il nous serait impossible de raconter toutes les tribulations qui affligèrent les Romains cette année. Car ces hordes firent des ravages épouvantables. L'empereur consterné n'osait pas sortir de sa ville pour aller les repousser, parce qu'elles étaient innombrables. Après avoir fait sur les terres de l'empire un séjour prolongé, elles regagnèrent leur pays, et la tranquillité fut rétablie (5).

LXXVI. Sur la fin de l'année 500 (9 mars 1051 - 7 mars 1052), une venimeuse dénonciation fut portée à l'empereur Monomaque. Des langues perfides firent retentir à ses oreilles des calomnies contre de nobles Arméniens qui résidaient dans le district de Bagh'ïn. Comme on lui dit qu'ils s'opposaient à ses ordres et qu'ils avaient l'intention de se révolter, il envoya des troupes à Bagh'ïn; et aussitôt il commença à répandre le poison de sa malice sur des gens innocents, et à traiter cruellement tout ce district; et dépouilla ces nobles de leurs honneurs. Monomaque avait envoyé là un homme abominable, nommé Ber'os (1), véritable général de Satan. Celui-ci voulut s'emparer des quatre princes, fils d'Abel (Hapêl), Harbig, guerrier distingué, David, Léon (Lévon) et Constantin, ainsi que des autres chefs. Alors tous se concertèrent secrètement, convenant de se cantonner chacun dans son château-fort, et s'engageant réciproquement par serment à mettre leur projet à exécution le samedi matin. Mais un des confédérés, nommé Thoroçag, seigneur de Thelbagh'd (2), manquant à la foi jurée, donna avis à Ber'os de la résolution que les chefs avaient prise de ne pas se rendre à son appel. Ignorant cette trahison, les fils d'Abel, ainsi qu'ils en étaient convenus, se renfermèrent au jour fixé dans la grande forteresse d'Argni, située dans le voisinage du district de Thelkhoum, tandis que les autres allaient trouver Ber'os. Lorsque Ber'os sut ce qu'avaient fait les quatre fils d'Abel, il s'avança vers Argni avec des forces considérables. D'abord, l'aspect imposant de cette place le surprit profondément, et il n'osa pas l'attaquer, tant elle était élevée et paraissait imprenable, ni même en approcher. Aussitôt il conçut la plus odieuse pensée et résolut de la mettre à exécution. « Celui, dit-il, qui m'apportera la tête de Harbig, recevra de l'empereur une grosse somme, des dignités et des honneurs. » Cette promesse ayant été connue des compagnons d'enfance et des vieux amis de Harbig, qui se trouvaient avec lui dans la forteresse, ils méditèrent une trahison digne de Judas et de Caïn, le meurtrier de son frère. Non loin de la forteresse et en face était un lieu où Harbig s'était posté avec quelques hommes, et qu'il gardait. Pendant trois jours il n'avait pu prendre un seul instant de sommeil. Les fourbes lui dirent : « Seigneur, pourquoi ne goûtes-tu pas quelques moments de repos? Nous voici disposés à sacrifier notre vie pour toi. » Harbig les crut et s'en alla dormir, car il succombait sous l'excès de la fatigue. Dès qu'il fut plongé dans le sommeil, ses perfides amis lui coupèrent la tête avec une épée, et vinrent cette nuit même apporter cette tête ensanglantée au gouverneur Ber'os. Mais ce crime ne profita pas aux meurtriers, car ils n'y gagnèrent que des malédictions. Ber'os ordonna de mettre la tête de Harbig au bout d'une perche, qu'il fit planter en face de la forteresse. Lorsque le jour parut, les frères d'Abel l'apercevant, la reconnurent, et aussitôt ils ouvrirent les portes de la place ; répandant de la poussière sur leur tête, et fondant en larmes, ils vinrent tous les trois se prosterner devant cette triste dépouille. Leurs lamentations étaient si déchirantes, que toutes les troupes du camp versaient des pleurs, et faisaient retentir l'air de leurs gémissements. Ce fut par cet acte de perfidie que Ber'os se rendit maître d'Argni. Il emmena les frères de Harbig à Constantinople, auprès de Monomaque. À leur arrivée, l'empereur et tous les Grecs ne pouvaient revenir de l'étonnement que leur causait l'aspect redoutable de ces jeunes princes. Rien de plus majestueux que leur stature, qui dépassait de toute l'épaule la taille ordinaire des Grecs. La beauté de leur mine leur épargna tout mauvais traitement ; et l'empereur se contenta de les reléguer dans une île. Tel fut le sort de David, Léon et Constantin, tous trois également braves, et des plus nobles entre les grands d'Arménie.

DEUXIÈME PARTIE.

Jusqu'au point de notre histoire où nous touchons maintenant, nous avons employé les matériaux rassemblés par nous avec beaucoup de fatigues et d'efforts pour une période de cent ans, matériaux que nous avons recueilli et dont nous avons examiné la valeur par des travaux prolongés. Nous les avons empruntés à des gens qui avaient été les témoins oculaires des faits consignés dans ce livre, ou qui les avaient entendu raconter dans les anciens temps, et à ceux aussi qui avaient lu les histoires contemporaines de ces événements, et des malheurs que notre nation a soufferts en punition de ses péchés. Bien des fois nous avons réfléchi à la tâche pénible de retracer les catastrophes des âges postérieurs, et les châtiments terribles qu'a éprouvés l'Arménie de la part de la nation chevelue et abominable des Elyméens (Egh'imnatsik'), de la part des Turks et de leurs frères les Romains.

Ces motifs m'ont engagé à méditer sans cesse mon dessein comme une œuvre grande, et à rechercher comment s'accomplit la destruction de notre royaume. Après avoir réuni tous les documents, je les ai coordonnés en conduisant ma narration jusqu'à l'époque où nous sommes arrivés ici. J'ai raconté ce que mes recherches m'ont appris sur les trois nations précitées, sur les patriarches, sur les autres peuples et sur les rois. Les récits que je vais entreprendre marquent le commencement de notre chute, et embrassent la suite des événements arrivés du temps de nos pères, dont ils furent bien des fois les témoins, et qui ont été l'objet de mes continuelles préoccupations. Je me suis livré pendant huit années à d'incessantes investigations, et je me suis fait un devoir de les mettre en lumière et de les consigner par écrit, afin que la mémoire ne s'en efface pas au milieu du malheur des temps, et subsiste à jamais. C'est pourquoi, moi, Matthieu d'Edesse, né dans cette ville, et moine, je n'ai tenu aucun compte de mes peines, et je n'ai eu d'autre but que de laisser après moi ce livre, comme un monument pour ceux qui aiment à étudier l'histoire, afin que lorsqu'ils se livreront à des recherches sur les siècles passés, ils puissent facilement trouver l'indication des époques, des temps et des catastrophes qui en ont signalé le cours, et afin que, réfléchissant à ces malheurs, ils se rappellent les fléaux dont Dieu nous a frappés dans sa colère, et que nous avons subis à cause de nos péchés, comme une rétribution infligée par la justice de ses jugements. Les calamités que nos fautes ont attirées sur les contrées chrétiennes, les sévères avertissements que Dieu notre Seigneur nous a donnés en se servant du bras des infidèles, et les punitions célestes qui nous ont atteints, nous n'avons pas voulu que le souvenir en fût perdu. Aussi est-il convenable sans cesse et toujours de prêter l'oreille à ces admonitions suprêmes. Le même châtiment s'est de nouveau appesanti sur nous et se prolonge encore, châtiment que nous avons subi comme une expiation bien méritée. Nous avons encore à vous raconter l'histoire de quatre-vingts années, et à vous faire connaître le résultat des travaux exécutés par nous, Matthieu d'Edesse, supérieur de couvent.

LXXVII. En l'année 502 (8 mars 1053 – 7 mars 1054), un signe extraordinaire et effroyable, présage d'extermination, apparut, manifesté par la colère céleste, dans la grande ville d'Antioche. Ce phénomène se montra dans l'intérieur du soleil, et excita partout la frayeur et l'étonnement; il consterna l'âme des fidèles, car il annonçait le terrible jugement que Dieu allait faire éclater. Voici ce qui provoqua sa colère. Les Syriens, qui étaient nombreux à Antioche, possédaient de grandes richesses et vivaient dans l'opulence et le faste. Leurs jeunes garçons, lorsqu'ils se rendaient à l'église qui appartenait à leur nation, y allaient au nombre de 500, montés sur des mulets. Les Romains, très-jaloux des Syriens, leur avaient voué une haine implacable. Un des principaux Syriens avait un grand nombre de captifs : cela occasionna un procès considérable qui fut soumis au patriarche des Romains. Le Syrien, craignant les chances du jugement, céda aux instances pressantes qui lui furent faites d'abandonner sa foi ; et les Romains, ayant obtenu son assentiment, le rebaptisèrent.

Après avoir ainsi renié sa croyance, il devint l'ennemi des nobles ses compatriotes. Il en résulta de grands désagréments pour les Syriens : car ayant entrepris de soutenir chaque jour des controverses contre les Romains, ceux-ci en vinrent à un tel degré d'impudence, qu'ils perdirent même la conscience de leurs actions, et que leur patriarche donna l'ordre de brûler le livre des Evangiles des Syriens. Mais lorsqu'ils l'eurent mis dans le brasier, une voix sortit du volume divin, qui de lui-même s'échappa des flammes. Alors ils l'y jetèrent de nouveau, et il s'en échappa également. Dans leur rage sacrilége, ils l'y précipitèrent une troisième fois, et il en sortit encore intact. Etant revenus à la charge pour la quatrième fois, le livre saint prit feu et fut consumé. Ce fut ainsi que le saint Evangile du Christ notre Dieu fut brûlé à Antioche par les Romains. Le patriarche et tout son peuple, après avoir quitté le lieu où cette scène s'était passée, retournèrent à l'église de Saint-Pierre, pleins d'allégresse, comme après une victoire remportée sur un ennemi redoutable. Lorsqu'ils y furent rentrés, un fracas horrible retentit dans tout l'édifice, et un violent tremblement de terre agita la ville entière. Un autre jour le feu du ciel tomba sur Saint-Pierre, et pareille à une lampe, cette église s'enflamma depuis les fondements jusqu'au faîte ; les pierres mêmes s'embrâsèrent comme un monceau de bois ; la fumée s'élevait jusqu'aux nues. Le sol du sanctuaire s'entr'ouvrit, et l'autel du saint Sacrifice fut englouti dans les profondeurs de la terre. La pierre lumineuse que le grand Constantin avait déposée là avec un présent de 200,000 pesant d'or, et qui était placée au-dessus de l'autel pour éclairer pendant la nuit, tomba à terre, et il fut impossible de la retrouver. Quarante autres églises appartenant aux Romains furent consumées par la foudre avec Saint-Pierre, tandis que celles des Arméniens et des Syriens n'éprouvèrent aucun dommage. Frappés de stupeur, tremblants et plongés dans la consternation, les habitants se mirent en prières, et adressèrent à Dieu des supplications accompagnées de larmes et de soupirs abondants. Le patriarche sortit suivi des prêtres, des diacres, des clercs et d'une foule pressée d'hommes, de femmes, de vieillards et d'enfants. Ils parcoururent la ville revêtus de leurs ornements sacerdotaux, et tenant à la main les objets les plus vénérés du culte. Lorsqu'ils furent parvenus à Hor'om-Meïdan (la place des Romains), à l'endroit où s'élève le petit pont, bâti sur les torrents de la montagne, le sol retentit tout à coup avec un fracas horrible, et un tremblement de terre se fit sentir. C'était au milieu du jour, vers la sixième heure. Au même instant, la terre s'entr'ouvrit, et découvrant ses abîmes, engloutit le patriarche, les prêtres et toute la foule, au nombre de plus de dix mille personnes. Pendant quinze jours des cris plaintifs sortirent des profondeurs de ce gouffre; ensuite tous ces malheureux furent étouffés, car la terre se referma sur eux, et ils y sont restés ensevelis. Ces châtiments furent infligés aux habitants d'Antioche par la justice divine. Il serait ici déplacé de mentionner les abominations qu'ils avaient commises, et auxquelles s'associaient même les ecclésiastiques et les chrétiens grecs de tous les rangs. Car la fumée de ces œuvres d'iniquité s'est élevée plus haut que celle de Sodome et de Gomorrhe. Leur sort prouve qu'ils méritaient bien cette punition. Car, si à Sodome et à Gomorrhe le feu du ciel tomba sur des pécheurs endurcis pour les anéantir, là, des coupables non moins criminels furent condamnés à périr tous à la fois par le feu, et à être précipités dans les abîmes de la terre, au sein de cette ville perverse ; et cependant ses habitants persistent encore avec opiniâtreté dans leur croyance impie. Tout en professant le culte de Dieu, ils pratiquaient les œuvres des incrédules et des infidèles, et s'abandonnaient avec entraînement aux passions les plus dissolues, à des excès dont le récit serait odieux à entendre et honteux à raconter. Que dire donc de ceux qui s'en rendaient coupables, lorsque le Sauveur nous a même interdit, sous peine de faute grave, d'arrêter le regard sur une femme ! Parlerai-je de la sodomie dont ils se souillaient, crime que le Seigneur fit expier à cette ville corrompue ?

LXXVIII. En l'année 503 (8 mars 1054-7 mars 1055), un vent au souffle empoisonné et mortel souffla sur notre pays. Le roi des Perses, Thogrul Sulthan, descendant de son trône, vint, avec une armée aussi nombreuse que le sable de la mer, fondre sur l'Arménie (1). Etant arrivé à Pergri, il prit cette ville d'assaut, et ayant chargé de chaînes les principaux habitants, les traîna en esclavage. Il s'empara d'autres places, le fer à la main, et en extermina les populations. Pareil à un nuage noir, d'où l'éclair jaillit, il lançait dans sa course une grêle meurtrière. Ayant mis le siége devant Ardjèsch, et ayant continué ses attaques pendant huit jours, les habitants, accablés par la multitude des ennemis qui leur faisaient une guerre acharnée, s'empressèrent de venir, en suppliants, faire leur soumission. A force de prières, et grâce aux présents qu'ils lui offrirent en quantité, or, argent, chevaux et mulets, ils obtinrent de conclure des préliminaires de paix : « O sulthan, seigneur du monde, dirent-ils à Thogrul, va prendre la ville de Mandzguerd (2), et alors nous et toute l'Arménie nous t'appartiendrons. » Cette proposition causa un vif plaisir à Thogrul, et étant parti avec son armée, il arriva devant Mandzguerd, comme un serpent rempli d'une malice consommée. Aussitôt il établit son camp sous les murs de cette ville et l'investit. S'étant arrêté dans un lieu nommé K'arakloukh (Tête de pierre), il y fixa ses quartiers. Dès que l'aurore commença à éclairer l'horizon, il ordonna de sonner les trompettes. C'était un spectacle affreux que celui qui s'offrit aux yeux des chrétiens le jour où les infidèles entourèrent leurs murs. Car dès que le fracas des trompettes eut retenti, les clameurs poussées par toute l'armée à la fois ébranlèrent les remparts. Et maintenant que dirai-je des chrétiens de cette cité, qui tous, combattant héroïquement, résistèrent à des assauts incessants? Le général qui en avait le commandement était un Romain nommé Vasil, fils d'Aboukab (3), homme excellent et pieux. Il fortifia la ville par tous les moyens possibles : il avait enrôlé tous les habitants qui avaient du cœur, hommes et femmes. Il promettait à chacun, au nom de l'empereur, des honneurs et des dignités, et nuit et jour il ne cessait de les encourager et de les animer. Cependant les infidèles ne discontinuèrent pas pendant plusieurs jours leurs attaques. Comme ils avaient entrepris de creuser sous les remparts afin de pénétrer dans la ville par cette ouverture, les assiégés s'en étant aperçus, pratiquèrent une contre-mine et firent prisonniers les mineurs ennemis. Parmi eux était le beau-père du sulthan, nommé Osguedzam (4). Les ayant amenés sur le rempart, ils les massacrèrent tous. Ce spectacle affligea profondément le sulthan, qui envoya chercher à Pagh'êsch la baliste que l'empereur Basile avait fait construire afin de battre les murs de Her, machine étonnante et terrible. Lorsqu'elle eut été dressée, toute la ville fut épouvantée. Les premiers qu'elle atteignit furent trois sentinelles; du même coup elle rejeta dans l'intérieur un homme qui occupait un poste avancé. Alors un prêtre, sortant des rangs des assiégés, éleva à la hâte une machine pour l'opposer à celle des infidèles, et avec la première pierre qu'il lança, il atteignit la baliste ennemie, et fracassa la tête du bélier. A cette vue le courage revint aux habitants terrifiés. Mais au bout de quelques jours les infidèles fortifièrent leur machine, la rendirent inaccessible de tous côtés, et recommencèrent à battre le rempart avec d'énormes pierres. Les assiégés furent plongés de nouveau dans une profonde consternation. Vasil fit proclamer ces paroles dans les différents quartiers de la ville : «Celui qui aura le courage de sortir des murs, et d'aller incendier cette baliste, recevra de moi avec libéralité de l'or, de l'argent, des chevaux et des mulets, et de l'empereur des honneurs et des dignités. S'il vient à périr, et qu'il ait une famille, cette récompense deviendra son héritage.» Un Frank (5) se présenta et dit : « C'est moi qui irai remplir cette mission ; c'est moi qui aujourd'hui verserai mon sang pour les chrétiens: car je suis seul, et je n'ai ni femme, ni enfants pour pleurer ma perte. » Il demanda un vigoureux et rapide coursier, endossa une cuirasse, couvrit sa tête d'un casque, et prit une lettre qu'il attacha à la pointe de sa lance. Dans son sein étaient cachés trois pots en verre remplis de naphte. Ainsi équipé, il se mit en route, ayant l'apparence d'un homme chargé d'un message. Après s'être recommandé aux prières des chrétiens, et plein de confiance en Dieu, il se dirigea droit vers le camp des infidèles. Ceux-ci, apercevant la lettre, crurent voir arriver un messager, et se tinrent tranquilles. C'était vers midi ; et comme la chaleur était extrême, chaque soldat dormait dans sa tente. Le Frank s'étant avancé en face de la baliste, s'arrêta : les ennemis crurent qu'il était occupé à contempler et à admirer cette formidable machine. En même temps, ayant saisi un des pots de naphte, il le lança contre la baliste ; puis, en faisant le tour avec la rapidité de l'aigle, il jeta un second pot ; enfin, tournant une troisième fois, il lança le dernier. Aussitôt la baliste s'enflamma, tandis que le Frank fuyait rapidement. A cette vue, les infidèles s'élancèrent à sa poursuite ; mais il regagna la ville sans avoir été atteint, et sans accident. La machine fut entièrement consumée ; et les habitants, ravis de joie, comblèrent de présents le Frank. Mandé par Monomaque à sa cour, il reçut de lui des dignités. Le sulthan lui-même ne put refuser son admiration à l'auteur d'une telle prouesse, et témoigna à Vasil le désir de le voir et de le récompenser. Mais le Frank déclina cette invitation, au grand regret de Thogrul.

Cependant le sulthan ordonna de recommencer à miner les remparts; mais les assiégés, redoublant d'efforts, bravèrent toutes les machines auxquelles il eut recours. Ils avaient fabriqué des crampons en fer, à l'aide desquels ils enlevaient les mineurs, qu'ils massacraient à l'intant. Se voyant aussi vigoureusement repoussé, Thogrul fut forcé d'arrêter les travaux, et en ressentit un dépit mortel. Pour le braver, les habitants prirent un porc, et le plaçant dans une baliste, le lancèrent dans le camp ennemi, en criant tous à la fois : « O Sulthan, prends ce porc pour femme, et nous te donnerons Mandzguerd en dot. »

En entendant ces paroles, ce prince entra en fureur, et fit couper la tête à ceux qui lui apportèrent le porc, et étaler leurs cadavres devant Mandzguerd. Puis il s'en revint en Perse, honteux de cet échec. C'est ainsi que, par la miséricorde de Dieu, cette ville fut sauvée des mains des Turks.

LXXIX. En l'année 504 (8 mars 1055 - 6 mars 1056) mourut Monomaque, après un règne de quatorze ans (1). La couronne passa à la sœur de sa femme [Zoé], la princesse Théodora (Tôdôr), celle qui fut nommée Élector (Elekhdôr) (2). C'était une sainte femme, vivant dans la virginité, et d'une vertu exemplaire. Elle ordonna de traiter tous ses sujets avec bonté, principalement les veuves et les captifs, et voulut que ceux qui avaient souffert un dommage quelconque fussent indemnisés, et recouvrassent leurs droits ; tous les prisonniers furent relâchés. Elle délivra de leurs fers les princes arméniens, fils d'Abel et frères de Harbig, et les rappelant de l'île où ils avaient été exilés, les renvoya chez eux comblés d'honneurs; elle leur rendit la forteresse d'Argni, héritage de leurs pères, après leur avoir recommandé de ne jamais s'écarter de leur devoir envers elle. Cette année Ber'os fut remplacé dans sa charge de gouverneur par Mélissène (Méliçanos), homme de bien, et d'une haute réputation, compatissant aux veuves et aux captifs, bienfaiteur des populations et recommandable par les plus belles et les plus nobles qualités. Théodora, après avoir occupé le trône deux ans et trois mois, alla rejoindre le Christ, et mourut dans les sentiments d'une piété parfaite (3). Elle eut pour successeur Michel l'Ancien, qui régna sept mois (4).

Ce fut à cette époque qu'un des grands de l'empire, nommé [Isaac] Comnène (Goman), s'avança à la tête d'une armée formidable contre Constantinople. Il établit son camp sur les bords de la mer océane, du côté de l'Asie, et réclama impérieusement la couronne. Ceci se passait en l'année 505 de notre ère (7 mars 1056 - 6 mars 1057). Michel, avec toutes les forces de l'Occident, traversa la mer à Chrysopolis (Kraubolis), pour s'opposer à Comnène (Gomanos). Cette journée vit une terrible bataille s'engager entre les chrétiens, qui s'égorgèrent avec rage; et la terre fut inondée de leur sang. Dans la mêlée, Comnène, ardent comme un lion, et poussant un cri terrible, se précipita sur les impériaux, les tailla en pièces et les mit en fuite; tous furent passés au fil de l'épée. Acculés sur les bords de la grande mer océane, et pareils à des sauterelles engourdies par le vent, ils étaient paralysés dans leurs mouvements, et impuissants à résister à d'aussi rudes attaques. Les uns périrent engloutis dans la mer, les autres sous le tranchant d'un glaive inexorable. Les Romains perdirent 150,000 hommes, l'élite de leur armée; les principaux officiers furent faits prisonniers. Les grands qui étaient restés dans le palais impérial, voyant ce désastre, se concertèrent pour donner la couronne à Comnène, quoiqu'il eût plongé dans le deuil toute la nation grecque. Le patriarche et les grands se rendirent en corps auprès de lui, et après lui avoir prêté serment et avoir reçu le sien, l'introduisirent dans la ville et le firent asseoir sur le trône : dès lors la tranquillité fut assurée (5). Cependant la ruine et la dévastation désolèrent encore l'empire pendant tout le cours de cette année; car Comnène et Michel saccageaient, chacun de son côté, les contrées qui s'étaient déclarées contre eux (6). Ces désordres ne firent même que s'accroître et continuer, jusqu'à ce que Comnène, devenu seul maître du pouvoir suprême, eût publié un édit qui y mit un terme. Il combla d'honneurs ceux qui étaient restés fidèles à Michel, beaucoup plus que ses propres partisans. Avant que la cause de Comnène ne triomphât, plusieurs grands étaient accourus au secours de Michel, entre autres, Bizônid (7) et Libarid. Mais lorsqu'ils furent arrivés à Djerdjéri et qu'ils apprirent le triomphe définitif de Comnène, ils se sauvèrent pendant la nuit, en se disant les uns aux autres : « L'erreur retourne de Djerdjéri (8). » Au bout de quelques jours ils vinrent se présenter à l'empereur, qui les traita avec les plus grands honneurs. Comnène donna l'ordre de frapper des monnaies en son nom, et où il était représenté avec un glaive sur l'épaule, «car, disait-il, c'est avec mon épée que j'ai conquis la couronne» (9). Il offensa Dieu par ces paroles orgueilleuses, et commit bien d'autres actions qui le rendirent coupable envers les chrétiens. Quelque temps après, ayant rassemblé des forces considérables, afin de porter la guerre contre les Patzinaces (10), il traversa le Danube (Donavis), et s'avança, semant partout en Occident la ruine sur son passage. Dans tous les lieux où il arrivait, rugissant comme une bête sauvage, il donnait cours à la férocité de ses instincts, et versait des torrents de sang. Des lamentations s'élevèrent en tous lieux dans l'Occident, et surtout dans le pays des Boulgares. On était alors dans l'été. Cependant un châtiment du ciel irrité tomba sur l'armée de Comnène, châtiment dont aucune bouche humaine ne saurait raconter la rigueur, que la plume ne pourrait retracer, et qui fut une juste punition de ses crimes. Un nuage monta de l'occident, nuage à l'aspect sombre et sinistre, et que personne n'osait contempler et s'abattit sur le camp des Romains : de ses flancs sortaient des bruits de tonnerre, et il en jaillissait des éclairs vomissant le feu. Ce nuage commença à lancer une grêle d'une grosseur énorme, et dont les coups redoublés et écrasants atteignirent les soldats. Effrayés, ils se débandèrent de tous côtés, ne sachant comment se dérober à ce fléau. L'empereur, furieux, fut obligé de se sauver comme un fuyard. Ses troupes s'étaient dispersées sur les collines et dans les plaines. Quel spectacle que celui de la déroute qui suivit cet épouvantable orage, et où tant de personnes trouvèrent la mort ! Le père tombait écrasé par son fils, le fils par son père, et les frères l'un par l'autre. L'empereur resta perdu, n'ayant que trois hommes avec lui, jusqu'au Danube, et ce ne fut que plus tard qu'on le retrouva. Lorsqu'il fit le dénombrement des soldats qui lui restaient, il vit que la plus grande partie avait été détruite. Quant aux chevaux, aux mulets, à l'or, à l'argent et aux bagages, il est inutile d'en parler : tout cela eut le même sort que le gros de l'armée. Comnène, comprenant que ce désastre était un effet du courroux divin, et l'avait frappé à cause de ses iniquités, se prosterna, en arrivant à Constantinople, devant le Seigneur, implorant son pardon, et ne songea plus qu'à déposer le sceptre, et à se consacrer à la pénitence, au jeûne et aux larmes.

LXXX. En l'année 507 (7 mars 1068-1069), il abdiqua en faveur de [Constantin] Ducas (Douguidz), parce que les événements que nous venons de rapporter lui avaient prouvé que son règne n'était pas agréable à Dieu, irrité de ce qu'il avait répandu le sang innocent de tant de fidèles. Un des côtés de son corps ayant été frappé de paralysie, il fut convaincu que la vengeance céleste le poursuivait jusque dans sa personne, et il se décida à prendre l'habit monastique et à se retirer dans un couvent. Il envoya donc dans le pays des musulmans, à Édesse, et manda le gouverneur de cette ville, nommé Ducas, qui appartenait à l'une des plus illustres familles de l'empire. Ayant pris la couronne entre ses mains, il la lui posa sur la tête, se prosterna devant lui et le fit asseoir sur le trône. Puis, se retirant au désert, il fit profession dans un monastère (1). Ducas, investi de la puissance souveraine, fit rentrer dans l'orthodoxie tous ceux qui s'en étaient écartés (2). Son élévation causa une vive allégresse parmi les Grecs.

LXXXI. Cette même année mourut un homme digne de toutes sortes d'éloges, le seigneur Pierre, catholicos, la tête du corps de notre nation, le rempart de la sainte Église. Après avoir exercé ses fonctions pendant quarante-deux ans, il alla rejoindre ses pères. Il avait auparavant consacré, pour son successeur, le bienheureux seigneur Khatchig, son neveu (fils de sa sœur), dont la piété éminente s'était révélée dès l'enfance ; il avait acquis une brillante réputation, et était orné des grâces apostoliques et prophétiques. Pierre fut enterré à Sébaste, dans le couvent de la Sainte-Croix (1), au milieu d'un concours immense.

A cette même date, les infidèles tentèrent une seconde invasion. Il arriva de la Perse un émir d'un haut rang, vaillant guerrier, nommé Dinar (Tinar). Il vint avec des troupes nombreuses, sans avoir éveillé de soupçons, mais rempli de projets de violence, et cachant sa malice au fond du cœur. Il traversa nombre de pays sans y faire aucun mal ; puis il se dirigea vers la célèbre ville de Mélitène. Les Perses depuis longtemps avaient entendu dire que cette magnifique cité regorgeait d'or, d'argent, de pierres précieuses et d'étoffes de brocart ; et qu'en outre, elle n'était pas protégée par des remparts. Sur sa route, l'émir s'empara du territoire au sud de Mélitène, et en extermina la population. De là il arriva devant cette cité, célèbre dans tout l'empire des Perses par sa splendeur, et, comme un nuage noir, l'enveloppa de tous côtés. Témoins de cet effrayant déploiement de forces, les habitants, hommes et femmes, essayèrent de prendre la fuite. Mais aucun lieu de refuge ne s'offrait à eux. Dans ce moment critique, les liens de l'affection se rompirent, tout espoir de salut s'évanouit ; le père oublia son fils, et le fils ne se souvint plus de son père ; la mère pleurait sur sa fille, la fille sur sa mère, le frère sur son frère, l'ami sur son ami. Alors, se dispersant sur toute l'étendue de la vaste plaine qui entoure Mélitène, la multitude vint se jeter au milieu des ennemis. Ceux-ci s'arrêtèrent étonnés en contemplant cette population aussi nombreuse que le sable de la mer. Ils n'osèrent rien entreprendre contre elle jusqu'à l'instant où elle tenta de fuir. En ce moment, se précipitant dans la ville, l'épée nue, ils firent un carnage épouvantable. En quelques instants elle regorgea du sang de ses habitants, qui reflua d'une extrémité à l'autre. Ni les vieillards, ni les enfants ne furent épargnés ; on voyait les cadavres des plus nobles, des plus illustres personnages gisants sur le sol ; les enfants étaient immolés sur le sein de leurs mères, et le sang se mêla avec le lait. O qui pourrait peindre l'effroyable désastre dont Dieu frappa en ce jour cette malheureuse cité ! Au lieu d'une douce rosée, toutes les tiges de l'herbe dans la campagne dégouttèrent de sang. Après que le massacre et le pillage eurent cessé, le vainqueur fit marcher devant lui, pour les mener en esclavage, des dames d'une haute naissance, et d'une beauté merveilleuse, de jeunes garçons, de jeunes filles, d'une figure ravissante, en nombre immense ; il emporta des trésors incalculables. Après cette expédition, les infidèles, pleins d'allégresse, préparèrent leur départ pour la Perse. Ayant traversé l'Euphrate, ils établirent leurs quartiers d'hiver à Hantzith. Cependant les Romains s'élancèrent sur leur trace ; mais, arrivés en leur présence, ils n'osèrent pas en venir aux mains, et s'en retournèrent sur leur territoire.

Au printemps, les Turks envahirent le district de Daròn, au pied du mont Taurus, non loin de Saçoun. A la nouvelle de cette agression, le brave prince arménien Thornig, fils de Mouschegh' (2), leva des troupes dans tout le district de Saçoun, et marcha contre eux. Les infidèles firent aussitôt retentir la trompette guerrière, et s'avancèrent en masse au combat. Ce fut une terrible journée ; les deux armées, animées comme des troupes de lions, se jetèrent avec fureur l'une sur l'autre. Thornig, excitant de la voix ses soldats de l'aile droite, attaqua l'aile gauche des infidèles, et la mit complétement en déroute. Puis, revenant sur ses pas et tournant ses regards vers le couvent du saint Précurseur (3), il s'écria avec force : « O couvent de Klag, ô Précurseur, viens à mon secours, et rends ce jour solennel et heureux pour les chrétiens. » Les siens, s'animant mutuellement, tombèrent sur les infidèles, leur enlevèrent les dépouilles et le butin qu'ils avaient conquis, et leur reprirent tous les captifs. Les débris de l'armée ennemie, se sauvant péniblement, regagnèrent la Perse, tandis que Thornig rentrait tout joyeux à Saçoun, bénissant Dieu de ce qu'il avait arraché les habitants de Mélitène à la servitude de la race impie des Perses. Ce fut là un miracle opéré en faveur de l'Arménie.

LXXXII. Cette même année et pendant l'hiver, il arriva un phénomène terrible et bien étonnant, signe de la colère céleste contre les chrétiens, et avant-coureur de leur perte. Car, de même que dans un cadavre la corruption se trahit par une odeur fétide, ainsi l'accomplissement de notre ruine fut précédé de prodiges sinistres et menaçants. Un vent violent du sud s'éleva, et un jour, lorsque l'aurore commençait à répandre ses clartés, et que chacun sortait de sa maison, on vit, par une atmosphère sereine, le sol couvert d'une neige rouge, qui s'étendait sur tout notre pays, à l'est, à l'ouest, au nord et au sud. Ce phénomène commença un lundi et se prolongea pendant soixante jours sans interruption. La neige tombait pendant la nuit, et au matin la surface de la terre avait disparu sous ses couches épaisses; elle ne durait qu'un jour. Cette année, la mortalité sévit sur les bestiaux et les bêtes fauves, et sur les oiseaux. Les campagnes désolées ne leur fournissant plus de nourriture, ils couraient de tous côtés, et ceux des habitants qui avaient une antipathie naturelle contre eux, les tuaient sans pitié. Car les quadrupèdes erraient par bandes, et les oiseaux s'abattaient en troupes dans les rues et les maisons. Triste spectacle que celui des souffrances de ces pauvres animaux, qui expiaient les péchés des hommes! Les gens doués d'une âme compatissante les nourrirent chez eux tant que dura l'hiver; puis ils leur rendirent la liberté; chacun se sentait touché du sort de ces malheureuses créatures. Le grand émir Nacer-eddaula, qui résidait dans la ville de Meïafarékïn, ordonna de répandre quarante k'our (1) de froment, d'orge, de millet et de toutes sortes de graines, par les plaines et les montagnes, pour nourrir les oiseaux, ainsi que du foin et de la paille à profusion pour les bestiaux.

De cette manière un grand nombre trouvèrent de quoi manger et conservèrent la vie.

LXXXIII. Cette même année, une cruelle famine sévit partout. Une multitude de personnes succombèrent dans les angoisses de la faim. Car l'abondance des neiges empêcha les pluies de féconder les campagnes, et la récolte manqua ; quantité d'arbres fruitiers se desséchèrent. Mais l'année suivante, la fertilité de la terre et la richesse de ses produits fut telle, qu'un boisseau rendit cent pour un.

LXXXIV. Au commencement de l'année 508 (6 mars 1059 - 4 mars 1060), une terrible calamité fut le partage des fidèles du Christ. Il nous serait impossible de dire les tribulations qu'ils eurent à souffrir ; car la nation des Perses tout entière, nombreuse comme le sable de la mer, se leva contre les chrétiens d'Arménie. Une foule de provinces furent dévastées par le glaive et livrées à l'esclavage par trois bêtes féroces qui sortirent du divan de Thogrul Sulthan, savoir les émirs Samoukhd, Amer-Kaph'er et Kidjajidji (1), hommes plus cruels que les animaux sauvages. A la tête de troupes noires, et portant des étendards, signes de mort, ils s'avancèrent contre Sébaste, cette populeuse et noble cité. Leurs rugissements éclataient comme le tonnerre, et annonçaient le désir d'assouvir leur rage. Ils voulaient surtout s'emparer des fils de Sénékérim, Adom et Abouçahl. Ces princes, ayant appris leur arrivée, s'enfuirent à Kavadanêk (2), avec une foule de grands de leur suite. Le dimanche qui précéda le jeûne de la fête de la Transfiguration (3), le siége de Sébaste commença ainsi que le carnage ; des milliers de cadavres gisaient sur le sol. Quel affreux tableau ! Les corps des plus illustres personnages étaient amoncelés comme un abattis de forêt ; et la terre était trempée du sang qui en découlait. Quoique Sébaste n'eût pas de remparts, les infidèles n'avaient pas osé d'abord y pénétrer, parce qu'apercevant les églises qui élevaient à l'horizon leurs dômes blanchissants, ils s'imaginaient que c'étaient les tentes de l'ennemi. Mais dès qu'ils eurent reconnu leur erreur, ils donnèrent cours à leur rage, devenant ainsi les ministres de la colère de Dieu contre les chrétiens. Ils massacrèrent impitoyablement une multitude immense, enlevèrent un butin considérable, et firent d'innombrables captifs, hommes et femmes, jeunes garçons et jeunes filles, qu'ils vouèrent à la servitude. La quantité d'or, d'argent, de pierres précieuses, de perles et d'étoffes de brocart qu'ils prirent, est au-dessus de tout calcul ; car cette ville était la résidence des souverains d'Arménie (4). Journée fatale ! En un instant Sébaste et la plaine au milieu de laquelle elle s'élève furent inondées de sang. Le fleuve qui traverse ses murs cessa de rouler une eau limpide et prit une teinte rouge. Beaucoup de personnes périrent par le feu. Une foule d'hommes marquants et de nobles, frappés mortellement, gisaient au milieu des plus saintes, des plus précieuses victimes ; la blancheur de leurs corps les faisait briller comme des astres. Mentionnerai-je les prêtres et les diacres immolés, les mille églises, ornements de cette cité, dévorées par les flammes, les vierges, les épouses et les dames de qualité traînées esclaves en Perse. En quelques instants Sébaste devint comme une chaumière que l'incendie a consumée. Les infidèles, après y être restés huit jours, s'en retournèrent chez eux.

Qui pourrait retracer en détail les malheurs de la nation arménienne, ses douleurs et ses larmes, tout ce qu'elle eut à souffrir des Turks, ces animaux féroces, buveurs de sang, dans le temps où notre royaume avait perdu ses maîtres légitimes, que lui avaient enlevés ses faux défenseurs, l'impuissante, l'efféminée, l'ignoble nation des Grecs! Ils avaient dispersé les plus courageux d'entre les enfants de l'Arménie, après les avoir arrachés de leurs foyers, de leur patrie. Ils avaient détruit notre trône national, abattu ce mur protecteur que formaient notre brave milice et nos intrépides guerriers, ces Grecs, qui ont fait de leur promptitude à prendre la fuite leur titre de renommée et de gloire, semblables au pusillanime pasteur qui se sauve en apercevant le loup. Ils n'eurent point de repos qu'ils n'eussent renversé le rempart de l'Arménie, la poitrine héroïque de ses fils. Les Perses fondirent sur nous et les Romains s'attribuèrent, avec l'impudence la plus effrontée, l'honneur des victoires gagnées sur les infidèles. Ils ne cessèrent de placer, comme gardiens de notre pays, des généraux et des soldats eunuques, jusqu'à ce que vint le moment où les Perses virent tout l'Orient sans maître. Alors, forts de leurs troupes innombrables, et ne rencontrant aucun obstacle, ils accoururent, et dans l'espace d'un an parvinrent jusqu'aux portes de Constantinople, s'emparèrent de toutes les provinces, des villes du littoral et des îles qui appartenaient aux Romains, et les renfermèrent, comme des prisonniers, dans l'enceinte de leur capitale. Lorsqu'ils eurent subjugué l'Arménie, elle cessa d'être victime des effets de la perversité des Grecs, mais ceux-ci imaginèrent de renouveler la guerre contre elle sous une autre forme : ils entreprirent de lui opposer la controverse religieuse. Pleins de répugnance et de mépris pour les luttes guerrières et la valeur militaire, ils y renoncèrent pour chercher à introduire dans l'Église les disputes et les troubles, et abandonner avec empressement toute résistance contre les Perses. Leurs efforts se bornèrent à détourner de la vraie foi les fidèles croyants et à les anéantir. Lorsqu'il se trouvait un illustre guerrier, ils le privaient de la vue ou le noyaient dans la mer. Leurs soins les plus constants furent d'écarter sans cesse de l'Orient tout ce qu'il y avait d'hommes de cœur et de vaillants généraux, d'origine arménienne, et de les éloigner en les forçant de demeurer parmi eux. Ils transformèrent les jeunes garçons en eunuques, et à la place de fortes cuirasses, parure des braves, ils leurs donnèrent des vêtements aux plis larges et flottants ; au lieu de casques d'acier, ils couvrirent leurs têtes de bonnets, et substituèrent aux cottes de mailles enserrant les épaules, d'amples fichus. Comme les femmes, ils chuchottent et parlent en cachette ; sans cesse ils méditent la perte des guerriers courageux, et c'est grâce à eux que les fidèles ont été conduits en servitude parmi les Perses.

LXXXV. A cette époque, l'empereur [Constantin] Ducas conçut l'idée criminelle de renverser le trône de saint Grégoire l'Illuminateur. Comme nous l'avons dit précédemment, il suscita des persécutions, et entreprit d'examiner les divers points de la croyance des Arméniens. Il s'y appliqua surtout vers le temps de la mort du catholicos Pierrre. Les Romains s'élevèrent contre notre saint siége et voulurent le détruire et ramener toute l'Arménie à la croyance de l'impie concile de Chalcédoine (1). S'étant avisés de chercher les riches trésors de Pierre, ils soumirent une foule de personnes à la torture; ils emmenèrent à Constantinople le patriarche qui avait été déjà sacré, et qui devait monter sur le trône pontifical, le seigneur Khatchig, ainsi que plusieurs évêques, entre autres l'éminent seigneur Elisée, et les tinrent trois ans dans l'exil. Pendant ce temps, notre foi eut bien des assauts à subir. Enfin, les princes arméniens, Kakig d'Ani, Adom et Abouçahl, fils de Sénékérim, parvinrent, en se donnant toutes les peines imaginables pour ces saints évêques et à force d'instances, à obtenir leur rappel. Le siége patriarcal fut transféré à Thavplour (2), où Khatchig l'occupa trois ans, ce qui porte à six années en tout l'espace pendant lequel il exerça ses fonctions.

LXXXVI. Dans le courant de l'année 511 (6 mars 1062 - 5 mars 1063), un fléau cruel, accompagné d'un air pestilentiel, se répandit sur les fidèles du Christ. Une nouvelle calamité nous arriva de la Porte (cour) de Perse. Trois chefs d'un haut rang, Salar (Slar) Khoraçan (1), Djemdjem (2) et Içoulv, sortis du divan de Thogrul, marchèrent contre les chrétiens en versant le sang à torrents. Dans le district de Bagh'in, ils firent, dans leur rage, d'immenses massacres parmi les fidèles, et mirent toute cette contrée à sac. De là ils passèrent, pareils à des serpents venimeux, dans le district de Thelkhoum et d'Argni, et y surprirent les populations. Lorsqu'ils virent que tout ce pays était fortifié, ils se félicitèrent d'avoir réussi dans ce coup de main. Aussitôt, comme des loups altérés de sang ou des chiens enragés, ils se précipitèrent sur les habitants pour les exterminer jusqu'au dernier. Partout, dans ces districts, s'élevaient des maisons; ils étaient riches en bestiaux et remplis d'une florissante population. Le 4 du mois d'arek (5 octobre), un samedi, à la troisième heure du jour, toute l'étendue de cette vaste plaine fut couverte de cadavres et encombrée de captifs; elle devint le théâtre de massacres qu'il nous serait impossible de décrire. Beaucoup périrent par le feu; parmi les autres aucun n'échappa au tranchant du glaive; ils reçurent en ce jour la palme du martyre. Après avoir rappelé ces scènes de meurtre et de dévastation, je mentionnerai les saints prêtres Christophe (Krisdaph'or) et ses fils Thoros et Étienne (Sdéph'anos), qui furent réunis à cette cohorte de martyrs. Christophe ayant vu cette multitude d'infidèles, rassembla les habitants de son village dans l'église, hommes, femmes et enfants; puis il commença la célébration du saint Sacrifice et leur distribua la communion. Cependant, les infidèles cernèrent l'édifice, et les chrétiens, après avoir pris part au banquet sacré, sortaient l'un après l'autre pour s'offrir au trépas. Lorsque Christophe survécut seul avec ses fils, tous trois fléchirent le genou devant Dieu, et en le bénissant ils se donnèrent mutuellement le baiser d'adieu; puis, s'avançant sur le seuil de la porte, ils reçurent la mort des martyrs, en confessant le nom de Jésus-Christ. Lorsque l'émir d'Amid (3) eut connu ces scènes de désolation, il écrivit à Salar Khoraçan et fit alliance avec lui. Il ordonna de vendre les captifs dans la province même qu'il habitait; car c'était un homme bon et miséricordieux envers les chrétiens. Il fit publier partout un édit portant que les prisonniers seraient vendus tous sans exception; ordre qui fut exécuté. Lorsqu'on les conduisit à Amid pour se conformer à sa volonté, il y en eut un grand nombre qui périrent martyrs à la porte de cette ville. On aperçut alors une clarté qui descendit du ciel sur eux, sous la forme d'un feu. Qui donc aurait la force de raconter les malheurs de notre Arménie? Partout le sang ruissela, et les pieds des chevaux des infidèles foulèrent, en les abîmant, les montagnes et les collines. L'odeur qui s'exhalait des corps morts répandit l'infection au loin. La Perse regorgea de captifs; les animaux carnassiers se rassasièrent de cadavres. Plongés dans le deuil et la tristesse, les enfants des hommes fondaient en larmes, parce que le Créateur avait détourné loin d'eux ses regards. Ces calamités furent la punition de nos crimes. Dieu nous abandonna à l'impie et cruelle nation des Turks, suivant la parole du prophète, qui a dit, en s'adressant au Seigneur : « Tu nous as rejetés, tu nous a précipités dans la ruine. O Dieu, tu n'as pas marché avec nos armées, tu nous a mis au-dessous de nos ennemis; ceux qui nous haïssent nous ont dépouillés; tu nous as livrés comme des brebis pour être égorgés, et tu nous as dispersés parmi nos ennemis. » (Psaume XLIII, 11-13). Après s'être repus de sang et de butin, les infidèles conduisirent en Perse cette foule de captifs, agglomérés par bandes comme des troupes d'oiseaux. En les contemplant, ils étaient dans l'étonnement, et leur disaient : « Pourquoi vous êtes-vous laissé surprendre au milieu d'une sécurité complète ? Comment n'avez-vous pas prévu ce qui allait vous arriver, et pris la fuite, en apprenant notre approche ou en voyant les signes qui vous l'annonçaient ? » Les captifs répondaient : « Nous n'avons pu en aucune manière en être instruits. » Les femmes des infidèles leur disaient à leur tour : « Il y avait un présage de votre perte ; lorsque le soir votre coq chantait, et que vos bestiaux ou vos brebis s'accroupissaient pour faire leur fumier, c'était là un indice des malheurs qui vous étaient réservés. » Les captifs répondaient : « Cela s'est reproduit bien souvent chez nous, et nous ignorions que ce fût un signe funeste. »

Cette invasion était déjà finie, lorsque la douloureuse nouvelle en parvint à l'empereur Ducas. Il se hâta de rassembler des troupes nombreuses dont il confia le commandement à un des grands de son empire nommé Francopoule (Frankabol) (4). Il l'envoya dans le district de Thelkhoum, où celui-ci arriva immédiatement ; de son côté, le duc d'Édesse, nommé Tavadanos, homme d'une grande bravoure et d'une haute réputation, se mit en campagne. Ayant rassemblé les milices d'Édesse, de Gargar' (5), de Hisn-Mansour (Haçan-Meçour) (6), il marcha contre les musulmans et tira vengeance du meurtre des chrétiens. A la tête d'une armée considérable, il vint camper dans la plaine de Thelkhoum. Le spectacle que présentait sur divers points ce district saccagé, arracha des larmes des yeux de ses soldats. Les Turks, apprenant l'arrivée des Romains, se sauvèrent en Perse. Tavadanos ayant poussé un cri de lion contre les musulmans, alla attaquer Amid. Il voulait profiter de ce que les habitants s'étaient défaits par le poison du grand émir Saïd, fils de Nacer-eddaula. Ceux-ci, instruits de l'approche des Grecs, firent tenir sous main dix mille tahégans à Francopoule, qui se mit secrètement d'intelligence avec eux. Tavadanos ayant eu connaissance de cette trahison, accabla d'injures Francopoule. Lorsque les Grecs furent arrivés sous les murs d'Amid, au lieu nommé la *Porte des Romains*, les infidèles sortirent à leur rencontre. Francopoule laissa traîtreusement Tavadanos soutenir leur choc, tandis que lui avec ses troupes restait à l'arrière, sans s'inquiéter de ce qui se passait ailleurs; il avait avec lui soixante mille hommes. Lorsque les deux armées en furent venues aux mains, un des infidèles, vaillant guerrier, nommé Hedjen Beschara (7), fit beaucoup de mal aux Romains. Pareil à un lion, il força leurs rangs, et les parcourait dans tous les sens. A cette vue, Tavadanos demanda un cheval : « A moi, s'écria-t-il, un sabre à double tranchant (8) ! » Et comme Beschara s'avançait en ce moment, Tavadanos se précipita sur lui avec impétuosité, et lui portant un coup de lance au cœur, fendit le fer de sa cuirasse, et lui traversa le corps de part en part. Ce coup fit tomber de cheval à la fois les deux adversaires. La mêlée étant devenue générale, Tavadanos fut tué sur le lieu même où il venait de s'illustrer par ce haut fait, et Beschara resta là, gisant et transpercé. Les habitants ayant appris la mort de ce dernier, et la manière dont il avait péri, firent une sortie tous à la fois. Un des hommes de Tavadanos, nommé Davar (9), étant venu trouver Francopoule, l'accusa d'être la cause de la mort de ce guerrier. Piqué de ce reproche, Francopoule se jeta sur les infidèles et en fit un affreux carnage aux portes mêmes d'Amid; 15,000 restèrent sur la place. Après quoi il retourna dans le pays des Romains.

LXXXVII. Cette même année, un certain Ehnoug, ayant réuni un corps de 5000 hommes, vint attaquer les Kurdes sur le territoire d'Amid, auprès d'un lieu nommé Djêbou Schahar. Il s'empara d'un butin considérable, consistant en troupeaux de brebis, gros bétail, chevaux, esclaves et autres choses. De là il se dirigea vers la forteresse de Sévavérag, lorsque l'ancien (le scheïkh) des Kurdes, nommé Khaled (Khalet), s'étant mis à sa poursuite avec ses fils, l'atteignit. Aussitôt Ehnoug et les siens prirent la fuite, et la colère de Dieu les frappa, car les troupes d'Amid étant survenues lui tuèrent beaucoup de monde, et reprirent le butin et les captifs qu'il avait enlevés.

Cette même année, Francopoule, en se rendant en la ville de Garïn (1), rencontra le détachement de Turks qui avait saccagé précédemment le district de Thelkoum. Le combat s'engagea entre lui et les infidèles; il les extermina entièrement, tua leur émir, qui se nommait Youçouf, fit un riche butin et délivra de leurs mains une multitude de captifs.

Lorsque Ducas eut appris la mort de Tavadanos, occasionnée par la perfidie de Francopoule, il manda celui-ci à Constantinople et le fit mourir; on lui attacha une pierre au cou et on le précipita dans l'Océan.

LXXXVIII. En l'année 513 (5 mars 1064 - 4 mars 1065), le souverain de la Perse, Alp-Arslan Sulthan, frère de Thogrul (1) et son successeur, ayant levé des troupes parmi les Perses et les Turks, ainsi que dans tout le Khoujasdan (2) et jusque dans le Sakasdan (3), se mit en marche avec fureur. C'était une mer ondoyante qui soulève ses vagues irritées, ou bien un fleuve qui roule des flots tempêtueux et débordés ; c'était une bête féroce qui, exaspérée, donne cours à ses instincts cruels. Il se dirigea vers l'Arménie et entra dans le pays des Agh'ouans (4) ; les habitants furent passés au fil de l'épée et réduits en esclavage. Il causa aux chrétiens des maux infinis, dont il serait au-dessus de nos forces d'esquisser le tableau ; car ils goûtèrent à la coupe amère de la mort, que leur présenta la race enragée et odieuse des Turks. Les infidèles étaient si nombreux, qu'ils couvraient au loin la surface des plaines, et que toute issue de salut fut fermée. C'est alors que s'accomplit cette parole du Sauveur : «Malheur aux femmes qui seront enceintes ou nourrices dans ce temps-là. » (Saint Luc, XXI, 23). Une foule de prêtres, de religieux, de patriarches et de gens de distinction périrent, et leurs cadavres devinrent la pâture des animaux et des oiseaux de proie. Ensuite le sulthan envoya au roi des Agh'ouans, Goriguê, fils de David Anhogh'ïn, lui demander sa fille en mariage. Ce prince, redoutant le sulthan, la lui accorda, et Alp-Arslan contracta avec lui paix et amitié pour toujours ; après l'avoir comblé d'honneurs et de présents, il le congédia, et Goriguê regagna Lor'ê sa capitale (5). De là le sulthan pénétra dans la Géorgie, et y promena partout la mort et l'esclavage. Etant venu camper dans le district nommé Dchavalkhs (6), il attaqua la ville d'Akhal et l'emporta d'assaut.

Les Turks exterminèrent tous les habitants, hommes,

femmes, prêtres, moines et nobles ; les jeunes garçons et les jeunes filles furent emmenés captifs en Perse. Des amas incalculables d'or, d'argent, de pierres précieuses et de perles tombèrent entre les mains des vainqueurs. Fier de ce succès, le sulthan, ce dragon de la Perse, fondit cette année même sur l'Arménie. Instrument des vengeances divines, sa colère se répandit sur la nation orientale, à laquelle il fit boire le fiel de sa malice. Le feu de la mort enveloppa de ses flammes les fidèles du Christ ; le pays fut inondé de sang, et le glaive et l'esclavage y étendirent leurs ravages. Le sulthan marchait, menaçant comme un nuage noir. Parvenu sous les murs de la ville royale d'Ani, il l'entoura de toutes parts comme un serpent dans ses replis. A sa vue, les habitants tremblèrent ; néanmoins ils se préparèrent à lui opposer une vigoureuse résistance. Cependant les infidèles commencèrent l'attaque avec un élan impétueux et terrible, et rejetèrent en masse les troupes arméniennes dans l'intérieur des murs. Par leurs assauts incessants, ils réduisirent les assiégés à l'extrémité. Ceux-ci, épouvantés, se mirent à répandre des larmes : le père pleurait sur son fils, le fils sur son père, la mère sur sa fille, la fille sur sa mère, le frère sur son frère, l'ami sur son ami. Ils étaient dans la situation la plus difficile, tandis que de leur côté les ennemis redoublaient d'efforts. En présence de ces assauts prolongés, les habitants recoururent au jeûne et à la prière ; ils élevaient de concert vers Dieu leurs voix suppliantes, qu'entrecoupaient les larmes et les soupirs, lui demandant de les délivrer de ces hordes farouches. Ani, à cette époque, renfermait des milliers d'hommes, de femmes, de vieillards et d'enfants, et présentait un spectacle admirable. Cette population était telle, que les infidèles crurent que dans ses murs était réunie la majeure partie de la nation arménienne. Il y avait mille et une églises où l'on célébrait la messe. La ville s'élevait, dans presque toute l'étendue de son contour, sur des pentes abruptes, et le fleuve Akhourian l'entourait de son cours sinueux. Un seul côté s'inclinait comme une plaine, sur une distance d'une portée de flèche environ. Sur ce point les Turks avaient fait crouler le rempart à l'aide d'une baliste. Le siége durait depuis longtemps sans qu'ils eussent pu se faire jour dans la ville. Découragés, ils ralentirent leurs opérations. Alors les infâmes chefs romains que l'empereur avaient établis préfets de l'Arménie, Pakrad, père de Sempad, Grégoire, fils de Pagouran (7), Géorgien de nation, résolurent de se retrancher dans le corps intérieur et le plus élevé de la forteresse. Ce jour-là même, le sulthan, ses troupes de siége et toute son armée, furent repoussés et se disposaient à partir pour la Perse. Les habitants, voyant que ces renégats de préfets s'étaient mis en sûreté, s'enfuirent chacun de son côté sans savoir pourquoi, et toute l'atmosphère fut obscurcie de la poussière [soulevée par les pieds des fuyards]. Les principaux coururent se prosterner en pleurs sur les tombeaux des anciens rois d'Arménie, et là, se livrant à leur douleur, ils faisaient entendre ces plaintes : « Levez-vous et contemplez maintenant cette cité, qui fut jadis votre patrimoine». Témoins de ce qui se passait, les infidèles vinrent en avertir le sulthan, qui d'abord refusa de les croire. S'apercevant que la garnison avait abandonné les remparts, ils pénétrèrent en masse dans la ville ; ils enlevèrent un jeune enfant à sa mère, et l'apportèrent au sulthan en disant : « Voilà un enfant qui provient d'Ani, et qui te servira de témoignage que cette ville est à nous. » Cette nouvelle étonna beaucoup Alp-Arslan : « C'est leur Dieu, s'écria-t-il, qui a livré aujourd'hui entre mes mains cette cité inexpugnable. » Aussitôt, accourant avec le gros de son armée, il y fit son entrée. Les Turks tenaient deux couteaux effilés, un de chaque main, et un troisième entre les dents. Aussitôt ils commencèrent le carnage avec une cruauté inouïe. La population d'Ani fut moissonnée comme l'herbe verte des champs. On aurait dit des monceaux de pierres qui tombaient entassés les uns sur les autres. En un instant les rues regorgèrent de sang. Les plus illustres Arméniens et les nobles furent traînés, chargés de chaînes, en présence du sulthan. Des dames belles et respectables, et d'une haute naissance, furent conduites, comme esclaves, en Perse. De jeunes garçons au teint éclatant de blancheur, de jeunes filles à la figure ravissante, furent emmenés à la suite de leurs mères. Une foule de saints prêtres périrent par le feu ; il y en eut qui furent écorchés des pieds à la tête avec d'horribles souffrances. Scène déchirante ! L'un des infidèles étant monté sur le faîte de la cathédrale, arracha l'énorme croix qui s'élevait sur la coupole, et la jeta en bas. Puis, ayant pénétré par la porte qui donnait accès dans l'intérieur de la coupole, il précipita dans l'église la lampe de cristal que le puissant roi Sempad avait rapportée de l'Inde (8), et qui se brisa en mille pièces. Il l'avait donnée, avec je ne sais combien d'autres trésors, à cette église. Elle pesait douze livres et pouvait contenir un poids égal [d'huile]. Au moment de la chute de la croix, de violents coups de tonnerre se firent entendre, et il tomba une pluie abondante qui entraîna dans l'Akhourian des torrents de sang, et les fit jaillir dans toute la ville. Le sulthan ayant appris que cette lampe qui était sans pareille avait été cassée, en fut désolé. Quant à la croix d'argent que les infidèles avaient précipitée, et qui était de hauteur d'homme, ils l'emportèrent pour la faire servir de seuil à la porte de la mosquée de Nakhdjavan(9), et elle y est demeurée jusqu'à présent.

À cette époque, Kakig, fils d'Apas Schahenschah, qui régnait à Gars, fut invité par un message d'Alp-Arslan à venir lui rendre hommage. Comme Kakig était un homme avisé et prudent, il imagina un moyen de se sortir d'embarras. Il se revêtit d'habits noirs comme un homme en deuil, et s'assit sur un coussin de la même couleur. Lorsque l'envoyé du sulthan l'eut vu dans ce costume, il lui en demanda la raison : « Car, ajouta-t-il, tu es roi. » Kakig lui répondit : « Lorsque mourut mon ami Thogrul Sulthan, frère d'Alp-Arslan, je pris le deuil ». Cette réponse surprit beaucoup l'envoyé, qui, à son retour, raconta ce qu'il avait vu au sulthan. Celui-ci fut enchanté de la conduite de Kakig, et, à la tête de son armée, il vint lui rendre visite à Gars ; il lui témoigna une vive amitié et une grande joie de le voir, et le revêtit d'un costume royal. Kakig offrit un banquet au sulthan ; nous avons entendu dire que pour un agneau qui fut rôti, il dépensa mille tahégans. Il fit don en même temps à ce prince d'une table qui en valait cent mille, et mit toutes ses troupes à sa disposition. C'est ainsi que Kakig échappa aux dangers d'une invasion. Quelque temps après, il quitta Gars et le royaume de ses pères, et passa chez les Romains. Ducas lui accorda Dzamentav, où Kakig fixa sa résidence avec sa noblesse.

Ce fut de cette manière que la nation arménienne fut réduite en servitude. Tout notre pays fut inondé de sang, qui, comme une mer, débordait d'une extrémité à l'autre. Notre maison paternelle fut ruinée et détruite; elle fut démantelée et croula jusqu'aux fondements. Tout espoir de salut s'évanouit, notre front fut courbé sous le joug des infidèles et des hordes venues des contrées étrangères. Alors fut accomplie contre nous cette parole du prophète David : « Tu as vendu ton peuple pour rien; nos cris n'ont pas cessé. Tu nous a rendus la fable des nations, un objet de dérision et de mépris pour ceux qui nous environnent. Aussi crions-nous vers toi en disant : O Dieu, notre sauveur, reviens à nous et détourne de notre tête ta colère. » (Psaume XLIII, 13-14). Telle fut la chute de l'Arménie.

LXXXIX. En l'année 514 (5 mars 1065-4 mars 1066), sous le règne de Ducas, une guerre terrible éclata dans l'Occident, suscitée par la nation des Ouzes. L'empereur ayant levé des troupes dans tous ses états, et réuni les milices de l'Arménie, en confia le commandement à Vasil, fils d'Aboukab, un de ses généraux les plus distingués. Vasil marcha vers le Danube. Une lutte très-vive s'engagea entre les Romains et les Ouzes sur les bords de ce grand fleuve ; des deux côtés il y eut de grandes pertes. Ce fut une boucherie, car la bataille dura une grande partie de la journée, et les deux armées se heurtaient comme des troupeaux de moutons. Cependant les Ouzes ayant fait de nouveaux efforts, les Romains plièrent et tournèrent le dos. Ils les poursuivirent l'épée à la main, les taillèrent en pièces, et ayant fait prisonnier Vasil, l'emmenèrent chez eux. Le camp des Romains regorgeait d'or, d'argent et autres richesses qui devinrent la proie des Ouzes. Ils traînèrent aussi en esclavage les principaux officiers grecs. Vasil resta longtemps chez les Ouzes, sans qu'il fût possible de le racheter, car ils exigeaient une rançon énorme. Dans la suite, un des soldats de cette nation s'engagea sous main à le délivrer, gagné par la promesse que Vasil le récompenserait magnifiquement et obtiendrait pour lui de l'empereur des honneurs et des dignités. En effet, quelque temps après, cet homme, avec l'aide de plusieurs de ses compagnons, enleva le général grec, et se hâta de le ramener à Constantinople auprès de Ducas. L'arrivée de Vasil fut le signal d'une grande allégresse, et l'empereur récompensa avec générosité son libérateur. Vasil retourna auprès de son père Aboukab à Edesse, et celui-ci, ainsi que toute notre nation, furent au comble de la joie (1).

Cette même année mourut l'éminent catholicos Khatchig, après avoir siégé six ans en pays étranger (2). Fixé parmi les Grecs, loin de sa patrie, il avait vu sa vie s'écouler dans l'amertume et la tristesse. Bien des fois il eut à souffrir, à Constantinople, leurs injustices, et il éprouva toutes sortes de tribulations suscitées en haine de sa foi. Nous avons entendu dire en effet, que les Romains le soumirent à l'épreuve du feu, et qu'il traversa les flammes sain et sauf. Ils racontaient eux-mêmes ce fait sans pouvoir cacher leur dépit et les soupirs qu'il leur arrachait. La position pénible de Khatchig entretenait un profond chagrin dans son âme. Il se représentait sans cessse le trône patriarcal de l'Arménie renversé, la couronne arrachée à la dynastie des Bagratides, le royaume assujetti aux Grecs perfides, le suprême pontificat, héritage de saint Grégoire l'Illuminateur, dégradé par la pauvreté. Car, lorsque le seigneur Pierre exerçait ces hautes fonctions, il avait à sa disposition le riche patrimoine donné par nos souverains aux catholicos, et possédait cinq cents villages considérables avec de riches revenus. Sa juridiction s'étendait sur 500 évêques ou chorévêques administrant 500 diocèses. Il avait à demeure dans son palais 12 évêques et 4 docteurs, 60 prêtres et 500 religieux ou laïques. Le trône patriarcal ne le cédait qu'au trône royal; les objets précieux que renfermaient l'église patriarcale et le palais des catholicos étaient d'une valeur immense; là brillait une magnificence admirable. Cette splendeur, transmise jusqu'à Pierre s'était éclipsée du temps du seigneur Khatchig. Ces souvenirs occupaient sans cesse sa pensée, et lui rendaient plus sensible le contraste de son abaissement actuel. Lorsqu'il eut quitté ce monde, les princes, débris de la famille royale, et ce qui restait de la noblesse arménienne, cherchèrent à lui donner un successeur digne de s'asseoir sur le siége de saint Grégoire. Ils jetèrent les yeux sur un jeune homme issu de la race des Bahlavounis, nommé Vahram (3), fils de Grégoire Magistros, l'un des grands du royaume, et orné de toutes les vertus. D'après l'usage de notre pays, il s'était engagé dans les liens du mariage ; mais il vivait saintement en se conservant toujours chaste. Dans ce moment il se trouvait éloigné de sa femme, et avait embrassé le cours des études monastiques ; il s'appliquait tout entier à s'initier aux grâces célestes. Il avait acquis une profonde connaissance de l'ancien et du nouveau Testament, par suite du goût vif et spontané qui l'entrainait à ces études.

XC. A cette date de notre ère, le trône patriarcal fut donc dévolu à Grégoire, autrement dit Vahram, fils de Grégoire Magistros, fils de Vaçag, de Pedchni. Il y fut appelé par l'ordre de Kakig Schah, fils d'Apas de Cars, parce qu'après la mort de Khatchig il en avait été jugé le plus digne. Il l'emportait en effet sur tous par l'illustration de sa naissance, par la sainteté de sa vie et sa droiture, par l'éclat de ses vertus, par son vaste savoir dans les belles-lettres, par sa connaissance approfondie de l'Écriture. Dans toutes les occasions, nul n'était mieux préparé que lui à venir en aide au troupeau du Christ. C'est lui que le Saint-Esprit révéla, comme celui à qui appartenait la succession de saint Grégoire l'Illuminateur son ancêtre, dont il se montra l'émule pour la mansuétude et la justice. Ayant renoncé au monde et s'étant attaché uniquement à la pensée de la vie éternelle, il éclaira l'Arménie de la lumière de ses commentaires, qui furent nombreux et variés ; il nous enrichit de traductions empruntées à toutes les langues, et fit retentir fréquemment l'Eglise de la prédication de la parole divine. Par lui, les institutions monastiques reprirent parmi nous une nouvelle vigueur, et le trône de notre saint Illuminateur recouvra son ancienne splendeur ; car le nouveau patriarche brillait par sa sainteté, par sa modestie, et se vouait constamment au jeûne et à la prière.

XCI. Cette même année, le grand émir des Perses, le scélérat Salar (Slar) Khoraçan, fit une nouvelle levée de troupes, et vint attaquer la forteresse de Thelkhoum. Il la pressa vivement pendant longtemps et la réduisit à l'extrémité ; mais n'ayant pu s'en emparer, il entra avec des forces considérables sur le territoire d'Edesse, pour attaquer la forteresse de Sévavérag. Là se trouvait un poste d'observation gardé par un corps de 200 cavaliers franks. Ceux-ci taillèrent les Turks en pièces et les mirent en fuite. Mais les infidèles ayant reçu du renfort, culbutèrent à leur tour les Franks, et leur tuèrent quinze hommes. Ils envahirent la contrée de Sévavérag et de Nisibe, qui était remplie de population et de troupeaux, au point que sa surface présentait l'aspect d'une mer aux flots agités. Les infidèles s'y précipitèrent avec rage, le fer à la main, et en massacrèrent impitoyablement les habitants. Ils emmenèrent avec eux les femmes et les enfants, et emportèrent un immense butin. Au bout de quelques jours, ils revinrent sur le territoire d'Édesse et établirent leur camp sous les murs de la célèbre forteresse de Thoridj. Tandis qu'ils se livraient à toutes sortes d'excès, un de leurs détachements se porta contre Neschénig (1), forteresse d'une médiocre importance, et s'en empara malgré une vive résistance. Un Arménien des plus braves de son temps, nommé Bekhd (2), qui était duc d'Antioche, se trouvait en ce moment à Edesse.

A la tête de ses soldats, il marcha rapidement à la rencontre des Turks. Cependant le gouverneur d'Edesse, Bigh'ônid (3), ayant confié les troupes de cette ville à son Proximos (lieutenant) (4), lui donna l'ordre de tâcher de faire périr Bekhd, afin que celui-ci ne pût pas se signaler par ses exploits, et augmenter sa réputation militaire. Bekhd arriva à Neschénig pendant la nuit, tandis que les Turks, dans une sécurité complète, avaient allumé leurs feux, et commençaient à préparer leur repas. Mais le perfide Proximos, qui avait dans l'esprit le projet de se défaire traîtreusement de Bekhd, fit sonner de loin les trompettes, et donna l'alarme aux Turks ; en même temps, il s'éloigna dans une autre direction. Le chef arménien, se voyant trahi par les Romains, éleva la voix pour donner à ses nobles le signal du combat, et s'élança sur les Turks. Du premier choc, il fit mordre la poussière à un grand nombre et mit le reste en fuite. Il appela pour le soutenir la garnison de la forteresse ; mais comme il vit que les rangs des infidèles grossissaient autour de lui, il se réfugia, sans éprouver aucun accident, à Dzoulman, château-fort du voisinage. Comme il demandait où étaient les troupes frankes d'Edesse, on lui répondit que le Proximos s'était rendu avec tout son détachement auprès du seigneur Guzman (Gouzman) (5) : « O Romains parjures, s'écria-t-il, voilà encore une de vos trahisons habituelles ! » Après quoi il s'en retourna à Edesse, et au bout de quelques jours à Antioche. Ayant écrit à l'empereur pour l'instruire de ces faits, Ducas manda le Proximos, et le condamna à être écorché ; il fit remplir sa peau de foin, et l'envoya à Edesse. Quant à Bigh'ônid, il le destitua de ses fonctions.

XCII. Cette même année, Salar Khoraçan, cette bête féroce, fit une autre invasion dans la province d'Edesse. Il marcha sur Schalab et y répandit des flots de sang, exterminant en une foule de lieux les populations. Puis il s'avança, en semant l'esclavage sur ses pas, contre la forteresse de Dêb; il la prit après une attaque très-vive, et en massacra la garnison. De là il vint camper dans un lieu nommé Ksaus. Cependant les Romains qui stationnaient à Edesse, infanterie et cavalerie, sortant au nombre de 4,000 contre les Turks, arrivèrent à Thlag, non loin de Ksaus. Dès que Salar Khoraçan les aperçut, il commanda aux siens de les charger. Mais avant même que l'action fût engagée, les Romains s'enfuirent. Parmi les Arméniens, deux frères, qui faisaient partie de l'infanterie, s'emparèrent du pont et arrêtèrent un instant l'ennemi, jusqu'à ce qu'ils succombèrent dans cette lutte inégale, si héroïquement soutenue par eux. Les Romains ayant tourné le dos, furent poursuivis l'épée dans les reins. Dans ce danger, un Frank, faisant volte face, fit mordre la poussière à un grand nombre de Turks, les arrêta, et donna le temps aux fuyards de se sauver. Mais son cheval ayant été criblé de blessures, il périt en brave dans ce lieu même. Les infidèles, acharnés contre les Romains, continuèrent à les poursuivre jusqu'aux fossés de la ville en les taillant en pièces. La plaine fut couverte de cadavres, et une foule de hauts officiers perdirent la vie.

Cette même année, Salar Khoraçan revint à la charge pour la troisième fois contre la province d'Edesse, et fit halte dans un lieu nommé Goubïn. Il y séjourna assez longtemps, saccageant la contrée et livrant les habitants à l'esclavage. Après quoi, chargé de butin et traînant à sa suite une multitude de captifs, il rentra en Perse, où il mourut.

XCIII. A cette époque, Ducas, le patriarche [Jean Xiphilin], tout le clergé et la corporation des eunuques, se réunirent dans une satanique pensée, conçue par l'empereur. Les principaux de sa cour secondèrent ses ténébreuses machinations. Il voulait, de concert avec ses impies adhérents, détruire la croyance des Arméniens, corrompre et anéantir la foi de notre saint Illuminateur. Il résolut de substituer dans notre royaume sa croyance confuse et imparfaite, suggérée par le Démon, à celle qui y était établie depuis les âges anciens avec tant de solidité; car les fondements en avaient été posés sur des pierres de diamant, par les travaux et la mort des saints apôtres Thaddée et Barthélemy, et par les tourments multipliés qu'endura notre saint Grégoire, croyance qui est et qui sera inébranlable à jamais. Ce prince, poussé par Satan, aspirait à ressembler à l'ennemi qui sema l'ivraie au milieu du bon grain, comme il est dit dans l'Evangile; il voulut, à son exemple, répandre les ténèbres sur notre foi lumineuse, faire triompher le mensonge sur la vérité, d'après l'habitude des Grecs ; et minant cet antique édifice, essayer, par ses efforts ardents, de le faire écrouler. Mais il échoua dans ses desseins criminels. Dans ce but, il envoya à Sébaste dire aux princes de la famille royale d'Arménie, Adom et Abouçahl, de se rendre à Constantinople. Ceux-ci pressentirent de suite les mauvaises intentions de l'empereur. Ayant pris avec eux le docteur Jacques, surnommé K'araph'netsi, homme versé dans la science de la Sainte-Écriture, ils partirent pour la ville impériale. Ducas les reçut d'abord fort bien, mais au bout de quelques jours il commença à se dévoiler et leur dit : « Notre Royauté a ordonné que vous et tous les grands d'Arménie receviez le baptême d'après notre rite. » Dès lors ces princes furent en butte à de cruelles persécutions de la part des Romains. Cependant ils répondirent à Ducas : « Nous ne pouvons rien sans Kakig, fils d'Aschod, car c'est un homme savant, et de plus il est notre souverain et notre beau-fils (1) ; envoie-le chercher, parce que si nous faisions quelque chose sans lui, il nous ferait brûler à notre retour chez nous. » Mais l'empereur repoussa cette proposition. Kakig était, en effet, un rude champion dans les joutes philosophiques, et de plus, un héros invincible sur les champs de bataille. Il s'asseyait dans la chaire de Sainte-Sophie, au milieu des docteurs romains. Tandis qu'Adom et Aboucahl avaient envoyé secrètement à Galonbegh'ad pour le prier d'arriver, Ducas fit commencer la controverse en sa présence. Le docteur Jacques, de Sanahïn, souleva maintes objections contre la doctrine des Romains sur tous les points. Mais sur la question des deux natures en Jésus-Christ, il inclina un peu de leur côté. L'empereur agréa toutes les solutions de Jacques, et aussitôt il lui ordonna de rédiger un écrit contenant la réunion des Arméniens et des Romains. Le docteur arménien se mit à l'œuvre, et Ducas ayant approuvé son travail, ordonna de le déposer à Sainte-Sophie, afin que désormais les Romains et les Arméniens professassent une commune croyance. Sur ces entrefaites, Kakig, rapide comme l'aigle, vola à Constantinople. Son arivée fit grand plaisir à l'empereur. Lorsqu'il eut été introduit dans le palais, il commanda que l'on apportât le formulaire d'union entre les deux Églises qui avait été rédigé. Après l'avoir lu et en avoir pris connaissance, il le déchira, en face de Ducas, en deux morceaux qu'il jeta à terre. A cette vue, celui-ci fut tout honteux, et Kakig lui dit : « Le docteur Jacques n'est qu'un moine, et il y en a une foule en Arménie qui refuseraient d'accepter une pareille déclaration et de s'y conformer ; quant à nous, nous la repoussons avec les docteurs arméniens qui font autorité. » Et se tournant vers Jacques : « Comment as-tu osé, lui dit-il, faire une pareille chose, et tomber dans un tel bavardage, toi qui es engagé dans les ordres sacrés ? » Puis s'adressant à Ducas : « Je suis souverain moi-même, dit-il, et fils des souverains d'Arménie, et tout ce royaume est sous mes ordres. Je suis versé dans la connaissance de l'ancien et du nouveau Testament, et tout mon pays rendra témoignage de la vérité de ce que j'affirme, et proclamera que je suis regardé comme l'égal des docteurs. Aujourd'hui j'adresserai aux Romains un exposé des principes qui constituent notre croyance nationale. » En effet, il écrivit de sa propre main cet exposé, et le présenta à l'empereur et au patriarche de Constantinople.

Il était conçu en ces termes :

« C'est un devoir pour nous d'examiner ce qui a rapport à la croyance arménienne, conformément à ta demande, seigneur Empereur ; et maintenant, ce que je vais dire, écoute-le avec attention et un sens droit, et comprends-le bien. Voici la véritable profession de foi de notre nation. Elle croit à un Dieu unique, Père, Fils et

Saint-Esprit. En premier lieu, il faut connaître la nature de l'homme et la cause de sa création ; c'est le moyen de connaître Dieu qui a créé l'homme dans la plénitude de l'être. Ainsi, il faut admettre que le plus ou le moins que l'on pourrait dire à ce sujet, proviendrait de l'Esprit du mal (2). Et d'abord, nous savons que Dieu est sans commencement et infini, ainsi que nous l'apprennent les six ailes des Séraphins (Isaïe, VI, 1). L'ouverture de leurs ailes indique les attributs divins, symbolisés par les quatre dont ils se couvrent. C'est là un point hors de doute, et ce que nous venons de dire suffit pour le démontrer.

« Maintenant nous traiterons de la création de l'homme. Pourquoi Dieu produit-il d'abord les créatures, prépare-t-il l'habitation de l'homme, et le fait-il sortir de ses mains en dernier lieu ? C'est parce qu'il n'a pas jugé convenable de jouir seul de ses richesses. Aussi, de l'abondante source de son excellence, il fait découler le bien, et passe de la production des anges et des autres créatures à celle de l'homme, suivant cette parole du Prophète : « La terre a été pleine de la miséricorde du Seigneur ; à sa voix, les cieux se sont affermis ; du souffle de sa bouche émanent toutes leurs vertus. » (Psaume XXXII, 6-7). O Monarque triomphateur, telle est notre profession de foi, et nous la soumettons de nouveau à Ta Majesté. Or donc, c'est Lui qui est l'être que nous devons servir et adorer, de la même manière et avec le même respect que l'ont fait les hommes que l'Esprit-Saint a inspirés. Nous proclamons que le Père est Dieu, que le Fils est Dieu, que le Saint-Esprit est Dieu, formant trois hypostases, dans une seule volonté, un seul accord, un seul empire. Il n'y a entre eux ni antériorité, ni postériorité de naissance ; que personne ne soutienne un sentiment opposé. L'un n'est pas moins digne de nos adorations que l'autre, ni moins sublime, comme si l'on comprenait que l'un donne son assentiment, que l'autre coopère, et que le troisième fournit le souffle. Chacune des personnes divines est splendeur, séparée dans l'unité et réunie dans la séparation. Le contraire serait un paradoxe.

« Maintenant je vais développer notre doctrine sur l'Esprit-Saint. Ce que nous avons à en dire ne peut être conçu qu'intellectuellement, ainsi que le déclare le contemplateur des grâces divines, saint Jean l'Evangéliste, lequel s'exprime ainsi : « Il était la lumière véritable qui éclaire tout homme venant en ce monde (1). » Le Paraclet était, il est et il sera : il est un, sa lumière est lumière, et aucune autre lumière n'est lumière ; il est Dieu unique. C'est lui que David entrevit dans l'avenir, suivant les paroles de Jean le théologien (S. Jean Chrysostôme), qui a dit : « Le Saint-Esprit est Dieu, lui que quelques-uns regardent comme inférieur aux deux autres personnes, et qu'ils ne proclament pas Dieu comme le Père et le Fils. » Tel est le dogme que nous professons sur la Trinité et le Saint-Esprit.

« Dieu étant venu au monde, ô descendant d'une race illustre, il nous reste à faire connaître à Ta Grandeur ce que nous confessons au sujet de la naissance du Fils sorti du sein du Père. Nous croyons qu'il est l'égal de l'Être existant par lui-même, quant à la paternité et à la filiation; la seconde personne venue pour notre salut, substantiellement, réellement et sans figure, et non comme *goûtant en étranger le veau dans la tente de celui qui fut appelé le Père de la justice* (3); nous le regardons comme étant sans commencement et incréé, comme celui qui a été annoncé au monde depuis Moïse jusqu'aux Prophètes, et depuis les Prophètes jusqu'à l'accomplissement des promesses relatives à celui qui devait venir. Il est en effet venu parmi nous afin d'accomplir l'économie de la Rédemption, ainsi que le Sauveur lui-même l'a affirmé aux apôtres. Nous avons reçu l'Évangile par écrit, et depuis l'Évangile jusqu'au second avénement de Dieu et au jour où le juste et le méchant recevront chacun leur récompense, il y a les canons des Apôtres et des saints Pères.

« Maintenant écoute, ô Empereur, comment nous condamnons les hérétiques et les ennemis de l'Église. Ceux qui ont émis des doctrines erronées, et dont les noms nous sont parvenus consignés par écrit, tous nous les anathématisons ; — en premier lieu, Valentin (Vagh'endianos), qui admet deux Fils, le premier par nature, le second par la grâce, et qui prétend que l'ancien Testament est mauvais et que le nouveau seul est bon. C'est pour cela que nous l'anathématisons; qu'il soit donc anathème.—Marcion, qui soutient que les éléments existent par eux-mêmes, et que le monde a été formé par les nombres, que le corps de notre Seigneur fut apparent et non véritable, nous l'anathématisons. — Montanus, qui doit être compté parmi les insensés les plus pervers, et qui disait de lui-même : « C'est moi qui suis le Saint-Esprit, », et qui marchait escorté de femmes avec lesquelles il vivait scandaleusement, l'Esprit-Saint l'anathématise ; qu'il soit donc anathème. — Manès (Mani), qui proclamait deux principes égaux coexistants par eux-mêmes, la lumière et les ténèbres, l'un bon, l'autre mauvais, nous l'anathématisons.—Novatien (Novadios), qui rejetait le dogme de la pénitence, en sorte que celui qui avait une fois péché ne devait plus espérer de pardon, nous l'anathématisons avec les autres ; qu'il soit donc anathème. — L'infâme Sabellius, qui des trois personnes de la Trinité n'en formait qu'une seule, en soutenant qu'elles ne diffèrent que de nom, nous l'anathématisons avec les précédents ; qu'il soit donc anathème. — Arius, qui admettait trois personnes, mais qui les faisait inférieures l'une à l'autre, la sainte Église catholique l'anathématise de concert avec nous.—Photinus, qui prétendait que Jésus avait pris son origine de Marie et non du Père avant toute éternité, nous l'anathématisons. Nous prononçons aussi anathème contre Nestorius, Eutychès et Sarkis (Serge), qui a un nom arménien, et qui allait accompagné d'un chien et d'un âne ; qu'il partage le sort de ces animaux au dernier jour ; la sainte Église catholique les anathématise ; qu'ils soient donc anathèmes. Nous condamnons pareillement Paul de Samosate, ainsi que Pierre Knaphée et Dioscore (4) ; si toutefois ce dernier a conçu quelque proposition hérétique comme les autres, qu'il soit anathème, dans le cas où il faudrait s'en rapporter à vos propos hasardés.

« Maintenant nous parlerons de Jésus crucifié, que nous invoquons et que nous adorons. Que ceux qui pensent ou qui disent que la Trinité fut attachée à une croix, ou que la divinité a souffert dans la Passion (5), soient anathématisés au nom de la Trinité, de notre Église et de l'Église de Dieu. Sache, ô vaillant Monarque, en ce qui touche l'union de Dieu avec l'homme, que les deux natures sont associées et honorées par nous. Représente-toi Dieu et l'homme réunis par un mystère impénétrable même aux saints. Telle est la croyance à laquelle nous adhérons fermement.

«En effet, saint Grégoire le Thaumaturge a dit : «Si
« de principes divers (la divinité et la nature humaine)
« les deux natures se sont transformées en une unité, il
« faut, en conséquence, qu'il n'y ait qu'un seul Jésus-
« Christ, qu'une seule personne, après l'union qui a
« rendu son corps terrestre participant à son essence
« divine, qui les a associés en une seule puissance, les a
« fondus en une seule divinité. » Mais, quel est le mode d'union des deux natures ensemble, quel est leur rapport mutuel? Ce sont là des questions que les saints Pères se sont abstenus d'examiner : car ce que le Saint-Esprit a révélé par la bouche des Prophètes, savoir : la production de Dieu par lui-même, pourquoi les Thaumaturges ne se sont-ils pas attachés à le scruter? pourquoi en ont-ils abandonné la connaissance à Dieu seul, comme d'une chose qui lui est propre? En outre, le bienheureux Grégoire de Nysse, frère du saint patriarche Basile, a dit, dans son livre sur la Nature de l'homme (6), au sixième discours, qui traite de l'union de l'âme et du corps : «Il
« convenait certainement au pur Verbe qu'il en fût ainsi,
« par la raison surtout que Dieu, voulant revêtir notre
« humanité, a habité dans le corps avec lequel il est resté
« uni sans mélange, d'une manière ineffable, et non
« comme l'âme avec notre corps : car notre âme paraît
« formée d'un grand nombre d'éléments, et sujette aux

« passions, qui ont leurs sources dans la substance
« même de notre corps. »

« Or, Dieu le Verbe n'a rien de commun avec l'union
« de l'âme et du corps, parce que l'âme est sujette à des
« altérations. Il est tout à fait exempt de la faiblesse de
« l'une et de la débilité de l'autre. Mais il les associe à sa
« divinité ; et en prenant une âme et un corps, il reste
« un, comme il l'était avant que cette union ne fut con-
« sommée. Cette union s'opère d'après un mode particu-
« lier ; il se mêle, et cependant demeure entièrement
« distinct, inconfus, incorruptible, immuable, inacces-
« sible aux passions, et seulement coagissant, ne partici-
« pant pas à la corruption et à la mutabilité ; ajoutant à
« la fois au corps et à l'âme, et non diminué par cette
« accession qui le laisse immuable et inconfus ; en effet,
« il reste pur de toute espèce de changements. A l'appui
« de cette doctrine, on peut citer le témoignage de Por-
« phyre, dans le second discours de ses Mélanges, où il
« s'exprime en ces termes : — Il ne faut pas prétendre
« qu'il est impossible à une substance de devenir, par
« accroissement, le complément d'une autre substance,
« et d'en faire partie, tout en conservant sa grandeur, et
« qu'elle ne puisse, avec une autre, se transformer en une
« nouvelle substance, en maintenant toujours sa pleine
« entité, inaltérée, mais changeant seulement celle des
« substances auxquelles elle s'unit, dans l'acte de la
« conjonction. — Voilà ce que dit [Porphyre] au sujet de
« l'union de l'âme et du corps. Si relativement à l'âme
« ce raisonnement est vrai, en ce qui touche à son imma-
« térialité, combien plus l'est-il par rapport à Dieu le

« Verbe, dans son essence immatérielle et réellement in-
« corporelle? »

« Cette doctrine fermera la bouche aux hérétiques qui, dans leurs discours corrompent le dogme de l'union du Verbe divin avec notre humanité, répétant une opinion propre aux païens, qui avancent des choses souverainement absurdes. Ceux donc d'entre les chrétiens qui comprennent ou professent ce dogme dans un autre sens, et qui admettent l'altération ou la confusion des deux natures, qu'ils soient anathèmes. Si quelqu'un pense aussi que Marie, la mère de Dieu, la sainte Vierge, est éloignée de la divinité, qu'il soit anathème. Si quelqu'un prétend que le Christ a traversé la Vierge comme par un canal, ou bien s'il dit qu'il a été créé en elle, soutenant qu'il l'a été à la fois divinement et humainement; — divinement, parce qu'il a été conçu sans aucune coopération charnelle; — humainement, parce qu'il est né suivant les lois ordinaires de la génération, celui-là est pareillement athée. Si quelqu'un affirme que l'homme a d'abord été créé, et qu'ensuite Dieu est entré en lui pour y habiter, celui-là est digne de condamnation, puisqu'il nie la naissance de Dieu, et écarte l'idée qu'il a été engendré. Si quelqu'un admet deux fils, l'un sorti de Dieu le père, l'autre né d'une mère, et non un seul et le même, qu'il soit exclus de l'adoption promise aux orthodoxes. Il y a deux natures, car il y a en Jésus-Christ un Dieu et un homme, une âme et un corps, et non deux fils et deux Dieux, mais un seul, et il n'y a pas en lui deux hommes, quoique Paul de Samosate ait admis deux hommes, l'un intérieur et l'autre extérieur. Mais pour m'exprimer ici péremptoirement, je dirai que bien différents sont les éléments dont le Sauveur est formé, et le même ne peut être à la fois invisible et visible, en dehors des limites du temps, et circonscrit dans le temps. Il n'est pas un autre différent de lui-même, mais bien un seul : car ils sont deux *dans la même maison* qui s'unissent ensemble, Dieu se faisant homme et l'homme se faisant Dieu ; et cet acte est indépendant de toute expression que l'on puisse employer. Affirmons-nous que la Trinité unique est composée de différentes hypostases, sans relation de l'une à l'autre ? Non, et afin d'éviter de les confondre, nous ne disons pas qu'elles sont différentes. Ainsi, les deux ne font qu'un en Jésus-Christ, et ne constituent qu'une même divinité. Si quelqu'un soutient que, comme prophète, il est né à la grâce et qu'il n'y a pas eu union des deux natures dans sa génération, que celui-là soit renvoyé dans la compagnie des autres qui sont soumis aux plus terribles anathèmes ; surtout s'il persiste avec opiniâtreté dans son erreur. Si quelqu'un n'adore pas la grâce de Jésus crucifié, qu'il soit anathème et rangé parmi les déicides. Si quelqu'un prétend que seulement après son baptême ou sa résurrection d'entre les morts, il est devenu digne d'adoption comme Fils de Dieu, ainsi que l'affirment les païens dans leurs livres futiles, qu'il soit anathème. Car l'être qui aurait eu un commencement, qui aurait progressé, et qui serait arrivé à son complément, ne serait pas Dieu, bien que l'on ait émis cette proposition, à cause du changement qui s'opéra peu à peu en lui. Si quelqu'un avance qu'il a maintenant abandonné son corps, et qu'il a conservé sa seule divinité, abstraction faite du corps, et en dépouillant le vêtement qu'il avait pris, que dès à présent, et lorsque Jésus-Christ reviendra, il ne voie pas la gloire de son avénement. Car, où est son corps à présent, sinon avec celui qui en a été revêtu? Repoussons la folie des Manichéens, qui pensent que son corps est placé dans le soleil, et évitons d'honorer ce qui ne mérite pas nos hommages; ne croyons pas avec eux que ce corps s'est fondu et a été dispersé dans les airs, comme les esprits qui s'exhalent dans l'atmosphère ou les éclairs qui s'y résolvent; qu'il n'était pas là où il pouvait être réellement touché avec la main, ou qu'il fut une essence qui se montra à ceux qui le firent souffrir, parce que la divinité est par soi invisible. Non, car il viendra avec son corps, comme en un tout, ainsi qu'il apparut à ses disciples sur le Thabor, dans cette manifestation où sa divinité triompha de son humanité. Voilà le sentiment que nous avons à te dévoiler, ô Prince. Si quelqu'un prétend que son corps est descendu du ciel, qu'il soit anathème, car un corps céleste vient du ciel, et un corps terrestre de la terre; et personne n'est monté aux cieux que celui qui en est descendu, c'est-à-dire le Fils de l'Homme. S'il y a quelque chose qui puisse être ajouté ici, il faut l'entendre de l'union céleste; comme par exemple, que toutes choses existent par le Christ, et qu'il habite dans notre cœur pour éclairer notre intelligence.

Nous voulons expliquer à Ta Majesté victorieuse ce qui a rapport à Jésus crucifié et au crucifiement, dans cette invocation : « O toi qui as été crucifié pour nous, » invocation que nous répétons dans nos offices, lorsque nous rendons par trois fois grâces à Dieu pour [son Fils] crucifié, en ces termes : « Dieu saint, Dieu fort, « immortel, ô toi qui as été crucifié pour nous. » Si quelqu'un s'imagine qu'il s'agit du Père ou du Saint-Esprit, ou prétend que tous les trois ont également souffert dans la Passion, que tous les trois ont été crucifiés, qu'il soit convaincu d'admettre trois Dieux. Si nous proclamons la miséricorde du Fils, c'est pour éviter l'application de cette menace de l'Évangile : « Quiconque rougira de moi et de « mes paroles, le Fils de l'Homme rougira de lui, lors de « son avénement. » (Saint Luc, IX, 26). Ceci regarde ceux qui, en confessant Jésus-Christ, dissimulent les actions de grâces dues à Dieu. Si quelqu'un rougit du crucifiement, le Sauveur rougira de lui au dernier jour. Comment donc, par exemple, saint Grégoire, le père des théologiens, dit-il : « Dieu crucifié, le soleil obscurci » ? Oserait-on désavouer le crucifiement ? Mais si quelqu'un y comprend le Père et l'Esprit-Saint, qu'il soit anathème.

« Maintenant, passant à un autre sujet, nous expliquerons notre croyance sur l'accomplissement du Mystère du pain et du vin. Pourquoi le Sauveur prit-il le calice immaculé et le pain azyme, pour nous les transmettre, dans cette nuit où il fut trahi, et où il nous invita à consacrer son corps et son sang en mémoire de lui ? Le bienheureux Jean Chrysostôme, dont nous citons ici le témoignage, nous l'apprend dans son commentaire sur l'Évangile, au livre des Pharisiens, où il dit : « Il extirpera « d'autres criminelles hérésies ; c'est pourquoi, après sa « résurrection, il prit seulement le calice et le pain azyme. « Car il y en a, ajoute-t-il, qui, dans le saint Mystère, « emploient l'eau. Or, la vigne ne produit que du vin et

« pas d'eau. » C'est pourquoi nous observons ce précepte qui nous a été donné. Comme deux jets coulèrent de la blessure faite à son côté, d'autres y ont mêlé de l'eau, parce que l'eau s'échappa avec le sang, et ils ont adopté le pain azyme, parce que la divinité était unie avec son corps, mais ils ont fourni de cet usage une fausse interprétation. Touchant le sang, le bienheureux Jean dit que l'eau indique la mortalité parfaite, et le sang la vitalité, puisque Jésus-Christ était vivant et mort parfait. Il est donc évident que l'homme n'est pas séparé de la divinité, mais constitue avec elle un seul tout, ainsi que nous l'avons prouvé précédemment. Ce n'est point un homme, mais un Dieu et un homme à la fois, non associé au corps seulement, et existant, comme Dieu, avant toute éternité. Dans le temps, il revêtit notre humanité pour opérer notre salut ; il souffrit la Passion dans son corps, en restant impassible dans sa divinité ; circonscrit dans son corps, sans bornes dans sa divinité ; céleste à la fois et terrestre, visible et invisible, limité et sans limites, en sorte que celui qui est fini et infini, est en même temps homme et Dieu. Quant à nous, c'est Dieu que nous adorons et que nous confessons. Nous croyons à une indivisible union de la divinité et de l'humanité, de peur qu'en adorant le corps, nous n'introduisions une quaternité à la place de la Trinité, ou l'opinion que le salut a été accompli par la mort et l'effusion du sang d'un homme et non d'un Dieu.

« Maintenant, voici ce que nous avons à dire au sujet de la fête de la Nativité, et sur la question des jeûnes. Pour les fêtes que vous célébrez dans un temps différent de celui que nous avons adopté (7), vous prenez comme argument principal l'époque de la naissance du Christ, d'après ce passage de saint Luc, évangéliste et apôtre : « Il avait commencé sa trentième année ; » ce qui montre évidemment qu'il naquit et fut baptisé à pareil jour, et qu'il entra alors dans sa trentième année, qui est l'âge requis pour le doctorat. Car, quoique l'on comptât 180 jours pour le temps que dura le mutisme de Zacharie, ce qui fait tomber l'Annonciation au 25 mars, c'est à partir de cette époque que l'on calcula les 276 jours de la grossesse de la sainte Vierge, en admettant un espace de dix mois pour la gestation d'un fils aîné (8), calcul qui fait coïncider la Nativité avec le 25 décembre. — Mais interrogeons d'abord le Lévitique, et puis l'Évangile. Le Lévitique porte ce qui suit (chap. XXIII, 34) : « Ma fête, « qui me sera consacrée, sera appelée sainte pour vous. « Vous la célébrerez trois fois l'an. Tout mâle d'entre vos « enfants me sera présenté. Vous offrirez des présents au « Seigneur. » Ensuite le texte ajoute : « Le premier jour « du septième mois sera saint pour vous, et le quinzième « sera appelé la fête des Tabernacles et sera saint pour « vous. Vous ne ferez en ce jour aucune œuvre servile. Le « septième jour sera saint aussi pour vous et nommé « sabbat, c'est-à-dire repos. Vous vous abstiendrez en ce « jour de toute œuvre servile. » Voilà les paroles de l'Écriture. Le mutisme de Zacharie datait du mois de Tischrîn, qui est le septième. C'est le jour de l'expiation, auquel le grand-prêtre entrait dans le Saint des Saints, et cela une seule fois l'an, comme saint Paul nous l'apprend. Ce jour là, s'approcher de sa femme était une chose illicite pour Zacharie, parce qu'il était grand-prêtre pour cette année, que la fête solennelle des Tabernacles était prochaine, que tout Israël se trouvait là rassemblé, et qu'on devait célébrer cette fête pendant sept jours. De plus, il n'était pas permis au grand-prêtre de quitter le peuple et de retourner à sa maison, d'autant plus que l'habitation de Zacharie était éloignée et non à Jérusalem. Tout ceci est attesté par l'évangéliste saint Luc, qui dit (chap. Ier) : « La foule attendait Zacharie et s'éton- « nait de ce qu'il se retardait dans le Temple. Lorsque le « temps de son ministère sacerdotal fut expiré, il s'en « revint chez lui. » Il ajoute : « Après ce temps, Elisabeth, « sa femme, devint enceinte. » Mais quel est l'homme doué d'intelligence qui ne sait que Dieu avait prescrit au peuple de se purifier et de sacrifier, non-seulement pendant la fête, mais le premier jour du mois et le troisième jour suivant? Comment, dans l'intervalle de deux solennités, le grand-prêtre aurait-il quitté le peuple pour revenir à sa maison et s'approcher de sa femme? L'évangéliste raconte en effet clairement que Marie, étant partie, se rendit vers la montagne, dans une ville de la tribu de Juda, et vint dans la maison de Zacharie, et il aurait connu sa femme le jour même de la fête ! Comprenons donc que rien n'est plus certain que ce fut dans le mois de Tischrïn qu'eut lieu le mutisme de Zacharie, ce qui correspond au 25 septembre, et qu'au 22 de Tischrïn arriva la conception et la grossesse d'Élisabeth. En comptant six mois, c'est-à-dire 180 jours, on trouve que c'est le 16e jour du mois qui coïncide avec le 6 avril du calendrier romain, qu'eut lieu l'annonciation de la sainte Vierge Marie. En même temps, accordant dix mois pour la durée de la gestation d'un premier-né, les 280 jours de ce calcul se terminent au 6 janvier du calendrier romain. Telle est la doctrine que nous avons embrassée avec confiance, et dans laquelle nous resterons inébranlables jusqu'à l'éternité, en y donnant notre pleine et entière adhésion.

« Maintenant nous traiterons du jeûne de la première semaine qui suit le dimanche de la Septuagésime (9), parce que les Romains sont profondément divisés avec notre nation sur cette question qui a fait naître des discordes et des contestations fréquentes. Cependant ce jeûne ne présente aucune différence avec celui du Carême ; et les anciens, considérant la faiblesse de la nature humaine, ne firent autre chose que le séparer de ce dernier. Ils avaient ordonné d'accomplir saintement le jeûne, et interdit depuis le produit de la vigne jusqu'au sésame, et bien plus encore le vin et l'huile. Comme le peuple n'avait pas la force d'observer cette abstinence dans toute sa rigueur, on permit un repos dans l'intervalle. La raison que nous venons de donner de l'institution de ce jeûne est suffisante. Cependant il a une autre signification qu'on lui attribuait autrefois, en disant que c'est en expiation de la transgression de l'homme par les cinq sens dans le paradis terrestre, qu'un jeûne de cinq jours fut imposé pour la première fois, et qu'il est comme la cause première et fondamentale des jeûnes pratiqués par les chrétiens, et un degré pour parvenir à une abstinence supérieure, celle du Carême. C'est ainsi que Moïse, dans le désert, accordait au peuple un temps de réjouissance, d'après l'ordre du Seigneur. Les habitants de Ninive se rachetèrent par un jeûne de cinq jours et sauvèrent leur ville de la destruction. Pareillement saint Cyrille, patriarche de Jérusalem, prescrivit de se recueillir par un jeûne de cinq jours avant de recevoir le baptême. Il y a encore d'autres raisons à alléguer, que je regarde comme superflu de citer ici, dans la crainte de causer de l'ennui par des longueurs. Le jeûne ne fait aucun tort à la foi; au contraire, il sert à en compléter les préceptes, et personne n'est blâmable pour une abstinence de cinq jours. Quant à l'usage du laitage [le samedi], il vaudrait beaucoup mieux sans doute s'en priver entièrement. Mais dans ce jour, qui est solennel pour nous, nous faisons la commémoration du saint général Serge (Sarkis), martyr immolé par les descendants d'Agar, enfants de Mahomet, dans le pays de Pakrévant, sous le règne de Théodose. Ce n'est pas certes celui qui est appelé Serge l'ânier, ce renégat qui faisait adorer son chien. Pour nous, chrétiens, c'est saint Serge le véritable martyr, dont nous célébrons la mémoire. De notre côté, il n'y a ni schisme ni scandale. Que toutes nos paroles soient entendues comme une profession de foi certaine et décisive, ainsi que ce que nous avons dit ci-dessus au sujet du jeûne de la première semaine après la Septuagésime, jeûne qui nous est particulier. Nous sommes restés fermes dans cette croyance jusqu'à ce jour, et nous y persisterons jusqu'à la fin, maintenant et à jamais. Que notre Seigneur Jésus-Christ soit avec ses serviteurs; à lui gloire et adoration de la part de la sainte Église, à lui qui est et qui sera béni dans les siècles, et dans les siècles des siècles. Amen. »

Tel est le discours que prononça Kakig, roi d'Arménie,

en présence de Ducas, au milieu des savants et des docteurs grecs réunis à Constantinople. L'empereur en fut très-satisfait, et tous les philosophes qui siégeaient dans l'Académie admirèrent la solidité des raisonnements de Kakig, et la plénitude des grâces dont il était orné. La paix et l'amitié furent rétablies entre l'empereur et les princes arméniens. Forcés de renoncer à leurs bavardages, les brouillons d'Arménie furent couverts de confusion, car aucun des docteurs romains ne put découvrir une tache ou un soupçon d'hérésie dans notre profession de foi, telle que l'avait rédigée Kakig, et qu'il l'adressa aux Romains. Il composa aussi beaucoup d'autres discours fondés sur une logique invincible, par laquelle il les combattit et les réfuta. Ducas les vit et les approuva hautement, comme ne contenant que des propositions orthodoxes et la véritable doctrine chrétienne. Il se montra plein de bienveillance envers nos princes, les traita fort honorablement, et combla de présents Kakig, Adom et Aboucahl, ainsi que les grands d'Arménie. Le nom de Kakig devint illustre parmi ceux des docteurs arméniens, contemporains les plus distingués, et dont voici la liste : Diran Gabanetsi (10), Saïlahan Lasdiverdtsi, Adom Antzévatsi (11), Ananê et Grégoire Narégatsi (12), Sarkis Sévanetsi (13), Joseph Endzaïetsi (14), Georges Oudzetsi, Dioscore (Têosgoros) Sanahnetsi, Ananê de Hagh'pad, Jacques, fils de K'arahad, Antoine et Timothée, Jean dit Gozer'n, Paul, Joseph, Jean, Georges le chancelier dit Thamr'etsi, Bargdjag et autres docteurs consommés en science, et remplis de l'esprit divin, qui florissaient en Arménie à cette époque. Le roi Kakig les égalait par l'abondance des dons célestes répandus sur lui.

XCIV. Le schah Kakig étant parti de la cour de Constantinople, s'en revint en triomphe avec sa suite dans son pays. Il arriva à Césarée de Cappadoce (Kamirk'). Déjà irrité contre les Grecs, il fit tomber tout le poids de sa colère sur le métropolite de cette ville, nommé Marc (Margos), schismatique (1) et blasphémateur au plus haut point, impie et pervers hérétique. Cet infâme poussait l'effronterie si loin, qu'il avait donné à son chien le nom d'Armên (Arménien). Il y avait longtemps que Kakig était instruit de cette particularité, et qu'il nourrissait une violente rancune contre Marc. Mais comme ce prince habitait au milieu des Romains, il n'avait pu rien lui faire : d'autant plus que ce métropolite était un personnage considérable et en grande estime parmi les Grecs ; non-seulement il avait sans cesse l'injure à la bouche contre nos compatriotes, mais encore il leur avait suscité bien des désagréments, lorsqu'il sut que Ducas voulait faire conférer aux princes d'Arménie le baptême grec. Partout où passa Kakig et où il s'arrêta pour prendre gîte, il ordonnait aux troupes arméniennes de violer les plus illustres dames romaines, voulant ainsi outrager cette nation, car il avait l'intention de ne jamais plus revenir à Constantinople, et d'aller trouver Alp-Arslan et reprendre possession du trône d'Arménie. Le sulthan avait en effet maintes fois mandé Kakig, qui avait été retenu par sa religion comme chrétien, de se rendre à cette invitation. Lorsque Kakig fut près de la résidence du métropolite, il eut envie d'aller loger chez lui, et lui envoya les chefs de ses archers. Ceux-ci allèrent dire à l'hérétique que le roi désirait prendre l'hospitalité chez lui ce jour-là. Ces paroles firent plaisir à Kyr Marc, qui fit disposer sa maison pour le recevoir ; et, de bon gré ou non, il alla au-devant de Kakig avec une escorte de prêtres. L'ayant ramené avec de grands honneurs, il l'installa dans sa maison et lui servit un magnifique festin. Mais cette réception ne put faire oublier au roi et aux siens l'animosité qu'ils nourrissaient depuis longtemps au fond du cœur. Lorsqu'il fut un peu excité par le vin, s'adressant au métropolite : « On m'a rapporté, lui dit-il, que « tu as un très-beau chien. Nous voudrions bien le voir. » Le prélat, comprenant que ces paroles étaient une provocation, les laissa passer sans y répondre. Kakig ayant réitéré sa demande, on appela le chien ; mais il n'accourut pas, car ils n'osaient pas prononcer son nom d'Armên. «Eh ! quoi, ajouta Kakig, appelez-le par le nom auquel il répond. » Marc, dominé par le vin, appela : « Armên, « Armên ! » Aussitôt l'animal fit un bond avec la rapidité d'un lion ; Kakig en le voyant dit : « Ce chien porte donc « le nom d'Armên ? » Marc, rougissant, reprit : « Il est « gentil, c'est pour cela que nous l'appelons Armên. — « Maintenant nous allons voir, dit Kakig, quel est le plus « gentil de l'Arménien ou du Romain. » Un grand sac avait été préparé, et Kakig ayant lancé un coup-d'œil à ses fantassins, ils cernèrent l'animal, et avec de grands efforts, le précipitèrent dans le sac. A cette vue, Marc, persuadé qu'ils voulaient l'emporter, entra en fureur et apostropha durement les gens de service. Kakig, souriant avec dédain, fit signe de la main aux siens. Aussitôt, ils entourèrent de quatre côtés l'infâme métropolite, et l'ayant saisi, le jetèrent violemment et en le maltraitant dans le sac, en compagnie de son chien Armên. «Voyons, dit

Kakig, quel est le plus brave des deux, le chien gentil ou le métropolite romain. » Et il ordonna de frapper rudement l'animal. Celui-ci furieux, se jeta sur son maître, et se mit à le déchirer à belles dents. Ils continuèrent une bonne partie de la journée à battre le chien, qui dans sa rage, faisait couler le sang du maudit hérétique. Marc ne cessait de pousser des cris affreux et des lamentations. Il y avait un combat à outrance dans l'intérieur du sac, du fond duquel sortaient un bruit de grincement de dents, des gémissements et des plaintes. Ce fut de cette mort horrible que périt ce blasphémateur, devenu la pâture des chiens. Kakig fit mettre toute sa maison au pillage, car c'était un homme fort riche et d'un rang très-élevé. S'étant emparé d'immenses trésors d'or et d'argent, ainsi que de ses troupeaux, qui se composaient de 6,000 brebis, 40 paires de buffles, et 10 paires de bœufs, il s'en revint chez lui, emmenant en même temps quantité de chevaux et de mulets. Kakig fit ainsi, au milieu des Romains, ce que jamais personne n'osa faire avant ni après lui. Depuis lors il ne reparut plus à Constantinople, et refusa constamment de se rendre à l'appel des Romains.

A cette époque, le roi Kakig, fils d'Apas de Gars, brillait comme savant et comme possédant à fond les doctrines philosophiques et littéraires. Il marchait de pair avec les docteurs romains ; et lorsqu'il venait à Constantinople, il s'asseyait dans la chaire de Sainte-Sophie. Il savait en entier l'ancien et le nouveau Testament, et étonnait par son éloquence.

Son contemporain Grégoire Magistros le Bahlavouni, fils de Vaçag, était aussi un logicien invincible, plein des grâces divines, et admirable dans les réponses qu'il opposait aux Romains ; homme versé dans toutes les sciences, et dont la voix avait une grande autorité. Il savait d'un bout à l'autre la Sainte-Écriture. Il avait le privilége, avec les philosophes, de prendre place dans la chaire de Sainte-Sophie, et discourait avec les docteurs romains : il était compté parmi les plus illustres docteurs arméniens.

XCV. Nous citerons encore Nersès, de la province de Pakrévant, l'un des grands [docteurs] d'Arménie, savant profond et ingénieux, habile littérateur et philosophe. Il avait étudié à Arkina : il était passé maître dans la connaissance des deux Testaments divins, et capable de résister à tous les docteurs romains; par sa solide instruction, et son talent de parler en public, il rivalisait avec le roi Kakig et les docteurs arméniens que nous venons de citer.

Sous le règne de Kakig Schahenschah, fils d'Aschod. et souverain de l'Arménie, il arriva un signe étrange et terrible, auquel le saint Mystère donna lieu. Dans le couvent de Bizou, bâti par ce prince, pendant que l'on célébrait la messe à l'église, le jour de la Pentecôte, le prêtre officiant laissa tomber une parcelle de la sainte Hostie. Le surlendemain, deux vénérables religieux eurent une révélation, et étant venus dans l'église avant les Pères, l'un d'eux dit à l'autre : « Une vision que j'ai eue cette « nuit m'a montré la lampe qui est suspendue à la coupole, « tombant devant l'autel, sans que la lumière s'éteignît. » L'autre dit : « Moi aussi j'ai eu une vision ; il m'a semblé « qu'un astre d'une grandeur prodigieuse tombait du haut « des cieux devant l'autel, et qu'il était devenu encore plus

« radieux après sa chûte. » Ces deux récits surprirent tous les moines ; le Père [supérieur] du couvent éclairé par l'Esprit-Saint, s'écria : « Cette révélation signifie qu'il est « tombé un fragment de la sainte Hostie. » Aussitôt, ayant allumé des cierges, les moines se rendirent à l'église, l'encensoir à la main, et la balayèrent pendant plusieurs jours de suite. Lorsqu'ils furent entrés dans le sanctuaire, ils trouvèrent la parcelle encore intacte, devant l'autel. L'ayant recueillie, ils rendirent des actions de grâces à Notre-Seigneur Jésus-Christ. Ce miracle raffermit dans la foi orthodoxe une foule de gens, qui furent convaincus que ce Mystère est céleste et divin, et qu'il est le corps véritable de Dieu.

XCVI. Au commencement de l'année 515 (5 mars 1066 - 4 mars 1067), apparut dans la partie orientale du ciel une comète qui prit la direction de l'occident. Après s'être montrée pendant un mois, elle cessa d'être visible. Au bout de quelque jours elle reparut à l'occident à partir du soir (1). Beaucoup de personnes qui l'aperçurent affirmaient que c'était le même astre qui avait été vu à l'orient dans le temps où les infidèles sortant de leur pays, saccagèrent l'Arménie, exterminèrent les chrétiens et leur imposèrent le joug de la servitude.

C'est à cette époque que l'émir des Perses, nommé Oschïn, vint ravager plusieurs contrées, et répandre à torrents le sang des fidèles du Christ. Il couvrit de deuil et de ténèbres la face de la terre. S'étant mis en marche avec des forces considérables, il vint établir ses quartiers d'hiver dans la Montagne-Noire (2). Les populations de toute cette province furent massacrées. Une multitude de moines périrent par le fer ou le feu. Leurs cadavres privés de sépulture devinrent la pâture des animaux féroces et des oiseaux de proie, parce qu'il n'y avait personne pour leur rendre les derniers devoirs. Nombre de couvents et de villages furent incendiés, et les traces de ces dévastations sont encore apparentes de nos jours. La Montagne-Noire et tout le pays furent inondés, d'un bout à l'autre, du sang des religieux et des prêtres, des hommes et des femmes, des vieillards et des enfants, suivant cette parole du Prophète : « Le feu a dévoré leurs jeunes hommes; nul n'a versé de larmes sur leurs vierges ; leurs prêtres sont tombés sous le tranchant du glaive; personne ne déplorait le sort de leurs veuves ; leur sang a été versé tout autour de Jérusalem, et nul n'était là pour leur accorder la sépulture». (Psaume LXXVII, 63-65, et LXXVIII, 3.) Un si cruel traitement fut infligé aux fidèles par le scélérat et féroce Oschïn. Jamais on ne pourrait dire tous les excès qu'il commit.

A cette époque un émir d'un haut rang et des plus vaillants sortit de la Porte du sulthan Alp-Arslan, dont il était le chambellan (hadjeb). Il se nommait Kumusch-Tékïn (Komêsch-Diguïn). Il marcha à la tête de formidables et valeureuses phalanges contre les chrétiens. Dans sa fureur, il mit à sac le district de Thelkoum, et extermina impitoyablement tous ceux qui avaient échappé aux invasions précédentes. Il emporta par une vigoureuse attaque la forteresse de Thlitouth (3), et en égorgea la garnison. Après avoir fait des milliers de captifs, il se dirigea vers la province d'Édesse, contre la forteresse de Nisibe (Necébin), et l'assiégea pendant quelques jours, mais sans succès ; de là il traversa l'Euphrate à gué, et vint fondre sur le district de Hisn-Mansour (Harsen-Meçour). Ministre des vengeances célestes, il massacra les habitants de ce magnifique pays, et y répandit la bile empoisonnée de sa malice. Il les frappait, pareil à une grêle accompagnée d'éclairs qui dardent le feu. Ses soldats portaient partout le meurtre et l'incendie. Il fit périr les gens de distinction et emmena en esclavage de nobles dames avec leurs enfants, jeunes garçons ou jeunes filles d'une rare beauté. On pouvait voir là les coups dont la main de Dieu châtia les fidèles, qui tous, sans exception, riches ou pauvres, goûtèrent à la coupe d'amertume que leur firent boire les Turks, leurs féroces ennemis. Pendant trois jours le massacre ne discontinua pas. Pour comble de malheur, le chef qui occupait la forteresse de Nisibe (4) envoya en toute hâte prévenir le commandant militaire de cette ville, nommé Arouantanos, que l'émir Perse était campé sur les bords de l'Euphrate avec cent hommes seulement : « Accours, lui disait-il, surprends-le et fais-le prisonnier. » Arouantanos reçut cet avis avec négligence et se mit lentement en route à la tête d'un corps considérable, pour aller à la rencontre de l'émir Kumusch-Tékin. Celui-ci ayant appris qu'il approchait, fit venir son armée de Hisn-Mansour. Arouantanos arriva auprès de la célèbre forteresse d'Oschïn avec 1,500 cavaliers et 10,000 fantassins. Les deux armées en vinrent aux mains, et Arouantanos, guerrier intrépide, se jeta avec l'impétuosité d'un aigle sur les Turks. Le lieu du combat était inégal et escarpé. L'armée turke commençant à grossir peu à peu, Arouantanos dit aux siens : «Lâchez pied un instant, afin que les infidèles

« courent après nous ; alors nous ferons volte face, et nous
« les chargerons sans qu'ils puisssent nous échapper. » Ce
mouvement fut exécuté ; mais Arouantanos s'aperçut que
les Romains avaient pris la fuite réellement, et l'avaient
abandonné au milieu des Turks. Ce fut une journée funeste
pour les chrétiens ; toute la plaine regorgea de sang et
fut encombrée de captifs. Arouantanos et ses officiers
furent faits prisonniers. Ceux qui parvinrent à se dérober
au carnage se réfugièrent dans la forteresse d'Oschïn et y
trouvèrent leur salut. Il périt dans ce combat onze mille
hommes environ. L'émir ayant imposé à Arouantanos un
joug de bœuf sur les épaules, l'emmena comme esclave,
chargé de ce honteux fardeau. L'ayant conduit à la porte
d'Édesse, il le vendit 40,000 tahégans, somme que le
général romain garantit en donnant son fils en ôtage ; et ce
jeune homme est demeuré en Perse jusqu'à présent. Les
autres chefs furent rachetés à prix d'or et d'argent. Fier
de cette victoire signalée, Kumusch-Tékïn s'en retourna
en Perse, traînant après lui une masse de captifs et emportant un butin immense. Il offrit au sulthan de beaux
esclaves, garçons et filles, au nombre de deux mille
environ.

XCVII. En l'année 516 (5 mars 1067 - 3 mars 1068)
mourut Ducas, laissant un fils en bas âge, nommé Michel.
L'empire resta sans souverain pendant un an, sous la
régence de l'impératrice Eudoxie (Eudougui) (1).

XCVIII. Vers le commencement de l'année 518 (4 mars
1069 - 3 mars 1070), cette princesse ayant fait venir
secrètement un des grands de l'État, appelé Romain,
autrement dit Diogène (Diôjên), lui donna accès dans

son appartement et eut des rapports criminels avec lui. Elle l'y tint enfermé jusqu'à ce qu'ayant appelé le César, frère de Ducas (1), elle dit à celui-ci pour l'éprouver : « Que ferons-nous maintenant, puisque le trône est va-« cant et que Michel est encore un enfant? » Elle voulait le perdre par ces paroles insidieuses. « Laissons cela de « côté, répondit le César, que m'importe? Mes fils et moi « nous sommes tes serviteurs. Donne le trône à qui tu vou-« dras. » L'impératrice fut étonnée à la fois et charmée de cette réponse, et se trouva de la sorte retenue de commettre un crime. Elle ajouta : « Va dans mon apparte-« ment, te prosterner devant l'empereur. » Le César resta tout surpris et remercia Dieu de ce qu'aucun mot compromettant n'était sorti de sa bouche. Etant entré dans l'appartement de la princesse, il rendit hommage à l'empereur en se prosternant devant lui. Le lendemain, Diogène fut conduit à Sainte-Sophie et sacré. Toute la ville de Constantinople lui cria : Louange! et la couronne fut posée sur sa tête.

XCIX. A cette époque, le saint catholicos Vahram, appelé aussi Grégoire, fils de Grégoire Magistros, fils de Vaçag, le Bahlavouni, se sentit épris de l'amour de la vie solitaire, et du désir de se consacrer, dans la retraite, à la prière. Il était devenu semblable à Élie et à saint Jean-Baptiste. Ayant adopté la règle de saint Antoine, il aspirait de toute son âme à habiter le sommet des montagnes. Il forma le projet d'abandonner le glorieux et noble trône du patriarcat; son dessein fut partagé par le docteur Georges, son chancelier, et ils firent le serment de marcher ensemble dans la voie de la solitude. Cette résolution ayant transpiré, fut découverte à temps ; étant parvenue aux oreilles du roi et des grands d'Arménie, ils employèrent tous leurs efforts pour retenir le patriarche, mais sans réussir à le détourner de son projet bien arrêté. Il leur annonça qu'il avait l'intention d'entreprendre le voyage de Rome, et ensuite de parcourir tout le désert de l'Égypte. Mais comme on insistait pour l'empêcher de partir, Grégoire, dans l'ardeur de son désir, dit au roi : « Prenez pour patriarche qui bon vous semblera, et ne me « retenez pas davantage, en m'éloignant ainsi du sentier « de la justice. » Voyant qu'il était inébranlable, ils choisirent pour catholicos le docteur Georges, chancelier de Grégoire, et en cachette de ce dernier, lui persuadèrent d'accepter ces fonctions. Grégoire ne se doutait pas de cette intrigue, et lorsqu'on lui amena Georges pour recevoir l'onction sainte, il fut au comble de la surprise, et bon gré, mal gré, il le sacra catholicos, pour occuper le siége pontifical de l'Arménie (1). Toutefois, il lui en conserva rancune au fond du cœur, et le compta dès lors parmi ses ennemis, comme ayant violé le vœu qu'il avait fait, d'être son compagnon dans la vie spirituelle. Dès ce moment, la désunion régna entre les deux patriarches. Grégoire, exécutant le pieux projet qu'il avait conçu, alla résider sur les montagnes (2), avec les solitaires, confesseurs du Christ, embrassa leur vie austère, et ne prit plus pour nourriture que des aliments secs.

C. Cette année, Diogène leva des troupes dans tous ses Etats, jusqu'aux confins de Rome, ainsi que dans tout l'Orient. A la tête d'une armée formidable, il entra dans la contrée des musulmans, et vint camper auprès de la célèbre ville de Menbêdj, non loin d'Alep, cité fameuse qui appartenait aux infidèles (1). Il pressa vivement cette place qu'il fit attaquer par ses troupes barbares, dont le nombre était immense. Après des assauts réitérés et vigoureux, il ordonna de dresser des balistes et des machines, pour battre en brèche les formidables remparts de Menbêdj. Le jeu de ces machines, qui lançaient d'énormes pierres, fit crouler une partie des murs dans l'intérieur de la place. Les habitants, consternés, tracèrent des croix sur leurs mains et se rendirent au camp de Diogène; les principaux d'entre eux se prosternèrent à ses pieds, lui offrirent de riches présents et se déclarèrent ses tributaires ; à cette condition ils eurent la vie sauve. L'empereur traita la ville avec bienveillance, mais la soumit à ses lois. Sur ces entrefaites, il reçut une lettre de l'impératrice, qui le pressait de retourner à Constantinople. Aussitôt après l'avoir lue, il se mit en route.

CI. Cette année, l'émir Guedridj (1), qui était de la famille du sulthan Alp-Arslan, résolut en secret de se révolter contre ce prince et de se rendre à Constantinople. Il vint à la tête d'une armée nombreuse, et passa dans le pays des Romains. Jamais chose aussi extraordinaire ne fut vue et n'a été racontée. C'était celui qu'annonça le Sauveur lorsqu'il dit : « Il y aura dans les derniers temps des signes dans le soleil, dans la lune et les astres ; il y aura des tremblements de terre et des phénomènes épouvantables, » comme on le lit dans le saint Évangile (S. Luc, XXI, 25). Ce fut là l'occasion de la ruine que subit de nouveau notre pays de la part de la race perverse des Turks.

CII. Cette année fondit sur nous, comme un fleuve débordé, le sultan Alp-Arslan. Il entra en Arménie avec une formidable armée et commença le massacre. Il investit la ville de Mandzguerd, et comme elle était sans garnison, il lui suffit d'un seul jour pour s'en emparer. Les troupes romaines qui la défendaient avaient pris la fuite : il en extermina les habitants, mettant à exécution les menaces proférées contre cette cité par son frère Thogrul, et le vœu dont il lui avait légué l'accomplissement, à l'heure de sa mort. De là, il dirigea ses hordes vers Amid, et établit son camp tout autour de cette ville. Néanmoins, il usa de clémence envers les habitants. Ce fut là que sa femme mit au monde un fils qu'il nomma Tetousch (1). Ensuite, étant entré dans le district de Thelkhoum, il investit la forteresse de ce nom, et tenta tous les efforts imaginables pour la réduire ; mais comme elle lui opposait une insurmontable résistance, il parla de faire la paix, à condition qu'un tribut lui serait payé. Cette proposition ralentit l'ardeur des assiégés, et dans la sécurité qu'elle leur inspira, ils abandonnèrent le rempart. A cette vue, les ennemis, en masse, sans attendre l'ordre du sulthan, l'attaquèrent avec impétuosité, et, restés maîtres de la place, y firent un carnage horrible et une multitude de captifs. La nouvelle de ce succès causa au sulthan un étonnement extrême ; il déplora le sang versé, parce qu'il avait garanti, par serment, aux habitants la vie sauve. Ayant envahi le territoire d'Edesse, il étendit ses incursions sur tous les points, jusqu'aux portes de la ville. La célèbre forteresse de Thelthovray, non loin de Sévavérag, fut emportée d'assaut, ainsi qu'Arioudzathil (2), et la population des environs passée au fil de l'épée. Gorgé de butin, encombré de captifs, il alla investir Edesse, et développa son camp tout autour des murs. C'était pendant l'hiver, le 10ᵉ jour du mois de mars. Le commandant d'Édesse était Basile, fils du roi des Boulgares, Alusianus. Les habitants, qui étaient chrétiens, furent terrifiés en contemplant l'armée des infidèles, qui couvrait les plaines et les montagnes jusqu'au sommet. Ils redoutaient le sulthan, ce cruel dragon. Alp-Arslan était, en effet, un buveur de sang. Il passa huit jours sans commencer les hostilités ; mais les assiégés étaient tombés dans un tel découragement, qu'ils ne songeaient pas même à repousser l'ennemi. Sur ces entrefaites, un des soldats du sulthan, témoin de cette inaction, leur donna sous main cet avis : « Avez-vous, leur dit-il, perdu le sens ? Fortifiez donc vos murs et sellez vos chevaux. » Excités par ces paroles, ils se mirent à garnir les remparts de soldats, et disposèrent tous leurs moyens de défense ; tous s'encourageaient mutuellement. De son côté, le commandant Basile, qui était un militaire distingué, entreprit de fortifier la ville sur tous les points. Le sulthan, voyant la bonne contenance des assiégés, entra en fureur, et donna l'ordre de faire retentir les trompettes, comme signal de l'assaut. L'attaque commença avec fureur ; les infidèles s'élancèrent aux murailles en poussant des clameurs terribles. Edesse fut enveloppée de toutes parts. Ce fut une solennelle journée, témoin d'une lutte acharnée. Les assiégés faisaient pleuvoir, du haut des remparts, une grêle de flèches, pendant que les autres, en prières et les yeux noyés de larmes, élevaient leurs voix gémissantes vers Dieu pour implorer leur salut. Les Perses renouvelèrent leurs assauts une grande partie de la journée, mais inutilement, car le Seigneur combattait contre eux, et les couvrit de honte. Alors le sulthan ordonna de dresser des balistes et autres machines de guerre pour battre les remparts ; il fit détruire les jardins des environs et arracher les vignes, et du bois qui en provint, combler les fossés. Puis il fit élever une tour de bois, montée sur dix chars, et sur laquelle il comptait comme moyen infaillible de succès. Mais lorsque l'on mit les chars en mouvement pour approcher la tour des remparts, tout-à-coup elle se renversa et se brisa dans sa chute. Les assiégés ayant creusé une excavation, pénétrèrent dans le fossé du côté de l'orient, et accumulant tout le bois qu'ils possédaient, incendièrent les débris de cette tour. Comme les infidèles avaient entrepris de creuser sept tranchées dans l'intérieur du fossé, pour faire écrouler le rempart, les habitants pratiquèrent une contre-mine, et ayant pris les travailleurs ennemis, les tuèrent. Ce siége dura cinquante jours, pendant lesquels le sulthan déploya les plus grands efforts, mais sans aboutir à rien. En vain il promettait de magnifiques récompenses à qui détacherait seulement une pierre des murs, afin de l'emporter en Perse comme un souvenir. Abou'lséwar, émir de Tevïn, lui dit : « Voilà un autel au milieu de nous et personne ne songe à l'abattre. » Alors ils essayèrent leurs forces pour le démolir, mais sans pouvoir en détacher un fragment. Cet autel, qui était celui de saint Serge (Sarkis), s'élevait à l'est de la ville. A ce spectacle, la confusion du sulthan redoubla. Sur ces entrefaites, Koreïsch, l'un des principaux émirs des Arabes, ayant emmené Alp-Arslan et toute l'armée Perse, marcha contre Alep. Cette retraite fut un jour de vive allégresse pour Edesse délivrée.

CIII. Diogène, instruit des désastres récents de l'Arménie, rugit comme un lion ; il ordonna de rassembler toutes ses troupes, fit proclamer des édits et envoya des hérauts partout dans les contrées d'Occident. Il réunit des forces immenses parmi les Goths, les Boulgares, les habitants des îles éloignées, ceux de la Capadoce, de la Bithynie, de la Cilicie, d'Antioche, de Trébizonde (Drabizon), et convoqua dans toute l'Arménie les débris des braves phalanges de ce royaume ; il fit venir aussi des renforts de chez les barbares. Il se vit bientôt à la tête d'une armée aussi nombreuse que le sable de la mer. C'était en l'année 520 (4 mars 1071 - 2 mars 1072). Il s'avança, terrible, comme un nuage au sein duquel gronde le tonnerre, et qui est chargé de grêle, et atteignit Sébaste. A sa rencontre accoururent en grande pompe les princes de la famille royale d'Arménie, Adom et Abouçahl ; mais les Romains circonvinrent l'empereur et lui firent entendre des calomnies contre les habitants de Sébaste et contre la nation arménienne en général. Ils lui dirent : « Lorsque nous fûmes vaincus par l'émir Guedridj, les Arméniens étaient plus acharnés contre nous, plus impitoyables que les Turks eux-mêmes. » Diogène ajouta foi à ces propos, et jura avec menaces qu'au retour de son expédition en Perse, il anéantirait la foi arménienne. En même temps il commanda à ses soldats de mettre à sac Sébaste. Ils exécutèrent cet ordre en y ajoutant quantité de meurtres, et secondèrent ainsi les iniques dispositions de ce prince impie. Il chassa de sa présence Adom et Aboucahl, et plongea Sébaste dans le deuil. Cependant les grands de l'empire, ainsi que Kakig Schahenschah, fils d'Aschod, et l'émir Guedridj, qui avait pris le Curopalate (Gourabagh'ad) (1), dirent à l'empereur : « N'écoute pas les délations de tes sujets, qui mentent, car ceux des Arméniens qui ont survécu aux guerres des Turks, se sont déclarés les auxiliaires [des Romains]. » Ces remontrances ramenèrent l'empereur à de meilleurs sentiments : néanmoins il jura qu'à son retour il détruirait la croyance des Arméniens. Les moines ayant appris ces menaces, proférèrent contre lui de terribles malédictions, et firent des vœux pour qu'il ne revînt pas de cette guerre, et que le Seigneur le fît périr comme l'impie Julien, qui fut maudit par saint Basile. Diogène étant parvenu dans l'Orient, au pays des Arméniens, attaqua Mandzguerd et s'en rendit maître ; les troupes du sulthan qui étaient cantonnées dans cette ville s'enfuirent. Ceux des infidèles qui furent pris reçurent la mort. Alp-Arslan, qui était alors devant Alep, en apprenant le triomphe de Diogène, se hâta de retourner vers l'Orient, afin de défendre son royaume contre cette formidable agression. Ce même hiver, il avait échoué devant Alep, protégée par une forte garnison. On était au printemps lorsqu'il reçut la nouvelle des mouvements des Romains. Aussitôt il quitta le siége d'Alep et se dirigea rapidement vers Édesse. Le commandant militaire de cette ville lui offrit en présent des chevaux et des mulets, ainsi que des vivres. Aussi le sulthan traversa-t-il toute la contrée sans y faire aucun mal. Continuant sa route vers l'Orient, il parvint à la montagne de Léçoun. Les fatigues de cette marche forcée lui firent perdre quantité de mulets et de chameaux; car, semblable à un fugitif, il poussait ses troupes en avant et se hâtait d'accourir en Perse. Sur ces entrefaites, des lettres écrites par les perfides Romains, du camp de Diogène, furent remises au sulthan. Ils lui disaient : « Ne fuis pas, car la majeure partie de notre « armée est pour toi. » A l'instant Alp-Arslan s'arrêta, et il écrivit à Diogène sur un ton amical, en l'engageant à faire paix et alliance ensemble, à rester unis et à ne plus se nuire réciproquement. Il lui témoignait son désir d'être en bons rapports avec les chrétiens, et de voir s'établir entre les Romains et les Perses une amitié éternelle. Ces propositions enflèrent d'orgueil Diogène, qui les rejeta; elles ne firent même qu'enflammer son ardeur belliqueuse. De perfides conseillers lui dirent : « Aucune puissance n'est capable de te résister. Tes soldats sont sortis du camp pour se procurer des vivres; ordonne qu'ils se fixent dans des quartiers d'hiver, afin qu'ils ne ressentent pas la famine avant l'ouverture des hostilités. » L'empereur, cédant à ces insinuations, renvoya l'émir Guedridj à Constantinople, fit partir Tarkhaniotes (2) avec trente mille hommes contre Khelath, et en expédia douze mille vers la contrée des Aph'khaz. Ces conseillers ayant ainsi réussi à disséminer ses forces et à les éloigner, prévinrent le sulthan du succès de leur trahison. Ce prince, jugeant le moment opportun, s'élança à la rencontre des Romains; ardent comme un lionceau, il entraînait à sa suite toutes les hordes du Khoraçan. Diogène, apprenant que les Perses approchaient, donna l'ordre de sonner les trompettes, et rangea les siens en bataille. Il en confia le commandement à Khadab (3) et à Vasilag (Basilace), deux nobles Arméniens, qui étaient de vaillants capitaines. On combattit avec fureur de part et d'autre presque toute la journée. A la fin les Romains eurent le dessous, et Khadab et Vasilag furent tués. L'armée romaine, mise en déroute, se sauva jusque dans le camp impérial. A cette vue, Diogène ordonna de concentrer toutes ses forces ; mais il était trop tard ; car Tarkhaniotes et les autres officiers romains étaient déjà partis pour Constantinople avec leurs détachements. Instruit de leur éloignement, Diogène reconnut qu'il était victime de la fourberie des siens. Le lendemain le combat se ralluma : dès l'aurore l'empereur ordonna de faire retentir les trompettes, et des hérauts proclamèrent en son nom que des dignités, des gouvernements de villes et de provinces seraient la récompense de ceux qui feraient bien leur devoir. Tandis que le sulthan se portait en avant, Diogène s'avançait de son côté dans le voisinage de Mandzguerd, vers un lieu nommé Dogh'odaph'. Il plaça les Ouzes à l'aile droite, les Patzinaces (Badzounag) à l'aile gauche, et disposa le reste de son armée à l'avant et à l'arrière. Mais dans le fort de la mêlée, les Ouzes et les Patzinaces passèrent à l'ennemi, et les Romains furent vaincus et prirent la fuite. Les Turks en firent un carnage horrible, et s'emparèrent d'une multitude de prisonniers, parmi lesquels était l'empereur lui-même. Ils le conduisirent en présence du sulthan, ainsi qu'une foule d'officiers, chargés de chaînes, et autres captifs. Au bout de quelques jours, Alp-Arslan accorda la paix à Diogène et fit de lui un frère ; tous les deux scellèrent cette alliance de leur sang. Le sulthan prit Dieu à témoin de sa sincérité, et confirma cet engagement par un serment solennel et à jamais inviolable. Après quoi il renvoya Diogène comblé d'honneurs, pour qu'il revînt régner à Constantinople.

Arrivé à Sébaste, celui-ci apprit que Michel, fils de Ducas, s'était emparé de la couronne. Ses troupes l'ayant abandonné et s'étant dispersées, il gagna en fugitif la ville d'Adana. Comme celles de Michel arrivaient pour se saisir de lui, dans ce péril extrême, il revêtit le costume de moine, et s'étant rendu auprès de leur général, lequel était frère de Ducas (4), il lui dit : « Que je ne vous inspire « plus aucune inquiétude : je vais aller m'ensevelir dans « un couvent. Que Michel règne sur vous, et que Dieu soit « avec lui. » Ce jour même, les Romains crucifièrent Dieu une seconde fois, à l'exemple des Juifs. Ils arrachèrent les yeux à Diogène, leur propre souverain, qui mourut des souffrances que ce supplice lui occasionna. Le sulthan pleura sa perte, et regretta amèrement le sort de ce monarque. « Oui, s'écria-t-il, les Romains sont des athées ; « dès aujourd'hui la paix est rompue avec eux, et le ser-« ment qui rattachait les Perses à eux n'existe plus. « Dès à présent, la race des adorateurs de la Croix « sera immolée par le glaive, et tous les pays chrétiens « seront livrés à la servitude. » Le souvenir de Diogène lui arrachait des soupirs douloureux, et avec tous les siens il déplorait profondément sa mort. S'adressant aux troupes du Khoraçan : « Désormais, leur dit-il, soyez des lion-« ceaux, devenez des aiglons, volez par toute la terre, « nuit et jour ; versez le sang des chrétiens, soyez sans « merci pour les Romains. » Après cette victoire éclatante, il rentra en Perse.

CIV. A cette époque, Alp-Arslan rassembla toutes les

troupes de ses Etats, et franchissant le grand fleuve Djihoun (Dchahoun), nommé aussi Géhon (Kéhon), il pénétra sur le territoire de Samarkande (Semerkhent), qu'il voulait soumettre. A la tête d'un détachement considérable, il vint camper auprès de la grande et redoutable forteresse de Hama (1), qu'il assiégea. Cette place appartenait à un chef d'un grand courage, mais au cœur féroce et cruel(2). Le sulthan dirigea, pendant plusieurs jours, de rudes assauts contre cette place et la pressa vivement. Cependant il invitait ce chef à faire sa soumission, l'assurant qu'il lui laisserait à jamais la possession des domaines de ses pères. Au bout de quelque temps d'une résistance très-pénible, celui-ci résolut d'aller se prosterner devant Alp-Arslan, et de profiter de cette occasion pour exécuter un affreux projet. Il fit ce jour-là fête à sa femme et à ses enfants, s'assit avec eux à un banquet qu'égayaient le jeu des baladins, la voix des chanteuses, et le son des tambours et des instruments de musique, et but joyeusement. Puis, pendant la nuit, il égorgea de ses propres mains sa femme et ses trois fils avec une barbarie atroce, voulant éviter qu'ils ne tombassent entre les mains du sulthan et ne devinssent ses esclaves. Le lendemain, il partit, après avoir caché sur lui deux couteaux très-effilés, avec lesquels il avait consommé son quadruple meurtre. Arrivé au camp du sulthan, il fut introduit par ses ordres. Dès qu'il fut en sa présence, il se prosterna; en même temps, s'approchant, il se précipita sur lui, en tirant ses deux couteaux de ses sandales, tandis que ceux qui l'avaient amené s'enfuyaient. Il terrassa Alp-Arslan, et lui plongea ses deux couteaux dans le sein. A l'instant même il fut mas-

sacré par les serviteurs du sulthan. Ceux-ci virent que ce prince avait reçu trois blessures. Son état était très-grave, et la douleur qu'elles lui causaient très-cuisante. Alors il donna l'ordre à ses troupes d'évacuer le pays, afin que cet événement restât ignoré dans son royaume. Au bout de cinq jours, l'intensité du mal redoublant, il fit appeler les grands de sa cour et le chambellan (hadjeb) (3), général de ses armées, et leur présentant son jeune fils Mélik-Schah, il leur dit : «Aujourd'hui sera le jour de ma mort, je suc-
« combe à mes blessures ; que mon fils règne sur vous,
« et qu'il hérite de ma couronne, » A ces mots, se dépouillant de son costume royal, il en revêtit Mélik-Schah, et s'inclinant, lui rendit hommage. Il le recommanda, en pleurant, à Dieu, et aux émirs de la Perse. Telle fut la fin d'Alp-Arslan (4), qui perdit la vie des mains d'un homme obscur, kurde de nation. Mélik-Schah monta immédiatement sur le trône. Il se montra bon, miséricordieux et plein de bienveillance pour les fidèles du Christ. Après la mort de son père, il rentra en Perse, héritage de sa famille, emportant avec lui le corps d'Alp-Arslan ; il l'ensevelit dans le tombeau de ses ancêtres, dans la ville de Marand (5). Le règne de Mélik-Schah fut favorisé de Dieu ; son empire s'étendit au loin, et il accorda le repos à l'Arménie.

CV. En l'année 521 (3 mars 1072 - 2 mars 1073) l'inimitié du seigneur Grégoire et du seigneur Georges se réveilla de nouveau. Le premier envoya des gens vers Georges, qui le renversèrent du siége patriarcal, et lui arrachèrent de la tête le voile (1). Georges, profondément irrité, se retira à Tarse (Darson), où il mourut; et Grégoire alla habiter à Moudar'açoun (2), auprès de Kakig, fils de Kourkên (3).

CVI. Ce fut vers ce temps que commença la tyrannique domination d'un chef impie et infâme, nommé Philarète (Ph'ilardos) (1), premier-né de Satan. Lors de la catastrophe de Diogène, il entreprit de donner cours à ses usurpations. Homme scélérat s'il en fut jamais, précurseur de l'immonde Antéchrist, possédé par le Démon, et d'une humeur fantasque et perverse, il se mit à faire la guerre aux fidèles du Christ; car, quoique chrétien, il était sans foi. Les Arméniens ne le reconnaissaient pas pour un des leurs, et les Romains le désavouaient également. Il avait la religion et les habitudes de ceux-ci, mais par son père et sa mère il était Arménien. Son enfance s'était écoulée auprès de son oncle, dans le couvent de Zôrvri-Gozer'n, dans le district de Hisn-Mansour (Harsen-Meçour). Lui qui était sorti du désert, il en devint l'abomination. Il s'empara d'un grand nombre de provinces et de villes, et fit périr impitoyablement une foule de personnes. Étant venu se fixer à Meschar (2), il manda le brave Thornig, seigneur de Saçoun, et le somma de venir lui prêter hommage. Ce message fut accueilli par Thornig avec le dédain et la dérision que méritait une telle folie. « Comment ! dit-il ; mais je ne l'ai même jamais « vu ! » Les envoyés de Philarète, lui annoncèrent alors qu'il allait marcher contre lui avec de nombreuses troupes, et qu'il saccagerait et ruinerait toutes ses possessions. « Mais, reprit Thornig, quel est le chiffre de « son armée ? — Elle est de 20,000 hommes environ, répli- « quèrent les messagers. — Eh ! bien, dit Thornig, moi j'ai

« mille cavaliers, qui chaque jour reçoivent le corps et le
« sang du Fils de Dieu. Ce que je sais positivement, c'est
« que Philarète et tous les siens n'ont aucune croyance et
« sont poussés par les plus mauvaises passions. » Les
envoyés ayant rapporté à Philarète cette conversation, il
appela le catholicos Grégoire. « Comme Thornig est ton
« gendre, lui dit-il, va l'engager à venir se déclarer mon
« vassal. » Grégoire, connaissant la scélératesse de Philarète, partit à contre cœur, et ne retourna plus vers
lui. Il raconta à Thornig le motif de sa visite. Celui-ci,
étonné, lui dit : « Eh ! quoi, cet infâme n'a pas rougi,
« dans l'excès de son impudence, de te charger d'une
« pareille mission, qu'il a appuyée d'un faux serment ! »
Philarète, voyant que Thornig refusait de venir, rassembla son armée et marcha contre lui, à son insu. Dès que
Thornig en fut instruit, il convoqua les siens, et ayant
réuni dans le district de Saçoun 50,000 fantassins et
6,000 cavaliers, se porta vers Djabagh'-Dchour (3). Comme
il ne pouvait croire à l'arrivée de Philarète, il congédia
son infanterie, et à la tête de mille cavaliers se dirigea
vers la ville arménienne d'Aschmouschad (4). Ce fut
dans la plaine d'Alleluia (Alêloua) qu'il rencontra Philarète, qui avait avec lui un corps de 8,000 Franks, commandé par Raimbaud (5). Thornig eut bien du regret de
s'être séparé de son infanterie ; néanmoins il disposa ses
troupes pour le combat, bataillon par bataillon, assignant
à chacun son poste. A l'avant il plaça son garde du corps
Gabos (6), guerrier intrépide, avec 3,000 hommes ; mais
de toutes les troupes de Philarète, celles que Thornig ap-
préhendait le plus étaient les Franks. « Allons, s'écria-t-il,

« voyons si les miens auront peur d'eux (7). Et voilà que Raimbaud, s'avançant, engagea l'attaque, et enfonçant les rangs de Thornig, pénétra jusqu'au centre. Aussitôt, au commandement de Thornig, les siens enveloppèrent les Franks par une manœuvre simultanée, et firent prisonniers leurs officiers, ainsi que leur comte (8). Ils mirent en fuite Philarète et toute son armée, et s'emparèrent des officiers, au nombre de 1,500. Ce jour vit le massacre des Franks et des autres chrétiens. Thornig chargé de butin, retourna à Saçoun, tandis que Philarète se sauvait lâchement, et courait se réfugier à Kharpert (9). La plaine d'Alleluia, où cette bataille eut lieu, est dans le district de Hantzith.

CVII. Thornig, n'ayant gardé avec lui qu'un petit nombre d'hommes, rentra dans sa forteresse d'Aschmouschad, au-dessus d'Ardzen. Tout à coup survint un émir nommé Amer-Kaph'er, avec des forces considérables. Il avait su que Thornig avait congédié les siens. C'était à l'instigation de Philarète qu'il venait le surprendre. Recourant à la ruse et au parjure, il essaya de faire la paix avec Thornig ; il alla jusqu'au point de gagner ses serviteurs à force de cadeaux. Ayant ainsi circonvenu Thornig, il lui persuada, de concert avec trois autres chefs qui l'accompagnaient, de conclure l'alliance qu'il lui proposait avec tant de perfidie. Mais tandis qu'ils étaient assis ensemble à un banquet, l'émir sauta d'un bond sur Thornig et voulut le tuer. Celui-ci, qui n'avait sur lui aucune arme, saisit un petit couteau, et en frappant l'émir, lui ouvrit le ventre. Prenant les autres émirs par la tête, il la leur écrasa l'une contre l'autre ; puis, sans avoir eu aucun mal, il regagna sa forteresse qui n'était pas éloignée. Les Turks prirent la fuite à son approche ; mais lorsqu'il fut près d'Aschmouschad, un des infidèles, embusqué, l'atteignit de son javelot, et donna la mort à ce héros si pieux. Sa tête fut apportée à Philarète, et ce misérable en ayant retiré la cervelle, en fit une coupe à boire. Ce qui restait de la tête fut envoyé par lui à [Nacereddaula], émir de Meïafarékïn, et son corps fut brûlé. Dans la suite on recueillit les débris de ses ossements calcinés, et ils furent transportés et ensevelis près de la porte du Saint-Précurseur (1). Il laissa deux fils en bas âge, Tchordouanel et Vaçag.

A la même époque, Philarète invita le saint patriarche Grégoire à revenir prendre possession de son siége. Mais celui-ci s'y refusa, par la crainte que lui causait cet homme cruel. Philarète lui adressa de nouveau une lettre pour lui représenter qu'il n'était pas d'usage que le siége restât vacant. Mais Grégoire ne put se décider ; il se contenta de répondre à Philarète qu'il consentait à ce qu'il donnât la dignité de catholicos au seigneur Sarkis, neveu (fils de la sœur) du seigneur Pierre. En même temps il envoya à Sarkis le voile, la crosse, et la croix qui avaient appartenu à Pierre. A la vue de ces insignes, Philarète, comprenant que la résolution de Grégoire était définitive, ordonna qu'une réunion d'évêques, de pères de couvent et de moines eût lieu, et le seigneur Sarkis reçut, comme catholicos, l'onction à Honi, ville du district de Dchahan. C'était un saint homme, d'un aspect vénérable, renommé pour sa vertu, d'une piété exemplaire et d'une orthodoxie parfaite, un véritable pasteur du troupeau du Christ. Grégoire étant venu dans la métropole de l'Arménie, à Ani, y sacra, en qualité d'évêque, Basile (Parsegh'), fils de sa sœur et de Vaçag, fils d'Abirad, fils de Haçan (2). Basile dans la suite fut élevé à la dignité de catholicos d'Arménie.

CVIII. C'était dans l'année 523 (3 mars 1074 - 2 mars 1075), que Grégoire partit pour Constantinople, et de là pour Rome. Ensuite il passa en Egypte, où il visita le désert qu'avaient habité les anciens Pères. Là, il accomplit le désir de son cœur; il y établit son trône patriarcal, et remit en vigueur les institutions de la sainte Eglise. Il fut traité avec une haute considération et avec de grands honneurs par le roi des Egyptiens (1), beaucoup plus qu'il ne l'avait été par l'empereur. Une foule d'Arméniens vinrent le rejoindre, car il y avait à cette époque en Egypte environ trente mille personnes de notre nation (2).

CIX. Ces événements se passèrent du temps de Michel, fils de Ducas, qui régna pendant quatre ans sur les Romains (1). Ce prince était bon, orné de toutes les vertus chrétiennes et d'une éclatante sainteté. Il ressemblait en tout à ses anciens et pieux prédécesseurs. Il brillait par l'orthodoxie de sa foi et fut le père des orphelins et le défenseur des veuves. Par ses ordres, on émit des tahégans en aussi grande quantité que la poussière de la terre ou le sable de la mer. Cette abondance, qui alla jusqu'à la prodigalité, dura pendant tout son règne. Car c'était au nom de Dieu que cette monnaie était frappée, et les grâces divines descendaient sur Michel. Le pays ne cessa de regorger des trésors répandus par ses mains. Continuellement il jeûnait, ou était en oraison ; il vivait dans la plus grande sainteté. Mais l'impératrice était courroucée contre lui à cause de cette vie ascétique qui l'éloignait de tous rapports charnels avec elle. Elle s'éprit d'amour pour un des grands, et par l'influence que lui donnaient les criminelles relations qu'elle entretenait avec lui, elle le poussa à se déclarer contre Michel. Il se nommait Botoniate (Vodôniad) (2). Il souleva toute la ville de Constantinople et réclama la couronne. Michel, ce saint monarque, n'opposa aucune résistance. Il maudit publiquement l'épouse infâme qui l'avait trahi, et descendant du trône, se retira dans un couvent, où il se fit moine. Ayant endossé le cilice, il fit profession de la vie religieuse, d'après le désir qu'il en avait depuis longtemps, et dit adieu aux grandeurs terrestres (3).

CX. En l'année 527 (2 mars 1078 - 1 mars 1079), Botoniate, monté sur le trône, épousa la femme de Michel, fille de Kourkè, roi de Géorgie (1). C'était l'adultère qui avait préparé cette union coupable.

CXI. A cette époque périt le prince Vaçag (1), duc d'Antioche, fils de Grégoire Magistros, et frère du seigneur Grégoire [Vahram]. Il fut tué dans la rue du marché de cette ville, par les perfides Romains. Au moment où il passait dans cette rue, deux hastaires (2) se présentèrent comme pour lui rendre hommage ; ils tenaient une lettre supposée, et tandis qu'il se baissait pour la recevoir de leurs mains, ils le frappèrent d'un coup de hache sur le front, entre les yeux. Ainsi succomba Vaçag, sous le fer d'obscurs et exécrables assassins. Ses troupes se réunirent dans la citadelle d'Antioche ; le corps de la noblesse appela Philarète et lui céda cette ville. Celui-ci, au bout de quelques jours, convoqua tous les Romains et le corps des hastaires, sous prétexte d'une expédition qu'il voulait entreprendre, et les mena à un village nommé Aph'schoun. Là, il commanda à ses troupes de mettre l'épée à la main, et fit exterminer cette milice. Il prit possession d'Antioche après avoir tiré ainsi vengeance du meurtre du grand Vaçag, le Bahlavouni.

CXII. Dans le même temps périt le prince arménien Ebikhd (1), guerrier illustre, originaire du district de Schirag. L'empereur, plein d'estime pour son courage, l'avait contraint de recevoir le baptême des Romains et d'embrasser leur croyance. Mais Ebikhd restait, en secret, fidèle à la foi de saint Grégoire. Il tomba malade dans sa forteresse d'Antrioun (2). L'empereur lui avait donné, pour le guider dans la croyance erronée des Grecs, un moine romain qu'Ebikdh avait pris pour confesseur. Cet homme abominable étant entré un jour chez le prince, le surprit profondément endormi dans son lit ; il se précipita sur lui, et ayant saisi le coussin qui soutenait sa tête, le lui plaça sur la bouche, se jetta dessus de tout son poids et l'étouffa dans des tourments affreux. Les troupes d'Ebikhd ayant appris ce crime horrible, livrèrent à toutes sortes de tortures l'hérétique qui en était l'auteur, et après l'avoir fait souffrir cruellement, le précipitèrent du haut d'une roche élevée, sur laquelle était assise la forteresse ; ce scélérat expira sur le coup par un trépas qu'il méritait si bien (3).

CXIII. Cependant Botoniate ayant occupé le trône

pendant un an (1), conçut l'idée d'y renoncer ; car c'était par la violence et par suite d'un commerce criminel avec la femme de Michel qu'il l'avait obtenu, et non par la volonté de Dieu. Comme il était devenu souverain en violation de tous le droits, de cuisants remords agitaient son âme ; il se disait : « Celui qui était maître légitime du trône en « est descendu et s'est fait moine : pourquoi me suis-je mis, « par ma perversité, en rébellion contre lui ? la suite et « la fin de tout en ce monde, n'est-ce pas la mort ?» Ayant donc déposé le sceptre, prix de sa trahison, il fit profession de la vie monastique.

CXIV. Il eut pour successeur [Nicéphore] Mélissène (Mélécianos). C'était en 526 (2 mars 1077-1 mars 1078).

CXV. Cette même année vit mourir un homme digne de toutes les louanges, le seigneur Sarkis, catholicos, neveu du seigneur Pierre, ancien patriarche. D'après sa recommandation, on choisit pour le remplacer l'évêque Thoros (Théodore) surnommé Alakôcig, son coadjuteur, qui était un habile musicien. La cérémonie de sa consécration eut lieu à Honi.

CXVI. Vasil, fils d'Aboukab, autrefois garde de la tente de David le Curopalate, roi de Géorgie, ayant rassemblé un corps de cavalerie, par ordre de Philarète, marcha sur Édesse. Ses attaques contre cette ville ne discontinuèrent pas pendant six mois. Cette même année, il répara les remparts de la place forte appelée Romanopolis (Renabolis), du nom de l'empereur qui l'avait bâtie. Cet ouvrage terminé, il revint presser le siége d'Edesse. Alors les habitants se soulevèrent contre leur commandant, nommé Léon (Lévon), frère de Tavadanos. Léon se déroba par la fuite à leur fureur, et se retira dans le corps supérieur de la forteresse, tandis que son Proximos (lieutenant), cherchait un refuge dans l'église de la Sainte Mère de Dieu, où il s'attacha aux angles de l'autel. Mais les habitants ayant pénétré dans cet asile, le massacrèrent sur les marches mêmes de l'autel, et ce jour même, ils remirent Edesse entre les mains de Vasil, fils d'Aboukab. C'était un homme bon, pieux, miséricordieux pour les veuves, pacifique et bienfaiteur des populations. Son père, Aboukab, avait jadis résidé dans cette ville, et l'avait restaurée après avoir trouvé la province dans un état de ruine. Ces évènements arrivèrent en 526 (2 mars 1077 - 1 mars 1078).

CXVII. Il y avait, en ce temps-là, quatre mois que Mélissène régnait à Constantinople, lorsque le peuple se souleva et le renversa. Le trône fut donné à un des grands de l'empire nommé Alexis (Aleks) (1), neveu (fils du frère) de l'empereur Isaac Comnène (Gomanos), lequel joignait aux qualités de l'homme de bien et à la piété, une brillante valeur. Son avénement rétablit la tranquillité.

CXVIII. Vers le commencement de l'année 528 (2 mars 1079 - 29 février 1080) la famine désola de ce côté-ci de la Mer océane les contrées des adorateurs de la Croix (1), déjà ravagées par les hordes sanguinaires et féroces des Turks. Pas une province n'était restée à l'abri de leurs dévastations ; partout les chrétiens avaient été livrés au fer ou à la servitude, au milieu des travaux des champs interrompus, et le pain manqua ; les agriculteurs et les ouvriers avaient été massacrés ou emmenés comme esclaves, et la famine étendit ses rigueurs en tous lieux. Beaucoup de provinces étaient dépeuplées; la Nation orientale n'existait plus; et le pays des Romains (Asie-Mineure) ne présentait que des ruines. Nulle part on ne pouvait se procurer du pain; nulle part l'homme n'avait la sécurité et le repos, excepté à Édesse et dans les limites du territoire de cette ville. En Cilicie, jusqu'à Tarse, à Marasch, à Delouk' (2), et dans les environs, partout régnaient l'agitation et le trouble. Car les populations se précipitaient dans ces contrées par masses, elles accouraient par milliers, et les encombraient: pareilles à des sauterelles, elles en couvraient la surface, plus nombreuses, et je puis ajouter, sept fois autant, que le peuple auquel Moyse fit traverser la Mer-Rouge, plus multipliées que les cailles dans le désert de Sinaï. La terre était inondée de ces flots de peuple. D'illustres personnages, des nobles, des chefs, des dames de condition, erraient en mendiant leur pain; nos yeux furent témoins de ce douloureux spectacle. La famine et cette vie vagabonde amenèrent la mortalité. On ne pouvait suffire à enterrer ceux qui succombaient; le sol en était jonché, et les bêtes féroces et les oiseaux de proie se rassasièrent de cette pâture humaine. Des tas de cadavres, restés sans sépulture, répandaient dans les airs, les plus fétides émanations. Des prêtres et des moines vénérables moururent ainsi, loin de leur patrie, traînant leurs pas errants sur la terre étrangère; leurs cadavres devenaient la proie des animaux carnassiers. Ce fut là le commencement de la ruine et de la destruction de la Nation orientale et des Grecs. Ce châtiment nous fut infligé par Dieu, le juste juge, comme une expiation de nos péchés, suivant cette parole du Sauveur : «Tout arbre qui ne porte pas de « bons fruits, sera coupé, jeté dans les flammes, et brûlé.» (S. Matth. III, 10, et VII, 19.)

CXIX. Voici maintenant quelle fut la fin de Kakig Schahenschah, fils d'Aschod, fils de Kakig, fils de Sempad, fils d'Ergath, de la race des Bagratides (1). Ce prince, à la tête d'un détachement de ses troupes, se rendit à Tarse auprès d'Abelgh'arib, prince arménien, fils de Haçan, fils de Khatchig (2), brave guerrier, originaire de la province de Vasbouragan. Kakig était venu lui faire une visite d'amitié, d'après l'invitation que lui avait adressée Abelgh'arib, qui désirait jouir de sa société. Un motif quelconque détruisit en cette occasion leur intimité (3). Kakig s'en retourna, rugissant comme un lion ; car c'était un homme grand et fort, et d'une bravoure à toute épreuve. S'étant emparé des principaux de ce pays, il les emmena, les faisant marcher devant lui chargés de fers. Il arriva, à la tête de mille hommes, dans la plaine d'Ardzias, auprès d'une forteresse appelée Guizisdara (4); elle appartenait à trois frères, qui étaient des chefs romains, fils de Mandalê (Pantaléon). Kakig ayant laissé sa troupe d'un autre côté du chemin, alla directement vers leur demeure, escorté de trois hommes seulement (5). Les fils de Mandalê avaient pris auparavant leurs précautions, et placé cinquante hommes en embuscade pour surprendre Kakig. Lorsque le roi fut près du fort, les trois frères sortirent comme pour lui offrir leurs hommages, et vinrent se prosterner devant lui la face contre terre. En les apercevant, Kakig les invita à l'embrasser. Ils s'approchèrent, et lui jetant les bras autour du cou, le renversèrent de cheval. Les gens de la suite de Kakig s'enfuirent aussitôt, et ceux de l'embuscade, accourant, se saisirent de lui, et l'entraînèrent dans la forteresse. En apprenant qu'il avait été fait prisonnier, ses troupes se dispersèrent. Huit jours après, les troupes arméniennes se réunirent pour attaquer cette place, avec Kakig, fils d'Apas de Gars, ainsi que les fils de Sénékérim, Adom et Abouçahl, et les autres chefs arméniens. Pendant plusieurs jours ils en firent le siége, mais inutilement; car c'était un château très-fort. Les ravisseurs de Kakig n'osaient pas le relâcher, parce qu'ils le craignaient. Le scélérat Philarète leur fit dire ceci : « Comment avez-vous osé attenter à la personne d'un « souverain? Maintenant, que vous lui rendiez la liberté, « ou que vous le reteniez, ce sera votre perte. » Alors ces Romains déicides étranglèrent avec une corde le roi d'Arménie, et suspendirent son corps au rempart pendant tout un jour. Puis ils l'enterrèrent hors de la forteresse. Au bout de six mois, un homme originaire de la ville de Kakig (6), nommé Panig, enleva furtivement ce corps pendant la nuit, et l'emporta dans cette ville. La famille de Kakig et tous les Arméniens le pleurèrent amèrement, et l'ensevelirent dans son couvent de Bizou. Son fils aîné, qui lui survécut, s'appelait Jean (7). C'est ainsi que finit la royauté arménienne, dans la branche des Bagratides, et que fut accomplie la prédiction de notre saint patriarche Nersès, qui a dit : « La royauté « s'éteindra dans la nation arménienne. »

CXX. En l'année 530 (1 mars 1081 - 28 février

1082), Basile, archevêque de Schirag, qui résidait à Ani, se rendit dans la partie de l'Arménie qui comprend le territoire des Agh'ouans, à la ville de Lor'ê, auprès du roi Goriguê, fils de David Anhogh'ïn, fils de Kakig (1), et lui demanda d'être sacré catholicos d'Arménie. Goriguê rassembla les évêques des Agh'ouans, et ayant mandé le seigneur Etienne (Sdéphan'os) (2), leur catholicos, et successeur de l'apôtre saint Thaddée, au couvent de Hagh'path, fit conférer à Basile l'onction sainte qui lui donna le droit de s'asseoir sur le siége de saint Grégoire, et d'être le chef spirituel de notre nation.

Le trône de notre saint Illuminateur fut donc relevé dans la ville d'Ani, après être resté bien longtemps renversé par un effet de la jalousie et de la perfidie de la perverse et tyrannique nation des Romains. Basile, revêtu de la dignité de catholicos, revint à Ani. Les habitants de Schirag accoururent au-devant de lui avec Vaçag son père et ses frères Haçan, Grégoire et Abeldchahab, hommes éminents par leur bravoure, accompagnés d'un cortége d'évêques. Basile fut installé à la place du seigneur Pierre (3); ce fut un jour solennel, dans lequel éclata l'allégresse de toute notre nation, heureuse de voir le trône pontifical rétabli dans la métropole de l'Arménie.

CXXI. A cette époque, un émir, nommé Khosrov, vint de la Perse avec une armée nombreuse fondre sur la province d'Édesse, et la saccagea sur une foule de points. Un combat fut livré sur les bords de l'Euphrate, dans un lieu appelé Megnig, non loin du château-fort de Ledar. A cette action prirent part les garnisons des forteresses voisines qui s'étaient ralliées pour résister à l'émir. Les Turks furent victorieux et firent subir de grandes pertes aux chrétiens. Au bout de quelques jours, Kosrov tenta une incursion dans le pays des musulmans, depuis Khar'an jusqu'à Moudéber. Pendant deux jours ses soldats restèrent en selle. Chargé de butin, il parvint aux ports de Khar'an. Cette ville était sous le commandement de l'émir arabe Schoreïh (Schoureh)-Hedjm, fils de Koreïsch (Gourèsch), et surnommé Schéref-eddaula (Schéref-endôr) (1). Schoreïh, qui était renfermé en ce moment dans Khar'an avec des troupes arabes, fit une sortie contre les Turks à la tête de 12,000 cavaliers : ceux-ci comptaient 10,000 hommes. Au premier choc, les Arabes les mirent en fuite, les poursuivirent en les taillant en pièces, et leur enlevèrent le butin et les captifs qu'ils avaient pris. Toute la province d'Edesse fut encombrée de captifs ; à chaque arbrisseau, à chaque pavé, on heurtait des Turks gisants, et qui étaient tombés partout où ils s'étaient sauvés.

CXXII. En l'année 532 (1 mars 1083 - 29 février 1084), mourut Vasil, fils d'Aboukab, seigneur d'Edesse. On l'enterra dans l'église de Saint-Georges-au-Ceinturon (1). C'était un homme de bien, pieux, bienveillant pour tous, et miséricordieux envers les orphelins et les veuves, bienfaiteur et pacificateur des populations. Sa perte fut un deuil général pour les habitants de toute la contrée, privés d'un chef si recommandable ; car c'était un parent, un père pour le riche comme pour le pauvre. Sorti de ce monde en laissant une mémoire vénérée, il alla dans le sein du Christ. Les habitants s'étant rassemblés dans l'église de Sainte-Sophie, remirent Edesse à Sempad (2), illustre guerrier, qui avait fait ses preuves contre les Perses. Il y avait six mois qu'il était investi du commandement, lorsqu'un des principaux de la ville voulut enlever cette dignité à la nation arménienne. Cet homme s'appelait Ischkhan, et appartenait à la famille des Arschektan. Il se déclara contre Sempad et alla demander l'appui de Philarète. Il comptait beaucoup d'adhérents parmi les familles et les gens de la haute classe, à Édesse. Ischkhan ayant gagné Philarète, le conduisit dans cette ville, qui lui fut livrée. Mais quelques jours après, Philarète fit arrêter Ischkhan et les partisans de ce dernier, ainsi que Sempad, et détruisit leurs maisons de fond en comble. Il exerça sa vengeance contre les nobles arméniens de cette ville ; il fit périr l'un d'eux, Ar'dchoug, dans les tortures, et emmena les autres à Marasch, où il les retint dans les fers. Il fit crever les yeux au brave Sempad, à Ischkhan, et à son frère Théodoric (Thôdôrig) ; car c'était un homme au caractère cruel (3).

CXXIII. En l'année 533 (29 février 1034 - 28 février 1085), Antioche fut enlevée aux chrétiens. L'émir Soliman, fils de Koutoulmisch (Teteschmesch) (1), lequel résidait à Nicée, en Bithynie, sur les limites de la Mer océane, vint secrètement, par un chemin détourné, jusque sous les murs d'Antioche, où il arriva sans être aperçu. Il trouva cette ville sans défense et sans garnison, et la surprit pendant la nuit, du côté qui fait face à Alep, tandis que Philarète était à Edesse, et sa cavalerie éloignée. Soliman y pénétra avec 300 hommes. Le lendemain, les habitants ayant vu les infidèles au milieu d'eux, furent consternés; car, outre qu'ils n'avaient point de troupes, ils étaient aussi peureux, aussi inhabiles à se défendre que des femmes. Aussitôt ils coururent à la forteresse. Cependant le nombre des Turks grossissait à flots; mais ils ne faisaient de mal à personne. Ils tinrent la citadelle longtemps bloquée, et en interceptèrent entièrement les vivres et l'eau. A la fin, les assiégés ayant demandé à l'émir de leur garantir par serment la vie sauve, il y consentit, leur accorda une pleine sécurité, et chacun rentra tranquillement dans ses foyers. Philarète ayant appris ce coup de main, ne put rien faire pour secourir Antioche, et se contenta de soupirer et d'exhaler d'amers regrets en silence. Après cette conquête, Soliman étendit sa domination sur toute la Cilicie. C'est ainsi que fut prise cette populeuse cité (2), grâces à la lâcheté et à la pusillanimité de cette infâme nation, que l'on nomme Bélédig (3), et qui s'intitule romaine par la foi, mais qui, réellement et d'après son langage, doit être considérée véritablement comme musulmane : gens blasphémateurs de la foi orthodoxe, ayant en haine la vie de sainteté, ennemis du jeûne, uniquement occupés au mal, persécuteurs de la croyance arménienne, semblables à des femmes maladives et faibles, qui assises dans la rue, n'ont d'autre soin que de jaser et de débiter des futilités.

Je vous raconterai maintenant une chose extraordinaire, qui se passait autrefois à Antioche, et qui m'a été rapportée dans tous ses détails par les habitants eux-mêmes. Ils poussaient si loin la méchanceté et la haine contre les Arméniens, qu'ils saisissaient quelquefois un de nos compatriotes, lui coupaient la barbe et l'expulsaient de la ville. Un jour, ayant pris un homme d'Ani, d'un rang distingué, ils le rasèrent, le dépouillèrent de tout ce qu'il possédait, et le chassèrent. Celui-ci, profondément blessé, alla trouver les Turks, en prit cinq cents avec lui, et ravagea tout le pays. Il incendia douze villages, qui étaient la propriété du duc d'Antioche, et ayant conduit devant la porte de la ville une multitude de captifs qu'il avait enlevés, il les massacra, et jeta leurs cadavres dans le fleuve [Oronte]. Puis, élevant la voix, il dit aux habitants : « C'est moi qui suis Georges (Kork) Schagatsi, à qui vous « avez coupé la barbe. Cette barbe a de la valeur, « n'est-ce pas ? » Après quoi il s'en alla, chargé de butin.

Autre fait. Au carnaval (4) de cette même année, il arriva de l'Orient à Antioche une caravane portant de petits poissons salés ; ces gens s'établirent au milieu du marché. Les habitants, entendant la voix de leurs chanteurs, fondirent tous à la fois sur eux, les frappèrent à grands coups de bâton, et les expulsèrent hors des murs. La caravane était composée de quatre-vingts hommes, armés de bâtons et décidés. Les principaux d'entre leurs jeunes gens ayant poussé un cri, tous leurs compagnons, excités par le vin, se retournèrent contre les habitants, les poursuivirent depuis la porte *du Pied* jusqu'à l'église de saint Pierre, les mirent en déroute, et cassèrent à un grand nombre les bras et les pieds. Alors les Antiochains ayant juré sur la Croix et l'Évangile de ne jamais plus les tourmenter, le raccomodement se fit, et ceux de la caravane revinrent à l'endroit qu'ils occupaient auparavant.

CXXIV. En l'année 534 (28 février 1085 - 27 février 1086), le docteur Jacques K'araph'netsi, surnommé Sanahnetsi (de Sanahïn), termina sa carrière. C'était un homme instruit et habile, versé dans la connaissance de l'ancien et du nouveau Testament, dans la science des belles lettres, et possédant à fond tous les systèmes philosophiques. Il avait été disciple du grand Dioscore, abbé du couvent de Sanahïn. C'est Jacques qui discuta à Constantinople contre les savants romains, sous le règne de Ducas, quand il vint dans cette ville avec les fils de Sénékérim. Il exposa les principes de la foi arménienne, et ses discours furent goûtés par les Grecs. Lors de sa mort, il se trouvait à Édesse. Il s'éteignit de vieillesse : car on le trouva étendu dans son lit, sans effusion de sang, et sans qu'il parût avoir souffert. Ses amis et ses proches le pleurèrent, et les habitants se rassemblèrent pour lui rendre les derniers honneurs. Il fut enterré à la porte de la sainte Église, au nord de la ville, à un jet de flèche du rempart.

CXXV. A cette époque, le roi des Arabes Schéref-eddaula (Schrif-doul), fils de Koreïsch, prince d'une bonté et d'une clémence si grandes envers les adorateurs de la Croix, que la plume ne pourrait retracer tous les bienfaits dont ils furent l'objet de sa part, ni les châtiments, les tourments et les supplices qu'il infligea à ses sujets pour protéger les chrétiens, Schéref-eddaula réunit une armée de 100,000 Arabes. Il marcha contre Alep, s'en empara, et épousa la fille du prince de cette ville (1). De là il se porta avec fureur contre Antioche. L'émir Soliman alla à sa rencontre, avec des forces considérables, jusqu'à un lieu nommé Bezah (2), où se livra une grande bataille entre les deux armées. Les Arabes trahirent leur roi et prirent la fuite ; dans cette déroute, Schéref-eddaula, ce digne souverain, fut tué par les siens (3). Au bout de trois jours, on retrouva son corps, gisant au milieu du chemin, et on l'y laissa. Après ce brillant triomphe, Soliman rentra dans Antioche. Ce fut dans cette conjoncture que lui naquit un fils auquel il donna le nom de Kilidj-Arslan (Khlidj-Aslan) (4).

Cette même année, un émir du nom de Bouldadji enleva le district de Dchahan à Philarète, et le catholicos Théodoré passa sous son autorité. Philarète invita ce prélat à se retirer auprès de lui, à Marasch ; mais Théodore n'accepta pas, parce que les Turks étaient ses maîtres. Philarète, irrité contre lui, et poussé par ses mauvais instincts, voulut créer un autre catholicos ; il appela, en lui prodiguant de hautes marques d'estime, le seigneur Jean, archevêque [du couvent] de l'Image de la sainte Mère de Dieu (5) ; mais celui-ci, qui était un homme vénérable, et d'une vertu parfaite, ayant refusé de se rendre à cet appel, Philarète manda le seigneur Paul (Bôgh'os), abbé du couvent de la Sainte-Croix de Varak, et réunit des évêques et des pères : Paul fut consacré par eux catholicos à Marasch, d'après l'ordre de Philarète, mais contre la volonté de Dieu. Cette élection et les motifs qui l'avaient déterminée ne furent pas agréables au Seigneur, ni aux fidèles. Voyant cela, Paul, qui était un saint prêtre, abandonna son siége au bout de quelques jours. Il avait reconnu qu'il s'était placé du côté des adversaires de la vérité, et en dehors de l'orthodoxie (6).

CXXVI. Des troubles et des dissensions s'élevèrent au sujet du siége de notre Illuminateur saint Grégoire. Ce n'était plus en effet par la volonté de Dieu, par le choix du plus digne, ou par une libre élection que s'obtenait la dignité fondée par notre saint Apôtre, mais par la violence, par des considérations de puissance et de haute position. Elle n'était pas donnée d'après la révélation de l'Esprit-Saint, mais en vue des circonstances et des occasions mondaines, et s'achetait par la corruption, à prix d'or et d'argent. Cependant ceux qui avaient de la piété et de la vertu au fond du cœur rougirent d'un pareil état de choses et revinrent dans la bonne voie, et ceux qui étaient déchus de la grâce de Jésus-Christ, Fils de Dieu, témoignèrent de meilleures intentions. Alors commença à s'accomplir la vision de saint Sahag le Parthe, où sont consignées ces paroles : « Les lignes écrites en or s'effaceront, et seront remplacées par des lignes tracées à l'encre noire (1). » En effet, le trône de saint Grégoire fut divisé en quatre parts. Le seigneur Grégoire Vahram siégeait en Egypte, le seigneur Théodore à Honi, le seigneur Basile dans la ville royale d'Ani, et le seigneur Paul à Marasch (2). Chacun de ces patriarches donnait l'imposition des mains et l'onction aux évêques, et bénissait l'huile sainte; et les évêques à leur tour consacraient des prêtres, qui célébraient la messe, conféraient le baptême et posaient la couronne nuptiale sur le front des vierges. Cette division était pour l'Église un sujet de deuil, car la même bergerie était partagée entre quatre pasteurs, et les loups étaient devenus les gardiens du troupeau du Christ. Dans ces temps malheureux, les brebis prenant le caractère du chien, et l'instinct des animaux féroces, osèrent aboyer à la face des pasteurs et des patriarches. Les pères conçurent de la haine contre leurs enfants, ceux-ci blasphémèrent contre leurs parents et les maltraitèrent; ils devinrent les précurseurs de l'Antéchrist et les avant-coureurs de la fin du monde, parce qu'ils détruisaient la piété et la foi, et réalisaient l'accomplissement des prophéties contenues dans les livres saints, et de celle qu'avaient fait entendre autrefois saint Nersès et son fils saint Sahag, et dans notre siècle, le saint docteur Jean Gozer'n. Ce dernier prononça une foule de paroles, qui étaient comme des prophéties en vue de notre temps, et relatives à l'anéantissement de la piété dans tous les cœurs, et au dépérissement de la foi. Tout ce qui avait été prédit dans les âges anciens, au sujet de la génération actuelle, des catastrophes et des malheurs qui ont pesé sur elle, n'atteignit pas le pays des Agh'ouans, que l'on nomme Arménie antérieure, et où s'élève le trône du bienheureux Thaddée. Le siége de ce saint apôtre conserva son unité, et s'est maintenu, par l'inébranlable stabilité du patriarcat, jusqu'à nos jours. Les pontifes qui résidaient dans la ville arménienne de Bardav, que l'on appelle aussi Ph'aïdagaran (3), et qui est située sur les confins de la vaste mer [Caspienne] transportèrent leur siége à Kantzag (4), lorsque la puissance des Perses eut pris le dessus. Les catholicos des Agh'ouans, dont la mention se rencontre dans notre histoire, savoir les seigneurs Jean, Georges, Joseph, Marc, Étienne, ainsi que les rois de ce pays, Kakig, David, Goriguê, nos contemporains, ont habité dans la ville arménienne de Lôr'ê. D'autres rois arméniens étaient établis dans la contrée de Derbend (Tarpant) ou Gaban (5), sur les limites des Ouzes. Les souverains des Agh'ouans qui ont vécu dans des habitudes de vertu et de sainteté, et dont les noms sont proclamés à la Messe avec ceux des autres pieux monarques, sont les suivants : Vatchakan, Kouschag (6), son fils, Ph'ilibbê, fils de Kouschag, Taguïn-Sévata, fils de Ph'ilibbê, Sinakérem, fils de Sévata, Grégoire, fils de Sinakérem, lequel Grégoire régnait pendant que nous écrivions notre livre (7). A cette époque notre nation comptait à la fois six catholicos, deux en Égypte, et quatre dans toute l'étendue de notre pays, ainsi que nous l'avons dit précédemment (8).

Le seigneur Paul siégea à Marasch, d'après l'ordre de Philarète, et non d'après la volonté de Dieu.

Maintenant nous reprendrons l'ordre chronologique de notre narration, dont nous nous sommes écarté pour raconter les perturbations qui agitèrent l'Arménie.

CXXVII. En l'année 534 (28 février 1085 - 27 février 1086), Tetousch, sulthan de Damas, attaqua avec une armée considérable l'émir d'Antioche, Soliman. Il y eut entre eux une guerre terrible ; un combat fut livré dans le territoire qui sépare Alep d'Antioche. De part et d'autre les troupes étaient commandées par des princes souverains, et s'exterminaient impitoyablement. Mais au plus fort de la lutte, l'avantage resta au sulthan, et Soliman, vaincu, prit la fuite. Ayant été tué par les soldats de Tetousch, les siens l'enterrèrent auprès du tombeau de

Schéref-eddaula, fils de Koreïsch. Cette même année Antioche fut prise avec toute la contrée qui en dépend, et passa sous la domination de Tetousch (1).

Ce prince était fils d'Alp-Arslan et frère du sulthan Mélik-Schah. Six ans auparavant il s'était emparé de Damas. Il avait tué le grand émir perse Atsiz (Akhsis) (2), qui s'était rendu maître de cette ville et de tout le littoral. Cet Atsiz, turk de nation, était un vaillant guerrier ; il avait triomphé des Égyptiens et battu leur roi Aziz (3), et l'avait chassé de ses États. Il lui avait enlevé la cité sainte de Jérusalem, Damas et les villes qui bordent la mer. Il tint sous le coup de la terreur qu'il inspirait toute la nation égyptienne, jusqu'à ce que marcha contre lui un esclave d'Aziz. Cet esclave était d'origine arménienne ; il avait reçu le titre d'Émir-eldjoïousch (Amer-djesesch) (4). Ayant armé un corps d'Arméniens, il fit la guerre à Atsiz ; après quoi l'Égypte recouvra la tranquillité.

CXXVIII. En l'année 535 (28 février 1086 - 27 février 1087), l'infâme Philarète alla présenter ses hommages à Mélik-Schah, le puissant sulthan, et solliciter sa bienveillance et la paix en faveur des fidèles du Christ. Il laissa dans sa ville d'Édesse, pour le remplacer, un des grands officiers de l'empire : c'était l'Accubiteur, eunuque recommandable par sa bonté et ses sentiments pieux. Philarète lui ayant remis le commandement d'Édesse, prit des sommes d'or et d'argent, des chevaux et des mulets de prix, des vêtements splendides, et se rendit en Perse à la cour du sulthan. Après son départ, un de ses officiers, nommé Barsouma, ourdit un complot auquel il associa les principaux de la ville, et avec leur concours, accomplit l'œuvre de Caïn et de Judas le déicide. Accompagné de ses complices, il monta à la grande citadelle, un dimanche, et entra chez l'Accubiteur à l'heure où celui-ci avait l'habitude de dire ses prières. Il était en ce moment en oraison dans l'église où est le tombeau du saint martyr Théodore. Les conjurés l'ayant surpris, se précipitèrent sur lui comme des bêtes féroces, et le massacrèrent au milieu de l'église. C'est ainsi qu'ils firent périr cet homme de bien, au cœur miséricordieux. Les habitants se donnèrent pour chef le meurtrier Barsouma. Ayant appris ces événements en Perse, le sulthan Mélik-Schah expulsa de sa présence et traita avec mépris Philarète ; réduit de tous côtés au désespoir, Philarète se déclara ennemi de la religion chrétienne, qui était la sienne, et renia la foi, qu'il professait d'une manière si indigne. Il s'imaginait par cette apostasie s'attirer la considération des Perses ; mais il se trompa étrangement ; ce renégat n'obtint d'autre résultat que de devenir un objet d'opprobre et de haine pour Dieu et pour les hommes.

CXXIX. Cette même année, le maître du monde, le sulthan Mélik-Schah, se dirigea, à la tête d'une armée composée de la nation Askanaz (1) et d'innombrables guerriers, dans le pays des Romains (2), dont il voulait s'emparer. Son cœur était rempli de mansuétude et d'affection pour les chrétiens ; il se montrait comme un père tendre pour les habitants des pays qu'il traversait. Quantité de villes et de provinces se donnèrent à lui spontanément. Cette année, l'Arménie entière et tout le pays des Romains reconnurent ses lois. Arrivé à la grande ville d'Antioche, il se rendit maître de toute la contrée, ains que d'Alep. Son empire s'étendit depuis la mer des Gasp (Caspienne) jusqu'à l'Océan; il soumit tous les royaumes qui sont de ce côté-ci de la Mer océane, et il n'en resta aucun en dehors de sa domination; il régna sur douze nations. Après avoir pris possession d'Antioche, il alla sur les bords de la mer, dans un lieu nommé Sévodi (3). Là, promenant ses regards sur la vaste étendue des flots, il rendit des actions de grâces à Dieu, et le bénit pour avoir agrandi son empire bien au-delà des limites de celui de son père. Monté sur son cheval, il entra dans la mer et foula les vagues sous les pieds de son coursier. En même temps, ayant dégaîné son épée, il la plongea à trois reprises dans les flots, en s'écriant : « Voilà que Dieu m'a « accordé de régner depuis la mer de Perse jusqu'à la Mer « océane. » Ensuite, ayant quitté ses vêtements, ils les étendit sur le sol, et adressa à Dieu ses prières, en le remerciant de sa bonté et de sa miséricorde. Il ordonna à ses serviteurs de recueillir du sable sur le rivage, et l'ayant emporté en Perse, il le répandit sur le tombeau de son père Alp-Arslan, en prononçant ces mots : « O mon père, « mon père, bonne nouvelle pour toi! car ton fils, que tu « avais laissé en bas âge, a reculé les bornes de tes États « jusqu'aux extrémités de la terre ». Il plaça à Antioche, pour gouverneur, l'émir Agh'sian (4), homme pervers, ennemi de la paix, et au caractère féroce. Il confia le commandement d'Alep à Ak-Sonkor (Agh'-Senkouïr) (5), qui était au contraire bon, pacifique, clément et bienfaiteur des populations.

CXXX. Cette même année, un émir, nommé Bouzân (1), vint, d'après l'ordre de Mélik-Schah, le maître du monde, attaquer Edesse. Il établit son camp tout autour et en fit le siége pendant six mois. Sur ces entrefaites arriva le sulthan à la tête d'un faible corps de troupes, et ayant fait le tour de la ville, il se retira sans avoir rien entrepris. Quoiqu'il fût venu avec une armée innombrable dans la plaine de Khar'an, il en partit sans avoir fait aucun mal, et reprit tranquillement le chemin de la Perse.

Cependant Bouzân continuait ses vigoureuses attaques contre Edesse, et les habitants, par suite de la prolongation du siége, étaient en proie aux horreurs de la famine. Ainsi pressés et n'espérant aucun secours, ils se voyaient réduits à la dernière extrémité. La multitude, irritée, se souleva contre le duc Barsouma. C'était pour son malheur et dans son désespoir qu'il avait résisté à Bouzân ; car il se précipita du haut du rempart, et dans sa chute se brisa l'épine dorsale. On accourut à lui, et on le transporta auprès de Bouzân ; mais, au bout de quelques jours, il mourut. Les principaux vinrent se présenter à Bouzân et se livrer à lui. C'était le premier jour de navaçart, au commencement de l'année 536 (28 février 1087 - 26 février 1088). La paix fut ainsi rendue à tout le pays et à Edesse, qui fut dans la joie. Bouzân y plaça pour gouverneur et préfet un salar (slar), nommé Khsouloukh. Il se trouva des gens qui calomnièrent les principaux d'entre les habitants arméniens, et les rendirent victimes de la plus odieuse trahison. C'est un nommé Askar et d'autres qui en furent les auteurs. Ils firent condamner à périr par le glaive douze des notables, riches et d'une haute condition. Bouzân ne tarda pas à regretter leur mort, parce qu'il leur avait promis auparavant, sous la foi du serment, la vie sauve; et cependant il leur fit subir le dernier supplice, trompé par d'infâmes dénonciateurs. Après quoi il s'en retourna en Perse.

CXXXI. Cette même année, Bouzân vint établir son camp sous les murs de Kantzag, en Arménie, et attaqua vivement cette ville. Il avait réuni pour ce siège toutes les forces de la Perse. Kantzag fut emportée d'assaut. Quelques habitants seulement furent massacrés; sur l'ordre de Bouzân, les glaives rentrèrent dans le fourreau, et la paix fut accordée. Le seigneur Étienne, catholicos des Agh'ouans, qui était pendant ce siège dans les murs de Kantzag, fut sauvé et n'éprouva rien de fâcheux, grâces à la protection divine et à l'intervention des Arméniens, qui servaient dans les rangs de Bouzân.

CXXXII. Sous le règne de l'empereur Alexis (1), des troubles éclatèrent dans l'Occident, au-delà du Danube, ce grand fleuve (2). Les Patzinaces (Batzinig) firent une guerre terrible aux Romains et les vainquirent. Ils les poursuivirent l'épée dans les reins et les exterminèrent sans quartier. Alexis s'échappa avec une poignée de soldats, et courut se réfugier à Constantinople. Au bout de quelque temps, il ouvrit son trésor, et fit appel, par un édit, à tous ses sujets. Il réunit une armée formidable, beaucoup plus nombreuse que la première. De son côté, le roi des Patzinaces (3) marcha, à la tête de sa nation, sur Constantinople, dans l'intention de s'approprier l'Empire grec. Il avait sous ses ordres 600,000 combattants tout équipés, et amenait avec lui tous ses peuples, ainsi que ses fils. A leur approche, Alexis et tous les fidèles du Christ se prosternèrent devant Dieu. On était dans l'année 538 (27 février 1089 - 26 février 1090). Alexis s'élança à la rencontre du roi des Patzinaces, à la tête de 300,000 hommes, Grecs, Romains, Arméniens et Boulgares. Lorsque les deux souverains furent en présence l'un de l'autre, ils se livrèrent, ce jour même, une grande bataille.

Les Patzinaces étaient tous, sans exception, des archers, et combattaient, montés sur des chars, avec une impétuosité et une valeur extraordinaires. Sur l'ordre d'Alexis, ses troupes mirent le feu aux chars des Patzinaces, et par ce moyen s'assurèrent la victoire. Les barbares furent mis en fuite et perdirent beaucoup de monde. Leur roi périt, leurs enfants et leurs femmes furent exterminés. Après ce succès, Alexis rentra à Constantinople, chargé de butin, et traînant après lui une multitude de captifs (4).

CXXXIII. A cette époque se révéla à Constantinople un infâme hérétique qui était moine et d'origine romaine (1). Il invoquait Satan pour son Dieu, et se faisait suivre d'un chien noir auquel il adressait des prières. Il avait attiré à son abominable erreur une foule d'hommes et de femmes dans la pieuse ville de Constantinople. Parmi ses prosélytes était la mère de l'empereur Alexis (2). Cette princesse avait poussé si loin l'audace et la perversité, qu'elle avait pris une partie de la sainte Croix du Christ, et l'avait cachée dans une des sandales de son fils, entre les semelles, afin qu'il la foulât aux pieds en marchant. Dieu fit connaître cet exécrable hérétique par le moyen de ses complices, qui le dénoncèrent à Alexis.

Ce pieux monarque le condamna à être brûlé vif, et fit précipiter 10,000 de ses adhérents dans l'Océan. Il dépouilla sa mère des honneurs dus à son rang, et la chassa de sa cour. Ces mesures firent renaître la tranquillité dans l'empire.

CXXXIV. En l'année 539 (27 février 1090 - 26 février 1091), le patriarche des Arméniens, le seigneur Basile, alla visiter le maître du monde, le sulthan Mélik-Schah, pour lui porter ses doléances sur les persécutions suscitées en une foule de lieux aux fidèles du Christ, sur les tributs imposés aux églises et au clergé, et les exactions qui pesaient sur les couvents et les évêques. Témoin des maux dont l'Église était affligée, Basile avait conçu l'idée d'aller trouver le bon et clément souverain des Perses et de tous les fidèles du Christ.

Ayant emporté de grosses sommes d'or et d'argent, et des étoffes de brocart, pour les lui offrir en présent, il se mit en route, accompagné des nobles de sa maison, d'évêques, de prêtres et de docteurs. Arrivé en Perse, à la cour du pieux monarque, Basile se présenta devant lui et fut accueilli avec la plus haute distinction. Il obtint tout ce qu'il souhaitait ; Mélik-Schah exempta les églises, les couvents et les prêtres de toute redevance, et ayant rendu un édit en conséquence, il congédia le patriarche muni des diplômes officiels et comblé d'honneurs. Basile s'en revint au comble de la joie, avec une escorte de grands personnages qui avaient reçu du sulthan la mission de l'accompagner. A son retour, il passa par le district de Dchahan, et se constitua en hostilité ouverte avec le seigneur Théodore, qui d'après l'ordre de Philarète avait été installé comme patriarche à Honi ; il le précipita du siége, lui arracha le voile, la crosse et la croix qui avaient appartenu au seigneur Pierre, et rétablit en sa personne l'unité du patriarcat. De là il se rendit à Édesse. Ce n'est pas à nous à blâmer un prélat de la démarche qu'il fit auprès d'un souverain infidèle, et d'avoir ainsi remédié aux maux de l'Église. Saint Basile de Césarée n'alla-t-il pas vers l'empereur Julien ; saint Nersès vers l'empereur Valens (Vagh'ês), le renégat (1) ; saint Maroutha vers Yezdedjerd ('Azguerd), roi des Perses (2) ; le vartabed Ananie (Nan) vers le roi des Chaldéens (Kagh'têatsik'), et le Christ vers la nation juive ?

Lorsque Basile arriva à Édesse, on était en 540 (27 février 1091 - 26 février 1092). De cette ville, il se rendit à la grande Césarée de Cappadoce, et de là à Antioche : son retour à Édesse causa des transports d'allégresse.

CXXXV. Cette même année, au mois de septembre, il y eut un tremblement de terre général. L'univers fut ébranlé, et toutes les créatures qui vivaient sous le ciel s'en ressentirent. Ce désastre frappa surtout Antioche ; nombre de tours furent renversées de fond en comble ; une grande partie du rempart s'écroula, et une foule d'habitants furent écrasés sous les ruines de leurs maisons.

CXXXVI. En l'année 541 (27 février 1092 - 25 février 1093). Une violente mortalité sévit en tous lieux ; elle fut telle, que les prêtres ne pouvaient suffire à enterrer ceux qu'elle emportait. Dans chaque maison on n'entendait que plaintes, gémissements et lamentations. La mort frappait des coups si cruels, qu'une foule de gens, sous l'impression de la terreur, tremblaient beaucoup plus que ne l'avaient fait ceux-là même qui avaient succombé. Le nombre des victimes de ce fléau est incalculable.

CXXXVII. Cette même année, la sainte Croix de Varak et l'image de la sainte Mère de Dieu (1) furent transportées à Édesse, et la joie fut au comble parmi la nation d'Abgar (Apkar) (2). Dans leur bonheur, les habitants sortirent au-devant de ces reliques vénérées, qui furent introduites dans la ville avec une pompe solennelle. A cette occasion, les principaux firent un accueil distingué à ceux qui avaient accompagné les saints Pères; ils déposèrent la croix dans leur église, en glorifiant le Seigneur. Mais au bout de quelques années, ces reliques furent soustraites par une main sacrilége.

CXXXVIII. A cette époque, Bouzàn réunit toutes les troupes et les grands officiers de la Perse, s'adjoignit le seigneur d'Antioche et celui d'Alep, Agh'sian et Ak-Sonkor, et marcha contre les Romains. Il s'arrêta devant la célèbre ville de Nicée. Une vaine et folle pensée lui avait suggéré le projet de s'emparer de Constantinople, cette cité gardée par la protection céleste (1). Un travers de jugement lui avait fait croire qu'il se rendrait maître de ses imprenables remparts. Après avoir passé quelques jours auprès de Nicée, l'impossibilité de son entreprise resta bien constatée.

CXXXIX. Cette même année mourut le puissant monarque Mélik-Schah, père de ses sujets, prince bon, miséricordieux et bienveillant pour tous. Il finit ses jours à Bagdad, victime de la perfidie de la fille du sulthan de Samarkande (1), sa femme, qui lui servit un breuvage empoisonné (2). Sa mort fut un deuil pour le monde entier. Bouzân en ayant été instruit, s'en revint à Édesse, Agh'sian à Antioche, et Ak-Sonkor à Alep. Le seigneur Basile, qui se trouvait alors à Édesse, partit en toute hâte pour Ani, où il revint occuper son siége.

Cette époque fut signalée par des massacres affreux et une grande effusion de sang en Arménie. Les Turks y firent une invasion, tuèrent une multitude d'habitants, et en réduisirent en esclavage un nombre non moins considérable.

Mélik-Schah fut enseveli dans la ville de Marand, auprès de son père Alp-Arslan (3). Il laissa un fils nommé Barkiarok (Barguiaroukh), qu'il avait eu de la fille d'Argoun (Agouth), grand émir et parent d'Alp-Arslan (4). Il avait un autre fils appelé Daph'ar (5), né de la fille du sulthan de Samarkande; Daph'ar résidait dans la ville d'Ozkend (Ozgan) (6) et à Ghizna (Kheznè) (7). Barkiarok, qui était l'aîné, fut élevé sur le trône et devint sulthan de toute la Perse, sous la tutelle de l'émir Ismayl, frère d'Argoun, son oncle maternel (8). Ce dernier était un homme bienveillant par inclination, et le bienfaiteur des populations. Il avait gouverné en souverain l'Arménie. C'est lui qui commença à faire refleurir notre pays et qui protégea les couvents contre les vexations dont les Perses les accablaient.

CXL. En l'année 542 (26 février 1093 - 25 février 1094) mourut le seigneur Paul, le même que Philarète avait créé catholicos à Marasch. Il avait accompagné la Croix du Christ [à Édesse], et il termina sa carrière dans cette ville. Il fut enterré en grande pompe à la porte de la sainte église, à côté du Tombeau du Docteur.

CXLI. Cette même année vit mourir aussi le vartabed arménien Georges, surnommé Our'djetsi. Il fut l'illuminateur de notre nation, la source éternellement jaillissante des ruisseaux [de la doctrine], la langue imprégnée de feu. Il illustra l'Orient par l'enseignement des vérités divines, car il était rempli des grâces d'en haut, et son savoir l'égalait aux anciens et saints docteurs que Dieu inspirait, je veux dire Grégoire [de Nazianze] le Théologien, Jean Chrysostôme, Basile de Césarée et autres pareils. Il se sanctifia par une vie admirable qu'il termina à l'âge de cent ans, et fut enterré dans le grand couvent de Garmendchatzor (1), près du tombeau du docteur Samuel et de Khatchig, qui avait été un musicien consommé dans l'art du chant. La mort de Georges fut pleurée par tous les gens pieux, qui regrettèrent amèrement de se voir privés d'un aussi illustre docteur.

CXLII. Cette même année, le sulthan de Damas, Tetousch, fils d'Alp-Arslan, et frère de Mélik-Schah, résolut de marcher contre la Perse, afin de s'emparer du trône de Mélik-Schah. Il était arrivé auprès d'Antioche, lorsque l'émir de cette ville [Agh'sian] vint lui présenter ses hommages. De là, s'étant dirigé vers Alep, l'émir [Ak-Sonkor] accourut pareillement pour lui rendre ses devoirs; après quoi le sulthan se mit en route avec des forces innombrables vers la Perse.

CXLIII. Cette même année, les Arabes se réunirent au nombre de 40,000 environ, et toute la Babylonie s'avança contre la province de Mossoul (Mocel). Le chef de ces Arabes était le roi Ibrahim (Aprêhim), fils de Koreïsch et frère de Schéref-eddaula (1). Le sulthan Tetousch, étant parvenu devant Nisibe, emporta cette ville d'assaut et la livra au pillage. Elle se nomme aussi Medzpïn, ou bien encore Necébïn. Les Arméniens qui faisaient partie de l'armée du sulthan taillèrent en pièces près de 10,000 Arabes. Cependant le gros de l'armée d'Ibrahim étant entré sur le territoire de Medzpïn, fit halte dans un lieu nommé Hermel. Alors le sulthan envoya à Edesse, et à force d'instances appuyées de serments, il attira à son parti l'émir Bouzân, qui disposait de troupes nombreuses. Fortifié par ce secours, il alla attaquer le roi des Arabes. Les deux souverains s'étant rencontrés dans la plaine de Medzpïn, une lutte sanglante s'engagea, dans laquelle les Arabes furent mis en déroute. Le sulthan s'élança contre eux l'épée à la main, et fit prisonnier leur roi Ibrahim. Celui-ci avait été frappé à la tête d'une flèche qui avait traversé son casque d'acier, et lui avait fait une blessure dont il mourut. Les Turks enlevèrent aux Arabes leurs femmes, leurs enfants, leurs troupeaux, ainsi qu'une grande quantité de chevaux. Après cette victoire signalée, Tetousch continua sa marche. Son armée se grossissait sur sa route, et déjà elle couvrait les plaines et les collines de l'Orient. A la nouvelle de cette agression, Barkiarok, neveu de Tetousch, s'avança pour la repousser à la tête de forces imposantes. Tetousch, apprenant son approche, se disposa à en venir aux mains. Mais sur ces entrefaites, Bouzân et Ak-Sonkor, entraînant leurs soldats, abandonnèrent Tetousch pendant la nuit, et passèrent du côté de Barkiarok. Cette défection arrêta Tetousch qui, opérant sa retraite, rentra dans sa ville de Damas. De là il alla soumettre Tripoli (Drabolis) et les villes du littoral. Il séjourna six mois dans cette contrée.

CXLIV. En l'année 543 (26 février 1094 - 25 février 1095), Barkiarok était au faîte de la puissance. Il nomma comme généralissime des armées de la Perse l'émir Ismayl, fils d'Argoun et frère de sa mère. Ismayl, qui avait sous sa domination l'Arménie, était un prince plein de bienveillance, miséricordieux, bon, bienfaisant, charitable, pacifique et protecteur de notre nation. Il embellissait les couvents, se montrait l'appui des moines, et défendait les fidèles contre les vexations des Perses. Sous son administration, chacun possédait en toute sûreté son héritage paternel et vivait heureux. Barkiarok le créa maître du pays situé en dehors des frontières de la Perse, tandis que lui-même siégeait en paix sur son trône. Cependant le grand émir Ismayl parcourait la Perse, à la tête d'une armée considérable, et Bouzân, ainsi qu'Ak-Sonkor, l'accompagnaient. Arrivés dans un lieu de ce royaume nommé Dchagh'zatzor, ces deux derniers ourdirent un complot contre lui. Un jour, ils l'emmenèrent hors du camp, à distance de ses troupes, sous prétexte de faire la conversation. Là, se jetant sur lui, ils le précipitèrent de cheval, et lui ayant passé une corde au cou, l'étranglèrent. Après quoi ils s'enfuirent des États de Barkiarok et regagnèrent leur pays. Bouzân rentra à Edesse, et Ak-Sonkor à Alep. Le sulthan ayant appris la mort d'Ismayl, le regretta beaucoup.

CXLV. Cette même année, le sulthan Tetousch étant venu attaquer Alep, Ak-Sonkor et Bouzân se réunirent pour le repousser. Lorsque les deux armées furent face à face, une grande bataille eut lieu, dans laquelle Ak-Sonkor et Bouzân furent défaits et mis en fuite. Ce jour-là, tous deux perdirent la vie. La ville d'Alep fut prise. La tête du grand émir Bouzân, plantée sur une perche, fut portée à Edesse, qui devint la propriété de Tetousch. Cette victoire fit passer sous son autorité tout le territoire que possédait ses deux adversaires. S'étant rendu à Edesse, il confia le commandement de cette ville au chef grec Thoros, fils de Héthoum (1). De là, il se dirigea vers la Perse, contre Barkiarok. Le général des armées de Tetousch, Agh'sian, seigneur d'Antioche, vint avec un corps considérable assiéger la célèbre forteresse de Zôrinag, en Arménie (2). Il s'en empara après de rudes assauts, et massacra une multitude de chrétiens. Sur ces entrefaites, Tetousch reçut une lettre de la femme de son frère (3), dans laquelle elle l'invitait à arriver promptement, lui promettant de le prendre pour mari. La lecture de cette lettre détermina aussitôt son départ. Dès que Tetousch fut parvenu dans la plaine d'Ispahan (Asbahan), Barkiarok envoya l'implorer en ces termes : « Accorde-moi cette ville seulement, et que tous mes « peuples soient à toi. » Cette proposition ayant été rejetée, on recourut aux armes. Chacun des deux rivaux avait sous ses ordres des troupes innombrables. Mais lorsque l'étendard de Mélik-Schah fut déployé et que les Perses l'aperçurent, ils retournèrent en majorité du côté de Barkiarok, et il s'ensuivit un grand carnage. Le scélérat Agh'sian, qui se tenait aux aguets avec un fort détachement, tourna le dos sans combattre, et l'armée de Tetousch, témoin de cette défection, prit la fuite. Ce fut une journée terrible pour les Perses, car ils se dispersèrent en désordre, par milliers, dans toutes les directions. Cependant Tetousch ayant été cerné, eut son cheval criblé de blessures, et fut jeté à terre. Il était là, assis au milieu des soldats, sans qu'aucun osât l'approcher, par respect pour son rang souverain, et parce qu'il était le frère de Mélik-Schah. En ce moment, l'un des émirs de Barkiarok se faisant jour, lui trancha la tête avec son épée (4). Son corps fut emporté et enseveli dans le tombeau de son père. Radhouan (5), fils de Tetousch, Agh'sian et les autres fuyards se sauvèrent à Edesse. Thoros, le Curopalate, homme à la parole éloquente et d'une grande habileté, qui se trouvait en ce moment dans cette ville, les accueillit fort bien, tout en méditant de les faire prisonniers, afin de s'emparer de la citadelle. Mais les autres chefs ne jugèrent pas ce coup de main convenable, et les fuyards purent se retirer tranquillement chacun dans la ville qui lui appartenait.

A cette époque, Thoros cherchait, par toutes sortes de moyens, à se rendre indépendant dans Edesse, et à délivrer les chrétiens du joug des infidèles. Il entreprit de restaurer le rempart, à partir de la citadelle (forteresse de Maniacès), et de protéger une partie de la ville par la construction d'un mur; car cette citadelle était au pouvoir des Perses, et elle renfermait une garnison turke avec un corps d'Arméniens, qu'y avait placé Tetousch. Le général (6) qui l'occupait, voyant les travaux du Curopalate et comment il avait isolé la citadelle, écrivit à ce sujet aux émirs du voisinage, en les prévenant que depuis la Porte de la mer jusqu'à l'église de saint Thoros, le Curopalate avait élevé des fortifications et construit vingt-cinq tours, et que de plus il dominait la citadelle, et s'était ainsi rendu maître absolu d'Edesse.

CXLVI. En l'année 544 (26 février 1095-25 février 1096), Soukman, fils d'Artoukh (Ortok) (1), et l'émir de Samosate, Baldoukh, fils d'Amer-Gazi (Kazi) (2), rassemblèrent un corps de cavalerie, et, à l'époque de la moisson, marchèrent contre Edesse. Le seigneur de cette ville, Thoros, homme d'une prudence consommée, disposa sur tous les points des moyens de défense. Ayant ordonné de dresser des balistes et des machines, il fit battre à coups redoublés les murs de la citadelle. Cependant les Turks ne discontinuaient pas leurs assauts. Au bout de soixante-cinq jours, ils pratiquèrent une brèche à deux endroits du rempart, et ayant pénétré dans l'intérieur au nombre de 40,000, ils continuèrent leurs attaques, mais inutilement. Sur ces entrefaites arrivèrent le sulthan d'Alep, Radhouan, fils de Tetousch, et Agh'sian, seigneur d'Antioche qui voulaient eux aussi entreprendre le siége d'Edesse. Soukman et Baldoukh s'enfuirent loin de la présence du sulthan. A la vue de l'armée de Radhouan, les habitants furent consternés. Cependant Thoros, déployant le courage d'un lion, les animait, et prodiguait l'or et l'argent pour les exciter. Ses efforts continrent l'ennemi, car les assiégés avaient pris à la voix de leur chef un cœur intrépide et combattaient avec courage. Impuissants contre une aussi opiniâtre résistance, les infidèles se décidèrent à se retirer honteusement. En même temps, un des hommes de l'armée du sulthan, nommé Mekhithar le Patrice (Badrig) (3), forma le projet avec ses gens de livrer la grande forteresse de Maniacès à Thoros. Ayant pris ses mesures pendant la nuit avec trente des siens, il la lui remit entre les mains, et la ville fut sauvée. Comme Thoros avait envoyé un détachement pour s'emparer d'une forteresse des environs, nommée Thersidj, et soumettre le territoire qui en dépend, Baldoukh survint avec les troupes de sa province, attaqua ceux d'Edesse non loin de Thersidj et les mit en fuite. Ceux-ci, en traversant le village d'Antranos, massacrèrent cent cinquante hommes et firent le reste prisonniers.

CXLVII. Cette année, le sulthan Alph'ilag, qui descendait de Koutoulmisch, se transporta à Edesse, d'après l'invitation de Thoros, qui lui livra cette ville, afin de se venger de ses ennemis. Mais Alph'ilag conçut l'idée de le tuer et de livrer Edesse au pillage. Thoros, averti à temps, lui donna un breuvage empoisonné, et le fit conduire aux bains publics, où il succomba aussitôt. A la nouvelle de sa mort, ses troupes se sauvèrent, et Thoros rentra en possession d'Edesse. La domination d'Alph'ilag dans cette cité avait duré trente-cinq jours.

CXLVIII. Cette même année mourut le grand musicien, la colonne de la sainte Eglise, le seigneur Thoros, catholicos d'Arménie (1). Il fut enseveli à Honi, auprès du seigneur Sarkis.

CXLIX. En l'année 545 (26 février 1096-24 février 1097), le sulthan d'Occident Kilidj-Arslan, fils de Soliman, fils de Koutoulmisch, ayant réuni des forces considérables, marcha contre Mélitène. Son armée couvrait au loin les plaines. Il attaqua vivement cette ville, et avec ses balistes incommodait beaucoup les habitants. Cependant le commandant de Mélitène, nommé Khouril (1), beau-père de Thoros, Curopalate d'Édesse, résista bravement et se fortifia de tous côtés. Le siége se prolongea longtemps, mais sans succès pour Kilidj-Arslan, qui retourna tout honteux dans ses États.

CL. Cette même année s'accomplit la prophétie du patriarche saint Nersès, relative à l'expédition entreprise par les Occidentaux, et qu'il révéla aux satrapes et aux chefs de l'Arménie. Ce qu'avait prédit bien des années auparavant, ce qu'avait annoncé, à l'heure de sa mort, ce grand saint, ce thaumaturge, cet homme de Dieu, nous l'avons vu de nos propres yeux se réaliser dans notre siècle. C'était la vision qui apparut à Daniel, lorsqu'à Babylone il vit la figure d'un animal monstrueux, vision qui se manifesta à lui ouvertement, et qu'il expliqua en disant que cet animal dévorerait, mettrait en pièces et foulerait aux pieds les débris échappés à la fureur des bêtes précédentes (VII, 7).

Au temps précité, eut lieu l'irruption des Franks, et la porte des Latins s'ouvrit. C'est avec leurs bras que Dieu voulait combattre les Perses. Il apaisa sa colère, suivant cette parole du prophète David : « Lève-toi; pourquoi « dors-tu, Seigneur? Lève-toi, et ne nous rejette pas à « jamais. » (Psaume XLIII, 23.) « Le Seigneur se réveilla de « son sommeil, pareil à un homme fort, pour enlever son « prix; il a repoussé ses ennemis et les a rendus un objet « d'opprobre éternel (1). » Cette année, les populations de l'Italie et de l'Espagne, jusqu'aux confins de l'Afrique, et les nations des Franks les plus reculées se mirent en mouvement, et accoururent par masses immenses et formidables.

aussi pressées que les sauterelles, que l'on ne peut compter, ou le sable de la mer dont les grains sont au-dessus de tout calcul. Dans toute la force et l'éclat de leur puissance, marchaient les plus grands capitaines du pays des Franks, chacun à la tête de ses troupes. Ils venaient briser les fers des chrétiens, affranchir du joug des infidèles la sainte cité de Jérusalem, et arracher des mains des musulmans le tombeau vénéré qui reçut un Dieu. C'étaient des chefs illustres, rejetons de familles souveraines, éminents par leur foi et leur piété, et élevés dans la pratique des bonnes œuvres. Voici leurs noms : le valeureux Godefroy (Gontoph'rê), issu de la race des rois des Romains (2), lequel avait en sa possession la couronne et l'épée de l'empereur Vespasien, cette épée qui détruisit Jérusalem ; le frère de Godefroy, Baudouin (Bagh'dïn) (3) ; le grand comte Boëmond (Bêmount) et Tancrède (Dankri), son neveu ; le comte de Saint-Gilles (Zendjil), homme redoutable et d'une haute illustration ; Robert (Roubêrth), comte de Normandie, ainsi qu'un autre Baudouin (4) ; puis venait le comte Josselin (Djoslïn), distingué par sa bravoure et sa force. Ces intrépides guerriers s'avançaient avec des armées innombrables comme les étoiles du firmament. A leur suite figuraient une foule d'évêques, de prêtres et de diacres.

La route des Franks s'effectua péniblement dans les provinces les plus reculées de l'Empire romain. Ce fut avec des fatigues inouïes qu'ils franchirent la contrée des Hongrois (Ounkr), à travers les étroits et inaccessibles défilés de ses montagnes (5). De là, ils arrivèrent chez les Boulgares, qui étaient alors sous la domination de l'empereur Alexis. Ce fut en cheminant de la sorte qu'ils parvinrent à la grande cité de Constantinople.

Alexis, ayant eu connaissance de leur marche, avait envoyé des troupes contre eux. Un combat fut livré, dans lequel il y eut des pertes considérables des deux côtés ; mais les Franks mirent les Grecs en fuite. Cette journée fut des plus sanglantes. De même les populations des pays par où les croisés passaient se montraient partout hostiles et les incommodaient beaucoup. A la nouvelle de cette défaite, Alexis arrêta son glaive, et cessa de s'opposer à eux. Lorsqu'ils furent arrivés aux portes de Constantinople, ils firent halte, et demandèrent à traverser l'Océan. Alexis fit paix et alliance avec leurs chefs, les conduisit dans l'église de Sainte-Sophie, et leur donna en présent des sommes considérables d'or et d'argent. Ils convinrent que toutes les provinces qui avaient appartenu aux Grecs, et dont les Franks s'empareraient sur les Perses, seraient rendues à Alexis, et que les conquêtes faites en pays perse ou arabe seraient réservées aux Franks. Ce pacte fut scellé par un serment prononcé sur la Croix et l'Évangile, et à jamais inviolable. Après avoir obtenu de l'empereur un renfort de troupes et des officiers, ils traversèrent l'Océan sur une flotte et arrivèrent en masse devant Nicée, non loin de la mer.

Les Perses, s'étant réunis, vinrent attaquer les croisés dans le camp que ceux-ci avaient établi en cet endroit ; mais la victoire resta aux chrétiens, qui mirent les ennemis en fuite, et, s'élançant à leur poursuite l'épée à la main, inondèrent de sang toute la contrée. Puis, ayant entrepris le siége de Nicée, ils s'en rendirent maîtres, et massacrèrent tous les infidèles (6). Abattus par cet échec, les Perses coururent porter leurs doléances au sulthan Kilidj-Arslan, occupé en ce moment au siége de Mélitène, et lui racontèrent leur défaite. Ce prince, ayant rassemblé des troupes innombrables, se porta à la rencontre des Franks, dans le territoire de Nicée. L'action s'engagea, terrible des deux côtés ; les deux armées se précipitèrent avec rage l'une contre l'autre, et se heurtaient comme des bêtes féroces. Au milieu des éclairs que lançaient les casques reluisants, du craquement des cuirasses brisées et de la vibration des arcs, les infidèles resserrèrent leurs rangs avec une nouvelle ardeur. Les clameurs des combattants ébranlaient la terre, et le sifflement des flèches faisait tressaillir les chevaux. Les plus braves, les héros, se prenaient corps à corps, et, pareils à de jeunes lions, se frappaient à coups redoublés. Cette première journée fut grande et solennelle ; car le sulthan avait sous ses ordres 600,000 combattants. Mais les Franks triomphèrent, mirent les Perses en fuite, et les exterminèrent sans miséricorde sur tous les points. La plaine fut jonchée de cadavres, le butin immense, et les captifs se comptaient par milliers. Les dépouilles, en or et en argent, dépassaient toute évaluation.

Au bout de trois jours, le sulthan réunit de nouveau des forces imposantes et recommença l'attaque. Une seconde bataille fut livrée, plus terrible que la précédente. Les chrétiens vainquirent encore les Perses, les taillèrent en pièces, sans faire quartier à aucun, leur enlevèrent quantité de prisonniers, et les chassèrent du pays. La ville de Nicée fut remise par eux à l'empereur Alexis.

CLI. En l'année 546 (25 février 1907-24 février 1098), au temps des deux patriarches d'Arménie, le seigneur Vahram et le seigneur Basile, et sous le règne d'Alexis, l'armée des croisés se mit en marche, forte de 500,000 hommes environ. Thoros, seigneur d'Édesse, en fut prévenu par une lettre, ainsi que le grand chef arménien, Constantin, fils de R'oupên (1), lequel occupait le mont Taurus, dans le pays de Gobidar' (2), situé dans le district de Maraba (3), et s'était rendu maître d'un grand nombre de provinces. Constantin était sorti des rangs de la milice de Kakig. Les Franks traversèrent la Bithynie et la Cappadoce en colonnes serrées, qui s'étendaient au loin, et parvinrent aux pentes abruptes du Taurus ; ils passèrent par les défilés étroits de cette chaîne de montagnes pour gagner la Cilicie, aboutirent à la Nouvelle-Troie, c'est-à-dire à Anazarbe (4), et de là arrivèrent à Antioche. Leur vaste camp se déploya sous les murs de cette ville, et leurs bataillons couvrirent l'immense plaine qu'elle domine. Le général perse Agh'sian et la garnison qui défendaient Antioche y furent bloqués pendant six mois, et eurent à soutenir de vigoureux assauts. A la nouvelle de ce siége, les chefs perses du voisinage accoururent avec des forces considérables pour s'opposer aux Franks ; mais ils furent vigoureusement repoussés. Cependant les infidèles se réunirent de tous côtés : ceux de Damas, les Africains, ceux du littoral, de Jérusalem ; tous les peuples limitrophes de l'Égypte, ceux d'Alep, d'Émesse, jusqu'au grand fleuve Euphrate, tous marchèrent contre les Franks. Les croisés, instruits de leur approche, prirent les armes et coururent à leur rencontre. Boëmond et Saint-Gilles, ces deux héros, s'élancèrent à la tête de dix mille hommes contre cent mille, dans la province d'Antioche, les battirent complétement, et les ayant mis en fuite, en firent un carnage affreux.

Cependant l'intrépide Soukman, fils d'Artoukh, et le seigneur de Damas (5), lesquels étaient deux émirs illustres et du plus haut rang, rassemblèrent les troupes turkes de Mossoul et de toute la Babylonie, au nombre de 30,000 hommes, pour aller se mesurer avec les Franks. Le noble duc Godefroy marcha, avec 7,000 hommes, contre les infidèles, sur les confins d'Alep, et leur livra un grand combat. L'émir de Damas, Toghtékïn (Dough'diguïn), s'étant précipité sur Godefroy, le fit voler de son cheval; mais la cotte de mailles du héros chrétien résista au coup que Toghtékïn lui porta et le garantit. Au même instant, les chrétiens mirent les infidèles en déroute, les poursuivirent et les taillèrent en pièces. Après ce succès éclatant, ils rentrèrent au camp.

La multitude des Franks était si considérable, qu'un nouveau danger vint les atteindre : la famine leur fit sentir ses rigueurs (6). Les chefs arméniens qui habitaient le Taurus, Constantin, fils de R'oupên, Pazouni, le second de ces princes, et Oschïn le troisième (7), envoyèrent aux généraux franks toutes les provisions dont ceux-ci avaient besoin. Les moines de la Montagne-Noire leur fournirent aussi des vivres; tous les fidèles, en cette occasion, rivalisèrent de dévouement. A la suite de la disette, la maladie s'introduisit parmi les croisés ; sur sept hommes ils en perdirent un. Les survivants se voyaient dans la plus triste position, loin de leur patrie. Mais la Providence ne les abandonna pas : elle veillait sur eux avec une sollicitude paternelle comme autrefois sur les enfants d'Israël, dans le désert.

CLII. Cette même année une comète se montra vers l'occident. Sa queue, qui était petite, dessinait dans le ciel des rayons lumineux. Au bout de quinze jours elle disparut et cessa tout à fait de briller.

CLIII. Cette même année un signe terrible et étrange se manifesta dans le ciel, du côté du nord, signe tel, que personne n'en avait jamais vu d'aussi merveilleux. Dans le mois de maréri (1) la face du ciel s'enflamma, et, par une atmosphère sereine, se colora d'un rouge ardent. Elle était contractée, comme seraient des collines entassées : tout embrasée, elle prit des teintes diversement nuancées. Ces masses s'avancèrent en glissant droit vers l'orient, et, après s'être accumulées, se séparèrent en plusieurs parties, et couvrirent presque toute la voûte céleste ; elles étaient colorées d'un rouge foncé et dont l'aspect était étonnant. Puis, elles s'élevèrent jusqu'au sommet du ciel (2). Les savants et les sages interprétant ce phénomène, dirent qu'il annonçait l'effusion du sang. En effet, de terribles événements et des catastrophes, dont notre livre contient le récit, ne tardèrent pas à s'accomplir.

CLIV. En l'année 547 (25 février 1098-24 février 1099), le comte Baudouin, frère de Godefroy, s'étant mis à la tête de cent cavaliers, vint s'emparer de la ville de Tellbâscher (Thelbaschar) (1). A cette nouvelle, Thoros, gouverneur romain d'Edesse, fut rempli de joie. Il envoya vers le comte frank, à Tellbâscher, pour le prier de venir à son secours contre ses ennemis, les émirs du voisinage, qui l'inquiétaient beaucoup. Baudouin, répondant aussitôt à cet appel, se rendit à Edesse avec soixante cavaliers. Les habitants, accourant au-devant de lui, l'introduisirent dans la ville avec empressement. Sa présence causa une grande joie à tous les fidèles. Thoros, Curopalate, lui témoigna beaucoup d'amitié, le combla de présents et fit alliance avec lui (2). Sur ces entrefaites le chef arménien Constantin arriva de Gargar'. Au bout de quelques jours, le Curopalate les envoya asssiéger Samosate et faire la guerre à l'émir Baldoukh. Les troupes de la ville, ainsi que l'infanterie de toute la province, accompagnaient les Franks. Ils marchèrent en nombre considérable contre Samosate, et saccagèrent les maisons situées hors des murs de cette ville. D'abord les Turks n'osèrent pas bouger : mais les troupes chrétiennes s'étant mises toutes ensemble à piller, à cette vue, un détachement de trois cents cavaliers turks fit une sortie. Les infidèles furent vainqueurs et mirent les Franks en déroute, ainsi que les gens du pays venus avec eux. Depuis Samosate jusqu'à Thil (3), ce ne fut qu'un carnage continuel. Un millier d'hommes resta sur la place. Constantin et le comte rentrèrent à Edesse auprès de Thoros. Ce combat eut lieu la seconde semaine du carême (4). Lorsque le comte fut de retour, il se trouva des traîtres, conseillers pervers, qui complotèrent avec lui de faire périr Thoros. Certes, celui-ci était loin de mériter un sort pareil, après avoir rendu tant de services à la ville ; car c'était par sa prudente habileté, par son ingénieuse industrie et sa bravoure, qu'elle avait été affranchie du vasselage de la féroce et cruelle race des musulmans. Quarante conjurés, associés pour cette œuvre de Judas, se rendirent, la nuit, auprès de Baudouin, et, après l'avoir initié à leurs criminels desseins, promirent de lui livrer Edesse. Baudouin y donna son adhésion. Ils gagnèrent aussi le chef arménien Constantin. La cinquième semaine du carême (5), ils soulevèrent contre Thoros la multitude qui, le dimanche suivant, pilla les maisons des grands attachés au service du Curopalate, et ils s'emparèrent du corps supérieur de la citadelle. Le lendemain, ils se réunirent pour cerner le corps intérieur de la place où Thoros s'était renfermé et en firent le siége avec vigueur. Réduit aux abois, il leur dit que s'ils s'engageaient par serment à l'épargner, il leur abandonnerait la citadelle et la ville, et se retirerait avec sa femme à Mélitène. Alors il leur présenta la croix de Varak et celle de Mak'énis (6), et Baudouin jura sur ces vénérables reliques, au milieu de l'église des Saints-Apôtres, de ne lui faire aucun mal. Il prit à témoin les Archanges, les Anges, les Prophètes, les Patriarches, les Apôtres, les saints Pontifes et toute la milice des Martyrs, qu'il exécuterait ce que Thoros lui avait demandé dans la lettre qu'il lui avait adressée. Après que le comte eut prêté ce serment, sanctionné par l'invocation de tous les saints, Thoros lui remit la citadelle, et Baudouin, ainsi que les principaux de la ville, y firent leur entrée. Le mardi, jour de la fête des Saints-Quarante (7), les habitants se ruèrent en foule sur Thoros, armés d'épées et de gros bâtons, et le précipitèrent du haut du rempart, au milieu des flots tumultueux d'une populace déchaînée. Ces furieux se jetant tous à la fois sur lui, le firent expirer dans des tourments affreux, et en le criblant de coups d'épée. Ce fut un forfait épouvantable aux yeux de Dieu. Lui ayant attaché une corde aux pieds, ils le traînèrent ignominieusement par les places publiques, parjures au serment qu'ils avaient fait. Baudouin fut mis aussitôt en possession d'Edesse.

CLV. Cette même année, Kerboga (Gourabagh'ad) (1), général de la cavalerie de Barkiarok, sulthan de Perse, arriva avec une armée formidable pour porter la guerre contre les Franks. Il établit son camp aux portes d'Edesse, et y séjourna avec toutes ses forces jusqu'à l'époque de la moisson, ravageant les campagnes et dirigeant des assauts contre la ville. Il avait réuni autour de lui des troupes innombrables. Au bout de quarante jours, le fils d'Agh'-sian, émir d'Antioche (2), vint trouver Kerboga, et s'étant jeté à ses pieds, implora son assistance, et lui raconta que l'armée franke était très-réduite et souffrait beaucoup de la famine.

Cette même année, tout le Khoraçan se souleva en armes, et ce mouvement s'étendit de l'orient à l'occident, depuis l'Égypte jusqu'à Babylone, en y comprenant le pays des Grecs et l'Orient, Damas et les contrées du littoral, depuis Jérusalem jusqu'au désert. On vit 800,000 cavaliers et 300,000 fantassins s'avancer fièrement à rangs pressés et couvrant au loin les plaines et les montagnes. Ils vinrent se présenter devant l'armée franke aux portes d'Antioche, avec une arrogance capable d'inspirer la crainte. Mais Dieu, qui ne voulait pas la destruction de la petite armée chrétienne, étendit sur elle sa protection.

comme autrefois sur les enfants d'Israël. Tandis que les infidèles étaient encore éloignés, un des principaux de la ville députa un messager vers Boëmond et les autres chefs de la croisade, pour leur dire qu'il leur remettrait Antioche, à condition que ses biens paternels lui seraient conservés ; et ayant reçu d'eux cette promesse confirmée par un serment, il livra en secret pendant la nuit la ville à Boëmond. Il ouvrit la forteresse par la porte qui donne dans le rempart, et introduisit les Franks dans Antioche. A l'aurore, ceux-ci ayant fait retentir leurs trompettes, à ce bruit, les infidèles s'attroupèrent ; mais ils ne purent se sauver, parce qu'ils étaient paralysés par la crainte. Aussitôt les Franks, fondant sur eux, le glaive à la main, en firent un horrible massacre. L'émir Agh'sian s'échappa de la ville, et fut tué dans sa fuite par des paysans, qui lui coupèrent la tête avec une faux. Ce fut de cette manière que fut prise cette cité jadis enlevée aux Arméniens (3). Les débris ds la garnison restée dans ses murs se retranchèrent dans la citadelle et s'y défendirent. Trois jours après, l'armée perse approcha. Sept fois plus considérable que celle des Franks, elle les enveloppa de tous côtés ; et les tenant étroitement bloqués, les inquiéta beaucoup. Ceux-ci furent en proie à toutes les souffrances de la faim ; car déjà auparavant les vivres étaient épuisés dans Antioche, et chaque jour aggravait leur position désespérée. Ils résolurent de demander à Kerboga de leur assurer, sous la foi du serment, la vie sauve, en promettant de lui abandonner Antioche, et de s'en retourner dans leur patrie. Dieu ayant contemplé l'excès de leur misère, eut pitié d'eux et leur fit sentir sa compassion.

Une vision miraculeuse eut lieu parmi eux pendant la nuit; l'apôtre saint Pierre apparut à un Frank d'une haute piété, et lui dit : « Dans l'église, sur la gauche, est « déposée la lance avec laquelle le Christ eut son côté « immaculé percé par la nation athée des Juifs. Elle « se trouve devant l'autel; allez l'en retirer, et, armés de « ce signe sacré, marchez au combat. Par lui vous triom- « pherez des infidèles, comme le Christ de Satan. » Cette vision se renouvela une seconde et une troisième fois. Elle fut racontée à Godefroy et à Boëmond, ainsi qu'à tous les chefs. Après s'être mis en prières, ils pratiquèrent une ouverture dans l'endroit indiqué, et y trouvèrent la lance du Christ. C'était dans l'église de Saint-Pierre (4).

Sur ces entrefaites, arriva du camp des infidèles un messager chargé de provoquer les Franks au combat. Ceux-ci étaient dans les transports de la joie. Boëmond et les autres chefs firent répondre à Kerboga qu'ils acceptaient son défi pour le lendemain. L'armée franke était bien diminuée ; elle ne comptait plus que 150,000 cavaliers et 15,000 fantassins. Boëmond les ayant disposés en ordre de bataille, ils s'avancèrent précédés de la lance du Christ, comme d'un étendard sacré. Les infidèles étaient déployés sur toute l'étendue de la vaste plaine d'Antioche, sur quinze rangs de profondeur.

Saint-Gilles, se portant en avant, éleva la lance du Christ en face des étendards de Kerboga. Celui-ci leur opposait des troupes innombrables, accumulées comme une montagne. Dans l'armée chrétienne, l'aile gauche était commandée par Tancrède, à l'aspect de lion, et l'aile droite par Robert, comte de Normandie. Godefroy et Boëmond faisaient face au centre des Turks. En ce moment, ayant invoqué à haute voix l'assistance de Dieu, et pareils à la foudre qui éclate du haut des cieux et brûle le sommet des montagnes, les croisés fondirent tous à la fois sur les infidèles et les mirent en fuite. Dans leur fureur, ils les poursuivirent, en les exterminant, une grande partie de la journée. Leurs glaives dégouttaient de sang, et la plaine fut couverte de cadavres. Mais c'est surtout sur l'infanterie ennemie qu'ils firent tomber les rigueurs de la vengeance divine; car ils firent périr par le feu 30,000 hommes (5). De fétides émanations infectèrent au loin le pays. Après quoi les Franks rentrèrent dans Antioche, chargés de butin, traînant après eux de nombreux captifs, et au comble de la joie. Ce fut une journée grande et mémorable, qui fit éclater l'allégresse parmi les fidèles.

CLVI. Cette même année, un nouveau signe apparut dans le ciel, du côté du nord. A la quatrième heure de la nuit (1), la voûte céleste se montra plus enflammée encore que la première fois, et d'une couleur rouge sombre. Ce phénomène dura depuis le soir jusqu'à la quatrième heure de la nuit. Jamais on n'en vit de plus sinistre; il grandit, en s'élevant successivement, et sous la forme d'un réseau de veines, enveloppa toute la partie nord du ciel jusqu'à son sommet. Les astres prirent une teinte de feu. Ce phénomène était un présage de colère et d'extermination.

CLVII. En l'année 548 (25 février 1099 - 24 février

1100). Il y eut une éclipse de lune à la manière accoutumée. Cet astre devint d'abord d'une teinte de sang foncée, depuis la première veille jusqu'à la quatrième heure ; puis il prit une couleur sombre, tout en conservant un aspect ensanglanté. L'obscurité qui le voilait était si intense, que toute la création fut plongée dans les ténèbres. Les savants prétendirent que cette éclipse annonçait que le sang humain serait répandu par les Perses, comme la lune l'indiquait évidemment d'après le livre que possédait cette nation.

Cette même année, les Franks se dirigèrent vers la sainte cité de Jérusalem, afin que s'accomplît la prophétie de saint Nersès, patriarche d'Arménie, qui a dit : « C'est « de la race des Franks que viendra le salut de Jérusalem ; « mais cette ville, en punition de ses péchés, retombera « sous le joug des infidèles. » Dès que l'armée chrétienne fut en marche, les Turks, de leur côté, se mirent en mouvement, de même que les Amalécites s'avancèrent contre les chefs des enfants d'Israël. Lorsqu'elle fut parvenue devant Arka (Arga) (1), les infidèles l'attaquèrent vivement ; mais elle remporta la victoire et put continuer sa route tranquillement. Arrivée sous les murs de Jérusalem, elle livra de grands combats. Dans ce moment, le seigneur Vahram, catholicos des Arméniens, se trouvait dans cette ville. Les infidèles voulurent le tuer, mais Dieu le sauva de leurs mains. Après des assauts réitérés, les Franks élevèrent des tours en bois et les approchèrent des remparts, et par des prodiges de valeur, à la pointe de l'épée et avec une résolution inébranlable, ils se rendirent maîtres de la cité sainte. Godefroy ayant pris en main le glaive de

Vespasien, se précipita de toute sa force contre les infidèles. Il en immola 65,000 dans le temple, sans compter ceux qui périrent dans les autres parties de la ville (2). C'est ainsi que fut prise Jérusalem, et le tombeau du Christ, notre Dieu, délivré de la servitude des musulmans. C'est pour la troisième fois que l'épée de Vespasien sévissait contre Jérusalem depuis que le Seigneur avait été crucifié.

CLVIII. Cette même année, il y eut un rassemblement immense de troupes en Egypte, jusqu'au pays de Scythie (Sguth) (1) et de Nubie, et jusqu'aux confins des Indes (2). 300,000 hommes s'avancèrent, armés de pied en cap, contre Jérusalem. Cette nouvelle fit trembler les Franks. N'osant pas attendre l'ennemi dans Jérusalem, ils marchèrent à sa rencontre, dans la pensée que s'il était impossible de soutenir le choc de cette masse d'infidèles, ils pourraient se frayer un passage pour regagner leur patrie. Les deux armées se trouvèrent en présence non loin de l'Océan. Dès que le roi d'Egypte aperçut les Franks, il donna l'ordre de les attaquer; aussitôt les Franks s'élancèrent en avant, chargèrent les Egyptiens et les mirent en déroute. Ce n'étaient pas eux qui combattaient, mais Dieu qui soutenait leur cause, comme il fit contre Pharaon dans la Mer-Rouge, en faveur des enfants d'Israël. Ils repoussèrent si vigoureusement l'ennemi, qu'ils culbutèrent 100,000 hommes dans la mer, où ils furent engloutis. Les autres furent exterminés ou mis en déroute. Après cette insigne victoire, les Franks rentrèrent à Jérusalem, chargés de butin (3).

CLIX. Cette même année, Grégoire, Curopalate d'Orient,

frère du seigneur Basile, catholicos d'Arménie, réunit des troupes et marcha contre les Turks qui stationnaient dans la province d'Aschornêk' (1). Cet intrépide guerrier étant arrivé avec les siens dans le village de Gagh'zouan, battit les infidèles, les mit en fuite et leur tua beaucoup de monde. Après quoi il reprit le chemin de la ville d'Ani. Sur la route, un soldat turk, qui s'était posté en embuscade sous un arbre, l'atteignit avec une flèche à la bouche. Grégoire, renversé par ce coup terrible, tomba à terre et rendit l'âme. Sa mort fut pleurée par toute la nation arménienne. Telle fut la fin du brave Grégoire, de ce chrétien fervent. Il était fils de Vaçag, fils d'Abirad, fils de Haçan, de la race des héros, et descendait des Bahlavouni.

CLX. Cette même année, le comte de Saint-Gilles s'en revint chez les Franks (1), emportant la lance du Christ, qui avait été trouvée à Antioche. Après en avoir fait présent à l'empereur Alexis, il se mit en route.

CLXI. Cette même année, mourut le grand prince arménien Constantin, fils de R'oupên, laissant deux fils, Thoros et Léon. Il avait étendu sa domination sur un grand nombre de villes et de provinces, et s'était emparé de la majeure partie du Taurus, qu'il avait enlevée aux Perses par la vigueur de son bras. Il avait été un des chefs de l'armée de Kakig, le Bagratide, fils d'Aschod.

Un prodige qui eut lieu dans sa maison annonça sa mort. Un jour, un éclair étincelant de mille feux fendit la nue, et la foudre éclata sur la forteresse de Vahga' (1). Elle pénétra dans la maison des gens de service, frappa un plat d'argent, et en enleva un fragment du fond.

Les sages dirent que c'était un indice que la dernière année de la vie de Constantin était arrivée, et, en effet, il mourut avant qu'elle fût écoulée. Il fut enterré au couvent de Gaṣdagh'ôn (2).

CLXII. Cette même année, apparut le troisième signe igné, de couleur rouge foncée. Il se maintint jusqu'à la septième heure de la nuit, en se dirigeant du nord vers l'est; ensuite il prit une teinte noire. On assura que ce phénomène indiquait l'effusion du sang des chrétiens, prédiction qui, en effet, se réalisa. Depuis le jour où les Franks entreprirent leur expédition, aucun signe favorable n'apparut; tous les présages, au contraire, marquaient l'extermination, la ruine, la mort, les massacres, la famine et autres catastrophes.

CLXIII. Cette même année, la famine désola toute la Mésopotamie et principalement la ville d'Edesse. De toute l'année il ne tomba pas une goutte de pluie dans les campagnes; le ciel refusa sa rosée fécondante. Privée d'eau, la terre se dessécha, les arbres et les vignes périrent, les sources tarirent, et la disette occasionna une grande mortalité à Edesse. Cette ville vit se reproduire dans ses murs les scènes qui s'étaient passées à Samarie, au temps du prophète Isaïe. Une femme, chrétienne et romaine, fit cuire son jeune enfant et se nourrit de sa chair. Un infidèle, musulman de nation, pressé par les angoisses de la faim, mangea aussi sa femme. Dieu avait affaibli la vertu du pain; il ne rassasiait plus. Quantité de gens prétendirent que c'était un effet de la colère divine, qui vengeait l'injuste trépas de Thoros, Curopalate. Les habitants avaient juré sur la Croix et l'Evangile de respecter sa vie;

et ils violèrent ce serment en le faisant périr dans les plus affreux tourments, en plaçant sa tête au bout d'une perche, pendant qu'ils vomissaient des imprécations contre lui, et en plantant cette perche devant l'église du Sauveur, jadis construite par le saint Apôtre Thaddée. C'est en expiation de ce crime que Dieu envoya ce châtiment au peuple d'Abgar. D'année en année, il ne cessa d'apesantir son bras sur cette ville coupable.

CLXIV. Au commencement de l'année 549 (24 février 1100-22 février 1101), l'abondance revint partout. Il y eut à Edesse du froment et de l'orge avec une profusion qui fit oublier la disette précédente. Un boisseau produisit au centuple, les arbres furent chargés de fruits, les sources regorgèrent d'eau, et les hommes et les animaux eurent de tout à satiété.

CLXV. Cette même année, Godefroy, général des Franks, étant venu avec ses troupes à Césarée de Philippe, ville qui est sur le bord de l'Océan (1), les chefs musulmans se présentèrent à lui, sous prétexte de faire la paix ; ils lui apportèrent des vivres, et les servirent devant lui. Godefroy accepta et mangea sans défiance ces mets, qui étaient empoisonnés. Quelques jours après, il mourut, et quarante personnes avec lui. Il fut enterré à Jérusalem, devant le saint Golgotha, parce qu'il se trouvait dans cette ville au moment où il expira. En même temps, on envoya chercher son frère Baudouin, qui était à Edesse, et on lui donna le trône de Jérusalem. Tancrède étant parti, se rendit à Antioche, auprès du comte Boëmond qui était son oncle maternel (2).

CLXVI. A cette époque, le général des Romains, Prince

des princes, résidait à Marasch, ville qui appartenait à l'empereur Alexis et qui lui avait été cédée par les chefs franks dans la première année de la guerre sainte. Mais ceux-ci renièrent leurs serments; ils avaient promis, et ils se dédirent de leur parole. Le grand comte Boëmond s'étant mis en marche avec Richard (Ar'adchart), fils de sa sœur (3), tous les deux rassemblèrent les Franks et se portèrent contre Marasch. Ils attaquèrent le Prince des princes, nommé Thathoul, exigeant de lui qu'il leur remît cette ville, et dirigèrent contre elle des assauts réitérés. Mais Thathoul, qui était un brave et qui se voyait entouré, à Marasch, de sa nombreuse noblesse, méprisait leurs efforts. Boëmond, après avoir établi son camp dans la plaine de Marasch, soumit tout le district qui en dépend.

CLXVII. Cette même année, l'émir perse Danischmend (Tanischman) (1), lequel était seigneur de Sébaste et de tout le pays romain, arriva à la tête d'une armée considérable contre Mélitène, qu'il attaqua vivement. Le commandant de Mélitène, Khouril, envoya prier Boëmond de venir à son secours, promettant de lui donner cette ville. Aussitôt Boëmond et Richard s'avancèrent à la tête de leurs troupes contre Danischmend, tandis que ce dernier faisait partir des détachements pour soutenir la lutte contre les Franks dans la plaine de Mélitène. Il plaça des embuscades dans une foule d'endroits, et se mit en marche lui-même avec des forces imposantes. Cependant Boëmond et Richard, de leur côté, cheminaient sans précaution et dans une sécurité complète; leurs soldats avaient quitté leurs armures et s'étaient parés d'ornements.

comme des femmes qui accompagnent un convoi funèbre; ils avaient confié le soin de porter leurs armes à leurs serviteurs. Ces guerriers, s'assimilant à des captifs, s'étaient dépouillés de leur équipement militaire. Tout à coup les gens de Danischmend fondirent sur eux, et une lutte acharnée s'engagea. Les Franks et les Arméniens furent exterminés, et Boëmond et Richard faits prisonniers. Dans cette journée, deux évêques arméniens, Cyprien, évêque d'Antioche, et Grégoire, évêque de Marasch, perdirent la vie. Boëmond les avait auprès de lui par suite de la haute estime qu'il professait pour eux. Ce désastre jeta la consternation parmi les chrétiens, et répandit l'allégresse parmi la nation des Perses; car les infidèles regardaient Boëmond comme le véritable roi des Franks, et son nom faisait trembler tout le Khoraçan. Baudouin, comte d'Édesse, ainsi que les Franks d'Antioche, ayant appris ce fatal événement, se mirent à la poursuite de Danischmend. Celui-ci conduisit Boëmond et Richard, chargés de chaînes, à Néo-Césarée (Niguiçar). Comme ils étaient déjà partis, Baudouin s'en retourna à Edesse, et remit cette ville à un autre Baudouin, surnommé Du Bourg (Deborg), qui avait été précédemment page de Boëmond. Après avoir soumis les habitants d'Edesse à toutes sortes d'exactions et leur avoir extorqué des sommes énormes, il acheta à Jérusalem la couronne de son frère Godefroy, et devint roi. Tancrède reprit le chemin d'Antioche, ainsi que nous l'avons dit plus haut. Le désastre qui frappa les Franks fut la punition de leurs œuvres d'iniquité. Ils s'étaient écartés de la droite voie pour suivre le sentier de perdition, transgressant les commandements divins, pratiquant le mal, plongés dans la dissolution, et n'ayant aucun souci des préceptes du Seigneur ; ce qu'il défend, c'est ce qu'ils convoitaient. Aussi Dieu leur retira son appui et la victoire, comme autrefois aux enfants d'Israël. Ce fut la première défaite que les Franks essuyèrent. Maintenant prêtez votre attention et ne vous lassez pas.

CLXVIII. Cette même année, l'émir perse Soukman, fils d'Artoukh, dont le courage égalait la férocité sanguinaire, ayant rassemblé des forces considérables, se porta contre la ville de Seroudj (1), et fit des incursions dans toute la contrée voisine. Le comte Baudouin Du Bourg et Foulcher (Ph'outchêr) (2), comte de Seroudj, prévenus de cette invasion, marchèrent à la rencontre des Turks. Mais leur imprévoyante négligence causa leur défaite. Après une lutte acharnée, les infidèles vainquirent les Franks et en firent un grand carnage, ainsi que des Arméniens qui s'étaient joints à ces derniers. Le comte de Seroudj, Foulcher, fut tué. C'était un homme d'un courage héroïque et d'une pureté de mœurs parfaite. Le comte Baudouin se réfugia avec trois des siens dans la citadelle d'Edesse, réduit à un état pitoyable. Mais les principaux de la ville l'ayant invité à rentrer parmi eux, le replacèrent sur son trône. Au bout de trois jours, il partit pour Antioche afin d'aller chercher du renfort. Cependant les infidèles attaquèrent la forteresse de Seroudj, où tous les chrétiens de la ville s'étaient retirés, et avec eux l'archevêque latin (Babiôs) (3) d'Edesse. Alors les habitants de Seroudj traitèrent avec les Turks. Au bout de vingt-cinq jours arriva Baudouin avec 600 cavaliers et 700 fantassins. Il mit en fuite les infidèles ; mais les gens de Seroudj refusèrent de reconnaître son autorité. Les Franks aussitôt attaquèrent cette ville, en massacrèrent la population et saccagèrent toutes les maisons ; ils emmenèrent à Edesse une multitude immense de jeunes garçons, de jeunes filles et de femmes ; Antioche et tous les pays occupés par les Franks regorgèrent de captifs, et Seroudj nagea dans le sang.

CLXIX. Cette même année, pour la quatrième fois, le ciel se colora en rouge, dans la partie nord, par un phénomène encore plus effrayant que les précédents ; puis cette teinte se changea en noir. Cette quatrième apparition fut accompagnée, tout le temps qu'elle dura, d'une éclipse de lune. Ces signes annonçaient les effets de la colère céleste qui menaçait les chrétiens, comme l'atteste le prophète Jérémie par ces paroles : « Du côté du nord « s'allumera sa colère. » Et en effet, il survint des malheurs comme jamais on n'aurait pu en prévoir.

CLXX. En l'année 550 (24 février 1101 - 23 février 1102), un prodige surprenant et terrible eut lieu dans la sainte cité de Jérusalem. La lumière du tombeau du Christ, notre Seigneur, cessa de s'enflammer comme d'habitude ; elle ne brilla pas le jour du Samedi saint, et les lampes restèrent éteintes jusqu'au dimanche ; après quoi elles s'allumèrent à partir de la neuvième heure. Ce phénomène plongea dans la stupeur tous les fidèles. Ce qui l'occasionna, c'est qu'ils avaient dévié vers la gauche de la route et abandonné la voie légitime, qui est à la droite du chemin des péchés. Ils goûtèrent au calice rempli d'une lie amère. Les ministres même de la sainte Église se vautraient dans la fange avec une ardeur qui n'était jamais satisfaite. Au milieu de pareils désordres, ils avaient cessé de détester le péché, quelque énorme qu'il fût. Mais, ce qui est pire encore, ils avaient préposé des femmes au service du saint Sépulcre et de tous les couvents de Jérusalem. Les crimes les plus abominables s'accumulaient devant Dieu. Ils chassèrent des monastères les Arméniens, les Romains, les Syriens et les Géorgiens. Lorsque les Franks eurent vu ce prodige, qui était un indice accusateur contre eux, ils éloignèrent les femmes du service des couvents et rétablirent chaque nation dans ceux qui lui appartenaient. En même temps, les cinq nations fidèles se mirent à adresser leurs prières à Dieu. Le Seigneur les exauça, et la lampe du saint Sépulcre prit feu le dimanche de Pâques, ce qui ne s'était jamais vu auparavant ; car cette lumière commençait toujours à briller à point nommé le samedi, à la onzième heure du jour.

TROISIÈME PARTIE.

CLXXI. Après avoir rassemblé, jusqu'à l'année 550 (1), la suite chronologique des événements de 150 ans, nous avions terminé nos industrieuses investigations, laissant à d'autres le soin de ces discussions raisonnées, de ces controverses intellectuelles. Après nous être retiré de la carrière, nous avions cédé la place à d'autres plus sagaces, plus savants, plus habiles que nous, suivant cette parole du saint Apôtre : « Le premier se taira ! »

Le prodige que nous venons de rapporter arriva sous le pontificat des catholicos d'Arménie, Grégoire Vahram et Basile, époque à laquelle fut instituée l'adoration [de la lumière du saint Sépulcre]. Le patriarche des Romains siégeant à Constantinople, était le seigneur Nicolas (2) ; le patriarche d'Antioche, Jean (3) ; le patriarche de Jérusalem, Siméon (4) ; le patriarche des Syriens, Athanase. Il y avait 6610 ans écoulés depuis Adam (5), mais nous n'avons point tenu compte de cet excédant de dix années dans nos calculs chronologiques. Nous avons aussi négligé l'art d'écrire.

Cependant en contemplant chaque jour les châtiments dont la colère divine frappait les fidèles, et en voyant tomber et s'écrouler d'année en année la force des armées chrétiennes, nous nous sommes aperçu que personne ne songeait à s'enquérir de ces malheurs et de ces catastrophes, et à les consigner par écrit, afin que la mémoire s'en conservât pour la postérité, lorsque Dieu accordera aux fidèles, devenus plus heureux, de vivre dans un temps qui ne leur fournira que des sujets de joie. Alors nous avons entrepris avec un extrême plaisir, comme si nous exécutions un ordre de Dieu, de mettre par écrit ces souvenirs et de les transmettre aux générations futures, et bien que notre œuvre ne soit pas embellie par une érudition spirituelle, ne brille point par l'artifice du style ou un caractère d'utilité, elle contient néanmoins le récit des punitions que le Seigneur nous a infligées, à cause de nos péchés, lorsque, par des fautes de tout genre, nous avons excité son courroux. Oui, c'est de lui que nous avons reçu ces punitions, c'est lui qui nous a frappés de sa verge. Maintenant donc, il est convenable, il est digne de ne pas oublier cette pensée, nous tous qui vivons dans ce siècle-ci ; il faut, au contraire, annoncer à ceux qui doivent nous suivre dans la carrière de la vie, que ces châtiments sont le fruit des péchés, fruit dont la semence a été plantée par nos pères, et qu'ils ont fait produire au septuple. Mû par ces considérations, moi, Matthieu, indigne de la miséricorde divine, j'ai consacré de longues années à ces recherches laborieuses, à un infatigable travail d'esprit, occupé à rassembler à Édesse les matériaux de mon livre, et à le continuer jusqu'au temps actuel. Il me reste encore à retracer l'histoire de trente années (6) et à en réunir les éléments, et cependant ce travail serait le propre des docteurs et des savants consommés, et ne devrait pas être laissé à notre impuissance et à notre courte érudition. Mais il est dans les vues de Dieu d'exiger des êtres faibles et imparfaits quelque labeur utile. C'est ainsi que les essaims d'abeilles s'offrent à nos regards, pour nous faire admirer leur hiérarchie si bien organisée, et pour nous montrer comment, de leurs frêles corps, elles tirent de quoi rassasier les hommes, en leur fournissant un miel si doux, et de quoi suffire aux besoins des sanctuaires, et donnent des produits qui sont en honneur même à la table des rois. C'est ainsi que le ver qui, une fois mort, renaît à une nouvelle vie, peut, par ses travaux, orner de couleurs variées le costume des monarques et des princes, et enrichir les églises de somptueux ornements. De même, notre faiblesse s'est enhardie, et en présence des lettrés et des savants, des hommes les plus profondément sagaces et des investigateurs exercés, nous avons exprimé notre pensée, et nous leur recommandons notre ouvrage pour qu'il soit jeté par eux dans le creuset de l'examen. Nous ne leur faisons aucune objection, parce que notre histoire n'a pas à lutter contre leur savoir. Ce petit oiseau qui, par son chant, diffère de tant d'autres, et qui est au-dessous d'eux par l'exiguité de son corps, je veux parler de l'hirondelle, nous ressemble pour l'admirable structure de son nid : elle le construit avec des débris sans valeur, et l'élève dans les airs sans lui donner de fondement, en portant dans son bec du limon et des brins de paille ; elle supplée à la force par l'adresse, et établit son asile avec solidité, jalouse de le transmettre en héritage à ses petits ; travail impossible pour des oiseaux énormes, c'est-à-dire l'aigle et autres. Ceux-ci, dans leur vol puissant, exécutent, il est vrai, des choses qui exigent du courage, et y déploient une grande force ; mais l'ouvrage qu'accomplit la faible hirondelle, ils ne l'exécuteront jamais. De la même manière, les hommes ingénieux et savants peuvent bien scruter à fond l'ancien et le nouveau Testament, et mettre au jour les découvertes qu'ils font, à l'aide d'infatigables et lumineuses recherches ; moi, je dirai avec confiance et sans aucune hésitation : « Gloire soit au Christ « éternellement ! amen ; » parce que cet ouvrage a été rédigé après avoir été bien médité, et qu'il est impossible à tout autre de trouver ou de rassembler l'histoire de toutes ces nations, rois, patriarches, princes, et de réunir dans les livres la suite chronologique des temps écoulés. Comme les anciens écrivains, témoins oculaires des faits qui se sont passés dans les siècles antérieurs, ne vont point jusqu'à notre époque, personne n'est en état d'exécuter ce que nous avons fait, parce que nous avons consacré à notre œuvre quinze années d'efforts incessants, discutant ce que nos lectures nous faisaient découvrir dans les ouvrages historiques, et l'enchaînement chronologique des événements. Nous avons aussi consulté les vieillards, et nous avons recueilli avec soin et consigné ici les informations que nous avons pu nous procurer.

Donc, moi, Matthieu (7), j'ai senti, par toutes ces considérations, naître le désir de revenir par ce même chemin que j'avais suivi, pareil à l'homme qui, depuis de longues années, parcourant le vaste Océan et égaré sur les flots, en butte à de fréquentes tempêtes, rentre après un naufrage, sain et sauf dans sa maison ; puis, se rappelant la passion qu'excitent les bénéfices du commerce, il oublie les fatigues passées, et regardant comme rien toutes les richesses englouties dans la mer, il s'empresse, entraîné par ses désirs ardents, de recommencer ses pérégrinations maritimes. Tel nous sommes, en parvenant au point de notre livre que nous avions quitté, et en retrouvant la véritable et ancienne route que nous avions suivie, lorsque nous sommes arrivés à l'année 550. Nous avions alors entrepris de raconter les événements d'un intervalle de vingt-cinq ans (8) ; une nouvelle période de trente ans complétera notre chronique, parce que les années de l'ère arménienne ont continué de s'accumuler au milieu des plus déplorables calamités. Nous sommes donc revenu avec empressement à l'époque du patriarcat du seigneur Grégoire et du règne de l'empereur Alexis, et nous commençons ici le récit des massacres et des tribulations qui ont signalé ces temps malheureux. Nous avons écrit, non pour satisfaire un vain orgueil, ainsi que le penseront quelques personnes, mais pour laisser un souvenir et une admonition à la postérité. Nous avons oublié la faiblesse de notre intelligence et notre inaptitude aux travaux d'érudition ; les gens habiles dans la science de l'ancien et du nouveau Testament sont capables de corriger notre style d'après les règles de la grammaire, et de rectifier les fautes de notre élocution, en vertu des grâces divines qui leur ont été départies ; mais nous, nous dirigeant suivant la mesure de nos connaissances bornées et imparfaites, nous avons esquissé nos récits avec autant de lucidité que possible, en consultant une foule d'histoires qui ont été composées sur nos malheurs en divers lieux, et qui nous ont été transmises comme un souvenir de leurs auteurs. Nous les avons toutes réunies avec le plus grand soin ; nous avons appris des faits de la bouche de personnes honorables, instruites des événements et des catastrophes, et qui, exemptes d'erreur, étaient profondément versées dans la science de l'histoire et de la chronologie. De plus, nous avons eu des conférences avec les vieillards connaissant les temps passés, et nous les avons interrogés, d'après le conseil du Prophète, qui dit : « Adresse-toi à tes an« ciens, et ils te parleront ; aux vieillards, et ils te feront « des récits. » C'est ainsi que nous avons travaillé sans relâche, abandonnant toutes les autres affaires, et ayant sans cesse à soutenir le poids de cette tâche difficile. Nous l'avons commencée par l'invocation de Dieu, d'après le parole du bienheureux Grégoire de Nysse, qui a dit : « Moi qui suis vieux, je reste en arrière dans l'hippodrome, « et j'ai laissé à d'autres le travail et aussi les recher« ches. » Nous avons vu chacun renoncer à entreprendre cette histoire, et aussi que le temps s'écoule peu à peu en offrant à nos regards les vicissitudes, la caducité et la disparition de ce qui existe, et en nous révélant l'instabilité de l'humanité sur la terre, et la transition de la vie présente à la vie future ; car les années et les siècles sont passagers, et tout ce qui en découle est transitoire. De même que les choses de la vie future sont éternelles, ainsi tout ce qui en est le produit est infini. Bienheureux ceux qui obtiendront de pareilles allégresses ! Bienheureux ceux qui s'assiéront au banquet du royaume céleste !

CLXXII. Cette même année, 550, le comte de Saint-Gilles retourna de chez les Franks, parce qu'à l'époque où la sainte cité de Jérusalem fut enlevée aux infidèles, il prit la lance du Christ et partit; et lorsque l'on sut qu'il l'avait emportée, toutes les populations se soulevèrent. Il revint dans l'intention d'attaquer Tripoli (1). Il comptait 100,000 guerriers sous ses ordres. Arrivé à Constantinople, il fut comblé de présents par Alexis, qui lui fournit les moyens de traverser l'Océan. Mais l'empereur des Grecs renouvela envers les Franks l'œuvre de Judas ; car il fit dévaster par l'incendie tous les pays qu'ils avaient à parcourir, ordonna de les guider à travers des plaines désertes, et empêchant qu'ils reçussent des vivres, les condamna à souffrir les tourments de la faim. Réduits aux dernières extrémités, ils mangèrent leurs chevaux. Alexis, qui avait fait prévenir sous main les Turks de leur marche, souleva toutes leurs forces contre eux. Le sulthan Kilidj-Arslan accourut, leur livra une grande bataille dans les environs de Nicée, et en fit un horrible carnage. Cent mille Franks périrent. Saint-Gilles se sauva avec trois cents hommes seulement, et se réfugia dans Antioche (2). Tout le reste de l'armée chrétienne avait passé sous le tranchant du glaive. Les femmes et les enfants furent emmenés esclaves en Perse. Cette défaite fut le châtiment de leurs péchés ; car tous avaient suivi avec amour la voie criminelle, et abandonné celle de Dieu. Le comte d'Antioche, Tancrède, profita de l'occasion pour s'emparer de la personne de Saint-Gilles, et le fit conduire, chargé de chaînes, dans la ville de Sarouantavi (3). Quelque temps après, le patriarche des Franks, à Antioche, et les autres membres du clergé intercédèrent pour lui auprès de Tancrède, qui lui rendit la liberté. Saint-Gilles, délivré de ses fers, réunit des troupes et alla investir Tripoli ; il pressa vivement cette ville, et en construisit une tout auprès (4).

A la même époque, le grand comte frank de Poitou (5), à la tête d'une armée de 300,000 cavaliers, traversa le pays des Romains et des Grecs, et parvint avec ces forces devant Constantinople. Il parla avec une souveraine hauteur à Alexis, lui accordant seulement le titre d'*Eparche* (6) et non d'*Empereur,* quoique le comte ne fût lui-même qu'un jeune homme de vingt ans environ. Il effraya Alexis et tous les Grecs. L'empereur se rendit au camp du comte de Poitou avec les grands de sa cour, et, à force d'instances, l'amena dans la ville. Il lui fit une magnifique réception, lui donna d'immenses trésors et de splendides festins, et fit de grands frais pour le transporter de l'autre côté de l'Océan, dans la contrée de Cappadoce. Il lui donna aussi des troupes grecques pour l'accompagner. Dès ce moment, il mit à exécution ses projets perfides, en prescrivant à ses officiers de conduire les Franks à travers des lieux inhabités. On leur fit parcourir pendant quinze jours des solitudes dépourvues d'eau, où rien ne s'offrait au regard que le désert dans toute son aridité, rien que les âpres rochers des montagnes. L'eau qu'ils trouvaient était blanche comme si l'on y avait dissous de la chaux, et salée. Alexis avait recommandé de mêler de la chaux au pain, et de le leur fournir ainsi apprêté. C'était un crime énorme devant Dieu. Ainsi affamés et épuisés pendant une longue suite de jours, les croisés virent la maladie se glisser dans leurs rangs. La conduite de ce prince à leur égard avait pour motif la rancune qu'il nourrissait contre eux de ce qu'ils avaient violé le serment qu'ils lui avaient fait dans l'origine, et n'avaient pas tenu leurs promesses. Mais les Grecs n'en furent pas moins coupables aux yeux de Dieu, en se montrant impitoyables envers les croisés, en les rendant victimes de leurs vexations et de leur perfidie, et en causant leur ruine (7). Aussi le Seigneur permit que les infidèles marchassent contre les Grecs et leur fissent expier leurs péchés.

CLXXIII. Le grand sulthan d'Occident, Kilidj-Arslan, ayant appris l'arrivée des Franks, écrivit à Néo-Césarée, pour en prévenir Danischmend, ainsi que les autres émirs. Puis, à la tête d'une armée formidable, il s'avança contre les chrétiens. Ceux-ci se rencontrèrent avec les infidèles dans la plaine d'Aulos (1). Une lutte acharnée s'ensuivit et dura une bonne partie du jour ; le sang coula à flots. Les Franks, écrasés et perdus dans un pays étranger pour eux, ne voyaient aucun moyen de sortir de leur situation désespérée. Dans leur perplexité, ils se groupèrent et s'arrêtèrent comme des bestiaux effrayés. Ce fut une journée sanglante et terrible pour eux. Sur ces entrefaites, le général qui commandait les Grecs prit la fuite. Le comte de Poitou, placé sur une montagne voisine dont les infidèles entouraient la base, contemplait la défaite des siens. Quel spectacle ! Les arcs vibraient de tous côtés avec un bruit strident; les chevaux se cabraient effrayés, et les montagnes retentissaient du bruit du combat. A la vue de ses soldats exterminés, le prince frank pleura amèrement. Les infidèles ayant redoublé d'efforts, le comte, acculé sur tous les points, prit la fuite avec 400 cavaliers. Son armée, forte de 300,000 hommes, fut détruite entièrement. Il alla chercher un asile à Antioche, auprès de Tancrède, et de là se rendit à Jérusalem. Il en partit au bout de quelques jours pour le pays des Franks, d'où il était venu. Il jura par un serment solennel de revenir contre les Perses, de tirer vengeance de cet échec et de punir la perfidie de l'empereur des Grecs. Il voyait, en effet, ses soldats traînés captifs par milliers en Perse.

CLXXIV. Cette même année, l'Égypte entière se mit en mouvement, et s'étant réunie en une armée immense, marcha contre Jérusalem. Le roi de la Cité sainte s'avança contre les infidèles avec une poignée de troupes qui furent mises en déroute. Baudouin courut se réfugier à Jérusalem. Ce fut dans cette rencontre que fut tué le comte de Delouk, Guillaume Sandzavel (1). Le roi Baudouin avait d'abord gagné Baalbek, et c'est de là qu'il arriva chez lui ; tandis que les infidèles, fiers de ce triomphe signalé, rentraient à Ascalon, qui leur appartenait (2).

CLXXV. L'année 551 (24 février 1102-23 février 1103) fut marquée par une violente perturbation de la foi religieuse, dont la célébration de la Pâque devint l'occasion. Dix nations chrétiennes tombèrent à ce sujet dans l'erreur, à l'exception des Arméniens et des Syriens, qui maintinrent la véritable tradition. Les Romains et les Franks reçurent la mauvaise semence répandue par l'infâme hérétique Irion, qui établissait l'époque de la Pâque au 5 avril, et faisait coïncider la pleine lune avec la fête de saint Lazare, en fixant cette époque au samedi (1), tandis que pour les Arméniens, les Syriens et les Hébreux, elle tombait au 6 avril. Lui, la fit cadrer avec le dimanche des Rameaux. Ce philosophe Irion, qui était Romain d'origine, avait ainsi faussé l'ordre du comput, parce que, à l'époque où le calendrier fut institué, d'après la forme de la période composée de dix-neuf cycles (2), les autres savants ne l'avaient pas appelé pour concourir à ce travail. Cet oubli lui inspira une extrême animosité contre eux ; il vint, et s'étant saisi furtivement de leurs livres, il fit du 6 un 5, et des premiers nombres les derniers : calcul qui déplace la célébration de la Pâque tous les quatre-vingt-quinze ans. C'est là ce qui produisit l'erreur dans laquelle se trouvent les Grecs et les Romains, à chaque renouvellement de cette période. Tel fut le comput auquel Irion donna cours parmi les Romains, et d'où naquirent de grands débats entre les Grecs et les Arméniens. Les Franks n'avaient aucun souci de disputer avec ces derniers sur ce point de doctrine ; mais il en fut tout autrement des Grecs, qui eurent les plus violentes querelles avec les Arméniens. Les habitants d'Antioche, de la Cilicie et d'Edesse eurent des discussions sans fin à soutenir avec eux à ce sujet, parce que les Grecs s'efforçaient d'imposer aux Arméniens leur calendrier vicieux. Par ces luttes, ils suscitèrent des désagréments à notre nation, sans toutefois réussir à l'ébranler. Les Syriens d'Edesse, cédant à la crainte, embrassèrent le parti des Grecs, et renoncèrent à l'alliance qu'ils avaient formée avec les Arméniens.

Précédemment les Grecs étaient tombés dans une erreur semblable, et les lampes [du saint Sépulcre] ne s'allumèrent pas. Dans cette occasion, les infidèles massacrèrent les pèlerins accourus pour visiter les Saints-Lieux. C'était sous le règne de [l'empereur] Basile, et dans l'année 455. Dans cette troisième partie de notre histoire, les Grecs se montrent pour la seconde fois dans l'aberration sur le même sujet. Les ecclésiastiques d'Edesse en avertirent par une lettre le catholicos d'Arménie, Grégoire, qui habitait la Montagne-Noire, dans le célèbre couvent d'Arek ; et il leur répondit de sa propre main pour les engager à demeurer fermes dans la foi orthodoxe.

Sa lettre était ainsi conçue :

« Aux véritables amis du Christ, à ceux qui professent la croyance en la Sainte-Trinité, aux prêtres, aux grands et à tout le peuple fidèle, salut.

« Que la bénédiction, accompagnée d'une digne affection, découle sur vous, du siège de notre saint Illuminateur. J'ai lu votre lettre où éclate l'amour divin, et qui m'apprend ce que vous désirez; nous avons parfaitement compris toutes les observations qu'elle contient; aussi rendons-nous avec empressement grâces

à Dieu, en vous rappelant les paroles que l'apôtre saint Paul adresse à ses disciples : « Lorsque j'ap-
« prends votre piété et votre foi en notre Seigneur, je
« m'en réjouis en rendant des actions de grâce à Dieu. »
(Ép. à Philémon, v. 4 et 5.) Car c'est Dieu le Verbe lui-même, issu du Père, qui a invité les hommes à glorifier l'éclat de sa grandeur et de sa divinité, lui qui nous a reçus avec clémence, nous, faibles créatures, et qui a accordé la force à ceux qui en étaient dépourvus, afin qu'ils puissent résister aux invisibles suggestions du Tentateur. C'est notre Seigneur Jésus-Christ qui vous donnera le secours et la force en tout, et qui vous accordera la sagesse, lorsque vous vous présenterez devant les savants; obéissant ainsi à ses ordres infaillibles. « N'ayez aucun
« souci, a-t-il dit, de savoir comment ou ce que vous ré-
« pondrez, parcequ'il vous suggérera en ce moment les
« paroles que vous aurez à dire » (S. Luc, XII, 11 et 12);
en effet, il connaît tout par sa grâce, qui est omnisciente, et par sa puissance, dont la pénétration embrasse tout. Et cependant nous péchons contre lui, qui du néant nous a appelés à l'existence, qui nous a relevés et exaltés par ses bienfaits, comme il le fit à l'égard d'Israël, dans les temps anciens. Malgré cela nous péchons sans cesse contre lui, nous et le peuple, tous à la fois, par pensée, par parole, par savoir, par ignorance, pendant cette vie passagère. Néanmoins j'existe par la foi, et ma foi existe. Mais aucun de nous ne pèche contre le roi, contre le chef qui nous gouverne, contre l'armée, contre les généraux, contre nos supérieurs, ni contre le troupeau qu'il conduit. Loin de là, nous sommes soumis à tous, et nous

nous sommes mis à leur service, suivant le précepte de l'Apôtre : « Rendant à chacun ce qui lui est dû, « l'impôt à qui nous devons l'impôt, la crainte à qui « nous devons la crainte, l'honneur à qui nous devons « l'honneur, le titre de César à qui il appartient, et à « Dieu ce qui est à Dieu. » (S. Paul, Ép. aux Romains, XIII, 7 ; S. Matthieu, XX, 21 ; S. Marc, XII, 17 ; S. Luc, XX, 25.) Il ne faut être envers personne comme un débiteur en retard, ni rendre le mal pour le mal. La justice que vous aurez montrée envers les autres, servira de règle pour vous juger, comme s'il s'agissait de gens inférieurs ou vulgaires. D'après ces préceptes, qui ne trompent jamais, ce sont des châtiments au lieu de faveurs que nous méritons. Mais toutefois soyez sans trouble et sans crainte, car le temps du salut approche, et l'avénement du Seigneur n'est pas éloigné. Nous avons un grand nombre de paroles consolantes dites par les Prophètes touchant la vie future, Dieu Notre-Seigneur et les Saints ; elles doivent s'accomplir et s'exécuter, afin que la vérité apparaisse. Certes, je vous prodigue les exhortations, et je vous encourage en vous enseignant la patience, et non comme un pasteur au cœur timide qui ne prend aucune part des peines communes. Je me ferai volontiers votre compagnon dans le trépas, dans toutes les occasions et dans les tourments, quels qu'ils soient. Je ne m'éloigne pas de mon poste, et je ne renie pas mes devoirs, lors même que ce serait une tâche trop pénible pour moi, que celle de vous adresser des discours, de me livrer à des recherches, ou de répondre à des interrogations. Au contraire, nous sommes prêt à donner sur chaque point une solution à tout ce qui nous sera demandé, pourvu que ce soit en temps opportun et convenable; et lors même qu'on nous ferait souffrir des tourments et la violence, nous ne renoncerions point à notre foi, et nous rendrions grâces à nos maîtres. Nous avons été dans la crainte et condamné, et maintenant nous éprouvons un sort pareil de la part des chrétiens. Mais vous, ne vous découragez pas, car Dieu peut tout dans les tentations, et nous en faire sortir en nous les faisant supporter avec patience. Cependant nous devons, autant qu'il est en notre pouvoir, combattre comme de braves soldats du Christ, en défendant avec courage la vérité. Le Seigneur mon Dieu m'est témoin, à moi qui suis continuellement en sa présence, que je ne professe aucune erreur, que je n'ai altéré aucun dogme, que je n'ai pas des sentiments d'arrogance; au contraire, je crois être dans une juste mesure; penser différemment serait le propre des insensés et des ignorants. Éclairé par la grâce de Dieu et la doctrine des saints illuminateurs, nos prédécesseurs, nous suivons le royal et véritable chemin en Jésus-Christ, ne déviant ni vers la droite ni vers la gauche, ne nous écartant pas des préceptes divins, et ne nous levant pas dès l'aurore pour nous livrer à des folies, ne montrant pas un visage hautain et fier comme les Romains et autres, dont il est inutile de rappeler le nom. Si nous dissimulions sous des dehors trompeurs une foi corrompue, pourquoi serions-nous tourmenté comme un coupable, et alors n'aurions-nous pas le repos, tandis que nous sommes plongé dans la tribulation, errant sur mer et sur terre, comme S. Paul le raconte de lui-même à ceux auxquels il adressait ces paroles : « Pourquoi sommes-

« nous sans cesse tourmenté, jeté dans les prisons et
« dans les fers? j'ai combattu les bêtes féroces, j'ai
« souffert au fond des abîmes. » (I Cor. XV, 32).
Dans le cas où mon espérance en vue de Jésus-Christ
serait vaine, je dirais qu'il eût été superflu de supporter les fatigues de ces courses, ces fuites, ces tourments et ces peines, mais surtout si j'avais enduré tout cela pour une croyance condamnable. Il y a quarante ans que j'exerce les fonctions pontificales ; j'ai abandonné la maison paternelle dans un temps de paix pour venir m'établir ici. Certainement moi seul j'ai été abusé, mais cependant je conserve l'espoir en Dieu, et je m'attache au témoignage des Livres-Saints, parce que j'ai une foi orthodoxe et parfaite. Vous qui êtes associés à mon ministère et à ma foi, que ce ne soit pas par faveur ou par respect humain que vous m'honoriez ou que vous me révériez. Ne vendez pas votre Dieu pour une vaine existence, car voici le temps de mériter le titre d'élu et d'obtenir du Christ la couronne. Je suis votre garant devant Jésus-Christ pour vous promettre que celui qui n'entoure pas comme d'un mur le pain sacré, sera couronné avec les saints, et que si quelqu'un préfère la gloire des hommes à celle de Dieu, celui-là sera placé au jour du jugement dernier au nombre de ceux qui n'ont pas confessé le Christ comme Dieu; celui-là doit être exclu de notre Église, et privé de notre bénédiction. Mais ceux qui croiront avec nous, qu'ils soient bénis par les habitants du ciel et par ceux de la terre, par Dieu et par nous, par Dieu qui est glorifié dans l'éternité. Amen! »

En recevant cette lettre, les fidèles d'Édesse furent plus

que jamais confirmés dans la véritable doctrine. A la Pâque, les habitants de Jérusalem allumèrent les lampes du saint Sépulcre par supercherie et en fraude ; et trompant leurs nationaux, se servirent pour ces lampes divines d'un feu supposé. Mais elles prirent feu spontanément à la Pâque des Arméniens, comme en furent témoins tous les chrétiens qui se trouvaient à Jérusalem. Alors les Grecs furent couverts de confusion, parce qu'ils avaient célébré cette fête le dimanche des Rameaux.

CLXXVI. Cette même année, le roi d'Égypte et celui de Damas firent une nouvelle levée de boucliers, et s'avancèrent avec des forces très-considérables contre Jérusalem. Le roi Baudouin se porta à leur rencontre. Les Egyptiens avaient déjà mis les chrétiens en déroute, après une lutte acharnée, lorsque l'on vit débarquer des masses de Franks, qui repoussèrent les infidèles, les mirent en fuite et les taillèrent en pièces, sans faire quartier à aucun (1).

Baudouin étant parti pour retourner à Jérusalem, un musulman d'Acre, Éthiopien de nation, qui se tenait en embuscade sous un arbre, l'atteignit d'un coup de pique dans les côtes. Le meurtrier fut tué sur la place même, mais la blessure du roi resta incurable jusqu'à sa mort. Jérusalem, désolée de ce funeste accident, fut plongée dans le deuil et la tristesse. Ce malheur fut la punition de la fausse célébration de la Pâque. Déjà les Grecs avaient osé donner l'exemple d'une pareille subversion sous le règne de l'empereur Basile, lorsque les lampes ne s'allumèrent pas, et que les infidèles massacrèrent les pèlerins dans l'église de la Résurrection, à l'entrée du saint Sépulcre (2).

CLXXVII. Au commencement de l'année 552 (24 février 1103 - 23 février 1104), un châtiment terrible frappa la ville d'Édesse. Une inondation survint le jeudi de la Petite semaine (1), inondation qui rappela le souvenir du déluge universel. L'air, violemment agité, se condensa dans l'atmosphère ; des bruits accompagnés d'éclats de tonnerre se firent entendre ; toute la face du ciel était bouleversée avec un fracas horrible : quelques personnes pensaient que c'en était fait d'Édesse. A partir de l'aurore, il tomba des torrents de pluie mêlée de grêle. Au lever du soleil, les eaux, se frayant une issue du côté de l'ouest, se développèrent dans toute l'étendue qui va d'une colline à l'autre ; elles se précipitèrent contre le rempart, et l'entr'ouvrant, envahirent toute la ville, dont une partie fut détruite. Un grand nombre de maisons s'écroulèrent, et beaucoup d'animaux périrent. Mais personne ne perdit la vie dans ce désastre si imprévu et si subit, parce qu'il eut lieu de jour, et que chacun put s'échapper.

CLXXVIII. Cette même année, le comte des Franks, Boëmond, fut racheté des mains de Danischmend, au prix de 100,000 tahégans, par l'intermédiaire et grâce à la générosité du grand chef arménien Kôgh'-Vasil (1). C'est lui qui fournit les fonds de cette rançon, tandis que le comte d'Antioche n'y contribua en rien. Vasil réunit tout ce qu'il put d'argent, en employant, pour se le procurer, toutes les ressources et tous les soins imaginables, et fit porter la somme exigée jusqu'aux limites de sa province. Il alla au devant de Boëmond devenu libre, le reçut avec hospitalité dans son palais, le traita avec la plus grande distinction, et lui offrit de magnifiques présents.

Il ne se montra pas moins généreux envers ceux qui avaient amené le comte : les largesses qu'il leur distribua montaient à 10,000 tahégans. Au bout de quelques jours, Boëmond partit pour Antioche, après être devenu, par la consécration de serments solennels, le fils adoptif de Kôgh'-Vasil. Quant à Richard, neveu de Boëmond, Danischmend l'offrit en cadeau à l'empereur Alexis, en retour de sommes considérables que celui-ci lui donna.

CLXXIX. Cette même année, le comte d'Édesse, Baudouin, rassembla des troupes et entreprit une expédition contre les Turks, sur le territoire des musulmans, dans le district de Mardïn. Il les extermina, et fit prisonnier leur émir Oulough'-Salar (1). Il s'empara de leurs femmes et de leurs enfants qu'il rendit esclaves ; il prit aussi des troupeaux de brebis par milliers, environ mille chevaux, et autant de gros bestiaux et de chameaux. Il rentra à Édesse avec ce butin.

CLXXX. Cette même année, le catholicos d'Arménie, le seigneur Basile, étant parti de la ville d'Ani, escorté de tous ses serviteurs, de nobles, d'évêques et de prêtres, se rendit à Édesse. Le comte frank, Baudouin, l'accueillit avec les égards dus à sa haute dignité ecclésiastique, lui donna des villages, le combla de présents et lui témoigna beaucoup d'amitié.

CLXXXI. Cette même année, mourut le catholicos des Agh'ouans, le seigneur Étienne. Alors le catholicos d'Arménie, le seigneur Basile, et les évêques des Agh'ouans tinrent une assemblée, et le frère d'Étienne (1) fut sacré et installé comme son successeur, dans la ville de Kantzag. Mais dans la suite il se montra indigne de ces augustes fonctions : il fut excommunié par le seigneur Basile, puis chassé de son siége et privé de sa dignité. Cette punition lui fut attirée par sa mauvaise vie.

CLXXXII. En l'année 553 (23 février 1104-21 février 1105), le comte d'Édesse Baudouin et Josselin marchèrent contre Khar'an. Ils envoyèrent à Antioche appeler le grand comte des Franks, Boëmond, ainsi que Tancrède. Ils s'adjoignirent toutes les troupes arméniennes, et formèrent une armée très-nombreuse. Arrivés devant Khar'an, ils assiégèrent vigoureusement cette ville ; elle eut cruellement à souffrir du manque de vivres. Pendant ce siége, un Frank fit une chose très-déplaisante à Dieu. Après avoir ouvert un pain et y avoir fait ses ordures, il alla le déposer en face de la porte de la ville. Par malheur, les habitants ayant aperçu ce pain, l'un d'eux se jeta dessus et s'en saisit pour le manger ; mais ayant découvert les saletés qu'il contenait, il fut pris de dégoût. Néanmoins il l'emporta et vint le montrer aux autres. A cette vue, des gens judicieux dirent : « C'est là un péché que Dieu ne laissera pas impuni ; il ne leur accordera pas la victoire, parce qu'ils ont souillé le pain ; profanation sans exemple sur la terre. »

Cependant les Perses marchèrent contre les chrétiens, ayant à leur tête Djekermisch, émir de Mossoul (1), et Soukman, fils d'Artoukh. Les chefs des Franks ayant appris l'approche des infidèles, partirent tout joyeux pour aller à leur rencontre. Ils étaient déjà à deux journées de marche de la ville, à un lieu nommé *Auzoud* (sablonneux). Le comte d'Édesse et Josselin, pleins de présomption, placèrent Boëmond et Tancrède dans un poste éloigné, en se disant : « C'est nous qui attaquerons les premiers, et seuls nous aurons l'honneur de la victoire. » Mais lorsque la lutte se fut engagée entre Baudouin et Josselin d'un côté, et les Turks de l'autre, l'action devint sanglante et terrible : un pays étranger, celui des musulmans, en était le théâtre. Les Perses eurent le dessus et firent tomber sur les chrétiens le châtiment d'un Dieu irrité. Le sang coula à torrents, et les cadavres jonchèrent le sol. Plus de 30,000 chrétiens furent immolés, et la contrée resta dépeuplée. Le comte d'Édesse Baudouin et Josselin furent faits prisonniers, et traînés en captivité. Les deux autres chefs franks, ainsi que leurs troupes, n'éprouvèrent aucun mal. Ils prirent avec eux leurs plus vaillants soldats et coururent chercher un asile à Édesse.

Ce qui affligea surtout les chrétiens d'Édesse, c'est que les habitants de Khar'an, coupant la retraite à ces débris échappés aux mains des infidèles, cernèrent la montagne et la plaine, et massacrèrent tous les fuyards au nombre de dix mille. Ils causèrent plus de mal aux fidèles que les Turks eux-mêmes. Une profonde douleur, les plaintes, la tristesse, les pleurs, tel était le spectacle que présentait Édesse. On n'entendait partout que lamentations et gémissements. Toutes les contrées chrétiennes étaient livrées au désespoir. Le comte Baudouin fut conduit à Mossoul, ville des musulmans, et Josselin à Hisn-Keïfa (Harsenkev) (2), chez Soukman, fils d'Artoukh. Ce fut Djekermisch qui emmena Baudouin.

Cependant Boëmond conçut le projet de retourner

dans le pays des Franks pour aller chercher du renfort, et laissa le gouvernement d'Édesse et d'Antioche à son neveu (fils de sa sœur) Tancrède. Lorsqu'il fut parvenu chez les Franks, il rencontra une dame fort riche, qui avait été mariée à Étienne Pol (Sdéph'an Bôl), comte frank d'une illustre origine, Boëmond ayant habité chez cette dame, elle le retint de force, en lui disant : « Prends-« moi pour ta femme, car j'ai perdu mon mari, et ma terre « ainsi que ma cavalerie qui erre à l'aventure, sont sans « maître. » Mais Boëmond rejeta ces propositions : « Je « suis venu ici, lui répondit-il, lié par un serment solennel, « pour me procurer des troupes, et je désire m'en retourner « promptement, pour porter secours aux débris de l'armée « chrétienne, entourée en ce moment par les infidèles de la « Perse. » Cette femme renouvela ses instances avec une violence extrême, quoique Boëmond lui opposât toujours les mêmes refus. Voyant sa persistance inébranlable, elle le fit charger de chaînes et jeter en prison. Après y avoir demeuré quelques jours, il céda, et l'ayant épousée, il eut d'elle deux fils. Au bout de cinq ans, le grand comte des Franks mourut, sans avoir revu l'Asie (3).

CLXXXIII. Cette même année, Danischmend, grand émir du pays des Romains, et Arménien d'origine, cessa de vivre. C'était un homme bon, bienfaiteur des populations, et très-miséricordieux envers les fidèles. Sa perte fut vivement sentie par les chrétiens qui dépendaient de lui. Il laissa douze fils, dont l'aîné, nommé Gazi (1), lui succéda et se défit secrètement de ses frères.

CLXXXIV. Cette même année mourut Soukman, fils d'Artoukh, qui possédait autrefois la sainte cité de Jérusalem. Artoukh y laissa des traces bien visibles de son passage dans l'église de la Résurrection. Car on y remarque trois flèches qu'il lança au plafond, et qui y sont restées fixées jusqu'à présent. Il finit ses jours à Jérusalem, et fut enterré sur le chemin qui conduit au temple de Salomon. Son fils, Soukman, était un méchant homme, une bête féroce, ardente à verser le sang. Il avait rassemblé des troupes perses et marchait au secours de Tripoli contre les Franks, lorsque la mort le surprit en route. Aussitôt ses soldats se débandèrent et s'en revinrent dans leur pays.

CLXXXV. Cette même année mourut le roi des Perses, Barkiarok, fils de Mélik-Schah, fils d'Alp-Arslan. Il eut pour successeur Daph'ar, qui était né d'une femme kiptchak (Kheph'tchakh), la même qui avait empoisonné le puissant monarque Mélik-Schah, à Bagdad.

CLXXXVI. Cette même année, la ville de Marasch fut perdue pour les Grecs ; le Prince des princes ayant quitté cette ville, la céda à Josselin. Il vendit en outre l'image de la sainte Mère de Dieu, pour une forte somme, au grand chef arménien Thoros, fils de Constantin, fils de R'oupên (1), et partit pour Constantinople.

CLXXXVII. En l'année 554 (23 février 1105-22 février 1106), le saint patriarche Grégoire, nommé aussi Vahram, fils de Grégoire Magistros, fils de Vaçag, et Bahlavouni d'origine, termina sa carrière. Ainsi tomba la colonne de la foi arménienne, le rempart de l'Église de la Nation orientale. C'était un homme qui opérait des miracles parmi les populations, qui brillait par l'éclat de sa vertu, et dont la vie s'écoula dans la pratique des austérités, dans le jeûne et la prière, et dans le chant des psaumes par lesquels il célébrait les louanges de Dieu. Il restaura la foi arménienne. Il s'occupait sans cesse à faire des traductions ; et tout ce qui nous manquait dans l'observance des commandements de Dieu, il le rétablit avec une complète et magnifique régularité. Il s'appliquait tout entier et sans relâche à faire traduire des livres grecs ou syriaques. Il remplit des lumières des Saintes-Lettres l'Église d'Arménie. D'un esprit doux, humble de cœur, il joignait à ces qualités une haute piété et une pratique assidue des préceptes divins. Il avait toute l'aptitude nécessaire pour pourvoir aux besoins du troupeau du Christ, tant il possédait abondamment les grâces célestes. Il ressemblait aux anciens savants d'Arménie, je veux dire Moyse et David (1), car il avait une tête athénienne et une langue de feu, et c'était avec facilité qu'il soulevait le voile de l'ancien et du nouveau Testament. Il ouvrait les sources qui découlent du sein de Dieu, et répandait l'intelligence de l'Esprit-Saint parmi les fidèles qui accouraient pour l'entendre. Il devint le modèle des religieux, les surpassant tous par l'exercice des plus sublimes vertus.

Après avoir siégé pendant quarante ans sur le trône pontifical, il se trouvait au moment de sa mort chez le prince Kôgh'-Vasil, cet illustre guerrier, auprès duquel s'étaient alors groupés les débris de notre armée nationale. Il y avait là aussi un jeune homme nommé Grégoire (2), petit-neveu (fils du fils de la sœur) du seigneur Vahram. Le patriarche Grégoire le désigna, dans une assemblée, pour lui succéder comme catholicos d'Arménie, après la mort du seigneur Basile, et plaça l'exécution de ses volontés sous la sauvegarde de Kôgh'-Vasil, seigneur de K'éçoun et autres lieux. Basile se conforma aux ordres de Grégoire, et, dès ce jour, il prit auprès de lui Grégoire, fils d'Abirad, patriarche désigné. C'est dans le mois de drê, la première semaine du carême de l'été (3), un samedi, que mourut ce saint patriarche. Il fut enterré avec solennité à Garmir-Vank' (Couvent-Rouge), non loin de K'éçoun. Le seigneur Étienne, supérieur de ce couvent, réunit autour de son tombeau des moines et des prêtres, et l'envoya rejoindre la milice des Saints avec les honneurs dus à sa haute position comme patriarche. Vasil et les autres membres de la noblesse arménienne versèrent des larmes amères sur cette perte, et déplorèrent profondément le vide qu'elle allait produire parmi eux. Les Arméniens pleurèrent au souvenir de cet homme de bien et en se rappelant le sort qui les condamnait à vivre déshérités de leur souveraineté nationale, au milieu des peuples étrangers, et à finir leurs jours loin de leur patrie.

CLXXXVIII. Cette année, mourut le thaumaturge éminent, Marc, ermite. Il avait passé soixante-cinq années de sa vie dans la retraite, ne se nourrissant que d'herbages, sans goûter au pain ni à aucun autre aliment. Il possédait l'intuition des Prophètes, et beaucoup de personnes avaient acquis la certitude que tous les jours l'Esprit-Saint se révélait à lui. Il habitait dans la province de Mogk', sur une montagne aride appelée Gonkanag. Il était Syrien de Kharsina (1), d'un lieu voisin du territoire de la ville de Marasch. Par ses prières, il fit jaillir de l'eau en deux endroits différents, dans ce pays. Lorsque les Franks conquirent la sainte cité de Jérusalem, il prédit que les Perses reprendraient le dessus et pénétreraient, le glaive à la main, jusqu'aux bords de la Mer océane, prédiction dont nous avons vu, en effet, l'accomplissement.

[Voici ses paroles :] — « Nous dirons au sujet des prêtres et des peuples, qu'ils se relâcheront de la foi, et que le culte de Dieu cessera parmi eux ; leur croyance s'affaiblira, et les portes de la sainte Église se fermeront. Ils seront aveuglés par leur perversité ; ils oublieront de nouveau les préceptes de l'Évangile. Les péchés et le mal inonderont la surface de la terre, et les fils des hommes seront emportés au milieu du débordement des crimes, comme au milieu des flots de la mer. Toutes les nations fidèles cesseront de pratiquer la justice. »

Ce digne moine fut enterré dans le couvent de Gasdagh'ôn, auprès du château-fort de Vahga', dans la chaîne du Taurus.

CLXXXIX. Cette même année, Djekermisch, émir de Mossoul et de Nisibe, vint, à la tête de forces considérables, camper aux portes d'Edesse, au moment de la moisson. Le général des Franks, Richard, auquel Tancrède avait confié la défense de cette ville, fit imprudemment une sortie à la tête de son infanterie, pour se mesurer avec les milices aguerries de la Perse. Celles-ci, profitant de cette faute, fondirent sur les chrétiens, les rejetèrent tous dans les fossés de la ville, et leur tuèrent quatre cent cinquante hommes. Les infidèles écorchèrent les têtes des cadavres et les emportèrent en

Perse. Ce désastre jeta le désespoir dans Edesse. Chaque famille était dans la désolation, chaque maison retentissait de gémissements. Les campagnes ruisselaient de sang. Après quoi, Djekermisch rentra en triomphe dans son pays.

CXC. Cette même année mourut le comte des Franks, Saint-Gilles, pendant qu'il assiégeait Tripoli. Il laissa la ville extérieure qu'il avait bâtie (1) et ses troupes au fils de sa sœur, Bertrand (2), guerrier illustre. C'est ce Saint-Gilles qui avait emporté la lance du Christ et l'avait donnée à l'empereur Alexis, à Constantinople.

CXCI. Cette même année, la ville d'Ablastha, dans le district de Dchahan (1), eut à souffrir bien des tourments et des calamités de la part des Franks. Elle fut tellement maltraitée, que les habitants résolurent de s'en venger cruellement. Ils se tournèrent du côté des infidèles. Leur ayant envoyé un secret message, et ayant appelé dans leurs murs la cavalerie du district, les Arméniens se liguèrent avec eux et investirent la forteresse. « Va-t'en chez ta nation, dirent-ils au chef des Franks, et que Dieu soit avec toi. » A ces mots, ceux-ci, furieux, s'élancèrent comme des bêtes féroces sur les habitants. Mais ces derniers furent vainqueurs et les massacrèrent tous ; pas un n'échappa. Le Seigneur tint compte aux gens d'Ablastha de ce qu'ils avaient fait, comme d'un acte de justice. Cette journée vit périr environ trois cents hommes, qui expièrent ainsi les maux dont ils avaient accablé les fidèles, car ils avaient ruiné et dépeuplé la contrée. La terre ne portait plus que des ronces et était devenue stérile sous leurs pas. Les vignes et les arbres se séchèrent, les plaines se hérissèrent de chardons, les sources tarirent. Ils détruisirent l'affection et la joie entre amis ; la trahison et la haine s'étendirent partout. Les fidèles, rebutés par les vexations dont ils les rendaient victimes, ne venaient plus avec un concours empressé à l'église. Les portes de la maison du Seigneur se fermèrent ; les lampes qui l'éclairaient s'éteignirent ; les bénédictions de Dieu cessèrent de s'attacher à son temple. Les prêtres furent courbés sous le joug de la plus dure servitude et jetés en prison. Les autels et les baptistères furent abattus et détruits ; les mystères de la Croix disparurent dans l'ombre ; l'odeur de l'encens se perdit ; les louanges de Dieu furent empêchées tout à fait dans le district d'Ablastha. En d'autres endroits les chapelles furent démolies. Les prêtres devinrent un objet de mépris. La controverse religieuse fut abolie, la vérité persécutée, la justice rejetée, la piété proscrite. Le jugement du redoutable tribunal de Dieu fut mis en oubli. Ces maux furent l'ouvrage de la nation enragée des Franks. Car alors les chefs et les guerriers les plus illustres de cette nation n'existaient plus, et leurs principautés avaient passé à des successeurs indignes. Telle est la cause qui porta les Franks à susciter aux fidèles des persécutions et des tourments qui n'avaient au fond d'autre mobile que la cupidité.

CXCII. Cette même année l'église de Sainte-Sophie, à Édesse, s'écroula du côté occidental ; une grande partie de cet édifice tomba.

CXCIII. Cette même année apparut une comète d'un aspect terrible à la fois et merveilleux, et dont l'orbe immense inspira l'effroi. Elle occupait le sud-ouest. Sa queue couvrait une vaste étendue de la voûte céleste. C'était le 13 février au soir, veille de la fête de la Présentation de Notre-Seigneur dans le Temple, qu'elle se leva sur l'horizon. Elle brilla pendant cinquante jours, jetant la consternation dans tous les cœurs, parce que le mouvement de sa queue ressemblait aux ondulations d'un fleuve. Personne n'avait jamais ouï parler d'un phénomène pareil. Les savants et les gens d'expérience assurèrent que c'était l'astre d'un roi, et que cette année il en naîtrait un qui étendrait son empire d'une mer à l'autre, comme Alexandre le Grand de Macédoine (1).

Cette même année, les Arabes sortirent de leur pays, au nombre de trente mille environ, pour venir s'emparer d'Alep et de tout le territoire musulman. Le vaillant champion de Dieu, Tancrède, comte d'Antioche, s'avança contre eux, et les ayant mis en fuite, rentra dans cette ville avec un riche butin (2).

CXCIV. En l'année 555 (23 février 1106-22 février 1107), Djekermisch, émir de Mossoul, fut tué par Djâwali (Dchauli) (1), émir perse, dans une lutte acharnée qui s'était engagée entre eux. Djâwali vainquit Djekermisch, et l'atteignit d'une flèche. Quelques jours après, cette bête féroce expira, laissant sa principauté au sulthan Kilidj-Arslan. Il lui donna aussi Baudouin, comte d'Édesse, qu'il retenait dans les fers. Kilidj-Arslan, sulthan d'Occident, ayant réuni ses troupes, vint prendre possession de Mossoul, de Djéziré, et de toutes les contrées qui appartenaient à Djekermisch.

CXCV. Cette même année, mais antérieurement à ces événements, Kilidj-Arslan était venu avec des forces imposantes assiéger Édesse. Il fit pendant quelques jours de grands efforts pour se rendre maître de cette ville, mais il échoua. Ayant opéré sa retraite, il vint s'emparer de Khar'an. Après avoir soumis tout le pays qui en dépend, il regagna ses États.

CXCVI. En l'année 556 (23 février 1107-22 février 1108), une guerre terrible éclata dans la province de Mossoul, qui est aux musulmans. Kilidj-Arslan et l'émir Djâwali, chacun à la tête de troupes nombreuses, en vinrent aux mains. Il y eut de part et d'autre beaucoup de sang répandu. Mais la victoire se déclara pour Djâwali. Les débris de l'armée du sulthan se sauvèrent à Mélitène. Ce dernier périt dans l'action, et sa mort fut un deuil pour les chrétiens. Car c'était un prince d'une bonté et d'une bienveillance extrêmes. Ses quatre fils se mirent en possession des provinces qu'il avait assignées à chacun d'eux (1).

CXCVII. Cette même année, un corps de douze mille Perses franchit le Taurus et pénétra sur les limites d'Anazarbe, semant la désolation dans tout le pays de Thoros, petit-fils de R'oupên. Après avoir traversé la plaine de Marasch et avoir fait une multitude de captifs, ils parvinrent sur le territoire de Kôgh'-Vasil, à un lieu nommé Pertousd, dans les limites consacrées (1). A la nouvelle de cette invasion, Vasil ayant réuni la légion arménienne, ces soldats intrépides comme des aigles, courageux comme de jeunes lions, coururent à l'ennemi, et après une lutte longue et acharnée, remportèrent une victoire complète. Ayant déconfit les Turks, ils se mirent tous ensemble à les poursuivre, l'épée dans les reins, et en les massacrant. Ils leur enlevèrent quantité de prisonniers, et leur reprirent le butin et les captifs dont ils s'étaient emparés. Vasil s'en revint avec toute la noblesse arménienne, fier et joyeux de ce beau succès, et rentra dans sa ville de K'éçoun. Il rendit des actions de grâces à Dieu, qui avait confondu les ennemis de la Croix.

CXCVIII. Au commencement de l'année 557 (22 février 1108 - 20 février 1109), les Perses rassemblèrent une nouvelle armée, forte de six mille hommes, tous guerriers d'élite, placés sous le commandement de leur sulthan. Ils marchèrent contre Vasil pour tirer vengeance de l'échec qu'il leur avait fait récemment éprouver à Pertousd. Comme des animaux furieux, ils arrivèrent sur le territoire de la ville de Hisn-Mançour, au temps de la moisson et des récoltes. Les ouvriers des champs furent, les uns exterminés, les autres réduits en servitude. Les infidèles s'arrêtèrent auprès de la forteresse de Harthan (1). Kôgh-'Vasil, instruit de leur approche, s'avança contre eux à la tête de cinq cents hommes. Cette poignée de braves Arméniens combattit avec une rare intrépidité. Les nobles s'excitant l'un l'autre, se distinguèrent par les plus brillants faits d'armes. L'un d'eux, Abla-çath (2), chargea à la tête des siens; Pierre, oncle maternel de Kôgh'-Vasil, secondé par ses nobles, se signala par ses prouesses; Vasil, surnommé Dgh'a' (3), noble du côté de sa mère, à la tête d'un détachement, et en compagnie de l'intrépide Dikran (Tigrane), qui descendait de l'une des plus illustres familles d'Arménie, culbuta les ailes de l'armée perse. La vaillante légion arménienne fit des prodiges de valeur, et remporta sur les infidèles une victoire décisive. Elle en fit un horrible massacre, et s'empara de la personne du sulthan d'Arménie (4) et d'une foule d'officiers perses. Kôgh'-Vasil les emmena en esclavage, en les faisant marcher devant lui. Après ce magnifique triomphe, il rentra, chargé de butin, dans sa ville de K'éçoun. Il remit en liberté tous les prisonniers faits par les infidèles, et l'allégresse éclata parmi les chrétiens.

CXCIX. Cette même année, Josselin racheta à Djâwali le comte d'Édesse, Baudouin, pour une somme de 30,000 tahégans (1). Celui-ci et Josselin se rendirent auprès de Vasil, qui les accueillit de la manière la plus honorable et les combla de présents. Baudouin étant parti, réunit un corps de cavalerie à Raban (2), ville qui appartenait à Vasil, dans l'intention de faire la guerre au pieux Tancrède. Baudouin et Josselin commirent une œuvre d'iniquité, et se rendirent coupables au plus haut point devant Dieu. Ils envoyèrent un message à l'émir perse Djâwali, lui persuadèrent de venir à leur aide avec cinq mille cavaliers, et attaquèrent avec acharnement le comte d'Antioche, Tancrède. Cette agression était motivée sur ce que Tancrède, pendant leur captivité, s'était emparé des districts qui leur appartenaient, et refusant de les rendre, voulait que ces deux princes fussent ses vassaux, prétention qu'ils repoussèrent bien loin. Vasil envoya aux deux chefs franks un détachement de huit cents hommes, et un corps de Patzinaces qui étaient à la solde de l'empereur des Grecs, et cantonnés dans la ville de Mecis (Mopsueste). Ces renforts réunis formèrent une armée considérable. Sur ces entrefaites, Tancrède, le champion du Christ, arriva avec un millier de cavaliers et un corps d'infanterie. L'engagement eut lieu sur les limites de Tellbâscher. Baudouin et Tancrède se combattirent l'un l'autre, avec rage et avec une valeur héroïque, tandis que les Perses écrasaient l'infanterie de Tancrède. Cependant celui-ci, tentant un suprême effort, vainquit Baudouin et le mit en fuite; puis fondant avec fureur sur Djâwali et frappant à coups redoublés, il porta la mort dans les rangs de ses soldats. Dans cette journée, deux mille chrétiens restèrent sur la place. Après cette insigne victoire, Tancrède s'en retourna dans sa ville d'Antioche, et Baudouin, fugitif, alla se renfermer dans la forteresse d'Aréventan (3). Josselin se sauva dans sa forteresse de Tellbâscher (4).

Lorsque les habitants d'Édesse connurent cette défaite, ils furent dans la désolation. Ils regrettaient Baudouin qu'ils croyaient mort. Alors ils tinrent, dans l'église de Saint-Jean, une assemblée où se trouvait le Babiòs (archevêque) frank de cette ville, pour se concerter sur le parti qu'il y avait à prendre; car ils craignaient qu'Édesse ne tombât de nouveau entre les mains de Tancrède, qui la remettrait sans doute à Richard. En effet, lorsque ce dernier occupait Édesse, il avait causé la ruine d'une foule de personnes. Dans cette réunion, les habitants inculpèrent vivement l'archevêque. « Que vos hommes, « ajoutèrent-ils, et les nôtres, gardent la forteresse jusqu'à « ce que nous sachions quel est le maître qui doit nous

« gouverner. » Mais le surlendemain arrivèrent Baudouin et Josselin, qui firent leur entrée à Édesse et s'enquirent des propos qui avaient été tenus dans cette assemblée. Ils considérèrent ces propos comme très-dangereux et les interprétèrent dans un sens tout à fait criminel. Ils firent piller les maisons d'un grand nombre d'habitants et crever les yeux à des gens qui n'étaient nullement coupables. Ils infligèrent dans cette occasion de cruels supplices aux chrétiens, car les Franks prêtaient facilement l'oreille aux dénonciations les plus calomnieuses et se plaisaient à répandre le sang innocent. Ils poussèrent la cruauté à un tel excès qu'ils voulurent arracher les yeux à l'archevêque arménien, Etienne. Les habitants, sachant qu'on n'avait rien à lui reprocher, le rachetèrent pour une somme de 1,000 tahégans.

CC. Cette même année, l'hiver fut si rigoureux, que l'intensité du froid fit périr partout beaucoup d'animaux domestiques et d'oiseaux. En Perse, il tomba de la neige noire, phénomène qui fut interprété par les sages de cette nation, comme un présage funeste pour elle.

CCI. Cette même année, il y eut dans la partie de l'Arabie qui se nomme Bosra (1), et qui est la patrie de Job, de grands combats entre les Turks et les Arabes. Ceux-ci se défendirent avec la plus grande bravoure, mirent leurs ennemis complètement en déroute et les taillèrent en pièces. Cependant le général perse recruta de nouvelles troupes et se mit derechef en campagne. Après une lutte où il déploya une valeur extraordinaire, il repoussa les Arabes. Cinquante mille de ces derniers passèrent dans la province d'Alep, afin de chercher à se mettre sous la domination de Tancrède. Ayant demeuré là quelques jours, ils s'en retournèrent chez eux.

CCII. En l'année 558 (22 février 1109 - 21 février 1110), Baudouin, comte d'Edesse, et Josselin, comte de Tellbâscher, se dirigèrent vers Khar'an, afin de ravager le territoire de cette ville. Avec eux se trouvait un noble Arménien qui servait dans l'armée de Vasil, et qui était fils de Dadjad, seigneur de Darôn; il se nommait Ablaçath, et était un des plus valeureux guerriers de son temps. Ayant quitté Vasil, par suite de quelques démêlés, il était venu à Édesse. Arrivés en vue de Khar'an, ceux d'Édesse se mirent à ravager la campagne. Tout à coup quinze cents cavaliers turks fondirent sur eux et leur tuèrent cent cinquante hommes. Les Franks, qui étaient en petit nombre, prirent le parti de s'enfuir vers Édesse, tandis qu'Ablaçath, poussant un cri d'aigle, et donnant ainsi le signal aux siens, se précipitait sur les ennemis qu'il dispersa. Les Franks revinrent à la charge, mais les Turks les forcèrent de reculer. Ils se sauvèrent de nouveau vers Édesse, et quoique rudement menés par les infidèles, ils réussirent à rentrer sains et saufs dans ses murs. Ablaçath, ne s'accommodant pas de la conduite des Franks, s'en retourna auprès de Vasil. Quoique blessé au bras, il ne succomba pas, parce que le fer de son armure avait arrrêté la force du coup.

CCIII. Cette même année, la ville maritime de Tripoli fut prise. Après onze ans de siége, les habitants, fatigués des assauts terribles et du blocus rigoureux qu'ils soutenaient, car Baudouin, roi de Jérusalem, et Bertrand, parent du grand comte de Saint-Gilles, les pressaient vivement, les habitants appelèrent Tancrède, comte d'Antioche, et se donnèrent à lui.

Aussitôt le roi de Jérusalem et Bertrand se mirent en guerre avec Tancrède; en effet, c'étaient eux qui conduisaient les travaux du siége. Le patriarche et les évêques franks intervinrent, et la paix ayant été rétablie, Tancrède reprit le chemin d'Antioche. Cependant le roi de Jérusalem équipa une flotte pour agir contre Tripoli, et ayant investi cette ville par mer et par terre, l'attaqua avec vigueur. Les Franks l'ayant enfin emportée d'assaut, y mirent le feu, en exterminèrent la population, et y répandirent le sang à flots. Ils s'emparèrent de riches trésors, et emmenèrent d'innombrables captifs (1).

CCIV. Au commencement de l'année 559 (22 février 1110 - 21 février 1111), le comte d'Édesse voulut recommencer la guerre contre Tancrède. Baudouin et Josselin, le cœur plein de haine contre ce dernier, conçurent une pensée indigne d'un chrétien. Ils envoyèrent à Mossoul appeler à leur secours le général des Perses, Maudoud (Mamdoud) (1), guerrier intrépide, mais féroce et sanguinaire. Maudoud acquiesça à cette demande avec empressement, et ayant rassemblé tous ses Turks, se mit en marche avec des forces imposantes et parvint sur le territoire de Khar'an. Ayant mandé auprès de lui le comte d'Édesse, celui-ci, effrayé, n'osa pas se rendre à cette invitation. Maudoud, comprenant que le comte l'évitait (2), s'avança contre Édesse. Aussitôt Baudouin chargea Josselin d'aller chercher du renfort, et envoya dire au roi de Jérusalem d'accourir. Celui-ci était alors occupé au siége de Bérouth, ville située sur le bord de la Mer océane. Pendant que ces démarches avaient cours, l'émir Maudoud arrivait avec une armée qui se déploya sur toute l'étendue de la vaste plaine d'Édesse. Il investit de toutes parts la ville et couvrit de ses bataillons la montagne et les collines.

L'Orient tout entier était rangé sous ses drapeaux. Toutes les populations se sauvèrent et quittèrent le pays, qui devint désert, tandis que les assiégés, en butte à des attaques incessantes, étaient consternés. Pendant cent jours, ils furent dans la situation la plus critique et dans des angoisses extrêmes. Déjà accablés par les assauts qu'ils avaient à soutenir, ils commencèrent à souffrir de la famine. L'accès et la sortie de la ville étaient empêchés par la multitude des ennemis qui l'entouraient, et qui massacraient ceux qui tombaient entre leurs mains. Dans la campagne aux environs s'amoncelaient les cadavres ; l'incendie dévorait tout ; pas un édifice ne resta sur pied. Par ce système de dévastation, Maudoud obéissait aux ordres du sulthan, émir de l'Orient (3). Il détruisit les jardins qui étaient en dehors des murs et démolit jusqu'aux fondements les monastères qui s'élevaient sur la montagne. Cette guerre à outrance plongea Edesse dans la désolation.

Quelque temps après, et grâce à la protection de Dieu, Bérouth était enlevée aux musulmans. Les habitants furent passés au fil de l'épée, et les Franks se rassasièrent de butin. Josselin assista à la prise de cette ville et y déploya la plus grande valeur.

De là il partit à la tête de l'armée pour marcher au secours d'Edesse, avec le roi de Jérusalem et Bertrand, comte de Tripoli. Ils allèrent trouver Tancrède à Antioche, et à force d'instances le décidèrent à les accompagner; puis, continuant leur route, ils arrivèrent chez le prince arménien Vasil, lequel donna l'ordre aux siens de s'équiper, et se dirigea vers Samosate. Le chef arménien Abelgh'arib (4), qui possédait la ville de Bir (5), prit part aussi avec ses troupes à cette expédition. Ces forces, réunies en un contingent considérable, parvinrent sur le territoire d'Edesse. A cette nouvelle, le général des Turks, Maudoud, leva le siége et se porta vers Khar'an, tandis que les Franks arrivaient sous les murs d'Edesse, où ils établirent leur camp. Le lendemain, au point du jour, ils se disposèrent au combat. Arborant la sainte Croix de Varak au haut d'une lance, ils la portèrent en tête de leurs bataillons. Sur ces entrefaites, les Turks reculèrent au delà de Khar'an, afin d'attirer les chrétiens par un stratagème, dans un pays inconnu pour eux; en même temps, ils placèrent en embuscade, dans l'intérieur de la ville, un fort détachement. Les généraux franks ayant eu vent de ce piége, retournèrent sur leurs pas et vinrent camper sur le territoire musulman, non loin du château fort de Schênav (6), qu'ils attaquèrent résolument. Tancrède ayant su qu'une trame était ourdie contre les siens par les autres chefs, se retira vers Samosate avec le corps qu'il commandait, et fit halte sur les bords de l'Euphrate. Bientôt toute l'armée franke vint le rejoindre. Les habitants d'Edesse et ceux de la province qui s'étaient renfermés dans la ville, en sortirent tous, jusqu'aux femmes et aux enfants, pour suivre les Franks.

Deux Franks accomplirent dans cette circonstance un acte de prévarication. Ils se rendirent au camp de Maudoud et abjurèrent la foi chrétienne. Ils lui annoncèrent la fuite et la retraite des leurs. Alors Maudoud se mit à leur poursuite; depuis Edesse jusqu'à l'Euphrate, il versa partout le sang, exterminant les populations de la ville et celles de la campagne. Parvenu sur la rive du fleuve, il en fit une boucherie horrible. Les Franks avaient déjà gagné le bord opposé. Les fidèles accourus, aussi nombreux que des troupeaux de brebis, passèrent sous le tranchant du glaive. Maudoud fit tomber sur eux le châtiment de la vengeance céleste avec une telle rigueur, que l'Euphrate ne roula que des flots de sang. Beaucoup se noyèrent dans ses eaux. Ceux qui s'y précipitaient à la nage et s'efforçaient d'atteindre l'autre rive ne purent y parvenir. Un nombre plus considérable encore se jetaient dans les bateaux. Cinq ou six de ces embarcations sombrèrent pleines de monde, car chacun voulait y trouver place. Ce jour vit saccager et dépeupler toute la province d'Edesse. C'était le désastre que les anciens prophètes avaient consigné dans leurs livres : « Malheur, s'étaient-ils écriés, « malheur à la nation d'Abgar ! » Les Franks qui stationnaient sur la rive occidentale contemplaient ces scènes douloureuses sans pouvoir les empêcher, et versaient des larmes amères. Après ce succès signalé, Maudoud s'en retourna à Khar'an, et de là dans son pays, avec des masses de captifs et un butin incalculable.

Cependant, le sulthan, grand émir de l'Orient, s'étant emparé de l'émir Balag (7), le fit charger de chaînes et renfermer dans la forteresse d'Aïdziats, au pays de Darôn. Les Franks s'en revinrent, la honte dans le cœur, parce qu'au lieu de sauver les fidèles, ils avaient causé leur ruine. Le vaillant champion du Christ, Tancrède, ayant réuni des troupes, vint dans la province d'Alep attaquer la place forte d'Athareb (Théreb) (8). Après un siége prolongé pendant quelque temps, il s'en rendit maître, mais il épargna la garnison.

CCV. Cette même année, les Turks envahirent le territoire d'Anazarbe, et le ravagèrent dans tous les sens, ainsi que celui de Maraba. Le grand chef arménien Thoros, fils de Constantin, fils de R'oupên, se tint sur la défensive en présence des forces supérieures des Perses, et ne se risqua pas à aller les combattre. Les Turks, traînant après eux d'innombrables captifs et chargés de butin, s'en retournèrent chez eux, après avoir dévasté la contrée de fond en comble.

Cette même année, un phénomène terrible eut lieu en Arménie, dans la province de Vasbouragan. Un jour, pendant l'hiver, au milieu des ténèbres de la nuit, un feu éclata du plus haut de la voûte céleste, qui s'entr'ouvrit en lançant des tourbillons de flamme. Ce feu frappa la mer de Vasbouragan (1), dont les flots retentirent de violents mugissements ; il atteignit aussi le littoral, et la terre et l'onde, agitées avec violence, tremblèrent. La mer prit une couleur de sang, et la flamme enveloppa toute la surface de l'abîme. A l'aurore on aperçut des masses de poissons morts, accumulées sur le rivage comme des piles de bois. Elles répandirent au loin l'infection. La terre, dans le voisinage, s'entr'ouvrit en crevasses d'une profondeur effrayante.

CCVI. En l'année 560 (22 février 1111-21 février 1112), Maudoud tenta une nouvelle invasion à la tête d'une armée formidable de Turks. Il vint attaquer la forteresse de Thelgouran (1); la garnison, réduite à l'extrémité, se rendit. Il s'y trouvait quarante Franks que Maudoud fit passer au fil de l'épée. Il se rendit maître aussi de Kaudêthil (2). Après quoi il vint à Schênav, auprès de Mani (Mni), émir arabe. De là il se dirigea dans la province d'Edesse, vers la forteresse de Dchoulman (3), où des renforts considérables lui furent amenés par le grand émir Ahmed-Yel (Ahmadil) (4), par Soukman, émir de l'Orient (5), et le fils de Boursoukh (Poursoukh) (6). Tous ensemble marchèrent contre Edesse. Après avoir passé là quelques jours, ils se rendirent à Seroudj, et ayant franchi le grand fleuve Euphrate, ils parvinrent devant la forteresse de Tellbâscher. Il y avait en ce moment dans ses murs le comte frank, l'intrépide Josselin. Les Turks, qui étaient en nombre immense, incommodèrent beaucoup les assiégés par leurs assauts répétés, mais ils échouèrent. L'émir perse Ahmed-Yel, qui depuis longtemps avait entendu vanter la bravoure de Josselin, se lia d'amitié avec lui, et ils devinrent frères. De là, Maudoud, se dirigeant avec toutes les troupes perses vers Antioche, s'arrêta dans le lieu nommé Schéïzar (Schêzar) (7). Aussitôt Tancrède réunit autour de lui tous les Franks. Il fut rejoint par le roi de Jérusalem, Baudouin, par Bertrand, comte de Tripoli, et Baudouin, comte d'Edesse. Les infidèles et les chrétiens se rencontrèrent à Schéïzar, mais ils n'en vinrent pas aux mains ; Maudoud se retira furtivement dans son pays, et les Franks rentrèrent chez eux en paix.

A cette époque, Soukman, émir de l'Orient, mourut subitement en chemin, trépas qu'il méritait bien, et dont le Seigneur le frappa pour le punir d'avoir porté si souvent la ruine et le massacre dans la province d'Edesse (8).

CCVII. Cette même année, Dieu vengea l'effusion du sang innocent par le châtiment qu'il infligea aux meurtriers de Kakig Schahenschah, fils d'Aschod, le Bagratide, en se servant du bras du valeureux prince arménien Thoros, fils de Constantin, fils de R'oupên. Du temps de Thoros, les assassins de Kakig, roi d'Arménie, habitaient la forteresse de Guentrôsgavis. Ce château, entouré de formidables défenses, élevait fièrement ses murs inexpugnables de tous côtés. Les trois fils de Mandalê étaient encore vivants. L'un d'eux s'était allié à Thoros, et par suite de la parenté qui existait entre eux, ceux-ci lui avaient promis de lui livrer la forteresse ; car elle était située sur les limites des États de Thoros, dans le voisinage de la contrée nommée Tzeguen-Dchour (Rivière du poisson), où est une montagne faisant face à la Cappadoce. Thoros partit avec un faible détachement pour aller leur faire une visite d'amitié. Parvenu sur leur territoire, il fit annoncer son arrivée. Alors un des meurtriers s'étant muni de présents, vint trouver le prince arménien, par lequel il fut accueilli parfaitement. Il lui offrit un couteau de prix et un riche costume, et tous deux s'assirent pour manger ensemble. Thoros lui dit :
« Maintenez-vous la promesse que vous m'avez faite au
« sujet de la forteresse ? Livrez-la-moi, et en retour vous
« choisirez tel lieu qui vous conviendra dans toute l'étendue

« de mes domaines. » Mais l'autre, démentant ce qui avait été convenu précédemment, lui dit : « Nous ne pouvons pas « céder cette forteresse, parce que c'est un héritage venu « de nos pères, et la demeure de notre famille. » Thoros voyant qu'il avait été trompé, lui rendit les présents qu'il avait reçus et ajouta avec colère : « Va, pars, reviens- « t'en chez toi, et dès ce moment soyez en garde contre « moi. » Le déicide (1) s'en retourna, tandis que Thoros faisait semblant devant lui de prendre le chemin de sa résidence. Dès que le meurtrier eut disparu aux regards, Thoros revint sur ses pas avec ses troupes, et pendant la nuit, s'approcha jusque sous les murs de la forteresse. Il plaça en embuscade ses fantassins et s'éloigna dans la campagne avec ses cavaliers, afin d'y faire une incursion. Au lever de l'aurore, les soldats de la garnison sortirent tous à la fois et se trouvèrent en face des gens apostés par Thoros. Aussitôt ils prirent la fuite, et ceux-ci les poursuivirent en gravissant la colline abrupte que domine la forteresse. À cette vue, les fuyards fermèrent la porte, tandis que les soldats de Thoros en barricadaient l'entrée par dehors. En même temps, commençant l'attaque, ils mirent le feu à la toiture, qui s'enflamma rapidement. Témoins de l'incendie, ceux de l'intérieur ayant ouvert une issue qui donnait d'un autre côté, sortirent et se mirent à courir. Aussitôt ceux de Thoros s'emparèrent de la forteresse, et firent prisonniers les fuyards. Ils vinrent raconter ce succès à Thoros, qui en fut tout surpris, et qui, plein de joie, fit son entrée dans le fort. Le trésor fut le premier objet que cherchèrent les vainqueurs, car tout l'or et l'argent du pays y avaient été mis en dépôt et entassés. Thoros

dit aux fils de Mandalé : « Remettez-moi l'épée et les
« vêtements de Kakig, roi d'Arménie. » Ceux-ci lui
obéirent. A la vue de ces objets, Thoros et les siens fondirent
en larmes. Ensuite il leur dit de lui indiquer leur trésor,
et comme ils s'y refusaient obstinément, il ordonna de les
appliquer à la torture. Un des trois frères ayant supplié
les officiers de Thoros de le conduire dans un endroit
escarpé, afin qu'il pût verser de l'eau, profita de cette
occasion pour se précipiter du haut du rocher, et fut
écrasé du coup. Thoros ayant commandé de torturer l'un
des deux qui restaient, celui-ci lui dit avec impudence :
« Toi, tu es Arménien, et nous, nous sommes des seigneurs
« romains : quelle réponse vas-tu donner à notre souverain
« pour avoir maltraité un Romain ? » Ces paroles rendirent
Thoros furieux, et sa figure changea de couleur. Saisissant
un bâton qui servait de massue, il en frappa le Grec avec
la rage d'un animal furieux. « Qui êtes-vous, lui criait-il,
« qui êtes-vous, vous autres qui avez assassiné un héros, le
« roi d'Arménie, consacré par l'onction sainte, et que
« répondrez-vous à la nation arménienne ? » Et il continua
de l'assommer, en lui arrachant des gémissements, jusqu'à
ce qu'il l'eût fait périr de cette mort douloureuse. Thoros
rendit grâces à Dieu de ce que sa justice n'avait pas laissé
impuni le meurtre de Kakig, car Thoros descendait de ce
monarque par son grand-père R'oupên. Il enleva tout
ce que les fils de Mandalé possédaient de richesses,
leurs trésors, qui étaient considérables, des étoffes de
brocart, des croix en argent d'une très-grande dimen-
sion et des statues coulées en or et en argent. Il emporta ce riche butin au château de Vahga', emmenant

avec lui celui des trois frères qui avait survécu, et après avoir confié à ses troupes la garde de la forteresse qui venait de tomber en son pouvoir.

CCVIII. En l'année 561 (22 février 1112 - 20 février 1113), Maudoud, cette bête féroce, ce buveur de sang, ayant fait une nouvelle levée de troupes, marcha contre Edesse, dans un moment où l'on était loin de l'attendre. Il parut tout à coup devant cette ville, le lendemain de Pâques, jour de la fête des Morts, au commencement du mois de sahmi (1). Il arriva devant Goubïn, et de là aux portes d'Edesse, avec toutes ses forces. Étant resté en cet endroit huit jours, il se rendit sur le sommet de la montagne de Saçoun, d'où il descendit en se dirigeant vers les Saints-Martyrs, non loin du rempart. Le victorieux champion du Christ, le comte Josselin, à la tête de 300 cavaliers et de 100 fantassins, se porta vers Seroudj, où il entra. Aussitôt les Turks, au nombre de 1,500 cavaliers, firent une diversion vers cette ville, le samedi d'Élie (2). Josselin tomba sur eux, les battit, fit cinq de leurs chefs prisonniers, et leur enleva tous leurs bagages. Les infidèles qui échappèrent à cette défaite coururent auprès de Maudoud, vers Édesse. Celui-ci, en apprenant cette nouvelle, s'avança contre Josselin, à Seroudj; mais Josselin, en étant parti furtivement, regagna Edesse. Maudoud ayant demeuré sept jours à Seroudj, revint sur Edesse. Quelques traîtres, accourus à lui, lui dirent en route : « Fais-nous miséricorde, et nous livrerons aujour-« d'hui notre ville entre tes mains ». Il consentit avec joie à cette proposition. Comme ces gens-là souffraient beaucoup de la disette, dans l'état de détresse où ils se trouvaient, ils ne surent pas ce qu'ils faisaient. Ayant conduit pendant la nuit Maudoud et cinq hommes (3) avec lui, ils leur livrèrent la populeuse cité d'Edesse. Ils leur remirent une tour qui domine la ville du côté de l'est, et cent hommes en prirent possession ; puis ils s'emparèrent de deux autres tours, où ils s'établirent en plus grand nombre. Mais Dieu, qui ne veut pas la perte des fidèles, avait conduit auparavant Josselin au secours d'Edesse, la cité bénie. Ce brave champion de Dieu, instruit de cette surprise, s'adjoignit le comte d'Edesse, Baudouin, et, à la tête des Franks, vola au rempart pour combattre les Turks. Il attaqua la tour avec tant de vigueur et d'intrépidité, qu'il précipita tous les infidèles du haut des murailles. Ce fut ainsi que périrent à la fois et les traîtres qui avaient livré la tour, et les ennemis qui s'y étaient installés. En ce jour, Edesse fut délivrée des Turks par la bravoure de Josselin et des troupes de la ville. Ce prince, la colère dans le cœur, et excité par des délations calomnieuses, fit couler beaucoup de sang innocent parmi les habitants, ordonnant de les massacrer, de les brûler ou de leur infliger les plus cruels supplices. Cette injuste rigueur fut odieuse aux yeux du Seigneur. Maudoud, ayant levé le siége, vint s'emparer de Thelmouzen (4); de là il se rendit dans le Khoraçan, couvert de honte et d'opprobre.

CCIX. Cette même année, le comte d'Antioche, Tancrède, ayant rassemblé des troupes, marcha contre le prince arménien Kôgh'-Vasil. Il attaqua Raban, et après de vigoureux assauts, lui enleva cette ville. De là, il s'avança sur K'éçoun, et s'arrêta à l'extrémité de la plaine de Nerkiag, à Thil. Vasil, de son côté, réunit 5,000 hommes. Quelques jours s'écoulèrent sans qu'ils en vinssent aux mains ; après quoi ils firent la paix, et Raban fut rendue à Tancrède par Vasil, qui avait pris aux Franks le district de Hisn-Mançour, ainsi que Thourer (1) et Ourenn (2). Tancrède s'en revint tranquillement chez lui, à Antioche.

CCX. Cette même année, le 24 du mois d'arek (samedi 12 octobre), mourut le grand prince Kôgh'-Vasil. Cette perte occasionna un deuil universel dans notre nation. Auprès de lui s'étaient réunis les débris de l'armée arménienne, les troupes des Bagratides et des Bahlavounis ; à sa cour résidaient les princes du sang royal et la noblesse militaire d'Arménie, où ils vivaient en paix, et avec les honneurs dus à leur rang. Le siège du patriarcat avait été transféré dans ses États, dont il avait reculé au loin les limites par sa valeur. Les moines, les évêques, les pères et les docteurs s'étaient rasssemblés auprès de lui, et ils y passaient leur vie, parfaitement traités. Après sa mort, ce prince fut enterré à Garmir-Vank'. Son père spirituel et son confesseur était le seigneur Basile, catholicos d'Arménie. Pour prix de la sépulture qui fut accordée à Vasil, le couvent reçut mille tahégans. Cent cinquante, ou même plus, furent consacrés à des messes. Il y eut des repas sans fin pour les pauvres. Tancrède reçut en cadeau une foule d'objets précieux, qui lui furent apportés de la maison de Vasil, beaucoup d'argent, des étoffes de brocart, des chevaux et des mulets. Le diadème de l'épouse de Vasil fut envoyé à la femme de Tancrède. Les autres chefs de provinces obtinrent aussi une grande quantité de présents.

Les pauvres eurent également une bonne part de ces largesses. La principauté de Vasil fut donnée à Vasil-Dgh'a', *comme à un fils dans le sein de son père* (1). C'était un jeune homme de bonne mine, à face de lion, habile, bonne tête, un fier et vaillant guerrier. Il avait vingt-cinq ans. On le fit asseoir sur le trône de Vasil, et toute l'armée se soumit à lui, gagnée par la générosité et la munificence dont il donnait publiquement des marques à ses amis. Le seigneur Basile, ayant réuni une assemblée générale, lui remit les rênes du gouvernement. Ce choix fit éclater l'allégresse parmi la nation arménienne.

CCXI. Cette même année, le 18 du mois de maréri (jeudi 5 décembre), périt empoisonné le plus grand de tous les fidèles, Tancrède, comte d'Antioche (1). C'était un homme pieux et saint, d'un caractère bienveillant et plein de charité; il avait sans cesse l'attention tournée à faire le bien des chrétiens; il se montrait plein d'humilité envers tous et ne condamnait à la peine capitale que d'après les lois de Dieu. Il mourut à Antioche et fut inhumé dans la principale église de cette ville, à Saint-Pierre, dont les fondements avaient été posés jadis par les apôtres saint Pierre et saint Paul. Conformément aux volontés de Tancrède, on lui donna pour successeur le fils de sa sœur, Roger (R'ôdjèr) (2), qui était un intrépide guerrier. Le patriarche et les chefs franks l'ayant installé sur le trône, le mirent en possession de la principauté d'Antioche.

Cette année, deux chefs qui faisaient partie de l'armée de Vasil, le grand Dikran (Tigrane) et Ablaçath, furent tués par les Turks, dans le pays de Léon (Lévon), petit-fils de R'oupên (3).

CCXII. En l'année 562 (24 février 1113-20 février 1114).

l'émir Maudoud, général des Perses, ce scélérat sanguinaire, s'avança à la tête de troupes innombrables contre les Franks; il arriva à Khar'an, ville des musulmans. En ce moment, Baudouin, comte d'Édesse, se trouvait avec les siens, dans la ville de Tellbâscher. Quelques Franks, gens pernicieux et habitués à ruminer le mal, rapportèrent au comte des propos inventés par la méchanceté et la perfidie, et lui dirent qu'une foule d'habitants s'étaient concertés pour livrer Edesse aux Turks; le comte ajouta foi à ces délations et écouta les paroles de ces langues menteuses. Un mauvais dessein émana de sa pensée; il envoya immédiatement le comte de Seroudj, Payen (Baïên), à Édesse, avec l'ordre d'en faire sortir les habitants, de manière à ce qu'il n'y en restât pas un seul. Cette nation, à l'aspect hideux, résolut de les chasser ce jour même, l'épée à la main, et de les massacrer. Les Franks s'empressèrent ainsi de répandre le sang innocent, d'immoler des gens qui n'avaient commis volontairement aucune faute; mais cette nation au cœur pervers regardait toutes les autres comme capables de mal.

Le 20 du mois de sahmi, un dimanche, à l'heure du repas [midi], une horrible calamité tomba sur Édesse : le père méconnut son fils, le fils renia son père; les plaintes, les lamentations et les gémissements éclataient partout; chaque maison, plongée dans le deuil, le chagrin et le désespoir, retentissait de cris. Ils expulsèrent les habitants de leurs foyers, les chassèrent hors de la ville, et ordonnèrent de brûler ceux que l'on trouverait renfermés dans les maisons; il n'en resta pas un seul, à l'exception de quatre-vingts hommes, qui se réfugièrent vers le soir dans l'église de Saint-Thoros, et qui furent placés dans la citadelle, sous la garde de soldats. Ce fut un jour terrible pour Édesse. Chacun de ceux qui en furent témoins déplorait le sort de cette ville. Il n'y eut pas d'atrocités que les Franks ne commissent. Alors s'accomplit la parole des anciens prophètes, qui avaient dit : « Mal« heur au peuple d'Abgar ! » Ces infortunés proscrits se retirèrent à Samosate ; et Édesse, cette illustre capitale, resta déserte ; elle devint comme une pauvre veuve, celle qui auparavant était la mère de tous, qui groupait autour d'elle les populations dispersées des autres pays et ceux aussi qui accoururent avec la Croix au-devant des Franks, lorsque ces derniers vinrent à eux en mendiants. Et maintenant, pour prix des bienfaits qu'Édesse leur avait prodigués, ils l'ont accablée des plus indignes traitements et ont fait le malheur des fidèles.

CCXIII. A cette époque, les Turks qui stationnaient à Khar'an, ayant franchi l'Euphrate, se portèrent en nombre immense contre Jérusalem, pour attaquer le roi de la Cité sainte et toute la race des Franks. Baudouin, en apprenant cette nouvelle aggression de Maudoud, et son arrivée aux portes de Jérusalem, eut honte de la trahison dont il s'était rendu coupable envers les habitants d'Edesse. Il écrivit pour donner l'ordre de les y faire rentrer, et au bout de trois jours, chacun d'eux revit ses foyers.

Les infidèles campèrent auprès de la ville de Tibériade (Dabar), non loin de la mer de ce nom. Le roi de Jérusalem envoya chercher à Antioche le grand comte des Franks,

Roger, toutes les troupes frankes ainsi que le comte de Tripoli, fils de Saint-Gilles (1), qui tous répondirent à cet appel. Cependant, les troupes de Jérusalem, enflées d'orgueil, se hâtèrent de marcher contre les Turks, afin de prévenir l'arrivée de celles d'Antioche et de leur enlever l'honneur de la victoire. Dieu, offensé de cette pensée présomptueuse, la fit tourner à leur confusion. Les deux armées en étant venues aux mains, les Turks culbutèrent les chrétiens, les mirent en fuite et leur tuèrent plusieurs chefs d'un haut rang. Toute l'infanterie franke fut exterminée. Un infidèle, qui était un des plus braves, fondant sur le roi de Jérusalem, lui asséna sur les épaules un coup de sa massue de fer. Mais Dieu veillait sur le roi et le sauva; car dans ce moment survinrent ceux d'Antioche et de Tripoli. A la vue des Franks ainsi maltraités, le comte d'Antioche, Roger, rugissant comme un lion, se précipita sur les Turks, les mit en fuite et dégagea le roi de Jérusalem et son armée. De là, les infidèles allèrent camper sur un des flancs de la montagne, et le combat prit fin. Après s'être arrêté quelques jours, Maudoud se retira à Damas, tandis que les divers corps franks reprenaient chacun la route de leurs villes respectives (2).

Pendant son séjour à Damas, Maudoud conçut la pensée de faire périr Togh'tékïn, émir de cette ville, dans l'intention de s'en emparer. Cette trahison étant parvenue aux oreilles de l'émir, il tira de prison un condamné à mort, Perse de nation, lui promit sa grâce et des honneurs, s'il voulait tuer Maudoud, et lui donna en même temps cinq cents tahégans. Au moment où Maudoud sortait de la mosquée, où il était allé faire sa prière, et qu'il était debout au milieu du portique, auprès d'une colonne rouge, le Perse s'approcha, et, lui plongeant tout à coup son couteau dans le flanc gauche, lui donna la mort. Telle fut la fin de cette bête féroce, altérée de sang. Le meurtrier fut impitoyablement massacré sur le lieu même ; et les troupes de Maudoud, se débandant, s'en retournèrent en Perse (3).

CCXIV. Cette même année, dans le mois de drê, un jeudi (1), mourut le catholicos d'Arménie, le seigneur Basile, par un accident qui fut l'œuvre du démon. Monté sur la terrasse de sa maison, dans le village de Vartahéri, situé non loin et sur les confins de Béhesni (2), il était là en prières avec ses disciples, des prêtres et des évêques, lorsque tout à coup la maison s'écroula. Personne n'éprouva de mal, si ce n'est Basile, qui se heurta et se brisa le côté contre la muraille. Il survécut trois jours à cette blessure. Il se fit transporter à son couvent de Schougr (3) ; et, avant de rendre le dernier soupir, il donna lui-même le trône et le voile du patriarcat à Grégoire, fils d'Abirad, qui était le fils de la sœur du seigneur Vahram (4). Basile fut enterré à Schougr avec une pompe solennelle, et déposé dans le tombeau des patriarches.

CCXV. Cette même année, le seigneur Grégoire, fils d'Abirad, fut élevé sur le siége d'Arménie. Il descendait de Grégoire Magistros, fils de Vaçag, le Bahlavouni. Après que Basile fut mort, des évêques et des pères tinrent une assemblée à Garmir-Vank', sur les limites de la province de K'éçoun ; et, par la volonté de l'Esprit-Saint, ils consacrèrent le seigneur Grégoire, d'abord évêque de la nation arménienne, et ensuite, le même jour, catholicos, et le placèrent sur le trône de saint Grégoire. Il était tout jeune, car la barbe n'avait pas encore commencé à lui pousser ; il était haut de taille, beau de visage et humble de caractère.

CCXVI. En l'année 563 de l'ère arménienne (21 février 1114 - 20 février 1115), le sulthan des Perses, Daph'ar, fils de Mélik-Schah, rassembla une armée et en confia le commandement au grand émir Boursouky (Poursoukh) (1). Celui-ci, ayant pris avec lui le fils du sulthan encore enfant (2), marcha contre Édesse, à la tête de forces imposantes. Le 24 du mois de sahmi, un vendredi (3), il arriva sous les murs de cette ville, et ne cessa de l'attaquer vivement pendant trente jours. De là, il atteignit l'Euphrate et ravagea tout le pays qui longe ses bords ; puis il se porta contre la ville de Bir, située sur l'Euphrate. Toutes les troupes frankes du côté occidental de ce fleuve se réunirent, mais n'osèrent pas se mesurer avec lui. Boursouky revint vers Édesse et de là vers Nisibe, ville des musulmans. L'émir Ilgazi (Khazi) et Balag, ayant joint leurs troupes, lui livrèrent un rude combat, le vainquirent et le mirent en fuite. Ils firent prisonnier le fils du sulthan ; mais plus tard ils le relâchèrent.

CCXVII. Cette même année, Dieu fit éclater sa colère contre ses créatures. Dans sa toute-puissance et son courroux, il jeta ses regards sur elles. Il était irrité contre les fils des hommes qui s'étaient égarés, en s'écartant du droit sentier, d'après cette parole du Prophète : « Il n'y a
« dans ce temps-ci personne, ni prince, ni prophète, ni

« chef qui pratique la justice ; il n'y en a pas un seul. » (Jérémie, XXXII, 32.) Ce fut ainsi que tous suivirent avec entraînement la route de la perversité, qu'ils prirent en haine les commandements et les préceptes de Dieu; princes, guerriers, hommes du peuple, chefs, prêtres, moines, aucun ne resta ferme dans la bonne voie. Tous s'abandonnèrent aux penchants corporels, aux voluptés mondaines, choses que le Seigneur considère comme le plus haut degré du péché. On vit alors se réaliser cette menace du Prophète : « Voici, il regarde la terre et la « fait trembler ; Dieu ayant jeté un regard courroucé sur « ses créatures, elles n'ont pu s'empêcher d'être abattues « par la terreur de ses prodiges. » (Psaume CIII, 32.) C'est précisément ce qui eut lieu ; car le 12 du mois de maréri, un dimanche, jour de la fête de l'Invention de la Croix (1), un phénomène terrible éclata, signe de colère tel que jamais de mémoire d'homme un pareil n'était survenu dans les siècles passés, ou dans le nôtre, tel que ne fut jamais aucun de ceux dont l'Écriture fait mention. Tandis que nous étions plongés dans un profond sommeil, tout à coup on entendit un bruit horrible, dont l'univers entier retentit. Un tremblement de terre se fit sentir ; les plaines et les montagnes furent soulevées avec fracas ; les rochers les plus durs se fendirent et les collines s'entr'ouvrirent. Les montagnes et les collines, ébranlées avec violence, retentissaient, et, comme des animaux vivants, s'agitaient en rendant un souffle. Ce fracas arrivait aux oreilles, comme la voix de la multitude dans un camp. Semblables à une mer bouleversée, les créatures se ruaient de tous côtés, éperdues de la terreur que leur inspirait la colère du Seigneur ; car les plaines et les montagnes résonnaient avec la sonorité du bronze et s'agitaient en tous sens comme les arbres tourmentés par le vent. Les gémissements des populations s'échappaient en sourdes rumeurs, comme les plaintes d'un homme depuis longtemps malade. La frayeur les faisait courir à leur perte. La terre était comme un fugitif réduit aux abois et tremblant ; consternée comme un condamné qui pousse des lamentations et des gémissements accompagnés de larmes. Sa voix se fit entendre encore après le tremblement de terre, pendant une heure environ, cette même nuit. Dans ce désastre, chacun crut que c'en était fait de sa vie. Tous s'écriaient : « C'est « notre dernière heure ! c'est le jour du jugement dernier ! » Ce jour-là formait, en effet, une date déterminée et caractéristique ; c'était un dimanche, il était marqué par le sixième ton de la musique arménienne (2), et, de plus, la lune était sur son déclin. Il réunissait ainsi tous les signes du dernier jour. Chacun était plongé dans le désespoir, comme s'il eût été déjà mort. Cette nuit vit la ruine de beaucoup de villes et de provinces ; mais ce fut uniquement dans les pays occupés par les Franks ; dans les autres et dans ceux des infidèles, rien de fâcheux n'arriva. A Samosate, à Hisn-Mançour, à K'éçoun, à Raban, le fléau exerça ses ravages. A Marasch, il fut terrible, et quarante mille personnes perdirent la vie ; car c'était une cité très-populeuse, et personne n'échappa. Il en fut de même dans la ville de Sis, où il périt une multitude innombrable d'habitants. Beaucoup de villages et de couvents furent détruits, et une multitude d'hommes et de femmes, écrasés. Dans la célèbre Montagne-Noire, au couvent des Basiliens, se trouvaient rassemblés, pour la bénédiction de l'église, de saints moines et docteurs arméniens. Tandis qu'ils étaient à célébrer l'office divin, l'édifice tomba sur eux, et trente moines ainsi que deux docteurs furent engloutis sous les décombres, et leurs corps sont restés enfouis jusqu'à présent. Pareil accident se reproduisit auprès de Marasch; le grand couvent des Jésuéens ('Içouans) (3) écrasa sous ses ruines tous les religieux. Lorsque les secousses cessèrent, il commença à tomber de la neige, et le pays fut enseveli sous ses couches épaisses. L'illustre docteur arménien Grégoire, surnommé Maschguévor (4), périt dans le même lieu. Ce fut ainsi que des accidents multipliés et d'effroyables malheurs frappèrent les fidèles, en punition de leurs péchés : car ils avaient abandonné le véritable sentier des préceptes divins et s'étaient jetés avec ardeur dans la voie de l'erreur, s'écartant des règles tracées par les Livres-Saints et agissant en insensés. Comme les hommes, au temps de Noé, uniquement occupés à manger et à boire jusqu'au jour de leur perte, si bien méritée par leurs actions coupables; ceux-ci continuèrent à se livrer à la joie jusqu'au moment où ils furent atteints par le Seigneur, qui détruisit ces ouvriers d'iniquité, parce qu'ils commettaient des crimes énormes.

CCXVIII. Cette année, mourut le saint docteur Mégh'rig (1), homme éminent, religieux admirable. Il avait vécu dans la solitude et dans l'accomplissement des devoirs les plus rigoureux, pendant cinquante ans. Il en avait soixante-dix quand il termina sa carrière. Ses jours s'étaient écoulés dans l'abstinence et la pratique continuelle des austérités. Il ne se nourrissait que d'aliments secs. Par ses mœurs et sa piété, il fut l'égal des saints des âges antiques. Pendant toute sa vie il passa le dimanche se tenant debout, en prière. Il était Arménien de naissance, originaire de la province de Vasbouragan, d'un gros village appelé Analiour. S'étant voué dès l'enfance à la vie monastique, il acquit promptement une grande renommée et s'éleva à une haute perfection. Il devint un exemple pour beaucoup de chrétiens et le confesseur de toute l'Arménie. Il rappelait les peuples à la voie lumineuse et les offrait régénérés par la pénitence, à l'adoption du Père céleste. Il expira dans les sentiments d'une foi parfaite, et fut enterré dans la province d'Anazarbe, au grand couvent de Trazarg (2), qui avait été restauré par l'illustre prince Thoros.

CCXIX. Dans l'année 564 (21 février 1115 - 20 février 1116), un phénomène terrible eut lieu à Amid, ville des musulmans, attiré par le débordement des crimes atroces et infâmes de cette nation. Le feu du ciel tomba tout à coup, pendant la nuit, sur la principale mosquée. Ce feu avait une intensité telle, et s'enflamma si vivement, qu'il dévora avec rage les pierres des murs comme du bois. Les habitants accoururent, mais sans pouvoir maîtriser cet incendie inextinguible. Au contraire, il s'amoncelait de plus en plus et s'élevait jusqu'aux cieux. Il consuma et ruina entièrement la maison de prière des musulmans, ce lieu immonde de leurs réunions. Voilà ce qui se passa dans la ville d'Amid, jadis bâtie par Tigrane Ier (Dikran), roi d'Arménie.

CCXX. Cette même année, le général des Perses, l'émir Boursoukh, ayant de nouveau rassemblé des troupes, arriva devant Edesse. Après avoir fait une halte de quelques jours, il traversa l'Euphrate et se rendit à Alep. De là, il vint s'emparer de Schéïzar sur les musulmans. Puis il voulut saccager Tellbâscher et la province d'Antioche. Aussitôt les Franks de toutes nations se réunirent à Antioche, auprès du comte Roger. Le roi de Jérusalem et Baudouin, comte d'Edesse, accoururent aussi et se rencontrèrent dans le district de Schéïzar. En même temps arriva au camp des Franks le puissant émir perse, Ilgazi, fils d'Artoukh, qui vint avec des forces considérables trouver Roger ; car Ilgazi était l'ennemi juré de Boursoukh (1). On vit aussi arriver l'émir de Damas, Togh'tékïn. Ils se joignirent aux Franks et contractèrent avec eux une alliance et une amitié cimentées par un serment solennel. De même, l'émir d'Alep (2) se rallia aux Franks. L'armée des infidèles et celle des chrétiens restèrent en présence pendant quatre mois, sans que les Turks osassent en venir aux mains. Après quoi Boursoukh se retira furtivement et à l'insu des Franks. Ayant appris sa retraite précipitée, le roi de Jérusalem, le comte de Tripoli, l'émir Ilgazi, Togh'tékïn et l'émir d'Alep, s'en retournèrent. Boursoukh, instruit du départ des Franks, marcha vers Antioche, dans l'intention de ravager le territoire de cette ville. A cette nouvelle, le comte d'Edesse revint à Antioche, et ayant emmené avec lui Roger et 700 cavaliers, s'avança contre Boursoukh, dans le district d'Alep. L'ayant surpris, il fondit sur lui, remporta une victoire complète et le mit en fuite. Les Franks firent prisonniers des officiers distingués et enlevèrent un butin considérable, que leur fournit le pillage du camp des Turks. Échappés à cette défaite, les infidèles se sauvèrent honteusement.

CCXXI. Cette même année, le comte d'Édesse, Baudouin, entreprit de faire la guerre à Vasil Dgh'a', le grand prince arménien.

CCXXII. Baudouin vint assiéger la place forte de Raban. Il continua ses attaques pendant un temps assez long, sans en venir à bout, quoiqu'il la tînt étroitement bloquée.

CCXXIII. Vasil Dgh'a' s'étant rendu auprès du grand prince arménien Léon (1), fils de Constantin, fils de R'oupên, et frère de Thoros, pour épouser sa fille, ce dernier invita Vasil à venir le trouver, s'empara traîtreusement de sa personne et le conduisit à Édesse, auprès de Baudouin, comte de cette ville. Baudouin fit torturer cruellement cet illustre guerrier, lui arracha la cession de ses États, et enleva ainsi tout ce pays à la domination arménienne. Vasil se retira auprès de Léon, son beau-père, et de là s'en vint à Constantinople, où il fut accueilli très-honorablement, ainsi que les troupes qui l'accompagnaient, par l'empereur.

CCXXIV. En l'année 566 (20 février 1117-19 février 1118), le comte Baudouin Du Bourg, ayant rassemblé des troupes et s'étant associé le comte de Seroudj, marcha avec lui contre le chef arménien Abelgh'arib, frère de Ligos et fils de Vaçag. Ces deux frères avaient conquis sur les Perses, par la vigueur de leur bras, un grand nombre de lieux, et entre autres la ville de Bir, qu'ils restaurèrent pour en faire leur résidence; car c'étaient d'intrépides et illustres guerriers. Ils comptaient mille hommes sous leurs ordres. Le comte ayant porté ses regards sur la province qui leur appartenait, l'envie prit violemment empire sur son cœur; il ne put résister à ce sentiment criminel et vint, à la tête de ses troupes, attaquer Bir. Il avait plus de haine contre les chrétiens que contre les Turks. Il tint pendant un an Abelgh'arib assiégé avec une rigueur extrême et en lui faisant endurer des souffrances de tout genre. Dans cette situation critique, Abelgh'arib, voyant qu'il n'y avait plus d'espoir pour lui, livra Bir et tout le district à Baudouin, et se retira auprès de Thoros, petit-fils de R'oupên, à Anazarbe. Le comte céda Bir et le territoire qui en dépend à Waléran (Kalaran) (1), prince frank. Il sévit successivement contre les divers chefs arméniens et les renversa tous, se montrant plus impitoyable envers eux que les Perses eux-mêmes. Il persécuta ces chefs, restes échappés à la férocité des Turks; il les proscrivit avec une barbarie inouïe. Il détruisit la principauté de Kôgh'-Vasil, et força tous les nobles attachés au service de celui-ci à chercher un refuge à Constantinople. Il ruina également le brave chef arménien Pakrad (2), qui résidait à l'orient de la Cilicie, non loin de Gouris, et le dépouilla de ses États. Il abattit aussi Constantin, seigneur de Gargar', lequel mourut misérablement dans les fers, renfermé dans la forteresse de Samosate. La nuit du tremblement de terre, on le trouva sur les bords de l'Euphrate, précipité de haut en bas et cloué à un chapiteau de colonne, comme il l'avait été dans sa prison. Ce fut dans cette position et par cette chute qu'il périt. Boëmond, de son côté, avait chassé le Prince des princes (3), qui gouvernait pour les

Romains la ville de Marasch. Une foule d'autres grands personnages, recommandables à divers titres, finirent leur vie en prison, dans les tortures ou dans les fers. Plusieurs eurent les yeux crevés, les mains ou le nez coupés, les parties génitales tranchées, ou expirèrent attachés à une croix; ils sévissaient contre les enfants innocents, en haine de leurs parents. Ces supplices multipliés et indicibles n'avaient d'autre motif que le désir cupide de s'emparer des trésors que possédaient ces Arméniens. C'est ainsi que par les plus iniques et les plus affreux moyens ils désolèrent ces contrées. C'était là leur occupation de chaque instant; ils n'avaient autre chose dans l'esprit que la méchanceté et la fraude; ils aimaient toutes les œuvres de mal, n'ayant aucun souci de faire le bien ou une noble action. Nous aurions voulu énumérer leurs nombreux forfaits, mais nous n'avons pas osé le faire, parce que nous étions placé sous leur autorité.

CCXXV. En l'année 567 (20 février 1118 - 19 février 1119), Baudouin Du Bourg, comte d'Édesse, se rendit en triomphateur à Jérusalem, un des jours du carême (1). Le roi de la Cité sainte, Baudouin, frère de Godefroy, s'était dirigé vers l'Égypte afin de ranger ces barbares sous son obéissance; mais il trouva tout le pays désert et les populations en fuite. Alors il se remit en route pour retourner directement à Jérusalem; dans le trajet il tomba malade et mourut. Avant d'expirer, il avait recommandé d'envoyer à Édesse chercher Baudouin et de l'établir lieutenant-général du royaume de Jérusalem, jusqu'à ce que son frère [Eustache] fût arrivé de chez les Franks, et de donner la couronne à ce dernier. Le corps du roi fut placé dans une litière et transporté à Jérusalem, où il fut inhumé devant le saint Golgotha. C'était un homme de bien, ami de la sainteté et humble de cœur. Ceux qui l'avaient accompagné dans cette expédition ayant trouvé Baudouin Du Bourg à Jérusalem, furent tout étonnés et en même temps ravis de joie, par la pensée que sa présence était un effet de la bonté divine. D'après les dernières dispositions du roi, ils lui conférèrent la régence. Mais Baudouin, qui ambitionnait le rang suprême, n'accepta pas ces fonctions. Il promit cependant d'attendre un an, en stipulant que si passé ce délai le frère du roi n'était pas de retour, il serait libre de monter sur le trône. Toute la nation des Franks s'empressa d'adhérer à ces conditions. Le dimanche des Rameaux (2), le comte d'Édesse fut conduit au temple de Salomon et élevé sur le trône, et à la fin de l'année, on lui posa la couronne sur la tête. Ce prince était un des Franks les plus illustres par son rang et sa valeur, d'une pureté de mœurs exemplaire, ennemi du péché et rempli de douceur et de modestie; mais ces qualités étaient ternies par une avidité ingénieuse à s'emparer des richesses d'autrui et à les accumuler, par un amour insatiable de l'argent et un défaut de générosité; du reste très-orthodoxe dans sa foi, très-ferme dans sa conduite et par caractère. Voilà donc deux rois qui sortirent d'Édesse et qui se nommaient l'un et l'autre Baudouin.

CCXXVI. Cette année fut signalée par la mort du sulthan de Perse, Daph'ar, fils de Mélik-Schah. C'était un prince cruel à l'excès; car, dans ses derniers moments, il fit une chose horrible et inouïe jusqu'alors. Lorsqu'il sentit approcher sa fin, songeant à l'intérêt de ses fils, il ordonna d'appeler dans son palais sa femme Kohar-khathoun (1), qui était fille de l'émir Ismaël, et de l'égorger en cachette des troupes, en sa présence, afin qu'elle ne pût se remarier et frustrer ses enfants de la couronne et de l'héritage qu'il leur laissait. Car il descendait de puissants monarques, et possédait une armée considérable. Il avait rassemblé, d'entre toutes les nations, quatre cents jeunes filles qui se tenaient devant lui debout, parées des plus beaux atours, de pierres précieuses et de perles enchâssées dans de l'or d'Arabie, ayant un diadème sur le front, les cheveux tressés et entremêlés d'or ; elles brillaient par leur magnifique parure, que rehaussait l'éclat de couleurs variées. Son but, en faisant périr sous ses yeux la grande reine, était d'éviter qu'elle épousât son frère (2), qui régnait avec le titre de sulthan dans l'intérieur de la Perse, dans les villes d'Ozkend et de Ghizna, à trois mois de marche plus avant dans le royaume qu'Ispahan (Asbahan). Après cette exécution, Daph'ar fit asseoir sur le trône son fils aîné Mahmoud, et lui remit le gouvernement de la Perse. Il établit son fils cadet Mélik (3) en qualité de sulthan dans la ville arménienne de Kantzag et lui laissa l'empire de l'Orient. Il avait encore deux autres fils, mais aucun de Kohar-khathoun.

Cette même année mourut le khalife des Perses (Arabes) (4), qui occupait le trône de Mahomet (Mahmêd) à Bagdad.

CCXXVII. Cette même année le grand comte des Franks, Roger, seigneur d'Antioche, ayant levé des troupes, vint attaquer Azaz, ville qui appartenait aux musulmans et située non loin d'Alep. Le prince arménien Léon, fils de Constantin, fils de R'oupên, se joignit avec ses forces à cette expédition. Roger tint Azaz assiégée pendant trente jours, empêchant les Turks d'introduire des renforts dans la place. Après quoi il céda aux Arméniens le soin de l'attaque. Il appela Léon et lui dit : « Demain tu mar-« cheras au combat, afin d'éprouver un peu la valeur « des Arméniens. » Léon ayant donné l'ordre à ses soldats qui étaient dans le camp de se grouper autour de lui, ce brave champion du Christ les exhorta l'un après l'autre à se bien comporter. Le lendemain, les Turks s'ébranlèrent pour attaquer les Franks, et Léon ayant commandé aux siens de s'armer, aussitôt, au signal qu'il donna, ils se précipitèrent sur les infidèles. Léon, poussant des cris comme un lion, les culbuta et les poursuivit l'épée dans les reins jusqu'aux portes de la ville, les massacrant et leur enlevant des prisonniers. Dès lors, les ennemis ne tentèrent plus de sortie. Léon s'acquit une réputation de bravoure dans cette journée, et son nom devint l'objet des éloges universels parmi les Franks. Dès ce moment Roger se prit d'affection pour les troupes arméniennes. Par ses assauts réitérés, il força Azaz à se rendre. Mais il usa de clémence envers les habitants, et loin de leur faire aucun mal, il les laissa se retirer tranquillement. Une ardente inimitié naquit entre Ilgazi et Roger, qui étaient auparavant intimes, et ils devinrent irréconciliables, parce qu'Alep et Azaz appartenaient à Ilgazi. Cet émir turk frémissait de rage dans son cœur.

CCXXVIII. Au commencement de l'année 568 (20 février 1119-19 février 1120), Ilgazi rassembla une armée formidable; et comme il était considéré à cette époque comme le chef suprême des musulmans, tous vinrent à lui avec un concours empressé. Il marcha contre Roger, à la tête de 80,000 hommes. Ce fut avec ces forces imposantes qu'il arriva sous les murs d'Edesse. Il s'arrêta là quatre jours (1) sans rien entreprendre contre cette ville. Puis il se dirigea vers l'Euphrate, qu'il traversa. Il marchait, pareil à un coursier qu'un galop long et rapide met hors d'haleine. Il saccagea un grand nombre de lieux; car aucune des provinces occupées par les Franks n'était prémunie contre cette subite invasion. Il s'empara de forteresses, de villages, de couvents, massacrant les populations, jusqu'aux vieillards et aux enfants. Parvenu à Bezah, il fit halte. Cependant Roger, dans l'orgueil de sa puissance, n'avait songé à faire aucun préparatif de défense; plein de confiance en lui-même, il se souvenait de la fierté de la race de laquelle il descendait, et méprisait profondément les Turks. Il négligea les précautions que réclamait la prudence en cette occasion. Sans s'être entouré de troupes suffisantes, sans avoir appelé les Franks ses alliés, il partit, plein de présomption, à la rencontre des infidèles. Il avait sous ses ordres 600 (2) cavaliers franks, 500 cavaliers arméniens, et 400 fantassins; il était suivi en outre de 10,000 hommes, tourbe recrutée parmi toute espèce de gens. Les Turks avaient recouru à tous les moyens possibles pour s'assurer la victoire, et avaient disposé quantité d'embuscades.

Le territoire de la ville d'Athareb fut le théâtre de la lutte terrible qui s'engagea entre les deux armées. La multitude des Perses enveloppa les chrétiens qui se virent cernés de tous côtés sans issue pour s'échapper. Presque tous furent passés au fil de l'épée, et le grand comte des Franks, Roger, avec eux. Quelques-uns à peine parvinrent à se sauver. A partir de l'Euphrate jusqu'à l'Océan, les Turks étendirent partout leurs ravages, répandirent le sang et firent une foule de captifs. L'armée chrétienne avait été anéantie. Ce désastre eut lieu le 6 du mois de k'agh'ots, le samedi du carnaval qui précède la Transfiguration (3). Le roi de Jérusalem Baudouin se rendit à Antioche, et ayant réuni le reste des troupes frankes, marcha contre les Turks. Le 25 du mois d'arats, c'est-à-dire le 16 août (4), un nouveau combat fut livré dans le même lieu que le précédent. Les chrétiens immolèrent nombre de Turks, puis les deux armées prirent la fuite, chacune de son côté, sans avoir eu l'une ou l'autre l'avantage ou le dessous, car chaque parti avait éprouvé beaucoup de pertes. Celles des infidèles s'élevèrent à 5,000 hommes. Ce ne fut pas seulement le fer qui fit tant de victimes, mais aussi la chaleur; elle fut meurtrière, surtout pour le roi de Jérusalem. Les Franks se retirèrent dans leurs provinces, et le roi Baudouin rentra dans la Cité sainte (5).

Cette année mourut l'empereur Alexis (6), prince vertueux et sage, intrépide à la guerre, miséricordieux pour tous les fidèles, excepté pour notre nation qu'il haïssait profondément. Il se rendit illustre, il est vrai, mais il viola les commandements de Dieu; car il ordonnait de conférer une seconde fois le baptême, réprouvant avec mépris ce sacrement tel qu'il a été institué par le concile de Nicée, et propageant la foi du concile de Chalcédoine. Il faisait sans remords rebaptiser les Arméniens, et sans redouter l'Esprit-Saint qui a fondé avec éclat cet auguste sacrement. Il mit en oubli la prescription de l'apôtre saint Pierre, qui a dit : «Baptiser une seconde « fois celui qui l'a été déjà, c'est crucifier de nouveau le « Fils de Dieu et débuter par une œuvre de mort (7). » Cette année, le fils et successeur d'Alexis, Jean Porphyrogénète (Berph'éroujên), monta sur le trône; prince remarquable par son courage militaire, par sa clémence et sa mansuétude. Il se déclara également contre les Arméniens, et exigea, avec encore plus de rigueur que son père, l'obligation du second baptême, rejetant le baptême spirituel pour y substituer un sacrement imparfait.

CCXXIX. Cette même année, le roi de Jérusalem, Baudouin, donna Tellbâscher et Edesse au comte Josselin, et le renvoya dans cette dernière ville (1). A l'époque de la mort de Tancrède, il avait arraché Josselin de sa maison et de ses domaines; et, après l'avoir ainsi dépouillé, il l'avait jeté dans un cachot, où il infligea à ce noble guerrier les tortures de la faim et les plus mauvais traitements. Puis, l'en ayant retiré avec violence, et le traitant comme un homme souillé de crimes, il le chassa et le contraignit à aller servir dans les pays étrangers. Le roi précédent de Jérusalem, appelant auprès de lui Josselin, l'avait reçu avec une haute distinction; il lui avait cédé la ville de Tibériade, avec le territoire qui en dépend. Là,

Josselin résista victorieusement aux ennemis de la Croix. Lorsque Baudouin mourut et qu'il fut remplacé sur le trône par Baudouin Du Bourg, celui-ci fit revenir Josselin à Edesse, en le chargeant d'opposer une barrière aux invasions des Perses. C'était, en effet, un chef renommé parmi les Franks pour sa brillante valeur. Josselin reprit des sentiments de bienveillance et d'humanité pour les habitants d'Édesse, et abjura les sentiments de cruauté qu'il avait montrés auparavant. Baudouin Du Bourg régna sur Antioche, sur la Cilicie entière, sur Jérusalem et ses possessions s'étendaient jusqu'aux confins de l'Égypte.

CCXXX. Vers le commencement de l'année 569 (20 février 1120 – 18 février 1121), l'émir Ilgazi rassembla de nouveau et équipa ses bataillons, qui comptaient 130,000 hommes. Il marcha contre les Franks et se porta avec rapidité sous les murs d'Édesse. Les plaines environnantes furent couvertes de ses soldats. Il campa quatre jours devant cette ville, pendant lesquels il ravagea toute la campagne. De là, il vint passer par Seroudj et fit traverser à la dérobée l'Euphrate à une grande partie de ses troupes. Depuis Tellbâscher jusqu'à K'éçoun, il fit prisonniers les hommes et les femmes, les massacra impitoyablement, et fit brûler et rôtir les enfants avec une barbarie sans exemple et en nombre incalculable. Après avoir franchi l'Euphrate avec des forces considérables, il extermina les populations d'une foule de villages ; les prêtres et les moines périrent par le fer ou le feu. Le comte Josselin, qui se trouvait en ce moment sur le territoire de la ville forte de Raban, courut à K'éçoun et à Béhesni, et convoqua ses troupes. A l'aurore, s'étant mis à la poursuite des Turks, il fondit sur eux et en tua un millier. Ilgazi se retira et vint camper dans le voisinage d'Azaz. Sur ces entrefaites, le roi de Jérusalem, à la tête de tous les Franks, se porta vers Azaz, à la rencontre des Turks. Josselin arrivé à Antioche vint grossir l'armée du roi. Les infidèles et les chrétiens restèrent plusieurs jours en présence, sans engager de combat. Alors Ilgazi opéra sa retraite et vint dans la partie du territoire de Mélitène que l'on nomme Garmian (1). Le roi rentra à Jérusalem et Josselin à Édesse (2).

CCXXXI. En l'année 570 (19 février 1121 - 18 février 1122), un émir de la contrée de Kantzag, nommé Gazi, homme sanguinaire, effronté, pervers et assassin, lequel était voisin des Géorgiens, ami et vassal de leur souverain, conçut un mauvais dessein. Ayant recruté 30,000 Turks, il pénétra sur le territoire géorgien et traîna en captivité une partie des habitants arrachés à leurs foyers; puis il vint asseoir son camp dans le pays de sa résidence. En apprenant cette aggression, David (Tavith), roi de Géorgie (1), envoya ses troupes pour châtier les Turks. Celles-ci étant parties à la dérobée, tombèrent sur eux et exterminèrent ces 30,000 hommes; elles s'emparèrent de leurs femmes, de leurs enfants, de troupeaux de brebis et de moutons, et s'en retournèrent chargées d'un immense butin. Les Turks qui avaient échappé au glaive des Géorgiens, accablés par ce revers, déchirèrent leurs vêtements et répandirent de la poussière sur leurs têtes. Vêtus de deuil et le front découvert, ils allèrent à Kantzag porter leurs doléances à leur sulthan, Mélik, fils de Daph'ar, et implorer, en fondant en larmes, sa pitié dans leur malheur. D'autres se rendirent chez les Arabes, dans la contrée de Garmian, auprès de l'émir Ilgazi, et lui racontèrent, en pleurant amèrement, ce désastre. Celui-ci, dans sa puissance et son orgueil, ordonna de lever une armée considérable et d'appeler tous les Turks, depuis la contrée des Grecs, jusqu'à l'Orient, ainsi que dans le pays de Garmian. Il fit le dénombrement de ses soldats, dont le chiffre était de 150,000. Il envoya dans les contrées du Midi, chez les Arabes, mander le roi de cette nation, Sadaka (Sagh'a), fils de Doubaïs (2), qui arriva à la tête de 10,000 hommes. Ce prince était un valeureux guerrier; il avait saccagé la ville de Bagdad, et trois fois combattu avec succès Daph'ar, sulthan des Perses. Il était Rafédhite (Ravadi) d'origine, blasphémateur de Mahomet et de sa religion (4). Il avait planté ses tentes au milieu de l'Éthiopie et de l'Inde. Il vint alors et épousa la fille de l'émir Ilgazi. Cette année, ce dernier arriva à Kantzag avec des forces considérables, en se dirigeant vers la Géorgie.

CCXXXII. En même temps, Mélik, sulthan de Kantzag, à la tête de 400,000, cavaliers aguerris, pénétra en Géorgie du côté de la ville de Deph'khis (Tiflis), par la montagne de Tégor (1). Le roi de Géorgie, David, fils de Bagrat (Pakarad), fils de Giorgi (Korki), instruit de l'approche des Turks, s'avança avec un corps de 40,000 guerriers intrépides. Il avait en outre sous ses drapeaux 15,000 hommes d'élite que lui avait donnés le roi des Kiptchaks (Kaph'tchakhs) (2); 5,000 que lui avaient fournis les Alans (3) et une centaine de Franks. Ce fut le 15 août, le jeudi de la semaine du jeûne observé pour la fête de la Mère de Dieu (4), qu'eut lieu la bataille. Elle fut terrible ; les deux montagnes entre lesquelles elle fut livrée retentissaient du choc des combattants. Mais le Seigneur vint au secours des Géorgiens ; et leurs héroïques efforts réussirent à mettre les Turks en déroute. Le carnage fut horrible, les cadavres comblèrent les fleuves et les vallées et s'accumulèrent jusqu'à la crête des montagnes, qui disparut cachée sous cet amas de corps. Les Turks laissèrent 400,000 hommes sur la place ; 30,000 furent faits prisonniers ; les chevaux et les armes des morts couvraient au loin la surface des plaines. Pendant huit jours, les Kiptchaks et les Géorgiens poursuivirent l'ennemi jusque sur les limites de la ville d'Ani. Le sulthan perse Mélik et Ilgazi regagnèrent ignominieusement leurs États. Les infidèles qui parvinrent à se sauver, mais avec beaucoup de peine, ne dépassaient pas 20,000, faible reste de cette innombrable armée.

Cette même année, David enleva Deph'khis aux Perses, et y répandit des flots de sang. Il fit enfiler et empaler l'un sur l'autre 500 hommes, qui expirèrent dans cet affreux supplice.

CCXXXIII. Cette même année, au mois d'août, la foudre éclata et brûla la principale mosquée de Bagdad, édifice construit sur un plan magnifique par le sulthan Thogrul, frère d'Alp-Arslan, lorsqu'il conquit la Perse. Ce prince avait guerroyé pendant vingt ans contre les Perses avant de les réduire sous le joug et de se rendre maître de leur empire. A cette époque, étant venu à Bagdad, il fit élever cette maison de prière pour les Turks, afin de leur éviter d'entrer dans celle des Arabes. Ce fut ainsi que le feu du ciel dévora la mosquée des Turks, le lieu immonde de leurs réunions.

CCXXXIV. En l'année 571 (19 février 1122-18 février 1123), Ilgazi, général des Perses, rassembla des troupes et marcha contre les Franks. Il se porta d'abord vers Alep, de là il vint camper à Schéïzar, ville des musulmans. Baudouin, roi de Jérusalem accourut, et Josselin, comte d'Édesse, vint se joindre à lui. Ayant réuni leurs forces, ils allèrent camper en présence de l'armée turke. Mais tout l'été s'écoula sans qu'il y eût d'engagement, quoique les deux partis fussent face à face. Au mois de septembre, ils se retirèrent, et chacun des chefs s'en revint. L'émir Ilgazi rentra dans Alep, et l'émir Balag, fils de sa sœur (1), qui était un valeureux guerrier, partit secrètement pour se rendre dans son district de Hantzith. Josselin et Waléran ayant eu avis de son départ, coururent sur ses traces, à la tête de 100 cavaliers, et l'atteignirent sur le territoire d'Edesse, au village de Daph'thil. Balag stationnait avec 800 cavaliers dans un endroit où coulait une rivière et que des marais environnaient de toutes parts, et s'était retranché dans cette forte position. Les Franks, comme des inconsidérés et des fous, s'élancèrent sur les Turks ; mais ils ne purent franchir les ravins profonds qui les protégeaient. Balag leur tint tête avec tous les siens. Les infidèles, à coup de flèches, blessèrent les chevaux des Franks, qui furent mis en fuite. Ils firent prisonniers Josselin et Waléran, et taillèrent en pièces tous les chrétiens. Les deux comtes, chargés de chaînes, furent conduits à Kharpert et jetés en prison. Vingt-cinq de leurs compagnons furent emmenés à Palou (2). Ce désastre fut un deuil pour les fidèles, qu'il plongea dans la consternation. Il eut lieu le 13 septembre.

A cette époque mourut le grand émir Ilgazi, fils d'Artoukh, laissant ses États au fils de sa sœur, l'émir Balag, ainsi que le soin de sa maison et de ses enfants, Soliman et Timour-Tasch (Dêmour-Dasch) (3). Son corps fut transporté dans une litière d'Alep à Khar'an, et de là à sa ville de Meïafarékïn, où il fut enterré. Balag se trouva ainsi maître d'un grand nombre de contrées.

CCXXXV. En l'année 572 (19 février 1123 - 18 février 1124), le roi de Jérusalem, Baudouin, réunit des troupes pour attaquer Balag et venger les deux comtes Josselin et Waléran, que celui-ci retenait dans les fers. Le roi arriva avec toutes les forces frankes à Raban, tandis que Balag était déjà sur les limites de cette province, où il était venu piller et enlever des captifs. Les deux armées ignoraient la présence l'une de l'autre. Baudouin étant venu avec un faible détachement à Schendchê-Kanthara (Pont de Schendchê) (1), traversa le fleuve sur ce pont et choisit pour camper un lieu nommé Schendchrig. Balag, avec des forces considérables, était posté non loin de là en embuscade. Lorsque l'on eut planté la tente du roi, il voulut se donner le plaisir de la chasse au faucon. Tout à coup Balag se précipita avec les siens sur les chrétiens, en fit un massacre épouvantable et s'empara du roi ainsi que du fils de sa sœur. Cet événement arriva dans le mois de hor'i (2), le quatrième jour après Pâques. Balag conduisit aux portes de Gargar' Baudouin, qui lui fit cession de cette ville. De là le roi fut traîné avec son neveu à Kharpert, où, après avoir été chargés de chaînes, ils furent jetés dans un profond cachot où gémissaient déjà Josselin et Waléran.

CCXXXVI. Cette même année, cinq mois plus tard, il se passa un fait admirable, mais qui occasionna de grands malheurs. Quinze hommes s'étant associés, partirent de la place forte de Béhesni, méditant une entreprise héroïque; ils accomplirent une action immortelle. S'étant rendus dans le district de Hantzith, ils se mirent en observation devant la forteresse de Kharpert, où étaient renfermés le roi de Jérusalem, Josselin et Waléran. S'étant aperçus que la garnison était peu nombreuse et qu'elle ne se tenait pas sur ses gardes, ils s'approchèrent de la porte, vêtus d'habits misérables et sous l'apparence de gens en querelle. Ils se ménagèrent des intelligences avec un homme de l'intérieur. Au bout d'un peu de temps, ils s'élancèrent dans la forteresse et cherchèrent à se faire jour jusqu'à la prison. Les soldats qu'ils rencontrèrent à l'entrée furent égorgés ; puis, fermant la porte, ils parvinrent, en poussant de grands cris, jusqu'à celle du fort où étaient détenus le roi de Jérusalem, Josselin et Waléran, ainsi que d'autres chefs, et brisèrent leurs fers avec des transports d'allégresse. Ils rendirent aussi la liberté à une foule de guerriers et à différentes personnes, hommes ou femmes. Quelques habitants du pays s'étaient introduits dans la prison pour aider les libérateurs. Le roi et ses compagnons d'infortune, dégagés de leurs chaînes, s'emparèrent de la forteresse et de toute la maison de

Balag (1). En apprenant ce qui venait d'arriver, les infidèles qui stationnaient dans la contrée la quittèrent en s'enfuyant. Une nuit, à l'aurore du quatrième jour de la semaine (mercredi), Josselin étant parti secrètement avec une escorte de fantassins, se rendit à K'éçoun et de là à Antioche, afin de rassembler des troupes et de porter secours au roi et à ses compagnons de captivité. A cette époque, le général des Franks était le comte Geoffroy (Djoph'rè) (2), guerrier intrépide, et le croyant le plus fervent qu'il y eût. Il défendait par la vigueur de son bras, contre les Turks, les provinces qui formaient le domaine des Franks, Jérusalem, Antioche et Édesse. Ils les protégeait par son habileté, sa prudence et son courage. Lorsque Balag, qui se trouvait à Alep, eut connu dans tous ses détails le coup de main qui avait rendu les chrétiens maîtres de Kharpert, il partit avec la rapidité d'un aigle, et en quinze jours il arriva devant cette ville, dont il assiégea vigoureusement la forteresse. Ayant dressé ses machines et miné les remparts, il renversa la tour du Grand-Émir, et terrifia par ce succès les chrétiens. Le comte Waléran, partageant cette frayeur, alla trouver Balag et lui livra Kharpert. Ce jour même, l'émir fit périr tous les prisonniers, au nombre de 65 environ, et 80 femmes charmantes ; il les condamna à être précipités du haut des murailles. Dans sa fureur, il fit de nouveau charger de chaînes le roi, Waléran et le neveu du roi. Cependant Josselin s'avançait à leur secours à la tête des Franks. Lui et Geoffroy ayant appris ce fatal événement, furent saisis d'une extrême douleur, et s'en revinrent, le cœur navré, chacun de son côté. Le roi, Waléran et le neveu du roi restèrent en captivité (3).

CCXXXVII. Cette même année, la guerre éclata entre les oiseaux, dans la province de Mélitène. Les cigognes, les grues et les arôs (1) accoururent de toutes parts et se combattirent. Les grues vainquirent les cigognes et les exterminèrent. A peine s'il en resta quelques-unes.

CCXXXVIII. Cette année vit mourir le grand philosophe arménien Paŭl (Bôgh'os) (1), ce docteur qui brilla du plus vif éclat, et qui était profondément versé dans la connaissance de l'ancien et du nouveau Testament. Il atteignit à la perfection des docteurs des temps primitifs. Il apparut comme le second Illuminateur (2) de notre nation ; comme un rocher de diamant contre lequel vinrent se briser les efforts des hérétiques ; comme le champion de l'orthodoxie. Il fut toute sa vie d'une sévérité excessive contre les corrupteurs de la foi. Il était natif de la province de Darôn. Il fut enterré dans le couvent de saint Lazare, non loin de Saçoun.

CCXXXIX. Cette année, David, roi de Géorgie, extermina 60,000 Perses ; voici à quelle occasion. Le sulthan de Kantzag vint avec des forces considérables établir sur le fleuve Gour (Cyrus) (1) un pont de bateaux où passèrent ces 60,000 hommes, qu'il conduisait dans le pays des Aph'khaz. A cette nouvelle, le roi de Géorgie fit partir des troupes et détruire le pont, et tailla en pièces l'armée des infidèles. Le sulthan s'enfuit en Perse, dans la ville d'Ozkend, auprès du frère de son père (2).

Le roi David était un brave ; il déploya un rare courage dans les guerres qu'il soutint contre les Perses. Il remporta sur eux de nombreuses victoires et renversa leur puissance de fond en comble. Il leur enleva de magnifiques provinces à la pointe de l'épée et par la force de son bras. Il s'empara des villes de Deph'khis, Tmanis (3), Schirvan (4), Schaki (5), Schamkar (6) et autres lieux. C'était un saint et vertueux monarque, d'une haute piété et d'une justice accomplie. Il se montra toujours bienveillant pour notre nation, et notre ami. Il avait attiré auprès de lui les restes de l'armée arménienne. Il fonda en Géorgie une ville arménienne qu'il appela Kôra (7), et y bâtit nombre d'églises et de couvents. Il prodigua à notre nation toute sorte de consolations et de bienfaits. Il avait un fils légitime nommé Dimitri (Témédrê) (8), qui lui était né d'une femme arménienne, et un frère nommé Thodormê.

CCXL. En l'année 573 (19 février 1124 - 17 février 1125), Balag réunit des troupes et marcha contre les Franks. Il se rendit d'abord à Alep, et au bout de quelques jours il vint attaquer Menbêdj, ville des musulmans. Ayant dressé ses catapultes contre la forteresse, il les fit jouer vigoureusement et causa beaucoup de mal aux assiégés. L'émir qui défendait la place (1) envoya demander du secours aux comtes Josselin et Geoffroy, leur promettant que, dès qu'ils seraient arrivés, il céderait la ville à Josselin. Ces deux chefs se rendirent à cet appel avec les débris des troupes frankes que Josselin avait réunis. Mahuis (Mahi), comte de Delouk, Aïn-tab (Anthaph') (2) et Raban, accourut aussi. Dès que Balag eut connaissance de leur approche, il s'avança à leur rencontre, non loin de Menbêdj. L'action fut terrible ; car les infidèles étaient aussi nombreux que les Franks l'étaient peu. L'avantage fut d'abord pour ces derniers, et les Turks furent repoussés. Les chrétiens mirent en fuite une aile de leur armée, tandis que Josselin taillait l'autre aile en pièces. Mais un corps de Turks enveloppa le comte de Marasch et une foule d'autres guerriers, ainsi que la noblesse de Josselin, et ils périrent de la mort des martyrs. En apprenant ce malheur, Josselin lâcha pied et fut vaincu sur ce même champ de bataille. Le lendemain, il se réfugia dans sa ville de Tellbâscher. Cette journée désastreuse vit tomber une foule de grands personnages d'entre les Franks; ce fut le 10 du mois de sahmi, date qui correspond au 4 mai, qu'elle eut lieu. Après cette victoire signalée, Balag se porta contre la ville de Menbêdj, et donna l'ordre à ses troupes d'en commencer l'attaque. Dans la joie que son succès lui inspirait, il se dépouilla de sa cotte de mailles en fer. En même temps, un adorateur du soleil (Arévabaschd) (3) lança de la forteresse une flèche qui l'atteignit à l'aine et le blessa mortellement (4). Ayant mandé auprès de lui Timour-Tasch, fils d'Ilgazi, il lui remit ses États, et à l'instant il rendit le dernier soupir. A cette nouvelle, ses troupes se dispersèrent. Sa mort causa une joie universelle parmi les Franks; mais, dans les contrées qui lui appartenaient, ce fut un deuil général et une tristesse profonde, car il avait toujours témoigné de la bienveillance aux Arméniens qui étaient sous sa domination.

CCXLI. Lors de cette bataille, le roi, son neveu et Waléran se trouvaient à Alep. Le comte Josselin et la reine traitèrent avec Timour-Tasch de la rançon du roi, et lui donnèrent en ôtage sa fille et le fils de Josselin, avec quinze autres personnes. La rançon fut fixée à 100,000 tahégans. Dans le mois de septembre, le roi Baudouin fut enfin délivré des mains des infidèles. Étant arrivé à Antioche, son retour excita des transports de joie parmi les chrétiens. Mais le comte Waléran et le neveu du roi restèrent au pouvoir de Timour-Tasch et furent mis à mort. Ainsi, par les soins de Josselin, Baudouin fut affranchi deux fois de la captivité.

CCXLII. Cette même année, grâce au secours de Dieu, Gargar' fut enlevée aux Turks. Le seigneur de cette ville, Mikhaïl, fils de Constantin, entreprit de s'en rendre maître, à la tête de cinquante hommes. Il accabla par une lutte opiniâtre les Turks qui étaient renfermés dans la forteresse. Ceux-ci, dénués de secours et réduits à l'extrémité, se rendirent et lui livrèrent Gargar'. Ce fut de cette manière et par les mêmes efforts que Mikhaïl enleva la forteresse de Bébou (1) aux Turks. Ce triomphe répandit l'allégresse parmi les fidèles (2).

CCXLIII. Cette même année, le roi de Géorgie, David, fit de nouveau un horrible massacre des Perses. Il en tua 20,000 environ. Il s'empara d'Ani, et prit dans ses murs les fils de Manoutchê (1), qu'il emmena à Deph'khis. Ainsi fut affranchie cette cité royale du joug qui avait pesé sur elle pendant soixante ans (2). L'auguste et vaste cathédrale, que les infidèles avaient convertie en mosquée, réunit dans son enceinte, par les soins de David, des évêques, des prêtres et des moines de l'Arménie, et fut bénie avec une pompe solennelle. Ce fut un grand bouheur pour notre nation de voir ce saint édifice arraché au pouvoir tyrannique des infidèles.

CCXLIV. Cette même année, un duc arriva du pays des Franks avec des forces considérables. Il établit son camp devant la ville de Tyr (Sour), située sur les bords de l'Océan. Il la tint investie pendant longtemps et la pressa vigoureusement. Il l'avait bloquée par mer avec une flotte, tandis que du côté du continent il la cernait avec une nombreuse armée, l'environnant ainsi de tous côtés. Il éleva des tours en bois, dressa des catapultes et des balistes pour battre les murailles. Les assiégés eurent à supporter à la fois et la famine et de continuels assauts. Leur position devint si critique qu'ils consentirent à se rendre, et, après avoir obtenu du général frank le serment d'épargner leur vie, ils lui livrèrent la ville et se retirèrent à Damas. En quelques jours Tyr, le tombeau du Christ, fut évacuée. Le duc s'en retourna avec son armée chez les Franks (1).

CCXLV. Cette même année, le roi de Jérusalem, Baudouin et Josselin, convoquèrent toutes les troupes frankes et marchèrent contre Alep. Josselin alla trouver le roi des Arabes, Sadaka (Salê), fils de Doubaïs (1) et gendre d'Ilgazi; ils firent alliance et amitié ensemble, et le roi des Arabes se joignit avec ses troupes à Josselin. Le petit-fils du sulthan Tetousch (2), ainsi que le sulthan de Mélitène, fils de Kilidj-Arslan (3), accoururent aussi. Ces divers contingents formèrent une masse imposante de forces réunies devant Alep. Les habitants, après avoir longtemps et cruellement souffert du manque de vivres et des attaques des assiégeants, envoyèrent à Mossoul demander du secours à Boursouky. Celui-ci réunit des troupes considérables, et, au bout de six mois, arriva en vue d'Alep. Il repoussa les Franks et la ville fut sauvée. Les chrétiens opérèrent leur retraite sans éprouver aucune perte. Le roi des Arabes, en se retirant, vint saccager Mossoul et tout le territoire de Boursouky. Ce dernier, ayant passé quelques jours à Alep, se rendit à Damas, où il fit alliance avec Toghtékïn, émir de cette ville.

CCXLVI. Cette même année, Gazi, émir de Sébaste et fils de Danischmend, marcha contre Mélitène. Il attaqua vivement cette ville et lui fit beaucoup de mal. Le siége s'étant prolongé pendant six mois, les habitants furent en proie à une cruelle famine, qui, augmentant chaque jour, les emportait par milliers. Dans la pénurie qui les accablait, ils sortaient des murs et se rendaient au camp des ennemis. Enfin, n'y pouvant plus tenir, ils remirent Mélitène à Gazi; et la femme de Kilidj-Arslan (1), qui en était la souveraine, se retira à Meschar.

CCXLVII. En l'année 574 (18 février 1125 - 17 février 1126), le général perse Boursouky et Toghtékïn se mirent à la tête d'une armée de 40,000 hommes d'élite, recrutés dans toute la Perse, et avec lesquels ils s'avancèrent contre Azaz, forteresse des Franks, et l'attaquèrent avec vigueur. Boursouky se vantait insolemment de l'emporter d'assaut, et de fouler aux pieds avec mépris la puissance des chrétiens. Les infidèles établirent une batterie de douze balistes, et ayant miné deux des murailles qui flanquaient la forteresse, elles s'écroulèrent. Azaz était en grand danger, et la garnison avait perdu tout espoir. Cependant le roi de Jérusalem ayant appris que Boursouky était retourné à Alep, se rendit aussitôt à Antioche, et, ayant rassemblé les troupes frankes, il fut rejoint par le comte Josselin, qui accourut en toute hâte, ainsi que par le comte de Tripoli, fils de Saint-Gilles, et Mahuis, comte de Delouk. L'armée chrétienne se composait de 1,300 cavaliers franks, de 500 cavaliers arméniens, et de 4,000 fantassins. Le roi de Jérusalem se porta sur Gouris. A cette nouvelle, le général perse vint avec un détachement camper auprès d'Alep. Les Franks, laissant leurs bagages à Gouris, volèrent vers Azaz. Cette cité leur présenta le spectacle d'un monceau de ruines prêt à tomber entre les mains des infidèles. Les Perses, poussant alors en avant contre les Franks, les enveloppèrent, et, les harcelant, les mirent dans un péril extrême, car toute issue pour se procurer des vivres leur était fermée. Ceux-ci n'attendaient plus que la mort, et ne conservaient aucun espoir. Les Turks les défiaient par des paroles pleines de menace et d'arrogance, et les tenaient cernés de tous côtés. Puis, avec des cris terribles et comme un aigle qui fond sur une troupe de colombes, ils se précipitèrent en masse sur eux. Les Franks, réduits aux abois et frappés de terreur, ne désiraient plus rien que la mort, et croyaient toucher à leur dernière heure. Tandis qu'ils étaient dans cette douloureuse perplexité, le roi eut une excellente inspiration. Il dit au commandant de ses troupes : « Allons, marchons directement vers Athareb, « nous ferons croire aux Turks que nous prenons la fuite, « et ceux d'entre eux qui sont en embuscade courront après « nous; alors, nous reviendrons sur eux et nous verrons ce « que le Christ fera pour nous. » En même temps, il prescrivit à la garnison d'Azaz, lorsque les infidèles se grouperaient pour les poursuivre, de lui en donner le signal, en élevant une colonne de fumée sur le sommet de la forteresse. Le roi s'étant dirigé vers Athareb, Boursouky, s'imaginant que les Franks prenaient la fuite, commanda aux siens de les poursuivre. Les infidèles se précipitèrent tous à la fois sur leurs traces, comme des loups après des brebis, en poussant des clameurs. Après avoir parcouru une distance d'environ deux milles, ils serrèrent leurs rangs pour attaquer les chrétiens. En ce moment, les gens d'Azaz firent le signal convenu. Le roi de Jérusalem et ses officiers l'ayant aperçu, bénirent le Seigneur en versant des larmes et en gémissant; dans leur douleur, ils élevaient leurs voix suppliantes vers Dieu, pour le prier de venir au secours de son faible troupeau.

Aussitôt le roi ordonna de faire retentir les trompettes pour donner le signal de la charge, et les chrétiens fondirent, par un mouvement simultané, sur les infidèles, en invoquant l'aide du Seigneur, et firent les plus héroïques efforts. Leurs prières furent exaucées. Ils repoussèrent avec fureur les Turks, les firent passer sous le tranchant du sabre et les dispersèrent au loin sur la surface de la plaine. Le comte Josselin, emporté par son impétuosité et pareil à un lion rugissant qui poursuit des bœufs, se jeta sur eux et se gorgea de sang. Le roi et toute l'armée du Christ, acharnés de leur côté, les taillèrent en pièces sans leur faire quartier, en les poursuivant jusqu'aux portes d'Alep. Il y eut 5,000 Turks de tués. Le général perse et Toghtékïn s'en retournèrent couverts de honte. Quinze émirs avaient péri dans ce combat. Les chrétiens s'en revinrent ivres de joie et avec un riche butin. Cette victoire répandit l'allégresse parmi les fidèles. Elle fut remportée le 24 du mois de drê, un jeudi (1). Quelques jours après, Boursouky emmena la fille du roi et le fils de Josselin à Kala'-Dja'bar (2), où il les déposa, et partit pour Mossoul.

Au bout d'un an, des gens de sa nation, de ceux que l'on nomme *Hadji (Hadchi)* (3), pénétrèrent dans son palais sous leurs vêtements de pèlerins, et le tuèrent à coups de couteau. Les meurtriers furent massacrés par ses serviteurs, qui firent subir le même sort à tous ceux qu'ils trouvèrent dans la ville portant un pareil costume, au nombre de quatre-vingts.

CCXLVIII. Cette même année, le général des Perses, émir de l'Orient, Ibrahim (Aprêhim), fils de Soukman, ainsi que l'émir de Hantzith, Davoud (Davouth), fils de Soukman, fils d'Artoukh, firent une levée immense de troupes. Une foule d'autres émirs leur amenèrent des renforts considérables, et tous ensemble marchèrent contre la Géorgie. Le souverain de ce pays s'étant avancé à leur rencontre, en fit un grand carnage, les mit en fuite et les maltraita encore plus que dans les occasions précédentes. Il les poursuivit pendant cinq jours, et inonda de sang les plaines et les montagnes. Toute la contrée fut infectée de l'odeur qu'exhalaient les cadavres.

CCXLIX. Cette année mourut le saint roi de Géorgie, David. On plaça sur le trône après lui Dimitri (Témédrê), son fils, prince belliqueux, rempli de piété, et qui, par ses belles actions, se montra l'émule de son père. Il renvoya les fils de Manoutchê à Ani, après leur avoir fait jurer d'être ses fidèles vassaux, et de lui rester à jamais soumis. Il leur donna cette ville, qui avait beaucoup souffert de la part des Perses, lorsque David mourut. Il leur fit cette cession, parce que d'autres guerres et l'administration de ses États réclamaient des soins dont il était surchargé. Il était né d'une femme arménienne. Les fils de Manoutchê s'engagèrent en outre, par un serment solennel, à laisser les Arméniens en possession de la cathédrale, et à empêcher tout musulman d'y entrer.

CCL. En l'année 575 (18 février 1126 - 17 février 1127) arriva du pays des Franks le fils de Boëmond, fils de Robert, lequel se nommait Boëmond comme son père (1). Il vint avec des troupes à Antioche et épousa la fille du roi de Jérusalem. Celui-ci lui promit la couronne après sa mort ; il lui céda Antioche et toute la Cilicie. Boëmond, fils de Boëmond, soumit à son autorité, par sa puissance et son ascendant irrésistible, toute la nation des Franks. Le comte d'Édesse, Josselin, et le fils de Saint-Gilles reconnurent sa suprématie. Boëmond était cependant tout jeune ; il n'avait pas plus de vingt ans, et son menton était sans barbe ; mais déjà il avait fait ses preuves dans les combats. Il était de haute taille, à face de lion ; il avait les cheveux de couleur fauve. Une foule de nobles et de grands étaient accourus avec lui du pays des Romains (2).

CCLI. En l'année 576 (18 février 1127 - 17 février 1128) mourut le docteur arménien Gurou (Cyrus), l'égal des saints de l'ancien temps. Il avait appris par cœur la Bible en entier, et était exercé aux investigations les plus profondes. Il possédait l'intelligence complète de l'ancien et du nouveau Testament. Il avait été le compagnon du saint docteur Georges, surnommé Mégh'rig. Il fut enseveli dans le couvent de Trazarg, appelé le *Tombeau des saints docteurs*, où était aussi la sépulture du bienheureux Mégh'rig. Celui-ci, ayant rassemblé dans ce couvent une congrégation d'athlètes du Christ, y établit les règles et la discipline des saints Pères des premiers siècles.

CCLII. En l'année 577 (18 février 1128-17 février 1129), le général des Perses, l'émir Zangui (Zanki) (1), fils d'Ak-Sonkor, l'ancien maître d'Alep, arriva avec des troupes sur le territoire d'Édesse et fit amitié avec le comte Josselin. Il parvint jusqu'à Alep sans avoir été inquiété en route (2). Désirant se lier avec le comte Boëmond, seigneur d'Antioche, il employa dans cette négociation Josselin comme médiateur. Après avoir séjourné quelque temps à Alep, il se rendit avec toutes ses forces à Damas ; car l'émir de cette ville, Toghtékïn, était mort et avait été remplacé par son fils (3).

Cette même année vit mourir le sulthan de Perse, Mahmoud, fils de Daph'ar; il eut pour successeur son frère Mélik (4), le même qui résidait à Kantzag, et qui fut défait par David, roi de Géorgie, et forcé de s'enfuir en Perse.

CCLIII. En l'année 585 (16 février 1136 – 14 février 1137), le sulthan Mohammed (Mahmad), fils d'Amer Gazi (Khazi), fils de Danischmend (1), vint avec une armée considérable dans la contrée de Marasch, auprès de K'éçoun, et incendia les villages et les couvents. On était à l'époque des vendanges. Il demeura six jours campé devant la ville, mais sans élever des fortifications, ni dresser des machines, ou lancer des flèches. Il restait tranquille, occupé seulement à couper l'eau du fleuve, à ravager les jardins, à faire des incursions çà et là et à recueillir et entasser le butin qu'il enlevait. Cependant les habitants, qui s'attendaient de jour en jour à un assaut, à l'effusion du sang et au triomphe des ennemis, tombèrent dans un tel excès de découragement, qu'une nuit ils abandonnèrent le rempart extérieur. Mais leurs chefs et les prêtres parvinrent à les ranimer à force d'exhortations. Alors, adressant leurs supplications à Dieu, ils résolurent de mourir plutôt que de tomber entre les mains des infidèles et de devenir un objet de raillerie et d'opprobre pour les païens, en se livrant à eux avec leurs familles. La croix à la main, et les bras étendus, ils passaient la nuit entière en prières, chantant à haute voix les louanges de Dieu. Aussi Celui qui est infiniment bon et miséricordieux ne voulut pas nous abandonner, quoique pécheurs, à nos ennemis; il eut compassion de nous, qui avons été rachetés par le sang de son fils bien-aimé, Jésus-Christ. Il ne commanda pas aux infidèles d'investir et d'attaquer la ville, et le vendredi, qui est le jour de la Passion de notre Sauveur, K'eçoun fut délivrée. L'ennemi brûla Garmir-Vank', la chapelle et les cellules des religieux, brisa les croix de bois et de pierre, et s'empara des croix en fer et en bronze ; et, démolissant les autels où s'offrait le pain du saint Sacrifice, en dispersa les débris. Il enleva la porte, où se dessinaient des enroulements admirables, ainsi que d'autres objets, et les emporta dans son pays pour les montrer à ses concubines et à la populace, comme fit autrefois le Babylonien (2). C'est ainsi qu'il donna lieu à l'accomplissement de ces paroles : « J'ai « abandonné la fille de Sion, comme une tente au milieu « des vignes, ou comme la cabane de ceux qui gardent les « fruits (3), ou bien comme une tourterelle plaintive restée « seule après avoir été délaissée par sa compagne, ou « comme le corbeau à l'aspect hideux qui plane sur des « cadavres. » Mohammed battit subitement en retraite, un vendredi, comme nous l'avons dit plus haut, en apprenant que l'empereur des Romains (4) accourait au secours de K'éçoun assiégée et de notre comte Baudouin (5), qui l'en suppliait à genoux. Déjà l'empereur approchait d'Antioche, ravageant les pays musulmans (Dadjgasdan) (6). Après avoir dépouillé notre prince Léon de sa souveraineté, il se rendit maître de ses villes, de ses forteresses, et s'étant assuré de sa personne, l'emmena dans la contrée des Grecs, de l'autre côté de la mer, sur les limites de l'Asie (7).

CONTINUATION

PAR GRÉGOIRE LE PRÊTRE.

CCLIV. Au commencement de l'année 586 (15 février 1137-14 février 1138), l'empereur [JeanComnène] Porphyrogénète (Bêrbêrojên), fils d'Alexis, vint avec des forces considérables attaquer la grande ville d'Anazarbe. C'était pendant l'été, au mois de juillet. Il l'investit pendant trente-sept jours, et avec ses catapultes battit les murailles à coups redoublés. Les habitants, réduits à la situation la plus critique, se rendirent. Il les prit tous, ainsi que le prince arménien Léon, fils de Constantin, fils de R'oupên, ses enfants et sa femme, avec l'image vénérée de la Mère de Dieu (1), et les transporta à Constantinople. Léon finit ses jours dans cette ville (2). L'empereur vint ensuite assiéger la forteresse de Bezah. et l'emporta de vive force (3). Cédant aux suggestions fallacieuses des Franks, il se rendit à Schéïzar et de là à Antioche. Mélik-

Mohammed (Mahmad), dont il a été question plus haut (chap. CCLIII), attaqua la forteresse de Schoublas (4); malgré des assauts multipliés et des nuées de flèches qu'il lança, il ne put réussir. Ensuite, se dirigeant à travers les sommets des montagnes de Goulla (5), il regagna ses États. Nous rendîmes grâces au Seigneur, qui nous avait préservés du feu de ce siége, et nous avait délivrés de nos ennemis. L'hiver tirait déjà vers sa fin, tandis que notre empereur continuait encore le siége de Bezah, qui appartenait aux musulmans. Après la sainte Pâque (6), arriva le seigneur de K'éçoun, Baudouin, avec ses fantassins et sa cavalerie. A son approche, les habitants effrayés émigrèrent, abandonnant tous notre ville avec leurs familles. Ils se retirèrent, les uns à Béhesni, les autres à Raban, et d'autres encore à Hr'om-gla (7), et K'éçoun resta dépeuplée. Il n'y demeura que quelques uns des principaux habitants pour la garder, et le gouverneur, qui se nommait Vahram. Moi, l'humble Grégoire, prêtre séculier, je les exhortai à avoir le courage de défendre leur cité, afin que l'on ne vînt pas y mettre le feu, appréhension qui, malheureusement, se réalisa. En effet, tandis que l'empereur s'en revenait, le fils de Davoud (Davouth), Kara-Arslan (Kharaslan) (8), de retour de chez les musulmans, à la tête d'une nombreuse armée, feignant de fuir devant l'empereur, se dirigea vers Raban. Ceux qui étaient restés à K'éçoun, épouvantés par la pensée que c'était Mélik-Mohammed, abandonnèrent leurs maisons vers le soir. Le lendemain, quelques Turks détachés du gros de l'armée, en traversant les montagnes, firent prisonnier l'un des gens de K'éçoun.

et ayant appris de lui qu'il n'y avait plus personne dans ses murs, s'y rendirent au nombre de trente environ. Ils mirent le feu dans l'intérieur et aux portes. Après avoir contemplé les magnifiques palais construits par Kôgh'-Vasil, et les autres édifices majestueux de cette cité, ils se retirèrent à la hâte et vinrent rejoindre leurs compagnons. Cependant les habitants y rentrèrent le lendemain, et chacun d'eux revit ses foyers. C'était en l'année 589 (15 février 1140 - 14 février 1141) (9).

Un des soldats, syrien (10) de nation, nommé Simon, lequel avait dans le cœur des craintes et de la rancune à l'égard du comte d'Edesse, lui enleva par surprise Aïntab. Ayant conservé cette place pendant un an, il la lui rendit par l'intermédiaire du Prince d'Antioche.

CCLV. En l'année 591 (14 février 1142 - 13 février 1143) arriva l'empereur Jean, qui voulut à tout prix acheter Antioche au seigneur de cette ville. Celui-ci consentit plus tard à cette cession, en retour de trésors et d'étoffes précieuses que lui donna l'empereur. Jean fit alors son entrée dans Antioche (1).

CCLVI. En l'année 592 (14 février 1143 - 13 février 1144), l'empereur Jean termina sa carrière vers la Pâque, au commencement d'avril (1), après avoir placé sur le trône son fils, Kyr Manuel (Manil). Le roi de Jérusalem mourut aussi (2), et la fin de ces deux monarques offre une particularité extraordinaire. Car l'empereur périt à la chasse, blessé par un sanglier; le roi frank étant aussi allé chasser, ce fut un lièvre qui devint la cause de sa perte (3). Il laissa la couronne à son fils Baudouin (4). Cette même année vit pareillement la mort de Mélik-Mohammed, fils d'Amer-Gazi (Khazi).

Le jeudi saint (5), un signe se montra dans le ciel du côté du nord, sous la forme d'une colonne lumineuse, qui fut visible pendant huit jours. Ce fut après l'apparition de ce phénomène que moururent les trois souverains précités.

Le 23 décembre, un samedi, jour de la fête de saint Étienne, protomartyr, la ville d'Édesse fut prise d'assaut par Zangui, fils d'Ak-Sonkor. Il en massacra impitoyablement les habitants, en haine de leur attachement à Jésus-Christ, qui les couronnera avec ses Saints. Amen.

CCLVII. C'était sur la fin de l'année 593 (14 février 1144 - 12 février 1145). Antioche était gouvernée par le fils du comte de Poitou (Bédévïn) (1), qui, quoique tout jeune, brillait par sa valeur et sa puissance, inférieur seulement sous ces deux rapports à Baudouin, seigneur de K'éçoun et de Marasch, et des provinces dépendant de ces deux villes, à partir des frontières de Mélitène jusqu'au territoire d'Antioche. Ce Baudouin était jeune d'âge, mais vieux d'expérience et agréable à Dieu dans toutes ses prouesses. C'était dans le temps du comte Josselin le jeune (2), fils du brave Josselin le grand, et sous le pontificat du seigneur Grégoire, patriarche de la nation de Thorgom. A cette époque, c'est-à-dire pour la fête du protomartyr saint Étienne, date sus-énoncée, la ville d'Édesse, déshéritée des grâces bienveillantes du Créateur, fut prise par les enfants d'Agar (Hakar), commandés par leur chef Zangui. Il versa des torrents de sang, sans pitié pour l'âge vénérable des vieillards, et pour l'innocence des jeunes enfants, semblables à des agneaux. Les habitants épouvantés se précipitèrent vers la citadelle, qui est la forteresse de Maniacès, pour y chercher un asyle. Le frère ne s'occupait plus de son frère; le père abandonnait son fils; la mère était sans entrailles pour sa fille; l'ami ne jetait plus un tendre regard sur son ami. Dans ce jour fatal, les fugitifs ne purent réussir à pénétrer dans la citadelle : ils furent étouffés à la porte; il en périt dix mille environ. L'archevêque (Babiôs) (3) des Franks fut étouffé aussi dans cette cohue. A ce spectacle, le tyran sentit la compassion naître dans son cœur; il donna l'ordre à ses soldats, qui égorgeaient les hommes dans les rues comme des animaux, de remettre le glaive dans le fourreau. Mais tous les Franks faits prisonniers furent, par ses ordres et en sa présence, passés au fil de l'épée, et les femmes et les enfants emmenés en esclavage. Les chrétiens qui avaient échappé à cette boucherie, et qui étaient entrés dans la citadelle, n'y tinrent pas longtemps, car l'eau leur manqua. Ils se rendirent à composition, sur la foi du serment qui leur fut donné, qu'ils auraient la vie sauve. Le vainqueur arrogant voulant pacifier la ville, fit proclamer l'ordre de ne plus faire de mal aux chrétiens; tous ses soldats étaient rassasiés de sang et de butin. Il s'enorgueillissait avec insolence d'avoir remporté cette victoire signalée, en songeant que depuis longtemps aucun des plus redoutables, des plus puissants guerriers, n'avait pu s'emparer de la cité bénie par le Seigneur, au sujet de laquelle Jésus-Christ, pendant sa mission sur la terre, avait prononcé ces infaillibles paroles, consignées dans sa lettre au roi Abgar : « La famine et le glaive « respecteront ta ville, pendant ton règne, et tant que les

« habitants observeront mes commandements (4) ». Mais dans la suite ils perdirent de vue les préceptes divins ; ils imitèrent l'exemple des Israélites, comblés des bontés du Seigneur, et qui, oubliant promptement les biens qu'il leur avait prodigués, et qui ne leur coûtaient aucun effort, regrettaient, en poussant des soupirs, l'oignon et l'ail, et la dure oppression des Égyptiens. Cette ingratitude alluma la colère d'un Dieu dont la patience est inépuisable, et il jura de ne pas leur laisser voir la Terre-Promise. De même ceux d'Édesse mirent en oubli les promesses divines et commirent des crimes énormes ; rebelles aux volontés du Christ miséricordieux, ils s'attirèrent le châtiment dû à leur conduite insensée.

Un peu plus tard, le sanguinaire Zangui, ayant réuni ses troupes, se dirigea sur Kala'-dja'bar, et pressa vigoureusement cette place. Mais il fut tué une nuit par ses gardes, un an après la prise d'Édesse (5). Il ne fut pas jugé digne de jouir de sa gloire, et cette ville lui fut accordée comme compensation d'une illustration éphémère. Édesse succomba dans le temps de Josselin le jeune. Tant que ce prince fut soumis aux ordres du Seigneur, il fut grand et victorieux des ennemis du Christ, comme l'avait été son père, qui pendant son règne fut glorifié par Dieu et par les hommes, et qui jamais n'enleva quoi que ce soit aux chrétiens.

CCLVIII. Au bout de trois ans, le comte Josselin ayant réuni des troupes et s'étant adjoint le grand prince Baudouin, qui était maître des deux villes de Germanicia (Marasch) et K'éçoun, s'approcha des murs d'Édesse et surprit cette ville pendant la nuit. L'entreprise fut couronnée de succès, il est vrai; mais, comme il n'y a pas de succès absolu, les infidèles accoururent au bout de cinq jours, et lui reprirent sa conquête. L'illustre champion du Christ, Baudouin, après avoir fait des prodiges de valeur, périt dans le combat, laissant après lui un deuil universel dans le pays (1). Il préférait en effet les Arméniens aux Franks. Il avait pour confesseur le bienheureux docteur Basile, homme comblé des grâces divines, remarquable par sa vaste érudition, animé de la crainte de Dieu, rigoureux observateur des jeûnes et sans cesse occupé à prier. Basile possédait à fond l'ancien et le nouveau Testament; il était l'avocat et le protecteur des opprimés. Il composa sur la mort de ce prince une oraison funèbre destinée à servir de leçon à ceux qui la liront, et de souvenir aux générations futures (2).

CCLIX. En l'année 598 (12 février 1149 - 11 février 1150) périt le Prince d'Antioche (1), frère délaissé de Baudouin. Sa mort fut occasionnée par la présomption arrogante des siens, qui, entraînés par leur volonté capricieuse, entreprirent de combattre les infidèles sans s'être assurés du concours des autres Franks. Non-seulement eux-mêmes et leurs chefs furent écrasés, mais encore beaucoup de chrétiens.

Ce jour là, le fils de Zangui, que les siens appelaient Nour-eddin, dénomination qui, d'après la vaine croyance de ces peuples signifie *Lumière de la foi* (2), fit passer les uns sous le tranchant du glaive, et courba les autres sous le joug de la servitude. Des gens nourris dans les délices furent traînés à Alep, cette cité bâtie avec du sang (3). Comme les Franks n'avaient à leur tête aucun chef illustre, à l'exception du comte Josselin, qui résidait dans sa principauté, la frayeur des ravages des infidèles, redoubla parmi les chrétiens. Le roi des musulmans (Ismaélites) (4) Maç'oud (5) arriva à la tête de ses hordes de païens. C'était dans l'année 598, au mois de septembre, à l'époque de la fête de la Sainte-Croix (6). Un siége très-court lui livra Marasch (7), dont la forteresse était dépourvue de garnison. Il fit des incursions sur le territoire de la ville de Thil-avédiats, aujourd'hui Tellbâscher, exterminant partout les populations sur son passage. Un grand nombre d'infidèles juraient aux chrétiens par le nom du *Dieu très-grand* (Allah akbar) de ne leur faire aucun mal, et par ces promesses, leur persuadaient de sortir des forteresses où ils étaient renfermés. Mais, en dépit de ce serment, ils les emmenaient en esclavage. Josselin, ayant rencontré Maç'oud, auprès de Tellbâscher, n'osa pas tenir devant lui, et Maç'oud s'en retourna dans ses États, avec les captifs qu'il avait enlevés. Le comte ne fit en cette occasion aucun préparatif de défense, ne s'inquiéta pas de convoquer sa cavalerie, et ne se souvint plus qu'il eût été jamais vaincu. Il envoya sous la conduite du fidèle et vertueux prince Basile, frère du catholicos [Grégoire III] et seigneur de Gargar', ce qui lui restait de troupes, chargées de pain, afin de tenter de faire parvenir aux siens ces provisions. Les musulmans ayant connu d'avance cette expédition, s'avancèrent sous la conduite de leur chef Kara-Arslan (Khoraçan) (8), lequel avait sous sa domination Hantzith et plusieurs autres districts. Ils tombèrent sur les chrétiens, et les firent tous prisonniers.

au nombre de quatre cents. Ils prirent aussi le prince Basile, et le conduisirent devant la forteresse de Gargar', où se trouvaient sa femme et ses enfants. Ceux de Gargar' exigèrent de l'émir qu'il s'engageât par un serment sincère et inviolable à rendre la liberté aux soldats chrétiens qu'il avait faits prisonniers, et à les ramener chez eux sains et saufs et sans les trahir en rien. Le tyran, séduit par l'appât de posséder cette place importante, s'empressa de souscrire à ces conditions, et les fit conduire à Samosate par des troupes sur lesquelles il pouvait compter, et auxquelles il avait fait prêter serment de remplir fidèlement cette misson. Quant à Basile, il l'emmena avec lui dans son pays, le traita très-honorablement et lui donna des domaines, comme à un frère bien-aimé. Les troupes chrétiennes, disloquées et en désordre, passèrent de Samosate à K'éçoun. Cependant le bruit se répandit que le comte Josselin, regardé à cette époque comme le chef des chrétiens, se rendant à Antioche pour obtenir du secours en faveur d'une entreprise qu'il méditait, était tombé, par un effet de la vengeance céleste, et seul de tous les siens, entre les mains des ennemis (9). De même autrefois, le fils de David, fuyant la présence de son père, contre lequel il était en révolte, fut frappé par le bras de Dieu, et arrêté par sa chevelure. David, ce prince agréable aux yeux du Seigneur, fut vengé ; ce fils rebelle resta suspendu aux branches d'un arbre, jusqu'à ce que ceux qui le poursuivaient survinrent et lui coupèrent la tête avec l'épée. Pareille punition atteignit Josselin, parce qu'il s'était mis en opposition avec les volontés de Dieu. Il fut fait prisonnier par les infidèles à la face hideuse, aux mœurs féroces, et conduit à Alep ; les Musulmans furent au comble de la joie, ceux qui vivaient au loin, comme ceux du voisinage. Blessés au cœur, les chrétiens se virent ruinés, n'ayant plus de chef qui pût les guider au combat.

CCLX. Un an auparavant [1148], le 30 janvier, un mardi, à l'aurore, le tonnerre gronda, la foudre éclata, et les éléments furent bouleversés. La croix qui avait porté un Dieu, et que le grand et invincible champion du Christ, Vasil, Sébaste (1), avait élevée pendant son règne sur la coupole de la Sainte-Résurrection, à Garmir-Vank', parut enflammée et comme entourée d'une lumière éclatante. Ce fut le troisième prodige qui eut lieu sur cette croix glorieuse. Les sages l'interprétèrent dans un sens défavorable, comme un présage sinistre pour les chrétiens. Ce présage fut, en effet, justifié par l'événement.

CCLXI. Cette même année, le jour de la Pentecôte, [22 mai], tandis que chacun était dans l'attente de la venue du Saint-Esprit, le sulthan Maç'oud arriva avec une armée formidable. Le bruit des cloches (1), les éclairs des épées, le choc des milliers de lances nous firent trembler. Nous étions terrifiés en contemplant ce spectacle, nous tous qui nous trouvions dans la ville de K'éçoun. Les habitants, redoutant Maç'oud et son fils, se hâtèrent de se soumettre, après avoir obtenu la garantie d'un serment. Au bout de huit jours, l'inexpugnable ville de Béhesni se rendit, et quatre jours après la noble cité de Raban. De là, Maç'oud vint dans la contrée de Tellbâscher, qu'il avait saccagée l'année précédente, et il y séjourna quelque temps. Mais il ne put s'emparer de cette place, défendue par le fils du comte (2), les troupes de ce dernier et les habitants. Quoique les infidèles employassent tous leurs efforts contre eux, et fissent jouer sans relâche leurs machines de guerre, ils n'aboutirent à rien (3). Maç'oud, abattu et affaibli par cet échec, reprit le chemin de ses États. Il céda les pays conquis par lui sur les chrétiens à son fils, qu'il avait désigné pour son successeur, et qui se nommait [Azz-eddin] Kilidj-Arslan.

CCLXII. En l'année 600 (12 février 1151-11 février 1152), le 23 du mois de navaçart (6 mars), il tomba de la neige rouge dans la contrée de Dchahan. Le même jour, il tomba de la neige blanche mêlée de cendres, comme l'année précédente, chez nous, en pays chrétien.

CCLXIII. L'année suivante (12 février 1152-10 février 1153), les troupes et les habitants de Tellbâscher eurent à subir, pendant dix-huit mois, des maux qu'ils endurèrent avec la plus grande patience. Le fils de Zangui [Nour-eddin], seigneur d'Alep, en ayant été averti, marcha contre eux; et comme ils n'avaient aucun secours à attendre, ils demandèrent et obtinrent un serment de garantie, et lui livrèrent leur forteresse. Ils avaient aussi stipulé pour condition que les chrétiens, soit Franks, soit Arméniens, qui se trouvaient à Tellbâscher, et qui voudraient se retirer à Antioche ou dans tout autre lieu, y seraient conduits sains et saufs par les infidèles, et d'après les ordres de Nour-eddin. Même chose nous arriva de la part du sulthan Maç'oud et de son fils Mélik [Kilidj-Arslan]; entraînés par un avide désir de posséder notre pays, dont ils s'emparèrent facilement, ils acceptèrent de semblables conditions, dans l'intérêt de leurs vues ambitieuses, et nullement par sympathie pour notre foi, ou par bienveillance pour nous.

Dans le temps de Jossselin le jeune, on vit se révéler un jeune homme appelé Thoros (1), lequel n'avait d'autre appui, d'autre ressource que la Providence, qui dispose les circonstances en vue des hommes, et suivant ses volontés, ainsi que le dit l'Apôtre : «Dieu est miséricor-« dieux ou rigoureux pour qui il veut. » (Rom. IX, 18), comme il fit à l'égard du bienheureux Paul, qu'il appela du haut des cieux à son service et à l'œuvre de son ministère; tel fut le Seigneur pour ce jeune homme. Les espérances et les efforts de Thoros ayant été secondés par Celui qui donne sans acception de personne, qui ne refuse jamais les dons de sa bonté, en peu de temps il se trouva en possession des États de ses pères. Il était fils de Léon, Sébaste, l'illustre et sage fils de Constantin, fils de R'oupên. Ce jeune héros non-seulement conquit le patrimoine de ses aïeux, mais devint maître de beaucoup plus de villes et de forteresses que ceux-ci n'en avaient jamais possédé. Témoin de ces succès, le général romain Andronic (Antronignê) (2) conçut une atroce jalousie contre lui, et se refusa même à reconnaître son titre de prince arménien. Andronic avait été envoyé par l'empereur Manuel, en qualité de préfet de Tarse et de Mecis. Dès lors il ne cessa d'avoir de la haine contre Thoros, et de harceler les Arméniens qui accouraient, par l'inspiration de Dieu, sous les drapeaux de ce dernier. Il marcha contre eux et leur causa beaucoup de mal. Mais les Arméniens, retenus par l'amour et la crainte que le grand empereur des Grecs leur inspirait, n'osèrent opposer aucune résistance. Au contraire, ils firent tout pour conserver la paix, et conjurèrent Andronic de ne pas les troubler dans l'obéissance qu'ils lui avaient vouée. Mais loin de les écouter, il s'avança, plein d'orgueil, contre Mecis. Cependant Thoros le suppliait toujours avec les instances les plus pressantes : « Je suis, lui disait-il, le serviteur de ton souverain, ne te « montre pas irrité contre nous. » Dans la ville, les habitants lui criaient : « Nous avons encore le fer avec lequel « nous avons poursuivi ton père, nous nous en servirons « pour te forger des chaînes. »

Enfin Thoros, ne pouvant plus supporter tant d'arrogance et de hauteur, et se confiant en la protection du Christ, qui l'avait tiré du néant pour lui donner l'être, fit pratiquer pendant la nuit une ouverture au rempart de Mecis, et dès que le soleil eut répandu ses premiers rayons, il se mit à la tête de ses troupes et vint présenter le combat au général grec. Il l'attaqua et mit en fuite son armée, forte de 12,000 hommes. Il les passa au fil de l'épée ; en un clin d'œil il les eut terrassés. Au plus fort de la lutte, les Arméniens firent prisonniers Oschïn, seigneur de Lamprôn (3), Basile, seigneur de Partzerpert (4), frère de Tigrane (Dikran), ainsi que beaucoup d'autres officiers de l'armée grecque, et les dépouillèrent. Mais ils laissèrent aller les lâches Romains, sur lesquels je dis : « Hélas ! » Il y eut dans cette journée beaucoup de sang versé. Ensuite Thoros se rendit maître, sans coup férir, de Mecis, qu'il enleva par sa valeur à cet efféminé, vengeant ainsi son père, jadis privé par Andronic de ses États héréditaires et exilé avec sa famille en Occident. Le fourbe, furieux de l'échec et de l'outrage qu'il avait essuyés, ainsi que de la perte de ses officiers et de ses troupes, s'enfuit auprès de l'empereur et alla se plaindre à lui amèrement des Arméniens, et les accuser de lui avoir infligé une défaite dont sa folie seule était la cause. Cependant le grand Thoros, traînant après lui les chefs qu'il avait faits prisonniers et les autres captifs, fit pacifiquement son entrée dans la ville de Mecis, riche du butin qu'il avait enlevé, trésors, équipements de guerre, chevaux et mulets.

CCLXIV. Après cette victoire éclatante et cet accroissement de prospérité obtenus par Thoros, Satan entreprit d'exciter les puissances de la terre contre les Arméniens. Les Grecs, qui ne cessaient de chercher les moyens de venger l'affront fait à la personne de leur César, envoyèrent des sommes considérables au sulthan Maç'oud, chef de tous les musulmans. Ce prince, gagné par ces présents, se mit en marche avec une armée considérable, mais d'abord sans franchir les frontières de ses États. Quoique la terreur de son nom fût grande, cependant, par la grâce du Christ, les Arméniens reprirent courage et se dirigèrent vers la montagne (1) qui s'élevait entre eux et les infidèles. Ceux-ci étaient campés au-delà, sur leur territoire, tandis que les Arméniens étaient restés en deçà dans leur pays, en parfaite sécurité et sans se préoccuper de la multitude de leurs ennemis. Les infidèles, voyant la confiance des chrétiens, se disaient tout étonnés : « Quels sont ces gens-là qui s'exposent ainsi à la

« mort, en accourant comme s'ils avaient l'intention d'en
« venir aux mains avec nous? » Ces pensées roulaient dans
leur esprit, lorsque tout à coup, par une inspiration de la
Providence, le sulthan des Turks envoya des ambassadeurs au chef des Arméniens, Thoros, et lui fit dire ceci :
« Nous ne sommes pas venus pour ruiner votre pays,
« mais reconnais notre obéissance et rends à l'empereur les
« contrées dont tu t'es emparé, et tu seras pour nous un fils
« et un ami. » Ces propositions remplirent de joie les Arméniens; ils glorifièrent le Maître de l'univers de ce qu'il
avait apaisé subitement cet homme indomptable et altier,
qui maintenant les traitait sur le pied d'une honorable
égalité, et qui voulait faire alliance avec eux. Ayant
retenu les messagers pendant plusieurs jours, ils firent
partir à leur suite un ambassadeur chargé de transmettre
ces paroles au sulthan : « Nous accédons volontiers à ces
« conditions ; nous nous soumettons à toi comme à un
« roi, car tu n'as jamais été jaloux de nos progrès, et tu
« n'as pas porté la désolation chez nous; mais rendre
« notre pays à l'empereur, c'est impossible. » Sur cette
réponse, le sulthan resta tranquille, et ayant rédigé un
traité d'alliance et de paix, sanctionné par un serment, il
le leur expédia par un messager, se moquant de cette
manière de l'empereur et de ses trésors. Après quoi il
rentra dans ses États sans avoir fait de mal à personne.
Ces événements arrivèrent en l'année 602 (11 février
1153 – 10 février 1154).

CCLXV. Trois ans après, l'empereur envoya au sulthan des sommes d'or et d'argent beaucoup plus considérables que la première fois, et lui fit dire ces paroles :

« Apaise la colère qui m'anime contre les Arméniens, en ren-
« versant leurs forteresses, brûlant leurs églises, et donnant
« l'ordre que tout leur pays devienne la proie des flammes ;
« de cette manière l'irritation de mon cœur se calmera. » Le
sulthan ayant reçu les présents de Manuel, revint avec une
armée beaucoup plus nombreuse que la première. Il se porta
rapidement sur Mecis, et de là sur Anazarbe. Mais n'ayant
pu réussir comme il le désirait, il se rendit devant Thil de
Hamdoun, et étant resté là pendant plusieurs jours, il vit
aussi ses efforts échouer. Sur ces entrefaites, un des principaux officiers de son fils Mélik [Kilidj-Arslan], nommé
Yakoub (Agh'oub), homme scélérat et ami du mal,
reçut de lui l'ordre d'aller, avec un détachement de
3,000 hommes, tenter une incursion sur le territoire d'Antioche. Lorsque Yakoub eut dépassé l'endroit
nommé Tour'n (Porte) (1), voilà que tout à coup, comme
envoyés du ciel, les Frères (2), cette milice chérie du
Christ, ainsi que Sdéph'anê, frère du général des Arméniens Thoros, tombèrent sur les infidèles et les exterminèrent jusqu'au dernier. Leur chef Yakoub, ayant eu le
foie traversé par un javelot, rendit l'âme en poussant de
douloureux gémissements et dans de cruelles souffrances (3). En apprenant cette défaite, les infidèles
furent consternés, et le ciel se déclarant pour nous,
une maladie qu'ils appellent *Dabakh* (4) sévit sur leurs
chevaux et en fit périr la plus grande partie. A la vue de
ce désastre, les officiers turks prirent la fuite. L'ami
n'attendit pas son ami ; le frère abandonna son frère ; un
grand nombre coupèrent les jarrets des chevaux et des
mulets. Ils jetaient leurs armes pour se sauver plus rapi-

dement, et, traversant des vallées boisées et des lieux impraticables, ils prirent des routes où ils s'égarèrent. Les chambellans du sulthan (5) et une foule de généraux couraient à pied. Le Très-Haut avait mis la crainte dans leur cœur; car ils n'avaient rien à redouter de la part des hommes. En effet, les Arméniens étaient allés pendant ce temps ravager la contrée des infidèles, où ils firent un butin considérable. Dès qu'ils furent de retour, ils virent le service inattendu que le Tout-Puissant leur avait rendu, en inspirant la terreur à leurs ennemis, en les mettant en fuite, et en les forçant à rebrousser chemin, humiliés, vaincus et couverts de honte, pareils au faible renard qui se sauve devant le lion royal. Tremblants, épouvantés, les infidèles couraient, persuadés qu'une nombreuse cavalerie se pressait sur leurs traces, en versant des flots de sang; telle était la pensée qui poursuivait ces fuyards (6).

Le même sort fut réservé auprès de Nisibe (Medzpïn) à Cabadès (Gavad), petit-fils d'Iezdedjerd ('Azguerd), roi des Perses (7). Ayant oublié les traités d'amitié que ses ancêtres avaient conclus avec les chrétiens, il arriva comme un furieux, à la tête des Perses, pour ruiner ce pays. Il avait employé beaucoup de temps et d'efforts à faire le siége de Nisibe, et à se rendre maître des fortifications de cette ville; mais lorsque ses troupes voulurent y pénétrer, voilà que tout à coup elles aperçurent sur le rempart le patriarche saint Jacques, ayant l'aspect d'un monarque, revêtu de pourpre, assisté des légions célestes, et portant sur sa tête une planche de l'arche de Noé. Cette planche lui avait été donnée par un ange pour le dédommager des fatigues qu'il avait éprouvées en gravissant la montagne [d'Ararad], afin d'y visiter l'arche de Noé. Le messager céleste ne lui permit pas d'achever son voyage, et renvoya en paix l'homme de Dieu, en lui remettant cette relique, comme une marque d'amitié. A ce spectacle, les Perses, saisis de frayeur, se gardèrent d'approcher du rempart déjà renversé par eux; en même temps un châtiment vint les frapper. Des essaims de guêpes, de frelons et de moucherons assaillirent leurs chevaux, qui s'échappèrent avec impétuosité en rompant le frein qui les retenait; pas un ne put être repris, tant étaient épaisses ces nuées d'insectes. Dieu fit tomber sur les Perses ce terrible fléau et leur envoya du haut du ciel cette humiliante punition, comme autrefois, lorsqu'il combattit en faveur des Israélites, et terrassa les Égyptiens de son bras irrésistible. Le roi Iezdedjerd se retira après cette ignominieuse défaite qui lui fut infligée par la médiation du Christ, et grâces aux prières du patriarche saint Jacques. Car Dieu comble les vœux de ceux qui le craignent. Ce trait rappelle de tout point le fait qui se passa dans cette dernière occasion, et dont nous avons été les témoins oculaires.

C'est ainsi que deux fois la nation des Turks (Thourkasdan) se leva en armes contre Thoros et resta impuissante, malgré ses efforts largement soudoyés par l'empereur, jaloux de réduire en cendres l'Église et la Croix, objets de dérision et d'outrage pour les infidèles. Si les Arméniens n'avaient pas été protégés par ce bras puissant qui a été étendu sur la Croix, nos ennemis auraient mis à exécution l'œuvre criminelle des hérétiques, en renversant la sainte Église, en dévastant notre pays de fond en comble. Nous conservâmes donc la tranquillité, et ils n'obtinrent pour résultat de leurs agressions que la fuite et l'ignominie, comme nous venons de le raconter.

CCLXVI. Leurs projets pervers n'ayant pu réussir, ils imaginèrent de recourir à des voies pacifiques. Kilidj-Arslan, qui avait été investi de la royauté par son père, le grand sulthan, parvint promptement à ce but. Les Arméniens vivaient dans la sécurité et l'allégresse, glorifiant la Très-Sainte Trinité, de concert avec d'austères et pieux évêques, avec de vénérables prêtres, et des cohortes de moines, qui ont sans cesse les bras levés vers le ciel. Lorsque les ennemis du Christ arrivèrent pour envahir la principauté de Thoros, et qu'ils attaquèrent Thil de Hamdoun, le 16 du mois de drê (27 mai), il s'éleva un vent violent qui produisait un bruit terrible. Quantité d'arbres furent déracinés et brisés, ras de terre ; la grêle tomba en différents endroits et abîma les blés et les vignes. Le 25 de ce même mois (5 juin), un autre phénomène effraya les populations, apparaissant pendant trois jours, comme autrefois à Ninive. Il commença à la première veille de la nuit et se prolongea jusqu'au lever de l'aurore. Par une dérogation à l'état habituel de l'atmosphère dans cette saison, des ténèbres épaisses se répandirent, semblables à l'obscurité profonde qui régna en Égypte. Les nuages s'entrechoquaient avec des éclats de tonnerre, comme des montagnes qui auraient eu la dureté du diamant, et se précipitaient les uns contre les autres ; des éclairs enflammés enveloppaient toute la voûte céleste. Il n'y avait pas un coin qui ne fût sillonné par la foudre, qu'accompagnait un vent impétueux. Oh qui aurait pu contempler sans émotion ces terribles et incessantes convulsions de la nature ! Effrayés par le spectacle que présentèrent ces trois nuits, tous, hommes, femmes, vieillards et enfants, se pressaient éperdus, dans les églises. Éplorés et gémissants, ils invoquaient l'intercession de la Mère de Dieu et des Saints. Enfin le Seigneur eut pitié de ses créatures : il arrêta ce fléau, signe de destruction pour ceux qui s'obstinent dans le péché et pour les incrédules qui vivent dans les ténèbres. Lorsque ce phénomène eut lieu, on était dans l'année 603 (11 février 1154 - 10 février 1155). Jusqu'à présent nous avons rapporté ce que nous avons appris ou vu de nos propres yeux.

CCLXVII. Le sulthan Maç'oud, de retour dans son royaume après cette expédition si fatale pour lui, ne survécut que dix mois. Le cri des innocents qu'il avait immolés et des captifs condamnés à un esclavage sans espoir, monta jusqu'aux oreilles du Seigneur des armées. Étant tombé malade, il manda son fils Kilidj-Arslan, et descendant de son trône, se prosterna devant lui, en présence des grands de sa cour, et lui plaça la couronne sur la tête. Après quoi il expira, lui laissant tous ses États. C'était en l'année 604 (11 février 1155 - 10 février 1156) (1). Il avait encore deux autres fils, dont l'un était d'une générosité sans bornes et d'une figure beaucoup plus avenante que son frère, devenu sulthan. Celui-ci ayant conçu l'idée que peut-être son frère s'opposerait à ses volontés, et le redoutant, car il était beaucoup plus fort de corps que lui, poussé en outre par de mauvaises suggestions, l'étrangla au milieu de l'ivresse et des joies d'un festin, pendant la nuit. Le plus jeune des trois frères (2) se conduisit pendant quelque temps avec la soumission affectueuse d'un fils ; mais la crainte qu'il avait de Kilidj-Arslan le porta à s'enfuir dans ses forteresses de Gangra (Kankon) (3) et d'Ancyre (Angouria), et il ne reparut plus ; car Kilidj-Arslan s'était défait non-seulement de son frère, mais encore des principaux personnages de sa cour, ainsi que des émirs, du grand officier Bagh'daïn, et du secrétaire (4) de son père. Cette conduite excita la désapprobation du grand émir Yakoub-Arslan, fils d'Amer-Gazi (5), seigneur de Sébaste et de la Cappadoce. Yakoub rassembla une nombreuse cavalerie, et pénétra dans le district de Lycandus (Ligadon). Il transporta les chrétiens dans ses États, mais sans les priver de la liberté, et s'empara de la place forte de Larissa (Laris) (6). Cette agression avait pour motif l'inimitié qui existait entre Kilidj-Arslan et son neveu (fils de son frère) (7). A cette nouvelle, Kilidj-Arslan réunit les troupes de son père et des corps considérables de cavalerie, et marcha contre lui. Lorsque les deux armées se trouvèrent en présence, leurs prêtres imposteurs (8), interposant pendant quelques temps leur médiation, empêchèrent les deux princes d'en venir aux mains. Enfin, ceux-ci ayant fait une trêve, qui n'était qu'un raccommodement simulé, s'en retournèrent chacun chez soi. Il se passa ainsi deux mois sans que la paix eût été confirmée par un traité définitif, ou que la querelle eût été vidée par les armes. Au bout de quelque temps, Yakoub-Arslan se porta à la dérobée dans le district de Dchahan, à Ablastha, qui en est la capitale. Comme l'esprit de l'homme s'enracine dans des habitudes de mal dès l'enfance, le sulthan avait oublié la mansuétude et la bonté qu'avait témoignées son père pendant son règne. En apprenant la marche de Yakoub, Kilidj-Arslan accourut en toute hâte et en frémissant de rage, résolu de venger le pays où il avait été élevé. Son adversaire, sachant qu'il approchait, réunit toutes les populations, au nombre de 70,000 personnes, et les emmena, sans toutefois leur ravir la liberté. Cependant le sulthan n'arriva pas à temps pour le rencontrer dans ce pays, car Yakoub avait pris une route détournée en se retirant avec les chrétiens. Kilidj-Arslan ayant pénétré le territoire de Lycandus, les habitants, découragés à l'idée du caractère fantasque et terrible de ce prince, allèrent vers lui spontanément. Il leur accorda un serment par lequel il s'engageait à ne point emmener ceux qui étaient ainsi venus à lui. Yakoub, après avoir établi en sûreté les populations qu'il avait transportées dans ses États, vint camper en face du sulthan, bataillon contre bataillon. Leurs chefs religieux, intervenant de nouveau, les retinrent de prendre les armes. Mais au bout de plusieurs jours, le sulthan, se laissant aller à sa colère, s'avança vivement contre son adversaire. Leurs prêtres se jetèrent à ses pieds, et le supplièrent de ne pas exterminer les musulmans, ses coreligionnaires. Cédant à leurs prières, il fit la paix et conclut un traité qui fut discuté article par article, mais sans stipuler le retour des chrétiens expatriés. Ce qui le décida fut la raison suivante : Sdéph'anê, frère de Thoros, Sébaste, fut excité par des insensés et des brouillons, et non par l'inspiration divine, à enlever le pays des chrétiens aux infidèles. Mais son frère ne lui prêtait aucune assistance, car les gens de Sdéph'anê passaient les chrétiens au fil de l'épée, pillaient leurs propres compatriotes, et leur dérobaient tout ce qu'ils possédaient de richesses et d'objets précieux. Ils ne ressemblaient en rien à des chrétiens qui se doivent une mutuelle protection, comme la Sainte-Écriture le leur enseignait. Tel fut le motif qui engagea le sulthan à venir dans le district de K'éçoun (Guiçon), dont son père s'était rendu maître. Les fidèles, privés de secours, et ayant connu son arrivée, prirent la fuite dans tous les lieux où ils n'étaient pas rassemblés en nombre. Le sulthan, sans recourir à la force, fit rentrer la contrée sous sa domination. Il conclut la paix avec le roi de Jérusalem [Baudouin III], avec le seigneur d'Antioche (9), ainsi qu'avec le victorieux Thoros. Après quoi il s'en retourna tranquillement dans ses États. Ceci se passait en l'année 606 (10 février 1157-9 février 1158), au mois d'août (10). Lorsqu'il vint à Pertous, forteresse dont Sdéph'anê s'était emparé de vive force et en trompant son frère Thoros, Sdéph'anê, désirant être en bons termes avec le sulthan, la lui remit, du consentement de Thoros; le sulthan laissa la liberté à la garnison, infanterie et cavalerie, par reconnaissance de ce que Thoros s'était soumis à lui et avait consenti à cette cession.

Antérieurement à ces événements, et en l'année 605 (11 février 1156 - 9 février 1157), le 26 octobre, un tremblement de terre se fit sentir partout. Plusieurs villes appartenant aux musulmans, sur les confins de l'Arabie, du côté d'Alep, furent renversées de fond en comble.

Mais les chrétiens ont été jusqu'à présent préservés par le Seigneur. Les secousses continuèrent sans interruption jusqu'au commencement de l'année suivante, et sans qu'il fût possible de les compter, pendant quatorze mois consécutifs.

CCLXVIII. En l'année 606, le 2 octobre, s'éleva un ouragan accompagné de pluie, et après la pluie d'une très-forte grêle. Beaucoup de vignes et de treilles furent abîmées.

Maintenant je dirai quelques mots touchant le grand et inexpugnable château de Béhesni. Sdéph'anê se rendit dans notre contrée de K'éçoun, avec de mauvaises troupes, et contre le gré de son frère. Celui-ci lui avait adjoint quelques hommes appelés K'armoud (1). Thoros. Sébaste, lui avait conseillé de ne pas aller jusqu'au point de réduire tout à fait cette forteresse. Nous ignorons si c'était là une idée suggérée par la Providence ou née de la jalousie (2). Car le seigneur de Béhesni, tyran altier dont j'ai jugé à propos de taire le nom, avait transgressé les ordres que le sulthan son souverain lui avait donnés, d'épargner les chrétiens, objets de la bienveillance de ce prince. Au contraire il n'en était que plus acharné contre les prêtres et les diacres les plus vénérables, les pères de famille les plus recommandables, et contre tous les fidèles, qu'il accablait indistinctement de vexations. Les habitants de la célèbre ville de Béhesni étaient surchargés d'impôts, qu'il aggravait sans cesse. Qui donc leur fera un crime de ce que, fatigués de ces excès, ils appelèrent Sdéph'anê pour essayer de tendre un piége à cet homme abominable?

Malheureusement cette utile entreprise échoua; car un des chrétiens, parjure au serment par lequel les habitants s'étaient liés réciproquement, avertit ce misérable de se tenir sur ses gardes et de ne pas aller aux bains publics où la mort l'attendait. Le tyran suivit ce conseil, qui lui sauva la vie et ne sortit pas de chez lui. Rugissant comme un animal féroce, altéré du sang des innocents qui se trouvaient auprès de lui, il ordonna de leur lier les pieds et les mains et de les précipiter du haut d'un rocher escarpé. Les chrétiens, témoins de cette exécution, et se rappelant le désastre d'Edesse, coururent au chef qui était venu à leur secours. Il se tenait en face de la forteresse avec ses troupes, contemplant ces meurtres qu'il ne pouvait empêcher. Il prit avec lui les habitants, hommes et femmes, vieillards et enfants. Ceux-ci abandonnant avec empressement leurs foyers et l'héritage paternel, quittèrent ces lieux, qui de temps immémorial les avaient vu naître de père en fils, où ils avaient été élevés, et où ils avaient vécu, sous la protection de souverains pieux qui les traitaient comme des enfants bien-aimés; eux, dont l'existence s'était écoulée sous de frais ombrages, qui étaient accoutumés à une vie de délices, émigrèrent, sous la conduite de Sdéph'anè, dans un pays désagréable, où ils étaient exposés à toutes les incommodités. Enfin le sulthan, se rappelant le sort malheureux de la forteresse de Béhesni, gardée par Dieu, et les souffrances des chrétiens, et réfléchissant dans sa sagesse que la ruine de leur cité était le fruit de la trahison, commença à leur faire ressentir les effets de sa bienveillance, et cette ville, dépeuplée et dépouillée de ses richesses, les recouvra entièrement avec ses habitants.

Mais que dirai-je de K'éçoun, mot qui signifie *belle* (3)? Le chef auquel l'empereur avait confié le gouvernement et la défense de cette ville n'osa pas sortir de ses murs pour repousser l'ennemi. Lui et les siens, conjurés contre les habitants, expulsèrent de saints prêtres, d'illustres personnages, et d'honorables chefs de famille, ainsi que tous les hommes sans distinction, n'y laissant que les femmes et les enfants. Ce qu'il y avait de bon dans ce chef, c'est qu'il ordonna de respecter et de garder à l'abri même du soupçon les femmes des émigrés. Ces infortunés proscrits eurent pour habitation, non plus leurs somptueux palais, ou leurs maisons, mais des villages et des monastères. Ceux d'entre eux qui n'avaient pas la force de s'éloigner choisissaient un gîte à l'ombre des arbres et des murs, et s'asseyaient là, silencieux, immobiles et n'ayant en perspective que la mort ou l'esclavage. Cette crainte leur faisait oublier leur exil, et leur existence agitée par tant de vicissitudes. Ces calamités se prolongèrent du mois de maréri (mai-juin) au mois de juillet, jusqu'à l'arrivée du grand sulthan à Pertous. Alors le pays recouvra sa tranquillité, et les habitants rentrèrent dans leurs foyers. La forteresse de Pertous fut remise à ce prince, d'après la volonté de Thoros, désireux d'obtenir son amitié, mais malgré Sdéph'anê, dont la valeur l'avait enlevée au Turk qui la possédait, à ce scélérat qui avait en haine les chrétiens et qui périt de sa main.

CCLXIX. Le sulthan étant de retour dans son royaume,

délibéra avec les grands de sa Porte sur le projet d'établir solidement la paix qu'il avait faite déjà avec les Franks et les Arméniens. Ses vues ayant été approuvées par ses conseillers, il envoya de nouveau des hommes de confiance à Jérusalem, à Antioche et auprès de Thoros, pour conclure une alliance cimentée par un traité librement consenti de part et d'autre. Il n'agissait pas en cela d'après le mouvement spontané de son cœur; car qu'y a-t-il de commun entre le Christ et Bélial (Péliar)? mais dans le but de chercher des appuis contre le fils de Zangui, seigneur d'Alep, et mari de sa sœur. En effet, après la mort du sulthan Maç'oud, le fils de Zangui, dédaignant le fils et successeur de ce prince, [Kilidj-Arslan], s'empara du territoire des chrétiens, franchit les frontières des possessions de ce dernier et occupa les formidables forteresses d'Aïn-tab et de Ph'arzman (1), qu'il convoitait, et tous les villages qui en dépendent. Kilidj-Arslan lui écrivit maintes fois de cesser ses injustes agressions. « Rends-moi, lui disait-il, les pays « qui m'appartiennent, et que mon père a destinés à servir « de limites entre toi et moi. » Mais il ne tenait aucun compte de ces remontrances et se montrait beaucoup plus hostile et arrogant envers cette nation belliqueuse que vis-à-vis du roi de Perse. Pendant que ces débats s'agitaient, le roi de Jérusalem et le seigneur d'Antioche Renaud (Renagh'd) étaient dans une perplexité extrême; mais Celui dont la puissance est plus élevée que les cieux, et qui jamais ne perd de vue, qui ne néglige jamais la verge qu'il tient en réserve pour les pécheurs, au milieu des fortunes diverses qu'éprouvent les bons, Celui dont les vues trompent souvent notre ignorance ou relèvent notre désespoir, et qui est par excellence le juste des justes, se décida à infliger à Nour-eddin un châtiment soudain, en le frappant de la plus douloureuse maladie. Ce prince manda de tous côtés, auprès de lui, les plus habiles médecins, mais leur science resta impuissante; au contraire, le bras de Dieu ne faisait que s'appesantir chaque jour davantage sur lui (2). Après s'être lié avec le comte Josselin par des traités et les serments les plus solennels faits de bon accord, il avait agi envers lui avec une inhumanité inouïe, car jamais on n'avait entendu dire chez aucun peuple et dans aucun siècle, qu'un homme ayant fait prisonnier son ami, tombé dans les embûches qu'il lui avait fait dresser par d'autres, et en dehors d'une guerre réciproque, l'eût retenu dans les fers pendant neuf ans, après lui avoir crevé les yeux; traitement qu'il infligea à ce héros si souvent victorieux, et souverain de plusieurs provinces. Bénédiction, louanges et gloire aux très-saints jugements de Dieu, de la part de tous les chrétiens !

CCLXX. Nous allons maintenant revenir sur des évènements que nous avons passés sous silence. En 602 (11 février 1153 - 10 février 1154), le roi de Jérusalem avait dix-huit ans (1). Il était le fils du comte d'Anjou, roi des Franks (2). Le Très-Haut, étendant sa protection sur ce prince, lui accorda des victoires éclatantes et lui livra l'inexpugnable et invincible château d'Ascalon, repaire des infidèles. Dans ce siége, la valeureuse nation des Franks éprouva bien des fatigues, partagées par son brave et saint roi, pendant une année entière. Un grand nombre d'entre eux et de Frères obtinrent la couronne du martyre. Ils avaient déjà bien souffert, lorsque la patronne et l'espérance des chrétiens, la Mère de Notre Seigneur, supplia son divin Fils d'achever leur triomphe ou bien de leur donner la force de supporter de nouvelles fatigues. Enfin la ville tomba entre les mains du roi et des Frères le jour de l'Assomption de la Mère de Dieu, et grâce à son intercession (3).

CCLXXI. Une trahison des Turks (Scythes) (1), cette nation athée, ayant été découverte, le roi, tout humain qu'il était, en fit passer au fil de l'épée un nombre considérable, et leur fit expier le sang des chrétiens dont ils s'étaient repus. Il chassa de la ville ceux qui furent épargnés, et fixa leur demeure hors des murs. A la place des blasphèmes contre le Christ, on entendit retentir partout des louanges en l'honneur du Nom vivifiant. La Croix rédemptrice s'éleva sur le faîte des plus hauts édifices de ce peuple pervers, plongé dans les ténèbres et enclin au mal, en signe de honte et d'opprobre pour lui, de gloire et d'allégresse pour nous autres fidèles. Après ce magnifique triomphe, les Franks se donnèrent un peu de repos. Puis ils cherchèrent les moyens de tenter un coup de main sur Damas. Vers le commencement de l'année 603 (11 février 1154 - 10 février 1155) arriva le fils de Zangui, qui essaya d'occuper par ruse cette ville, malgré les habitants, qui étaient retenus par leur sollicitude pour le sort de leurs fils, envoyés par eux en otage à Jérusalem, conformément aux ordres du roi. Cependant le fils de Zangui parvint à s'introduire furtivement dans Damas et à s'y établir (2).

CCLXXII. Au commencement de l'année 604 (11 février 1155 - 10 février 1156), il gagna à prix d'or le roi de Jérusalem, et ayant obtenu l'adhésion du seigneur d'Antioche à ses mauvais desseins, il fit alliance avec eux. Ils consentirent à le laisser entreprendre une expédition dans les pays chrétiens que les Franks tenaient antérieurement. S'étant dirigé avec des forces imposantes vers la grande et célèbre cité d'Aïn-tab, il se hâta de l'assiéger. Ayant miné et abattu ses remparts, il pénétra dans la place. Une multitude d'infidèles y furent massacrés, une foule de chrétiens égorgés ou faits prisonniers. Après quoi il expédia plusieurs messages au gouverneur des contrées de Raban et de K'éçoun, pour demander à en prendre pacifiquement possession. Mais les habitants s'y refusèrent, par crainte du sulthan. Nour-eddin ayant appris que le roi de Jérusalem et le prince d'Antioche avaient rompu la trêve faite avec lui et étaient venus ravager son territoire, partit précipitamment pour Alep et Damas. Comme ces provinces étaient le théâtre de leurs luttes, il crut prudent de temporiser. Car, pour le moment, il n'était pas en mesure de résister aux Franks; tandis que ceux-ci, tout en faisant des incursions, étaient impuissants à réduire Damas.

CCLXXIII. Cependant le roi de Jérusalem résolut, dans un conseil qu'il tint, de s'allier par un mariage avec Manuel. L'empereur agréa avec empressement la demande qui lui en fut faite, et envoya à Jérusalem sa cousine (fille du frère de son père)(1), avec une escorte d'hommes de confiance attachés à la personne de cette princesse, d'un corps de cavalerie, et avec quantité de trésors. En même temps, il promit au roi de venir en personne au secours de Jérusalem et des chrétiens, engagement qu'il ne tarda pas à réaliser, car aussitôt, cette même année, c'est-à-dire en 608 (10 février 1159 - 9 février 1160), il entra dans le pays qui appartenait à Thoros, depuis qu'il l'avait enlevé au gouverneur romain de Mecis. Manuel avait sous ses ordres 500,000 hommes. Thoros, apprenant l'arrivée de l'empereur et le redoutant, se sauva avec ses chevaux, ses richesses, qui étaient considérables, avec les grands de sa cour, sa femme et ses enfants, qui emportaient tout ce qu'ils possédaient. Il se réfugia auprès du rocher que l'on appelle *Dadjig*, où depuis les temps les plus reculés, et de mémoire d'homme, personne n'avait habité ou cherché un abri. Il avait oublié l'avis du sage qui dit : « Ne sois pas l'adversaire de celui « qui est plus fort que toi. » Thoros, à la tête de sa cavalerie, évitait de stationner dans un poste déterminé : il errait dans des lieux sauvages, de difficile accès et boisés, espérant en la miséricorde divine, et comptant pour lui et pour le seigneur d'Antioche sur la médiation du roi de Jérusalem auprès de l'empereur. Le motif principal qui le portait à appréhender les Grecs, et qui le rendait tout honteux devant eux, c'est qu'auparavant le prince d'Antioche était allé avec une flotte, d'après les instigations de Thoros, et en compagnie avec lui, faire une incursion dans l'île de Chypre. Ayant surpris les habitants dans une sécurité complète, et sans moyens de défense, il les traita comme des infidèles, ravageant leurs cités et leurs villages, les chassant de leurs maisons, enlevant leurs richesses, maltraitant les ecclésiastiques grecs auxquels il faisait couper le nez et les oreilles (2). Ces excès ayant été connus à Constantinople, causèrent un vif chagrin à l'empereur ; mais pour l'instant il n'y pouvait rien. Lorsqu'il arriva à Mecis et qu'il eut occupé tout le pays, on était dans les premiers jours de novembre ; toutefois il ne fit aucun mal aux habitants. Cependant, le roi de Jérusalem différait d'arriver pour se concerter sur les moyens à prendre, afin de vaincre les nations qui ne reconnaissaient pas le Christ et d'affranchir l'Église : il n'avait, en effet, au fond du cœur, aucun souci de délivrer les captifs.

CCLXXIV. A la fin, il vint accompagné des Frères, cette milice du Christ, et du seigneur d'Antioche. Celui-ci s'était rendu auparavant auprès de l'empereur, pour s'excuser de son expédition contre Chypre. Une foule de chrétiens, accourus vers Manuel, pour le motif qui a été énoncé plus haut, le supplièrent avec les plus pressantes instances de calmer la colère qui l'animait contre Thoros. Comme les Grecs nourrissaient des sentiments de haine contre les Arméniens, quoiqu'ils n'eussent rien à leur reprocher, il feignit d'accepter la médiation et la garantie du roi de Jérusalem et des Frères. Lorsque Thoros se fut rendu auprès de lui, il fut d'abord exclu de sa table. Mais la Providence voulut qu'il plût à Manuel, qui, charmé de sa figure, adressa de vifs reproches aux calomniateurs qui avaient noirci Thoros. Le prince arménien étant resté au camp quelques jours, voulut s'en retourner chez lui. L'empereur y consentit, à condition qu'il reviendrait immédiatement. Thoros, réfléchissant judicieusement aux besoins que les troupes éprouvaient en ce moment, emmena avec lui, à son retour, des moutons, des bœufs, des buffles et des chevaux arabes, et les offrit à l'empereur. Ces présents venaient bien à propos. Manuel, admirant cette générosité qui lui procurait des vivres à profusion, loua Thoros de sa haute prudence, en présence des grands officiers romains et des ennemis du prince arménien. Il lui donna, en retour, de grosses sommes et un costume royal, et lui accorda un sincère pardon de la résistance qu'il avait opposée à ses ordres souverains. Thoros, reconnaissant, lui promit de lui être toujours soumis avec une fidélité inébranlable, et d'être toujours docile; parole qu'il accomplit religieusement (1).

CCLXXV. Un projet excellent fut adopté dans un conseil où assistaient les deux monarques, la milice invincible des Frères, le seigneur d'Antioche et Thoros, projet auquel adhérèrent tous les chrétiens, avec une foi unanime et un cœur fervent. Ils avaient résolu de succomber ou de rendre la liberté aux captifs qui gémissaient depuis longtemps, sans espoir, dans les fers, à Alep et à Damas, ces villes bâties de sang (1). L'armée chrétienne se mettant en marche, entra dans Antioche, comme chez elle ; mais comme on était loin de penser que les habitants répondraient immédiatement à l'appel de l'empereur, Manuel leur demanda en otage les fils des principales familles. Ils s'empressèrent de les lui remettre, en faisant leur soumission, dans la crainte que les captifs ne fussent point arrachés à la servitude, et de violer le vœu qu'ils avaient fait au tombeau du Rédempteur, et la promesse qu'ils avaient donnée au roi de Jérusalem, lorsqu'il s'allia par mariage à l'empereur des Grecs. Partis en nombre immense, les chrétiens s'avançaient, frémissants de rage, pareils à des lions; ils rivalisaient à qui se devancerait l'un l'autre, comme des aigles qui fondent sur une troupe de perdrix. C'est ainsi qu'ils couraient avec intrépidité porter le ravage sur le territoire des Turks (Scythes). En un jour de marche ils atteignirent Balanée, non loin des limites d'Alep. Tous les fidèles rapprochés ou éloignés furent dans l'allégresse, lorsqu'ils apprirent la ligue formée dans le but d'exterminer les infidèles et de délivrer du joug pesant de la servitude l'Église du Christ, rachetée au prix de son sang précieux. A la nouvelle de cette invasion des chrétiens sur le territoire musulman (Dadjgasdan), toutes les populations furent dans l'effroi. Cédant à la terreur extrême que lui causait la coalition du roi de Jérusalem, et de l'empereur, Nour-eddin (Norodïn), seigneur d'Alep et de Damas, leur envoya des ambassadeurs, pour leur annoncer qu'il s'engageait à rendre les captifs qu'il retenait et qu'il traitait avec une rigueur impitoyable, au nombre de six mille. Il avait eu d'abord l'idée de leur rendre la liberté, et après les avoir habillés de neuf et avoir fait disparaître la trace des souillures qu'ils avaient contractées dans les fers, de les envoyer à la rencontre des deux souverains, pour intercéder en sa faveur, et leur dire qu'il se courberait sous leur autorité, comme un esclave. Mais les conditions qu'il proposait furent rejetées, et ses envoyés se retirèrent avec cette réponse, que Nour-eddin eût à quitter le pays, et à se retirer où il lui plairait ; ou sinon que toutes les populations, jusqu'aux enfants à la mamelle, seraient exterminées. A une audace sans exemple, l'armée chrétienne joignait une joie qu'elle faisait éclater comme en un jour de noce. Tandis que l'on ne pensait à rien, tout à coup il arriva de la Ville impériale (Constantinople) une lettre annonçant qu'une insurrection avait éclaté contre Manuel, ainsi que d'autres événements qui avaient pour origine la magie (2). Nous n'avons pu approfondir et savoir avec certitude ce qui produisit cette œuvre satanique; mais à coup sûr, cette nouvelle imprévue fut le motif qui détermina l'empereur à rendre à Thoros les pays qu'il lui avait enlevés, regardant cet acte de spoliation comme un triomphe suffisant pour lui. Nous voyons en effet, par ce qui s'est passé dans les temps anciens, et nous lisons dans les chroniques, que les empereurs des Grecs n'ont jamais rien fait pour la délivrance des chrétiens, et qu'au contraire ils ont occasionné la ruine et la prise de leurs villes et de leurs provinces. C'est par les bons offices de ces princes que les Arméniens furent forcés de s'expatrier, que les infidèles devinrent puissants, et que dans leurs fréquentes irruptions ils s'emparèrent de toutes les contrées, et en premier lieu d'Ardzen (Erzeroum), de Mélitène (Meldéni), de Sébaste, de la cité royale d'Ani, et que ces hordes étendirent leurs conquêtes jusqu'au voisinage de Constantinople. Les Franks, cette race belliqueuse, tentèrent une troisième expédition pour la délivrance des chrétiens; mais, grâce à la trahison et à la perfidie de l'empereur, ils furent vaincus et détruits par les Turks, comme nous l'avons vu nous-même de nos propres yeux. Si c'était dans l'intérêt des chrétiens que l'empereur fût venu, il n'aurait pas dû prolonger son séjour sept mois à Mecis. C'est de la même manière que s'était comporté son père, qui emmena le baron Léon et d'autres chefs Arméniens. Ces explications suffiront à quiconque est doué de jugement. Les faits et gestes des souverains de Constantinople démontrent évidemment la haine implacable qu'ils ont vouée à notre nation. Ces Romains lâches et efféminés, après s'être concertés en conseil, dirent à leur maître : « N'écoute ni les Arméniens, ni les Franks ; hâte-toi de « retourner occuper ton trône, et puis tu reviendras. »

CCLXXVI. Les orthodoxes (1), instruits de cette résolution, virent leurs espérances de bonheur se convertir en une douleur inconsolable, par suite du départ des Grecs. En vain ils supplièrent maintes fois l'empereur, ils ne purent jamais le faire revenir sur ses pas. Ils le conjuraient, lorsqu'il était sur le point de les quitter, de s'arrêter au moins trois jours devant Alep. Mais il s'obstina à repousser ces justes représentations. Il envoya des ambassadeurs au seigneur de cette ville, alors tremblant de frayeur, comme on l'avait appris, consumé par le feu ardent de la terreur que les chrétiens lui causaient, pour lui demander de conclure un traité de paix. A cette proposition, les infidèles, abasourdis de joie, ne trouvèrent pas de paroles pour faire une réponse convenable ; ils s'imaginaient en effet que ces messagers étaient venus à eux comme espions. Mais sur les assurances qui leur furent données, ils promirent de se conformer aux volontés de l'empereur. Toutefois, violant leurs serments, ils ne renvoyèrent que cinquante prisonniers, pris parmi les Franks les plus illustres, et réclamés par cet indigne monarque. Il abandonna ainsi, par des considérations humaines, une multitude de captifs que le Christ allait rendre à la liberté par son ministère, le Christ auquel ils rendent un culte imparfait, tout en nous calomniant et en nous condamnant d'après les suggestions de leur haine et de leur malveillance. Les musulmans ne nous trompent pas tout en nous immolant. Les Grecs se retirèrent en nombre immense, non comme le lion courageux, mais comme le faible renard; pareils à des fugitifs, ils arrivèrent sur le territoire du sulthan Kilidj-Arslan. Ce n'est point comme ministre des ordres de Jésus-Christ que celui-ci tira vengeance de leur conduite; il était chargé seulement de leur faire expier les malédictions et les blasphèmes qu'ils avaient vomis contre les orthodoxes, lorsqu'ils refusèrent de porter secours à l'Église et aux captifs. La perverse et vile race des Turkomans (Tourkmans), s'étant mise à leurs trousses, comme après des fuyards, leur tua 2,000 hommes, ainsi que le beau-père de l'empereur, et leur prit 20,000 chevaux et mulets. Cette agression engendra une inimitié mortelle entre l'empereur et le sulthan Kilidj-Arslan.

CCLXXVII. Il semble à mon esprit faible et impuissant qu'il ne faut plus songer à expliquer nos malheurs actuels que comme un effet de la haine conçue contre nous, et comme l'accomplissement de la prédiction du saint homme de Dieu, le grand Nersès, notre Illuminateur, lequel, éclairé par une intuition supérieure et par une inspiration céleste, consigna dans son livre véridique cette prophétie, « qu'avant peu de temps, les Romains n'accorderaient plus aucune attention à ce qui se rapporte à la guerre, et n'auraient d'autre occupation que de lever des impôts et de susciter des discussions théologiques. »

Les choses s'étant terminées ainsi, le Pansébaste (2) Thoros resta dans ses états héréditaires, et protégé par les ordres et l'amitié de l'empereur, il y vécut en paix et sécurité. Cependant le seigneur d'Alep, flambeau de sa nation, débarrassé d'une guerre formidable, et poussé par les conseils de son méchant frère Miran et des Grecs, qui étaient d'accord avec lui, envoya proposer au roi de Jérusalem de conclure une trêve de quatre mois. Il gagna à force d'argent ce prince, qui en était très-avide, et après l'avoir circonvenu, il se dirigea vers Khar'an, ville qu'il avait cédée précédemment à Miran. Des délateurs lui ayant fait entendre que lorsqu'il était malade, son frère avait voulu se défaire de lui, il les crut et vint attaquer Khar'an avec une puissante armée. Après avoir campé sous ses murs deux mois, il prit cette place d'assaut, et dans les environs Rakka (R'aga) (3) et Édesse. Il soumit ainsi toutes les villes qui avaient secoué son joug. De là il se transporta dans la contrée de Raban, qui appartient aujourd'hui au sulthan, et s'en empara; puis à Marasch, qu'il enleva pareillement. A la nouvelle de ces succès, l'émir de K'éçoun se détacha du parti du sulthan, et reconnut la suzeraineté du tyran. Il alla le trouver à Raban, et tous les deux marchèrent ensemble contre Marasch et Béhesni. Les habitants étaient dans la consternation; car ils n'espéraient aucun secours. Il prit ces deux villes, en faisant crouler leurs remparts. S'il réussit à ruiner ces provinces, c'est grâce à l'alliance qu'il avait faite avec le roi de Jérusalem, trompé par lui comme un enfant. Tandis qu'il était à Béhesni, une mauvaise nouvelle lui parvint de Damas. On lui écrivit qu'à l'expiration de la trêve, les troupes frankes des Frères étaient venues faire du dégât. Étant parti aussitôt pour Alep et Damas, il rassembla des forces nombreuses contre le roi de Jérusalem.

CCLXXVIII. Au commencement de l'année 609 (10 février 1160 - 8 février 1161), les Turks se réunirent auprès du fils de Zangui, à Damas, tandis que les Franks accouraient auprès du roi de Jérusalem, prêts les uns et les autres à se faire la guerre. Étant restés dans cette expectative jusqu'à l'entrée de l'hiver et sans en venir aux mains, ils conclurent une trêve de deux ans ; et les deux partis se séparant, chacun s'en revint de son côté. Kilidj-Arslan et Yakoub-Arslan se raccommodèrent aussi ; le sulthan céda à ce dernier la ville d'Ablastha, et le territoire qui en dépend, et qui faisait partie de ses domaines, comme ayant appartenu jadis à son père ; car, dans leurs querelles, Yakoub ne cessait de les lui réclamer.

CCLXXIX. A la même époque, le fils du comte (1) fut fait prisonnier et conduit à Alep. Cette même année, et au mois d'octobre, l'émir Miran (2), fils de l'émir Ibrahim (Iprahim), fils de Soukman et seigneur des villes et districts de Khelath, Ardjêsch, Mousch (3), Dogh'odaph' et Mandzguerd, envoya son beau-père Adradin (Nasreddin?) (4) avec une armée considérable dans la Géorgie. De son côté, le brave Giorgi (Korkê) (5), souverain de ce royaume, se préparait avec les siens à faire une incursion chez les Turks. Les deux armées se rencontrèrent dans la province d'Okhthis (6), et un combat terrible s'engagea. Les Géorgiens eurent l'avantage ; ils mirent les Turks en fuite, en exterminèrent un grand nombre, et firent quantité de prisonniers, parmi lesquels étaient trois cents chefs turks. Cependant le commandant de la cavalerie géorgienne ayant été blessé à la main d'une flèche, descendit de cheval, et s'assit par terre. Les ennemis empoisonnèrent sa blessure. A l'arrière de l'armée turke étaient restés des musulmans, Géorgiens de nation, qui s'étaient joints aux Turks à la suite de Vaçag, renégat géorgien, et avaient servi de guide aux infidèles. Ils survinrent inopinément et ayant surpris le général descendu de cheval, le saisirent, et l'emmenèrent à l'émir Schah-Armên. Ils n'eurent d'autre peine que de mettre la main sur ce chef, qui était surnommé Gagh' (Boiteux).

CCLXXX. En l'année 610 (9 février 1161 - 8 février 1162), le roi de Géorgie, Giorgi (Korkè), fils de Dimitri (Témédrê), fils de de Tavith (David), vint attaquer la ville royale d'Ani, pendant l'été, un lundi. Après avoir employé un jour à l'investir, le lendemain il la prit, et tua un millier de personnes, chrétiens ou infidèles. Après y avoir placé une garnison de 2000 hommes d'élite, il rentra dans ses États, fier de cette victoire signalée. Cependant le seigneur de Khelath, Schah-Armên, ayant rassemblé 80,000 hommes, vint assiéger Ani. Aussitôt le roi de Géorgie accourt, le bat et le met en fuite. Dans cette journée il périt 7,000 infidèles ; 2,000 furent faits prisonniers, avec six de leurs généraux et cent cinquante émirs d'un haut rang. Korkè leur enleva des chevaux, des mulets, des chameaux, des tentes, des cuirasses et autres armes, ainsi que des troupeaux ; le tout en quantité immense. Ani regorgea de butin ; et ce que les habitants avaient perdu lorsque les Géorgiens occupèrent cette ville (1), leur fut compensé au double et avec une telle abondance, qu'une cuirasse de choix ne se vendait que deux tang (2). Quelque temps après étant allés visiter le champ de bataille, ils découvrirent dans l'herbe des tas de cuirasses qu'ils emportèrent. Le roi combla ainsi de biens cette cité, lorsqu'il s'en rendit maître. Il donna 40,000 tahégans pour racheter des mains de ses cavaliers, les captifs d'Ani, chrétiens ou infidèles. Ces événements se passèrent à l'époque du jeûne de saint Grégoire, qui tombe au milieu du carême de l'été, date de la prise d'Ani (3). C'est au mois d'août que l'émir Miran Schah-Armên vit ses troupes ainsi exterminées (4). Trois jours après, la lune s'obscurcit et apparut couleur de sang, à partir du soir jusqu'à minuit ; elle était au quatorzième jour de son cours.

CCLXXXI. Cette même année, le seigneur d'Antioche, qui porte le titre de Prince (Prïndz), et qui se nommait sire Renaud (Siranagh'd), vint pendant l'automne fondre sur la contrée d'Alexis (1), tandis que les habitants étaient en pleine sécurité. Il étendit ses incursions jusqu'à la forteresse du catholicos appelée Dzov (2), et ravagea tout le territoire environnant, faisant prisonniers les Turkomans qu'il rencontrait. Il avait avec lui un millier d'hommes, cavaliers, fantassins et autres gens de guerre (3). Cependant Medjd-eddin (4), lieutenant de Nour-eddin, lequel avait réuni antérieurement un corps de 10,000 hommes, ayant placé son avant-garde en embuscade, surprit le détachement de sire Renaud. Ceux qui le composaient furent massacrés ou fait prisonniers. Lui-même fut pris avec trente cavaliers, et perdit quatre cents hommes (5). Fier de cette victoire, Medjd-eddin rentra à Alep, traînant après lui ses captifs, et parmi eux le Prince, qu'il accabla d'outrages et de mauvais traitements. En même temps il fit prévenir de ce succès Nour-eddin, qui était alors à Damas, occupé à réunir de la cavalerie, dans le dessein d'aller combattre le roi de Jérusalem. A cette nouvelle, Nour-eddin revint et saccagea toute la contrée jusqu'à Tripoli, et y fit des prisonniers qu'il conduisit à Alep.

Delà il marcha sur Harem (Hérim) (6), qu'il investit. Mais il fut obligé de suspendre le siége à cause de l'abondance des pluies et par la crainte que lui causait le roi de Jérusalem. Celui-ci était accouru avec Thoros, descendant de R'oupên, à la tête d'un détachement de troupes grecques. Mais dès qu'il se fut retiré avec ses auxiliaires, Nour-eddin revint, et ayant mis le siége devant l'inexpugnable forteresse d'Ardzkhan (7), elle se rendit sous la garantie d'un serment. Malgré cela, il la démolit et la détruisit de fond en comble. Il fit prisonniers les chrétiens qui la défendaient et les emmena chez lui à Alep.

CCLXXXII. Cette même année, le sulthan Kilidj-Arslan se rendit auprès de Manuel, en compagnie de l'émir Miran, frère de Nour-eddin. Après avoir été comblé par l'empereur de présents, et avoir conclu un traité par lequel il s'engageait, sous la foi du serment, à lui rester soumis jusqu'au jour de sa mort, il s'en retourna dans sa capitale (1), emportant les sommes considérables qu'il avait reçues.

Vers le commencement de l'année 614 (9 février

1162 - 8 février 1163), mourut un homme digne des louanges de tous, le docteur Basile (2). Il fut enterré au couvent de Trazarg, où sont les tombeaux des deux saints docteurs dont il fut l'émule. Ceci est la fin de nos récits et le commencement d'une nouvelle période.

CCLXXXIII. Cette même année, Sdéph'anê, frère de Thoros le Grand, Sébaste, et fils de Léon, périt par la trahison et la perfidie d'un duc scélérat (1). Ce brave et illustre champion des chrétiens fut étranglé. Son frère tira vengeance de sa mort en immolant un millier de Grecs; le duc auteur du meurtre de Sdéph'anê sera comptable de leur sang devant Dieu.

CCLXXXIV. Cette même année eut lieu la prise de l'illustre ville de Tevïn, par le roi de Géorgie Korkê. Il y entra à la suite des infidèles, qui, sortis des murs pour le repousser, avaient pris la fuite devant lui. Il les mit en déroute et les extermina. Ceux qui échappèrent au glaive ayant cherché à se réfugier dans Tevïn, les Géorgiens y pénétrèrent avec eux, massacrèrent tous ceux qui s'offraient sur leurs pas, firent des captifs et incendièrent les maisons. Après quoi ils reprirent le chemin de leur pays, chargés de butin, et traînant avec eux une masse de prisonniers (1).

Au Christ miséricordieux, gloire et bénédiction dans les siècles des siècles! Amen.

FIN.

NOTES.

(Les chiffres romains indiquent la série des chapitres, et les chiffres arabes le numéro d'ordre des notes dans chaque chapitre.)

I. — 1. En donnant la concordance de l'ère arménienne et de l'ère chrétienne, j'ai indiqué le terme où commence et celui où finit inclusivement l'année arménienne ; ainsi, le 1er du mois de navaçart de l'année 401, ayant correspondu au 2 avril julien 952, le dernier jour de l'année, ou 5e des épagomènes, tomba le 1er avril 953.

2. C'est-à-dire la Babylonie, et tous les pays au sud de l'Arménie qui formaient l'empire des Khalifes.

3. Le mot *Dadjig* fut appliqué anciennement par les Arméniens, comme le mot *Scythe* par les Grecs et les Romains, à tous les peuples nomades. Dans Matthieu d'Édesse, les Dadjigs sont les musulmans en général, et quelquefois, dans un sens spécial, les Arabes. — On a proposé plusieurs étymologies de ce mot. M. d'Ohsson le fait dériver de *Tayoyo*, pluriel *Tayoyé*, par lequel les Syriens désignaient autrefois d'une manière générale les Arabes, et en particulier ceux de la tribu *Tay*, la plus considérable des tribus qui erraient dans les plaines sablonneuses de la Syrie. M. Neumann (*Translations from the chinese and armenian*, London, 1831) fait venir ce mot du chinois *Ta-yue* (Tadjik).

Plus tard, les Turks païens qui vivaient à l'est de l'Iaxarte ou Sihoun, ainsi que les Mongols, donnèrent la dénomination de

Tazik ou *Tadjik* aux musulmans qui habitaient les villes et les campagnes cultivées, et qui étaient d'origine turke, persane ou arabe, et comprenaient sous le nom de Turks, qu'ils s'appliquaient à eux-mêmes, les peuples nomades de race turke ou tartare. (Cf. d'Ohsson, *Hist. des Mongols*, T. I, p. 217, note 1 ; et St-Martin, *Hist. des Arsacides*, T. I, p. 26.)

4. Les noms placés entre parenthèses reproduisent, en regard de leur forme usuelle ou vulgaire, l'orthographe et la prononciation qu'ils ont en arménien.

5. J'ignore sur quel fondement notre auteur attribue au roi d'Arménie Tigrane la fondation d'Édesse. Tout ce que nous savons, c'est que l'origine de cette ville remonte à la plus haute antiquité, et qu'elle fut restaurée par le roi Abgar (Moyse de Khoren, II, 27). Antérieurement à ce prince, l'Arménie eut deux souverains du nom de Tigrane, l'un de la dynastie de Haïg, l'autre Arsacide, le même qui se rendit si célèbre par sa lutte contre les Romains. Il est probable que Matthieu fait allusion au premier; car Édesse existait déjà du temps du second, qui est du Ier siècle avant Jésus-Christ.

II. — 1. Le continuateur anonyme de Théophane dit que ce fut l'eunuque Basile, Accubiteur de l'empereur Constantin Porphyrogénète, qui s'empara de Samosate. Cette expédition, qui est de 958, fut suivie presque immédiatement, à ce que nous apprend Matthieu, de celle qui fit rentrer les Arabes en possession de cette ville, et qui eut lieu, à ce qu'il paraît, l'année suivante. Ils étaient commandés par Seïf-eddaula Abou'l-Haçan-Aly, fils d'Abdallah Abou'l-Heïdja, et petit-fils de Hamdan, fils de Hamdoun, prince de la famille arabe de Tagleb, fils de Wayel ; il régnait à Alep.

2. En arménien *Bar'agamanos*, transcription altérée du grec *Paracœmômenos*, *Accubitor*, officier qui couchait auprès de l'empereur. Cf. Codinus, *De offic. palat. Cptani*, ch. V, p. 56 ; Fabroti, *Gloss. ad Cedrenum* ; et Du Cange, *Gloss. mediæ et infimæ græcitatis*, et *Gloss. mediæ et infimæ latinitatis*.

3. Lorsque le siège de l'empire fut transféré à Byzance, Constantin donna à cette ville, qu'il agrandit et restaura, le nom de *Nouvelle Rome*. On lit dans un historien syrien dont l'ouvrage ne nous est parvenu que dans la traduction arménienne, le patriarche Michel : « Les empereurs de Byzance continuèrent à être nommés

« Romains, à cause de la dénomination de *Nouvelle Rome* que
« Constantinople avait prise de son fondateur Constantin, et les
« armées se confondirent les unes avec les autres, sous l'autorité
« du nom Romain. » (Cf. mon *Extrait de la chronique de Michel le
Syrien*, Journ. Asiat. octob. 1848 p. 293). Matthieu d'Édesse, comme
tous les auteurs arméniens, désigne les Grecs du Bas-Empire sous
le nom de Romains, *Hr'omk'* ou *Hôr'omk'*. Le nom de *Hr'ovmaïetsik'* ou *Hr'omaïetsik'* était appliqué plus particulièrement
aux Romains d'Occident, c'est-à-dire aux Latins, et aux Franks.

III. — 1. Les Arméniens qualifient les empereurs d'Orient du
titre de *Thakavor*, roi, qui est la traduction du mot *Basileus*, employé par les écrivains byzantins ; ils se servent aussi quelquefois
de la dénomination *Gaïser*, César. Nous avons, dans le cours de
notre traduction, adopté le titre plus usuel d'*empereur*.

2. Romain II, dit le Jeune, fils de Constantin Porphyrogénète,
monté sur le trône le 10 novembre 959, mourut le 15 mars 963,
après un règne de 3 ans, 4 mois et 5 jours — De Muralt, *Essai de
chronographie byzantine*, Saint-Pétersbourg, in-8°, 1855.

3. Par le mot *Océan*, les Arméniens entendent aussi la Méditerranée, comme on peut le voir déjà dans un de leurs historiens du
V⁵ siècle. (Moyse de Khoren, I, 14, et II, 12. Cf. Mekhithar-abbé,
Dict. des noms propres).

4. Ceci est une erreur évidente, puisque ce calcul nous ferait
remonter à 559, date antérieure à l'apparition des Arabes sur la
scène du monde, comme peuple conquérant. Le premier des
musulmans qui entra dans l'île de Crète est Abou-Omeyia-el-Aredi,
sous Moawyia (661-680). Si on lisait dans le texte de Matthieu
cent quatre ans au lieu de *quatre cents*, par une interversion
quelquefois usitée dans les lettres numérales, on pourrait supposer
qu'il entend l'espace écoulé depuis la conquête définitive de l'île
de Crète, sous le règne du khalife abbasside El-Mamoun (813-
833), par Abou-Hafs Omar, fils de Schoaïb el-Andalouci.

5. « Un émir nommé Hamdoun, précédemment général des
« armées du khalife (Mothi'), s'étant révolté contre ce prince, s'était
« emparé de la province d'Agh'etznik'. Ayant appris qu'Aschod III,
« roi d'Arménie, avait acquis une très grande puissance, il lui envoya
« l'ordre, avec menaces, de lui payer un tribut considérable. Aschod
« lui ayant opposé un refus, Hamdoun marcha contre lui avec des

« forces nombreuses. A cette nouvelle, Aschod s'avança à la tête
« de ses troupes. Il défit Hamdoun et passa au fil de l'épée la plus
« grande partie de son armée, et l'ayant fait prisonnier, le tua.
« Le khalife, instruit de ce succès, lui envoya de riches présents
« pour lui faire honneur et lui témoigner sa reconnaissance ;
« parmi ces dons était une double couronne. En même temps il lui
« conféra le titre de *Schahi-Armên* (roi des Arméniens), de même
« qu'Aschod Ergath avait reçu précédemment celui de *Schahinschah*
« (roi des rois). » — Tchamitch, T. II, p. 837-838.

IV. — 1. Il y a ici une confusion. Ce furent, non point les Arabes, mais les Grecs, qui, sous la conduite de Nicéphore Phocas, enlevèrent cette même année Anazarbe et Alep à Seif-eddaula. Dhalim el-Okaïli, gouverneur de Damas pour les sulthans d'Égypte Ikhschidites, vint à son secours avec 10,000 hommes, et Nicéphore, instruit de son arrivée, prit le parti de se retirer. Cf. Cedrenus, p. 505, Zonaras, T. II, p. 155, Léon le Diacre, éd. Hase, Paris 1819, in-fol. p. 198 ; Elmakïn, trad. d'Erpénius, p. 223-224 ; Deguignes, *Hist. des Huns*, T. III, p. 153.

2. Abou'l-Haçan-Aly, fils d'Ikhschid.

V. — 1. Kor', fils de Georges (Kêork), de la famille satrapale Marzbédouni. Tchamitch, T. II, p. 814 et 837.

2. J'ai traduit par un équivalent, plutôt que littéralement, l'expression *marzbédagan kount*, dont se sert ici Matthieu, et qui signifie proprement *corps employé au service et à la garde du marzban* ou *marzbed* (gouverneur perse de l'Arménie), et destiné à agir sous ses ordres immédiats. Ce corps, et le titre qu'il portait, s'étaient conservés, à ce qu'il paraît, jusqu'au temps des rois bagratides. Je pense que c'étaient des troupes qui faisaient un service permanent, à la différence de celles qui appartenaient aux divers princes et chefs de l'Arménie, et qui étaient convoquées en cas de guerre. Le R. P. Dchakhdchakh, dans son Dictionnaire arménien-italien, traduit cette expression par *troppa del prefetto, soldati pretoriani*. Peut-être cette dénomination de *marzbédagan* vient-elle du surnom patronymique de Kor', commandant en chef de l'armée arménienne. Voir la note précédente.

3. Ananie, de la province de Mogk', précédemment supérieur du couvent de Varak, monta sur le siége patriarcal en 943, et termina

sa carrière, suivant l'historien Açogh'ig, en 414 de l'ère arménienne (30 mars 965-29 mars 966).

4. Aschod III, dit le Miséricordieux, à cause de sa charité inépuisable envers les pauvres, fils du roi Apas, eut deux fils, Sempad II et Kakig Ier, qui lui succédèrent l'un après l'autre. Samuel d'Ani le fait régner depuis 955 de l'ère de la Nativité (953-954 È. Ch.) jusqu'en 973 (971-972), et Tchamitch de 952 à 977 È. Ch. Il est certain qu'il vivait encore vers la fin de 972, comme le prouve la lettre que lui adressa Zimiscès pour lui apprendre les succès qu'il avait obtenus contre les Arabes dans le cours du printemps de cette même année (ch. XVI).

Il faut remarquer que Matthieu a singulièrement brouillé la chronologie des souverains bagratides d'Ani, dont il anticipe de beaucoup l'avénement. C'est ainsi qu'après avoir parlé d'Aschod III, il passe sans aucune transition à Kakig Ier, en omettant le règne intermédiaire de Sempad II. Nous le rectifierons toutes les fois que nous pourrons nous appuyer sur des synchronismes certains.

VI. — 1. Jean IV, successeur de Kakig Ier, qui mourut en 407 È. A. (1 avril 406-31 mars 407). Comme il assista à l'élection de Vahan ou Vahanig, catholicos d'Arménie, en 965, nous savons par là qu'il était encore sur le siége à cette époque. — Cf. Schahkhathouni, *Description d'Êdchmiadzïn et des cinq districts de l'Ararad*, imprimerie du couvent patriarcal d'Êdchmiadzïn, 1842, 2 vol. in-8°, T. II, p. 338-339.

2. Ph'ilibê appartenait à la seconde dynastie des rois de Gaban ou de Ph'ar'isos, qui descendaient de Haïg. Notre chroniqueur donne plus loin (ch. CXXVI) la généalogie de ces princes.

3. Il est impossible de déterminer exactement quel était le souverain qui régnait alors sur l'Aph'khazie. L'*Histoire de la Géorgie* (traduite par M. Brosset, Saint-Pétersbourg, 1849, in-4°, p. 280 et suiv.) offre pour cette période une très grande confusion. Les Aph'khazes, peuple chrétien, occupaient le pays situé entre la Géorgie au sud, et la Circassie au nord. Cette contrée porta aussi le nom d'*Ecreticê*, l'*Eker* des Arméniens, *Egris* ou *Imérêth* des Géorgiens, et fut réunie parfois au royaume de Karthli ou Géorgie.

4. L'empereur Romain II.

5. L'auteur désigne, par le nom de *Babylone*, tantôt Bagdad, qui

avait remplacé comme métropole de l'Orient l'antique cité des Chaldéens, et tantôt (chap. XVI) le Kaire, qui fut bâti sur les ruines de la Babylone d'Égypte, en 958, par Djeuhar, général du khalife Moezz.

6. La Perse était alors sous la domination des Samanides, qui s'étaient rendus indépendants des khalifes, et qui formèrent deux dynasties, l'une à Bokhara, l'autre à Samarkande.

7. Cf. sur l'apostolat de S. Thaddée et de S. Barthélemy, Moyse de Khoren, II, 33 et 34 ; et *Vies des Saints*, par J. B. Aucher, T. IV, p. 14 et suiv. et T. IX, p. 425 et suiv.

8. Dans l'histoire byzantine, il est appelé au contraire Romain le Jeune, ainsi que nous l'avons vu, ch. III, n. 2.

9. Matthieu d'Édesse compte ces événements à partir du couronnement d'Aschod III, qu'il rapporte (ch. V, n. 3) à 410, et nous place par conséquent en 412 (31 mars 963-29 mars 964), année de l'avènement de Nicéphore, qui monta sur le trône quelques mois après la mort de Romain, arrivée le 15 mars 963.

10. Nicéphore Phocas fut couronné dans l'église de Sainte-Sophie par le patriarche Polyeucte, le dimanche 16 août 963. Il avait été proclamé empereur par l'armée d'Orient campée devant Césarée de Cappadoce, le 2 juillet de la même année. — Cf. Léon le Diacre, *Notes*, p. 204, et De Muralt, *Essai de chronographie byzantine*.

11. Le jugement que porte Matthieu d'Édesse sur le caractère de Nicéphore, dont il fait un si bel éloge, s'accorde avec celui des chroniqueurs grecs, et est probablement l'expression de l'opinion populaire, qui faisait de ce prince, avant qu'il montât sur le trône, un héros et un saint. La haine invétérée que les Arméniens avaient vouée aux Grecs, et dont Matthieu et les autres écrivains de sa nation se font si souvent les organes, peut faire croire que cette fois-ci il a parlé avec impartialité. Cependant Lebeau (LXXV, 27) a tracé un portrait odieux de Nicéphore ; mais Gibbon, dont les appréciations sont si justes et si profondes, toutes les fois qu'il n'est pas égaré par ses préjugés antireligieux, l'a justifié au moins sur le chef de l'avarice inhumaine dont l'accuse l'historien français.

12. Nicéphore, ayant franchi le mont Amanus, entra dans la partie de la Syrie qui a été quelquefois comprise dans la Cilicie ; il ravagea tout le contour du golfe d'Issus, et pénétra jusqu'à Rhosus, dont il s'empara ainsi que d'Anazarbe et d'Adana ; puis il

revint en Cappadoce établir ses quartiers d'hiver. L'année suivante (965), au retour du printemps, il divisa en deux corps son armée, qui comptait 400,000 hommes. Il envoya l'un faire le siége de Tarse sous les ordres de son frère Léon ; et marcha lui-même avec le second corps contre Mopsueste. Après avoir emporté cette ville, il alla rejoindre Léon, qui éprouvait devant Tarse une vive résistance. Cette ville ayant été soumise à un blocus rigoureux, se rendit. L'empereur rentra à Constantinople au mois d'octobre. (Lebeau, Hist. du B. E. LXXV, 9 et 10.)

13. L'empereur étant passé devant Antioche sans l'attaquer, alla s'emparer des places situées dans le Liban, et depuis les côtes de la Phénicie jusqu'à Édesse au-delà de l'Euphrate. Laodicée et Menbedj, l'ancienne Hiérapolis, firent peu de résistance. Alep se soumit à un tribut annuel, ainsi que Tripoli et Damas. Arka fut prise en neuf jours ; Emesse, que Nicéphore trouva déserte, fut brûlée. Au mois de décembre, il revint vers Antioche, mais le manque de vivres au milieu d'un pays dévasté, et les mauvais chemins, l'obligèrent à battre en retraite, et il retourna à Constantinople. Après son départ, le patrice Bourtzès et l'eunuque Pierre Phocas réussirent par un coup de main à se mettre en possession d'Antioche, qui resta ainsi entre les mains des Grecs, après avoir été pendant plus de trois siècles au pouvoir des Arabes. — Léon le Diacre, pp. 43 et 44 ; Lebeau, LXXV, 11 et 12.

Cette expédition a été fixée par Lebeau à 966 ; mais M. Hase (notes sur Léon le Diacre, p. 218) a montré qu'elle doit être retardée de deux ans, jusqu'en 968, suivant le témoignage de Léon le Diacre et le calcul de Pagi (ad Baronium, IV, 19 c.) ; M. de Muralt indique la même date.

VII. — 1. Jean Zimiscès vivait alors en simple particulier, retiré chez lui en Asie, et non point dans une île, comme le prétend Matthieu. L'empereur Nicéphore, cédant aux suggestions de son frère Léon, l'avait dépouillé de la charge de Domestique, et lui avait intimé l'ordre de se retirer dans sa maison, avec défense d'en sortir. L'impératrice Théophano, qui haïssait Nicéphore, et qui s'était éprise de Zimiscès, avait su obtenir de son mari une lettre qui le rappelait à Constantinople. Le messager qui en était porteur le ramena à Chalcédoine, où Nicéphore lui fit dire d'attendre encore un peu de temps. Zimiscès, traversant le Bosphore en secret pendant la nuit, se rendait au palais et entretenait des relations criminelles avec Théophano.

Suivant les auteurs arméniens, Zimiscès était de leur nation, et originaire de la ville d'Hiérapolis, dans le district de Khozan (4ᵉ Arménie), ville qu'ils supposent avoir été appelée *Tchemeschgadzak* du nom de cet empereur (Cf. ch. XV). Ce nom, *Tchemeschguig*, ne se rapporte à aucune racine arménienne connue. On remarque seulement qu'il se termine par la syllabe qui, dans cette langue, indique les diminutifs. Léon le Diacre (p. 56) le traduit par *mouzakitzès* « parce que, dit-il, Zimiscès était de très-petite « taille. » Les efforts de M. Brosset (notes sur Lebeau, T. XIV, p. 101, n. 1) sont loin d'avoir réussi à éclaircir l'étymologie de ce mot. Une conjecture non moins incertaine est celle qu'a proposée Cirbied (Cf. notes sur le 5ᵉ livre de Léon le Diacre, p. 224). Suivant lui, *Tchemischgaïzak* signifierait la *sandale brillante* que portent à leurs pieds les femmes d'Orient, et *Tchemeschguig* serait le diminutif de ce mot avec l'acception de *petite sandale étincelante*. Cette dérivation est contraire à toutes les lois de l'analogie.

2. Suivant Cedrenus (p. 518-519) et Glycas (p. 238), ce fut dans la nuit du 10 au 11 décembre, indiction XIII, l'an du monde 6478 = 969 È. ch., que périt Nicéphore : Matthieu est donc en avance pour cette date de près de six ans. — Zimiscès fut introduit par l'impératrice Théophano au moyen d'une corbeille dans le palais. Il était accompagné de ses amis le patrice Bourtzès, Léon Valentius et Théodore le Noir. Ayant surpris Nicéphore pendant son sommeil, les conjurés le massacrèrent, et après lui avoir coupé la tête, la montrèrent par la fenêtre, à la lueur des flambeaux, aux gardes et au peuple accourus. Zimiscès fut aussitôt proclamé empereur.

3. D'après Léon le Diacre, Nicéphore fut enterré auprès de Constantin-le-Grand, dans l'église des Saints-Apôtres, à Constantinople. — Cf. sur les tombeaux des empereurs byzantins, M. Brunet de Presles, *Mémoire lu à la séance annuelle de l'Acad. des Inscript. et Belles-Lettres*, 1856.

4. District de la 4ᵉ Arménie, *Anzitêné* de Ptolémée ; *Chanzit* des Byzantins.

VIII. — 1. Cette date est un anachronisme évident. Suivant Vartan, Kakig Iᵉʳ occupa le trône de 434 È. A. (25 mars 985-24 mars 986) à 444 (23 mars 995 - 21 mars 996), ce qui lui donne un règne d'environ dix ans. Mais Açogh'ig, écrivain contemporain, justement estimé pour l'exactitude de ses dates, fait correspondre la 15ᵉ année de Kakig à 453 È. A. (20 mars 1004 - 19 mars 1005); par conséquent, sa première année est 439 (24 mars 990 - 23 mars 991). S'il a régné 29 ans, comme l'indique Tchamitch, sa dernière année est donc 1018.

2. Jean, appelé aussi Sempad, et Aschod surnommé le Brave.

3. Sénékérim Jean, le dernier des princes ardzrouni qui régnèrent sur le Vasbouragan, ne devint maître de ce pays en entier qu'en 1003, comme l'atteste Tchamitch (T. II, p. 883). D'après Açogh'ig (III, 46), son autorité était circonscrite auparavant à une portion de cette province, le district de R'eschdounik'. Plus tard, en 1021, Sénékérim, inquiété par les Turks Seldjoukides, céda ses États à l'empereur Basile II, qui lui donna en échange Sébaste, dans la Cappadoce. Il eut pour successeur, dans la possession de cette ville, son fils aîné David (Tavith), et ensuite ses deux autres fils Adom et Abouçahl. Ces deux derniers furent tués par les Grecs en 1080, sous le règne de Nicéphore Botoniate, qui réunit leur souveraineté à l'empire.

4. Les princes ardzrouni faisaient remonter leur origine aux deux fils de Sennachérib, roi d'Assyrie, Adramélech et Sarasar, qui, après avoir tué leur père, se sauvèrent en Arménie (IV Rois, XIX, 37; Isaïe, XXXVII, 38; Tobie, I, 24.) Les descendants de Sarasar peuplèrent le district qui de leur nom, dit-on, fut appelé Sanaçounk', et en vulgaire Saçounk'. Adramélech s'établit à l'est des possessions de son frère, et sa postérité occupa la province de Vasbouragan. — Cf. Moyse de Khoren, I, 23, et mes *Recherches sur la Chronologie armén.* T. Iᵉʳ, 1ʳᵉ partie, chap. II, note 141.

IX. — 1. Le district d'Antzévatsik' était compris dans la province de Vasbouragan. Kourkên-Khatchig, souverain de ce district, était frère d'Aschod-Sahag, qui régnait sur la plus grande partie de cette province, et de Sénékérim Jean, roi du pays de R'eschdounik'. Ces trois princes étaient fils d'Abouçahl Hamazasb. Kourkên-Khatchig eut trois fils, Térénig, Kakig et Aschod. Comme ils étaient encore en bas âge à la mort de leur père, arrivée en 1003, Sénékérim Jean, leur oncle, s'empara de leurs possessions, et devint ainsi maître de tout le Vasbouragan.

2. Le mont Varak est au sud de la ville de Van, dans le district

de Dosb, province de Vasbouragan. Au pied de cette montagne s'élevait un monastère célèbre par le fragment de la vraie Croix que l'on y conservait. J'ai donné des détails sur l'histoire de cette relique, célèbre parmi les Arméniens, dans ma *Chronologie arménien*. T. 1er, 2e partie, *Anthologie chronologique*, n° XXXIII.

3. L'on ne connaît point aujourd'hui la valeur exacte du tahégan, en persan *dehgani*; il paraît qu'il équivalait au *dinar* des Arabes. Au-dessous du tahégan, les Arméniens avaient le *tram*, la drachme ou dirhem, et ensuite le *ph'ogh'*, l'obole ou folous. Il y avait des tahégans d'or et des tahégans d'argent. Dans la Bible arménienne, ce mot a le sens vague du grec *nomisma* et du latin *nummus*. *Traité des poids et mesures des anciens* (en arménien), par le R. P. Pascal Aucher, Venise, in-4°, 1821, p. 71-74.

4. Nos deux mss. 95 et 99, lisent ainsi le nom de la reine, femme de Kakig Ier. Tchamitch écrit *Gadramidé*. Suivant l'historien Vartan, elle était fille de Vaçag, prince de Siounik', de la famille Siçagan, tandis que Matthieu d'Édesse lui donne pour père Giorgi Ier, roi bagratide de Géorgie.

5. Akhourian ou Akhouran, appelé aussi rivière de Gars, l'Arpatchaï des modernes. C'est un des affluents de l'Araxe.

6. Les Bagratides s'étaient partagés en quatre branches principales, qui régnèrent, dans l'Arménie, à Ani, à Gars et à Lor'ê, et dans la Géorgie.

Les Bahlavouni, dont le nom dérive de celui de la ville de Bahl, dans la Bactriane, leur primitive résidence, descendaient de la famille royale des Arsacides. Cette famille s'était conservée encore en Arménie, et était représentée, à l'époque où nous place ici Matthieu, par Vaçag, père du célèbre Grégoire Magistros, dont il sera question plus loin (chap. XI, n. 3).

7. Samuel d'Ani et Vartan attestent formellement, comme Matthieu, que le catholicos Pierre 1er fut contemporain du roi Jean; mais, par suite des anachronismes que notre auteur a faits dans le commencement de son histoire, il avance outre mesure le pontificat de Pierre. Suivant Samuel d'Ani, il siégea de 465 È. A. (17 mars 1016 - 16 mars 1017) à 507 (7 mars 1058 - 6 mars 1059); et, suivant Tchamitch, de 1019 à 1058. Matthieu (chap. LXXXI) fixe sa mort en 504 È. A. (8 mars 1055 - 6 mars 1056). En sorte qu'il aurait siégé plus de 80 ans; ce qui est évidemment impossible.

X. — 1. Apas était fils de Mouschegh', fils d'Apas, roi bagratide d'Ani, et frère d'Aschod III, dit le Miséricordieux. Mouschegh' avait reçu d'Aschod en apanage la ville de Gars et le pays de Vanant. La dynastie de ces princes fut de courte durée, car Kakig, fils d'Apas, céda en 1064 ses États à l'empereur Constantin Ducas, qui lui donna en échange Dzamentav, ville située sur les confins de la seconde Arménie, à l'est d'Amasia.

2. Kourkèn ou Goriguè, troisième fils d'Aschod III, et par conséquent cousin-germain d'Apas, roi de Gars. C'est de son frère Sempad II qu'il reçut en apanage les contrées de Daschir, Davousch, Sévortik', dans le Tzoro'ked, Gaïian, Gaïdzon, Khor'-aguerd, Pazguerd, et autres districts ou places fortes dans l'Arménie orientale, sur les bords du Gour ou Cyrus. Il est la tige des rois Goriguians, dans l'Agh'ouanie arménienne.

3. Aschod, voulant se défaire de son frère le roi Jean, feignit une grave maladie, et s'étant mis au lit, fit creuser tout auprès un trou, afin que Jean y tombât lorsqu'il accourrait. En même temps il recommanda à Abirad de saisir Jean aussitôt qu'il se serait pris à ce piége, de l'emmener et de le tuer. Aschod envoya donc un de ses serviteurs, sur lequel il pouvait compter, au roi Jean, pour l'inviter à venir recevoir ses derniers adieux. Jean se hâta d'arriver, et étant tombé dans le trou, Abirad accourut et le chargea de chaînes. Puis il l'entraîna hors de la chambre où était Aschod, le remit en liberté, et le conduisit à Ani, où il le replaça sur le trône. Pensant qu'Aschod ne lui pardonnerait point de l'avoir ainsi joué, il se réfugia auprès d'Abou'lséwar. — Tchamitch, T. II, p. 899.

4. Abou'lséwar, émir de la famille des Beni-Scheddad, qui se rattachaient à la tribu kurde des Réwadis. Cette famille se rendit indépendante des Khalifes, dans le Karabagh, ou plutôt dans l'Ar'an, entre 951 et 1076. Elle posséda Kantzag jusqu'à la prise de cette ville par Bouzàn, général au service du sulthan de Perse Mélik-Schah, en 1088, et Ani jusque vers la fin du douzième siècle. — Cf. Tchamitch, T. III, p. 13 ; Fræhn, *Mém. de l'Acad. Impér. de St-Pétersbourg*, VIe série, T. III, p. 443 ; M. Brosset, *Hist. de la Géorgie*, p. 344. — Abou'lséwar avait épousé la sœur de David Anhogh'ïn (Sans-Terre), roi bagratide des Agh'ouans. — Cf. l'historien Arisdaguès Lasdiverdtsi, chap. X. — C'est l'*Aplespharès* des auteurs byzantins.

XI. — 1. Sous le nom de *Théloumnis, Dilémites*, ou *Élyméens*, les auteurs arméniens entendent les Turks Seldjoukides de la Perse. L'expédition dont parle Matthieu eut lieu en 1021. En la plaçant en 972-973, il commet une erreur qui provient de la perturbation qu'il a introduite dans la chronologie des souverains bagratides. — Les Turks, ayant envahi le Vasbouragan, se répandirent de là dans différentes directions, et s'emparèrent de plusieurs provinces arméniennes. Un détachement, sous les ordres de Thogrul-beg, se porta sur Nakhdchavan, en 470 È. A. (16 mars 1021 - 15 mars 1022), comme le raconte Vartan. Le général des Géorgiens Libarid marcha contre lui à la tête de 5000 cavaliers ; mais, effrayé du nombre des Turks, il se retira. Thogrul se dirigea rapidement vers Tevïn, puis entra dans le district de Nik. Tchamitch, T. II, p. 903-904.

2. Le district de Nik, où était la forteresse de Pedchni, faisait partie de la province d'Ararad. Cette forteresse s'est transformée aujourd'hui en un village situé sur la rivière Zengui ou Zangou, à 5 milles à l' E. du village d'Egh'ivart ou Egh'vart, dans la partie du territoire arménien que la Perse a cédée à la Russie, par le traité de Tourkman-tchaï, en 1828.

3. Vaçag appartenait à l'une des plus illustres familles de l'Arménie, puisqu'il était du sang royal des Arsacides. Il descendait de la fille du patriarche saint Sahag le Parthe (cf. ch. CXI, n. 1), qui lui-même comptait parmi ses aïeux saint Grégoire l'Illuminateur. Le fils de Vaçag est le célèbre Grégoire, qui fut plus tard décoré du titre de *Magistros* par l'empereur Constantin Monomaque, et créé duc d'une partie de la Mésopotamie. Il s'illustra autant par sa valeur militaire que par son érudition et les nombreux ouvrages qu'il a composés. Il eut quatre fils, Vahram, l'aîné, qui devint plus tard catholicos, Vaçag, Vasil et Ph'ilibbê, ainsi que plusieurs filles.

4. *Khaph'tchig*, originaire du Habesch, ou Abyssin. Les Arméniens désignent par ce mot d'une manière générique tous les peuples de couleur noire, les Ethiopiens, les Maures, et même les Indiens.

5. Emran était un chef arménien qui marchait avec Ph'ilibbê et Georges Tchordouanel sous les ordres de Vaçag.

XII. — 1. *Serguévéli* ou *Serguevli* signifie en arménien *coignassier*; on doit donc traduire *la montagne du coignassier*. Indjidji (*Arm. anc.* p. 537) la comprend dans la liste des localités dont la position est aujourd'hui inconnue ; mais il est évident, par le récit de Matthieu, qu'elle était située ou dans le district de Nik, ou dans le voisinage.

XIII. — 1. Tchamitch (T. II, p. 845), d'après les mss. qu'il a eus entre les mains, a lu *Mleh témesligos*. Nos deux mss. de la Bibl. impér. portent : *le Témialigos appelé Mleh*. C'est le titre grec *Domesticos tôn scholôn* « Domesticus scholarum » attribué au général en chef des armées d'Orient. Le personnage qui est mis en scène ici, et dont les historiens byzantins taisent le nom, était peut-être arménien, comme ce nom de *Mleh* semble l'indiquer. En effet, pendant toute la durée du Bas-Empire, une foule d'Arméniens furent au service de la cour de Byzance, et quelques-uns même parvinrent aux plus hautes dignités.

2. Habituellement les Arméniens désignent le Tigre par son nom grec *Tigris* (*Dikris*), quelquefois aussi par son nom oriental *Teglath*, diversement transcrit, suivant les manuscrits.

3. Lors de cette expédition, il y avait trois ans en réalité que Nicéphore était mort.

4. Le khalife Mothi'-lillah.

XIV. — 1. Dans le langage des Arméniens, cette expression, *la Nation orientale* ou *l'Orient*, signifie la Grande Arménie. Elle leur a été suggérée par la situation du pays qu'ils habitent, par opposition à l'empire grec, qui est à l'ouest pour eux. Elle ne paraît pas remonter plus haut que le XIIe siècle, au temps de la domination des princes roupéniens en Cilicie.

2. Le désordre que notre auteur a introduit dans sa chronologie fait reparaître Aschod III après les règnes de Sempad II et de Kakig Ier, ses successeurs. Il semble qu'il l'ait confondu avec le frère de Jean Sempad, Aschod le Brave. Mais ce dernier n'est pas compté dans la liste des souverains bagratides, parcequ'il ne régna pas à Ani ; de plus, il est postérieur de beaucoup à Zimiscès, qui fut contemporain d'Aschod III.

3. Il est assez difficile de déterminer ce que l'auteur entend par ces mots « la maison de Sassan », *Doun Saçanou*. On pourrait supposer que cette expression, désignant la Perse, où régna la maison de Sassan, c'est-à-dire les Sassanides, a été appliqué par extension aux parties de l'Arménie limitrophes de ce pays, comme l'Aderbadagan.

Peut-être est-il question ici de la Persarménie. Il ne serait pas étonnant en effet de voir entrer les chefs de ce dernier pays dans la confédération formée par les souverains et les princes de la Grande Arménie.

4. Le district de Hark', dans le Douroupéran, l'une des 15 provinces de la Grande Arménie. Ce district était situé à l'est de celui de Darôn ; c'est le pays nommé *Charka* par Constantin Porphyrogénète, *De admin. imp.* ch. 44.

5. Tchamitch (T. II, p. 839, 845 et 847) écrit ce nom *Gh'évont*, Léonce. Mais dans la suscription de la lettre que Zimiscès adressa à ce docteur (Cf. chap. XVI), il est nommé *Pantaléon*.

6. Sempad Thor'netsi, prince du district de Dchahan, dans la 3ᵉ Arménie. Lorsque lui et Léon furent députés par les confédérés arméniens vers Zimiscès, ils se rendirent à Constantinople, où l'empereur leur fit le plus honorable accueil. Léon reçut les titres de *Rabounabed*, chef des docteurs, et de *Philosophe*, et Sempad ceux de *Magistros* et *Protospathaire*. Sempad est le premier Arménien qui soit mentionné comme ayant été décoré de la dignité de *Magistros*, ainsi que l'on peut l'inférer du témoignage des historiens Açogh'ig, Guiragos et Vartan. (Cf. Indjidji, *Archéol. armén.* T. II, p. 229-230 ; Tchamitch, *Loc. laud.*) Le mot *Makisdros* ou *Madjisdros*, est le grec *Magistros*, en latin *Magister*; c'est le titre d'une dignité considérable, *Magister officiorum*, à la cour des empereurs grecs, et qui répond à peu près à celle de conseiller aulique ou de conseiller d'État. Il n'y eut d'abord qu'un *Magistros* ; plus tard on en compta jusqu'à quatorze. Des généraux d'armée reçurent aussi ce titre, qui était dans ce cas l'équivalent de celui de *Magister militiæ*. —Le titre de *Protospathaire*, *Protospatharios*, était donné au chef des gardes du corps ou porte-épées, attachés à la personne du prince. C'était une des premières dignités de l'empire, et ils ne pouvaient être forcés à venir prêter témoignage en justice. (Du Cange, *Gloss. med. et infimæ græcitatis*).

7. Darôn, le plus considérable des districts de la province de Douroupéran, situé sur les deux rives de l'Euphrate ou Mouradtchaï, à l'orient de la 4ᵉ Arménie. Mousch était la capitale de ce district, qui correspond aujourd'hui au pachalik de Mousch.

La forteresse d'Aïdziats ou Aïdzits (*des Chèvres*) existait déjà comme une très forte place, au commencement du VIIᵉ siècle, d'après le témoignage de l'historien Jean Mamigonien (p. 36).

8. Vahan ou Vahanig, d'abord évêque de Siounik' et ensuite catholicos. On n'est pas d'accord sur l'époque et la durée de son pontificat. Tchamitch, dans ses Tables (T. III, p. 110) en fixe le commencement en l'année 965, et lui attribue 5 ou 10 ans d'exercice ; après quoi il fut déposé.

XV. — 1. *Kyrios*, en arménien *Gur'* ou *Guir'*.

2. L'historien Étienne Açogh'ig, qui vivait sur la fin du xe siècle et au commencement du xie, donne à Khozan la qualification de *gros bourg*, et le place dans le district de Dzoph'k', qui était compris dans la 4e Arménie (Indjidji, *Arm. anc.* p. 57). Voir ch. VII, n. 1.

Le témoignage de Matthieu montre que Khozan était aussi le nom du territoire qui comprenait cette ville. On croit que Khozan s'appelait primitivement *Palakhohovid* ou *Palahovid*.

3. C'est à tort que Tchamitch, et M. Brosset (*Hist. du Bas-Empire*, T. XIV, p. 140) prétendent que Zimiscès arriva jusqu'à Jérusalem. Un passage de la lettre de ce prince, énoncé un peu plus loin, tranche toute difficulté, et prouve qu'il n'atteignit pas cette ville.

4. Cette lettre paraît avoir été écrite par Zimiscès lorsqu'il revenait de son expédition de Syrie, par conséquent dans l'automne de 974. C'est dans l'année précédente qu'il avait pénétré dans l'Assyrie jusqu'au delà du Tigre. Cf. Léon le Diacre, p. 102, et notes, p. 250. Dans l'intervalle de ces deux campagnes, il était retourné passer l'hiver à Constantinople.

XVI. — 1. *Schahïnschah, Schahanschah*, en persan, « roi des rois », titre que nous trouvons transcrit *Segansaa* dans Agathias. Plus tard, il fut conféré par les khalifes de Bagdad aux souverains bagratides Aschod II et Kakig Ier. Celui d'Aschod III était *Schahi-Armên* « roi d'Arménie ». On voit, dans la lettre que lui adressa Zimiscès, qu'il était aussi qualifié de *Schahïnschah*. Le titre de Sempad II était *Schahïnschah-Armên*, « roi des rois d'Arménie ». Nous lirons plus loin que les rois bagratides de Gars étaient appelés aussi *Schahïnschah*, ou simplement *Schah*.

2. Dans cette expédition, Zimiscès ne s'avança pas plus loin que le district de Darôn, au nord-est de la Mésopotamie et à l'entrée de la Grande Arménie. Ce sont ces contrées qu'il désigne par l'ex-

pression *l'Orient des Perses*. Elles formaient en effet la limite de la domination des Parthes et des Perses, à l'extrémité orientale de l'empire grec.

3. Saint Jacques de Nisibe était de la race royale des Arsacides, de la branche Sourên Bahlav, et fils de Khosrovouhi, sœur d'Anag, père de saint Grégoire l'Illuminateur. Il assista, en 325, au concile de Nicée (cf. J. B. Aucher, *Vies des saints*, T. X, p. 4 et suiv). Il a composé une suite d'homélies, publiées en arménien, avec une traduction latine, par le cardinal Antonelli (Rome, 1756, in-fol.)

4. Il y a dans le texte Makhr Arabes, c'est-à-dire les Arabes Magrébins. Ce mot, d'où les Arméniens ont tiré l'adjectif *mokhragan*, employé par S. Nersès Schnorhali dans son Élégie sur la prise d'Édesse, ainsi que *mough'ri*, est une altération de l'arabe *maghrébi*, occidental, dénomination qui s'applique aux Arabes de l'Afrique occidentale, et en particulier à ceux du Maroc. Un peu plus loin, et ailleurs dans la chronique de Matthieu, ils sont nommés *Aph'riguetsik'*, Africains. Par cette double appellation, il entend ici les Égyptiens. L'Émir-el-moumenïn auquel Zimiscès fait allusion est le khalife fathimite Moezz-lidin-illah, qui s'était rendu maître de l'Égypte en 362 de l'hégyre (972 de J.-C.) Les khalifes fathimites, sortis du Maroc, dominèrent sur toute la côte septentrionale d'Afrique, et furent fréquemment en guerre avec les Grecs. Déjà, en 970, tous les peuples musulmans, parmi lesquels étaient ceux d'Afrique, étant venus mettre le siége devant Antioche au nombre d'environ 100,000, Zimiscès fit marcher contre eux un de ses eunuques, le patrice Nicolas, dont il connaissait les talents militaires. Ce général, auquel s'étaient jointes les troupes de la Mésopotamie, défit entièrement les Sarrasins, quoique son armée fût très inférieure en nombre. (Cedrenus, p. 521; Zonaras, T. II, p. 164). Il paraît, d'après les expressions de la lettre de Zimiscès, que dans cette seconde campagne les Arabes d'Afrique ou Égyptiens avaient dû se porter vers le nord de la Syrie, et que c'est en sortant de la Mésopotamie que l'empereur les rencontra.

5. La ville d'Émesse était en la possession des princes Hamdanites d'Alep ; celui qui régnait alors était Saad-eddaula, fils de Seïf-eddaula.

6. S. Matthieu, XIV, 13-21 ; S. Marc, VI, 32-43 ; S. Luc, X, 17-23 ;

S. Jean, VI, 1-13. — Le texte arménien porte *cent trois poissons*, ce qui est certainement une faute. Cette leçon est donnée cependant par nos deux mss. 95 et 99.

7. Le mot *Béniata* est une altération évidente. D'après la marche suivie par Zimiscès vers le sud, de Nazareth au mont Thabor, nous sommes conduits à la ville de Bethsan ou Scythopolis, située à l'ouest du Jourdain et au sud du lac de Tibériade. C'était la principale ville de la Décapole, et de là vient sans doute la synonymie donnée par Zimiscès.

8. *Vridoun* est sans aucun doute le mot *Bérytos* transcrit d'après la prononciation byzantine, et que l'original grec de la lettre de Zimiscès devait offrir dans ce passage à l'accusatif, *Béryton*, d'où il sera passé sous cette forme dans la traduction arménienne.

9. Je n'ai pas hésité à lire *Nacer* ; peut-être est-ce aussi *Nacery*, affranchi de Nacer.

10. Il y a dans le texte *Pipogh'on*. Je soupçonne que ce doit être Biblos, sous la forme arménienne un peu altérée de Pipogh'on ou Bibolon. En effet Zimiscès dut passer inévitablement par cette ville en longeant le littoral de la Phénicie pour se rendre de Béryte à Tripoli.

11. Le mot arménien *Thimatsi'* est, si je ne me trompe, un adjectif ethnique dérivé du grec *théma*, mot qui désignait les divisions territoriales de l'empire grec, et aussi les légions auxquelles la garde en était confiée. Ici la cavalerie des Thimatsik' est peut-être le corps cantonné en Phénicie, ou bien les milices provinciales à cheval qui faisaient partie de l'armée de Zimiscès.

12. C'est sans doute quelque mot grec altéré ; on pourrait y reconnaître l'expression *taxation* ou *taxidion*, garnison. Les Daschkhadamatsik' seraient ainsi les *taxati*, « milites præsidiarii » d'Anastase le Bibliothécaire. Cf. Fabroti, *Gloss. in Cedrenum*.

13. Dans le texte, *Gabanen or gotchi K'arérès*, le Défilé nommé K'arérès. Ce passage doit se trouver dans les gorges du Liban, non loin de Tripoli. *K'arérès*, en arménien, *face de pierre* ou *de rocher*.

14. *Djouel* ou *Djevel* est la transcription arménienne du nom de Gibelet ou Gabala, ville située sur la côte de la Phénicie, entre Laodicée au nord et Balanée au sud. Zimiscès, ou peut-être le traducteur arménien, en affirmant qu'elle a aussi le nom de Gabaon, a été entraîné probablement à cette synonymie par la ressemblance éloignée du nom de Gabala avec celui de

Gabaon ; mais Gabaon, cité de la tribu de Benjamin, au nord de Jérusalem, ne peut se rencontrer dans l'itinéraire que nous fait parcourir Zimiscès, le long des côtes de la Syrie.

15. Il y a dans le texte *K'agh'ak' Vagh'aniatsen*, c'est-à-dire la ville des Vagh'aniens, qui ne peut-être que Balanée, sur la côte de Syrie, entre Gabala et Antaradus.

16. Séhoun, en arabe *Seyhoun*, petite ville et château très-fort du territoire d'Antioche. Ce château s'élève sur le haut d'une montagne protégée par de profondes et larges vallées en guise de fossés. Aboulféda place Seyhoun au sud-est de Laodicée. Cf. Schultens, *Index geographicus in vitam Saladini*, et Aboulféda, Géogr. édit. de MM. Reinaud et De Slane, p. 257.

17. Léon le Diacre écrit ce nom *Bortzô*, et dit que c'est une ville très-forte assise sur un des sommets les plus élevés de la chaîne du Liban. (p. 103). Dans la Chronique du connétable Sempad, on lit *Bourzau*.

18. Suivant Léon le Diacre (p. 102), Zimiscès, ayant pris la place forte de Menbedj, « qui, dit-il, s'appelle *Mempeze* en syriaque », ce fut dans cette ville qu'il trouva les sandales du Sauveur et la chevelure de S. Jean Baptiste. Il déposa la première de ces reliques dans le temple de la Mère de Dieu, qui s'élevait dans le palais impérial, et la seconde dans l'église du Sauveur, qu'il avait lui-même bâtie. Le même auteur affirme que c'est à Béryte que Zimiscès obtint l'image du Christ. C'était un tableau représentant le crucifiement. Il l'envoya à Constantinople, pour être déposée aussi dans l'église du Sauveur. Léon le Diacre rapporte la tradition du miracle auquel cette image donna lieu, et que rappellent les paroles de la lettre de Zimiscès. — « On raconte, dit-il, qu'un chrétien, qui
« habitait une maison de Béryte, y avait placé cette image. Ayant
« changé de demeure, il oublia de l'emporter. Un juif étant venu
« occuper cette maison, invita le lendemain plusieurs de ses core-
« ligionnaires à souper. Ceux-ci, ayant aperçu l'image du Christ ap-
« pendue à la muraille, accablèrent le juif d'outrages, comme ayant
« abandonné sa foi pour celle des chrétiens. A leur instigation et pour
« se justifier, il porta un coup de lance dans le tableau, au côté du
« Christ, de la même manière que ses pères avaient percé le corps
« du Sauveur, lors de sa Passion. Aussitôt il en coula du sang et de
« l'eau. A cette vue, les juifs furent saisis d'horreur ; et comme le
« bruit de ce miracle s'était répandu, les chrétiens accoururent,

« envahirent la maison, et enlevant l'image tout ensanglantée,
« l'apportèrent dans l'église. »

19. *Anaph'ourdên*, dans le ms. 95, et *Anamioudên* dans le ms. 99.

20. Terdchan, district de la haute Arménie, située à l'O. de Garïn ou Théodosiopolis (Erzeroum).

21. Le traducteur arménien a conservé dans sa version ce mot grec au génitif, *obolôn*, qui existait sans doute dans l'original.

22. C'est-à-dire vers le roi Aschod III, à Ani. L'expression *maison de Schirag* désigne par une locution arménienne élégante le district de ce nom, où s'élevait la ville d'Ani, et qui était l'apanage de la principale branche des Bagratides arméniens.

XVII. — 1. Il est curieux de comparer ce récit de la fin de Zimiscès avec celui que donnent les auteurs byzantins. Ces derniers disent qu'à son retour de la Syrie, lorsqu'il traversait la Cilicie, on lui fit remarquer les immenses possessions de l'Accubiteur Basile, et qu'il en témoigna tout haut son mécontentement. Étant arrivé au pied du mont Olympe, chez le patrice et sébastophore Romain, petit-fils de Lécapène, un eunuque, échanson de ce dernier, gagné par l'Accubiteur, versa à Zimiscès un breuvage empoisonné. Ce prince rentra mourant à Constantinople, et ne tarda pas à succomber.

XVIII. — 1. Matthieu compte comme successifs les règnes de Basile et de Constantin, tandis qu'au contraire ils occupèrent le trône simultanément ; le premier était alors âgé de 20 ans, et le second de 17. L'avénement de Basile est avancé de 9 à 10 mois dans notre historien, puisque l'année arménienne 424 commença le 28 mars 975, et que la mort de Zimiscès est, suivant Cedrenus, de décembre 6484, indict. 4 = 975 È. Ch. ; suivant Scylitzès, du 4 du même mois. C'est le quantième qu'ont adopté Baronius, Petau et Riccioli ; Lebeau et M. de Muralt disent le 10 janvier 976.

XIX. — 1. Ce chef, dont le nom se lit plus bas, était Abelgh'arib, de la famille satrapale des Havnouni. Il était depuis longtemps au service des princes Ardzrouni comme chef de leurs armées. Il est à remarquer que Tchamitch, qui rapporte l'événement dont parle Matthieu dans ce chapitre, l'a anticipé de 35 ans, en le

25

plaçant sous le règne de Térénig-Aschod, frère d'Abouçahl-Hamazasb, père de Khatchig-Kourkên, père de notre Térénig.

Le nom d'Abelgh'arib est arabe, et signifie *Père de l'étranger.* On rencontre dans l'histoire arménienne d'autres personnages qui portent des noms empruntés à la même langue, et introduits à l'époque où les Arabes devinrent maîtres de l'Arménie ; de même certains noms turks et mongols furent adoptés par les Arméniens, lorsque ceux-ci passèrent sous la domination de ces peuples.

2. Her, ville et district de la Persarménie.

XX. — 1. Émir kurde des districts limitrophes de Her et Zarévant.

2. Cf. Quatremère (*Hist. des sultans mamlouks,* T. 1er, part. 1re p. 121, n. 1). Par une singulière distraction, le savant orientaliste a qualifié de *Géorgien* le roi ardzrouni Térénig.

Dans une chanson inspirée par le triste sort de Léon, fils du roi Héthoum Ier, retenu prisonnier auprès du sulthan d'Égypte Beïbars-Bondokdary, on voit que le vainqueur charmait les loisirs de la captivité du jeune prince arménien en l'invitant à jouer à la paume, comme l'émir de Her le faisait à l'égard de Térénig. Le poète populaire s'exprime ainsi :

« Le sulthan s'est rendu dans le meïdan,
« Il joue avec sa paume d'or.

« Ma lumière, ma lumière et la Sainte-Vierge !
« Que la sainte Croix soit en aide à Léon et à nous tous !

« Le sulthan joue, et donnant la paume à Léon,
« Prends, lui dit-il, joue, et donne-la à ton *dada* (gouverneur).

« Ma lumière, ma lumière, etc. »

(*Armenian popular songs,* translated into english by father Leon Alishan. Venise, in-8°, 1852.)

3. Nous avons vu précédemment (ch. XIV), à l'année 972-973, que les chefs et les docteurs arméniens étaient venus remettre à Zimiscès, lorsqu'il se rendit en Arménie, une lettre du catholicos Vahan. Il est surprenant de retrouver ce patriarche montant sur le siége en 976, quatre ans après la date précitée. Mais nous avons déjà fait remarquer la confusion chronologique qui existe dans les premiers chapitres de Matthieu.

4. Bourg du district de Schirag, non loin d'Ani, sur les bords de l'Akhourian. C'est là que les catholicos d'Arménie avaient leur résidence et leur sépulture au temps des rois bagratides.

XXI. — 1. Bardas, de l'illustre famille des Sclérus; sa sœur Marie avait épousé Zimiscès. Il se révolta contre Basile et Constantin, et leur fit longtemps la guerre avec des alternatives de succès et de revers. Enfin, défait par Bardas Phocas, auquel s'était joint David, Curopalate de Daïk', avec un corps de Géorgiens et d'Arméniens, il se réfugia à Bagdad, où il fut retenu en prison. Ayant réussi à s'évader, il se rendit vers Bardas Phocas, qui avait levé de son côté l'étendard de la révolte, afin de lui proposer de joindre sa fortune à la sienne ; celui-ci se saisit de lui et le renferma dans son château-fort de Tyropée. Mais Phocas étant mort sur ces entrefaites, sa femme relâcha Sclérus, qui vint faire sa soumission à Basile. Il fut bien reçu par l'empereur Basile, qui, en lui pardonnant, lui conféra la dignité de Curopalate. Peu de temps après, il termina son existence agitée et aventureuse. On peut en lire les détails dans Lebeau, qui a résumé les récits des auteurs byzantins (LXXV, 3-11, et 24-26.)

2. Étienne III, précédemment supérieur du couvent des Douze Apôtres, dans l'île de Sévan. Tchamitch a placé son avénement en 970, et notre auteur 13 ans plus tard. Mais il est inutile de revenir sur ses erreurs chronologiques.

3. Cf. ch. VIII. n. 3.

XXII. — 1. Mamlan ou Mamloun était émir de l'Aderbadagan. Le titre d'Amirabed ou chef des émirs, que lui donne Matthieu d'Édesse, indique suffisamment qu'il était le plus puissant de tous les chefs de cette contrée. Cf. Açogh'ig, III, 38. — Ce dernier historien (III, 18-19) nomme aussi comme émir du même pays Abou'lhadji, qu'il faut distinguer de l'Abou'lhadji dont il est question au ch. XX.

2. David, prince arménien, Curopalate de la province de Daïk', joue un grand rôle dans l'histoire du Bas-Empire. Il était venu au secours de Bardas Phocas, et avait contribué puissamment à la défaite de Bardas Sclérus. Ayant appris que Bad, émir du district d'Abahounik', était mort, il envahit cette contrée et mit le siège devant la ville de Manazguerd, qu'il pressa vivement et qu'il finit

par réduire. Il en chassa tous les infidèles, et les remplaça par des Arméniens et des Géorgiens qu'il prit parmi ceux qui vivaient sous sa domination. Les émirs du voisinage, furieux du succès de David, se coalisèrent et marchèrent contre lui. Arrivés dans le district de Dzagh'g-oden (province d'Ararad) au village appelé Gosdiank', ils campèrent à cet endroit. Parmi eux se trouvait Mamloun. David, arrivé avec ses troupes à Valarsaguerd, fut rejoint par Kakig, roi d'Arménie, et Apas, roi de Gars, ainsi que par le roi de Géorgie Bagrat III (Pakarad). Les infidèles, effrayés, se contentèrent de brûler pendant la nuit plusieurs villages des environs, et battirent en retraite. — Ce récit, qui nous est fourni par Açogh'ig (III, 38), explique pourquoi le district d'Abahounik' est appelé ici le pays de David.

3. Rabsacès, général de Sennachérib, roi d'Assyrie, député par ce prince vers Ézéchias et les habitants de Jérusalem pour les engager à se rendre, parla du ton le plus arrogant aux envoyés qu'Ézéchias avait chargés d'aller conférer avec lui. — Isaïe, XXX, 27-33, XXXIII, XXXVI et XXXVII.

4. Ces officiers passèrent au service de Basile lorsqu'il eut hérité des États de David. Cedrenus nomme (p. 549) *Pakourianos*, *Phevdatos* et *Phersès*, tous trois frères.

XXIV. — 1. Matthieu veut sans doute dire que l'empereur Basile et David, Curopalate de Daïk', s'attribuaient une commune descendance. On sait que Basile II comptait parmi ses aïeux Basile le Macédonien, d'origine arsacide; et il paraît que David se regardait comme issu de cette illustre et antique famille. En mourant, il laissa par testament ses États et son armée à Basile.

XXV. — 1. Le patriarche Étienne III mourut en 972, suivant Tchamitch. Vartan lui donne deux années de pontificat. Açogh'ig fait monter sur le siége Khatchig Ier, successeur d'Étienne, en 421 È. A. (28 mars 972-27 mars 973). Khatchig était précédemment évêque du district d'Arscharounik'. Il prit pour résidence le bourg d'Arkina, comme ses trois prédécesseurs Ananie, Vahan et Étienne III.

XXVI. — 1. Mauro-Vart, ou Vart le noir, est le même que Bardas Phocas, qui se révolta contre Basile et prit le titre d'empereur en 987. Vers 989, Basile et son frère Constantin, marchant contre lui, abordèrent en Asie près de Lampsaque. Bardas Phocas, qui assiégeait Abydos, s'avança à leur rencontre, et une bataille, qui devait décider du sort de l'empire, allait être livrée, lorsque Bardas Phocas tomba mort subitement. Plusieurs versions circulèrent sur cette fin extraordinaire ; dans le nombre, Matthieu paraît avoir adopté celle suivant laquelle Phocas aurait été empoisonné par son domestique Syméon, corrompu par l'argent de l'empereur.

XXVII. — 1. Ce tremblement de terre est mentionné par Cedrenus et Glycas au mois d'octobre 6494 (lis. 6495), indict. 15 = 986. Léon le Diacre dit que ce fut la veille de Saint-Démétrius, ou le 2 octobre.

2. Le règne de Basile fut signalé par de nombreuses expéditions contre les Boulgares ; elles durèrent de 981 à 1019, époque à laquelle cette nation fut entièrement soumise. Pendant cette période, trois souverains régnèrent sur elle, Samuel, Radomir et Jean Vladosthlav. Matthieu d'Édesse n'en mentionne qu'un, qu'il nomme *Alôsianos*, nom que les copistes ont écrit quelquefois *Aléôsman*, ou *Aliôsman*. Ce prince, qui était frère de Jean Vladosthlav et de Délian, ne monta point sur le trône.

Açogh'ig (III, 20-22) nous apprend qu'en l'année 437 È. A. (24 mars 988-23 mars 989) l'empereur Basile fit transporter un grand nombre d'Arméniens en Macédoine, et que ceux-ci, mécontents, se révoltèrent et se joignirent aux Boulgares. Il ajoute que parmi ces Arméniens se trouvaient les deux fils d'un personnage de haut rang, appelés Samuel et Manuel, originaires du district de Terdchan, et que Basile ayant fait prisonnier Gourd, roi des Boulgares, Samuel fut appelé à le remplacer.

XXVIII. — 1. Vartan et Açogh'ig donnent à Khatchig Ier 19 ou 20 ans de pontificat. D'après ce dernier auteur (III, 32), le successeur de Khatchig, Sarkis, fut sacré catholicos par la volonté de Kakig Ier, roi d'Ani, le mardi de Pâques 441 È. A. (23 mars 992-22 mars 993). Tchamitch fixe la même date de 992 È. Ch. Cette année Pâques étant tombé le 27 mars, le mardi fut par conséquent le 29.

XXIX. — 1. Cette expédition est rappelée brièvement, à la date de 992, par Lebeau (XXVI, 34). L'émir d'Alep, Loulou el-Kharàdji, assiégé par Mangou-tékïn, général d'Aziz-billah, khalife d'Égypte, ayant imploré l'aide des Grecs, on lui envoya quelques troupes qui furent vaincues. Dans les rangs des Grecs combattaient Thoros, seigneur du district de Haschdiank', et plusieurs autres nobles Arméniens, qui furent tués (Açogh'ig, III, 35, 37 et 42). L'année suivante, comme le siége durait encore, l'émir ayant réclamé de nouveaux secours, Basile marcha en personne avec une nombreuse armée, fit lever le siége d'Alep, et se dirigea ensuite sur Schéïzar qu'il prit d'assaut, et sur Tripoli, dont il ne put s'emparer. Après être resté quarante jours devant cette place, il retourna à Constantinople en traversant l'Asie mineure.

Açogh'ig *(ibid.)* rapporte que les Arabes marchèrent de nouveau contre les Grecs dans le voisinage d'Antioche, et que Basile donna l'ordre au patrice Damien Dalassène (Talanos) d'aller à leur rencontre avec des troupes arméniennes. Les Arabes furent d'abord battus ; mais tandis que les Arméniens et les Grecs étaient occupés à piller le camp des infidèles, ceux-ci, revenant sur leurs pas, firent pleuvoir de loin une grêle de flèches ; après quoi, fondant sur les chrétiens, ils les exterminèrent. Damien périt, ainsi que son frère et son fils. Le prince Patrice (Badrig), frère de Tchordouanel, Géorgien de nation, fut fait prisonnier. Quelques années après, Basile étant revenu en Syrie, fit rassembler les ossements de ceux qui avaient péri, et bâtir une église sur l'emplacement de leur sépulture.

XXX. — 1. On peut conclure de ces derniers mots que cet émir était au service du khalife d'Égypte, Aziz-billah.

XXXII. — 1. Il y avait en Arménie trois districts du nom de Varajnounik' : l'un, situé sur les bords du Hraztan, non loin de la contrée d'Aschots, dans la province d'Ararad ; c'est celui que possédait Sahag ; il faisait partie du domaine des Bagratides, dans les armées desquels servait Sahag avec l'ancien titre de *marzban* ou gouverneur des frontières ; le second district de Varajnounik' était dans le Vasbouragan, et le troisième dans le Douroupéran.

XXXIII. — 1. L'explication de la dissidence qui sépara cette année les Arméniens et les Grecs, au sujet de l'époque où devait tomber la Pâque, se trouve dans mes *Recherches sur la Chronologie arménienne*, T. Ier, 1re partie, p. 90-92. Suivant le calendrier des Grecs, la Pâque pouvait être célébrée canoniquement le 6 avril, tandis que le comput arménien reculait cette fête jusqu'au 13.

Irion, qui était un prêtre attaché à la cour de Justinien Ier, avait voulu introduire une légère correction dans le calendrier pascal d'André de Byzance, usité chez les Arméniens depuis le milieu du ive siècle, et qui n'était autre que celui des Alexandrins.

2. Ces paroles font allusion au feu sacré, que la multitude des fidèles qui visitaient Jérusalem croyaient descendre du ciel sur les lampes du Saint-Sépulcre, le samedi-saint. Cf. Michaud, *Hist. des Croisades*, 5e édit., T. I, p. 49, et T. II, p. 24. On peut voir dans la *Bibliothèque des Croisades*, T. I, p. 93 et 526, les récits de Foulcher de Chartres et de l'annaliste génois Caffaro, témoins oculaires de ce miracle, ainsi que la dissertation de Mosheim, intitulée : *De lumine sancti sepulchri commentatio*, dans ses *Dissertationes*, T. II, Lubeck, 1727. Cf. ch. CLXX de notre Chronique. — On lit dans Aboulfaradj un trait fort curieux à ce sujet. Le khalife d'Egypte, Hakem-biamr-allah, donna l'ordre, en l'année 400 hég. (25 août 1009-14 août 1010), de détruire l'église de la Résurrection à Jérusalem ; ce qui lui en suggéra l'idée, ce furent les propos d'un homme qui haïssait les chrétiens, et qui lui rapporta qu'au moment où ils étaient rassemblés dans l'église pour célébrer la fête de Pâques, leurs prêtres usaient d'artifice ; qu'ils oignaient de baume la chaîne de fer à laquelle était suspendue la lampe du Saint-Sépulcre, et que quand le gouverneur musulman avait scellé la porte de l'église, les prêtres mettaient le feu par-dessus le toit à l'extrémité de la chaîne, et que le feu atteignant ainsi jusqu'à la mèche l'allumait ; qu'alors ils chantaient *kyrie eleison*, et pleuraient, comme si cette lumière fût descendue du ciel, et que par ce stratagème ils confirmaient les chrétiens dans leur croyance. (*Chron. syr.* p. 220). — Cf. De Sacy, Exposé de la religion des Druzes, T. Ier, Introd. p. CCCXXXVII.

XXXIV. — 1. Ou mieux Hentzouts. Ce couvent était dans le district de Garïn, qui fait partie de la province appelée Haute-Arménie. Il fut fondé dans le xe siècle par des moines arméniens, expulsés du territoire grec à cause de leur attachement aux doctrines particulières de leur Église, en dissidence avec celle de Constantinople. Joseph, supérieur de ce couvent, est cité avec de grands éloges par Açogh'ig (III, 7), et Arisdaguès Lasdiverdtsi (ch. II). — Indjidji, *Arm. anc.* p. 35, et *Arm. mod.* p. 75.

2. Jean Gozer'n de Daròn, l'un des docteurs les plus distingués de cette époque parmi les Arméniens, par sa piété et par ses connaissances en mathématiques et en astronomie. Il avait composé, à la prière d'Ananie, évêque de Valarsaguerd, un Traité du calendrier dont il existe encore quelque fragments.

XXXVI. — 1. La fin du roi des Boulgares est rapportée d'une manière différente par Cedrenus (p. 553), Zonaras (T. II, p. 177) et Glycas (p. 240). Suivant ces auteurs, ce prince, qu'ils appellent Samuel, mourut de la douleur qu'il éprouva en voyant revenir 15,000 de ses soldats auxquels Basile avait fait crever les yeux. Matthieu anticipe de 3 ans cette expédition, qui est placée au plus tard en 1014 ; ce ne fut que quatre ans après cette dernière date que Basile soumit entièrement les Boulgares.

XXXVII. — 1. Ce sont les Turks Seldjoukides, les Ouzes des écrivains byzantins, Ghozz des Arabes. Voir ch. LXXV, n. 2.

XXXVIII. — 1. Schabouh était général des armées du roi Sénékérim, qui résidait alors à Osdan, capitale du district de R'eschdounik', ou, suivant le Ménologe arménien (1er juin) à Van, ville principale du Vasbouragan.

2. Le mot *osdan* signifie une cité libre d'impôts, la résidence privilégiée d'un souverain ou d'un prince, sa capitale, quelque chose comme le *municipium* des Romains. Il y avait en Arménie plusieurs autres villes qui avaient ce titre d'osdan, comme Nakhdchavan, l'osdan du Vasbouragan ; Tarouïns, l'osdan des Bagratides ; et Hatamaguerd, l'osdan des Ardzrouni. Cf. Thomas Ardzrouni, *apud* Indjidji, *Arm. anc.* p. 458, note 3.

3. L'auteur fait allusion au patriarche S. Nersès le Grand, de la famille de S. Grégoire l'Illuminateur, et son cinquième successeur, et le discours qu'il rapporte ici paraît être un fragment de la prophétie que les Arméniens attribuent à ce pontife au moment de sa mort. On la trouve dans sa Biographie, *Petite Bibliothèque*

arménienne, Soph'erk' haïgagank', T. VI, p. 89-104, Venise, 1853, in-82.

4. L'empereur Basile, d'après Cedrenus, mourut en décembre Indiction 9 = 1025 È. Ch. Par conséquent Matthieu est en avance pour cette date de 7 ans. La durée du règne de Basile, comme l'atteste Zonaras, est d'un peu plus de 50 ans, et non point de 58, comme le prétend Matthieu.

XXXIX. — 1. Ce prince résidait alors avec ses quatre fils, David, Adom, Abouçahl et Constantin, à Sébaste, qui lui avait été cédée par l'empereur Basile en échange du Vasbouragan. Sa mort est indiquée par Tchamitch (T. II, p. 909) à l'année 475 È. A. (15 mars 1026-14 mars 1027). Il ordonna en mourant à ses fils, en même temps qu'ils iraient l'ensevelir à Varak, d'y rapporter la célèbre croix de ce monastère, qu'il avait prise avec lui en émigrant à Sébaste.

XL. — 1. Suivant l'*Histoire de la Géorgie*, p. 306-311, Giorgi Ier, fils de Bagrat III, et père de Bagrat IV, régna de 1014 à 1027. Bagrat IV lui succéda immédiatement et mourut en 1072.

XLI. — 1. Nous avons vu (ch. XVIII, n. 1) que Basile et Constantin régnèrent simultanément, et non point l'un après l'autre. Ce dernier survécut à son frère 2 ans, 11 mois et 5 jours, et non point quatre ans comme le dit Matthieu. Sa mort arriva indiction 12 = 1028, et suivant Lupus Protospatha, la veille de la fête de Saint-Martin, ou le 9 novembre.

2. Romain Argyre succéda immédiatement à son beau-père Constantin.

XLII. — 1. Azaz ou Ezaz, place forte au nord-ouest d'Alep ; *Hasarth* de Guillaume de Tyr.

2. Cette expédition malheureuse de Romain en Syrie est racontée en détail par Cedrenus (p. 568), Zonaras (T. II, p. 481), et Glycas (p. 242), sauf quelques circonstances assez curieuses qu'ajoute l'écrivain arménien.

3. Gouris ou Kouris, l'ancienne *Cyrrhus,* ville forte de Syrie, située dans la montagne au nord d'Alep, et dans le voisinage du château d'Aréventan (Ravendan). Tchamitch, T. III, p. 40.

Coricium ou *Corice* de Guillaume de Tyr ; aujourd'hui Khoros.

XLIII. — 1. Ibn-Schebl appartenait à la tribu des Arabes Kélabites, d'où vint la dynastie des Mardaschides, qui après les Hamdanites dominèrent à Alep. Otheïr était de la tribu des Beni-Nomaïr, et Nacer-eddaula de la dynastie des Merwanides. — Cf. chap. LXXXII, n. 1.

2. Abou-Nasr Ahmed Nacer-eddaula, fils de Merwan. La dynastie des Merwanides avait enlevé aux Hamdanites les villes de Diarbékir, Amid, Meïafarékïn, Hisn-Keïfa, et plusieurs autres dans les contrées environnantes. Elle possédait aussi Manazguerd, Khelath et Ardjêsch, ainsi que tous le pays au N. O. du lac de Van.

3. En arabe, *chef, préfet.* Ce titre désignait spécialement un chef de tribu kurde, comme nous le verrons plus loin (ch. LXIII).

4. Ce récit de l'occupation d'Édesse par les Grecs se retrouve, mais d'une manière beaucoup plus abrégée, dans Cedrenus (p. 571-572), Aboulfaradj *(Chron. syr.* p. 231), Aboulféda *(Annal. muslem.* T. III, p. 77-79) et Noveïri (T. II, f° 52, ms. arabe n° 645 de la Bibl. Imp. de Paris). Cedrenus, qui indique l'année 6540, ind. 15 (1er septembre 1031-1032), et Aboulféda, l'année 422 hég. (29 déc. 1030-18 déc. 1031), sont d'accord pour la date avec Matthieu ; Aboulfaradj donne l'an des Grecs 1341 (1er octobre 1029-1030).

5. Saleh, fils de Mardas, émir des Arabes Kélabites.— Aboulféda, *Ann.* T. III. p. 77.

6. Pagh'èsch, ville du district de Peznounik', dans la province de Douroupéran ; c'est la *Bitlis* moderne, dans le pachalik de Van.

7. Salamasd, ville de la province de Gordjaïk', très ancienne puisqu'elle est déjà mentionnée au IVe siècle par Faustus de Byzance (IV, 48). Cette province était à l'est de celle de Mogk', et à l'ouest de la Persarménie. Nous ignorons aujourd'hui le district dans lequel était située Salamasd. — Indjidji, *Arm. anc.* p. 135, 137 et 149.

8. Arzoun, d'après la prononciation syrienne, ou Arzen suivant les Arméniens, ville et district de la province d'Agh'etznik' ; c'est *l'Arzanene* des auteurs grecs et latins, nom sous lequel ils comprenaient toute cette province.

9. Peut-être faut-il lire Dispon, c'est-à-dire Ctésiphon.

10. Guerguécéra doit-être Djerdjeraïa, petite ville de l'Irak Araby, située auprès du Tigre, entre Bagdad et Wacith, à une distance de 40 milles de Madaïn.

11. Romanopolis, ville de la 4ᵉ Arménie, qui avait été rattachée au thème de la Mésopotamie. — Romanopolis étant mentionnée par Constantin Porphyrogénète (*De adm. imp.* ch. 50), il est évident que Matthieu se trompe en attribuant sa fondation à Romain Argyre. Il faut la rapporter à Romain Iᵉʳ, dit Lécapène, collègue de Constantin Porphyrogénète.

12. J'ai rendu ainsi le mot arménien *schalgov*, qui est la forme vulgaire du cas instrumental de *schalag*, « dos, épaule, et tout ce « qu'on porte sur cette partie du corps, comme sac, besace, « litière ».

13. Il y a dans le texte *gontor'adzk'* ; je pense que c'est quelque mot grec, comme *kontoratzès*, c'est-à-dire soldat armé du *kontos* ou *kontarion*, javelot ou lance ; ou peut-être du *kontaroxipharon*, flèche.

14. Ledar était, comme nous le verrons ch. CXXI, une forteresse ; elle devait se trouver à l'ouest d'Édesse, entre cette ville et l'Euphrate. Il en est de même de Barsour.

15. Vallée dont j'ignore la position exacte, mais qui devait être située entre Édesse et l'Euphrate.

16. Aschod le Brave, qui régna conjointement avec son frère Jean Sempad, mais hors du district de Schirag. Cf. ch. XLV, n. 2.

17. Thogrul-beg, premier souverain de la dynastie des sulthans seldjoukides de Perse. Cf. ch. LXXIII, n. 1.

XLV. — 1. Comme Romain Argyre ne mourait pas assez vite au gré de sa femme Zoé, qui lui avait fait donner un poison lent par Jean Orphanotrophe, elle le fit étouffer dans un bain par Michel, frère de Jean, et autres conjurés, l'an du monde 6542, indict. 2 = 1034 È. Ch., 11 avril, jeudi-saint (Cedrenus et Jean Scylitzès). Michel le Paphlagonien, qui entretenait un commerce adultère avec Zoé, l'épousa et s'assit sur le trône.

XLVII. — 1. Sévavérag ou Sévarag, ville de la Mésopotamie arménienne, située au nord d'Édesse ; aujourd'hui Sévérêk, dans le pachalik de Diarbékir. — Quant à la localité appelée Alar, elle devait être dans le voisinage de Sévavérag.

2. Cette expédition des Arabes dans la Mésopotamie est mentionnée par Cedrenus à l'an du monde 6545, indiction 5 (1ᵉʳ septembre 1036-1037), et par Aboulfaradj à l'année 427 hég. (5 nov.

1035-24 octobre 1036) ; il dit qu'elle était commandée par Ibn-Wathab le Nomeïrite, gouverneur de Haran.

3. Ce frère de Michel se nommait Constantin, et commandait à Antioche. Il avait envoyé à Édesse un puissant secours, qui sauva cette ville. En récompense, Michel le fit général des armées d'Orient.

XLVIII. — 1. Cf. sur Grégoire Magistros, ch. XI, n. 3.

2. Ce Sarkis était prince de Siounik'. A la mort du roi Jean Sempad et de son frère Aschod le Brave, lorsque l'empereur Michel tenta de s'emparer d'Ani, Sarkis trahit la cause de ses compatriotes, leur fit beaucoup de mal, et se rangea du côté des Grecs. Il avait le titre de *Vestès*. Comme il aspirait à la royauté, les grands du royaume, parmi lesquels étaient Grégoire Magistros et son oncle paternel Vahram, généralissime des Arméniens, choisirent Kakig II, fils d'Aschod et neveu de Jean. — Tchamitch, T. II, p. 919 et 921.

3. Les Arméniens, comme tous les peuples de l'antiquité qui ont employé l'année solaire, commençaient le jour au lever du soleil, et partageaient l'intervalle pendant lequel cet astre est sur l'horizon en 12 divisions de longueur inégale suivant les saisons. En temps moyen, la première heure du jour répondait à 6 heures du matin et la douzième à 6 heures du soir. La sixième est donc midi elle est appelée quelquefois *djaschou jam*, heure du repas, parce que c'était le moment du dîner dans les communautés religieuses.

4. L'Oxus, qui se jette dans le lac d'Aral, et qui formait la limite de la Perse et du Turkestan, de l'Iran et du Touran, des nations civilisées et des peuples barbares.

XLIX. — 1. Pergri, place forte du district d'Ar'pérani, dans le Vasbouragan. Elle était située au nord-est du lac de Van, à l'est d'Ardjèsch. C'est aujourd'hui Barkîry, dans le pachalik de Van.

2. Tzoravank', monastère du district de Dosb. La construction de ce couvent est attribuée par Matthieu d'Édesse au patriarche S. Nersès III, et par Thomas Ardzrouni, à S. Grégoire l'Illuminateur. Indjidji (*Arm. anc.* p. 187) explique cette contradiction en supposant que c'est l'église de ce monastère qui fut bâtie par S. Grégoire, et le monastère lui-même par S. Nersès.

3. Sanahïn, l'un des plus célèbres couvents de l'Arménie, situé

en face du monastère non moins fameux de Hagh'pad, dans le pays de Sévortik', province d'Oudi, d'après Açogh'ig (III, 8), *apud* Indjidji, *Arm. anc.* p. 344. — Tchamitch place Hagh'pad dans le district de Tzoraph'or, province de Koukark'.

4. Vartan dit un an seulement. Pendant que l'intrus Dioscore occupait le siége, Pierre resta renfermé par ordre du roi Jean dans la forteresse de Pedchni auprès de Vahram, l'oncle paternel de Grégoire Magistros. — Tchamitch, T. II, p. 912.

5. Joseph III est compté comme le 51ᵉ catholicos des Agh'ouans dans la liste de Schahkhathouni. Ce savant religieux montre que Joseph tint le patriarcat pendant de longues années, puisque, d'après le chronographe Mekhithar d'Aïrivank', il était encore en exercice dans l'intervalle écoulé entre 530 et 534 È. A. (1081-1085.)

LII. — 1. Cette expédition de Michel contre les Boulgares est longuement racontée par Cedrenus, et en abrégé par Zonaras et Glycas, mais dans un sens tout-à-fait différent du récit de Matthieu d'Édesse. Suivant les trois historiens grecs, c'est Michel qui triompha des Boulgares. Cette campagne se prolongea jusqu'en juin de l'année suivante, 1041.

LIII. — 1. Le ms. 95 porte 12 ans ; Tchamitch, 14 ans.

LIV. — 1. Abou'lséwar, jaloux de la puissance chaque jour croissante de son beau-frère David Anhogh'ïn, se ligua secrètement avec le sulthan Thogrul, et, aidé par lui, leva une armée considérable et marcha contre David. Il s'empara d'une partie des contrées appartenant à David, situées au sud du Gour, et que les Agh'ouans avaient enlevées aux Arméniens. Abou'lséwar fit d'affreux ravages, brûlant les églises, brisant les croix, contraignant les chrétiens à embrasser l'islamisme, et les faisant circoncire par force. — Tchamitch, T. II, p. 914-915.

2. Ce souverain devait être alors Taguïn-Sévata, fils de Ph'ilibbè (Cf. ch. VI, n. 2, et ch. CXXVI, n. 6), ou peut-être Sinakérem, fils de Taguïn-Sévata, autant qu'il est permis de le conjecturer dans l'incertitude où nous sommes sur la succession des rois de Gaban.

3. Bagrat IV, roi de Karthli et d'Aph'khazêth, fils de Giorgi Iᵉʳ, Bagratide ; il régna de 1027 à 1072.

4. C'était le chef des Varangues, qui formaient la garde particulière de l'empereur; il marchait derrière lui, à la tête de ce corps. —Codinus, *De offic. palat. Cptani,* chap. II, et Goar, *ibid.* note 51.

LV. — 1. Voir ch. XXXVIII, n. 1.

LVI. — 1. Voir ch. XLVIII, n. 2.

LVII. — 1. Matthieu veut dire sans doute que David Anhogh'in était alors le doyen d'âge de la famille des Bagratides.

LIX. — 1. Cette généalogie des Bagratides n'est pas exacte. La voici rectifiée :
Kakig II, fils d'Aschod le Brave, fils de Kakig Ier, fils d'Aschod III, fils d'Apas, frère d'Aschod II, dit Ergath.

2. L'auteur veut parler de Grégoire Magistros, qui, avec le généralissime Vahram, contribua le plus à placer Kakig II sur le trône.

LX. — 1. Par cette expression, *la nation du midi,* Matthieu entend ici les Turks Seldjoukides, qui occupaient la Perse, et qui pénétraient en Arménie du côté du sud-est, c'est-à-dire par la Grande-Médie et l'Aderbadagan.

2. La rivière Hourazdan ou Hraztan sort du lac de Sévan ou mer de Kégh'am, et passant auprès d'Erivan, va se jeter dans l'Araxe. On l'appelle aujourd'hui Zangou-ked ou fleuve de Zangui.

3. Cf. ch. XI, n. 2. — Lazare de Ph'arbe, historien de la fin du Ve siècle, fait déjà mention de Pedchni, qu'il écrit *Pedjni,* et qu'il qualifie de village considérable. Jean Catholicos l'appelle *forteresse,* et Vartan *place forte.* — Indjidji, *Arm. anc.,* p. 452-453.

LXI. — 1. L'auteur joue sur le nom de David, prononcé à la manière arménienne *Tavith* et décomposé en deux mots, *ta,* qui est le pronom démonstratif *celui-ci, celle-ci, ceci,* et le substantif *vih, gouffre* ou *précipice,* suivi de la lettre suffixe *t.* Ces deux mots réunis signifient : *celui-ci est le gouffre* ou *le précipice.*

LXII. — 1. Deux historiens arméniens du IVe siècle, Agathange et Faustus de Byzance, paraissent avoir très-bien connu les Goths ou Gètes, *Kouth,* et les Massagètes, *Maskouth,* peuples dont la puissance était alors à son apogée. Ils s'étendaient du sud au nord dans l'espace qui va depuis l'embouchure du Danube jusques et y compris la Scandinavie, et de l'ouest à l'est depuis la Pannonie jusqu'à l'extrémité septentrionale du Pont-Euxin. Vaincus par les Huns, les Goths passèrent dans la Thrace et de là en Italie, dans la Gaule méridionale et en Espagne. Ils étaient divisés, comme on sait, en deux grandes fractions, les Ostrogoths ou Goths de l'est, et les Wisigoths ou Goths de l'ouest. Ils ne furent connus des Romains que vers le commencement du IIIe siècle de notre ère, lorsque ceux-ci eurent à repousser leurs invasions ; mais ils étaient déjà établis dès la plus haute antiquité, avec les Daces qui étaient de la même souche qu'eux, au nord du Danube, dans la contrée qui, du nom de ce dernier peuple, fut appelée Dacie. A l'époque où nous transporte Matthieu, peut-être existait-il encore quelques restes des Goths sur le Danube, ou, ce qui est plus probable, cet auteur a entendu par le nom de *pays des Goths* une contrée où ils avaient séjourné longtemps, mais qui était alors occupée par d'autres nations.

2. Michel le Paphlagonien mourut, suivant Cedrenus, le 10 décembre de l'an du monde 6550, indict. 10=1041. Michel Calafate, qui lui succéda, était son neveu ; la sœur de Michel le Paphlagonien avait épousé Etienne, calfateur de navires, d'où le surnom de Calafate qui passa à ce prince.

LXIII. — 1. Cedrenus dit à peu près comme Matthieu, que le règne de Michel Calafate fut de quatre mois et cinq jours. Il ajoute qu'il fut aveuglé et rélégué dans le monastère des Elegmes, le 21 avril indiction 10 = 1042.

2. C'est dans l'une des îles des Princes que fut exilée l'impératrice Zoé, et le patriarche Alexis fut confiné dans un monastère.

3. Ce Khatchig était de la famille des Ardzrouni et surnommé le *Sourd*.

4. Ce nom est écrit ailleurs, sous une forme diminutive, *Ischkhanig*, Petit prince.

LXIV.— 1. Matthieu retarde de 9 mois l'avénement de Constantin Monomaque, qui épousa l'impératrice Zoé le 11 juin indict. 10, l'an du monde 6550 = 1042, et fut couronné le lendemain par le patriarche Alexis. (Cedrenus, p. 589).

2. Le Protospathaire Georges Maniacès avait été envoyé dans le sud de l'Italie par l'impératrice Zoé pour s'opposer aux progrès des Lombards et des Normands. Il se révolta et marcha sur Constantinople. Parvenu dans la Boulgarie, il rencontra auprès d'Ostrow l'eunuque Etienne, Sébastophore, que Constantin Monomaque envoyait contre lui. Le combat s'engagea, et Etienne avait été mis en déroute, lorsque Maniacès fut atteint tout-à-coup d'une flèche qui lui traversa la poitrine. Les fuyards revinrent à la charge, battirent les soldats de Maniacès, et Étienne retourna à Constantinople où il fit son entrée triomphale avec la tête du rebelle portée au bout d'une pique.

LXV. — 1. Galonbegh'ad et Bizou, villes de la Cappadoce, dont la position nous est inconnue. Cedrenus, qui a rapporté différemment (p. 595-596) la manière dont Monomaque dépouilla Kakig de son royaume, dit que l'empereur lui céda de grandes propriétés dans la Cappadoce, du côté de *Charsianum Castrum* et *Lycandrus*.

2. C'est ainsi que Matthieu qualifie les Grecs, dont les Arméniens s'étaient séparés, à l'occasion du concile de Chalcédoine, tenu en 451. — Voir chap. LXXXV, n. 1, et mon ouvrage intitulé : *Histoire, dogmes, traditions et liturgie de l'Église arménienne orientale*, Paris, 2ᵉ édit., 1857.

LXVI. — 1. Nicolas, envoyé par Monomaque, avec le titre de général des armées d'Orient, pour soutenir le vestarque Michel Iasitas, préfet de l'Ibérie, qui n'avait pu réussir à se rendre maître d'Ani. C'était en 6553, indict. 13 (1ᵉʳ sept. 1045-1046), suivant Cedrenus (p. 595).

2. Ough'thik, Oukhthik' ou Okhthis, ville de la province de Daïk'. — Indjidji, *Arm. anc.* p. 374. — Tchamitch la place sur les limites du district de Vanant, dans le voisinage du Daïk'.

LXVII. — 1. Le district d'Eguégh'iats, l'*Acilisène* de Strabon et de Ptolémée, était compris dans la quatrième Arménie, et Erzenga ou Ezenga en était la ville principale. Elle a donné aujourd'hui son nom à tout le district. Celui qu'elle avait primitivement, Eriza, paraît être le génitif de la forme Erèz, qui se retrouve dans Agathange, historien du ɪᵛᵉ siècle (éd. de Venise, in-18, 1835,

p. 45 et 587). Elle fut appelée par les Grecs *Justinianopolis*.

2. C'est-à-dire dans le temps qui sépare Pâques de la Pentecôte ; par conséquent dans l'intervalle du 7 avril, où tomba la Pâque, au 26 mai, jour de la Pentecôte, en 1045.

LXVIII. — 1. Monomaque s'était brouillé avec Abou'lséwar, *Aplèspharès*, au sujet du partage des possessions du roi Kakig. Les Grecs, commandés par Iasitas et le Magistros Constantin, ayant investi Tevïn, furent complétement battus. Alors l'empereur destitua Iasitas et Nicolas, créa duc d'Ibérie à la place de Iasitas, Catacalon le Brûlé, et substitua à Nicolas l'eunuque Constantin, Sarrasin d'origine, dans la charge de commandant en chef. Ces derniers s'emparèrent de plusieurs places fortes appartenant à Abou'lséwar. Sur ces entrefaites, la révolte de Léon Thornig ayant éclaté en Occident, l'empereur rappela en toute hâte Constantin, qui partit après avoir fait la paix avec l'émir. — Cedrenus, p. 596-597.

LXIX. — 1. Le fleuve Arian est sans doute l'un des affluents de la rive orientale du Tigre.

2. Koreïsch, qui régnait à Mossoul, était de la tribu des Arabes Okaïlites, dont le chef, Abou'l-Daoud, s'était emparé de cette ville vers 990. Lui et Nour-eddaula Doubaïs, roi de Hillah, étaient les deux princes arabes les plus puissants à cette époque ; ils tenaient le khalife dans l'oppression, et tentèrent de s'opposer aux Turks Seldjoukides.

3. Forteresse du district de Bagh'ïn ou Bagh'nadoun, dans la 4ᵉ Arménie. C'est aujourd'hui un village du sandjak de Palou, dans le pachalik de Diarbékir. — Indjidji, *Arm. anc.*, p. 46, et *Arm. mod.*, p. 226.

4. Indjidji, dans son *Arménie ancienne*, place le district de Thelkhoum dans la liste des localités dont la position ne peut être aujourd'hui déterminée exactement. Tout ce qu'on sait, c'est que ce district était compris dans celui de Bagh'ïn ou situé sur ses limites.

5. Ardjêsch, ville du district d'Agh'iovid, dans la province de Douroupéran, sur le bord septentrional de la mer d'Agh'thamar, ou lac de Van. — Indjidji, *Arm. anc.*, p. 126. — Arsès ou Ardzès de Constantin Porphyrogénète.

6. Cedrenus (p. 601) et Zonaras (t. II, p. 201) racontent que Thogrul-beg ayant envoyé son cousin Koutoulmisch contre les Arabes, celui-ci, vaincu par Koreïsch et Doubaïs, prit la fuite et demanda passage au patrice Étienne, fils de Constantin, qui était gouverneur du Vasbouragan. Étienne ayant refusé, Koutoulmisch l'attaqua, le battit, et l'ayant fait prisonnier, alla le vendre à Tauriz.

LXX. — 1. Il y a dans le texte *déliarkh,* ou *délarkhi,* suivant quelques mss. ; c'est le grec *télarchès,* commandant d'une légion ou d'un corps d'armée.

LXXI. — 1. Matthieu indique deux expéditions contre Tevïn, tandis que Cedrenus n'en mentionne qu'une seule, celle qui a été racontée dans le chapitre LXX.

LXXII. — 1. Cedrenus, Zonaras et Glycas rappellent aussi cette révolte du patrice Léon Thornig, parent de Monomaque du côté maternel. Il était précédemment gouverneur de l'Ibérie ; accusé d'aspirer à l'empire, il fut révoqué, eut la tête rasée, et fut revêtu du froc monastique. Irrité de cet outrage, il se retira à Andrinople, où il rallia tous les mécontents. Proclamé empereur, il arriva devant Constantinople au mois de septembre, indict. $1^{re} = 1047$.

2. L'église des SS. Anargyres (S. Côme et S. Damien), était située dans la partie de Constantinople comprise entre le Tzycanisterium et les Blachernes. — Anonymi *Antiquit. Cptanarum* lib. II. — L'église des SS. Martyrs, ou des SS. Quarante (martyrs de Sébaste) se trouvait dans le même quartier, près des Thermes de Constantin.

LXXIII. — 1. Saint-Martin, qui a traduit ce chapitre dans ses *Mémoires sur l'Arménie* (t. II, pp. 209-214), a fait ici une étrange méprise ; il a rendu le mot *gourd,* châtré, eunuque, comme s'il y avait *K'ourt,* Kurde.

2. La ville d'Ardzen-erroum (Ardzen des Romains) ou Erzeroum était comprise dans le district de Garïn, province de la Haute-Arménie. L'historien Arisdaguès Lasdiverdtsi décrit (chap. XII),

en termes lamentables, la prise de cette cité par les Turks. — Cf. ch. LXXXVII, n. 1.

3. Tavthoug, diminutif arménien de Tavith (David).

4. Il y a dans le texte *Gamên*, altération du surnom grec *Kékauménos* ou *Brûlé* que portait Catacalon.

5. Libarid ou Liparit, de l'illustre famille des Orbélians, était, suivant Cedrenus, fils de R'ad, nom que l'historien byzantin transcrit *Horatios*, tandis qu'il serait son frère, suivant Matthieu. Horace était mort en 1022, dans la guerre de l'empereur Basile contre Georges, roi de l'Ibérie septentrionale et des Abasges. — Cf. S.-Martin, *Mém. sur l'Arménie*, T. II. p. 220, note 11.

LXXIV. — 1. Le *myron* ou huile bénite est employé dans l'Église arménienne pour le sacre des rois, la consécration du catholicos des évêques et des prêtres, et pour les sacrements du baptême et de la confirmation ; ce dernier se donne avec l'Eucharistie, immédiatement après le baptême.

2. Michel Cérulaire.

3. Il y a dans le texte *centinar*, qui est le mot latin *centenarium*, dont les Byzantins ont fait *kentênarion*. Suivant Anania de Schirag, mathématicien et computiste arménien du VIIe siècle, le *centinar* se divisait en cent livres pesant, *lidr*. — Cf. Pascal Aucher, *Explication des poids et mesures des anciens* (en arménien), Venise, 1821, in-4°. — Matthieu veut sans doute dire que Monomaque fit cadeau au catholicos Pierre de cent livres d'or.

4. Ce titre était dans l'Église grecque celui d'une dignité importante. Le syncelle était le coadjuteur et le successeur désigné du patriarche en fonctions. — Cf. Codinus, *De offic.* cap. XX.

5. Aaron Vestès, Boulgare de nation, fils de Vladosthlav et frère de Prusianus et d'Ibatzès, était gouverneur du Vasbouragan pour les Grecs. Cedrenus, p. 602. — Cf. Stritter, *Memoriæ populorum olim ad Danubium incolentium*, etc. T. II, 2e part. *Bulgarica*, p. 458.

6. D'après Arisdaguès Lasdiverdtsi, qui parle (ch. XIII) de cette bataille, et qui dit qu'elle eut pour théâtre la plaine de Pacên, dans l'Ararad, on peut conjecturer que le district d'Ardchovid et la forteresse de Gaboudrou étaient dans le voisinage. — Cf. Indjidji, *Arm. anc.*, p. 510-511. — Cedrenus dit (p. 604) que

les Romains, après l'arrivée de Libarid, étaient descendus dans la plaine, au pied d'une colline sur laquelle s'élevait le château fort de *Capetrum*, « Kapetrou phrourion. »

7. Par le nom de Khoraçan, les historiens arméniens entendent, non-seulement la province de ce nom, comme ici Matthieu d'Edesse, mais encore la Perse entière, et en général tous les pays à l'ouest, qui relevaient de l'empire des Seldjoukides de Perse, comme l'Aderbéidjan, l'Arménie et même la Mésopotamie.

8. Suivant Étienne Orbélian, métropolite de Siounik', qui écrivit au XIIIe siècle l'histoire de sa famille, les grands de Géorgie, jaloux de Libarid, coupèrent les jarrets de son cheval, et après qu'il fut tombé à terre, le tuèrent sur le lieu même. — Cf. l'*Histoire de la maison satrapale de Siounik'*, ch. LXV, et St-Martin, *Mém. sur l'Arménie*, T. II, p. 75.)

9. Samuel d'Ani, dans sa Chronographie, écrit ce nom *Zevad*.

LXXV. — 1. La demeure primitive des Patzinaces est fixée par Constantin Porphyrogénète (*De admin. imp.*, ch. XXXVII) entre l'Atel ou Volga et le Geech ou Iaïk. Il rapporte que sur la fin du Xe siècle, les Ouzes s'étant ligués avec les Khazares, qui habitaient la Chersonnèse Taurique, attaquèrent les Patzinaces et les obligèrent à leur céder le territoire qu'ils occupaient. Les Patzinaces, repoussés de chez eux, tombèrent sur les Ouzes, les chassèrent de leur pays, et se répandirent jusqu'au delà du Danube. A l'époque où nous sommes parvenus dans le récit de Matthieu, les Patzinaces habitaient le pays compris entre le Tanaïs et le bas Danube.

2. Il y a dans le texte arménien *ôtzits*, génitif pluriel du mot *ôtz*, serpent. J'avais cru d'abord que Matthieu voulait entendre par ce mot la nation des Ouzes ou Ghozz. Mais d'après la série des peuples barbares qu'il énumère comme se précipitant l'un sur l'autre, j'ai dû rejeter cette interprétation, puisqu'il dit que la nation des Serpents repousse les Khardèsch, qui à leur tour refoulèrent les Ouzes et les Patzinaces. C'était sans doute quelque tribu d'origine tartare ou hunnique, dont l'émigration avait suivi celle des Khardèsch et des Patzinaces.

3. En arménien, *khardèsch* signifie *blond, qui a les cheveux d'un blond ardent*. Cette épithète rappelle la tribu des *Xanthii*, qui faisait partie de la puissante nation des *Dacæ*, et qui était de race scythique (Strabon, XI, 8). Mais nous savons que ce sont les

Madgyares qui furent refoulés par les Ouzes dans les vastes plaines de la Hongrie, et la conformation physique des Hongrois, que l'on rattache à la source finnoise, semble exclure l'épithète précitée. Il est certain que Matthieu a voulu désigner une de ces nombreuses tribus nomades qui étaient disséminées sur le bord septentrional de la mer Caspienne et de la mer Noire, jusqu'au Danube.

4. Les Ouzes ou Ghozz sont une fraction des Turks qui, sous la conduite des fils de Seldjouk, émigrèrent, vers le commencement du xie siècle, du Turkestan, et envahirent la Perse, l'Arménie, la Mésopotamie, la Syrie et l'Asie mineure. Une partie de cette nation s'était fixée au nord de la mer Caspienne, entre le Volga et le Iaïk. — Cf. d'Ohsson, *Voyage d'Abou-el-Cassim*, p. 284.

5. Cedrenus (p. 479 et suiv.) et Zonaras (T. II, p. 182 et suiv.) racontent tout au long cette guerre contre les Patzinaces, dont on peut lire le récit résumé par Lebeau (LXXVIII, 39-41), et qui dura jusqu'à l'année suivante, 1051.

LXXVI. — 1. Ce général était Grec d'origine, comme on peut le conjecturer par son titre de *Catépan*. Il fut remplacé, en 1055, par Mélissène, auquel l'impératrice Théodora confia le gouvernement du district de Bagh'ïn, et le soin des princes arméniens, fils d'Abel. Tchamitch, T. II, p. 952 et 960. — Cf. ch. LXXIX.

2. Forteresse du district de Bagh'ïn. — Cf. ch. LXIX, n. 3.

LXXVIII. — 1. Cette expédition de Thogrul-beg est racontée avec des détails très-curieux par Arisdaguès Lasdiverdtsi (ch. XVI). Thogrul avait divisé son armée en quatre corps; trois ravagèrent le centre et le nord de l'Arménie, jusqu'à la Chaldée Pontique, le Daïk' et le fleuve Djorokh, tandis que le quatrième, commandé par Thogrul lui-même, venait investir Manazguerd.

2. Mandzguerd, Manavazaguerd ou Manazguerd, l'une des plus anciennes villes de l'Arménie, située dans le Douroupéran, au district de Hark'; aujourd'hui *Melazkerd*, dans le pachalik d'Erzeroum.

3. Ce Vasil était Arménien par son père Aboukab, et né d'une mère géorgienne. Il était originaire de la province de Daïk', et avait été créé par Monomaque gouverneur de Mandzguerd.

4. Telle est la leçon du ms. 99; le ms. 95 porte *Osgo'dzam*. Ce

nom est un composé arménien, signifiant : *qui a les cheveux longs ou bouclés et couleur d'or*. Ce doit être la traduction du nom turk du beau-père de Thogrul.

5. Parmi les auxiliaires qui servaient alors dans les armées de l'empire grec, il y avait des Franks des diverses contrées de l'Europe, et principalement des Normands.

LXXIX. — 1. Monomaque mourut en 6563, indict. 8 (1 sep. 1054-1055). Lebeau a adopté la date du 30 novembre 1054, et M. de Muralt celle du 11 janvier 1055, en se guidant chacun d'après les différentes indications des années de règne qu'attribuent à ce prince les chroniqueurs byzantins. Matthieu est en retard de quelques mois.

2. Théodora mourut sur la fin du mois d'août 6564, indict. 9 = 1056. Michel Stratiotique fut proclamé empereur aussitôt après (Cedrenus p. 619).

3. Michel Stratiotique abdiqua au bout d'un an; il fut remplacé par Isaac Commène, aux kalendes de septembre 6586, indiction 11 = 1057.

4. Les détails de la révolution qui éleva Isaac Commène sur le trône, et de la bataille d'Adès, auprès de Pétroa, dans le voisinage de Nicée, se trouvent dans Cedrenus (p. 624-627) et Zonaras (T. II, p. 209-210). Les troupes impériales, commandées par l'eunuque Théodore, Domestique de l'Orient, et par le Magistros Aaron Vestès, beau-frère de Commène, et soutenues par Lycanthe, Pnyemius, le Frank Randolphe, patrice, et Basile Trachaniotès, défirent d'abord Isaac Commène, qui tenait le centre de son armée, et Romain Sclérus, qui était à l'aile droite; mais Catacalon, qui commandait l'aile gauche, décida la victoire, et Randolphe fut fait prisonnier. Trois mois après, à la fin d'août, Michel Stratiotique, sommé par le patriarche et par Catacalon, dut se résigner à quitter le palais impérial, et le 31, de grand matin, Catacalon en prit possession au nom d'Isaac; celui-ci y fit son entrée le soir même.

5. Il se peut que la tranquillité ne fût pas complétement rétablie dans quelques provinces de l'empire, immédiatement après l'avénement d'Isaac Commène: mais nous savons que Michel Stratiotique, en abdiquant, se retira et vécut paisiblement dans la maison qu'il habitait avant d'être empereur, suivant Cedrenus,

ou qu'il embrassa la vie monastique, d'après Michel Attaliote.

6. On peut comparer ici Matthieu avec Arisdaguès Lasdiverdtsi, ch. XVIII et XX, et mes *Recherches sur la chronologie armén.*, 2ᵉ partie, *Anthol. chronol.*, n° XLIX.

7. Le ms. 95 lit *Bizschônid*.

8. *Khalad i Djerdjéro' tar'na'*. — Le ms. B écrit une fois *Djéri* au lieu de Djerdjéri ; peut-être est-ce la ville de *Gergis* d'Etienne de Byzance, *Gergetha* de Strabon, dans la Troade, non loin du mont Ida. Cette ville était, à ce qu'il paraît, dans les terres, à quelque distance de la mer.

9. Cf. M. de Saulcy, *Essai de classification des suites monétaires byzantines*, Atlas, pl. XXVI, n° 5.

10. Cette expédition est racontée un peu différemment par Scylitzès, Zonaras, Glycas et Anne Comnène (*apud* Lebeau, LXXIX, 25).

LXXX. — 1. Isaac Comnène, après avoir occupé le trône deux ans et trois mois, comme l'attestent Scylitzès, Zonaras, Glycas et Manassès, se retira dans le monastère de Stude, laissant la couronne à Constantin Ducas, dont le règne dut commencer par conséquent à la fin de novembre ou dans les premiers jours de décembre 1059.

2. Ms. B. *Il fit rentrer dans l'obéissance tous les rebelles.*

LXXXI. — 1. Ce monastère avait été bâti par le roi Sénékérim, qui y déposa le fragment de la croix miraculeuse, conservée à Varak.

2. Thornig Mamigonien était seigneur des districts de Darôn et de Saçoun. Le gouvernement de ces pays lui avait été confié par son ami Grégoire Magistros. Il résidait à Aschmouschad, village du district de Saçoun. Il eut pour fils Tchordouanel, qui fut père de Vikên.

3. Le monastère de S. Jean-Baptiste, ou couvent de Klag, avait été fondé par S. Grégoire l'Illuminateur, au lieu appelé *Innagnian* (des neuf sources), dans le district de Darôn.

LXXXII. — 1. Le mot arménien *k'our* ou *k'or* est le grec *koros*, et le latin *corus*, mesure de capacité qui contenait quarante boisseaux, ou trente, suivant les différents exemplaires du *Traité des poids et mesures* d'Anania de Schirag. — Cf. *Explication des poids et mesures des anciens,* par le R. P. Pascal Aucher, p. 189.

LXXXIV. — 1. Tchamitch a lu dans les mss. de Matthieu d'Edesse consultés par lui : *Amour-K'afer* et *Kidjaziz*.

2. Kavadanêk, forteresse au sud-ouest de Sébaste.

3. Pâques tomba le 4 avril en 1059, et la Transfiguration, qui est une des fêtes mobiles de l'Église arménienne, le 11 juillet; par conséquent, le dimanche qui précéda la semaine de jeûne avant la Transfiguration fut le 4 juillet. Cf. mes *Recherches sur la chronol. armén.*, T. I, 2ᵉ part. *Anthol. chronol.* n° LI.

4. Les princes Ardzrouni, Sénékérim et ses quatre fils.

LXXXV. — 1. A l'époque où fut tenu le concile de Chalcédoine (451), les Arméniens, occupés à soutenir la guerre contre Iezdedjerd II, roi de Perse, furent empêchés d'assister à cette assemblée, et étaient sans communication avec les Grecs. Des partisans d'Eutychès et de Dioscore, patriarche d'Alexandrie, dont les doctrines avaient été condamnées par ce concile, se répandirent en Arménie, et représentèrent les Pères de Chalcédoine comme ayant renouvelé l'erreur de Nestorius. Les Arméniens, abusés par ces faux rapports, rejetèrent le concile, tout en reconnaissant la co-existence des deux natures en J.-C., telle que l'avait définie S. Cyrille d'Alexandrie. Ils comptent même Eutychès au nombre des hérétiques, et prononcent contre lui anathème.

2. Le mot *Thavplour* signifie : « colline couverte d'une herbe épaisse ou d'arbres au feuillage touffu ». C'était un bourg du district de Dchahan, dans la troisième Arménie, au sud.

LXXXVI. — 1. *Slar* est le mot *Salar*, qui existe dans l'arménien ancien, et se retrouve en persan moderne avec la signification de général d'armée. Le titre de *Slar-Khoraçan* désigne le commandant de l'armée du Khoraçan, et remplace ici le nom propre de ce chef.

2. Le ms. 95 porte *Medjmedj*.

3. Sa'ïd-eddaula, fils d'Abou-Nasr Ahmed Nacer-eddaula, de la dynastie des Merwanides. Cf. ch. XLIII, n. 2.

4. Hervé, *Hervévios*, surnommé *Francopoule*, Normand au service de l'empire, qui s'était distingué en Sicile sous le commandement de Georges Maniacès. — Cedrenus, p. 624 et suiv.

5. Gargar', place forte de l'Euphratèse ou Comagène, sur la rive occidentale de l'Euphrate, et située sur une montagne fort élevée.

6. Ville de la Petite-Arménie, située dans le district du même nom, au sud de Mélitène, et sur la rive droite de l'Euphrate. (Mekhithar-abbé, *Dict. des noms propres*).— En arménien, *Haçan-Mansour*, et plus vulgairement *Haçan-Meçour* ou *Harsen-Meçour*, est la corruption de la dénomination arabe *Hisn-Mansour* ou « forteresse de Mansour, » laquelle avait été bâtie du temps de Merwan, le dernier des khalifes ommeyïades, par Mansour-ben-Djou'ounah-el-'Amery.

7. C'est la leçon du ms. 99 ; le ms. 95 lit *Hedzen Beschara'*.

8. Les deux mss. 95 et 99 portent : « *gamamen madoutsék' intz*. Je lis, en vulgaire, *gama men*, en admettant que le mot *gama* est le turk *kama* ou *kamch*, clou, cheville, et aussi, suivant le dictionnaire turk-arménien de Mgr. Jacques Bôzadji, *sabre à double tranchant*.

9. Le ms. 99 omet ce nom, et le texte du ms. 95 rend très-douteuse la leçon que j'ai suivie.

LXXXVII. — 1. Garïn ou Théodosiopolis, fondée au commencement du ve siècle, par Anatolius, général des armées d'Orient, d'après l'ordre de Théodose le jeune. Elle était située près des sources de l'Euphrate, dans le district de Garïn. Les habitants de la ville d'Ardzen, qui était dans le voisinage, émigrèrent dans la nouvelle cité, qui depuis fut connue sous les trois noms de Garïn, Ardzen-erroum (Erzeroum) et Théodosiopolis. Cf. ch. LXXIII, n. 2.

LXXXVIII. — 1. Il était non point le frère de Thogrul-beg, mais son neveu, par le frère de ce dernier, Dja'fer-beg-Daoud.

2. Littéralement *le pays des Khouj* ou barbares, le Khouzistan des écrivains arabes et persans.

3. Le pays des Saces, Sedjistan des modernes. Les Saces habitaient à l'est de la Bactriane et de la Sogdiane, dans la partie méridionale de la Scythie asiatique, au nord du mont Imaüs et du Paropamisus. Les Arméniens donnent aussi quelquefois le nom de Sakasdan au Mazendéran.

4. L'expression *pays des Agh'ouans* est prise par les Arméniens dans deux acceptions. Par la première ils entendent la contrée comprise entre le fleuve Gour et la mer Caspienne jusqu'au défilé de Derbend au nord ; on l'appelle Agh'ouanie du Schirwan, ou simplement Schirwan. La seconde acception s'applique en parti-

culier à cette partie de l'Arménie qui renferme les trois provinces d'Oudi, d'Artsakh et de Ph'aïdagaran, ainsi qu'une portion du territoire situé au nord du Gour; c'est l'Agh'ouanie arménienne, qui fut sous la domination tantôt de princes indigènes ou des Arméniens, et tantôt, mais en partie seulement, sous celle des Géorgiens ou d'autres nations étrangères. L'Agh'ouanie arménienne, qui est le Karabagh des modernes, appartient aujourd'hui à la Russie, et a pour capitale la ville de Schouschi ou Schouscha.

5. Capitale des rois Goriguians. Elle était située dans le district de Daschir, province de Koukark'. — Indjidji, *Arm. anc.* p. 361.

6. Le ms. 99 lit *Akhav Dchavalis*. On trouve ce nom écrit aussi *Dchavavkhk'*, *Dchavagh'k'*, ou *Dchavakh*, le Dchavakhêth des Géorgiens, district de la province de Koukark'.

7. Après que les Grecs se furent emparés d'Ani, ils en éloignèrent peu à peu les troupes arméniennes qui défendaient cette ville, et les remplacèrent par une garnison grecque, dont ils confièrent le commandement soit à un des leurs, soit à un Arménien ou à un Géorgien pris parmi les chefs de ces deux nations sur lesquels ils pouvaient compter. Cet état de choses dura pendant vingt ans à peu près, jusqu'à la prise d'Ani par Alp-Arslan, en 1065.

8. Sempad II, surnommé *Diézéragal*, c'est-à-dire le maître du monde, le 6ᵉ des rois Bagratides d'Ani. Il est très probable que l'auteur veut dire ici que ce prince avait fait venir ou avait reçu de l'Inde les objets précieux dont il fit don à la cathédrale d'Ani. Il est incontestable que le roi Sempad II n'a jamais entrepris un pareil voyage. Tchamitch (T. II, p. 982), a tranché la difficulté d'une manière très-simple et très-commode pour lui, en omettant le mot *Inde* et en y substituant l'expression vague de *pays éloigné*.

9. L'une des plus anciennes et des principales villes de l'Arménie, *Naxouana* de Ptolémée, comprise dans la province de Vasbouragan; Nakhitchévan des modernes, chef-lieu du khanat de ce nom, qui avec le khanat d'Erivan a été cédé à la Russie par la Perse, en 1828.

LXXXIX. — 1. Sur cette expédition des Ouzes, on peut consulter Zonaras, Scylitzès et Glycas, dont la narration a été reproduite par Lebeau (livre LXXIX, ch. 37). — Basile Apocapès et Nicéphore Botoniate furent faits prisonniers et emmenés par le Ouzes; mais ils ne tardèrent pas à recouvrer leur liberté à la suite des désastres qu'éprouvèrent ces Barbares par les rigueurs de l'hiver, la peste et le fer des Boulgares et des Patzinaces.

2. L'historien Vartan dit deux ans.

3. Vahram était le fils aîné de Grégoire Magistros. A la mort de son père, qui arriva dans l'année de l'avénement du catholicos Khatchig, Vahram lui succéda dans sa principauté, et reçut de l'empereur le titre de duc. D'abord engagé dans les liens du mariage, plus tard il renonça au monde, et embrassa la vie religieuse, sous le nom de Grégoire. Il fut surnommé *Vgaïacér*, c'est-à-dire *ami des martyrs*, parce qu'il traduisit ou fit traduire en arménien une grande partie des Martyrologes grec et syriaque.

XCI. — 1. Ville forte dans le voisinage d'Edesse; aujourd'hui Êndzéli, dans le sandjak de Sévêrag, pachalik de Diarbékir. — Tchamitch, T. II, p. 973; Indjidji, *Arm. mod.* p. 229.

2. Le mot *bekhd* cache sous une forme altérée le titre grec de *Vestès*. Ce chef arménien, duc d'Antioche, était Khatchadour d'Ani. — Le nom de Khatchadour a été transcrit par les écrivains byzantins sous les formes *Kachatourios* (Scylitz. p. 660), *Chatatourios* (Zonaras, T. II, p. 224), *Koutatarios* (Nicéph. Bryenne, p. 21.)

3. Le ms. 99 porte *Bigh'aumd;* ce doit être le même personnage appelé *Bizônid* dans le chapitre LXXIX (Cf. note 7, *ibid.*); il est impossible de déterminer la véritable lecture, par l'incertitude qu'offrent très souvent, dans les textes manuscrits, le *z* et le *gh'*.

4. En Arménien *brôk'simos;* c'est le grec *proximos*, en latin *proximus*. On voit que ce mot a ici le sens de lieutenant ou aide-de-camp d'un chef militaire. Sur ses autres significations, on peut consulter Du Cange, *Gloss. mediæ et infimæ græcit.*, v^{ls} *Proximos* et *Melloproximos*, ainsi que le *Gloss. med. et inf. latin.* du même auteur.

5. Ce nom indique évidemment une origine espagnole, et celui qui le portait était sans doute un de ces Catalans ou Aragonais au service de l'empire grec.

XCIII. — 1. Le roi Kakig II avait épousé la fille de David, frère aîné des princes ardzrouni Adom et Aboûçahl.

2. Allusion aux paroles de Jésus-Christ dans St-Matthieu, V, 37.

3. Allusion aux trois anges qui, sous la forme de voyageurs, apparurent à Abraham, et qu'il invita à un repas. — Genèse, XVIII, 1-9.

4. Les paroles de Kakig relatives à Dioscore d'Alexandrie, condamné par le concile de Chalcédoine, s'expliquent par ce que nous avons dit ch. LXXXV, n. 1.

5. Ceci a rapport au *Trisagion* chanté dans l'Eglise arménienne avec une addition qui varie suivant la solennité du jour, à la différence de ce qui se pratique dans les rites grec et latin, qui consacrent cette hymne à Dieu considéré dans sa triple hypostase. Comme le trisagion se termine quelquefois par ces mots, *qui as été crucifié pour nous*, les Grecs prenaient prétexte de là pour accuser les Arméniens de croire que la Trinité avait souffert la Passion, et non point la seconde personne seulement. — Cf. *Histoire, dogmes, traditions et liturgie de l'Eglise arménienne orientale*, 2e édit., p. 95-96.

6. Ce Traité *Sur la Nature de l'homme*, que quelques-uns attribuent à Némésius, évêque d'Emesse, en Syrie, a toujours été regardé par les Arméniens comme étant l'ouvrage de saint Grégoire de Nysse, à partir du VIIe siècle, époque où il fut traduit dans leur langue par Etienne de Siounik'.

7. La Nativité et l'Epiphanie. Dans l'Eglise arménienne, ces deux fêtes sont réunies, et se célèbrent le 6 janvier, suivant l'usage de la primitive Eglise d'Orient. Voir mes *Recherches sur la Chronologie*, T. Ier, part. 1re, chap. II, note 86.

8. Kakig rappelle l'opinion d'après laquelle la durée de la gestation d'un premier-né était de 10 mois.

9. C'est le jeûne de cinq jours, appelé par les Arméniens *ar'adchavork'*, c'est-à-dire préalable, parce qu'il précède le grand carême de Pâques. Il fut institué par saint Grégoire l'Illuminateur. Voir *Histoire, dogmes, traditions et liturgie de l'Eglise arménienne orientale*, 2e édit., p. 101-103.

10. Le même qui est appelé Diranoun au chap. LXXIV.

11. Lasdiverd ou Lasdivart, bourg qu'Indjidji range dans la liste des localités dont la position ne nous est pas exactement connue aujourd'hui. Il conjecture, d'après les expressions de l'historien Arisdaguès Lasdiverdtsi, que ce bourg appartenait au district de Garin, dans la Haute-Arménie. (*Arm. anc.* p. 520.)

12. Grégoire, surnommé *Narégatsi*, parce qu'il était moine du couvent de Nareg, dans le district de R'eschdounik', province de Vasbouragan, est un des hommes les plus remarquables qu'ait produits l'Arménie, par sa sainteté et par ses écrits. Dans le recueil des prières qu'il a composées, et qui sont au nombre de cinquante, il s'élève jusqu'aux aspirations les plus sublimes, et déploie le lyrisme le plus entraînant.

13. Du couvent de Sévan, ainsi appelé de l'île de ce nom, dans le lac de Kegh'am.

14. Du couvent d'Endzaïk', consacré à la Mère de Dieu, et situé sur les bords du lac d'Agh'thamar, dans le Vasbouragan.

XCIV. — 1. Ce terme est une grosse injure sous la plume de notre chroniqueur, comme aujourd'hui dans la bouche des chrétiens d'Orient. Il exprime l'aversion de Matthieu contre l'Église grecque.

XCVI. — 1. Cette comète est notée par Scylitzès, Zonaras et Glycas, en mai, indiction 4 = 1066.

2. Le Mont Amanus, dans la chaîne du Taurus qui s'étend au N.-E. de la Cilicie, sur les confins de Raban. Il y avait sur le versant et au pied de cette montage un grand nombre de couvents arméniens, syriens et grecs. Aussi les Arméniens la nomment quelquefois *sourp liar'n,* « montagne sainte. »

3. *Thléthoukh* dans le ms. 95; et *Théléthoukh* dans Tchamitch.

4. Le texte ajoute : *qui est la ville de Sipar*. Ce doit être une interpolation, car Nisibe ne saurait être assimilée à Sipar ou Sippara, qui est beaucoup plus au sud, et située non loin de l'Euphrate, dans la Babylonie.

XCVII. — 1. Scylitzès donne à Constantin Ducas un règne de sept ans et six mois. Ce règne avait commencé à la fin de novembre, ou dans les premiers jours de décembre 1059 (Cf. ch. LXXX, n. 1); par conséquent sa mort doit-être placée vers les kalendes de juin 1067. Après lui, Eudoxie Macrembolitissa, sa seconde femme, eut la régence et gouverna au nom de Michel, Andronic et Constantin, tous trois fils de Ducas, associés à l'empire par leur père peu de temps avant sa mort.

XCVIII. — 1. Jean Ducas, auquel Constantin avait recommandé en mourant de veiller sur sa femme et ses trois fils. Matthieu, en indiquant l'année 518 (1069-1070), comme date de l'avénement de Romain Diogène, est en retard d'un an à peu près sur Scylitzès, qui dit que l'impératrice Eudoxie épousa ce prince et lui donna la couronne au commencement de janvier, indiction 6 = 1068.

XCIX. — 1. Georges de Lor'ê siégea à Thavplour, dans le district de Dchahan, pendant deux ans. Tchamitch place son avénement en 1071.
2. Sur l'Amanus ou Montagne-Noire, dans le couvent d'Arek. Cf. ch. CLXXV, p. 246.

C. — 1. Alep était alors sous la domination des princes arabes de la dynastie des Mardaschides, et avait pour souverain Izz-eddaula Mahmoud, surnommé Ben-Roukilia, fils de Nasr.

CI. — 1. Ce nom est transcrit *Chrysoskoulos* par Nicéphore Bryenne, *Comment.* I, 11. (Cf. Scylitzès, p. 653; Zonaras, T. II, p. 220; Glycas, p. 253, et Tchamitch, T. II, p. 990-991). Cet émir étant entré en Arménie avec des forces considérables, dévasta une foule de localités, et enfin vint se jeter sur le territoire de Sébaste, où il fit beaucoup de mal aux Arméniens. Le Curopalate Manuel Comnène, fils aîné de Jean le Curopalate, et neveu d'Isaac Comnène, s'étant avancé pour le repousser, fut défait, et tomba entre les mains des infidèles. Mais le prisonnier sut gagner l'esprit de son vainqueur en lui promettant l'appui de l'empereur contre Alp-Arslan. Guedridj, persuadé, se rendit avec Manuel auprès de Diogène, qui le reçut avec de grands honneurs et lui promit des secours. Le sulthan ayant appris la révolte de Guedridj et l'alliance qu'il avait faite avec l'empereur, rassembla toutes ses troupes, et marcha contre les Grecs. Il pénétra en Arménie, et vint mettre le siège devant Mandzguerd.

CII. — 1. Tadj-eddaula Tetousch ou Toutousch Abou-Sa'ïd, fondateur de la dynastie des Seldjoukides d'Alep. En 471 hég. (14 juill. 1078-3 juill. 1079), son frère Mélik-Schah lui donna en apanage toute la Syrie.

2. Thelthovrav est dans la Mésopotamie, ainsi que le bourg d'Arioudzathil (littéralement *château* ou *bourg du lion*).

CIII. — 1. Cf. ch. CI, n. 1.

2. Il y a dans le texte *Darkh'aniaudên*, transcription du grec *Tarchaniôtès*, *Trachaniôtès*, ou *Tarchanaiôtès*. C'est le titre *Tarkhan*, qui signifiait chez les Turks un homme libre, affranchi du tribut, dispensé de donner au souverain une part du butin qu'il avait fait à la guerre. — Nicéphore Bryenne (I, 13-14) nomme cet officier *Joseph Trachaniotès*, et dit qu'il avait le rang de Magistros. C'était un des chefs des Ouzes qui servaient dans l'armée de Romain Diogène; ce prince l'envoya, avec le normand Oursel, de l'illustre maison de Bailleul, attaquer la ville de Khelath. (Zonaras, T. II, p. 222; Scylitzès, p. 656; Du Cange, *Comment. in Niceph. Bryennium*, lib. II, n. 4).

3. Dans Tchamitch, ce nom est écrit *Khabad*. Suivant Nicéphore Bryenne (I, 16), les Grecs, à la bataille de Mandzguerd, étaient commandés par le Cappadocien Alyates, à l'aile droite; par Nicéphore Bryenne, père de l'historien, à l'aile gauche; et par l'empereur, au centre; l'arrière-garde était sous les ordres d'Andronic, fils du César Jean Ducas.

4. Andronic, fils aîné de Jean Ducas, et cousin germain de Michel Ducas, dit Parapinace. — Romain Diogène, ayant occupé le trône trois ans huit mois, à partir de janvier 1068, s'y maintint jusqu'au commencement de septembre 1071, date de l'avènement de Michel Parapinace.

CIV. — 1. Dans le *Tarikhi-Guzideh*, traduit en extrait par M. Defrémery, dans le *Journal asiatique* (avril-mai 1848, p. 441), il est dit qu'Alp-Arslan fut tué auprès de la forteresse appelée *Berzem*, située sur les bords du Djihoun. Dans une note, le savant orientaliste dit que cet endroit est sans doute le même qu'Edrici nomme *Bourouzem*, et qu'il place à une journée de Djordjaniah. *Biroun* dans Ibn-el-Djouzi.

2. Le gouverneur de cette forteresse s'appelait Youcef.

3. Il y a dans le texte *Khodjab*, qui est l'arabe *hâdjeb*, chambellan. Dans le *Tarikhi-Guzideh (apud* M. Defrémery, *loc. laud.*), le *hâdjeb* d'Alp-Arslan est nommé Haçan-*ibn*-Sabbah, schiite de la

secte des sept Imâms, et ennemi déclaré du grand vizir Nizam-el-Mulk, qui était sunnite.

4. La mort d'Alp-Arslan arriva, suivant le *Tarikhi-Guzideh*, dans le mois de rabi' 1er 465 hég. = novembre-décembre 1072. — Comme il est question à tous moments des sulthans seldjoukides de Perse dans Matthieu d'Édesse, nous croyons devoir donner la liste chronologique des souverains de cette dynastie qu'il a mentionnés.

Thogrul-beg, 1037-1063.

Alp-Arslan, son neveu, — 1072.

Mélik-Schah, fils d'Alp-Arslan, — 1092.

Barkiarok, fils de Mélik-Schah, — 1104.

Daph'ar ou Mohammed, fils de Mélik-Schah, — 1118.

Mahmoud, fils de Daph'ar, — 1131.

Mélik ou Thogrul, fils de Daph'ar, — 1134.

5. Marand, dans l'Aderbéidjan, à 50 milles au nord de Tauris; *Morounda* de Ptolémée.

CV. — 1. Un des insignes des catholicos arméniens est le voile, dont l'usage est passé aussi aux évêques et aux vartabeds (docteurs en théologie). Il est en étoffe noire, et recouvre la tête en forme d'un capuchon conique, en retombant sur les épaules.

2. Moudar'açoun, village non loin de K'éçoun, dans l'Euphratèse.

3. Je pense que ce Kakig était fils de Khatchig Kourkên, souverain de la contrée d'Antzévatsik', dans le Vasbouragan, de la famille des Ardzrouni, dont la branche principale était fixée à Sébaste, dans la Cappadoce, depuis 1021. — Cf. ch. LXXXIV, et *ibid*, n. 4.

CVI. — 1. C'est ce Philarète Brachamius, dont il est si souvent parlé dans l'histoire byzantine. Il était arménien de nation, originaire du district de Varajnounik' dans le Vasbouragan. Il avait le rang de Curopalate, et fut nommé Grand Domestique par Romain Diogène. — Cf. Tchamitch, T. II, p. 997-1004; Scylitzès, p. 677; Zonaras, T. II, p. 220, et Anne Comnène, p. 134-135.

2. Je crois que Meschar est la même ville que celle dont le nom est écrit ailleurs *Masr*, dans Aboulfaradj, *Maçara* (*Chron. syr.* p. 309-331), et que Ptolémée mentionne dans la description de la

Petite-Arménie (V, 7, § 4) en l'appelant *Masara* ou *Masora* Elle semble répondre aujourd'hui à un village nommé Micéré, à huit lieues au sud-est de Malathia (Mélitène), sur la route de Samosate. — Cf. la *Carte de l'Asie-Mineure*, de M. Kiepert.

3. Djabagh'-dchour, ville du district de Hantzith, près de l'Euphrate, au nord.

4. Aschmouschad, dans le district d'Arschamounik', province de Douroupéran. Il ne faut pas confondre cette ville avec un village du même nom, compris dans le district de Saçoun, province d'Agh'etznik'.

5. Ce nom est écrit une première fois, dans le ms. 99, *Anpemr'aschd*, et plus correctement une seconde fois dans le même ms., ainsi que dans le ms. 95, *R'empagh'd*.

6. Autrement appelé Garabed, c'est-à-dire, le Précurseur ou Jean-Baptiste.

7. Ms. 95 : *déçèk' zi kountcs ërguitsé enttèm Franguïn*. Le ms. 99 offre une autre leçon, *ërthitsé* au lieu de *ërguitsé*; le sens est alors : « Allons, ma troupe marchera contre les Franks. »

8. Le mot *goms* est le latin *comes*, passé en arménien avec la signification de *chef*, et quelquefois de *gouverneur d'une province*, ou bien de *général d'armée*. Il avait ce dernier sens en grec, sous le Bas-Empire, où il était employé sous la forme de *Kontos*.

9. Kharpert, aujoud'hui Kharpout, place-forte de la Sophène, dans la 4ᵉ Arménie, au sud du Mourad-Tchaï, et au nord-ouest d'Amid. Sa forteresse domine une montagne. La population de Kharpert est de 3,000 âmes environ, mi-partie d'Arméniens et de Musulmans. Elle est la résidence d'un pacha gouverneur. C'est le lieu appelé *Quarta-piert* ou *Quart-pierre* par Guillaume de Tyr (XII, 17).

CVII. — 1. Le couvent de St-Jean-Baptiste ou de Klag ; cf. ch. LXXXI, n. 3.

2. Cf. ch. CXI, n. 1.

CVIII. — 1. Le khalife fathimite Mostanser-billah, qui régna de 1036 à 1094.

2. Les Arméniens qui résident aujourd'hui en Egypte sont sous la juridiction religieuse d'un docteur ou vartabed, qui administre

avec le titre d'*Ar'adchnort* et les pouvoirs, d'un évêque et habite le Kaire.

CIX. — 1. Six ans, six mois et vingt-cinq jours, d'après les témoignages réunis de Zonaras, Glycas et Manassès, ce qui nous conduit pour la date de l'abdication de Michel Parapinace, au 25 mars 1078.

2. Cette accusation d'adultère formulée par notre historien contre l'impératrice Marie, femme de Michel Parapinace, est l'effet, sans doute, de sa haine contre les Grecs, car elle n'est reproduite par aucun historien byzantin. Ce furent surtout les actes tyranniques et arbitraires de l'eunuque Nicéphoritzès, logothète, qui déterminèrent les grands à se révolter et à proclamer Nicéphore Botoniate.

3. C'est dans le monastère de Stude, à Constantinople, que se retira Michel Parapinace; bientôt après le patriarche le consacra métropolite d'Éphèse.

CX. — 1. Cette princesse était fille de Bagrat IV et sœur de Giorgi II, rois de Karthli et d'Aph'khazie, et non point fille de ce dernier, comme le prétend Matthieu. M. Brosset (*Hist. de la Géorgie*, p. 341, note 1) dit qu'elle s'appelait Martha ou Marie; mais sur les médailles elle porte toujours le nom de Marie. (Cf. Du Cange, *Famil. byzant.* p. 133-137).

CXI. — 1. Vaçag, duc d'Antioche et fils de Grégoire Magistros, avait épousé la sœur de Basile, archevêque d'Ani, qui était fils de cet autre Vaçag dont il est question au chap. CVII. Voici la généalogie des membres de la famille de ce dernier, mentionnés par Matthieu : —

1° Haçan, issu de l'une des branches des Bahlavouni (Arsacides), à laquelle appartenait Grégoire Magistros, et père de :
2° Abirad, qui eut pour fils :
3° Vaçag, marié à une fille du prince Grégoire Magistros; de cette union naquirent :
4° *a*, Basile, d'abord archevêque d'Ani, et ensuite catholicos d'Arménie; *b*, Haçan; *c*, Grégoire, Curopalate d'Orient; *d*, Abeldchahab; et *e*, une fille mariée à son oncle maternel, Vaçag, duc d'Antioche.

Voir à la fin du volume la généalogie de Grégoire Magistros.

2. Hasdad, latin *Hastatus*; on voit que ce corps d'infanterie qui était le premier de la légion romaine, s'était maintenu avec son ancienne dénomination, dans les armées byzantines.

CXII. — 1. Ou *Bekhd*, le même dont il est parlé au ch. XCI; cf. *ibid*. n. 2.

2. C'est probablement le mot grec *Andrion*, littéralement *le lieu où se réunissent les hommes*. Je suppose que c'est le nom d'une forteresse dans le voisinage d'Antioche.

3. Scylitzès (p. 660) et Zonaras (T. II, p. 224) rapportent la mort d'Ebikhd, *Kachatourios*, d'une manière tout à fait différente. Suivant eux, il périt en combattant pour Romain Diogène contre Andronic. Mais Nicéphore Bryenne (I, 24) donne une version qui s'éloigne de celle des deux historiens précités, et qui peut se concilier avec la date postérieure assignée par Matthieu d'Edesse à la mort d'Ebikhd. D'après Bryenne, il fut fait prisonnier par Andronic, qui lui rendit la liberté.

CXIII. — 1. Le règne de Nicéphore Botoniate fut de trois ans et six jours, à partir du 25 mars, indict. 1re = 1078, jusqu'au 1er avril, indict. 4 = 1081. C'est dans la dernière année, 1081, que Nicéphore Mélissène, mari d'Eudoxie, seconde sœur d'Alexis Comnène, se révolta, en même temps que ce dernier; mais il ne monta jamais sur le trône. Alexis ayant renversé Botoniate, s'empara de l'empire, et Mélissène reçut le titre de Sébaste et ensuite de César.

CXVII. — 1. Second fils de Jean Comnène, Grand Domestique, qui était le frère de l'empereur Isaac Comnène.

CXVIII. — 1. Les Arméniens ont deux expressions pour déterminer d'une manière relative la position géographique d'une contrée, *'aïsgouïs*, et *'aïngouïs*, qui répondent aux prépositions préfixes des Latins *cis* et *trans*, ou aux prépositions séparées *citra* et *ultra*. — L'auteur entend ici les pays à l'est de la Méditerranée jusqu'en Arménie.

2. Delouk', *Doliché*, château fort de la Comagène, situé sur la croupe d'une chaîne de montagnes, qui, en se détachant de

l'Amanus, se prolonge vers l'Euphrate; *Tulupa* de Guillaume de Tyr.

CXIX. — 1. Voir pour les rectifications à faire à cette généalogie, ch. LIX, n. 1.

2. Abelgh'arib, fils de Haçan (ch. LXIII), de la famille des Ardzrouni. Après la mort de son père, s'étant rendu à Constantinople, il reçut en fief de Constantin Monomaque la ville de Tarse et tout le territoire environnant.

3. David, fils puîné de Kakig II, avait épousé la fille d'Abelgh'arib. S'étant brouillé avec son beau-père, celui-ci se saisit de lui et le renferma dans la forteresse de Babaron, située dans le voisinage de Mecis (Mopsueste), et non loin de Lampron. Le roi Kakig étant venu le réclamer à Abelgh'arib, obtint sa liberté. Mais quelque temps après la mort de Kakig, Abelgh'arib fit empoisonner David, comme nous l'apprend Vartan.

4. La forteresse de Guizisdara est la même que *Cybistra* de Strabon (XII, 1). Cet auteur la place à trois cents stades de Césarée, et dans le voisinage de Tyane, au pied du Taurus, en se dirigeant vers les *Pylœ Ciliciœ*. Cicéron *(ad Attic.* lib. V, Epist. 18) l'indique dans la Cappadoce, auprès du Taurus. Dans la Table chronologique de Héthoum, prince de Gor'igos *(Haytonus monachus)*, publiée par J.-B. Aucher, à la suite de la traduction arménienne de l'Histoire des Tartares, la position de cette forteresse, dont il écrit le nom Guentròsgoï, est fixée dans le thème de Lycandus. Dans le chap. CCVII, Matthieu l'appelle Guentrôsgavis. — La plaine d'Ardzias est sans doute celle qui se prolonge depuis l'*Argœus mons*, au S.-O. de Césarée, jusqu'au Taurus cilicien à l'E.

5. L'un d'eux était son parent et se nommait R'oupên. Après la mort de Kakig, il fonda en Cilicie, vers 1080, la dynastie des R'oupéniens, avec lesquels les Croisés furent continuellement en relations.

6. C'est-à-dire de Bizou, ville que Constantin Monomaque avait donnée à Kakig en échange d'Ani. — Cf. ch. LXV. n. 1.

7. Jean, après avoir épousé la fille du duc d'Ani, était passé en Géorgie. Après la prise de cette ville par Alp-Arslan, il se rendit avec son fils Aschod à Constantinople, où il se fixa. Aschod étant allé trouver l'émir de Kantzag, fut investi par ce dernier du commandement d'Ani. Mais les officiers de Manoutchê, qui était déjà

en possession de cette ville, jaloux d'Aschod, le firent périr par le poison. Ses serviteurs rapportèrent son corps à Constantinople ; mais, avant qu'ils fussent arrivés, son père Jean était mort.

CXX. — 1. Goriguê II, roi Bagratide de l'Agh'ouanie arménienne. — Son grand père était Kourkên ou Goriguê Ier, fondateur de cette dynastie, et non point Kakig, comme Matthieu le dit par erreur.

2. Etienne Ier, 53e catholicos des Agh'ouans, dans la liste de Schahkhathouni.

3. Depuis Pierre Ier, les catholicos d'Arménie avaient cessé de résider dans la ville royale d'Ani. La nation arménienne eut alors deux catholicos à la fois, l'un dans l'occident, Grégoire Vahram, qui demeurait en Cilicie, et Basile, dans l'Arménie orientale.

CXXI. — 1. Schéref-eddaula Mouslim, surnommé Abou'lbéréké, prince de la dynastie des Okaïlites de Mossoul. Il possédait aussi Alep.

CXXII. — 1. Dans les peintures arméniennes, saint Georges, général et martyr, est toujours représenté avec le ceinturon militaire ou baudrier.

2. Sempad était fils de Pakarad, gouverneur d'Ani pour les Grecs (v. ch. LXXXVIII).

3. En quittant Édesse, Philarète laissa le commandement de cette ville à son fils Varsam.

CXXIII. — 1. Soliman, fils de Koutoulmisch, fils de Yagou-Arslan, fils de Seldjouk, et fondateur de la dynastie des Seldjoukides d'Iconium. Il occupa d'abord la ville de Nicée, qu'il avait enlevée aux Grecs, et ensuite Iconium, lorsqu'Alexis Comnène lui eut cédé toutes les contrées qui s'étendent depuis Laodicée de Syrie jusqu'à l'Hellespont. Il régna depuis 1074 jusqu'en 1085.

2. Suivant le récit d'Anne Comnène (*Alexiade*, liv. VI), le fils de Philarète, ayant appris que son père voulait se faire musulman, afin de se concilier les Turks dont la puissance le menaçait dans Antioche, eut horreur de cette apostasie. Il alla trouver Soliman à Nicée, et l'engagea à entreprendre le coup de main qui rendit celui-ci maître d'Antioche.

3. Ce mot m'est inconnu; mais je suppose que c'est une épithète locale qui désignait les habitants d'Antioche; l'auteur les a très-certainement en vue dans ce passage.

4. C'est-à-dire le dimanche de la Quinquagésime, qui est le jour appelé par les Arméniens *poun paréguentan* ou *grand carnaval.* Le carême chez eux commence le lendemain lundi, et continue jusqu'à la fin de la Grande semaine *Avak schapath* ou Semaine sainte. En 1084, Pâques tomba le 31 mars, par conséquent le dimanche de la Quinquagésime fut le 11 février.

CXXV. — 1. Amïn-Sabek, de la dynastie des Mardaschides ou Kélabites. Après avoir été détrôné, il vécut d'une pension que lui faisait Schéref-eddaula. — Cf. Deguignes, *Hist. des Huns*, T. I, p. 361.

2. Bezah ou Bezaga, ville située à une journée de distance au nord-est d'Alep. — Nicétas Choniates (p. 15) l'appelle *Piza.*

3. Aboulfaradj *(Chron. syr.* p. 280) dit que Soliman, fils de Koutoulmisch, non-seulement défit les troupes de Schéref-eddaula, mais tua aussi ce prince. Cf. Aboulféda, *Annales muslemici*, T. III, p. 255.

4. Kilidj-Arslan Daoud succéda à son père Soliman à Iconium. Matthieu lui donne quelquefois le titre de Sulthan de l'Occident, à cause de la situation de ses États par rapport à ceux des Seldjoukides de Perse.

5. La tradition rapportait que ce portrait de la Vierge avait été peint sur une tablette de bois de cyprès par l'évangéliste S. Jean, et qu'il avait été apporté en Arménie par S. Barthélemy. Celui-ci étant venu dans la province de Vasbouragan, au district d'Antzévatsik', dans le lieu appelé *Tarpnats-k'ar* (rocher des forgerons), où s'élevait la statue de la déesse Anahid, en chassa les démons, et planta sur ce rocher une croix; après quoi il bâtit auprès du fleuve une église sous l'invocation de la sainte Mère de Dieu, et il y déposa cette image. Non loin de là, il fonda le couvent connu depuis sous le nom de *Hokvots-vank'* (couvent des âmes). — Cf. Moyse de Khoren, *Lettre à Sahag Ardzrouni;* Tchamitch, T. I, p. 297; Indjidji, *Arm. anc.* p. 198.

6. Paul tint le siége 6 mois, et mourut l'an 550 È. A. (24 fév. 1101-23 fév. 1102), suivant Vartan.

CXXVI. — 1. Saint Sahag le Grand, dit *le Parthe,* parce qu'il descendait, par son père saint Nersès Ier, et par saint Grégoire, l'un de ses aïeux, de la famille royale des Arsacides de Perse. Il fut établi patriarche d'Arménie par le roi Khosrov III, vers 390. Il mourut le jeudi 7 septembre 439. La vision à laquelle Matthieu fait allusion est rapportée tout au long par l'historien Lazare de Ph'arbe (p. 51-55); elle se trouve aussi dans la vie de saint Sahag, qui fait partie de la *Petite Biblioth. armén.* T. II, p. 45-67.

2. A partir des premières années du IVe siècle jusqu'à l'extinction des Bagratides d'Ani, vers le milieu du XIe, les Arméniens n'eurent qu'un seul catholicos; mais depuis cette dernière époque, qui vit commencer la décadence de leur nation, ils comptèrent plusieurs catholicos à la fois, qui résidaient en différents lieux. Plus tard, en 1203, sous le roi r'oupénien Léon II, le patriarcat reprit son unité, et le titulaire siégea à Hr'omgla', château fort sur l'Euphrate. Mais lorsque cette place eut été prise par les Égyptiens, en 1293, le catholicos s'établit à Sis, capitale de la Cilicie. Soixante-six ans environ après l'extinction de la dynastie des R'oupéniens, le patriarcat fut de nouveau divisé, et le siége de saint Grégoire fut rétabli dans le lieu où il avait été primitivement institué, à Êdchmiadzïn, couvent qui s'élève sur l'emplacement de l'ancienne ville de Valarsabad. Guiragos Virabetsi devint en 1441 le premier des catholicos d'Êdchmiadzïn; ses successeurs y ont résidé jusqu'à présent, et ceux de Sis, qui continuent encore, ont perdu toute importance; c'est celui d'Êdchmiadzïn qui est considéré comme le véritable chef de l'Église arménienne.

3. Bardav, dans le district d'Oudi, province du même nom. Cette ville existait déjà au Ve siècle, puisqu'elle est mentionnée dans la Géographie de Moyse de Kkoren.

4. Kantzag, ville de la province d'Artsakh; *Guendjeh* des Persans, aujourd'hui appartenant aux Russes, qui lui ont donné le nom d'*Elisavethpol.* Elle est appelée quelquefois Kantzag des Agh'ouans, pour la distinguer de Kantzag de l'Aderbadagan ou Tauris.

5. La confusion du district appelé par les Arméniens *Gaban* (défilé) ou *Tzork'* (vallées), avec le passage de Derbend, qui est au nord, entre le Caucase et la mer Caspienne, est une erreur tellement évidente que l'on doit supposer avec Tchamitch (T. II, p. 1044), que la synonymie donnée ici provient d'une interpo-

lation. Ce ne fut que dans le moyen-âge que le district de Tzork' prit le nom de Gaban. Il est compté par Etienne Orbélian comme la dixième des divisions de la province de Siounik'. — Indijdji, *Arm. anc.* p. 293-294.

Dans son ouvrage intitulé *L'Armenia* (Florence, 3 v. in-8°, 1841 et 1842), M. l'abbé Cappelletti assure (T. II, p. 51) que le royaume arménien de Derbend, *Tarbanda,* était situé dans la Petite-Arménie. Je ne relèverais pas une erreur aussi grossière, si l'auteur, dans ce livre, ne se montrait lui-même impitoyable envers plusieurs hommes de mérite, et notamment Saint-Martin, et ne les traitait de haut en bas. Après avoir affirmé, d'un ton goguenard (Prefazione, p. 12, n. 3), qu'à Paris, ce dernier est regardé comme un homme *chiarissimo, eruditissimo, ec., nelle cose armene*, il s'écrie, avec quatre points d'exclamation : « In terra cœcorum beati monoculi!!!! » Tout en remerciant, pour mes compatriotes et pour moi, M. l'abbé de sa politesse et de son urbanité, je me permettrai de lui faire observer que nous ne sommes point encore assez aveugles pour ne pas voir que si, comme philologue, Saint-Martin fut un très-faible arméniste, en revanche il possédait une immense érudition historique et une critique supérieure, qualités dont M. l'abbé ne paraît pas même avoir le sentiment, si l'on en juge par son *Armenia*. Si l'illustre savant français vivait encore, ne pourrait-il pas, à son tour, reprocher à cet ouvrage d'être composé d'emprunts faits à Tchamitch et surtout à Indjidji, sans addition de rien d'original et de neuf ?

6. Kotchazkaz, au chap. VI ; Kouschaschdag dans Tchamitch.

7. Les historiens arméniens Açogh'ig, Vartan et Etienne Orbélian s'expriment d'une manière contradictoire sur la durée et la fin des souverains de Gaban et il est impossible de les concilier. Suivant Açogh'ig, Kakig, roi d'Arménie, et Ph'adloun, émir de Tevin, se seraient partagé les Etats de ces princes après la mort de Sénékérim et de Grégoire. D'un autre côté, Matthieu dit formellement que ce Grégoire était encore vivant de son temps, quoique lui-même soit postérieur de 130 ans environ à Açogh'ig. Pour expliquer cette contradiction, Tchamitch (T. II, p. 1042-1046) a imaginé une restauration de cette dynastie, dont les deux derniers souverains auraient également porté les noms de Sénékérim ou Sinakérem et de Grégoire.

8. Matthieu est en désaccord avec lui-même, puisqu'il a déjà

dit que le trône de saint Grégoire était partagé entre quatre patriarches, qui résidaient en Egypte, à Honi, Ani et Marasch. Peut-être y a-t-il ici une faute de copiste.

CXXVII. — 1. Anne Comnène (*Alexiade,* liv. VI, p. 135), raconte que Soliman, voyant ses soldats prendre la fuite, et n'ayant pu les ramener au combat, gagna un lieu où il croyait se mettre en sûreté, et jeta tristement son bouclier par terre. Mais il fut bientôt découvert par les siens, qui l'engagèrent par de perfides instances à venir embrasser son oncle Tetousch, et firent mine même de vouloir l'y conduire par force. Dans cette situation désespérée, Soliman se plongea son épée dans le ventre.

2. Le Turk Atsiz-ibn-Auk-ibn-el-Khowârezmi était gouverneur de Damas pour le compte du sulthan de Perse Mélik-Schah. Tandis que Tetousch était occupé à faire le siége d'Alep, qui appartenait aux khalifes fathimites, ainsi que toute la Syrie, Atsiz, pressé dans Damas par Bedr-el-Djemali, général du khalife Mostanser-billah, appela Tetousch à son secours. A l'approche de celui-ci, les Égyptiens décampèrent; et Tetousch, qui n'était accouru à Damas que pour s'en emparer, se saisit d'Atsiz et le fit mourir, sous prétexte qu'il ne s'était pas montré assez empressé à venir le remercier. — Deguignes, *Hist. des Huns*, T. III, p. 215, et III a, p. 79; cf. Et. Quatremère, *Mémoires historiques et géographiques sur l'Egypte*, T. II, p. 442.

3. Matthieu a fait confusion sur le nom du khalife alors régnant. C'était Mostanser-billah. Atsiz avait pénétré jusqu'en Egypte, et était arrivé devant le Kaire, lorsque Mostanser s'enfuit pendant la nuit. Mais les habitants, unis aux noirs, prirent les armes, attaquèrent le général de Mélik-Schah et le défirent. Il revint à Damas par Ramla et Jérusalem qu'il pilla.

4. Le titre d'*émir-el-djoïousch*, « commandant des armées, » était celui du premier ministre des khalifes fathimites. L'esclave dont parle Matthieu, Bedr-el-Djemali, était effectivement d'origine arménienne. Il portait le nom de *Djemali*, parce qu'il avait été au service de Djemal-eddaula-ibn-Ammar. Le nom de *Bedr* est peut-être l'arménien *Bedros*, « Pierre. » Bedr-el-Djemali, vizir et émir-el-djoïousch de Mostanser, s'illustra autant par ses victoires que par la sagesse de son administration. — On peut voir sur le rôle

important qu'il joua, et qui fut continué après sa mort par son fils Elmélik-el-Afdhal, le tome II des *Mémoires sur l'Egypte*, d'Ét. Quatremère, et *Ibn Khallican's biographical dictionary*, T. I, p. 612-613, traduct. de M. de Slane.

CXXIX. — 1. Ascenez (Ask'anaz), frère de Thorgom (Thogarmah) et fils de Gomer, fils de Japhet. — Les Arméniens disent que Thorgom fut le père de leur ancêtre Haïg et en même temps la tige des Turkomans. Ils font descendre les Turks d'Ascenez. — « Ut-« que aliqua esset differentia saltem nominis inter eos qui sibi « regem creaverant, et per hoc ingentem erant gloriam consecuti, « et eos qui in sua ruditate adhuc permanent, priorem vivendi « modum non deserentes, dicuntur isti hodie Turci; illi vero, « prisca appellatione, Turcomanni. » Guill. de Tyr, I, 7.

2. L'Asie mineure, appelée par les Orientaux *Roum*, et par les chroniqueurs du moyen-âge, *Romanie*.

3. Soueïdié, l'ancienne *Seleucia Pieria*, à 7 lieues au S.-O. d'Antioche, non loin de l'embouchure de l'Oronte.

4. Ce nom est écrit dans nos mss. *Agh'oucian;* dans les auteurs arabes, *Baghician;* dans les chroniqueurs occidentaux, *Acxianus* ou *Ansian*. Il avait marié une de ses filles à Ridhouân, prince d'Alep (ch. CXLV, n. 5). Aboulfaradj (*Chron. syr.* p. 281) le nomme *Gaïsagan*.

« Huic quoque, de quo sermo est, Acxiano urbem eadem libe-« ralitate concessit Antiochenam Belfetoth (Barkiarok), cum fini-« bus modicis; nam usque Laodiciam Syriæ Calipha ægyptius « universas possidebat regiones. » Guill. de Tyr, IV, 11; cf. *ibid.* 24.

5. Abou-Sa'ïd Ak-Sonkor-ibn-Abdallah, surnommé Kacim-ed-daula, Turk de nation, au service du sulthan Mélik-Schah. Il reçut de ce prince le gouvernement d'Alep, Hama, Menbedj et Laodicée, et sut s'y concilier l'esprit des populations. Pendant les troubles qui suivirent la mort de Mélik-Schah, il abandonna le parti des enfants de ce sulthan, qui étaient en bas âge, pour suivre celui de Tetousch. Mais plus tard Ak-Sonkor s'étant déclaré pour Barkiarok, Tetousch le vainquit, et le fit périr. Il est le père d'Emad-eddin Zangui, Atabek de Moussoul, qui eut pour fils le fameux Nour-eddin.

CXXX. — 1. Bouzân, l'un des généraux de Mélik-Schah, créé par ce prince gouverneur d'Edesse et de Khar'an. Il aida Ak-Sonkor dans sa révolte contre Tetousch, et fut pris et mis à mort par ordre de ce prince, en 487 hég. (21 janvier 1094-10 janv. 1095).

CXXXII. — 1. Alexis Comnène monta sur le trône le 1er avril, jeudi de la Semaine-Sainte, 1081, ainsi qu'on peut l'induire des témoignages de Scylitzès, Nicétas Choniates et Zonaras.
2. Il y a dans le texte *Bar'açaunaïs;* il faut lire évidemment *Tanavis,* le Donau ou Danube. A cette époque, les Patzinaces occupaient l'espace compris entre ce fleuve et le Tanaïs.
3. Ce prince est appelé *Tzelgou* par Anne Comnène (liv. VII, *in princip.*)
4. Cette guerre contre les Patzinaces est racontée par Anne Comnène (liv. VI-VIII), Zonaras (T. II, p. 235) et Glycas (p. 258). — Elle dura de 1083 à 1096.

CXXXIII. — 1. Anne Comnène (liv. X, p. 213-214) cite un hérétique nommé Nilus, qui renouvela, sous le règne d'Alexis, les doctrines de l'Eutychianisme. Nous ignorons si c'est celui dont parle Matthieu d'Édesse, et d'après lui Vartan.
2. Anne, fille d'Alexis Charon, préfet des provinces d'Italie, issue par sa mère de la famille Dalassène. Du Cange, *Famil. Byzant.* p. 143.

CXXXIV. — 1. Cf. Moyse de Khoren, III, 29.
2. Saint Maroutha, évêque de Martyropolis ou Meïafarékïn, était le petit-fils d'un grand prêtre païen, du pays des Esdatsis ou Osdatsis, dans la Mésopotamie, sur les confins de l'Assyrie. Ce grand prêtre, qui s'appelait Oda', avait été converti au christianisme par sa femme Marie, fille d'un satrape arménien. Saint Maroutha, s'étant rendu auprès de Yezdedjerd II, obtint de ce prince un adoucissement aux persécutions dont les chrétiens étaient l'objet, et la délivrance des captifs. Il lui persuada aussi de faire alliance et amitié avec Théodose-le-Jeune. — Cf. Socrate, *Hist. Eccles.* VII, 8; Tchamitch, T. I, p. 499-501; et J. B. Aucher, *Vies des Saints*, T. I, p. 585-618.

CXXXVII. — 1. Ce portrait de la Sainte-Vierge, conservé à Varak, est autre que celui dont il est parlé ch. CXXV, n. 5. Voir, au sujet du couvent de Varak, ch. IX, n. 2.

2. Locution désignant d'une manière élégante en arménien, les habitants d'Edesse, dont Abgar Ouschama fut le premier roi chrétien.

CXXXVIII. — 1. Cette expression est la traduction de l'épithète *Théophylaktos* que les Byzantins appliquaient à Constantinople.

CXXXIX. — 1. Cette princesse se nommait Turkan-Khatoun. Elle était fille de Thogmadj-khan, fils de Boghra-khan, fils de Nasr, fils d'Ilek-khan, fils de Boghra-khan l'Ancien, d'après Hamdallah Mustaufy (Tarikhi-Guzideh, *apud* M. Defrémery, *Journ. Asiat.* avril-mai 1848, p. 447). Plus loin (ch. CLXXXV) Matthieu dit qu'elle était de la nation Kheph'tchakh (Kiptchak).

2. Suivant Aboulféda et Hamdallah Mustaufy, Mélik-Schah mourut d'une fièvre qu'il avait prise en chassant aux environs de Bagdad, dans le mois de schewal 485 hég. (nov.-déc. 1092). Aboulfaradj raconte que Mélik-Schah étant venu à Bagdad, un différend s'éleva entre lui et le khalife Moktadi-billah. Celui-ci avait épousé la fille du sulthan. Mélik-Schah voulait que le fils qui naîtrait de cette union fût déclaré khalife et successeur de ce dernier. Moktadi s'y refusa. Alors le sulthan lui ayant envoyé dire de sortir de Bagdad, le khalife répondit : « Je ferai ce que tu m'ordonnes, « mais donne-moi dix jours de délai. » Le septième jour, Mélik-Schah fut pris d'une fièvre ardente à laquelle il succomba. Le bruit courut qu'un esclave l'avait empoisonné. Après sa mort, sa femme Turkan-Khatoun prit les rênes de l'administration, et le fils de Mélik-Schah, Mahmoud, âgé de cinq ans, fut proclamé sulthan à Bagdad.

3. A Ispahan, dans le quartier de Kerràn, suivant Hamdallah-Mustaufy.

4. Arslan-Argoun, fils d'Alp-Arslan et frère de Mélik-Schah.

5. *Daph'ar* est apparemment, comme l'a fait observer Silvestre de Sacy (*Notices et extr. des mss.*, T. IX. p. 324), le nom turk d'Abou-Schodja Mohammed Gaïath-eddin, frère et successeur de Barkiarok. Anne Comnène (lib. VI, p. 143) l'appelle *Taparès*; mais

elle le fait père de Barkiarok. Du Cange, dans ses Notes sur l'Alexiade (p. 68 B) s'est également mépris sur l'identité de ce prince en le confondant avec son père Mélik-Schah.

6. Ozkend, sur la rive méridionale de l'Iaxarte ou Sihoun, au nord-est de Samarkande.

7. Ghizna, Ghazna ou Ghiznîn, capitale de la province du Zablestan, dans le royaume actuel de Kaboul, et autrefois la métropole de la puissante dynastie des Ghaznévides, qui possédait une partie de l'Inde, la Perse et la Transoxiane, et dont le premier souverain, Mahmoud, régnait au commencement du onzième siècle.

8. Kothb-eddin-Ismayl, frère de Zobeïdé-Khatoun, première femme de Mélik-Schah. Il avait été envoyé par ce prince, en 1090, à Marand, dans l'Azerbéidjan, en qualité d'osdigan ou gouverneur. Il fut tué par deux de ses officiers en 1094. Cf. Vartan, *Hist. univ.* — L'émir Ismayl, fils d'Yakouti, était en même temps cousin et beau-frère de Mélik-Schah.

CXLI. — 1. Célèbre couvent du district d'Arscharounik' (cf. ch. CLIX, n. 1), fondé au xe siècle, d'après Açogh'ig (III, 7), Arisdaguès Lasdiverdtsi (ch. II), Guiragos, et Vartan *(Géographie)*, qui écrivent ce nom *Garmendchatzor*, comme Matthieu, ou *Gamerdchatzor*. — Indjidji, *Arm. anc.* p. 399-400.

CXLIII. — 1. Nacer-eddaula Ibrahim, de la famille des Okaïlites, était fils et non point frère de Schéref-eddaula. — Cf. ch. CXXI, n. 1.

CXLV. — 1. Plus tard, Thoros ou Théodore secoua le joug des Turks, et passa au service de la cour de Byzance, car il est appelé plus loin (ch. CLIV) gouverneur romain d'Edesse. Il fut investi de la dignité de Curopalate, c'est-à-dire de grand-maître ou maréchal du palais impérial; cette dignité était l'équivalent de celle de préfet des prétoriens, c'est-à-dire commandant de la garde impériale. Elle était au-dessus de celle de *Magistros* (voir ch. XIV, n. 6). Ces deux titres furent conférés à plusieurs princes arméniens ou géorgiens. — Indjidji, *Archéologie arménienne*, T. I, p. 226-228.

2. Dans un des mss. de Venise, on lit *Gh'arinag*.

3. Turkan-Khatoun en voulait à Barkiarok de ce qu'elle n'avait

pu assurer, au préjudice de ce prince, la succession de Mélik-Schah à son propre fils Mahmoud.

4. Suivant Hamdallah Mustaufy, le combat dans lequel Tetousch fut battu et perdit la vie eut lieu dans la plaine de Belenkouï, auprès de la ville de Reï.

5. Fakhr-elmolouk Radhouân ou Ridhouân, successeur de son père Tetousch dans la principauté d'Alep.

6. *Asbaçalar*, ou par abréviation *sbaçalar*, littéralement « commandant de la cavalerie. » Ce titre désignait le général en chef, la cavalerie ayant formé de tout temps la principale force des armées en Orient. Cette expression est composée de *asb* « cheval, » mot qui ne se trouve plus aujourd'hui en arménien, et qui appartenait primitivement à cette langue, comme au zend, au sanskrit et au persan, et de *salar* (ch. LXXXVI, n. 1). En arménien, *asbahabed* ou *asbed*, que l'on trouve transcrit en arabe sous la forme *isbahbed*, a la même signification.

CXLVI. — 1. Soukman, fils d'Artoukh, Turkoman, succéda à son père, avec son frère Nedjm-eddin Ilgazi (cf. ch. CLXXIX, n. 1), dans la souveraineté de Jérusalem, dont ils furent dépouillés en 1096 par Elmélik-el-Afdhal, fils de Bedr-el-Djemali et général des armées du khalife d'Egypte Mosta'li-billah. Les deux frères se retirèrent dans le voisinage d'Edesse, et Soukman fonda en 1101 une petite principauté qui s'agrandit sous ses successeurs. C'est celle des princes Ortokides de Hisn-Keïfa et d'Amid. Artoukh avait un troisième fils, Behram, père de Balag, que nous verrons jouer un rôle assez considérable à l'époque des croisades.

2. Suivant Vartan, Baldoukh était fils d'Amer-Ghazi ou Gazi, fils d'Ibn-el-Danischmend, fondateur de la dynastie des princes turkomans de Cappadoce (cf. ch. CLXVII, n. 1). Il eut, en 1098, la tête tranchée par ordre de Baudouin Ier, comte d'Edesse (Guill. de Tyr, XII, 7).

3. Le nom de *Mekhithar* (consolateur) indique suffisamment que c'était un Arménien.

CXLVIII. — 1. Vartan anticipe la mort de Thoros, en la plaçant en 541 È. A. (27 fév. 1092-25 fév. 1093).

CXLIX. — 1. Plus loin (ch. CLXVIII), ce nom est écrit *Khauril*.

C'est la transcription du mot Gabriel, altérée par la prononciation grecque moderne, qui prévalait déjà à cette époque. Guillaume de Tyr (IX, 21) le nomme Gabriel. Aboulfaradj lui donne le même nom, et dit qu'il était Grec. Suivant Guillaume de Tyr (X, 24), il était Arménien de nation et Grec de religion. Albert d'Aix l'appelle *Gaveras*.

Il maria sa fille Morfia à Baudouin du Bourg, comte d'Edesse, et plus tard roi de Jérusalem, en lui donnant une très-riche dot (Guill. de Tyr, XII, 4). Baudouin eut d'elle quatre filles, Mélissent, Aalis, Odiart (ou Hodierne) et Joie (*Lignage d'outremer*, ch. I.).

CL. — 1. Cette dernière citation se compose de pensées imitées du langage de l'Ecriture-Sainte.

2. On sait que Godefroy descendait de Charlemagne par sa grand'mère Mahaut de Louvain. (Cf. *Histoire littér. de la France*, T. VIII, et l'*Art de vérifier les dates*, T. II, p. 760, et T. III, p. 96.) Cette illustre origine est attestée par le pélerin Richard, qui composa au XIIIe siècle la chanson d'Antioche, éditée pour la première fois par M. Paulin Paris. On lit au chant VII, T. II, p. 178 :

> Et le seul ont eslit Godefroy de Buillon,
> Quil est preus et delivres, del lignage Charlon.

C'est probablement par cette raison que la tradition rapportée par Matthieu attribuait à Godefroy, comme issu des empereurs d'Occident, la possession de la couronne et de l'épée de Vespasien. On peut voir dans la chanson d'Antioche (chant V, p. 12-13) une tradition analogue sur la célèbre épée *Requite* que le trouvère prétend avoir appartenu à Vespasien.

3. Baudouin de Boulogne s'allia par mariage à la famille des princes r'oupéniens de Cilicie, comme nous l'apprend Guillaume de Tyr (X, 1) : « (Post mortem uxoris suæ Gutueræ ex Anglia « oriundæ) uxorem duxit filiam cujusdam nobilis et egregii Arme- « niorum principis, Tafroc (Tatos, *trad. franç.*) nomine, qui cum « fratre Constantino circa Taurum montem præsidia habebant « inexpugnabilia, multasque virorum fortium copias : unde et « propter divitiarum et virium immunitatem, gentis illius reges habebantur. » — Plus tard , il répudia sa femme, et la força d'entrer dans le couvent de Ste-Anne à Jérusalem (le même, XI, 1). — Ce nom de *Tafroc* est sans doute une corruption de la forme

arménienne *Thoros*. Nous ne connaissons point de frère de Constantin qui ait porté ce nom; Thoros Ier était le fils de ce dernier.

4. Baudouin du Bourg, cousin germain des trois frères Godefroy de Bouillon, Eustache et Baudouin de Boulogne. — « Hic fuit na-« tione Francus, de episcopatu Remensi, filius domini Hugonis, « comitis de Retest, et Milisendis præclaræ comitissæ.... consan-« guineus Godefridi ducis. » Guill. de Tyr, XII, 1 et 2. — Cf. *L'Art de vérifier les dates*, T. I, p. 439, et T. II, p. 631.

5. Voir les détails que donne Guillaume de Tyr (I, 18 et II, 3) sur la marche pénible des Croisés à travers la Hongrie et la Bulgarie, et dans Bonfinius (*Rerum Hungar.* Decad. II lib. 1), l'appréciation du caractère perfide de Caloman, roi de Hongrie, et le récit des maux qu'il causa aux Croisés.

6. La prise de Nicée est du 20 juin 1097, suivant Guillaume de Tyr (III, 1-12).

CLI. — 1. Constantin Ier succéda à son père R'oupên en 1092, et domina sur la partie montagneuse de la Cilicie. Il reçut, au commencement de 1100, des chefs de la croisade, en reconnaissance des services qu'il leur avait rendus, le titre de *baron*, que portèrent ses successeurs jusqu'à Léon II, le huitième de la dynastie des R'oupéniens. Celui-ci obtint de Henri VI, empereur d'Allemagne, et du pape Célestin III, le titre de *roi*, qu'il prit en 1198. — Cf. mes *Recherches sur la Chronologie arménienne*, T. Ier, I^{e} partie, ch. IV, et *ibid.* n. 9.

2. Forteresse de la chaîne du Taurus, dans le nord de la Cilicie.

3. Ce district correspondait, à ce que je crois, à la partie sud de celui de Dchahan, dans la troisième Arménie.

4. Nouvelle Troie ou Troade, surnom que reçut la ville d'Anazarbe, ou Anabarze, à cause, sans doute, de la célébrité que lui valurent ses fortifications, regardées comme inexpugnables; elle était la métropole de la seconde Cilicie au temps des croisades. (Guill. de Tyr, III, 19.)

5. Dhahir-eddin Abou-Mansour Toghtékïn ou Toghdékïn (*Doldequinus*, Guill. de Tyr), d'abord simple mamelouk au service de Tetousch, devint ensuite le principal ministre du fils de ce dernier, Dokâk (*Ducac*, Guill. de Tyr), lequel, après la mort de son père,

s'était mis en possession de Damas. Plus tard Toghtékïn s'empara de cette ville au préjudice des enfants de Dokâk.

6. La famine fut si rigoureuse dans le camp des Croisés pendant le siége d'Antioche, que la plèbe en vint jusqu'au point de se repaître des cadavres des infidèles qui avaient été tués, et qu'elle déterrait. « Et si Sarracenum noviter interfectum invenerunt, « illius carnes ac si essent pecudis avidissime devorabant. » Malmesbury, p. 433 dans Savile, *Rerum anglicarum Scriptores*.

> « Richement se conroie li rois et ses barnés,
> Des Turs que ils rostissent est grans li flairs montés ;
> Par la cit d'Antioche en est li cris levés,
> Qui li François menjuent les Turs qu'ils ont tués. »
> (*Chanson d'Antioche*, chant V, p. 5 et 6.)

L'abbé Guibert (liv. VII) rapporte un fait analogue qui se passa auprès de Marra. Guillaume de Tyr a retracé le tableau de cette famine et de la maladie qui en fut la suite (IV, 17, 21 et 22.)

7. Pazouni et Oschïn étaient deux frères, feudataires de l'empire grec et compagnons d'armes de Constantin. Le premier possédait la ville de Tarse, et le second la forteresse de Lampron, aujourd'hui Nimroun, à deux journées de marche au N.-O. de cette ville. Oschïn était décoré du titre d'*asbed* ou général en chef. Suivant Tchamitch (T. III, p. 10), c'est ce prince qui est désigné dans l'*Alexiade* d'Anne Comnène, sous le nom d'Aspiétès (asbed), et qui prit part en 1081, avec ses troupes, à l'expédition de l'empereur Alexis en Illyrie, contre Robert Guiscard. Anne célèbre la valeur et l'illustration d'Oschïn, et rapporte un trait de courage par lequel il se distingua dans cette guerre (liv. XII, p. 277-278). Plus tard, il se laissa surprendre et battre par Tancrède, qui lui enleva la Cilicie, dont le commandement lui avait été confié par l'empereur avec le titre de stratopédarque.

CLIII. — 1. Maréri correspondit cette année à l'intervalle écoulé du 22 novembre au 21 décembre inclusivement.

2. Matthieu veut décrire ici une aurore boréale.

CLIV. — 1. Tellbâscher, dénomination arabe qui signifie *colline de la bonne nouvelle*, et qui répond à l'ancienne dénomination arménienne *Thil avédiats*, c'est-à-dire *château* ou *bourg de la bonne nou-*

velte. C'était une ville avec une forteresse, située sur la rive droite de l'Euphrate, au nord-ouest de Hr'om-gla', ou *Château des Romains*, et à deux journées de marche d'Alep, du côté du nord. *Turbessel* de Guillaume de Tyr.

2. Thoros et sa femme adoptèrent Baudouin pour leur fils, d'après le témoignage de l'abbé Guibert, qui décrit ainsi la cérémonie de l'adoption : « Intra lineam interulam, quam nos vocamus camisiam, « nudum eum intrare faciens, sibi adstrinxit ; et hæc omnia osculo « libato firmavit : idem et mulier post modum fecit. » *Hist. Hierosol.* III, 13.

3. Thi ou Thil de Hamdoun, forteresse située dans la plaine d'Anazarbe, au midi du Djeyhan ou rivière de Mopsueste. *Thila* de Willebrand d'Oldenbourg.

4. Pâques étant tombé en 1099 le 10 avril, la seconde semaine du carême s'étendit du dimanche 27 février au samedi 4 mars.

5. Du 20 au 26 mars.

6. Mak'énis ou Mak'énots était situé dans le district de Kegh'-arkounik', province de Siounik'. Ce couvent fut placé sous le vocable de la sainte Mère de Dieu de Kégh'am. — Indjidji, *Arm. anc.* p. 270 - 273.

7. C'est-à-dire le mardi de la 6ᵉ semaine du carême, par conséquent le 29 mars. La fête des Quarante Martyrs de Sébaste est aujourd'hui fixée, dans la calendrier arménien, au samedi de la 4ᵉ semaine du carême.

CLV. — 1. Kerboga était émir de Mossoul et au service des sulthans seldjoukides de Perse. Guillaume de Tyr le nomme *Corbagath*, *Corbagaz*, et l'auteur de la chanson d'Antioche, *Corbaran*. — Kerboga s'étant rendu à Khoï, dans l'Azerbéïdjan, par ordre de Barkiarok, mourut dans cette ville en 495 hég. (1101-1102).

2. Baghician avait deux fils, Schems-eddaula (*Samsadolus*, Guil. de Tyr, VII, 8) et Mohammed ; c'est ce dernier qui se rendit vers Kerboga, tandis que Schems-eddaula allait demander du secours à Dokâk et à Toghtékïn. — Cf. M. Defrémery, Récit de la première croisade, dans ses *Mémoires d'histoire orientale*, p. 37.

3. Ces paroles font allusion à la prise d'Antioche par Soleïman (ch. CXXIII, n. 2) sur Philarète Brachamius (ch. CVI, n. 1), qui s'était rendu maître de cette ville.

4. Suivant Aboulfaradj (*Chron. syr.* p. 281), un des chefs franks

eut en songe une révélation qui fit trouver dans l'église de la Kocina les clous qui avaient servi à crucifier Jésus-Christ. Les Croisés en fabriquèrent une croix et le fer d'une lance.

5. Un autre ms. porte 300,000 hommes.

CLVI. — 1. Les Arméniens divisent la nuit en quatre veilles, *bahk'*, de trois heures chacune. La première commence au coucher du soleil, vers six heures ; la seconde à neuf heures ; la troisième à minuit, et la quatrième se prolonge de trois à six heures du matin. La quatrième heure de la nuit est, par conséquent, dix heures du soir.

CLVII. — 1. Arka, petite ville dans le voisinage et au N.-E. de Tripoli ; *Archis* de Guillaume de Tyr.

2. Guillaume de Tyr (VIII, 20) porte à 10,000 le nombre des Musulmans qui furent masacrés par les Croisés dans le temple de Jérusalem. Aboulféda, *ad annum* 492 hég. (28 nov. 1098-16 nov. 1099), se rapproche de l'auteur arménien en affirmant que ce nombre dépassa 70,000. Aboul-Méhacen (*apud* Deguignes, Hist. des Huns, T. II, p. 99) dit qu'il y eut 100,000 Musulmans tués et 100,000 faits prisonniers. Suivant Aboulfaradj (*Chron. syr.*, p. 282), 70,000 Arabes furent massacrés dans le temple. Le chef égyptien qui défendait la ville se nommait Iftikhar-eddaula.

CLVIII. — 1. Le mot *Sguth*, écrit aussi *Sgiuth*, est la transcription arménienne du mot *Scythia* ou *Scythiaca regio*, le désert de Schété, qui se trouvait au sud-ouest d'Alexandrie, et qui est célèbre par le grand nombre de saints anachorètes qui vécurent dans cette solitude. Les Noubi sont les peuples de la Nubie. Matthieu entend probablement, par les expressions *Sguth* et *Noubi*, les peuples du nord et du midi de l'Égypte, jusqu'au fond de la Nubie.

2. L'Ethiopie, que les anciens appelaient *l'Inde*, ou *les Indes*, comme on peut le voir dans Virgile, *Géorg.*, IV, v. 395. Cette dénomination s'est maintenue dans les livres de nos géographes jusqu'au siècle dernier.

3. Matthieu décrit la célèbre bataille d'Ascalon, dont le succès fut dû principalement au comte de Toulouse, Raymond de Saint-Gilles. Les Egyptiens étaient commandés par le général en chef

Elmélik-el-Afdhal. Matthieu traduit par le mot *thakavor* (roi) le titre de *Mélik*, qui a la même signification en arabe.

CLIX. — 1. Aschornêk', forme vulgaire du nom d'Arscharounik', district appelé aussi Eraskhatzor, situé à l'est de celui de Pacên, dans la province d'Ararad.

CLX. — 1. Matthieu entend par le pays des Franks, l'Europe. Raymond de Saint-Gilles, dans ce voyage, n'alla pas plus loin que Constantinople.

CLXI. — 1. Château-fort situé dans la chaîne du Taurus cilicien, à l'est du fleuve Sarus ou Seyhan.
2. Monastère dans le voisinage de Vahga'.

CLXV. — 1. L'auteur, en plaçant Césarée de Philippe ou Panéas (*vulgari appellatione* Belinas, Guill. de Tyr, XV, 9). sur le bord de la mer, confond cette ville avec Césarée de Palestine. Peut-être les mots, *qui est sur le bord de l'Océan*, sont-ils une interpolation de copiste. Dans une expédition entreprise par Tancrède et Godefroy sur le territoire de Damas, contre Dokâk, prince de cette ville, Godefroy, en s'en retournant, fut invité par l'émir de Césarée à un repas, pendant lequel il se trouva indisposé. Suivant le témoignage de l'abbé Guibert (p. 548), on pensa que les mets qui avaient été servis à Godefroy étaient empoisonnés.
2. Muratori, s'appuyant sur l'autorité d'Ordéric Vital, dit que le père de Tancrède s'appelait Odon le Bon. Cet Odon épousa Emma, fille de Tancrède de Hauteville, père du fameux Robert Guiscard, et Boëmond était le fils de ce dernier ; par conséquent, Boëmond aurait été le cousin de Tancrède du côté maternel. L'historien de Tancrède, Raoul de Caen, dont l'autorité sur ce point est d'un très-grand poids, affirme la même chose. Suivant l'abbé Guibert et Baudouin d'Avesnes, d'accord en cela avec Matthieu, Tancrède aurait été le neveu de Boëmond. Cf. Ch. Mills, *The History of the Crusades*, t. I, p. 108, *note*. Le savant éditeur de la *Chanson d'Antioche*, M. Paulin Paris, a émis la conjecture que Tancrède était le fils d'un émir sarrasin du nom de Makrizi (Table des noms de lieux et de personnes, article *Tancré* ou *Tan-*

crède, T. II, p. 372). M. de Saulcy, dans un curieux travail sur Tancrède, publié dans la *Revue de l'Ecole des Chartes*, cahier de mars-avril, 1843, n'a pas osé trancher la question de la naissance de ce prince.

CLXVI. — 1. En arménien *ischkhan ischkhanats*; c'était le titre officiel du gouverneur de la Cilicie et de la Petite-Arménie pour les Grecs. Il avait sa résidence dans la ville de Marasch. Le nom de Thatoul que portait celui dont il est ici question, et qu'on lit un peu plus bas, indique qu'il était Arménien d'origine. — Ce titre remonte à l'époque où, après l'extinction des Arsacides, vers le milieu du ve siècle, l'Arménie fut administrée par des préfets perses, grecs et arabes. Le chef arménien qui, sous l'autorité de ces gouverneurs, avait la direction suprême des affaires, était appelé Prince des princes.

2. *Germanicia* des Byzantins (Kermanig en arménien), *Marésie* des chroniqueurs occidentaux, *Mares* de Guillaume de Tyr.

3. Richard du Principat, cousin de Boëmond par Guillaume Bras-de-fer, frère de Robert Guiscard, père de Boëmond.

CLXVII. — 1. Kumusch-tékïn, fils de Théïlou, autrement appelé Mohammed-ben-el-Danischmend, c'est-à-dire le fils du savant ou du docteur, parce que son père avait été maître d'école, était un chef turkoman qui fut la tige des émirs de Cappadoce. Il possédait Mélitène, Sébaste, et autres villes voisines (Aboulféda, *Ann.* T. III, p. 324). Guillaume de Tyr l'appelle *Danisman*, Albert d'Aix *Daniman*, et Cinnamus *Tanismanios*. Ce dernier ajoute qu'il était Persarménien. Cette assertion vient à l'appui de ce que nous apprennent Matthieu et Vartan, qu'Ibn-el-Danischmend avait une origine arménienne. D'après cela, on peut supposer qu'il était turkoman de nation, et né en Arménie.— Aboulfaradj (*Chron. syr.* p. 200) le nomme Ismaël, fils de Danischmend, et dit qu'il s'empara de Sébaste, de Césarée et du Pont en novembre 477 hég., 1396 des Grecs = 1084 È. Ch.

CLXVIII. — 1. Seroudj, ville de la Mésopotamie arménienne, au sud-ouest d'Edesse; *Sororgia* des chroniqueurs latins.

2. *Folkerus Carnutensis*, Foulcher de Chartres, dans Albert d'Aix. Voici ce que dit ce chroniqueur en parlant de la prise de

Seroudj par Baudouin, comte d'Édesse, en 1098 : « Balduinus civi-
« tate cum præsidio suscepta, Folkerum Carnutensem, virum
« militarem et belli peritissimum, ad procuranda et tuenda mœnia
« in eis reliquit. » Bongars, p. 223. — On lit dans Guillaume de
Tyr (VII, 7) : « Præerat autem prædictæ urbi Sororgiæ quidam
« Fulcherus Carnotensis, vir in militaribus negotiis expertissimus,
« centum expeditissimos sub se habens equites. »

La transcription arménienne de ce nom montre qu'il faut lire
non point *Fulbertus*, mais bien *Folkerus* ou *Fulcherus*. Cette dernière leçon se trouve dans le sommaire des chapitres du livre VII
de Guillaume de Tyr, édition de l'Académie des inscriptions et
belles-lettres, tandis que le texte porte *Fulbertus*.

3. *Babiôs* est le mot *papas*, *père*, titre qui était attribué dans
les Églises d'Orient aux patriarches, aux métropolites et aux
évêques, et qui, dans l'Église grecque, est donné aussi aux simples
prêtres. Aboulfaradj (*Chron. syr.* p. 327) écrit, comme Matthieu,
Babiôs.

CLXX. — 1. Par ces mots : *les cinq nations fidèles*, il faut entendre
les Grecs, les Latins, les Syriens, les Arméniens et les Géorgiens.

CLXXI. — 1. Un de nos mss. porte : en 500, un autre : en 450.
Ces deux dates ont été altérées. Matthieu ayant commencé son
récit en 401, atteint ici la 150ᵉ année, comme il le dit lui-même.

2. Nicolas IV, surnommé *Muzalon*, qui siégea de 1097 à 1151.

3. Jean, patriarche grec d'Antioche, monta sur le siége en
1090. En 1098, cette ville ayant été prise par les Croisés, ils nom-
mèrent pour patriarche latin, Bernard Valentin, évêque d'Arles.
Au bout de deux ans, Jean abdiqua, et se retira à Constantinople.

4. Siméon monta sur le siége en 1088. Lors de la prise de Jérusalem par les Croisés, le patriarcat de cette ville fut donné à
Daimberg, archevêque de Pise.

5. C'est l'ère mondaine de Contantinople, qui compte 5508 ans
écoulés, le 1ᵉʳ septembre de l'année qui précède l'ouverture de
l'ère chrétienne. L'année 6610 équivaut à 1101-1102, comme l'a
très-bien calculé Matthieu.

6. Il faudrait lire 35, puisque nous sommes en 550 È. A., et que
Matthieu termine sa chronique en 585.

7. L'auteur emploie indifféremment, en parlant de lui-même,

la première personne du singulier ou du pluriel. Nous avons conservé scrupuleusement ces formes de style, quoiqu'elles puissent paraître quelquefois dissonantes.

8. Il faut lire *de 48 ans,* puisque la seconde partie de l'histoire de Matthieu commence en 502 È. A.

CLXXII. — 1. Le comte de Toulouse s'était rendu, en 1099, comme nous l'avons vu, à Constantinople, auprès de l'empereur Alexis. Notre chroniqueur est d'accord avec Guillaume de Tyr (IX, 13) sur l'époque de ce voyage. D'après Anne Comnène (liv. XI, p. 261), ce ne fut qu'après la mort de Godefroy et pendant la vacance du trône de Jérusalem (1100), que Saint-Gilles alla à Constantinople: et cette opinion a été suivie par le moderne éditeur de l'*Histoire de Languedoc,* de dom Vaissete, M. Al. Du Mège (additions et notes du liv. XV, T. III, p. 119). Ce savant me paraît avoir soutenu avec raison contre l'auteur de l'*Histoire des Croisades,* Michaud, que l'empereur Alexis ne donna pas la ville de Laodicée à Raymond. Anne Comnène, qui, mieux que personne, aurait pu être instruite de ce fait, non-seulement n'en dit pas un mot, mais elle nous fournit la preuve du contraire en rapportant (p. 261) une lettre de son père Alexis à Boëmond, écrite après la mort de Saint-Gilles, et dans laquelle l'empereur réclame au prince de Tarente Laodicée, que celui-ci retenait encore, au mépris du serment qu'il avait fait avec les autres chefs de la croisade, de rendre à Alexis les places qu'ils enlèveraient aux infidèles, et qui avaient appartenu à l'empire. Guillaume de Tyr, en racontant le voyage de Raymond à Constantinople (*ibid.*, et X, 12), dit que ce prince passa à Laodicée en Syrie, où il laissa sa femme et sa famille ; qu'il fut parfaitement accueilli à la cour d'Alexis, et qu'après cela il revint en Syrie. Mais nulle part il ne donne à entendre que l'empereur eût fait don de Laodicée au comte de Toulouse. Il y a plus, il affirme positivement que Laodicée était au pouvoir des Grecs, lorsque Tancrède s'empara de cette ville : « Inde « eadem, ut dicitur die, Laodiciam perveniens (Tancredus), quæ « a Græcis possidebatur, eam in suam recepit ditionem (X, 23). » Enfin, l'historien arabe Ibn-Khaldoûn, en parlant de la mort de Raymond, survenue pendant qu'il faisait le siége de Tripoli, nous dit que l'empereur des Grecs avait défendu aux habitants de Laodicée d'apporter par mer des vivres aux Franks occupés à ce siége. Voir *Ibn-Khalduni Narratio de expeditionibus Francorum in terras islamismo subjectas*, ed. C. J. Tornberg, p. 65, Upsaliœ, in-4°, 1840.

2. Albert d'Aix raconte que Raymond gagna d'abord le château de Pulveral, ensuite Sinope, puis Constantinople. Suivant le même auteur, le comte de Toulouse fut retenu prisonnier par Bernard l'Etranger *(Extraneus)*, au port Saint-Siméon, et remis ensuite entre les mains de Tancrède, qui le garda en prison à Antioche. Il recouvra plus tard la liberté à la sollicitation des autres chefs de la croisade, qui lui confièrent la défense de Tortose, dont ils venaient de s'emparer. Guill. de Tyr, X, 13 et 19.

3. Dans l'un des manuscrits de la bibliothèque du couvent de Saint-Lazare, à Venise, on lit *Sarouantoui*. Ce doit être la forteresse dont le nom est écrit ordinairement *Sarouantik'ar* (le rocher de Sarouant), en turk *Serfendkiar*, à la distance d'une journée de marche et au sud-ouest d'Anazarbe ; elle est située au sommet d'un rocher. Dans le voisinage, et au sud, coule le fleuve Djeyhan. — Indjidji, *Arm. mod.*, p. 366, et Hadji-Khalfa, *Djihan-Numa*, p. 603 de la traduction française manuscrite, conservée à la Bibliothèque impériale de Paris.

4. Le Château Pélerin, que Raymond de Saint-Gilles fit bâtir en 1103 sur une colline près de Tripoli, et que les Arabes appelaient *Hisn-Sendjil*, le château de Saint-Gilles. — Cf. Aboulféda, *Ann.* T. III, p. 356, et Guill. de Tyr, X, 17.

5. Il y a dans le texte *Bédévïn*. On trouve ce mot écrit sous la même forme dans un État des redevances qui appartenaient à l'église du Saint-Sépulcre. Cf. *Cartulaire de l'église du Saint-Sépulcre de Jérusalem*, publié par M. Eug. de Rozière, p. 330, Paris, in-4°, 1849.

Matthieu veut parler de Guillaume IX, comte de Poitiers. Il y eut à cette époque (1101-1102), à ce qu'il paraît, trois expéditions différentes des Franks, pour la Terre-Sainte, et qui, parties d'Europe, vinrent échouer complétement dans les plaines de l'Asie-Mineure. La première, celle des Croisés lombards, auxquels s'étaient joints le connétable Conrad avec deux mille guerriers allemands, le comte de Chartres, les évêques de Laon et de Soissons, et où figura le comte de Toulouse, fut anéantie par les Turks, dans les environs de Nicée, suivant notre chroniqueur. La seconde armée, conduite par les comtes de Nevers et de Bourges, fut écrasée dans la Galatie, près de Stancon. Le troisième corps, commandé par Guillaume IX, comte de Poitiers, auquel s'étaient réunis Wolf, duc de Bavière, et la margrave d'Autriche, Ida, fut exterminé dans la Lycaonie, sur les bords du fleuve Halys. Matthieu ne mentionne que deux de ces expéditions, la première et la troisième.

6. C'est-à-dire *commandant, préfet* ou *gouverneur*.

7. C'est la troisième armée franke dont Matthieu veut parler, celle qui était sous les ordres de Guillaume de Poitiers; elle pénétra sur le continent asiatique par la province de Nicomédie.

CLXXIII. — 1. Aulos, en grec, *vallon, ravin*. — Il faut cherchercher la position de la plaine d'Aulos aux environs de Reclei ou Héraclée, dans la Lycaonie. L'armée du comte de Poitou, suivant Albert d'Aix, après avoir saccagé les villes de Phiniminis et de Salamia, arriva à Reclei, sur les bords d'une rivière (Halys). C'est là qu'elle fut détruite par les Turks.

CLXXIV. — 1. Le mot *Sandzavel* paraît être une corruption des deux vieux mots français, *Senz avehor* ou *Sans aveir*, qui formaient le surnom de tous ceux qui, n'ayant pas de fief, étaient considérés comme *sans avoir* dans le système féodal. Ce surnom était aussi celui de Gauthier, qui guidait l'avant-garde de l'armée de Pierre l'Hermite.

2. Ce combat eut lieu aux environs de Ramla. Les Égyptiens étaient commandés par le fils du vizir Elmélik-el-Afdhal, Schéref-el-Mé'âli (Ibn-Alathir, *ad annum* 496; *Schems-el-Mé'âli*, dans Ibn-Djouzi).

CLXXV. — 1. La mémoire de la résurrection de Lazare est fixée dans l'Église arménienne au samedi qui précède le dimanche des Rameaux. — Ce chapitre est rapporté tout entier dans mes *Recherches sur la Chronologie arménienne* (T. Ier, 1re part., ch. II, § III.) J'y ai expliqué le comput particulier d'Irion, et en quoi il diffère de celui que suivaient les Arméniens.

2. C'est-à-dire la période pascale de 532 ans, qui est formée du cycle solaire de 28 ans multiplié par le cycle lunaire de 19 ans.

CLXXVI. — 1. C'est le combat livré auprès de Jaffa, et dans lequel les Sarrasins, qui étaient venus pour attaquer cette ville, furent défaits par Baudouin. La flotte qui débarqua en ce moment, et qui décida la victoire, comptait deux cents navires montés par des pélerins parmi lesquels étaient d'illustres guerriers venus d'Angleterre et de Germanie. (Michaud, *Hist. des Croisades*, l. V.) — Par ces mots, *le roi d'Egypte et celui de Damas*, Matthieu désigne Schéref-el-Mé'âli et Toghtékïn.

2. Guillaume de Tyr (X, 26) raconte ainsi l'accident qui arriva au roi de Jérusalem lorsqu'il s'en retournait de Ptolémaïs, qu'il était allé assiéger : « Volensque per Cæsaream redire, accidit quod in « loco, qui dicitur *Petra incisa*, juxta antiquam Tyrum, inter Ca-« pharnaum et Doram oppida maritima, qui locus hodie *Districtum* « appellatur, prædones et viarum publicarum effractores invenit. « In quos in insidiis latentes vehementer irruens, pluribus inte-« remptis, aliis elapsis fuga, unus casu in regem vibrans jaculum, « a parte posteriore per cratem costarum cordi vicinum immisit « telum, quo ictu eum pene morti tradidit; sed tandem medicorum « adhibita sollicitudine, post incisiones et cauteria, salutem recepit « aliqualem : ejusdem vulneris certis temporibus recrudescente « dolore perpetuo fatigatus. ».

CLXXVII. — 1. L'explication de l'expression *Petite Semaine* ne nous étant fournie par aucun auteur, nous allons essayer d'en déterminer la signification. Açogh'ig (II, 2) dit positivement que la Petite Semaine tombe dans le carême de Pâques. En 1103, cette fête se rencontra le 29 mars, et le dimanche de la Quadragésime le 9 février. Des sept semaines pleines dont se compose le carême arménien, il y en a une à laquelle ne saurait convenir l'expression précitée ; c'est la Semaine sainte ou Grande Semaine, *Avak schapath*. D'un autre côté, le 1er de navaçart de cette année coïncida avec le 24 février, lundi de la 3e semaine du carême. Il en résulte que la Petite Semaine ne peut être que l'une des quatre comprises entre la 3e et la 7e exclusivement. Peut-être est-ce celle qui précède la Grande Semaine, et qui, par opposition, aurait reçu le nom de Petite Semaine. Quoiqu'il en soit, le désastre qui cette année frappa Edesse dut avoir lieu dans l'intervalle du jeudi 27 février au jeudi 19 mars.

Cette inondation n'est pas la seule qu'ait produite la rivière Daïsan ou Scirtus, et qui ait été fatale à Edesse. Evagre, Théophane, Cedrenus, Zonaras et l'auteur de la Chronique d'Edesse en mentionnent une encore plus terrible, qui eut lieu en 525, et qui fit périr une multitude de personnes. Le même événement se reproduisit, suivant Denys de Tel-Mahar, en 743, et, suivant Théophane, en 725 et en 740. — Le Scirtus ou Daïsan prend sa source dans le Taurus, au nord-ouest d'Edesse, coule à l'ouest de cette ville et va se jeter dans le Balissus ou Balias, l'un des affluents de l'Euphrate. Cf. Bayer, *Historia Osrhoena et Edessena*, in-4°, Petropoli, 1744, p. 247 - 249 et 278, et de Spruner, *Atlas antiquus*, n° XVI.

LXXVIII. — 1. C'est-à-dire *Basile le voleur* : on lui avait donné ce surnom parcequ'il tombait toujours à l'improviste sur l'ennemi. Ce prince s'était créé un petit État indépendant dans la partie nord de la Comagène, et faisait sa résidence à K'éçoun, ville du territoire de Marasch, au nord, et dans le voisinage de Béhesni. Il le gouverna depuis 1082 jusqu'en 1112, et fut toujours en relation avec les chefs de la croisade, et particulièrement avec Tancrède. (Tçhamitch, T. III, p. 8). — Albert d'Aix (V, 13) le nomme *Corouassilius*, et Guillaume de Tyr (VII, 6), *Covasilius*. On lit dans ce dernier historien : « Erant autem hi (Pancratius et « Covasilius) duo fratres, Armenii natione, viri præclari, sed sub- « doli supra modum, habentes in ea regione municipia ; de quorum « munimine præsumentes, regionis habitatores et maxime monas- « teria gravibus et indebitis molestabant exactionibus. »

CLXXIX. — 1. Ces deux mots sont plutôt un titre qu'un nom propre ; *oulough* en turk signifie *grand, magnifique*, et *salar*, comme nous l'avons vu déjà, *général d'armée*. — On lit dans un de nos mss. *Sarkh-salar*. — Cet émir était sans doute un des officiers du prince ortokide Nedjm-eddin Ilgazi, qui d'abord avait été gouverneur de Bagdad pour les sulthans seldjoukides de Perse, et qui, après la mort de son frère Soukman, occupa Mardïn. Ilgaz devint un des princes les plus puissants de la Syrie (1117) et soutint de nombreux combats contre les Croisés. Il mourut dans le mois de ramadhan 516 hég. = novembre 1122, suivant Abou'l-Méhacen, Ibn-Alathir, Aboulféda et Ibn-Djouzi, date qui se rapporte à celle donnée par Matthieu. Ibn-Djouzi ajoute que d'autres fixaient la mort d'Ilgazi en 515 hég. (1121 - 1122) ; ce qui s'accorderait avec l'époque marquée par Guillaume de Tyr (XII, 14). qui indique l'année 1121 de l'Incarnation. — « En 511 de l'hégyre (1117-1118),

« les habitants d'Alep, fatigués des perturbations qu'ocasionnait
« dans le gouvernement la minorité de Sulthan-Schah, fils de
« Radhouân, tour-à-tour livré à des tuteurs (atabeks) différents, et
« craignant les Franks, remirent leur ville à Ilgazi, qui en confia
« la défense à son fils Houçam-eddin Timourtasch. » (Aboulféda,
Ann. T. III, p. 390).

CLXXXI. — 1. Jean V, dans la liste de Schahkhathouni.

CLXXXII. — 1. Schems-eddaula Djekermisch, émir de Djéziré-ibn-'Omar, avait succédé en 495 hég. (26 oct. 1101 - 14 oct. 1102) à Kerboga dans la principauté de Mossoul. Il se rendit maître de cette ville après que le Turkoman Mouça, appelé par les habitants pour être leur souverain, eut été assassiné par les soldats de sa garde, avant même d'avoir pris possession de cette principauté. — Aboulféda, Ann. T. III, p. 337.

2. C'est-à-dire *château de Keïfa,* bourg sur la rive orientale du Tigre, au sud d'Amid. Indjidji (*Arm. mod.* p. 234) pense que c'est peut-être l'ancienne fortereresse de Kentzi, dans la quatrième Arménie.

3. Ce récit sur le voyage et la fin de Boëmond en Europe est évidemment apocryphe. On sait que ce prince s'étant présenté à la cour de Philippe Ier, roi de France, en 1106, fut accueilli par ce souverain avec la plus haute distinction, et reçut de lui en mariage sa fille Constance, femme séparée de Hugues, comte de Champagne. Il mourut en 1111 dans sa petite principauté de Tarente, ne laissant qu'un seul fils en bas âge, qui plus tard lui succéda en Palestine. Cf. Guill. de Tyr, XI, 1 et 6.

CLXXXIII. — 1. Voir la généalogie des princes turkomans de Cappadoce, à la fin du volume.

CLXXXVI. — 1. Thoros Ier est le troisième des princes r'oupéniens de Cilicie, et le successeur de Constantin Ier. Il régna de 1100 à 1129.

CLXXXVII. — 1. Moyse de Khoren et David le Philosophe, surnommé *l'Invincible,* auteurs du ve siècle ; le premier, célèbre surtout par son Histoire d'Arménie, écrite avec une grande érudition et une admirable élégance de style ; le second, par ses travaux sur Aristote.

2. Grégoire III, dit le Bahlavouni, c'est-à-dire issu de la race royale des Arsacides, était fils du prince Abirad, fils d'une sœur de Grégoire II. C'est lui qui acheta à la veuve et au fils de Josselin le jeune la forteresse de Hr'om-gla', où il établit la résidence patriarcale, et qu'il transmit à ses successeurs. Il occupa le siége de 1113 à 1166. Il assista au concile que tint à Jérusalem le légat du pape, Albéric, évêque d'Ostie, en 1136, le troisième jour après Pâques, 25 mars : « Cui synodo interfuit maximus Armeniorum pontifex, imo om- « nium episcoporum Cappadociæ, mediæ et utriusque Armeniæ « princeps et doctor eximius, qui *Catholicus* dicitur. Cum hoc de « fidei articulis, in quibus a nobis dissentire videtur populus ejus, « habitus est tractatus, et ex parte ejus promissa est in multis cor- « rectio. » Guill. de Tyr, XV, 18.

3. Le 12 juin. — Cf. mes *Recherches sur la Chronologie arménienne*, T. Ier, 2e partie, *Anthol. chronol.* n° LIX.—On peut consulter le même ouvrage pour la discussion des quantièmes mensuels dont la concordance est donnée dans la suite de la chronique de Matthieu.

CXXXVIII. — 1. Kharsina, en arabe *Kharschéna*. Suivant le Dictionnaire des noms ethniques arabes, intitulé *Lobb-el-Lobâb* (éd. Veth, p. 91), c'est une localité de Syrie. L'auteur du Dictionnaire géographique arabe, intitulé Meracid-el-itthila' (éd. Juynboll), dit que c'est une ville du pays des Romains, dans le voisinage de Mélitène. D'après Aboulfaradj (*Chron. syr.* p. 341), elle était située près du château d'Abdahar, non loin de l'Euphrate. Ces indications et celles que fournit Matthieu fixent la position de Kharschéna dans la partie de la Syrie appelée Euphratèse, vers le nord. Elles rendent très-douteuse l'assimilation qu'a proposée M. Defrémery (*Athenæum français*, 10 et 17 juillet 1852, p. 24 et 25) entre la *Kharschéna* des Arabes et le *Charsianum castrum* des Byzantins. Le *Théma charsianum*, qui faisait partie de la Cappadoce, était au sud du *Théma armeniacum* et au nord de Césarée, et traversé par le fleuve Halys, par conséquent fort loin de l'Euphrate. Cf. de Spruner, *Handatlas, Byzantinisches reich, oestliches blatt.*

CXC. — 1. C'est-à-dire le Château Pélerin.

2. Matthieu se trompe : Bertrand était fils de Raymond de Saint-Gilles. Son erreur vient de ce qu'il a confondu Bertrand avec le petit-cousin de Raymond, Guillaume Jourdain, comte de Cerdagne, qui prenait part avec ce dernier au siége de Tripoli, et qui, après sa mort, le continua pendant quatre ans. Au bout de ce temps, Bertrand arriva en Palestine avec une flotte génoise pour réclamer les conquêtes de son père Raymond. Guillaume Jourdain refusa d'abord de les lui rendre, mais par suite d'une entrevue qui eut lieu entre eux, et grâce à l'intervention d'amis communs, il fut convenu que Guillaume aurait les villes d'Arka et Tortose, et Bertrand, Tripoli, Byblos et le Mont-Pélerin. Guillaume Jourdain étant mort quelque temps après, Bertrand resta seul maître des possessions de son père. Guill. de Tyr, XI, 2 et 9.

CXCI. — 1. Ablastha, ville appelée aujourd'hui par les Arméniens *Albesthan* ou *Élbisthan,* et située auprès de la source du Seyhan, dans le nord de la Cilicie.

CXCIII. — 1. C'est la même comète dont l'apparition est mentionnée par Ibn-Alathir à l'année 499 hég. (13 sept. 1105-1 sept. 1106). « En cette année, dit-il, au mois de rabi' 1er, apparut dans « le ciel un astre dont la chevelure était comme l'arc-en-ciel, et « s'étendait de l'occident jusqu'au zénith. On aurait cru voir le « soleil pendant la nuit, avant qu'il se montre à l'horizon. Après « avoir brillé pendant plusieurs nuits, cette comète disparut. »
2. L'auteur veut parler sans doute de l'expédition commandée par le prince d'Alep Radhouân, et dans laquelle il fut battu par Tancrède auprès de Schéïzar, et forcé de prendre la fuite. Les chrétiens firent un très-grand nombre de captifs, et s'emparèrent de la forteresse d'Artah. — Ibn-Alathir et Aboulféda, *ad annum* 498; Guill. de Tyr, XI, 2.

CXCIV. — 1. Djâwali-Sakâwa fut d'abord gouverneur de Mossoul, puis vice-roi de la province de Fars en Perse, en qualité d'atabek ou tuteur d'un enfant de deux ans, nommé Djaghry, fils du sulthan Mohammed. Il mourut en 510 hég. (1116-1117).

CXCVI. — 1. Voici le récit abrégé de la mort de Djekermisch et de Kilidj-Arslan dans Aboulféda (*ad annum* 500) : « Le sulthan de

« Perse Mohammed ayant donné à Djâwali le gouvernement de
« Mossoul, que possédait déjà Djekermisch, celui-ci s'avança à la
« tête de ses troupes pour repousser son compétiteur ; mais il fut
« défait et tomba entre les mains de Djâwali. Djekermisch, sexa-
« génaire et paralytique, s'était fait porter au combat dans une
« litière. Djâwali le fit promener chargé de fers tout autour de
« Mossoul, exhortant les habitants à se rendre ; mais ils s'y refu-
« sèrent. Djekermisch succomba au milieu de ces indignes traite-
« ments. Cependant les habitants de Mossoul appelèrent à leur
« secours Kilidj-Arslan, fils de Soleïman, fils de Koutoulmisch,
« sulthan de Roum. A la nouvelle de son arrivée à Nisibe, Djâwali
« se sauva et se dirigea vers Rahaba. Kilidj-Arslan s'empara alors
« de Mossoul, puis se mit à la poursuite de Djâwali. Sur ces entre-
« faites, celui-ci ayant grossi ses forces de celles de Radhouân,
« prince d'Alep, et d'autres émirs, en vint aux mains avec Kilidj-
« Arslan auprès du fleuve Khâbour. Le sulthan fut vaincu, et,
« voulant se sauver, se jeta dans le fleuve, où il se noya. Alors
« Djâwali revint sur Mossoul, qui se rendit à lui. »

CXCVII. — 1. Ou bien Pertous, Pertounk' et Pertouk', château fort situé dans le voisinage de la forteresse de Gaban, et comme le texte nous porte à le croire, sur le territoire de quelque église ou couvent.

CXCVIII. — 1. Forteresse sur les limites du district de Dchahan, au sud-est, non loin de Haçan-Meçour. — Tchamitch, T. III, *Index*, p. 161, et Mekhithar-abbé, *Dict. des noms propres.*
2. Ablaçath était de l'illustre famille des Mamigoniens, laquelle tirait son origine du pays des Djên ou la Chine, et était venue s'établir en Arménie sous les règnes de Tiridate II et de Sapor Ier, fils d'Ardeschir, roi de Perse. — Cf. Moyse de Khoren, II, 81. — Ablaçath fut tué en 1110 dans un combat contre les Turks.
3. Le mot *Dgh'a'*, surnom du jeune Vasil, signifie en arménien *enfant*. Vasil-Dgh'a' était de la famille Gamçaragan, qui descendait des souverains arsacides de Perse par la branche Garên Bahlav.
4. La qualification de *sulthan d'Arménie,* que l'on lit dans tous nos manuscrits, pourrait peut-être conduire à penser qu'il s'agit ici de Soukman Elkothby, roi de Khelath, ville située au nord-

ouest du lac de Van. Après avoir été comme mamelouk au service de Kothb-eddin-Ismayl prince seldjoukide de l'Azerbéïdjan, il devint maître de Khelath et de plusieurs villes voisines, avec le titre de Schah-Armên (roi d'Arménie), qu'il transmit à ses descendants. Il régna depuis 493 hég. (1099) jusqu'en 506 (1112). Aboulféda, T. III, p. 326. — Tchamitch (T. III, p. 27-28) prétend que cette seconde expédition des Perses contre la Cilicie, entreprise en 1107, était commandée par le sulthan de Perse Mohammed (Daph'ar) en personne. Mais Matthieu d'Édesse, qu'il cite comme garant de cette assertion, ne donne pas le nom du sulthan chef de cette expédition.

CXCIX. — 1. « En l'année 502 hég. (11 août 1108 - 30 juil. 1109) le sulthan Gaïath-eddin Mohammed ayant envoyé Maudoud à la tête d'une armée considérable contre Djâwali, émir de Mossoul, celui-ci, après avoir fortifié cette ville et y avoir laissé sa femme, qui était la sœur de Boursoukh, partit pour aller chercher du secours. Il amenait avec lui Baudouin Du Bourg, qu'il retenait dans les fers à Mossoul, et qui avait été fait précédemment prisonnier par Djekermisch. Il lui rendit alors la liberté, à condition qu'il lui paierait une rançon de 70,000 dinars, qu'il relâcherait les musulmans captifs, et que dans toutes les occasions où il aurait besoin de ses services, il accourrait avec les Franks; et en outre, qu'il resterait à Kala'-Dja'bar jusqu'à ce que sa rançon eût été payée. Baudouin fut donc libre, et ayant fait venir Josselin, fils de sa sœur, et l'ayant laissé comme caution, il partit pour aller chercher la somme promise. Djâwali ayant revêtu Josselin d'un costume royal, et lui ayant donné son propre cheval, le renvoya à son oncle Baudouin afin qu'il fît hâter l'envoi de la rançon et la délivrance des musulmans. Josselin s'étant rendu à Antioche, députa Tancrède vers Djâwali avec 30,000 dinars et 100 captifs, hommes ou femmes, qui étaient du territoire d'Alep. » — Aboulfaradj, *Chron. syr.*, p. 290 - 294.

2. Raban, ville et district de l'Euphratèse, entre Marasch et K'éçoun, et au sud-ouest de cette dernière ville. — Mekhithar-abbé, *Dictionnaire précité*, et Tchamitch, T. III, *Index*, p. 180.

3. Aréventan, forteresse de l'Euphratèse, à l'ouest, et près de la ville de Gouris ou Kouris; à cette époque, elle appartenait, avec le district environnant, à un chef arménien, nommé Pakrad. — Tcha-

mitch, T. III, p. 40. Les Arabes la nomment *Rawendan*, et Guillaume de Tyr *Ravandel*.

4. Voici comment Aboulfaradj rend compte de ce combat et des causes qui le provoquèrent :

« Radhouân, irrité contre Djâwali, qui dévastait ses possessions, demanda du secours à Tancrède, et obtint de lui 1,500 cavaliers franks auxquels Radhouân joignit 500 cavaliers turks. Baudouin et Josselin accoururent au secours de Djâwali. L'action s'engagea auprès de Tellbâscher. L'avantage resta aux Franks et aux Turks qui étaient du parti de Radhouân ; un grand nombre de Turks périrent. Les Franks ne combattaient pas les uns contre les autres corps à corps; montés sur leurs chevaux, ils se bornaient à se lancer des flèches. Baudouin et Josselin se réfugièrent à Tellbâscher, ainsi qu'une partie des Turks de Djâwali, qui lui furent renvoyés après qu'ils eurent été guéris de leurs blessures. »

CCI. — 1. Bosra ou Bostra, ville de l'Idumée orientale, dans le pays de Theman. C'est la capitale de la partie de l'Arabie située au midi de Damas et appelée *Hauranitis*. — « Est autem *Bostrum* primæ Arabiæ metropolis, quæ hodie vulgari appellatione *Bussereth* dicitur. » Guill. de Tyr, XVI, 8.

CCIII. — 1. Ibn-Alathir, Aboulféda et Noveïri fixent la date de la prise de Tripoli au 11 de dsou'lhidjé 503 (21 juin 1110). Ibn-Djouzi indique l'année 502, avec le même quantième de dsou'lhidjé (10 juin 1109), date qui est identique avec celle qu'indique Guillaume de Tyr, XI, 10.

CCIV. — 1. Schéref-eddaula Maudoud, fils d'Altoun-Tékïn ou Altoun-Tasch, général des armées de Mohammed Daph'ar. Il fut envoyé par ce prince contre Djâwali pour lui enlever Mossoul. Maudoud prit cette ville dans le mois de séfer 502 hég. (sept.-oct. 1108). — Aboulféda, *Ann.* T. III, p. 378 et 382. — Guillaume de Tyr le nomme *Menduc*, et Albert d'Aix *Malducus*. Il avait le titre d'*Isfaçalar* ou *Asbaçalar*, que M. de Slane dans sa traduction d'Ibn-Khallican rend d'une manière un peu vague par *commander of the troops*, et qui signifie littéralement *général de la cavalerie*. — Voir ch. CXLV, n. 6.

2. Notre ms. 95 lit *ph'akiav*, « il s'enfuit », en parlant du comte

d'Edesse, qui cherchait à éviter la présence de Maudoud. Les mss. de Venise portent *khaph'etsav*, « il fut trompé », en appliquant ce mot à Maudoud, qui se serait alors regardé comme ayant été la dupe de Baudouin. Ces deux leçons donnent l'une et l'autre un sens également admissible.

3. Matthieu veut désigner le sulthan Mohammed (Daph'ar).

4. Abelgh'arib et Ligos étaient fils de Vaçag, de la famille des Bahlavouni. Cf. le Tableau généalogique de cette famille, à la fin du volume.

5. Bir, en arabe Birah, place forte de la Mésopotamie, située sur la rive orientale de l'Euphrate, à quelque distance et au nord-ouest de Khar'an.

6. Schênav, place forte au nord-est et à trois heures de marche de Khar'an. On voit, au chap. CCVI, que l'émir arabe qui était alors maître de cette place s'appelait *Mani'*, nom que Matthieu a transcrit sous la forme *Mni*.

7. Nour-eddaula Balag, fils de Behram, fils d'Artoukh, occupait d'abord la place forte de Seroudj, qui lui fut enlevée par Baudouin. Il vint plus tard (517 hég. = 1123 È. Ch.) s'emparer d'Alep sur Soleïman, son cousin. L'année suivante, il alla assiéger Menbêdj ou Hiérapolis, qui appartenait à un émir nommé Haçan. Guillaume de Tyr raconte (XIII, 11) que, comme cette ville était voisine des possessions de Josselin le Vieux, comte d'Edesse, le prince frank rassembla aussitôt les troupes d'Antioche et celles de sa principauté, et marcha vers Menbêdj. Un grand combat fut livré, dans lequel Balag périt de la main de Josselin. Nous verrons (chap. CCXL) un récit de la mort de Balag, tout différent de celui du savant archevêque de Tyr, et conforme à la version adoptée par les auteurs arabes. — Matthieu d'Édesse entend par le *sulthan*, *grand émir de l'Orient*, le prince de Khelath, Soukman-Elkothby, auquel appartenait le pays de Daròn et la forteresse d'Aïdziats, où il renferma Balag. V. ch. CCVI. n. 6.

8. Athareb, château fort à environ deux parasanges et au nord d'Alep, suivant le *Meracid-el-itthila'* ; *Cerepum* de Guill. de Tyr (XII, 9, 10, 11, et XIII, 15).

CCV. — 1. La mer de Vasbouragan, ainsi appelée de la province de ce nom qui la borde à l'est. Elle est nommée aussi lac de Van, mer d'Agh'thamar ou de Peznounik'.

CCVI. — 1. Thelgouran ou Thoulkouran, en arabe Tellkouran, bourg fortifié de la Mésopotamie, situé à deux journées au sud d'Amid.

2. Kaudêthil, bourg au sud-est et à six heures de marche de Bir, dans la Mésopotamie. Il est aujourd'hui en ruines.

3. Dchoulman ou Dchôlman, village situé au sud-est d'Édesse, et habité par des Arabes.

4. Ahmed-Yel (*le brave*) ben-Ibrahim-ben-Wahsoudan, de la tribu kurde des Rêwadis, émir de la ville de Méraga, dans l'Azerbéïdjan. D'après l'historien arabe Ibn-Férat, cité par Et. Quatremère, dans son Mémoire sur les Ismaéliens, inséré au tome IV des *Mines de l'Orient*, il périt en 509 ou 510 hég. (1115 ou 1116), de la main des Bathéniens ou Assassins. Ibn-Djouzi et Abou'l-Méhacen placent sa mort en 508 (1114-1115 de J.-C.)

5. Dans le nombre de nos manuscrits, les uns portent *le sulthan*, les autres *Souliman*; mais ce sont de mauvaises leçons. Il faut lire Soukman; car nous savons positivement que Soukman-Elkothby (Cf. ch. CXCVIII, n. 4) prit part à l'expédition dont il est ici question.

6. Boursoukh, ou suivant la transcription arabe, Boursouk, était l'un des fils de Boursoukh, qui avait été compagnon de Thogrul-beg, et le premier *schihneh* ou représentant de ce sulthan, à Bagdad.

7. Schéïzar, ville de Syrie, sur l'Oronte, dans le voisinage et au nord-ouest de Hama, anciennement Larisse; *Cæsar* de Guillaume de Tyr, et *Sezer* de Nicétas Choniates; aujourd'hui Kala'-Séïdjar.

8. Ibn-Alathir raconte à l'année 505 hég. (10 juill. 1111-27 juin 1112), que Soukman-Elkothby s'étant porté contre Alep avec plusieurs autres émirs, ses confédérés, tomba malade devant cette ville, et qu'en s'en retournant il mourut à Bâlis. Les siens l'avaient placé dans un cercueil pour le transporter chez lui, lorsqu'ils furent surpris par Ilgazi, qui tomba sur eux pour les faire prisonniers et les piller. Alors ils mirent le cercueil au milieu d'eux, et ayant repoussé Ilgazi, lui enlevèrent le butin qu'il portait avec lui; après quoi ils rentrèrent dans leur pays.

CCVII. — 1. Matthieu donne à l'un des assassins de Kakig l'épithète de *déicide*, en assimilant le meurtre d'un roi, qui avait reçu l'onction du sacre, au crime des Juifs qui crucifièrent Jésus-Christ.

CCVIII. — 1. Le lundi 22 avril.
2. Le 15 juin.
3. Un autre ms. porte 10 hommes.
4. Thelmouzen, ville ancienne et en ruines, située entre Ras-'aïn et Seroudj, à une distance de dix milles environ de Ras-'aïn. — Meracid-el-itthila', éd. Juynboll, T. Ier, p. 213.

CCIX. — 1. Thourer, ville située dans le voisinage et à l'ouest de Hisn-Mansour.
2. Ouremn, ville du nord de l'Euphratèse.

CCX. — 1. Phrase biblique, empruntée à l'évangile de saint Jean, I, 18, et dont le sens est ici : *comme à un fils véritable et légitime*. Vasil-Dgh'a' avait été en effet adopté par Kôgh'-Vasil.

CCXI. — 1. Le chronographe arménien Samuel d'Ani (trad. de Zohrab, p. 77), auteur du douzième siècle, affirme que Tancrède mourut empoisonné par le patriarche d'Antioche. Ce patriarche était Rodolphe, qui fut exclu de son siége dans un concile tenu à Antioche en 1141, sous la présidence du légat du pape, Albéric, évêque d'Ostie. Tchamitch dit que peut-être ce crime fut un des chefs d'accusation portés contre Rodolphe. Guillaume de Tyr n'en fait pas mention parmi ceux qui furent produits et qu'il rapporte, XV, 15-17 — Aboulféda, *ad annum* 506 hég. (1112-1113), dit que Vasil l'Arménien étant mort, le seigneur d'Antioche partit pour aller s'emparer des Etats de ce dernier, et qu'ayant succombé en chemin, sire Roger (*Sirodjâl*) s'en rendit maître.
2. Roger était fils de Richard du Principat, cousin-germain de Tancrède. Il gouverna la principauté d'Antioche, pendant la minorité du fils de Boëmond. Cf. Guillaume de Tyr, XI, 18, 22; et Du Cange, dans l'*Alexiade*, *Stemma ducum Apuliæ et regum Siciliæ ex familia normannica*.
3. Léon Ier était frère de Thoros et fils de Constantin, fils de R'oupên. Thoros étant mort sans laisser d'enfants, Léon lui succéda vers 1129. Par ces mots, *le pays de Léon*, Matthieu entend la Cilicie, qui était appelée quelquefois, au temps des croisades,

pays du fils de Léon, ou bien *royaume de Léon*. — Cf. Ibn-Alathir, *ad annum* 505, et d'Anville, *Géogr. anc.* T. II, p. 95.

CCXIII. — 1. Le comte de Tripoli dont parle ici Matthieu est Pons, fils de Bertrand et petit-fils de Raymond de Saint-Gilles. C'est donc à tort qu'il le nomme *fils de Saint-Gilles*. Bertrand était mort en 1112. Pons avait épousé la veuve de Tancrède, fille de Philippe Ier, roi de France. Guill. de Tyr, XI, 18.

2. D'après Aboulfaradj (*Chron. syr.* p. 295), Maudoud avait sous ses ordres 7000 cavaliers; Baudouin et Josselin n'avaient que 2000 fantassins et un petit nombre de cavaliers. Maudoud les attaqua auprès du lac de Tibériade et leur tua 130 fantassins. Alors arrivèrent au secours des chrétiens le petit-fils de Saint-Gilles, qui vint de Tripoli, et Roger, d'Antioche. Les Franks gagnèrent la montagne qui était en face des Arabes. Les deux armées restèrent pendant 26 jours sans bouger; puis les Franks descendirent vers le Jourdain, et les Arabes, qui se trouvaient éloignés des villes qui leur appartenaient, furent forcés par le manque de vivres de se retirer, et se portèrent vers Damas. — Suivant Ibn-Alathir et Aboulféda (*ad annum* 507), l'armée musulmane qui vint cette année attaquer les Franks avait pour chefs Maudoud, seigneur de Mossoul, Témirak, seigneur de Sindjar, Ayaz, fils d'Ilgazi, et Toghtékïn, seigneur de Damas. Les chrétiens étaient sous les ordres de Baudouin, roi de Jérusalem, de Josselin et autres chefs. Le combat fut livré auprès de Tibériade le 13 de moharrem (30 juin 1123). Les musulmans victorieux rentrèrent à Damas dans le mois de rabi' premier (sept.-oct.) — Guillaume de Tyr (XI, 19) affirme comme Matthieu que la défaite des chrétiens fut occasionnée par l'impatience du roi de Jérusalem, qui ne voulut pas attendre l'arrivée de ses alliés.

3. On lit dans Ibn-Alathir, Aboulféda et Ibn-Khallican que Maudoud fut tué par un Bathénien au moment où il sortait de la grande mosquée de Damas. C'était le vendredi 12 de rabi' second (21 sept. 1113). Cet homme fut masssacré à l'instant même. Afin de constater son identité, on prit sa tête après l'avoir coupée, mais personne ne le reconnut. Matthieu est d'accord avec Guillaume de Tyr (XI, 19) pour imputer le meurtre de Maudoud à des sicaires apostés par Toghtékïn.

CCXIV. — 1. Le mois de drê correspondit cette année à l'intervalle compris entre le 22 mai et le 20 juin inclusivement. Cette année ayant eu pour lettre dominicale E, le jeudi tomba le 22 et le 29 mai, le 5, le 12 et le 19 juin. Il est impossible de préciser celui de ces cinq quantièmes mensuels auquel mourut Basile.

2. Béhesni ou Béhesdïn, place forte de l'Euphratèse, à deux journées de marche et au nord-ouest d'Aïn-tab, entre Raban et Hisn-Mansour. Tchamitch, en rapportant (T. III, p. 35) l'accident qui fit périr le patriarche Basile, dit qu'il se brisa la colonne vertébrale.

3. Schough'r, couvent de la Montagne-Noire, situé entre Marasch et Sis, à deux journées de distance de la première de ces deux villes. L'ancienne église de Schougr, bâtie en pierres, subsiste encore aujourd'hui. Indjidji, *Arm. mod.*, p. 376. Ce monastère est appelé aussi couvent des Basiliens, parce qu'il était sous la règle de saint Basile.

4. Grégoire III. C'est lui qui acquit de la veuve et du fils de Josselin de Courtenay, le château de Hr'om-gla', où il fixa sa résidence, et qui fut celle de ses successeurs jusqu'en 1293, époque où ce château fort fut pris par les Egyptiens. Il mourut, suiv. Vartan, en 617 È. A. (8 fév. 1168 - 6 fév. 1169).

CCXVI. — 1. Abou-Sa'ïd Ak-Sonkor el-Boursouky-el-Gâzi, surnommé Kacim-eddaula Seïf-eddin, affranchi de l'un des deux Boursoukh, dont il est parlé ch. CCVI, n. 6. Le sulthan Mohammed le fit émir de Mossoul, à la place de Maudoud et après la mort de ce dernier. Boursouky conserva ce gouvernement jusqu'en 509 (1115-1116), où il fut remplacé par l'émir Djoïousch-Beg, et il se retira dans la ville de Rahaba, qui lui fut assignée comme fief. En 512 (1118-1119) le sulthan le nomma préfet ou *schihneh* de Bagdad; plus tard, en 515 (1121-1122), ce même souverain lui rendit la principauté de Mossoul avec ses dépendances, comme Djéziré-ibn-'Omar et Sindjar (Aboulféda, T. III, p. 482, 388, 392 et 410). — Albert d'Aix le nomme *Burgoldus*, et Guillaume de Tyr *Borsequinus* (traduct. franç. *Borsses*).

2. C'était Gaïath-eddin Maç'oud. Ibn-Alathir et Ibn-Djouzi disent, comme Matthieu, qu'il accompagna Boursouky dans cette expédition avec des forces considérables.

3. Le 15 mai. Cette date concorde avec celle que donne Ibn-Alathir, qui indique le mois de dsou'lhidjé 508 = mai 1114.

CCXVII. — 1. Le 29 novembre, veille de la fête de St-André. C'est par erreur que Matthieu rappelle ici l'Invention de la Croix. — Voir ma *Chronol. armén.*, T. Ier, 2e partie, *Anthol. chronol.*, n° LXV.

2. Ce ton, qui est un des huits tons de la musique arménienne, est appelé *var'*. Chacun sert tour à tour à régler le mode d'après lequel doit être chanté l'office du jour, à l'église. Le ton *var'* a un caractère plaintif, et cette circonstance, jointe à la coïncidence du dimanche et du déclin de la lune, explique les idées superstitieuses que les populations se formaient du phénomène physique raconté par notre chroniqueur. La nuit du samedi au dimanche, consacrée à la mémoire de la Résurrection de Notre-Seigneur, doit être témoin, suivant l'antique croyance arménienne, de la résurrection générale et du jugement dernier. — Voir le discours synodal du patriarche Jean Otznetsi, p. 40 de ses OEuvres complètes, Venise, in-8°, 1833.

3. Dans la liste des prélats et des barons qui assistèrent au couronnement du roi d'Arménie Léon II, l'historien Sempad de Cilicie (éd. de Moscou, p. 99) mentionne Joseph, archevêque d'Antioche et abbé du couvent des Jésuéens.

4. Maschguévor ou Maschgouor, couvent de Cilicie, ainsi nommé, sans doute, parce que les religieux étaient vêtus de peaux d'animaux dépouillées de leurs poils.

CCXVIII. — 1. Il s'appelait Kêork (Georges), et il avait été surnommé Mégh'rig (*mielleux*) à cause de la bonté et de la douceur de son caractère. On lui donnait communément aussi le surnom de *Sévanetsi*, parcequ'il était moine du couvent de l'île de Sévan, dans le lac de Kégh'am. — Tchamitch, T. III, p. 16.

2. Le couvent de Trazarg était situé près de Sis, et placé sous la juridiction immédiate du catholicos d'Arménie. Dans les chartes latines des rois de Cilicie, ce nom a été transcrit par un jeu de mots sous la forme *tres arcus* ou *tres arces*. Les ruines de ce couvent n'existent plus aujourd'hui.

CCXX. — 1. Matthieu a ici confondu Boursoukh-ibn-Boursoukh

avec Ak-Sonkor-el-Boursouky. C'est ce dernier auquel Ilgazi en voulait particulièrement.

D'après Ibn-Alathir et Ibn-Djouzi, le sulthan Mohammed ayant confié à Ak-Sonkor-el-Boursouky le gouvernement de Mossoul, lui ordonna de marcher contre les Franks. Ak-Sonkor appela à lui les émirs du voisinage, et Ilgazi lui envoya son fils Ayaz avec une petite troupe. Ak-Sonkor, mécontent, pilla les gens d'Ilgazi et s'empara de son fils. Alors Ilgazi s'étant adjoint l'émir Rokn-eddaula Daoud, fils de son frère Soukman, et un parti nombreux de Turkomans, marcha contre Ak-Sonkor, et l'ayant rencontré auprès du fleuve Khabour, le défit et le força à prendre la fuite, et Ayaz fut délivré. Le sulthan Mohammed, instruit de l'échec qu'avait éprouvé son lieutenant, fit partir Boursoukh-ibn-Boursoukh contre Ilgazi. Celui-ci, effrayé, courut à Damas implorer le secours de Toghtékïn, qui était fort mal avec le sulthan, comme accusé par la voix publique d'avoir machiné le meurtre de Maudoud. C'est dans ces conjectures que ces deux émirs firent cause commune ensemble, et s'allièrent aux Franks.

2. Cet émir se nommait Loulou. C'était un eunuque qui, après la mort de Radhouân, arrivée en 508 hég. (1113-1114), fut chargé du gouvernement de cette ville au nom du fils de Radhouân, nommé Tadj-eddaula Alp-Arslan-el-Akhras ou le Muet, qui n'avait encore que 16 ans, et qui était né d'une fille de Baghician, émir d'Antioche. L'année suivante, le jeune prince fut tué par ses propres officiers dans la forteresse d'Alep, et Loulou mit à sa place Sulthan-Schah, autre fils de Radhouân. Lorsque Loulou apprit que le sulthan de Perse Mohammmed allait envoyer une armée en Syrie, sous les ordres de Boursoukh-ibn-Boursoukh, craignant qu'on ne voulût lui ôter Alep, il se jeta dans le parti de Toghtékïn. — Aboulféda, *Ann.* T. III, p. 380, 384, 386; Aboulfaradj, *Chron. syr*. p. 298-299.

CCXXIII. — 1. Léon Ier fut l'un des princes plus distingués d'entre les R'oupéniens, et aussi des plus malheureux par la manière dont finirent son règne et sa vie. S'étant emparé de la ville de Mecis sur les Grecs, il s'avança jusqu'à Tarse, parcourut, les armes à la main, la Cilicie, et reprit les villes que ceux-ci avaient enlevées à son père Constantin. Les exploits qu'il fit dans ces expéditions répandirent partout le bruit de son nom, et lui valurent de nombreuses marques d'estime de la part des Croisés. Après la mort de Roger, comte d'Antioche, dont il était l'ami, Raymond de Poitiers, qui succéda à Roger, jaloux de Léon, conçut le projet de lui enlever ses États. Mais, n'osant pas recourir à la force ouverte, il s'entendit avec Baudouin, comte de K'éçoun et de Marasch, qui invita Léon à venir faire une visite à Raymond. Ce dernier s'empara du chef arménien et le renferma dans une forteresse. Après y être resté deux mois, Léon consentit à livrer à Raymond deux villes, Mecis et Adana, à lui payer une rançon de 80,000 tahégans, et à lui donner un de ses fils en otage. A ces conditions, il recouvra la liberté. A peine dégagé de ses fers, Léon conquit de nouveau les villes qu'il avait cédées, et battit si complètement les princes latins ses voisins, qu'ils furent obligés d'appeler à leur secours Foulques, roi de Jérusalem. On en vint aux mains sur les frontières de la Cilicie. Mais tous les efforts des Croisés contre Léon étant restés impuissants, ils lui renvoyèrent son fils et lui donnèrent à leur tour des otages. Les Franks ayant imploré la médiation de Josselin le Vieux, dont la femme était sœur de Léon, il rétablit la paix. Léon battit encore les Grecs dans plusieurs rencontres, et leur enleva d'autres forteresses. — Tchamitch, T. III, p. 50-51. On peut voir, ch. CCLIV, et *ibid.* n. 2, comment Léon Ier fut fait prisonnier par l'empereur Jean Comnène, et conduit à Constantinople, où il mourut dans les fers.

CCXXIV. — 1. Waléran ou Galéran était cousin *(consanguineus)* de Josselin de Courtenay. Guill. de Tyr, XII, 17.

2. Pakrad, seigneur d'Aréventan. Cf. ch. CXCIX, n. 3.

3. Sur le titre de *Prince des princes*, cf. ch. CLXVI, n. 1.

CCXXV. — 1. En 1118, Pâques étant tombé le 14 avril, le dimanche de la Quadragésime fut le 24 février; par conséquent, c'est dans cet invervalle que Baudouin Du Bourg se rendit à Jérusalem.

2. Le 7 avril. Suivant Guillaume de Tyr (XII, 3-4), Baudouin étant arrivé à Jérusalem le dimanche des Rameaux, reçut l'onction royale et fut couronné le dimanche suivant, 14 avril, jour de Pâques.

CCXXVI. — 1. *Kohar* en arménien, *Gueuher* en persan, signifie *perle, pierre précieuse*, et *Khatoun*, en turk oriental, a le sens de *dame noble, princesse, reine*.

2. Ce frère de Daph'ar (Mohammed) était Sindjar, auquel Barkiarok avait donné, en 1097, la royauté du Khoraçan. Daph'ar redoutait avec raison son ambition, car, lorsque ce dernier fut mort, Sindjar attaqua son neveu Mahmoud, dans l'Irak Persique et le défit entre Reï et Saveh. Après quoi il lui accorda la paix, mais à condition que son nom serait prononcé le premier comme sulthan dans la Khothba ou prière publique, le vendredi, et le nom de Mahmoud le second.

3. *Mélik* ou *roi* est le titre de ce prince, qui se nommait Thogrul.

4. La qualification de *Khalife des Perses*, donnée par notre auteur au khalife de Bagdad, Mostadhhir-billah, s'explique par le fait que cette ville était alors au pouvoir des sulthans Seldjoukides, et que le souverain pontife de l'islamisme n'y exerçait qu'une autorité purement nominale.

CCXXVIII. — 1. Dans un de nos mss. on lit : *Trois jours*.

2. Un autre mss. porte 100.

3. Il faut lire 9 de k'agh'ots au lieu de 6 ; c'est-à-dire le 28 juin.

4. Il faut 14 août au lieu de 16 : et ce qui le prouve, c'est que Guillaume de Tyr (XII, 12) indique la veille de l'Assomption ; seulement l'historien latin est en retard d'une année sur le chroniqueur arménien.

5. Suivant Ibn-Alathir et Kemâl-eddin, Ilgazi défit les Franks dans cette seconde rencontre; tandis que d'après Guillaume de Tyr (XII, 12), d'accord avec Matthieu et Aboulfaradj (*Chron. syr.* p. 307), ce furent ceux-ci qui remportèrent la victoire. — « Gazzi vero fugiens cum Doldequino, rege Damascenorum, et Debeis Arabum principe, suos morti expositos dereliquit. — Concessa est autem nostris divinitus hæc victoria, anno ab Incarnatione Domini MCXX, regni quoque Domini Balduini, regis secundi, anno secundo, mense Augusto, in vigilia Assumptionis sanctæ Dei Genitricis Mariæ. »

6. Matthieu est ici en retard d'un an. D'après Zonaras et Nicétas Choniates, Alexis Comnène mourut le 15 août, indiction 11 = 1118. Son fils Jean, appelé aussi *Kaloïoannès*, c'est-à-dire *le beau Jean*, lui succéda immédiatement.

7. Cette citation est apocryphe.

CCXXIX. — 1. Précédemment, en 1102, Baudouin du Bourg, alors comte d'Edesse, avait commencé la fortune de Josselin de Courtenay, son cousin. « (Joscelino contulit) omnem illam suæ regionis partem, quæ circa Euphratem fluvium magnum sita est, in qua erant urbes Coritium et Tulupa, oppida vero ampla et munitissima Turbessel, Hamtab et Ravendel, et quædam alia. Sibi vero regionem trans Euphratem, hostibus magis vicinam, detinuit, una sola urbe de interioribus, Samosato videlicet, retenta. » Guill. de Tyr, X, 24.

CCXXX. — 1. La dénomination de *Garmian* ou *Guermian*, donnée à une partie du territoire de Mélitène, date probablement de l'époque des Seldjoukides, et vient de quelque émir turkoman de ce nom.

Le savant orientaliste M. Defrémery (*Athenæum français*, 10 et 17 juillet 1852, p. 25) a proposé de lire *Garsian*, et pense qu'il s'agit de la contrée appelée par les Grecs *Charsianos*, et *Kharschénoun* par les Arabes, à laquelle il suppose qu'appartenait la ville de Kharschéna (ch. CLXXXVIII, n. 1). Mais cette correction est inadmissible ; car le nom de Garmian revient trois fois écrit très-distinctement dans le texte de Matthieu, et cette leçon est confirmée par l'autorité de cinq manuscrits. D'ailleurs la transformation du grec *Charsianos* en Garsian choque les règles fondamentales de l'orthographe arménienne.

2. Cette agression d'Ilgazi contre les Franks doit être la même que celle qui est racontée par Aboulféda et Ibn-Alathir à l'année 514 hég. (2 avril 1120 - 21 mars 1121). Mais Josselin ne tarda pas à prendre sa revanche sur les infidèles, comme on le voit dans les mêmes auteurs, d'accord avec Matthieu.

CCXXXI. — 1. David II, dit le Réparateur, monta sur le trône en 1089 et l'occupa jusqu'en 1125.

2. Matthieu est dans l'erreur : il s'agit ici d'Abou'l-'Azz Doubaïs, fils de Sadaka, d'après le témoignage de tous les auteurs musulmans, et de l'historien chrétien Aboulfaradj. Il appartenait par son origine à la tribu arabe des Beni-Açad, et était souverain de Hillah, sur l'Euphrate. Son père était mort en 1108. En 517 hég. (1123) le khalife Mostarsched ayant vaincu Doubaïs, celui-ci se

sauva dans la tribu arabe de Ghaziah, qui ne voulut pas l'accueillir, et de là dans celle de Montafek, avec laquelle il vint saccager Basra ; delà il passa en Syrie, chez les Franks, auxquels ils s'efforça de persuader de s'emparer d'Alep. En 523 (1129) il pilla une seconde fois Basra. — Aboulféda, *Ann.* T. III, p. 418 et 432. — Il fut mis à mort par l'ordre du sulthan Maç'oud, auprès de la ville de Khoï, par un esclave arménien, le 14 de dsou'lhidjé 529 hég. = 12 août 1135.

3. Rafédhite, c'est-à-dire hérétique de la secte de ceux qui maudissent Abou-Bekr, Omar et Othman, et leur refusent la qualité de légitimes kalifes ou vicaires de Mahomet, tout en soutenant au contraire, avec une partialité poussée jusqu'à l'excès, qu'Ali et ses descendants en ligne directe sont les seuls et véritables successeurs du Prophète. Cette secte, à laquelle se rattachent les musulmans Schiites de la Perse, donna naissance à celle des Bathéniens, Ismaéliens ou Assassins, dont le chef est connu par les récits de nos chroniqueurs occidentaux et de Marco Polo sous le nom de *Vieux de la Montagne*. La secte des Ismaéliens sapait dans ses fondements la doctrine du Koran, et en général toute religion révélée. — Cf. Silv. de Sacy, *Exposé de la religion des Druzes*, introd. pp. XLVII, XLVIII et LXIV ; Sale's *Coran, Preliminary discourse*, § 8. — Ce qui explique encore la qualification de blasphémateur de Mahomet que notre auteur attribue à Doubaïs, c'est que celui-ci fut en guerre continuelle avec le khalife Mostarsched, qui le dépouilla de ses Etats. Mostarsched périt dans le mois de dsou'lka'dé 529 hég. = juillet 1135, sous le poignard de quelques Ismaéliens, envoyés, comme l'affirment Noveïri et Aboulfaradj, par le sulthan Sindjar.

CCXXXII. — 1. Le mont Tégor ou Didgor est au S.-O. de Tiflis.

2. Les Kiptchak (Khaph'tchakh, Kheph'tchakh ou Kheph'tchikh en arménien), peuples habitant au nord de la Géorgie, depuis le Tanaïs, en s'étendant vers l'est, tout le long du bord septentrional de la mer Caspienne, jusqu'au delà du Iaïk.

3. Les Alans ou Alains avaient leur demeure au nord de la Grande-Arménie, et étaient bornés à l'ouest par la Géorgie, au nord par le pays des Massagètes, et à l'est par la mer Caspienne. Une colonie d'Alains vint s'établir sur les bords du Danube, d'où, vers

406, ces peuples allèrent avec les Suèves et les Wandales ravager la Germanie. Ils se répandirent dans les Gaules et dans la péninsule Hispanique.

4. Il faut lire le 14 août. Cf. pour la rectification de cette date mes *Recherches sur la chronologie arménienne*, 2ᵉ partie, Anthol. chronol., nº LXVIII.

5. Les chroniqueurs musulmans varient sur la date de la prise de Tiflis par le roi David II. Aboulféda et Hadji-Khalfa la placent en 514 de l'hégire (1120 - 1121) ; Yakout et Elaïny en 515 (1121 - 2) ; Déhéby et Haméky en 516 (1122-3) ; et Ibn-Késir en 517 (1123-4). Cf. M. Brosset, *Histoire de la Géorgie*, Iʳᵉ part., p. 367, n. 3. Ce savant pense que la durée de deux ans, assignée au siège de Tiflis par Déhéby, peut servir à concilier ces différentes dates. Mais l'ordre de la narration de Matthieu semble impliquer un temps moins long, et Ibn-Alathir atteste que le siège dura de 514 à 515.

CCXXXIV. — 1. Balag n'était point fils de la sœur d'Ilgazi, comme le prétend Matthieu, mais de Behram, frère de ce dernier.

2. Palou, place forte sur la rive septentrionale de l'Euphrate, et chef-lieu du district de Palakovid ou Palahovid (vallée de Palou), dans le district de Khozan, qui fait partie de la quatrième Arménie. Palou est à trois journées au nord d'Amid. Indjidji, *Arm. anc.*, p. 46 et *Arm. mod.*, p. 225.

3. Houçam-eddin-Timour-Tasch succéda à son père Ilgazi à Mardïn, et Schems-eddaula Soleïman à Méïafarékïn.

CCXXXV. — 1. Le Schendjé ou Sindja, en arabe Nahr-Elazrak (fleuve bleu), le Singas de Ptolémée, est une rivière considérable qui coule au sud de Samosate et se jette dans l'Euphrate du côté occidental. Le pont du Sindja est de construction romaine, et les écrivains arabes le citent comme une des merveilles du monde. Voir M. Reinaud, *Géographie d'Aboulféda*, Introd., p. 16, et Schultens, *Index geographicus in vitam Saladini*, au mot *Fluvius Sensja*.

2. Le mercredi 18 avril 1123.

CCXXXVI. — 1. Ce coup de main si hardi entrepris par quelques Arméniens, contre la forteresse de Kharpert, pour délivrer les prisonniers chrétiens que Balag y tenait renfermés, et la fatale issue qu'il eut, sont racontés par Guillaume de Tyr (XII, 18) qui dit que les libérateurs étaient au nombre de cinquante.

2. Suivant Guillaume de Tyr (XII, 17 et 21), le royaume de Jérusalem fut administré pendant la captivité du roi Baudouin, d'abord par le connétable Eustache Grenier (*Grener* ou *Guernier*), seigneur de Sidon et de Césarée, lequel mourut en 1122, et ensuite par Guillaume de Bures (*Wilelmus de Buris*), seigneur de Tibériade.

3. Suivant Kemâl-eddin, Balag prit la forteresse de Kharpert le 23 de redjeb 517 hég. = 16 sept. 1123. Il fit mettre à mort tous ceux de ses guerriers, dans la garnison, qui l'avaient trahi, et les Franks qui se trouvaient dans la place. Il ne fit grâce qu'à Baudouin, à Waléran et au fils de la sœur de Baudouin. Après quoi il les fit conduire à Harrân (Khar'an), où ils furent mis en prison.

CCXXXVII. — 1. Les arôs sont une sorte d'oiseau que nous ne connaissons que très-imparfaitement. Le dictionnaire arménien vulgaire de Mekhithar-abbé rend ce mot par *tchig*, *thôïl*. *Tchig* me paraît être l'arabe *schik*, sorte d'oiseau aquatique du genre *anas*; *thôïl* est sans doute l'arabe *thouwel*, qui désigne un oiseau aquatique, à longs pieds, ayant la queue noire et le plumage cendré.

CCXXXVIII. — 1. Paul, surnommé *Darônatsi*, habitait le couvent de Saint-Lazare, appelé aussi des Saints-Apôtres, à Mousch, dans le district de Darôn, non loin de la ville d'Aschdischad. Il se montra un des plus ardents adversaires de l'Église grecque.

2. Matthieu fait allusion à saint Grégoire, premier patriarche de l'Arménie, et surnommé par les Arméniens *Louçavoritch* ou *l'Illuminateur*, comme ayant éclairé de la lumière de l'Évangile leur pays, couvert des ténèbres de l'idolâtrie.

CCXXXIX. — 1. Le Gour ou Cyrus, l'un des plus grands fleuves de l'Arménie, prend sa source au mont Barkhar, le Paryadrès des anciens, dans la province de Daïk', qui est dans le nord-ouest de la Grande-Arménie, pénètre en Géorgie, où il passe à Kôri et à Tiflis; descendant ensuite vers le sud-est, il rentre sur le territoire arménien, et, grossi par l'Araxe, va se jeter par plusieurs embouchures dans la mer Caspienne.

2. Le sulthan Sindjar.

3. Tmanis ou Toumanis, ville de l'Arménie, sur les confins de la Géorgie, à l'extrémité de la province de Koukark', vers le nord-est.

4. Schirwan, ancienne capitale de la province de ce nom, aujourd'hui en ruines. La province de Schirwan s'étend au nord-est de l'Arménie, entre le fleuve Gour et la mer Caspienne. Indjidji, *Arm. mod.*, p. 413-5. Elle est appelée aussi Agh'ouank' ou Albanie. Voir ch. LXXXVIII, n. 1.

5. Schaki ou Schakè, ville arménienne qui a donné son nom à une contrée située sur la rive gauche du Gour. Cette ville est mentionnée par Guiragos et Étienne Orbêlian, historiens du treizième siècle, *apud* Indjidji, *Arm. anc.*, p. 533.

6. Schamkar ou Schamkor, ville de la province arménienne d'Oudi, à l'ouest et sur les bords du Gour. Guiragos en attribue la fondation à Schath le khazir, fils de Dchapoukh, sous le règne de Khosrov Ier, roi de Perse, au sixième siècle. « Il bâtit, dit-il, cinq villes au nom de Schath, savoir : Schathar, Schamkor, Schaki, Schirwan, Schamaki, ainsi que Schabôran. » *Apud* Indjidji, *Arm. anc.*, p. 532. Jean Catholicos, historien du ixe siècle, mentionne aussi la ville de Schamkar.

7. Kôra, et en arménien vulgaire Kôri, ville de Géorgie, au nord du Gour et à l'ouest de Tiflis. Mekhithar-abbé, *Dictionnaire des noms propres*. Voir la description de cette ville dans la Géographie de Wakhoucht, trad. de M. Brosset, p. 245-247.

8. Dimitri Ier, fils de David II, régna sur la Géorgie vingt-huit ou vingt-neuf ans, de 1125 à 1154 ou 1155.

CCXL. — 1. Menbêdj appartenait à Haçan-ben-Kumuschtékïn-el-Ba'lbéky. Suivant Kemâl-eddin (*ad annum* 518), Balag ayant passé auprès de cette place, invita Haçan à se joindre à lui pour marcher ensemble contre Tellbâscher. Mais aussitôt Balag, qui avait quelque sujet de mécontentement contre Haçan, le voyant en son pouvoir, se saisit de lui et entra dans Menbêdj. Alors le frère de Haçan, nommé 'Iça, se réfugia dans la forteresse pour tenir tête à Balag. C'est dans ces conjonctures qu'il écrivit à Josselin. — D'après Ibn-Djouzi, Haçan se trouvait en ce moment à Alep.

2. Aïn-tab, place forte de la Syrie, au nord d'Alep ; *Hamtap ou Hatab* de Guillaume de Tyr.

3. On appelait *Arévabaschd*, « adorateur du soleil », ou *Arévorti*, « fils du soleil », les Arméniens qui avaient conservé l'ancien culte du feu, professé par cette nation avant qu'elle se convertît au christianisme, vers le commencement du quatrième siècle. Les Arévorti se maintinrent dans la Mésopotamie, principalement dans la ville de Samosate. Ils y vivaient mêlés avec les Musulmans. Grégoire Magistros, qui écrivait au onzième siècle, fait mention de ces sectaires dans une lettre adressée au patriarche des Syriens. Ceux de Samosate voulurent embrasser le christianisme dans le siècle suivant, comme on le voit dans une des lettres du patriarche saint Nersès Schnorhali. Thomas de Medzoph', historien du quinzième siècle, dit, en racontant l'invasion de Timour (Tamerlan) en Mésopotamie : « Il vint à Mardïn et saccagea cette ville ; il détruisit de fond en comble quatre villages habités par les adorateurs du feu, savoir : Schôl, Schmerschakh, Safari et Maragh'i. Mais ensuite, par les instigations de Satan, ces sectaires se multiplièrent à Mardïn et Amid. » Ils subsistent encore dans la Mésopotamie. Indjidji, *Arch. arm.*, p. 161, 162, et Tchamitch, T. I, p. 378, 395, et T. III, p. 86 et 87.

4. Kemâl-eddin dit que la flèche qui frappa Balag venait, comme le bruit courait, de la main même de 'Iça, et qu'elle l'atteignit à la clavicule gauche. Ibn-Alathir et Aboulféda affirment que l'on ignorait de qui ce coup était parti. Guillaume de Tyr (XIII, 11) donne une version tout à fait différente ; il dit que Balag périt dans le combat qu'il livra contre les chrétiens, et que c'est Josselin lui-même qui le tua, puis lui coupa la tête, sans le connaître. Cf. Reiske, *Adnot. histor. ad Abulfedæ Annal.* T. III, n. 306.

CCXLII. — 1. Bébou, forteresse de l'Euphratèse.

2. Tchamitch raconte, t. III, p. 51, 52, que la forteresse de Gargar' avait été d'abord enlevée à Mikhaïl par Baudouin, auquel les Turks la prirent ensuite. Plus tard, les Turks rentrèrent en possession de Bébou et de Gargar', et enfin il en furent chassés par les Latins, qui en confièrent le commandement à Vasil, frère du patriarche saint Nersès Schnorhali. On lit dans Aboulfaradj (*Chron. syr.* p. 323) que Mikhaïl s'empara de Gargar', qui avait été vendue

aux Franks par Balag, qu'il céda cette place en échange de *Souprous* à Josselin le jeune, lequel la revendit à Vasil. Plus tard, Mikhaïl étant allé saccager le territoire de K'éçoun, tomba dans une embuscade que lui dressèrent les Franks, et fut tué.

CCXLIII. — 1. Manoutchê, émir de la famille des Beni-Scheddad, de la tribu kurde des Réwadis. — Cf. ch. X, n. 3.

2. Les habitants du district de Schirag, et particulièrement ceux d'Ani, exposés aux incursions continuelles des Turks, étaient fatigués de cet état de choses. Ils avaient alors à leur tête Abou'lséwar, fils de Manoutchê, homme sans courage et incapable de les protéger. Il résolut d'abandonner cette ville, et proposa à l'émir de Gars de la lui vendre pour une somme de 60,000 dinars, suivant le témoignage de Vartan. Les habitants, informés de ce projet, furent dans le trouble, et donnèrent avis de ce qui se passait au roi de Géorgie, David II. Ce prince étant arrivé aussitôt, ils lui livrèrent Ani, en 573 È. A. (19 fév. 1124-17 fév. 1125). Il y avait 60 ans que cette ville était au pouvoir des infidèles. Après en avoir confié le commandement à un chef géorgien appelé Abelhêth, et à Ivanê, fils de ce dernier, il s'en retourna à Tiflis, emmenant avec lui Abou'lséwar. Tchamitch, T. III, p. 44.

CCXLIV. — 1. Suivant Guillaume de Tyr (XIII, 14-15), la ville de Tyr fut prise le 3 des kalendes de juillet (28 juin) 1124, et Baudouin du Bourg recouvra sa liberté deux mois après, le 4 des kalendes de septembre (28 août). Matthieu s'est donc trompé en plaçant la délivrance de ce prince à une date antérieure à cette conquête. Le duc frank dont parle ce chroniqueur est le doge de Venise, Dominique Michieli, qui prit une part active au siége, en bloquant avec sa flotte le port de Tyr. Les opérations militaires du côté du continent furent dirigées par Pons, comte de Tripoli, petit-fils de Raymond de Saint-Gilles, lequel était régent du royaume de Jérusalem pendant la captivité de Baudouin. Les Croisés avaient fait venir d'Antioche un ingénieur arménien nommé Avédik', « qui tanta arte in dirigendo machinas, et ex eis « missos molares contorquendo utebatur, ut quicquid ei pro signo « deputaretur, id statim sine difficultate contereret. Qui post- « quam ad exercitum pervenit, designatum est ei honestum de

« publico salarium, unde se pro modo suo magnifice poterat
« exhibere : tantaque deinceps operi ad quod vocatus est institit
« diligentia, tantaque arte usus est in facto, ut non solum civibus
« continuatum, sed de novo videretur bellum illatum, et molestiæ
« duplicatæ in ejus adventu. » Guill. de Tyr, XIII, 10. — Aboulféda (*ad annum* 518) dit que la ville se rendit à composition, et
que les habitants en sortirent, le 20 de djoumada premier 518
(5 juillet 1124), emportant tout ce qu'ils purent sauver de leurs
richesses.

CCXLV. — 1. Il faut lire Doubaïs fils de Sadaka. Notre auteur
commet la même erreur que nous avons signalée précédemment,
ch. CCXXXI, n. 2.

2. Sulthan-Schah, fils de Radhouân.

3. Aboulfaradj nomme quatre fils de Kilidj-Arslan Ier, savoir :
Maç'oud, Mélik-Schah, 'Arab et Thogrul-Arslan. Le premier, en
succédant à son père, fixa sa résidence à Iconium et laissa à Mélitène ses deux frères 'Arab et Thogrul-Arslan. Mélik-Schah avait
été fait prisonnier par Gazi, fils d'Ibn-el-Danischmend, et aveuglé.
C'est donc ou Thogrul-Arslan ou 'Arab que Matthieu désigne sous
le nom de sulthan de Mélitène ; mais je crois qu'il s'agit du dernier, comme semble l'indiquer le récit de l'historien syrien
(p. 298-299).

CCXLVI. — 1. La veuve de Kilidj-Arslan se nommait Isabelle, et
était sans doute chrétienne, comme on peut l'inférer de son nom.
— Cf. Aboulfaradj. *Chr. syr.* p. 309.

CCXLVII. — 1. Le 11 juin. — Kemâl-eddin donne la date du 6
de rabi' second 519 hég. = 12 mai 1225. Ce chroniqueur et Ibn-
Alathir ajoutent que les musulmans éprouvèrent un terrible
échec. Toutefois il paraît que Matthieu est tombé dans l'exagération ; car Guillaume de Tyr porte à deux mille le nombre des
musulmans qui furent tués, et Ibn-Alathir dit seulement qu'il y
en eut plus d'un millier. Kemâl-eddin assure qu'aucun des émirs
et des principaux officiers ne perdit la vie. Il est probable que
ces deux auteurs ont dissimulé la gravité du désastre que subi-
rent leurs coreligionnaires.

2. Kala'-Dja'bar, c'est-à-dire le château de Dja'bar, forteresse

de la Mésopotamie, sur l'Euphrate, non loin de Rakka. *Calogenbar* de Guillaume de Tyr.

3. Hadji, en arabe, *pèlerin, celui qui a fait le pèlerinage de La Mekke, prescrit par la religion musulmane*. — Au rapport de Kemâl-eddin, Boursouky fut tué par huit Bathéniens déguisés en derviches, qui se jetèrent sur lui le vendredi après son retour à Mossoul, dans la mosquée où il était allé faire sa prière, et tandis qu'il s'avançait vers la chaire. Suivant Ibn-Alathir, c'était au moment où il priait dans la djâmi', placé au premier rang des assistants, que dix hommes l'assaillirent à coups de couteau, et il succomba après en avoir tué lui-même trois. Il expira le même jour, 8 de dsou'lka'dé 520 hég., ou suivant Ibn-Khallican, le lendemain 9 = 17 ou 18 nov. 1126; en 519, suivant Abou'l-Méhacen.

CCL. — 1. Boëmond, le père du jeune Boëmond, après une malheureuse expédition contre l'empereur Alexis, et avoir reçu un échec devant Durazzo, était revenu dans sa petite principauté de Tarente, où il mourut au commencement de mars 1111. Son fils, né en 1107, avait 22 ans, lorsqu'il arriva en Palestine pour lui succéder à Antioche; il épousa Aalis, seconde fille de Baudouin du Bourg. Il eut de violents démêlés avec Josselin, comte d'Edesse, qui, s'alliant aux Turks, était entré sur les terres de Boëmond. Mais Baudouin rétablit la paix entre eux. En 1130, Radhouân, prince d'Alep, étant venu ravager le territoire d'Antioche, Boëmond accourut pour le repousser, et s'étant avancé jusque dans la Cilicie, fut tué auprès d'Anazarbe, dans la plaine appelée *Pratum palliorum*. Guill. de Tyr, XIII, 21-27.

2. C'est-à-dire du pays des Franks. Rome ayant été la capitale politique de l'Occident sous les empereurs romains, et plus tard sa métropole religieuse, est la ville de cette partie du monde que les Arméniens connurent le mieux et dont le nom leur servait quelquefois à désigner l'Europe d'une manière générale.

CCLII. — 1. 'Emâd-eddin Zangui n'avait que dix ans lorsqu'il perdit son père, Kacim-eddaula Ak-Sonkor, émir d'Alep. Il apprit le métier des armes sous les plus grands généraux de son temps, Kerboga, Djekermisch, Maudoud et Boursouky. Après avoir été préfet de Bagdad, il fut créé émir de Mossoul en 521 hég. (16 janv. 1127-5 janv. 1128) par le sulthan Mahmoud. Zangui étendit son pouvoir sur Nisibe, Sindjar, Harrân, Djéziré, et ensuite sur Alep, Hama, Emesse, Baalbek et autres places de la Syrie, qu'il posséda tout entière, à l'exception de Damas (Aboulféda, *Ann.* T. III, p. 428, 430, 434, 470, 480-498. Cf. M. Reinaud, *Extraits des historiens arabes relatifs aux Croisades*, p. 78-90).

2. En l'année 522 hég. (6 janv.-24 décemb. 1128). Zangui occupa Alep. Les habitants de cette ville, redoutant précédemment les Franks, l'avaient livrée à Ak-Sonkor-el-Boursouky, qui, en s'en retournant à Mossoul, laissa son fils Maç'oud à Alep. Après que Boursouky eut péri de la main des Bathéniens, Maç'oud vint s'établir à Mossoul, siége du gouvernement de son père. Alep passa entre les mains de plusieurs maîtres successifs. Au milieu des troubles que ces changements occasionnèrent, les Franks songeaient à s'emparer de cette ville. Josselin tenta d'y entrer, mais les habitants obtinrent son éloignement à prix d'argent. Sur ces entrefaites Zangui ayant été investi du commandement de Mossoul, envoya à Alep des forces considérables sous la conduite des émirs Ak-Sonkor Daraz et Haçan Karakousch, avec un ordre du sulthan Mahmoud qui soumettait Mossoul, la Mésopotanie et la Syrie à Zangui. Celui-ci s'étant mis lui-même en route pour Alep, prit en chemin Menbêdj et Bezah; lorsqu'ils fut près d'Alep, les habitants accoururent au-devant de lui et le reçurent avec joie. Une fois en possession de cette ville, dans le mois de moharrem (janvier) de cette année, il y rétablit l'ordre et le tranquillité. — Ibn-Alathir et Aboulféda, *ad annum* 522.

3. Ce fils de Toghtékïn, émir de Damas, se nommait Tadj-el-Molouk Bouri. Après la mort de son père, arrivée en 522 hég. (1128), il lui succéda dans sa principauté. Il mourut le 20 de redjeb de l'an 526 (17 mai 1132), après un règne de 4 ans 5 mois et quelques jours. (Aboulféda, T. III, p. 450).

4. Mélik-Thogrul fut placé sur le trône de Perse par son oncle Sindjar en 526 hég. (1132). Il l'occupa pendant 3 ans et 2 mois, et mourut à Hamadan dans le mois de moharrem 529 hég. = (21 oct. 19 nov. 1134). — Aboulféda, T. III, p. 448-454.

CCLIII. — 1. La généalogie dynastique des émirs turkomans de Cappadoce présente, dans Matthieu, Grégoire le Prêtre, Vartan et Michel le Syrien, de notables différences avec celle qui est donnée par Deguignes, *Hist. des Huns*, T. I, p. 252. En combinant les données que fournissent ces quatre historiens avec les indications d'Aboulfaradj, de Nicétas Choniates et Cinnamus, d'Ibn-Alathir et Aboulféda, j'ai essayé de rétablir d'une manière aussi complète que je l'ai pu, la série des princes de cette dynastie.—Voir à la fin du volume.

2. L'auteur fait allusion au roi de Babylone, Balthasar, qui, dans le splendide festin qu'il donna et que décrit Daniel (V, 6), se fit apporter les vases sacrés du temple de Jérusalem, et y but, avec ses grands officiers et ses concubines.

3. Isaïe, I, 8. — Les paroles qui suivent sont une imitation plutôt qu'une citation de l'Ecriture Sainte.

4. C'est Jean Comnène.

5. Baudouin, comte de K'éçoun et de Marasch, mentionné par Guillaume de Tyr, XVI, 14 et 17, sous le nom de *Balduinus de Mares*. Le continuateur de Matthieu, Grégoire le Prêtre, nous apprend (ch. CCLIX) que Baudouin était frère de Raymond de Poitiers, prince d'Antioche, et par conséquent fils de Guillaume IX, duc d'Aquitaine. Jusqu'à présent on ne connaissait que trois fils de Guillaume IX, savoir : Guillaume X, qui lui succéda dans le comté de Poitou et dans les duchés d'Aquitaine et de Gascogne, Raymond, qui devint prince d'Antioche, et Henri, dont fait mention Guillaume de Tyr (XIV, 20), et qui fut religieux de Cluny (Dom Vaissete, *Hist. de Languedoc*, XVI, 83). Les deux premiers étaient nés à Toulouse, l'un vers le commencement de 1099, et l'autre dix mois après, comme semble l'indiquer l'auteur de la Chronique de Maillesais, pendant que Guillaume IX faisait son séjour dans cette ville, dont il s'était emparé en l'absence de Raymond de Saint-Gilles, alors en Terre-Sainte. (Dom Vaissete, XV, 68 et 87, et note 19).

L'assertion de l'auteur arménien sur le degré de parenté qui unissait Baudouin à Raymond de Poitiers concorde parfaitement avec les paroles du docteur Basile, dans son Oraison funèbre du comte Baudouin, et mérite d'autant plus de confiance, que Basile habitait la ville de K'éçoun et était le confesseur de ce dernier. Les relations intimes qui existaient entre Raymond et Baudouin viennent à l'appui de cette assertion. Nous avons vu (ch. CCXXIII, n. 1) Baudouin s'associer à la trahison dont Raymond se rendit coupable envers le prince arménien Léon Ier. Les deux villes de K'éçoun et de Marasch, dont Baudouin était seigneur, se trouvaient dans la partie du territoire de la Cilicie sur laquelle s'étendait la puissance des princes d'Antioche.

6. Les pays musulmans (Dadjgasdan) dont Matthieu veut parler dans ce passage sont la partie de l'Asie Mineure qui se trouvait sur la route de Jean Comnène vers la Syrie, et qui formait les États des sulthans d'Iconium.

7. Cf. sur cette expédition, ch. CCXXIII, n. 1.

CCLIV. — 1. L'image de la Sainte Vierge d'Anazarbe avait été prise par Thoros Ier, prince de Cilicie, dans le fort de Guentrôsgavis ou Cybistra, qui appartenait aux fils de Mandalê (Cf. ch. CCVII), et fut placée par lui dans une église qu'il avait fait construire à Anazarbe. — Vahram Rapoun, *Chronique rimée des rois de Cilicie*.

2. Aboulfaradj dit, à la même date que Grégoire le Prêtre (1148 de l'ère des Grecs = 1136-1137), que l'empereur, furieux contre Léon, après s'être emparé de Tarse, d'Adana et de Meciça, fit prisonnier ce prince avec sa femme et ses fils, et les envoya tous à Constantinople.

3. Noveïri affirme que l'empereur prit Bezah à composition, le 25 de redjeb 532 hég. = 8 avril 1138.

4. Le nom de la forteresse de Zoublas est écrit *Zoublou* dans l'un de nos mss. Je pense que c'est *Soubleon* de Nicétas Choniates.

5. Les montagnes de Goulla doivent faire partie de la chaîne de l'Anti-Taurus, que traversa Mohammed en s'en retournant dans ses États de Cappadoce, et en former la partie la plus élevée, si l'on admet que le mot *Goulla* est l'arabe *Koulla*, qui entre autres significations a celle de *sommet d'une montagne*.

6. En cette année 1137, Pâques tomba le 11 avril.

7. Hr'om-gla' ou *Roum-Kalé*, c'est-à-dire le *Château fort des Romains*, forteresse célèbre dans l'histoire des croisades, située sur la rive occidentale de l'Euphrate, dans la Comagène, au nord-ouest d'Alep. Elle fut conquise en 1116 par Baudouin du Bourg, comte d'Édesse, sur le prince arménien Kôgh'-Vasil. La veuve et le fils de Josselin le jeune la vendirent en 1150 au patriarche des Arméniens Grégoire III (cf. ch. CCXIV, n. 4), qui s'y fixa et la transmit à ses successeurs; et ils y firent leur résidence jusqu'à l'an 1293, où elle fut prise par Mélik-el-Aschraf, fils de Kélaoun, l'un des sulthans mamelouks d'Egypte.—Tchamitch, T. III, p. 287-288.

8. Fakhr-eddin Kara-Arslan, souverain de Hins-Keïfa, dans la

Mésopotamie, fils de Rokn-eddaula Daoud et arrière-petit-fils de Soukman, fils d'Artoukh. Cf. ch. CLI.

9. Cf. sur cette expédition de Jean Comnène en Cilicie, Nicétas Choniates, ch. VI et VII; Cinnamus, I, 7 - 8. — Aboulfaradj (*Chr. syr.*, p. 321) rapporte, à l'année 1448 des Grecs (1er oct. 1136-1137), que l'empereur Jean, après avoir occupé Tarse, Adana et Meciça et avoir fait prisonnier Léon, sa femme et ses enfants, marcha sur Antioche; mais il ne put s'en emparer. Josselin étant venu le trouver, ils convinrent entre eux que si l'empereur prenait Alep et d'autres villes de Syrie, il les remettrait aux Franks, et que ceux-ci à leur tour lui livreraient Antioche. Jean Comnène et Josselin ayant réuni leurs forces, allèrent investir Bezah, et envoyèrent un détachement attaquer la forteresse de Schéïzar. A cette époque, Maç'oud, sulthan d'Iconium, étant entré en Cilicie, assiégea et prit Adana, et ayant chargé de chaînes l'évêque de cette ville et tous les habitants, les emmena à Mélitène. A cette nouvelle, l'empereur mit le feu à ses machines de siége, rentra en Cilicie, et après avoir fait la paix avec Maç'oud, revint à Constantinople.

10. Le texte arménien est ici altéré; il porte *srimah*: j'ai cru devoir lire *Souri* ou *Açori*, « Syrien, » d'après une conjecture que je regarde moi-même comme très-douteuse. Peut-être aussi faut-il lire *sriga*, nom sous lequel étaient connus chez les Arméniens et les Syriens les Mardaïtes ou Maronites du Liban.— Cf. mon Extrait de la chronique de Michel le Syrien, *Journal Asiatique*, avril-mai 1849, p. 366, n. 218.

CCLV. — 1. Jean Comnène étant venu mettre le siége devant Antioche, et Raymond, seigneur de cette ville, se voyant impuissant à résister, traita avec lui, et le reconnut pour suzerain. Il fut convenu que l'empereur aurait la liberté d'entrer dans Antioche avec sa suite, quand bon lui semblerait. Il y fit effectivement son entrée solennelle: le prince d'Antioche et Josselin, comte d'Édesse, tenaient la bride de son cheval; le patriarche, suivi du clergé et du peuple, vint en procession au-devant de lui, chantant des hymnes et des psaumes, au son des instruments de musique. On le conduisit ainsi à la grande église, et de là au palais. Mais Josselin ayant excité sous main le peuple contre les Grecs, l'empereur fut forcé de quitter la ville. — Cf. Nicétas Choniates, ch. VIII, et Cinnamus, I, 8.

CCLVI. — 1. Cette année, Pâques tomba le 4 avril. Suivant Nicétas Choniates, Cinnamus et Othon de Freysingen (VII, 8), d'accord avec Grégoire le Prêtre, Jean Comnène mourut le 8 avril 1143. — Guillaume de Tyr (XV, 22) raconte sa mort de la même manière que notre auteur arménien.

2. Foulques, comte de Tours, du Mans et d'Anjou, fils de Foulques, dit le *Réchin*, et de Bertelée de Montfort. Il avait épousé en secondes noces Mélissende ou Mélusine, fille aînée de Baudouin du Bourg, roi de Jérusalem, auquel il succéda. Il régna 11 ans et mourut le 18 avril 1142, d'un accident qui lui survint à la chasse. — Guill. de Tyr, XV, 27.

3. « Rex..... (in campis Acconensibus) ut leporem insectaretur,
« equum cœpit urgere,..... (qui) corruens in terram, Regem dedit
« præcipitem ; jacentique præ casus dolore attonito, sella caput
« obtrivit, ita ut cerebrum tam per aures, quam per nares emit-
« teretur..... Inde cum lacrymis in urbem (Acconensem) depor-
« tatus, triduo, sine sensu, tamen adhuc palpitans, protraxit
« vitam : quarta demum die, idibus videlicet novembris, anno ab
« incarnatione Domini millesimo centesimo quadragesimo se-
« cundo, regni vero ejus anno undecimo, deficiens, in senectute
« bona ultimum clausit diem. » Guill. de Tyr, XV, 27.

4. Baudouin III avait 12 ans quand il perdit son père. Mélissende sa mère fut régente pendant sa minorité. Il mourut le 11 février 1162, à l'âge de 32 ans, sans laisser d'enfant.

5. Le 1er avril 1143.

CCLVII. — 1. Raymond Ier de Poitiers, fils puîné de Guillaume IX, duc d'Aquitaine et comte de Poitiers. Voir la note 5 du chap. CCLIII.

2. Josselin II dit le Jeune, fils de Josselin de Courtenay et de la fille du prince arménien Léon Ier, fut adonné dès son enfance à l'ivrognerie et à la débauche. Il avait abandonné Édesse pour se retirer à Tellbâscher (Turbessel), et se livrer dans cette délicieuse résidence à son amour du plaisir et du repos. Guill. de Tyr, XIV, 3. — Suivant Tchamitch (T. III, p. 65), Josselin se trouvait à Edesse lors de la conquête de cette ville par Zangui ; il se sauva sous un costume de mendiant, et gagna Tellbâscher. Ibn-Alathir dit aussi que Josselin établit sa résidence à Tellbâscher après la prise d'Edesse.

3. L'archevêque latin d'Edesse qui périt dans la prise de cette ville se nommait Hugues, suivant Guillaume de Tyr (XVI, 5). — « « Capta igitur urbe et hostium gladiis tradita, qui prudentiores « erant ex civibus, vel magis expediti, in præsidia quæ in urbe « esse diximus cum liberis et uxoribus, ut vitæ saltem licet tem- « pore consulerent modico, se contulerunt; ubi tantus in introitu « concurrentium populorum factus est tumultus, ut præ turba « comprimente, multi miserabiliter suffocati interirent; inter « quos et reverendissimus vir Hugo, ejusdem civitatis archie- « piscopus, cum quibusdam clericis suis eodem dicitur modo oc- « cubuisse. »

4. Ces paroles sont apocryphes, car elles ne se trouvent point dans la lettre de Jésus-Christ au roi Abgar, telle qu'on la lit dans l'Histoire ecclésiastique d'Eusèbe, I, 13.

5. Suivant Ibn-Alathir; Zangui fut tué le 5 de rabi' second 541 hég. = 14 sept. 1146, par plusieurs de ses mamelouks, qui se réfugièrent dans la forteresse de Kala'-Dja'bar. Aboulfaradj (*Chron. syr.* p. 336), qui rapporte cet événement à la même année, dit que Zangui fut frappé dans sa tente, au moment où il baissait la tête pour examiner un bassin d'or qu'on avait fabriqué pour lui, et que ce fut un de ses écuyers qui lui porta un coup d'épée par derrière. Il ajoute qu'il circulait à ce sujet une autre version, qui est conforme à celle que donne Ibn-Alathir, et d'après laquelle il périt de la main de trois de ses esclaves pendant la nuit, tandis qu'il était plongé dans l'ivresse et le sommeil.

CCLVIII. — 1. On lit dans Aboulfaradj (*Chron. syr.* p. 339-340) qu'au mois de novembre 1458 des Grecs = 1147, Josselin et Baudouin, seigneur de K'éçoun, étant venus auprès d'Edesse, les fantassins franks se mirent d'accord avec les Arméniens qui défendaient les remparts et escaladèrent deux tours. Les Turks se réfugièrent dans la citadelle. Le lendemain, la porte des Eaux ayant été ouverte, Josselin entra dans la ville. Les Franks restèrent six jours à Edesse, au bout desquels Nour-eddin, fils de Zangui, étant parti d'Alep à la tête de 10,000 Turks, vint les attaquer. Josselin, sévissant contre les habitants d'Édesse, saisit les hommes, les femmes et les enfants, et les emmena lorsque la nuit était déjà avancée. Au point du jour, les Turks les criblèrent de flèches, et en firent un horrible massacre. Baudouin périt, et son corps ne fut pas retrouvé. Josselin se réfugia à Samosate. — L'historien syrien ajoute que dans la première et la seconde prise d'Édesse, 30,000 personnes périrent, et que 16,000 furent faits prisonniers.

2. Cette Oraison funèbre sera publiée parmi nos documents qui se rattachent à l'histoire des croisades.

CCLIX. — 1. Le titre de Prince, *Prïndz*, en arménien, est celui qui était affecté spécialement aux seigneurs d'Antioche. On le trouve en arabe sous la forme *elbrïns*, que Reiske a lu *Barnas*, et Deguignes, *Bornos*. Il s'agit ici de Raymond de Poitiers. — Noureddin, souverain d'Alep, étant venu attaquer la forteresse d'Anab (*Nepa,* Guill. de Tyr, XVII, 9), un combat fut livré non loin de ses murs, dans lequel les Franks furent mis en déroute, et Raymond périt, le mercredi 21 de séfer 544 (30 juin 1149), suivant Kemâleddin. Ibn-Alathir et Aboulféda indiquent la même année, d'accord avec Aboulfaradj et Robert Du Mont, continuateur de Sigebert, qui dit que Raymond fut tué aux kalendes d'août. Mais Guillaume de Tyr place cet événement au 27 (lisez 29) juin 1148, jour de la fête des Apôtres saint Pierre et saint Paul, et ajoute qu'il arriva « *inter urbem Apamiam et oppidum Rugium, in loco* « *qui dicitur* Fons muratus. »

2. C'est en effet la signification qu'a en arabe le nom de Noureddin, littéralement *Lumière de la religion*.

3. Voir sur cette expression, « cité bâtie avec du sang, » ch. CCLXXV, n. 1.

4. Dans le langage des auteurs arméniens, les Ismaélites, descendants d'Ismaël, fils d'Abraham, sont les Arabes, et quelquefois, comme ici, les musulmans en général.

5. Maç'oud était fils de Kilidj-Arslan Ier, de la dynastie des Seldjoukides d'Iconium. Il régna de 1119 à 1155.

6. La Fête de l'Invention de la Sainte-Croix, qui est mobile dans l'Église arménienne, et se célèbre toujours le dimanche, tomba cette année le 11 septembre. Voir ma *Chronologie arménienne*, IIIe partie, tableau D.

7. Suivant Aboulfaradj (*Chron. syr.* p. 343), ce fut Kilidj-Arslan II, fils de Maç'oud, qui fit cette expédition contre Marasch. — En l'année 1460 des Grecs, 543 hég. (1148-1149), Kilidj-Arslan s'étant emparé de Marasch, promit avec serment aux cava-

liers, à l'évêque et aux prêtres franks de les faire conduire sains et saufs à Antioche ; mais après les avoir congédiés, il les fit massacrer par les Turks qui les accompagnaient. Dans le pillage de la ville, le trésor de l'église des Syriens, l'urne ou le vase qui contenait le saint-chrême, les calices, les burettes, les encensoirs d'argent, les vêtements sacerdotaux et les tentures devinrent la proie des infidèles.

8. Kara-Arslan est appelé par Aboulfaradj *seigneur de la forteresse de Zaïd*, place située près du monastère syrien de Mar Bartzouma, non loin de Gargar', dans la Cilicie. Le même chroniqueur raconte (*ibid.*) l'attaque de Kara-Arslan contre Gargar'.

9. « Cette année (1460 des Grecs = 1148-1149), Josselin partit de Tellbâscher pour Antioche avec 200 cavaliers. Ceux-ci étant tombés pendant la nuit au milieu d'un petit détachement de Turkomans, et pensant qu'ils avaient affaire à des ennemis nombreux, prirent la fuite, effrayés par la voix des infidèles. Les Turkomans s'étant mis à leur poursuite, prirent Josselin et le vendirent au prix de mille dinars à Nour-eddin, qui le fit charger de chaînes et jeter en prison à Alep. La captivité du prince chrétien dura 9 ans, et ne finit qu'à sa mort. Dans ses derniers moments, il fit appeler Ignace, évêque syrien d'Alep, qui le confessa et lui donna la communion. » Aboulfaradj, *Chron. syr.* p. 344 et 356. — On lit dans Guillaume de Tyr (XVII, 11) : « Dum Antiochiam a domino Patriar-
« cha evocatus de nocte proficisceretur, separatus a comitatu, cum
« adolescente, qui ejus equum trahebat, gratia, ut dicitur, alvum
« purgandi, et ut secretioribus naturæ satisfaceret debitis, igno-
« rantibus tam qui præibant quam qui sequebantur, irruentibus
« in eum prædonibus, qui in insidiis latebant, captus est. »

CCLX. — 1. C'est le prince arménien Kôgh'-Vasil, dont le nom figure avec tant d'éclat dans les pages de Matthieu d'Édesse. — Le titre de *Sébaste* ou Auguste était d'abord réservé, dans l'étiquette de la cour de Byzance, aux seuls princes de la famille impériale. Alexis Comnène, n'étant encore que général, le reçut de Nicéphore Botoniate. Lorsqu'il fut sur le trône, il en étendit l'usage et en fit sortir tout un ordre de nouvelles distinctions honorifiques, comme *Pansébaste* ou Augustissime, titre que nous verrons plus loin (ch. CCLXXVI) conféré à Thoros II ; *Panhypersébaste, Protosébaste, Sébastocrator*. — Cf. Codinus. *De offic. Constantino-*

politanis, et Du Cange, *Gloss. med. et inf. græcit.*, v° *Sebastos.*

CCLXI. — 1. Il est curieux de voir les cloches employées à cette époque comme instruments de musique militaire chez les musulmans.

2. Josselin III, fils de Josselin II, et petit-fils de Josselin de Courtenay, dit le Vieux. — « Joscelinus comitis Edessani secundi « Joscelini filius. » Guill. de Tyr, XIX, 9. Il se retira auprès du roi de Jérusalem Baudouin III, et épousa Agnès, troisième fille de Henri le Buffle, qui lui apporta en dot le *Château du Roi* et *Montfort.*

3. Cette expédition de Maç'oud est ainsi racontée par Aboulfaradj (*Chron. syr.* p. 344-345) : « En 1461 des Grecs (1149-1150), les habitants de K'éçoun voyant la puissance considérable des Turks, envoyèrent à Maç'oud l'évêque Mar-Ioannès, et convinrent avec lui que les Franks qui étaient chez eux pourraient se retirer sains et saufs à Aïn-tab. Lorsque cet accord eut été exécuté, ils livrèrent leur ville au sulthan. C'est ainsi qu'il devint maître de K'éçoun, Béhesni, Raban, Ph'arzman et Marasch. Pendant qu'il faisait le siége de Tellbâscher, son gendre Nour-eddin vint le trouver. Maç'oud n'ayant pu s'emparer de cette place, se retira ; après quoi le roi de Jérusalem en fit sortir la femme de Josselin et ses fils, ainsi que les Franks qui l'occupaient, et les conduisit à Jérusalem. Il mit à Tellbâscher un corps d'Impériaux qui s'établit aussi à Aïn-tab et à Azaz ; mais cette garnison, attaquée et affamée par Nour-eddin, lui livra ces forteresses avant qu'il en eût entrepris le siége. »

CCLXIII. — 1. Thoros II, le cinquième des princes de la dynastie r'oupénienne. Il partagea d'abord la captivité de son père Léon à Constantinople. Deux ans après la mort de Léon, Thoros parvint à s'échapper, et arriva par mer, sous un déguisement de marchand, sur le territoire d'Antioche, d'où il gagna les gorges du Taurus. Là il se fit connaître à un prêtre, qui le tint caché dans sa maison, ou, suivant une autre version, qui le travestit en berger. Ce prêtre ayant fait savoir l'arrivée du jeune prince aux Arméniens qui habitaient le Taurus, et qui, impatients des vexations et de la tyrannie des Grecs, aspiraient à recouvrer leur indépendance, Thoros vit accourir à lui plus de dix mille hommes. A leur tête, il attaqua les Grecs et leur enleva nombre de villes et de forteresses qui avaient appartenu à ses ancêtres. Sur ces entrefaites survinrent ses deux frères Sdéph'anê et Mleh (*Milo*, Guill. de Tyr, XX, 25; *Melier* ou *Meslier*, trad. franç.), qui s'étaient sauvés d'Édesse lors de la prise de cette ville. Réunissant leurs efforts à ceux de Thoros, ils parvinrent à chasser les Grecs de la Cilicie. — Tchamitch, T. III, p. 63-64.

2. Andronic Comnène, qui paraît être le même qu'Andronic Euphorbène, oncle de l'empereur Manuel. Cf. Du Cange, *Fam. byz.*, p. 147-148.

3. Oschïn était fils de Héthoum, fils de cet Oschïn que nous avons vu (ch. CLI) figurer parmi les chefs arméniens qui envoyèrent des secours aux Croisés pendant le siége d'Antioche.

4. Partzerpert, c'est-à-dire *forteresse haute*, château très-fort situé au milieu du Taurus, à l'extrémité septentrionale de la Cilicie, au nord de Sis.

CCLXIV. — 1. Grégoire le Prêtre veut parler de cette partie de la chaîne du Taurus qui sépare la Cilicie de la Lycaonie.

CCLXV. — 1. L'endroit appelé par les Arméniens *Tour'n*, « Porte, » est l'un des passages resserrés qui se trouvent entre le mont Amanus et le rivage de la mer, *Pylæ Ciliciæ* ou *Pylæ Amanides*, et qui terminent la Cilicie. Ce passage est appelé *Portella* par les chroniqueurs du moyen-âge et dans les chartes latines émanées de la chancellerie des rois r'oupéniens. Là était un bureau des douanes arméniennes, qui dépendait du fief de Gaston ou Gastim, placé dans le voisinage. Voir la note suivante.

2. Par le mot *Frères*, « Frêrk' » que les Arméniens empruntèrent aux Franks à l'époque des croisades, Grégoire entend ici les Templiers. Il paraît que cet ordre était déjà établi dans la Cilicie avant le règne de Léon II (1188). Plus tard, ce même prince, après qu'il eut pris le titre de Roi (1198), y appela les Hospitaliers et les chevaliers Teutoniques. Un des domaines que possédaient les Templiers, Gaston ou Gastim, était situé au nord et non loin de la Portella. Lorsque Léon II se fut chargé de la tutelle de son petit-neveu Raymond Rupin d'Antioche, et qu'il eut à soutenir les droits de ce dernier contre les prétentions de Raymond le Borgne, comte de Tripoli, à la principauté de cette ville, les Templiers

ayant pris le parti de Raymond de Tripoli, il les dépouilla de leur domaine de la Portella, et en investit un seigneur appelé du nom de ce fief, *Adam de Guastone, de Gastum, de Gastonis*, ou *de Gastim* (Actes de donation de Léon II et de Raymond Rupin aux Hospitaliers, en date de 1207, 1210 et 1214, dans Pauli, *Codice diplomatico del sacro militare ordine Gerosolimitano*, T. 1er, pièces nos XCI, XCVI, XCIX et C.) Le pape Innocent III, pour punir Léon II de cette spoliation, lança contre lui en 1213, une sentence d'excommunication (*Innocentii III! epistolæ*, éd. Baluze, lib. XIV. epist. 64, 65 et 66, T. II, p. 535-536). Plus tard, en 1215, Léon ayant fait la paix avec les Templiers et leur ayant rendu ce fief, Innocent III écrivit à son légat, le patriarche de Jérusalem, en le chargeant de le relever de l'anathème (*Ibid.* lib. XVI, epist. 7, T. II, p. 738). — La détermination de la position qu'occupaient les Templiers au-dessus de la Portella prouve que ce sont bien les chevaliers de cet ordre qui, avec le prince arménien Sdéph'anê, tombèrent sur les Turks de Kilidj-Arslan, dans les passages de l'Amanus.

3. « L'Arménien Thoros, chef de la Cilicie, étant entré dans la Cappadoce, pilla les Turks et puis retourna chez lui. Alors Maç'oud, sulthan d'Iconium, s'étant ligué avec Yakoub-Arslan, auquel il avait donné sa fille en mariage, se prépara à envahir la Cilicie ; mais comme les avant-postes arméniens étaient sur leurs gardes et composés d'hommes très-courageux, les Turks s'en revinrent honteusement sans pénétrer dans les gorges de la montagne. Déjà à cette époque, Thoros ayant accru sa puissance, enleva aux Grecs les places qui leur étaient restées. L'empereur Manuel, irrité, envoya en Cilicie son général Andronic, qui était de la famille impériale ; mais les Arméniens, joints aux Franks, battirent les Grecs auprès de la Porte de Tarse, et leur tuèrent 3,000 hommes. Ceux qui purent s'échapper, se sauvèrent par mer. » — Aboulfaradj, *Chron. syr.* p. 349.

4. Je suppose que le mot *Dabakh* est l'arabe *Dsoubha*, « douleur à la gorge, étouffement causé par l'afflux du sang à cette partie du corps, angine. »

5. Il y a dans le texte *Hedjoub*, en arabe *Hâdjeb*, « chambellan, officier attaché au service personnel d'un souverain. » Ce titre était quelquefois donné à des généraux d'armée ou à des commandants militaires de villes ou de provinces.

6. « En l'année 1465 des Grecs (1153-1154), Maç'oud étant

entré en Cilicie avec une armée considérable, assiégea Thil de Hamdoun ; mais Dieu lui envoya des myriades de mouches et de moucherons qui rappelaient le souvenir de la plaie dont furent frappés les Egyptiens, au temps de Moyse. Au bout de trois jours, la pestilence de l'air répandit la maladie dans le camp des Turks, et comme ce fléau augmentait de jour en jour, ils prirent la fuite en abandonnant leurs bagages. Thoros, à la tête des Arméniens, descendant de ses montagnes, poursuivit les infidèles et ne cessa de les tailler en pièces que lorsque ses bras tombèrent de lassitude. » — Aboulfaradj, *Chron. syr.*, p. 350.

7. Cabadès ou Coadès, roi de Perse, de la dynastie des Sassanides. Il était fils de Béroz (Firouz) ou Pérozès II, fils d'Iezdedjerd II. Il régna de 486 à 497.

CCLXVII. — 1. Cette date de la mort de Maç'oud concorde avec celle qu'indique Aboulfaradj, 1466 des Grecs (1154-1155). — Avant de mourir, Maç'oud partagea ses Etats entre ses enfants; il donna à Azz-eddin Kilidj-Arslan, *Klitzasthlan*, sa capitale Iconium, avec toutes les contrées qui en dépendaient; à son gendre Yakoub-Arslan, *Iagoupasan*, Amasie et Ancyre, avec la Cappadoce et les contrées voisines; et à Dsou'lnoun, *Dadounès*, (Cf. note 7 ci-dessous), Césarée et Sébaste. (Nicétas Choniates, *Manuel Comnène*, III, 5). — Aboulféda (*ad annum* 560) dit qu'Ancyre fut donnée à Schahïnschah, autre fils de Maç'oud, et qu'Ibrahim, frère de Dsou'lnoun, eut Malathia (Mélitène). Aboulfaradj ajoute que Kilidj-Arslan, qui était impuissant à défendre ses Etats contre les princes de Cappadoce, laissa Nour-eddin lui prendre Ph'arzman et Aïn-tab.

2. Le plus jeune des trois frères de Kilidj-Arslan II était Schahïnschah, *Sanisan*. Dans une des guerres que Manuel Comnène soutint contre Kilidj-Arslan, il prit le parti de l'empereur (1159). La même année son frère lui enleva ses Etats; alors Schahïnschah se retira auprès de Manuel. Cinnamus, XIII-XIV, p. 132-134.

3. Gangra, aujourd'hui Kiangari, ville de la Paphlagonie, au sud de Néo-Césarée et sur le fleuve Halys, vers le nord-est.

4. Dans le texte arménien il y a *Khadi*, mot qui me parait être ici une altération de l'arabe *Katib*, « écrivain, secrétaire. »

5. Yakoub-Arslan était le frère de Mohammed, fils d'Amer-

Gazi. Dans le texte syriaque d'Aboulfaradj, ce nom est écrit *Yakoub-Arslan,* comme dans Nicétas Choniates et notre chroniqueur arménien. Cet accord semble prouver que c'est la véritable forme de ce nom. Les auteurs arabes, Ibn-Alathir, Aboulféda et Ibn-Khaldoûn, écrivent *Bâghi* ou *Yâghi.*

6. Larissa, ville de la deuxième Arménie; elle était au IXe siècle le siège d'un petit gouvernement militaire, dépendant de Sébaste, dans le voisinage de laquelle Larissa était située. — Constantin Porphyrogénète, *De Administr. imper.* cap. 50.

7. Je pense que ce neveu ou fils de frère est Dsou'lnoun, qui était établi à Césarée de Cappadoce et à qui Kilidj-Arslan enleva cette ville. Il était fils de Mohammed-ben-el-Danischmend, dont le frère, Yakoub-Arslan, avait épousé la fille de Maç'oud.

8. Il y a dans le texte : *les Gourra,* qui est l'arabe *Kourra,* pluriel de *Kari,* « lecteur du Koran, attaché en cette qualité au service d'une mosquée. » Ici ce mot, pris dans une acception plus étendue, doit signifier imâm, prêtre, desservant d'une mosquée ou docteur de la loi.

9. Renaud de Châtillon, qui avait suivi le roi Louis VII en Palestine, prit ensuite du service dans les troupes de Raymond de Poitiers, seigneur d'Antioche. Ce dernier étant mort en 1148, sa veuve Constance choisit Renaud pour époux, et comme régent de la Principauté pendant la minorité de Boëmond III, fils de Raymond.

10. Un autre ms. porte : au commencement du mois d'août.

CCLXVIII. — 1. Les Karmathes donnèrent naissance à la secte des Ismaéliens ou Bathéniens. Leur origine n'est pas très-bien connue, mais la tradition la plus généralement suivie leur assigne pour fondateur un homme de basse extraction, que quelques-uns nomment Karmatha, qui vint en 278 hég. (15 avril 891- 2 avril 892) du Khouzistan auprès de Coufa. La doctrine des Karmathes renversait tous les fondements de l'islamisme; elle se répandit rapidement dans l'empire des Khalifes. La Chaldée, la Mésopotamie, la Syrie et l'Arabie furent fréquemment le théâtre de leurs déprédations et de leurs excès. En 313 hég. (29 mars 925- 18 mars 926), il prirent La Mekke et saccagèrent de fond en comble la Kaaba, sous leur chef Abou-Dhaher, dont le règne marqua leur plus grande puissance. — D'Herbelot, au mot *Carmath;*

DE LA CONTINUATION. 481

Sale's *Coran*, *Preliminary discourse*, sect. VIII; de Sacy, *Exposé de la religion des Druzes*, Introd. p. CLXIX et CLXXXIII. — Notre chroniqueur veut parler sans doute de quelques restes des anciens Karmathes transformés alors en Ismaéliens.

2. Aboulfaradj dit, sous la date de 1469 des Grecs (1157-1158), que Sdéph'anê avait comploté de tuer son frère Thoros, mais que celui-ci ayant découvert son projet, se saisit de lui et le tint en prison pendant six mois.

3. Grégoire le Prêtre, en prétendant que le nom de la ville de K'éçoun signifie *belle*, rapporte peut-être l'origine de ce mot à l'arabe *Haçan*, qui a une conformité de sens et quelque analogie de prononciation.

CCLXIX. — 1. Ph'arzman, place forte de la troisième Arménie, sur les limites de l'Euphratèse.

2. Ibn-Alathir, Aboulféda et Kemâl-eddin indiquent cette maladie de Nour-eddin à l'année 554 hég. (23 janvier 1159-11 janvier 1160). Le bruit courut un moment qu'il était mort. Comme il ne laissait pas de fils en état de lui succéder, son frère cadet Nasret-eddin Miran rassembla quelques troupes et essaya de s'emparer de vive force de la citadelle d'Alep.

CCLXX. — 1. Baudouin III, qui était âgé de douze ans à la mort de son père Foulques (1142), devait avoir par conséquent vingt-trois ans à l'époque de la prise d'Ascalon, et non dix-huit comme le prétend notre chroniqueur.

2. Il y a dans le texte *Gonthandjau*, qui est le titre de *comte d'Anjou* que portait Foulques avant d'être roi de Jésuralem.

3. Cette indication nous donne pour date le dimanche 16 août, jour où l'Église arménienne célébra en 1153 la fête de l'Assomption. Ibn-Alathir, Aboulféda et Aboulfaradj marquent l'année 548 hég. (29 mars 1153 - 17 mars 1154). Mais Guillaume de Tyr place la prise d'Ascalon au 12 août de l'année suivante, 1154 (XVII, 30).

CCLXXI. — 1. Le mot *Sguthatsik'*, « Scythes, » est appliqué par les Arméniens aux peuples de l'Asie centrale que nous connaissons sous le nom générique de Tartares, et sous les dénominations spéciales de Turks, Turkomans, Mongols, etc. — Ascalon à cette époque appartenait au khalife fathimite d'Egypte Dhafer-billah.

2. Ibn-Alathir, *ad annum* 549 (18 mars 1154-6 mars 1155), p. 130-131, éd. Tornberg, raconte le stratagème qu'employa Nour-eddin pour se rendre maître de Damas. Il sut par ses artifices écarter d'auprès de Modjir-eddin, prince de cette ville, les émirs qui par leurs talents pouvaient mettre obstacle à ses desseins, et gagna les milices et les habitants, qui lui ouvrirent les portes. Modjir-eddin consentit à recevoir Emesse en échange. Mais comme il cherchait de nouveau à se faire un parti à Damas, Nour-eddin lui ôta Emesse, et le prince déchu se retira à Bagdad.

CCLXXIII. — 1. Théodora, fille d'Isaac, frère aîné de Manuel.

2. Cette expédition de Thoros II et de Renaud de Châtillon contre l'île de Chypre, et l'arrivée en Cilicie de Manuel Comnène sont ainsi racontées par Aboulfaradj : « En l'année 1468 des Grecs (1156-1157), le Prince seigneur d'Antioche envahit l'île de Chypre, qui appartenait aux Grecs, et la saccagea, enlevant les habitants, leurs richesses et leurs troupeaux. Les Chypriotes, arrivés au bord de la mer, s'engagèrent à payer une grosse somme pour eux et leurs troupeaux, et furent mis en liberté par les Franks. Néanmoins ceux-ci emportèrent les objets précieux dont ils s'étaient emparés, et emmenèrent comme otages à Antioche l'évêque, les abbés des couvents et les magistrats, jusqu'à ce que la rançon promise eût été payée. » *Chron. syr.*, p. 355. — Selon Cinnamus, Renaud avait été d'abord repoussé par Jean Comnène, neveu de Manuel, et Michel Branas, qui avaient le commandement de Chypre. Mais ceux-ci l'ayant poursuivi jusqu'à Leucosie, il les battit à son tour et les fit prisonniers (liv. IV, p. 84). Cf. Guillaume de Tyr, XVIII, 10.

CCLXXIV. — 1. « En 1470 des Grecs (1158-1159), l'empereur Manuel entra en Cilicie, et Thoros prit la fuite; Manuel s'empara de Tarse, d'Anazarbe et autres villes. Pendant qu'il hivernait en Cilicie, le roi de Jérusalem, le prince d'Antioche et le patriarche des Franks vinrent le trouver, et le réconcilièrent avec Thoros. L'empereur lui donna même le gouvernement de toutes les villes grecques du littoral de la Cilicie. Les chrétiens Grecs, Franks et Arméniens se réunirent alors en conseil, pour aviser aux moyens de soumettre Alep, Damas et la Syrie entière;

mais comme, sur ces entrefaites, la nouvelle arriva que les habitants de Constantinople avaient comploté de se donner un autre souverain (cf. ci-dessous, ch. CCLXXV, n. 2) ; Manuel partit en toute hâte, et le projet qu'avaient formé les chrétiens avorta. » — Aboulfaradj, *Chron. syr.*, p. 356-357.

CCLXXV. — 1. Cette même expression est appliquée à Damas par Guillaume de Tyr (XVII, 3) qui dit : « (Damascus) interpretatur autem sanguinea vel sanguinolenta. »

2. Pendant l'absence de Manuel, un des secrétaires du palais impérial avait ourdi contre lui une conspiration qui avait rallié un assez grand nombre d'adhérents : trois scélérats s'étaient engagés à aller tuer Manuel, et le secrétaire avait pris ses mesures pour se faire proclamer empereur le jour même où ce crime aurait réussi. L'impératrice, avertie à temps, dépêcha en diligence des courriers à son mari. Les assassins furent découverts et arrêtés en Syrie. A Constantinople on se saisit du chef de la conspiration et de ses complices. Au retour de Manuel, ils furent tous punis; le secrétaire eut les yeux crevés, et par un nouveau genre de supplice on lui perça le gosier et on fit passer sa langue par cette ouverture. — Cf. Cinnamus, IV, 25, Guillaume de Tyr, XVIII, 25 et Radevic, *de Gestis Friderici Primi*, I, 47, résumés par Lebeau, *Hist. du Bas-Empire*, LXXXVIII, 33.

CCLXXVI. — 1. Grégoire le Prêtre entend par *Orthodoxes* ses compatriotes, et peut-être les chrétiens de Syrie, à l'exclusion des Grecs, dont les Arméniens étaient séparés par des dissidences religieuses qui engendrèrent une animosité extrême entre ces deux nations. Cf. ch. LXV, n. 2 et ch. LXXXV, n. 1.

CCLXXVII. — 1. On a vu, ch. CCLXVIII, que Thoros portait déjà le titre honorifique de Sébaste ou Auguste. Il est probable qu'il reçut celui de Pansébaste ou Augustissime lors de sa réconciliation avec l'empereur.

2. Rakka, ville de la Mésopotamie sur la rive orientale de l'Euphrate; autrefois Callinicum.

CCLXXIX. — 1. Comme dans nos mss. le nom propre de ce *comte* est omis, il est impossible de connaître le personnage que l'auteur en vue. Il se peut qu'il ait voulu parler de Josselin III, et suivi la version adoptée par Aboulfaradj, et d'après laquelle Josselin, qui sortait continuellement de la contrée de Harem pour ravager le territoire d'Alep, tomba, en 1471 des Grecs (1159-1160) dans une embuscade que lui avait dressée Nour-eddin, fut conduit à Alep et jeté dans la même prison où avait été renfermé son père (*Chron. syr.* p. 357). Mais Ibn-Alathir, Aboulféda et Guillaume de Tyr, en retardant de quatre ou cinq ans cet événement, le rapportent avec de tout autres circonstances. D'après ces trois historiens, Nour-eddin, ayant été battu et forcé de prendre la fuite à la Bocquée, auprès du château des Kurdes, revint l'année suivante attaquer Harem, dont il s'empara. Les chrétiens qui étaient accourus pour défendre cette place furent mis en déroute, et leurs chefs, Boëmond, prince d'Antioche, Raymond le Jeune, comte de Tripoli, Josselin III, comte d'Edesse, Hugues de Lusignan (*Hugo de Liniziaco*) et Calaman, gouverneur grec de la Cilicie, tombèrent au pouvoir des infidèles. Kemâl-eddin ajoute que le seul qui parvint à s'échapper était Mleh, fils de Léon et frère de Thoros, dont la fuite fut protégée par les Turkomans Yarouk, avec lesquels il était lié.

2. Miran, autrement appelé Soukman II, petit-fils de Soukman Ier Elkothby et fils de Dhaher-eddin Ibrahim, régna de 1128 à 1185. Il reçut le surnom de *Schah-Armén* ou roi d'Arménie, parce que ses victoires lui assurèrent un rang supérieur a celui des autres émirs. Il résidait à Manazguerd, et s'était rendu maître des villes et des provinces dont Grégoire le Prêtre nous fournit l'énumération, ainsi que de Meïafarékïn.

3. Mousch, capitale du district de Darôn, dans la province de Douroupéran, à trois journées de marche au nord-ouest de Khelath.

4. Suivant Ibn-Alathir (*apud* M. Defrémery, Journ. asiat., juin, 1849, p. 491), c'était le beau-frère de l'émir Miran (Soukman II), qui marcha cette année (1161) contre les Géorgiens. Le chroniqueur arabe le nomme Mélik-Salik, prince d'Arzen-erroum (Erzeroum). Sa sœur, mariée à Soukman II, s'appelait Schah-banou ou Schah-banoun. On peut voir (*loc. laud.*) les intéressantes recherches de M. Defrémery sur les princes d'Erzeroum, de la dynastie des Salikides ou Saldoukhides, et le tableau généalogique de cette dynastie qu'il a dressé d'après Ibn-Alathir, Ibn-Khaldoûn, et le Schéref-Nameh. M. Brosset a donné de son côté, d'après les

sources géorgiennes et arméniennes, quelques notions sur ces princes, dans le *Bulletin historico-philologique de l'Acad. Impér. des sciences de Saint-Pétersbourg*, T. I, p. 216-217.

5. Giorgi III succéda sur le trône de Géorgie à son frère David III. Il était fils de Témédrê (Dimitri II), fils de David II le Réparateur. David III avait régné un mois, suivant Tchamitch (T. III, p. 79), ou six mois, suivant l'*Histoire de Géorgie*, trad. par M. Brosset, p. 382. Tchamitch place son avénement à l'année 605 È. A. = 1156, et l'*Hist. de Géorgie* en 1155.

6. Okhthis ou Okhdik', aujourd'hui Olthis, ville et district de la province d'Akheltskha, anciennement province de Daïk', dans le nord-ouest de l'Arménie, sur les limites de la Géorgie. L'historien Vartan parle de cette ville comme existant déjà dans la seconde moitié du xe siècle. — Addition à la n. 2, ch. LXVI.

CCLXXX. — 1. La ville d'Ani avait été prise déjà par les Géorgiens, commandés par le roi David II, en l'année 1144. — Tchamitch, T. III, p. 44. Cf. *Notice sur la ville d'Ani*, § 89, dans le *Voyage en Pologne (Léhasdan)* du R. P. Minas (en arménien), in-8°, Venise, 1830. — Cette seconde prise d'Ani est fixée par Ibn-Alathir au mois de scha'ban 556 (août 1161). Il dit que le Schah-Armên, fils d'Ibrahim, fils de Soukman, s'avança contre le roi de Géorgie avec une armée dans les rangs de laquelle servaient un très-grand nombre de volontaires, et qu'ayant été mis en fuite, il se sauva, ne ramenant que 400 cavaliers (éd. Tornberg, p. 184.)

2. Le *tang* est la dixième partie de la drachme. C'est une toute petite monnaie qui équivaut à l'obole. On dit quelquefois en arménien qu'un objet vaut un tang, ou bien deux ou trois tang, pour signifier qu'il est d'une valeur minime ou nulle.

3. Le 27 juin, mardi. — Cf. mes *Recherches sur la chronol. arménienne*, IIe part. *Anthol. chronol.* n° LXXVIII.

4. « En l'année 1472 des Grecs (1160-1161), Georges, roi d'Ibérie, enleva aux Turks la grande ville d'Ani, et s'en revint avec un butin immense et un nombre considérable de captifs arabes. L'émir de Mossoul, Djemâl-eddin, homme miséricordieux et qui répandait d'abondantes aumônes, députa vers Georges le maphrian (docteur) Ignace pour traiter de la rançon des Arabes prisonniers. Georges reçut cet envoyé avec honneur, et non-seulement lui remit les Arabes sans rançon, mais encore le renvoya à Mossoul comblé de

présents, et en le faisant accompagner par un ambassadeur. Lorsque à leur retour ils furent près de Mossoul, le préfet de cette ville vint à leur rencontre. Le maphrian et les Géorgiens y firent leur entrée avec des croix placées à l'extrémité des lances. Ce spectacle fut une consolation pour les chrétiens, et la libéralité du roi de Géorgie pour les musulmans. » Aboulfaradj, *Chron. syr.* p. 357-358.

CCLXXXI. — 1. D'après la suite du récit, on voit que cette *contrée d'Alexis* doit être la Sophène ou Quatrième-Arménie, à l'est de l'Euphrate.

2. La forteresse de Dzov ou Dzovk' était un ancien château fort bâti au milieu du lac de Kharpert, à l'orient de l'Euphrate, et qui, à la fin du XIe siècle, était possédé par des princes de la famille de Grégoire Magistros. En 1125, le catholicos Grégoire III, son arrière-petit-fils, y fixa sa résidence, qu'il transporta ensuite à Hr'omgla'. — Tchamitch, T. III, p. 52.

3. J'ai rendu par cette phrase : *et autres gens de guerre*, les mots arméniens *dzoulag* et *kharouantar*, dont la signification m'est inconnue.

4. Un de nos mss. transcrit ce nom *Medjmedin*, un second *Djmedin*, et un troisième *Maïn*, altérations du nom de Medjd-eddin Ibn-Daïé, l'un des principaux émirs attachés au service de Nour-eddin, et gouverneur d'Alep. Suivant Guillaume de Tyr (XVIII, 28), il fit prisonnier Renaud dans un lieu appelé *Commi*, entre Cressum (K'éçoun) et Mares (Marasch), le 9 des kalendes de décembre (22 novembre) 1161.

5. Un de nos manuscrits porte : *trois cents hommes*.

6. Harem, forteresse de la principauté d'Antioche, au sud-est et à une journée de marche de cette ville ; *Harenc* de Guillaume de Tyr.

7. J'ignore quelle est la forteresse que l'auteur mentionne sous le nom d'Ardzkhan ; peut-être ce mot a-t-il été altéré. Les troupes de Nour-eddin, après la prise de Harem, se répandirent dans tous les environs jusqu'à Laodicée et Soueïdié (le port Saint-Siméon) ; ensuite il vint attaquer Paneas ou Césarée de Philippe, qui se rendit.

CCLXXXII. — 1. On peut voir dans Cinnamus (V, 6) le récit de la réception brillante qui fut faite au sulthan par Manuel Comnène. L'historien byzantin ajoute que l'empereur, jaloux de montrer à ce prince les magnificences de sa capitale, voulut le conduire en procession depuis l'Acropole jusqu'à Sainte-Sophie ; mais que le patriarche Luc s'y opposa, et qu'un tremblement de terre, qui survint la nuit suivante, confirma les habitants de Constantinople dans l'idée que Luc s'était opposé avec raison à ce qu'il présentait comme une profanation. — Aboulfaradj raconte, à l'année 1473 des Grecs (1161-1162), que Kilidj-Arslan, ayant appris que Yakoub-Arslan et les autres émirs travaillaient à le renverser du trône et à lui substituer son frère, se rendit à Contantinople, et que l'empereur le reçut d'une manière splendide. Il y demeura près de trois mois. Deux fois par jour on lui apportait des mets servis dans des plats d'or et d'argent, qu'on lui laissait en cadeau. Dans une occasion, mangeant avec l'empereur, ce dernier lui donna toute la vaisselle et les ornements qui figuraient sur la table, sans compter d'autres présents qui lui furent faits, ainsi qu'aux Turks, au nombre de mille, qui l'accompagnaient. Kilidj-Arslan, à son retour, reçut la soumission de Yakoub-Arslan, effrayé de la démarche que le sulthan avait faite à la cour de Byzance.

2. C'est le docteur Basile de Marasch, prêtre distingué par sa science et sa haute piété, le même qui avait été le confesseur de Baudouin de Marasch, et qui composa l'Oraison funèbre de ce prince. Cf. ch. CCLVIII.

CCLXXXIII. — 1. Ce duc ou gouverneur de la Cilicie était Andronic, sans doute le même dont il a été question précédemment (ch. CCLXIII, et *ibid.* n. 2). Dans sa Chronique rimée, Vahram raconte ainsi la fin tragique de Sdéph'anê :

« Cependant Sdéph'anê,
« Le frère du grand Thoros,
« S'étant arrêté dans la Montagne-Noire,
« S'en rendit maître vaillamment.
« Kermanig (Germanicia ou Marasch) reconnut ses lois,
« Avec le territoire d'alentour.
« Mais plus tard les Grecs se saisirent de lui,
« Et le précipitèrent dans une chaudière bouillante.
« Il mourut dans ces tourments,

« Et rendit son âme à Dieu.
« Son corps fut enterré
« Dans le couvent d'Ark'a-gagh'in. »

Aboulfaradj raconte, sous la même date, que Sdéph'anê ayant été invité à un repas chez Andronic, gouverneur de Tarse, fut trouvé sans vie et gisant auprès de la porte de cette ville, et que son frère Thoros, pour venger sa mort, tua plus de 10,000 Grecs, jusqu'à ce que le roi de Jérusalem eût réconcilié les Grecs et les Arméniens.

CCLXXXIV. — 1. Le nombre des prisonniers qu'emmena Korkê (Giorgi III) montait à 60,000, suivant Samuel d'Ani. A la nouvelle de la prise de Tevïn, Ildiguiz (Êldigouz), Atabek de l'Azerbéïdjan, qui avait des prétentions sur cette ville, accourut, mais sans pouvoir atteindre le roi de Géorgie. A la vue de cette cité dépeuplée et réduite en cendres, furieux, il alla attaquer la place forte de Merian, au nord de Tevïn. Il y répandit le sang à flots, et y mit le feu. Quatre mille chrétiens, Arméniens ou Géorgiens, périrent dans cet incendie. Il traita de la même manière le grand bourg d'Aschnag, dans la province d'Artsakh, où 7,000 personnes trouvèrent la mort dans les flammes. De là étant entré dans la province de Koukark', il s'arrêta dans la plaine de Kak, et voulut mettre aussi le feu au célèbre couvent de la Sainte-Croix ; mais, au dire de l'historien Vartan, il arriva, par un effet de la Providence, que des serpents venimeux, en quantité innombrable, envahirent le camp des infidèles. Sur ces entrefaites, ils apprirent que Korkê marchait contre eux avec des forces considérables ; effrayés, ils prirent la fuite en toute hâte, abandonnant leurs bagages et les captifs qu'ils avaient enlevés, et que recueillirent les Arméniens et les Géorgiens. — Tchamitch, T. III, p. 79-80. — Ibn-Alathir et Aboulféda fixent la date de l'expédition des Géorgiens contre Tevïn au mois de scha'ban 557 hég. (juillet-août 1462).

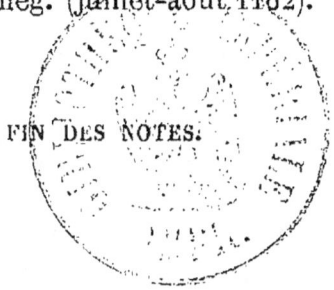

FIN DES NOTES.

DE LA FAMILLE DE DANISCHMEND.

Mohammed ou Ismael, fils de Danischmend,
s'empare de Sébaste, de Césarée et du Pont en 477 hég., 1396 de
l'ère des Grecs, 1085 É. Ch.; † 1417 Gr., 1106 É. Ch., après avoir
régné 2 ans à Mélitène (1).

Gazi
combat Arab, fils du sulthan Kilidj-Arslan, et le défait, en 1438 =
1127 É. Ch. Il reçoit du khalife le titre et les insignes de Mélik. et
† 529 hég., 1446 = 1135 É. Ch.

Sonkor (Sanghour),
Kilidj-Arslan lui enlève
Mélitène en 1106 (2).

Mélik-Mohammed ou Mélik-Mahmoud,
émir de Mélitène.
Il s'établit à Césarée qu'il restaura,
en 1446 Gr., 1135 É. Ch.; il y meurt
en 1454 Gr., 1443 É. Ch. Sa veuve, la
khatoun, épouse Yakoub-Arslan, frère
de Mohammed.

Iagan.

Dolath ou Dolan,
dans le district de Dehahan et d'Ablastha.
Ces possessions lui sont enlevées par
Mélik-Mohammed, en 1448 = 1135. Il
devient maître de Mélitène en 1454 =
1443; † en 1462 = 1451. Il avait épousé
la fille du frère de Mag'oud, sulthan d'I-
conium (3).

Yakoub-Arslan
devient maître de Mélitène en 1454
= 1143; † en 1475 = 1464 (4).
Il avait épousé une fille du sulthan
Mag'oud (5).

Balbolch,
émir de Samosate
(6).

Dsou'lnoun, Δαδούνης (7),
succède à son père à Césarée.
Le sulthan Kilidj-Arslan II
s'empare de cette ville en 1480
= 4169. Dsou'lnoun avait eu
en partage Césarée et Sébaste,
en vertu du testament du sulthan Mag'oud (8).

Jonas,
émir de Maçara (9).

Alipas (10).

Ibrahim,
émir
de Mélitène (11).

Dsou'lkarnein,
succède à son père (3).

Ismael, fils du frère de Yakoub-Arslan (12),
émir de Cappadoce, à Sébaste. Il avait épousé
la sœur du sulthan Kilidj-Arslan II, veuve de
Yakoub-Arslan, et sa tante par conséquent. Il
fut tué par les grands de Sébaste en 1484 = 1173,
et remplacé par son oncle paternel (lis. cousin)
Dsou'lnoun. Celui-ci étant allé chercher du secours à Damas auprès de Nour-eddin contre les
attaques du sulthan; les grands l'appelèrent et
lui rendirent la ville. Kilidj-Arslan ayant appris la
mort de Nour-eddin, protecteur de Dsou'lnoun
1485 = 1174, vint s'emparer de Sébaste, Néo-
Césarée et Conana. Alors Dsou'lnoun s'enfuit à
Constantinople auprès de l'empereur Manuel Comnène. Kilidj-Arslan, qui déjà en 1483 = 1172,
566 hég., s'était rendu maître des autres provinces
appartenant à divers membres de la dynastie des
Danischmend, mit ainsi fin à cette dynastie. Elle
s'était maintenue pendant 122 ans (1).

Mohammed,
émir de Mélitène,
devenu odieux aux habi-
tants de cette ville, en sort
en 1484 = 1170.

Abou'lkacem,
son frère cadet, est mis à sa place
la même année. Il allait épouser
la fille de Kara-Arslan, émir de
Zaïd (Hisn-Keïfa), lorsqu'il meurt
d'une chute de cheval, en 1483.

Ferdoun (Afridoun),
frère cadet d'Abou'lkacem,
le remplace et épouse la
jeune fille destinée à ce
dernier.

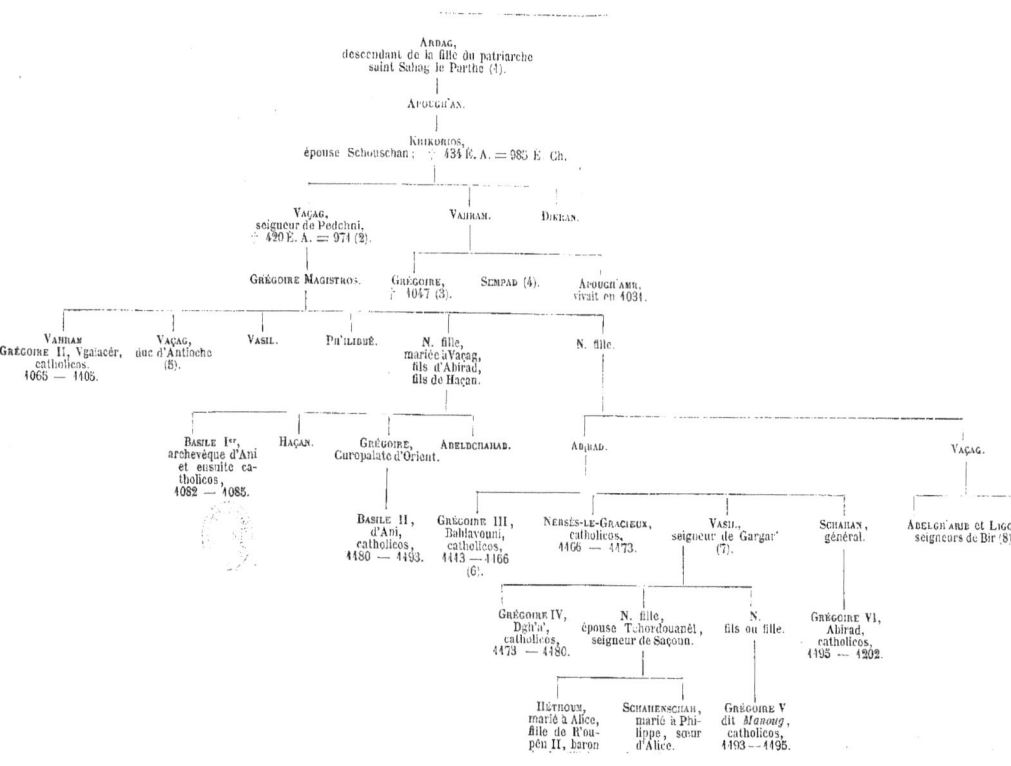

TABLE DES CHAPITRES

(D'après le Manuscrit N° 95, ancien fonds arménien de la Bibliothèque impériale de Paris).

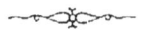

CHRONIQUE DE MATTHIEU D'ÉDESSE.

Ire PARTIE.

	Pages
I. Famine terrible à Edesse, dans la Mésopotamie, et les pays musulmans au sud.	1
II. Les Arabes enlèvent aux Grecs la ville de Samosate.	2
III. L'empereur Romain II marche contre eux.	*ibid.*
IV. Prise d'Anazarbe et d'Alep par les Arabes.	3
V. Aschod III monte sur le trône d'Arménie.	*ibid.*
VI. Il est sacré dans la ville d'Ani. Nicéphore Phocas, empereur.	*ibid.*
VII. Nicéphore est tué par Zimiscès.	5
VIII. Mort de Kakig I, roi d'Arménie. Rivalité de ses deux fils Jean et Aschod dit le Brave.	6
IX. Aschod le Brave vient attaquer Ani.	*ibid.*
X. Défection du chef arménien Abirad, qui se rend à Tevïn auprès de l'émir Abou'Iséwar.	8
XI. Le roi des Dilémites envahit le district de Nik et marche contre la forteresse de Pedchni.	9
XII. Mort de Vaçag le Bahlavouni.	12
XIII. Expédition du Grand Domestique Mleh contre	

	les Arabes, auxquels il prend Mélitène et plusieurs autres villes.	12
XIV.	Les Arméniens concluent un traité de paix avec Zimiscès.	14
XV.	Expédition de Zimiscès dans la Mésopotamie, en Syrie et en Palestine.	15
XVI.	Relation de cette expédition, adressée, sous forme de lettre, par l'empereur au roi Aschod III.	16
XVII.	Zimiscès cède la couronne à Basile, fils de Romain II, et embrasse la vie monastique.	25
XVIII.	Basile II, empereur.	26
XIX.	Les Arméniens sont taillés en pièces par les infidèles. Térénig, roi d'Antzévatsik', est fait prisonnier.	ibid.
XX.	Térénig s'échappe de la ville de Her. Vahan, catholicos d'Arménie.	27
XXI.	Révolte de Bardas Sclérus. Etienne III, catholicos.	29
XXII.	L'émir Mamlan envahit l'Arménie.	30
XXIII.	Il est défait par David, curopalate de Daïk'.	31
XXIV.	Mort de David.	33
XXV.	Khatchig, catholicos.	34
XXVI.	Révolte de Bardas Phocas.	ibid.
XXVII.	L'église de Sainte-Sophie s'écroule à Constantinople.	ibid.
XXVIII.	Guerre de Basile contre les Boulgares. Sarkis, catholicos.	35
XXIX.	Expédition des Arabes occidentaux contre	

	Antioche. Les Romains envahissent l'Arménie et sont repoussés.	35
XXX.	L'émir arabe surnommé Longue-Main, ravage le territoire d'Édesse.	36
XXXI.	Comète.	*ibid.*
XXXII.	Traité d'alliance entre l'empereur Basile et Sénékérim, roi du Vasbouragan.	*ibid.*
XXXIII.	Expédition de Basile contre les Boulgares. Les Grecs tombent dans l'erreur au sujet de l'époque de la célébration de la Pâque.	37
XXXIV.	Le docteur arménien Samuel et le juif Moyse réfutent les arguments des Grecs.	38
XXXV.	Comète et tremblement de terre.	40
XXXVI.	Basile soumet les Boulgares, et fait périr par le poison leur roi Alusianus.	*ibid.*
XXXVII.	Les Turks envahissent l'Arménie.	*ibid.*
XXXVIII.	David, fils aîné du roi Sénékérim, s'avance pour les combattre. Prophétie du patriarche saint Nersès. Mort de l'empereur Basile.	41
XXXIX.	Mort de Sénékérim. Son fils David lui succède.	44
XL.	Mort de Korkê (Giorgi Ier) roi de Géorgie. Il est remplacé par son fils Pakrad (Bagrat IV).	*ibid.*
XLI.	Constantin IX monte sur le trône après son frère Basile. Il meurt au bout de quatre ans.	*ibid.*

XLII.	Romain Argyre, successeur de Constantin, s'avance en Syrie contre les Arabes; il est battu.	45
XLIII.	Les Arabes assiégent la citadelle d'Édesse, défendue par Georges Maniacès.	46
XLIV.	Famine.	51
XLV.	Romain meurt empoisonné par sa femme Zoé.	ibid.
XLVI.	Mort du roi David, fils de Sénékérim, et avénement de son frère Adom.	52
XLVII.	Expédition des Arabes dans la Mésopotamie.	ibid.
XLVIII.	Éclipse de soleil. Prophétie du docteur Jean Gozer'n.	53
XLIX.	Le chef arménien Kantzi enlève la ville de Pergri aux Perses. Dioscore, catholicos intrus.	60
L.	Dioscore est condamné dans une réunion d'évêques tenue à Ani, et chassé. Pierre II est réintégré sur le siége.	62
LI.	Comète.	63
LII.	Les Boulgares se soulèvent de nouveau. L'empereur Michel le Paphlagonien marche contre eux, et est défait.	ibid.
LIII.	Mort du roi Aschod le Brave.	64
LIV.	L'émir Abou'lséwar est vaincu par David Anhogh'ïn.	ibid.
LV.	Départ des princes ardzrouni Adom et Aboucahl pour Constantinople.	67
LVI.	Mort de Jean, roi bagratide d'Ani.	68

LVII.	David Anhogh'ïn envahit l'Arménie.	69
LVIII.	Tentative des Grecs contre Ani.	*ibid.*
LIX.	Kakig II, roi d'Arménie.	70
LX.	Combat entre les Arméniens et les Turks auprès de Pedchni.	71
LXI.	Les Grecs essaient de nouveau de s'emparer de l'Arménie.	*ibid.*
LXII.	Expédition de l'empereur Michel le Paphlagonien en occident. Sa mort.	72
LXIII.	Michel Calafate lui succède. Mort du prince arménien Khatchig.	*ibid.*
LXIV.	Avénement de Constantin Monomaque.	75
LXV.	Il s'empare d'Ani par trahison.	76
LXVI.	Combat des Arméniens et des Grecs sous les murs d'Ani. Cette ville est remise à ces derniers.	78
LXVII.	Tremblement de terre à Erzenga.	79
LXVIII.	Abou'lséwar met les Grecs en fuite auprès de Tevïn.	80
LXIX.	Les Turks envahissent le territoire de Mossoul.	*ibid.*
LXX.	Le général Catacalon le Brûlé est envoyé contre Tevïn.	81
LXXI.	Il investit de nouveau cette ville.	*ibid.*
LXXII.	Révolte du patrice Thornig contre Monomaque. Il marche contre Constantinople, est attiré dans cette ville et privé de la vue.	82
LXXIII.	Le sulthan Thogrul envoie Ibrahim et Koutoulmisch contre l'Arménie.	83

LXXIV.	Le catholicos Pierre se rend à la cour de Constantinople.	85
LXXV.	Ravages des Patzinaces dans la Thrace. Catacalon, Aaron Vestès et Grégoire Magistros, fils de Vaçag, sont chargés par l'empereur de défendre l'Arménie.	89
LXXVI.	Les Grecs s'emparent de la forteresse d'Argni.	ibid.

IIe PARTIE.

	Prologue de l'auteur.	93
LXXVII.	Un évangile des Syriens est jeté trois fois dans les flammes par les Grecs, sans être brûlé.	95
LXXVIII.	Prise de Pergri par le sulthan Thogrul. Il échoue devant Mandzguerd.	98
LXXIX.	Mort de Monomaque. Sa belle-sœur Théodora lui succède.	102
LXXX.	Constantin Ducas, empereur.	106
LXXXI.	Mort du catholicos Pierre. Prise de Mélitène par les Turks.	107
LXXXII.	Neige rouge.	109
LXXXIII.	Famine générale.	111
LXXXIV.	Prise de la ville de Sébaste par les Turks.	ibid.
LXXXV.	Persécution religieuse de Constantin Ducas contre les Arméniens.	114
LXXXVI.	Les Turks ravagent le district de Ba-	

	gh'ïn. L'empereur envoie contre eux Francopoule (le normand Hervé).	115
LXXXVII.	Expédition d'Ehnoug contre les Kurdes. Hervé défait les Turks auprès de Garïn.	120
LXXXVIII.	Le sulthan Alp-Arslan, frère de Thogrul, envahit la contrée des Agh'ouans, la Géorgie et l'Arménie. Kakig, roi de Gars, cède ses États à Constantin Ducas.	*ibid.*
LXXXIX.	Guerre des Ouzes contre les Grecs. Mort du catholicos Khatchig.	126
XC.	Grégoire Vahram, fils du prince Grégoire Magistros, succède à Khatchig sur le siége patriarcal.	129
XCI.	Expédition du général turk Salar Khoraçan en Mésopotamie.	130
XCII.	Seconde et troisième expédition du même chef dans la province d'Édesse.	132
XCIII.	Querelles suscitées par Ducas et le patriarche de Constantinople contre les Arméniens. Kakig, ci-devant roi d'Ani, se rend à Constantinople. Discours de ce prince sur les articles de foi controversés entre les Arméniens et les Grecs.	133
XCIV.	Sa visite à Kyr Marc, métropolite de Césarée. Il met la maison de ce prélat au pillage et le fait périr.	152

XCV.	Miracle arrivé dans le couvent de Bizou.	155
XCVI.	Comète. Expédition des émirs Oschïn et Kumusch-Tékïn.	156
XCVII.	Mort de Constantin Ducas.	159
XCVIII.	Avénement de Romain Diogène.	*ibid.*
XCIX.	Grégoire Vahram quitte le siége patriarcal. Son chancelier Georges accepte les fonctions de catholicos.	160
C.	Expédition de Romain Diogène contre Menbêdj.	161
CI.	Défection de l'émir Guedridj, parent d'Alp-Arslan.	162
CII.	Alp-Arslan envahit la Mésopotamie. Il est forcé de lever le siége d'Edesse.	163
CIII.	Expédition malheureuse de Romain Diogène contre Alp-Arslan.	166
CIV.	Alp-Arslan est assassiné. Son fils Mélik-Schah lui succède.	170
CV.	Rivalité des catholicos Grégoire Vahram et Georges.	172
CVI.	Puissance et domination tyrannique de Philarète Brachamius.	173
CVII.	Mort de Thornig, prince de Saçoun. Sarkis, catholicos.	175
CVIII.	Grégoire Vahram entreprend le voyage de Byzance; de là il passe à Rome et retourne se fixer en Egypte.	177
CIX.	Michel Parapinace, fils de Constantin Ducas, empereur.	*ibid.*
CX.	Nicéphore Botoniate épouse l'impératrice,	

	veuve de Michel, et monte sur le trône.	178
CXI.	Vaçag, fils de Grégoire Magistros, duc d'Antioche, est tué par deux hastaires.	*ibid.*
CXII.	Le prince arménien Ebikhd est étouffé par un moine grec, son confesseur.	179
CXIII.	Abdication de Nicéphore Botoniate.	*ibid.*
CXIV.	Nicéphore Mélissène obtient la couronne.	180
CXV.	Mort du catholicos Sarkis.	*ibid.*
CXVI.	Vasil, fils d'Aboukab, prend Edesse.	*ibid.*
CXVII.	Avénement d'Alexis Comnène.	181
CXVIII.	La Cilicie est désolée par la famine.	*ibid.*
CXIX.	Kakig, roi d'Ani, est surpris et étranglé par les trois fils de Mandalê.	183
CXX.	Basile, archevêque de Schirag, est fait catholicos d'Arménie.	184
CXXI.	L'émir perse Khosrov envahit le territoire d'Edesse.	185
CXXII.	Mort de Vasil, fils d'Aboukab. Les habitants d'Édesse se livrent à Sempad, fils de Pakarad; Philarète s'empare bientôt après de cette ville.	186
CXXIII.	Soliman, fils de Koutoulmisch, se rend maître d'Antioche.	187
CXXIV.	Mort du docteur Jacques K'araph'netsi.	190
CXXV.	Schéref-eddaula, fils de Koreïsch, vient attaquer Soliman, à Antioche; il est défait et tué. Paul est créé catholicos par Philarète.	*ibid.*
CXXVI.	Démembrement du patriarcat arménien.	192
CXXVII.	Le sulthan Tetousch, fils d'Alp-Arslan,	

	marche contre Soliman et lui enlève Antioche.	194
CXXVIII.	Philarète se rend auprès de Mélik-Schah et abjure la religion chrétienne.	195
CXXIX.	Expédition de Mélik-Schah en Syrie.	196
CXXX.	Édesse tombe au pouvoir de l'émir Bouzân.	197
CXXXI.	Bouzân assiége et prend la ville de Kantzag.	199
CXXXII.	Victoire de l'empereur Alexis sur les Patzinaces.	*ibid.*
CXXXIII.	Hérésie propagée à Constantinople par un moine grec qui gagne la mère de l'empereur.	200
CXXXIV.	Le catholicos Basile se rend à la cour de Mélik-Schah.	201
CXXXV.	Tremblement de terre.	202
CXXXVI.	Peste.	*ibid.*
CXXXVII.	La Croix de Varak et l'image de la Sainte Vierge transportées à Edesse.	203
CXXXVIII.	Expédition de Bouzân contre Nicée.	*ibid.*
CXXXIX.	Mort de Mélik-Schah.	*ibid.*
CXL.	Mort du catholicos Paul.	204
CXLI.	Mort du catholicos Georges.	205
CXLII.	Tetousch se déclare contre le sulthan de Perse, Barkiarok.	*ibid.*
CXLIII.	Expédition des Arabes contre Nisibe. Ils sont défaits par Tetousch, et leur roi Ibrahim, fait prisonnier, meurt d'un coup de flèche.	*ibid.*

CXLIV.	Mort de l'émir Ismayl, oncle de Barkiarok.	207
CXLV.	Tetousch, après s'être emparé d'Alep et d'Édesse, s'avance vers la Perse, contre Barkiarok. Il est défait et tué.	*ibid.*
CXLVI.	Les émirs Soukman, fils d'Artoukh, et Baldoukh, tentent de se rendre maîtres d'Édesse.	210
CXLVII.	Le Curopalate Thoros livre Édesse au sulthan Alph'ilag, mais rentre bientôt après en possession de cette ville.	211
CXLVIII.	Mort du catholicos Thoros.	*ibid.*
CXLIX.	Le sulthan Kilidj-Arslan assiége Mélitène; il est forcé de se retirer.	*ibid.*
CL.	Départ des Croisés pour l'Orient.	212
CLI.	Ils arrivent devant Antioche.	216
CLII.	Comète.	218
CLIII.	Phénomène céleste.	*ibid.*
CLIV.	Le comte Baudouin de Boulogne se rend maître d'Édesse.	*ibid.*
CLV.	Kerboga, général de Barkiarok, vient livrer bataille aux Croisés; ceux-ci sont victorieux et entrent dans Antioche.	221
CLVI.	Second phénomène céleste.	224
CLVII.	Eclipse de lune. Jérusalem tombe entre les mains des Croisés.	*ibid.*
CLVIII.	Les Egyptiens viennent les attaquer, et sont repoussés.	226
CLIX.	Mort du Curopalate Grégoire.	*ibid.*
CLX.	Retour du comte de Saint-Gilles dans le pays des Franks.	227

CLXI.	Mort du prince arménien Constantin, fils de R'oupên.	227
CLXII.	Apparition d'un troisième phénomène céleste.	228
CLXIII.	La famine désole la Mésopotamie.	*ibid.*
CLXIV.	Retour de l'abondance en tous lieux.	229
CLXV.	Mort de Godefroy de Bouillon.	*ibid.*
CLXVI.	Boëmond s'empare de la ville de Marasch.	*ibid.*
CLXVII.	Danischmend, émir de Cappadoce, bat et fait prisonniers Boëmond et Richard du Principat.	230
CLXVIII.	L'émir Soukman, ayant occupé la ville de Seroudj, en est chassé par Baudouin du Bourg.	232
CLXIX.	Apparition pour la quatrième fois d'un phénomène céleste.	233
CLXX.	Prodige survenu à Jérusalem à l'occasion de la lumière du saint Sépulcre.	*ibid.*

IIIe PARTIE.

CLXXI.	Prologue de l'auteur.	235
CLXXII.	Le comte de Saint-Gilles est défait et mis en fuite par Kilidj-Arslan. Perfidie de l'empereur Alexis à l'égard des Croisés.	241
CLXXIII.	Kilidj-Arslan extermine l'armée du comte de Poiton.	243

CLXXIV.	Les Egyptiens marchent contre Jérusalem, et battent le roi Baudouin.	244
CLXXV.	Discorde au sujet de l'époque de la Pâque. Lettre du catholicos Grégoire Vahram aux Arméniens sur ce sujet.	245
CLXXVI.	Le roi Baudouin est blessé grièvement par un Ethiopien.	251
CLXXVII.	Inondation à Edesse.	252
CLXXVIII.	Le prince arménien Kôgh'-Vasil rachète le comte Boëmond des mains de Danischmend.	ibid.
CLXXIX.	Expédition du comte d'Edesse contre les Turks, dans le district de Mardïn.	253
CLXXX.	Le catholicos Basile se rend d'Ani à Edesse.	ibid.
CLXXXI.	Mort d'Etienne, catholicos des Agh'-ouans. Il est remplacé par son frère, qui plus tard est renversé de son siége.	ibid.
CLXXXII.	Josselin et Baudouin, comte d'Edesse, sont faits prisonniers par Soukman et Djekermisch. Retour de Boëmond en Europe.	254
CLXXXIII.	Mort de Danischmend.	256
CLXXXIV.	— de Soukman, fils d'Artoukh.	ibid.
CLXXXV.	— du sulthan Barkiarok.	257
CLXXXVI.	Thathoul, Prince des princes, cède Marasch à Josselin.	ibid.
CLXXXVII.	Mort du catholicos Grégoire Vahram.	ibid.

CLXXXVIII.	Mort de Marc, ermite.	259
CLXXXIX.	Richard est battu par Djekermisch, auprès d'Édesse.	260
CXC.	Mort du comte de Saint-Gilles.	261
CXCI.	Les habitants d'Ablastha, tourmentés par les Franks, les massacrent.	ibid.
CXCII.	Une partie de l'église de Sainte-Sophie d'Édesse s'écroule.	262
CXCIII.	Apparition d'une comète vers le sud-ouest. Les Arabes se réunissent contre Alep.	ibid.
CXCIV.	Mort de Djekermisch.	263
CXCV.	Expédition de Kilidj-Arslan contre Édesse et Khar'an.	264
CXCVI.	Mort de Kilidj-Arslan.	ibid.
CXCVII.	Les Perses envahissent le territoire d'Anazarbe; ils sont défaits par Kôgh'-Vasil à Pertousd.	ibid.
CXCVIII.	Ils retournent contre Kôgh'-Vasil et sont de nouveau exterminés.	265
CXCIX.	Tancrède bat le comte d'Édesse Baudouin et l'émir Djâwali coalisés. Cruautés de Baudouin du Bourg et de Josselin contre les habitants d'Édesse.	266
CC.	Hiver rigoureux; neige noire.	268
CCI.	Guerre entre les Arabes et les Turks dans le Hauran.	ibid.
CCII.	Tentative de Baudouin et de Josselin contre Khar'an.	269

CCIII.	Prise de Tripoli par les Croisés.	269
CCIV.	Maudoud assiége Édesse. Tancrède s'empare d'Athareb.	270
CCV.	Les Turks ravagent le territoire d'Anazarbe. La foudre tombe dans le lac du Vasbouragan.	274
CCVI.	Nouvelle expédition de Maudoud contre les chrétiens de la Mésopotamie et de la Syrie. Mort de Soukman-Elkothby.	275
CCVII.	Thoros venge le meurtre du roi Kakig par le supplice des fils de Mandalê et la prise de leur forteresse.	276
CCVIII.	Maudoud revient contre Édesse.	279
CCIX.	Démêlés de Tancrède avec Kôgh'-Vasil.	280
CCX.	Mort de Kôgh'-Vasil; le prince Vasil-Dgh'a' est choisi pour lui succéder.	281
CCXI.	Tancrède meurt empoisonné.	282
CCXII.	Maudoud marche contre Khar'an. Les Franks expulsent d'Edesse la population arménienne.	*ibid.*
CCXIII.	Combat entre les Turks et les Franks, auprès de Tibériade. Maudoud est assassiné à Damas.	284
CCXIV.	Mort du catholicos Basile.	286
CCXV.	Grégoire III monte sur le siége patriarcal.	*ibid.*
CCXVI.	Expédition d'El-Boursouky contre Édesse.	287
CCXVII.	Tremblement de terre.	*ibid.*
CCXVIII.	Mort du docteur arménien Georges, surnommé Mégh'rig.	290

CCXIX.	Incendie de la mosquée d'Amid.	291
CCXX.	Boursoukh-ibn-Boursoukh est défait par Baudouin du Bourg, comte d'Édesse.	*ibid.*
CCXXI.	Le même Baudouin, fait la guerre à Vasil-Dgh'a'.	293
CCXXII.	Il investit la forteresse de Raban.	*ibid.*
CCXXIII.	Il dépouille Vasil-Dgh'a' de ses États.	*ibid.*
CCXXIV.	Il traite de la même manière plusieurs autres chefs arméniens.	*ibid.*
CCXXV.	Il succède à Baudouin de Boulogne sur le trône de Jérusalem.	295
CCXXVI.	Mort du sulthan Daph'ar (Mohammed) et du khalife Mostadhhir-billah.	296
CCXXVII.	Roger d'Antioche et le prince arménien Léon Ier s'emparent d'Azaz.	297
CCXXVIII.	Ilgazi marche contre les chrétiens; combat d'Athareb, dans lequel Roger est tué. Mort de l'empereur Alexis et avénement de son fils Jean.	299
CCXXIX.	Le roi Baudouin cède Tellbâscher et Edesse à Josselin.	301
CCXXX.	Nouvelle expédition d'Ilgazi contre les chrétiens de la Mésopotamie et du nord de la Syrie.	302
CCXXXI.	Gazi, émir de Kantzag, attaque les Géorgiens et est battu.	303
CCXXXII.	Coalition de Mélik-Thogrul, d'Ilgazi et de Doubaïs contre David II, roi de Géorgie; ils sont défaits.	304

CCXXXIII. Le feu du ciel consume la grande mosquée des Turks, à Bagdad. 305
CCXXXIV. Josselin et Waléran sont faits prisonniers par l'émir Balag. Mort d'Ilgazi. 306
CCXXXV. Le roi Baudouin est pris par Balag. 307
CCXXXVI. Coup de main tenté par quelques Arméniens sur la forteresse de Kharpert, où étaient renfermés les prisonniers de Balag. 308
CCXXXVII. Guerre entre les oiseaux. 310
CCXXXVIII. Mort du docteur arménien Paul. *ibid.*
CCXXXIX. Le roi de Géorgie David II taille en pièces les Perses. *ibid.*
CCXL. Balag investit la ville de Menbêdj. Sa mort. 311
CCXLI. Le roi de Jérusalem recouvre la liberté. 312
CCXLII. La forteresse de Gargar' est enlevée aux Turks. 313
CCXLIII. Prise d'Ani par le roi de Géorgie, David II. *ibid.*
CCXLIV. Prise de Tyr par les Croisés. 314
CCXLV. Le roi Baudouin et Josselin assiégent Alep. *ibid.*
CCXLVI. Gazi, émir de Sébaste, s'empare de Mélitène. 315
CCXLVII. Victoire des Franks sur El-Boursouky et Toghtékïn auprès d'Azaz. Mort d'El-Boursouky. *ibid.*

CCXLVIII. Expédition d'Ibrahim et de Daoud, fils de Soukman, contre la Géorgie.   318.
CCXLIX. Mort du roi David II. Son fils Dimitri I (Témédrê) lui succède.   *ibid.*
CCL. Arrivée de Boëmond le jeune, en Palestine.   319
CCLI. Mort du docteur arménien Cyrus (Guros).   *ibid.*
CCLII. Zangui cherche à se lier avec Boëmond en employant la médiation de Josselin. Mort du sulthan Mahmoud; il est remplacé par son frère Mélik-Thogrul.   320
CCLIII. Mohammed, prince de Cappadoce, envahit la Cilicie.   *ibid.*

CONTINUATION PAR GRÉGOIRE LE PRÊTRE.

CCLIV. Expédition de l'empereur Manuel en Cilicie et en Syrie.   323
CCLV. Il fait son entrée à Antioche.   325
CCLVI. Mort de Manuel, de Foulques, roi de Jérusalem, et du sulthan Mélik-Mohammed. Signe dans le ciel, sous forme d'une colonne lumineuse.   *ibid.*
CCLVII. Prise d'Edesse par Zangui. Il est tué devant la forteresse de Kala'-Dja'bar.   326
CCLVIII. Josselin rentre en possession d'Edesse; Nour-eddin reprend cette ville au bout de quelques jours; Baudouin de Marasch est tué.   328

CCLIX.	Raymond de Poitiers périt dans un combat contre Nour-eddin. Maç'oud, sulthan d'Iconium, s'empare de Marasch. Josselin est fait prisonnier et conduit à Alep.	329
CCLX.	Violente tempête. La croix du couvent de Garmir-Vank' apparaît entourée d'une auréole de lumière.	332
CCLXI.	K'éçoun et Béhesni se rendent à Maç'oud.	ibid.
CCLXII.	Neige rouge et neige mêlée de cendres.	333
CCLXIII.	La ville de Tellbâscher se soumet à Nour-eddin. Thoros revient secrètement de Constantinople en Cilicie. Ses premiers succès contre Andronic Comnène, gouverneur de Tarse et de Mopsueste.	ibid.
CCLXIV.	L'empereur pousse le sulthan Maç'oud contre les Arméniens; mais ce prince fait la paix avec eux.	336
CCLXV.	Nouvelles excitations des Grecs auprès de Maç'oud, qui revient attaquer les Arméniens; une maladie sévit sur les chevaux de son armée, et il est forcé de battre en retraite.	337
CCLXVI.	Dispositions pacifiques de Kilidj-Arslan, fils de Maç'oud, à l'égard des Arméniens.	341
CCLXVII.	Il succède à son père. Mort de ce dernier. Tremblement de terre.	342

CCLXVIII.	Tentative du prince arménien Sdéph'anê, fils de Léon, contre Béhesni.	346
CCLXIX.	Maladie de Nour-eddin.	348
CCLXX.	Baudouin III, roi de Jérusalem.	350
CCLXXI.	Nour-eddin s'empare de Damas.	351
CCLXXII.	Alliance de Nour-eddin avec le roi de Jérusalem et le prince d'Antioche. Il se rend maître d'Aïn-tab.	352
CCLXXIII.	Baudouin III épouse une parente de l'empereur Manuel. Expédition de Manuel en Syrie.	*ibid.*
CCLXXIV.	Renaud de Châtillon et le prince arménien Thoros se réconcilient avec Manuel, irrité de ce qu'ils étaient allés ensemble saccager l'île de Chypre.	354
CCLXXV.	L'empereur, le roi de Jérusalem et le prince d'Antioche concertent une attaque contre Nour-eddin. L'empereur rend à Thoros les pays qu'il lui avait enlevés.	355
CCLXXVI.	Brusque retour de Manuel à Constantinople.	358
CCLXXVII.	Nour-eddin conclut une trêve de quatre mois avec le roi de Jérusalem. Il étend sa domination.	359
CCLXXVIII.	Nouvelle trêve de deux ans. Kilidj-Arslan fait la paix avec Yakoub-Arslan.	361
CCLXXIX.	Le Schah-Armèn Miran, souverain

	de Khelath, envoie son beau-père contre les Géorgiens. Celui-ci est battu.	361
CCLXXX.	Prise d'Ani par Giorgi III (Korkè), roi de Géorgie.	362
CCLXXXI.	Renaud de Châtillon fait une incursion dans le district de Dzoph'k'. Il tombe entre les mains des infidèles. Prise de la forteresse de Harem par Nour-eddin.	363
CCLXXXII.	Voyage du sulthan Kilidj-Arslan à Constantinople. Mort du docteur arménien Basile.	364
CCLXXXIII.	Le prince Sdéph'anè est surpris et tué par les Grecs.	365
CCLXXXIV.	Prise de Tevin par le roi Korkè.	*ibid.*

FIN DE LA TABLE DES CHAPITRES.

INDEX.

Aalis, fille de Baudouin du Bourg, roi de Jérusalem, *pages* 431, 467.

Aaron Vestès, général boulgare, au service de l'empire grec, 87, 403, 406.

Abahounik', district de la Grande-Arménie, 31, 387-388.

Abdoullah, émir de Bagdad, 49.

Abeldchahab, fils d'Abirad, fils de Haçan, 9.

Abeldchahab, fils de Vaçag, chef arménien, 185, 418.

Abelgh'arib, général de Térénig, roi d'Antzévatsik', 26, 27, 28-29, 385.

Abelgh'arib, fils de Haçan, fils de Khatchig, 183, 420.

Abelgh'arib, fils de Vaçag et seigneur de Bir, 272, 293-294, 450.

Abelhêth, chef géorgien, 465.

Abgar Ouschama, premier roi chrétien d'Édesse, 327, 368, 428, 478.

Abirad, fils de Haçan, 9, 377, 418.

Abirad Bahlavouni, père du catholicos Grégoire III, 445.

Ablaçath, fils de Dadjad, seigneur de Darôn, 265, 269, 282, 447.

Ablastha, capitale du district de Dchahan, dans la Petite-Arménie, 261, 343, 361, 446.

Abou-Hafs Omar général du khalife El-Mamoun, 369.

Abou-Omeiya-el-Aredi, général du khalife Moawiya, 369.

Abouçahl, fils de Sénékérim, roi du Vasbouragan, 43, 67-68, 87, 111, 166-167, 184, 375, 393, 411.

Abouçahl-Hamazasb, prince ardzrouni, père de Sénékérim Jean, de Kourkên-Khatchig et d'Aschod-Sahag, 375, 386.

Abou-Dhaher, chef des Karmathes, 480.

Aboukab, garde de la tente de David, Curopalate de Daïk', 45, 51, 127, 181.

Abou'l-Daoud, chef de la tribu des Okaïlites, 401.

Abou'l-Haçan-Aly, fils d'Ikhschid, souverain de l'Égypte, 3, 370.

Abou'lhadji, émir kurde de Her et de Zarévant, 27-29, 386.

Abou'lhadji, émir de l'Aderbadagan, 387.

Abou'lséwar, émir de Tevïn, 9, 64, 65-67, 165, 377, 397, 401.

Abou'lséwar, fils de Manoutchê, 465.

Accubiteur, titre d'une dignité à la cour de Byzance, 2, 78, 195, 368.

Acolythe, titre du commandant de la garde particulière des empereurs grecs, 67, 398.

Acre. V. Ptolémaïs.

Adan (sire), seigneur de Gastim, 478.

Adana, ville de la Cilicie, 4, 372, 457, 470, 471.

Aderbadagan (Azerbéïdjan), province de l'Arménie orientale, 379, 387.

Adès, ville de la Bithynie, 406.

Adom, fils de Sénékérim, roi du Vasbouragan, 43, 52, 67-68, 87, 111, 166-167, 184, 375, 393, 411.

Adom, Antzévatsi, docteur arménien, 151.

Adradin (Nasr-eddin?), beau-père du prince de Khelath Miran Soukman II, 361.

Adramélek, fils de Sennachérib, roi d'Assyrie, et tige de la famille satrapale des Ardzrouni, 6, 375.

Africains. V. Arabes Magrébins.

Agh'etznik', l'une des quinze provinces de la Grande-Arménie, 369.

Agh'iovid, district de la Grande-Arménie, 401.

Agh'ouans (pays des), dans l'Arménie orientale, 121, 409.

Agh'sian ou Agh'oucian, Acxianus ou Ansian, émir d'Antioche, 197, 203, 204, 205, 208, 209, 210, 216, 222, 426, 434, 456.

Agh'thamar (mer d'). V. Vasbouragan (mer de).

Agnès, fille de Henri le Buffle, femme de Josselin III, 476.

Ahi, émir d'Arzoun, 49.

Ahlou, émir de Bassora, 49.

Ahmed-Yel, émir kurde, 275, 451.

Ahvarid, émir de Zepon, 49.

Aïdziats, forteresse du district de Darôn, dans la Grande-Arménie, 15, 24, 274, 380, 450.

Aïn-tab, place forte du nord de la Syrie, 311, 325, 352, 459, 464, 476, 479.

Akhal, ville du district de Dchavakhéth, province de Koukark', dans le nord de l'Arménie, 121.

Akhourian, fleuve de la Grande-Arménie, 8, 376.

INDEX

Ak-Sonkor, émir d'Alep, 197, 203, 204, 205, 206, 207-208, 320, 426, 427.

Ak-Sonkor Daraz, émir turk, 468.

Alakôcig. V. Thoros.

Alans ou Alains, 304, 460.

Alar, localité du territoire d'Edesse, 52, 395.

Albéric, évêque d'Ostie, légat du pape Innocent II en Palestine, 445, 452.

Alep, 3, 166, 167, 197, 263, 292, 298, 306, 314, 329, 355, 358, 370, 373, 390, 414, 425, 426, 450, 451, 468.

Alexis Ier Comnène (l'empereur), 181, 199-201, 214, 230, 241, 242-243, 253, 261, 301, 419, 427, 433, 439, 458, 475.

Alexis, patriarche de Constantinople, 72, 73, 399.

Ali, émir de Menbêdj, 49.

Alleluia (plaine d'), près de la ville d'Aschmouschad, district de Hantzith, dans la Grande-Arménie, 174, 175.

Alp-Arslan (le sulthan), frère et successeur Thogrul-beg, 121, 122-124, 163, 164-165, 166, 167-170, 171-172, 204, 409, 415, 416.

Alph'ilag, prince seldjoukide, descendant de Koutoulmisch, 211.

Altoun-Tékïn ou Altoun-Tasch, père de Maudoud, 449.

Alusianus, roi des Boulgares, 34, 40, 389.

Amanus (mont). V. Montagne-Noire.

Amer-Gazi. V. Gazi.

Amer-Kaph'er, émir turk, 111-113, 175, 408.

Amid, *Diarbekir*, ville de la Mésopotamie, 119, 163, 291, 394, 464.

Amïn-Sabek, émir d'Alep, 190, 422.

Anab, forteresse dépendant du territoire d'Antioche, 474.

Anag, père de saint Grégoire l'Illuminateur, 382.

Anahid, déesse des anciens Arméniens, 422.

Analiour, village de la Grande-Arménie, 291.

Ananê de Hagh'pad et Ananê Narégatsi, docteurs arméniens, 151.

Ananie, catholicos d'Arménie, 3, 29, 370-371.

Ananie, fils de la sœur du catholicos Pierre, 86, 87.

Ananie (le docteur), 202.

Ananie, évêque de Valarsaguerd, 892.

Anaph'ourdên, protospathaire, 23.

Anargyres (église des saints), à Constantinople, 82, 402.

Anazarbe, ville de la Cilicie, 3, 4, 274, 323, 338, 370, 372, 432, 482.

Anazougli, général de Thogrul-beg, 80-81.

Ancyre, place forte de la Galatie, 343.

André de Byzance, computiste, 37, 391.

Andronic, fils de Jean Ducas, 170, 415, 419.

Andronic, fils de Constantin Ducas, 413.

Andronic Comnène, gouverneur de Tarse et de Mecis (Mopsueste), 334-335, 353, 365, 477, 478, 487-488.

Andronic Comnène ou Euphorbène, oncle de l'empereur Manuel, 477.

Ani, capitale de la Grande-Arménie, au temps des rois bagratides, 3, 62-63, 69, 77-79, 122-124, 313, 357, 362-363, 377, 385, 396, 400, 410, 420, 465, 485.

Anne, mère d'Alexis Comnène, 200-201, 427.

Antioche de Syrie, 179, 187-189, 195, 196-197, 216, 221-224, 256, 292, 300, 302, 319, 325, 338, 355, 373, 382, 421, 426, 434, 471.

Antoine, docteur arménien, 151.

Antranos, village aux environs d'Edesse, 211.

Antrioun, forteresse non loin d'Antioche, 179, 419.

Antzévatsik', district de la Grande-Arménie, 375.

Apas, roi bagratide de Cars, 8, 14, 125, 377, 388.

Aph'khaz (la nation et le pays des), Aph'khazêth ou Abasgie, 4, 310, 371.

Aph'schoun, village près d'Antioche, 179.

Apôtres (couvent des Douze), dans l'île de Sévan, 387.

'Arab, sulthan de Mélitène, fils de Kilidj-Arslan, 314, 466.

Arabes, 268-269, 395-396.

Arabes magrébins ou occidentaux, 17, 20-22, 35, 382, 389, 390.

Ar'adchavork' (jeûne appelé), 412.

Ar'dchoug, noble Arménien d'Edesse, 187.

Ardchovid, district de la Grande-Arménie, 87, 403.

Ardjêdj (couvent d'), localité voisine d'Edesse, 46.

Ardjêsch, ville du district arménien d'Agh'iovid, 81, 98, 394, 401.

Ardzen ou Erzeroum, 83-84, 357, 402.

Ardzias, plaine auprès de Césarée de Cappadoce, 183, 420.

Ardzkan, forteresse de la Syrie, 364, 486.

Ardzrouni (princes), famille satrapale d'Arménie, 392.

Arek, couvent de la Cilicie, 414.

Arévabaschd (adorateurs du feu), 312, 464.

Aréventan, forteresse de l'Euphratèse, 267, 393, 448, 459.

Argni, district et forteresse sur les limites du district de Thelkhoum, dans la Grande-Arménie, 90-91, 116.

Argoun, beau-père du sulthan Mélik-Schah, 204.

Arian, un des affluents du Tigre, 80, 401.

Arioudzathil, forteresse du territoire d'Édesse, 163, 415.

Arius (hérétique du ive siècle, 139.

Arka, ville de Syrie, 225, 373, 435.

Arkina, bourg de la Grande-Arménie, 29, 387.

Arméniens d'Egypte, 177, 417.

Arôs, sorte d'oiseau, 310, 462.

Arouantanos, commandant militaire de Nisibe, 158-159.

Artah, forteresse du nord de la Syrie, 446.

Artoukh (Ortok), émir turkoman, tige de la famille des Ortokides, 257.

Arzoun, ville et district de l'Arménie occidentale, 49, 394.

Asbaçalar ou Sbaçalar, Asbahabed ou Asbed, titre militaire, 430.

Ascalon, 350-351, 435-436, 481-482.

Aschmouschad, village de la Grande-Arménie, 407, 417.

Aschmouschad, ville de la Grande-Arménie, 174, 175, 417.

Aschnag, bourg de la Grande-Arménie, au nord-est, 488.

Aschod, fils de Kourkên-Khatchig, prince ardzrouni, 375.

Aschod le Brave, fils de Kakig Ier et frère du roi Jean Sempad, prince bagratide, 6, 7, 8, 30, 51, 64, 375, 377, 379, 395, 396, 398.

Aschod II, dit Ergath, roi bagratide d'Ani, 370, 398.

Aschod III le Miséricordieux, roi bagratide d'Ani, 3, 4, 14, 16, 369-370, 371, 372, 379, 385, 398.

Aschod, fils de Jean, fils aîné de Kakig II, prince bagratide, 420.

Aschod-Sahag, frère de Kourkên-Khatchig et de Sénékérim-Jean, de la famille des Ardzrouni, 375.

Aschornêk' ou Arscharounik', district de la Grande-Arménie, 227, 436.

Aschots, district de la Grande-Arménie, 390.

Askanaz (la nation), nom donné aux Turks par les Arméniens, 196, 426.

Askar, l'un des habitants d'Édesse, 198.

Athanase, patriarche des Syriens Jacobites, 236.

Athareb, château fort du nord de la Syrie, 274, 300, 316, 450.

Atsiz, émir turk, gouverneur de Damas, 195, 425.

Aulos, plaine de la Lycaonie, 243, 441.

Aurore boréale, 218, 224, 228, 433.

Auzoud, localité de la Mésopotamie, dans le voisinage de Harran, 254.

Avédik', ingénieur arménien, employé au siége de Tyr par les Croisés, 465.

Ayaz, fils de l'émir Ilgazi, 453, 456.

Azad-Sarkis. V. Sarkis-le-Grand.

Azaz, forteresse du nord de la Syrie, 45, 298, 303, 315-318, 393, 476.

Aziz, émir égyptien, 49.

Aziz-billah, khalife fathimite d'Egypte, 195, 390, 425.

Baalbek ou Héliopolis, 18.

Bab le Bagratide, du district d'Antzévatsik', 24.

Babiôs, titre de l'archevêque latin d'Edesse, 232, 267, 327, 438, 473.

Babylone, dénomination de Bagdad ou du Kaire, 4, 22, 371-372.

Bad, émir d'Abahounik', 387.

Bagdad, 305, 371, 458.

Bagh'daïn, principal officier du sulthan Azz-eddin Kilidj-Arslan, 343.

Baghician. V. Agh'sian.

Baghïn ou Bagh'nadoun, district et forteresse de l'Arménie occidentale, 81, 115, 401, 405.

Bagrat III, fils de Kourkên, roi de Géorgie, 388, 393.

Bagrat IV, fils de Giorgi Ier, roi de Géorgie, 44, 393, 397, 418.

Bagratides (les princes), issus de l'une des plus anciennes familles satrapales de l'Arménie, 8, 70, 79, 376, 392.

Bahlavouni (les princes), branche de la famille des Arsacides, 8, 376.

Balag, émir, fils de Behram, fils d'Artoukh, 273-274, 287, 306, 307-310, 311-312, 450, 461, 463, 464, 465.

Balanée, *Belnias*, ville de la côte de Syrie, 22, 356, 384.

Baldoukh, émir de la famille des Danischmend de Cappadoce, 210-211, 219, 430.

Bal-elraïs, lieutenant de l'émir de Meïafarékïn, Nacer-eddaula, 47.

Balias ou Balissus, affluent de l'Euphrate, 443.

Bâlis, ville de Syrie, à l'ouest de l'Euphrate, 451.

Bardas Phocas, 34, 387, 388-389.

Bardas Sclérus, 29, 30, 386.

INDEX.

Bardav ou Ph'aïdagaran, ville de l'Agh'ouanie, dans l'Arménie orientale, 193, 423.

Bargdjag, docteur arménien, 151.

Barkhar, *Paryadrès*, chaîne de montagnes dans le nord-ouest de la Grande-Arménie, 462.

Barkiarok, sulthan, fils de Mélik-Schah, 204, 206, 207-208, 257, 416, 426, 429.

Barsouma, officier de Philarète Brachamius et commandant militaire d'Edesse, 195-196, 198.

Barsour, localité dans le voisinage d'Edesse, 51, 395.

Barthélemy (saint), apôtre de la Grande-Arménie, 4, 372, 422.

Basile Ier (l'empereur) dit le Macédonien, 388.

Basile II (l'empereur) fils de Romain II le Jeune, 4, 5, 6, 25, 26, 34, 35, 36, 37, 38-39, 40, 43, 246, 251, 375, 385, 387, 388, 389, 390, 392, 393.

Basile, accubiteur de Constantin Porphyrogénète, 2, 368.
— De Zimiscès, 385.

Basile, docteur arménien, 85.

Basile, fils du roi des Boulgares Alusianus, et commandant militaire d'Edesse, 164.

Basile, seigneur de Gargar', 330-331.

Basile, catholicos d'Arménie, 177, 185, 192, 201-202, 204,
216, 235, 253, 254, 259, 281, 282, 286, 418, 421, 454.

Basile-le-Grand (saint), évêque de Césarée, 202.

Basile de Marasch, docteur arménien, 329, 365, 469, 487.

Basile, seigneur de l'artzerpert, 335.

Basile Paschkhadetsi, docteur arménien, 85.

Basile Trachaniotès, général au service de l'empire grec, 406.

Basiliens (couvent des). V. Schough'r (couvent de).

Baudouin Ier de Boulogne, frère de Godefroy de Bouillon, comte d'Edesse et ensuite roi de Jérusalem, 213, 218-221, 229, 231, 244, 251, 270, 271, 272, 275, 284-285, 292, 295, 301, 431, 432, 434, 438, 442.

Baudouin II du Bourg, comte d'Edesse, puis roi de Jérusalem, 231, 232-233, 253, 254-255, 263, 266-267, 268, 269, 270, 275, 280, 283-284, 292, 293, 295-296, 300, 302, 306, 312-313, 314-315, 316-318, 431, 432, 448, 449, 450, 453, 457, 459, 462, 464, 465, 467, 470.

Baudouin III, fils de Foulques d'Anjou, roi de Jérusalem, 325, 345, 349, 481, 482, 488.

Baudouin, comte de K'éçoun et de Marasch, 322, 324, 326, 328-329, 457, 469, 473.

Baugh'i, général de Thogrul-beg, 80-81.

Bébou, forteresse de l'Euphratèse, 313, 464.

Bédévïn (Poitevin). V. Guillaume IX, comte de Poitiers.

Bedr-el-Djemâli, général du khalife fathimite Mostanser-billah, 425.

Béhesni, place forte de l'Euphratèse, 286, 302, 324, 332, 346-347, 360, 454, 476.

Behram, émir, fils d'Artoukh, 430, 461.

Beïbars-Bondokdary, sulthan mamelouk d'Egypte, 386.

Bekhd ou Ebikhd. V. Khatchadour-Vestès.

Bélédig, nom donné par injure aux habitants d'Antioche, 188, 422.

Belenkouï, plaine près de la ville de Reï, dans l'Irak Persique, 430.

Beni-Nomaïr, tribu arabe, 394.

Beni-Scheddad, famille de princes appartenant à la tribu kurde des Réwadis, 377.

Béniata (Bethsan ou Scythopolis?) principale ville de la Décapole, au sud de la mer de Galilée, 20, 383.

Bernard Valentin, patriarche latin d'Antioche, 438.

Bernard l'Étranger, 440.

Béros, catépan du district arménien de Bagh'ïn, 90-91, 103, 405.

Bérouth, *Berytus*, 20, 271, 383, 384.

Bertrand, fils de Raymond de Saint-Gilles, 261, 270, 272, 275, 446.

Berzem, forteresse sur les bords du Djihoun (Oxus), 415.

Bezah, ville du nord de la Syrie, 191, 299, 323, 324, 422, 468, 470, 471.

Bigh'ônid. V. Bizônid.

Bir, ville de la Mésopotamie, 272, 287, 293, 294, 450.

Bitlis. V. Pagh'êsch.

Bizônid, Bigh'ônid ou Bizschònid, gouverneur d'Edesse, 104, 131, 407, 411.

Bizou, ville de la Cappadoce, 78, 155, 400, 420.

Boëmond Ier, prince d'Antioche, 213, 222-224, 229, 230-231, 252-253, 254-256, 294, 319, 436, 439, 444, 467.

Boëmond II, fils de Boëmond Ier, 319, 320, 325, 345, 444, 452, 467, 484.

Bortzô ou Bourzau. V. Zourzau.

Bosra ou Bostra, ville de l'Idumée orientale, 268, 449.

Bough'i, général de Thogrul-beg, 80-81.

Bouldadji, émir turk, 191.

Boulgares, 34, 35, 37, 63, 389, 392, 397.

Boursoukh, préfet de Bagdad, 451.

Boursoukh-ibn-Boursoukh, 275, 292, 451, 455, 456.

Boursouky (Ak-Sonkor el-).

général du sulthan de Perse Daph'ar (Mohammed), 287, 315-318, 454, 456, 467, 468.

Bourtzès, patrice, général de l'empereur Nicéphore Phocas, et l'un des meurtriers de ce prince, 373, 374.

Bouzân, général du sulthan Mélik-Schah, 198, 199, 203, 204, 206, 207-208, 377, 427.

Byblos, ville de la côte de Syrie, 21, 383.

Cabadès, fils de Perozès et petit-fils d'Iezdedjerd II, roi de Perse, 339, 479.

Calaman, gouverneur grec de la Cilicie, 484.

Caloman, roi de Hongrie, 432.

Capetrum, *Gaboudroupert*, château-fort de la Grande-Arménie, 87, 403.

Catacalon le Brûlé, général grec, 81, 82, 84, 401, 403, 406.

Catépan, titre de certains gouverneurs grecs de provinces, 81, 405.

Célestin III, pape, 432.

Centenarium, poids de cent livres, 86, 403.

Césarée de Philippe ou Paneas, *Banias*, ville de la Galilée, 20, 229, 436, 486.

Chalcédoine (concile de), 408.

Charsianum (Castrum et Théma), dans la Cappadoce, 400, 445, 459.

Château Pélerin ou Hisn-Sendjil, près de Tripoli de Syrie, 242, 261, 440, 445.

Christophe, prêtre du district de Thelkhoum, 116.

Chrysoskoulos. V. Guedridj.

Chypre (île de), 353, 482.

Comètes, 36, 40, 63, 156, 218, 262-263, 413, 446.

Conrad (le connétable), 440.

Constance, fille de Philippe Ier, roi de France, et femme de Boëmond Ier, prince d'Antioche, 444.

Constantin IX, fils de Romain II le Jeune, 4, 5, 6, 25, 43, 44-45, 385, 389, 393.

Constantin X Monomaque, 75, 76-79, 82-83, 84, 85, 91, 102, 399, 400, 401, 406.

Constantin XI Ducas, 106, 114-115, 120, 126, 133, 135, 159, 407, 413.

Constantin, frère de Michel le Paphlagonien, 52, 396.

Constantin, fils de Constantin Ducas, 413.

Constantin, fils de Sénékérim, roi du Vasbouragan, 43, 393.

Constantin, fils du prince arménien Abel, 90-92, 102-103, 405.

Constantin, seigneur de Gargar', 219, 220, 294.

Constantin Ier, fils de R'oupên, 216, 217, 432.

Constantin (l'eunuque), général grec, 401.

Constantin, Magistros, général grec, 401.

Constantinople, 82, 203, 368, 428.

Contrée d'Alexis (Quatrième Arménie), 363, 486.

Crète (île de), 2, 369.

Croix de Varak, 203, 220, 272, 376, 393; (transportée à Sébaste) 107, 393, 407. — de Mak'énis, 220.

Ctésiphon. V. Dispon.

Curopalate, titre d'une dignité de l'empire grec, 167, 387, 429.

Cybistra. V. Guizisdara.

Cyprien, évêque arménien d'Antioche, 234.

Cyrrhus. V. Gouris.

Daæ, Daces, nation scythique, 399, 404.

Dabakh, sorte de maladie, 338, 478.

Dadjad, fils du prince arménien Kantzi, 64.

Dadjad, seigneur de Darôn, 269.

Dadjig, non d'un rocher dans le Taurus cilicien, 353.

Dadjigs, nom générique des peuples musulmans, chez les Arméniens, 1, 367-368, 322, 470.

Daïk', l'une des quinze provinces de la Grande-Arménie, 387.

Daimberg, patriarche latin de Jérusalem, 438.

Daïsan ou Scirtus, rivière d'Edesse, 442, 443.

Damas, 18, 19, 195, 351, 352, 355, 373, 425, 482, 483.

Damien Dalassène, patrice grec, 390.

Danischmend (Ibn-el-), émir turkoman de Cappadoce, 230-231, 243, 252, 253, 256, 437.

Daph'ar (Mohammed), sulthan seldjoukide de Perse, fils de Mélik-Schah, 204, 257, 287, 296-297, 416, 447, 448, 449, 456, 458.

Daph'thil, village du territoire d'Edesse, 306.

Darôn, district de la Grande-Arménie, 15, 109, 380, 450.

Daschir, district dans le nord de la Grande-Arménie, 377.

Daschkhmadatsis, corps de milices, 21, 383.

Davar, l'un des hommes du duc d'Edesse Tavadanos, 119.

David, fils puîné du roi bagratide Kakig II, 420.

David, Curopalate de Daïk', 31-33, 34, 387.

David, fils aîné de Sénékérim, roi du Vasbouragan, 41, 44, 52, 375, 393, 411.

David, fils d'Abel, prince arménien, 90-92, 102-103, 405.

David II, le Réparateur, roi de Géorgie, 303, 310-311, 313, 318-319, 459, 461, 465, 485.

David III, roi de Géorgie, 485.

David Anhogh'ïn, fils de Kakig, roi bagratide de l'Agh'ouanie, 65-67, 69, 72, 185, 193, 377, 397, 398.

David l'Invincible, auteur arménien du vᵉ siècle, 258, 444.

Davoud, émir de Hantzith, fils de Soukman, fils d'Artoukh, 318.

Davousch, ville de la Grande-Arménie, 377.

Dchagh'zatzor, localité de la Perse, 207.

Dchahan, district de la Petite-Arménie, 191, 261, 333.

Dchavalkhs ou Dchavakhêth, district de la Grande-Arménie, 121, 410.

Dchoulman, forteresse et village dans le voisinage d'Edesse, 275, 451.

Dêb, forteresse du territoire d'Edesse, 132.

Delouk, forteresse de la Comagène, 182, 419, 459.

Deph'khis. V. Tiflis.

Derbend (défilé de), 194, 423-424.

Devtad, chef géorgien, 31.

Dhafer-billah, khalife d'Egypte, 482.

Dhalim el-Okaïli, émir de Damas, 370.

Diarbékir. V. Amid.

Dikran, noble Arménien, 265, 282.

Dilémites, l'un des noms donnés par Matthieu d'Edesse aux Turks Seldjoukides, 9, 378.

Dimitri 1ᵉʳ, fils de David II, roi de Géorgie, 311, 318-319, 463.

Dinar, émir turk, 107-108.

Dioscore, abbé du couvent de Sanahïn, 61, 62, 63, 151, 397.

Dioscore, patriarche d'Alexandrie, condamné par le concile de Chalcédoine, 139, 408, 412.

Diran ou Diranoun Gabanetsi, docteur arménien, 85, 151, 412.

Dispon, ou Dizpon, forme arménienne du nom de la ville de Ctésiphon, 394.

Djabagh'-Dchour, ville de la Petite Arménie, 174, 417.

Dja'fer-beg-Daoud, frère de Thogrul-beg, 409.

Djaghry, fils du sulthan seldjoukide Mohammed, 446.

Djâwali, émir gouverneur de Mossoul, 263, 264, 266-267, 446, 448, 449.

Djèbou Schahar, localité du territoire d'Amid, 120.

Djekermisch, émir de Mossoul, 254-255, 260-261, 263, 444, 446-447, 448, 467.

Djemâl-eddin, émir de Mossoul, 485.

Djemdjem, général de Thogrul-beg, 115-116, 408.

Djendjegh'oug, second fils de Khatchig, seigneur de Thor'évan, 73, 75.

Djerdjeraïa, ville de l'Irak Araby, 394.

Djerdjéri, *Gergis* ou *Gergetha*, ville de la Troade, 104, 407.

Djéziré, ville de la Mésopotamie, 263.

Djihoun, *Oxus*, fleuve, 59, 396.

Djoïousch-beg, émir de Mossoul, 454.

Djouasch, district de la Grande-Arménie, 29.

Djouel, Gabala (*Gabaon* dans le texte arménien) ville de la côte de Syrie, 22, 383.

Dogh'odaph, ville de la Grande-Arménie, district de Hark', province de Douroupéran, 169, 361.

Dokâk, fils de Tetousch et souverain de Damas, 432, 434, 436.

Doubaïs (Nour-eddaula), fondateur de la dynastie des Açadites, rois arabes de Hillah, 401, 402.

Doubaïs (Abou'l-azz), roi de Hillah, fils de Sadaka, 304, 315, 458, 459-460, 466.

Dsou'lnoun, *Dadounès*, fils de Mohammed-ben-el-Danischmend, prince turkoman de Cappadoce, 343, 479, 480.

Dzagh'g-oden, district de la Grande-Arménie, 388.

Dzagh'gots, nom de l'une des portes de la ville d'Ani, 69.

Dzamentav, ville de Cappadoce, 126.

Dzoulman, château-fort du territoire d'Edesse, 131.

Dzov, forteresse de l'Arménie occidentale, 363, 486.

Eclipses de soleil, 53. — de lune, 225, 363.

Êdchmiadzïn, couvent où réside le catholicos d'Arménie, 423.

Edesse, 1, 46, 47, 48-51, 52, 157, 164-165, 195, 198, 209-211, 219-221, 228, 252, 256, 260-261, 271-273, 279-280, 287, 299, 301-302, 326-328, 360, 368, 394, 396, 427, 442, 472, 473.

Egh'ivart au Egh'vart, village de la Grande-Arménie, 378.

Egué'gh'iats, district de l'Arménie occidentale, 400.

Egyptiens, 244, 251.

Ehnoug, chef arménien, 120.

Elisée, évêque arménien, 85, 86, 115.

Elmélik-el-Afdhal, général au service des khalifes d'Egypte, 426, 430, 436.

Elyméens, nom donné par Matthieu d'Edesse aux Turks Seldjoukides, 93.

Emesse, *Hems*, ville de Syrie, 18, 372, 382, 482.

Emir-el-djoïousch, titre à la cour des khalifes d'Egypte, 195, 425.

Emir de l'Orient, 271, 273, 450.

Emma, fille de Tancrède de Hauteville, 436.

Emran, chef arménien, 11, 12, 378.

Endzaïk', couvent de la Grande-Arménie, 413.

Endzaïouts. V. Hentzouts.

Êndzéli, forteresse de la Mésopotamie arménienne, 411.

Ephrem, évêque arménien, 86.

Eraskhatzor. V. Aschornêk'.

Erzenga, Ezenga ou Erêz et Eriza (Justinianopolis) ville de la Grande-Arménie, 400, 401.

Erzeroum, 385, 402, 409.

Ethiopie, autrement appelée Inde, 435.

Etienne, catépan du district d'Ardjêsch, 81.

Etienne Calafate, père de l'empereur Michel Calafate, 399.

Etienne, sébastophore, 400.

Etienne Ier, catholicos des Agh'ouans, 185, 193, 199, 253, 421.

Etienne III, catholicos d'Arménie, 30, 34, 387, 388.

Etienne, abbé de Garmir-Vank', 259.

Etienne, archevêque arménien d'Edesse, 268.

Etienne, patrice grec, 402.

Etienne Pol, comte frank, 256.

Eudoxie, sœur d'Alexis Comnène et femme de Nicéphore Mélissène, 419.

Eudoxie Macrembolitissa, seconde femme de Constantin Ducas, 159-160, 413, 414.

Eustache de Boulogne, frère de Godefroy de Bouillon, 295, 432.

Eustache Grenier, connétable du royaume de Jérusalem, 462.

Eutychès, hérétique du ve siècle, 139, 408.

Famines, 1, 51, 111, 181, 228, 433.

Foulcher de Chartres, comte de Seroudj, 232, 437.

Foulques d'Anjou, roi de Jérusalem, 350, 351, 352, 361, 364, 457, 472, 481.

Francopoule (Hervé), Normand au service de l'empire grec, 118, 119, 120, 408.

Franks au service de l'empire grec, 100-101, 406.

Frères (Templiers), 338, 351, 354, 355, 477-478.

Gaban (rois de) ou Tzork', district de l'Arménie orientale, 194, 423, 424.

Gabaon. V. Djouel.

Gabos ou Garabed, garde-du-corps du prince arménien Thornig, 174, 417.

Gaboudrou, V. Capetrum.

Gabriel. V. Khouril.

Gadramidtkh ou Gadramidê, femme de Kakig Ier, roi bagratide d'Ani, 7, 376.

Gagh', chef géorgien, 362.

Gagh'zouan, village de la Grande-Arménie, 227.

Gaïdzon, ville de l'Arménie septentrionale, 377.

Gaïian, district et forteresse de l'Arménie orientale, 377.

Galonbegh'ad, ville de la Cappadoce, 78, 400.

Gamçaragan, famille satrapale d'Arménie, 447.

Gangra, ville de la Paphlagonie, 343, 479.

Gargar', place-forte de l'Euphratèse, 118, 219, 308, 330-331, 408, 464-465, 475.

Garïn, Théodosiopolis, ville et district de l'Arménie occidentale, 120, 385, 409.

Garmendchatzor, couvent de la Grande-Arménie, 205, 429.

Garmeraguel, chef géorgien, 32.

Garmian, partie du territoire de Mélitène, 303, 304, 450.

Garmir-Vank', couvent de la Cilicie, 259, 324, 332.

Gasdagh'òn, couvent de la Cilicie, 228, 260, 436.

Gaston ou Gastim, seigneurie située sur les frontières de la Cilicie et de la Syrie, 477, 478.

Gauthier Sans-Avoir, chef croisé, 441.

Gazi, fils d'Ibn-el-Danischmend, 256, 315, 430, 466.

Gazi, émir de la contrée de Kantzag, 303.

Génésareth, ville et district de la Galilée, 20.

Geoffroy, régent du royaume de Jérusalem, 309, 311.

Georges, catholicos des Agh'ouans, 193.

Georges-au-Ceinturon (église de saint), à Edesse, 186, 421.

Georges K'arnégh'etsi, docteur arménien, 85.

Georges de Lor'ê, catholicos d'Arménie, 160, 161, 172, 414.

Georges Mégh'rig, docteur arménien, 290-291, 320, 455.

Georges Our'djetsi, docteur arménien, 205.

Georges Oudzetsi, docteur arménien, 151.

Georges Schagatsi, Arménien d'Ani, 189.

Georges Tchoulahag-tzak, docteur arménien, 85.

Georges Thamr'etsi, docteur arménien, 151.

Gh'aringag. V. Zòrinag.

Ghaziah, tribu arabe, 460.

Ghaznévides (sulthans), 429.

Ghizna, *Khezné*, ville, 204, 297, 429.

Giorgi Ier, roi de Géorgie, 393, 397.

Giorgi II, roi de Géorgie, 418.

Giorgi III, roi de Géorgie, 361-363, 365, 485, 488.

Gobidar', forteresse de la Cilicie, 216, 432.

Godefroy de Bouillon, 213, 217, 225, 229, 431, 432, 436.

Goṇkanag, montagne de l'Arménie méridionale, 259.

Gontoradzk', signification de ce mot, 395.

Gordjaïk, district de l'Arménie méridionale, 394.

Goriguê Ier, roi bagratide des Agh'ouans, 421.

Goriguê II, roi bagratide des Agh'ouans, fils de David Anhogh'ïn, 121, 185, 193.

Goriguians, branche des Bagratides, établie dans l'Agh'ouanie arménienne, 377.

Gosdiank', village de la Grande-Arménie, 388.

Goths ou Gètes, 72, 398-399.

Goubïn, localité du territoire d'Édesse, 132, 279.

Goudan, émir de Salamasd, 49.

Goulla (montagnes de), dans l'Anti-Taurus, 324, 470.

Gour ou Cyrus, fleuve de la Grande-Arménie, 310, 462.

Gourd, roi des Boulgares, 389.

Gouris ou Cyrrhus, ville de la Syrie septentrionale, 45, 46, 316, 393, 459.

Grégoire, évêque arménien de Marasch, 231.

Grégoire, Curopalate d'Orient, 185, 226-227, 418.

Grégoire, fils de Pagouran, Géorgien, 123.

Grégoire, fils de Vaçag, chef arménien, 185, 418.

Grégoire III le Bahlavouni, catholicos d'Arménie, 258-259, 286-287, 326, 330, 445, 454, 470, 486.

Grégoire (saint) l'Illuminateur, 462.

Grégoire Magistros, duc de la Mésopotamie, 9, 10, 53, 70, 71, 84-87, 154-155, 378, 396, 398, 407, 411, 464.

Grégoire Maschguévor, docteur arménien, 290.

Grégoire Narégatsi, docteur arménien, 151, 413.

Grégoire de Nysse (saint), 140, 412.

Grégoire, fils de Sinakérem, roi des Agh'ouans, 194, 424.

Grégoire, fils de Vahram le Bahlavouni, généralissime des Arméniens, 80.

Grégoire Vahram, surnommé Vgaïacêr, catholicos d'Arménie, 128-129, 160-161, 172, 173, 174, 176, 177, 192, 216, 225, 235, 246-250, 257-259, 378, 411, 421.

Guedridj, parent d'Alp-Arslan, 162, 166-167, 168, 414.

Guentrôsgavis. V. Guizisdara.

Guerguécéra. V. Djerdjeraïa, 49, 394.

Guillaume IX, comte de Poitiers et duc d'Aquitaine, 242, 244, 440, 441, 469.

Guillaume X, fils de Guillaume IX, 469.

Guillaume de Bures, seigneur de Tibériade, régent du royaume de Jérusalem, 462.

Guillaume Jourdain, comte de Cerdagne, petit-cousin de Raymond de Saint-Gilles, 446.

Guillaume Sandzavel, comte de Delouk, 244, 441.

Guiragos Virabetsi, catholicos d'Edchmiadzïn, 423.

Guizisdara ou Cybistra, *Guentrôsgavis*, forteresse de la Cappadoce, 183, 276-279, 420, 470.

Guros, docteur arménien, 319-320.

Guzman, Espagnol au service de l'empire grec, 131, 411.

Haçan, fils aîné de Khatchig, prince de Thor'évan, 73, 74, 75.

Haçan, fils de Vaçag, chef arménien, 185, 418.

Haçan-ben-Kumuschtékïn, émir de Menbédj, 450, 463.

Haçan-*ibn*-Sabbah, chambellan d'Alp-Arslan, 172, 415.

Haçan Karakousch, émir turk, 468.

Hagh'pad, couvent de l'Arménie septentrionale, 397.

Hakem-biamr-allah, khalife fathimite d'Egypte, 391.

Hama, forteresse sur les bords du Djihoun (Oxus), 171.

Hama, ville de Syrie, 426.

Hamdanites, dynastie arabe d'Alep, 382, 394.

Hamdoun, émir arabe, 2, 16, 369-370.

Hantzith, district de l'Arménie occidentale, 6, 306, 330, 374.

Harbig, fils d'Abel, chef arménien, 90-91.

Harem, *Hérim*, forteresse de la Syrie, 364, 484, 486.

Hark', district de la Grande-Arménie, 14, 380.

Harthan, forteresse de la Petite-Arménie, 265, 447.

Hastaires (corps des) à Antioche, 178, 419.

Hatamaguerd, ville de la Grande-Arménie, 392.

Havnouni, famille satrapale d'Arménie, 385.

Hedjen-Beschara, guerrier turk, 119.

Héliopolis. V. Baalbek.

Henri VI, empereur d'Allemagne, 432.

Henri, fils de Guillaume IX, comte de Poitiers, 469.

Hentzouts ou Endzaïouts, couvent de l'Arménie occidentale, 38, 391-392.

Her, ville et district de la Persarménie, 27-29, 386.

Hermel, localité du territoire de Nisibe, 206.

Hervé. V. Francopoule.

Hilarion, archevêque géorgien, 33.

Hillah, ville sur l'Euphrate, 401, 459.

Hisn-Keïfa, *Kentzi*, ville de la Mésopotamie, 255, 394, 444.

Hisn-Mansour, forteresse de la Petite-Arménie, 118, 158, 265, 281, 289, 409.

Hokvots-vank', couvent de la Grande-Arménie, 422.

Honi, ville de la Petite-Arménie, 176.

Hor'om-Meïdan, place d'Antioche, 97.

Houceïn, émir de Her, 49.

Hourazdan, *Zengui* ou *Zangou*, affluent de l'Araxe, 71, 378, 398.

Hr'om-gla', forteresse de la Comagène, 324, 423, 434, 454, 470.

Hugues, archevêque latin d'Edesse, 473.

Hugues de Lusignan, 484.

Ibn-Wathab le Nomeïrite, gouverneur de Harran, 396.

Ibrahim, fils de Schéref-eddaula, 205, 206, 429.

Ibrahim, général du sulthan Thogrul-beg, 83-84.

Ibrahim, fils de Soukman Elkothby, 318.

Ibrahim, fils de Mohammed-ben-el-Danischmend, 479.

'Iça, frère de l'émir de Menbêdj, Haçan-ben-Kumuschtékîn, 463, 464.

Iconium, capitale de la Lycaonie, 421.

Içoulv, général de Thogrulbeg, 115-116, 408.

Ida, margrave d'Autriche, 441.

Iftikhar-eddaula, gouverneur égyptien de Jérusalem, 435.

Ignace, évêque syrien d'Alep, 475.

Ildiguiz, atabek de l'Azerbéïdjan, 488.

Ilgazi, fils d'Artoukh (Ortok), 287, 292, 298-300, 302-303, 304, 306, 307, 314, 430, 443, 444, 451, 456, 458, 459.

Image du Christ, 23, 25, 384.

Images de la Sainte-Vierge, 203, 257, 323, 422, 428, 470.

Innocent III, pape, 478.

Inondation à Edesse, 252, 442.

Irion, computiste byzantin, 37. 245, 391.

Isaac Comnène (l'empereur), 103-104, 105, 106, 406, 407.

Isabelle, veuve de Kilidj-Arslan Ier, sulthan d'Iconium, 315, 466.

Ischkhan, troisième fils de Khatchig le Sourd, jeune prince arménien, 73, 74, 399.

Ischkhan, l'un des principaux habitants d'Edesse, 187.

Ismaéliens. V. Rafédhites.

Ismayl (Kothb-eddin), frère d'Argoun, et oncle maternel du sulthan Barkiarok, 204, 207, 429, 448.

Ismayl, cousin et beau-frère de Mélik-Schah, et beau-père de Daph'ar (Mohammed), 297.

Ispahan, capitale de l'Irak persique, 297.

Ivanê, fils d'Abelhêth, gouverneur géorgien d'Ani, 465.

Izz-eddaula Mahmoud, prince d'Alep, 414.

Jacques, fils de K'arahad, docteur arménien, 151.

Jacques (saint) de Nisibe, 17, 339-340, 382.

Jacques K'araph'netsi, docteur arménien, 134-135, 190.

Jaffa, *Joppé*, sur la côte de Syrie, 441.

Jean (saint) l'Évangéliste, auteur d'un portrait de la Sainte-Vierge, 422.

Jean, fils aîné du roi Kakig II, 184, 420.

Jean, archevêque du couvent de l'Image de la Mère de Dieu, 191.

Jean, patriarche grec d'Antioche, 235, 438.

Jean, docteur arménien, 151.

Jean IV, catholicos des Agh'ouans, 3, 29, 30, 193, 371.

Jean V, frère d'Etienne, catholicos des Agh'ouans, 253-254, 444.

Jean Comnène (l'empereur), fils d'Alexis Ier, 301, 322-325, 358, 457, 458, 469-472.

Jean Comnène, neveu de l'empereur Manuel, gouverneur de Chypre, 482.

Jean Ducas, César, frère de l'empereur Constantin Ducas, 160, 414.

Jean Gozer'n, docteur arménien, 38, 53-60, 151, 392.

Jean K'arnégh'etsi, docteur arménien, 85.

Jean Orphanotrophe, eunuque grec, 395.

Jean Sempad, roi bagratide d'Ani, 6-8, 9, 30, 39, 53, 61-62, 64, 68, 375, 377, 379, 395, 396, 397.

Jean Vladosthlav, roi des Boulgares, 389.

Jérusalem, 19-20, 225-226, 256-257, 284, 295-296, 302, 381, 425, 430.

Jésuéens, couvent de la Cilicie, 290, 455.

Joie, fille de Baudouin du Bourg, 431.

Joseph, abbé du couvent d'Endzaïouts, 38, 151, 392.

Joseph III, catholicos des Agh'ouans, 62-63, 65-66, 193, 397.

Joseph, docteur arménien, 151.

Joseph, abbé du couvent des Jésuéens, 455.

Joseph Trachaniotès. V. Tarkhaniotès.

Josselin de Courtenay, comte d'Edesse, 213, 254-255, 257, 266-267, 268, 270, 271, 272, 275, 279-280, 301-303, 306-309, 311-313, 314-315, 316-317, 319, 320, 325, 350, 448, 449, 450, 453, 454, 457, 459, 464, 467, 468, 471.

Josselin II le Jeune, comte d'Edesse, fils de Josselin Ier, 313, 318, 326, 328, 330-332, 334, 472, 473-474, 475.

Josselin III, fils de Josselin-le-Jeune, 333, 361, 476, 484.

Justinianopolis. V. Erzenga.

Justinien Ier (l'empereur), 391.

Kak, plaine de l'Arménie septentrionale, 488.

Kakig Ier, roi bagratide d'Ani, 3, 6, 371, 374-375, 379, 388, 389.

Kakig II, dernier roi bagratide d'Ani, 64, 70, 76-78, 134-150, 152-154, 182-184, 276-278, 396, 398, 401, 411, 420, 424, 461.

Kakig, fils d'Apas, roi bagratide de Gars, 125, 126, 129, 154, 184.

Kakig, fils de Kourkên-Khatchig, roi d'Antzévatsik', 173, 375, 416.

Kala'-Dja'bar, forteresse de la Mésopotamie, 318, 328, 448, 466.

Kantzag, ville de l'Agh'ouanie, 193, 199, 297, 377, 423.

Kantzag ou Tauris, ville de l'Azerbéidjan, 423.

Kantzi, chef arménien, 60, 61.

Kara-Arslan (Fakhr-eddin), fils de Daoud, Ortokide, 324, 330, 470-471, 475.

K'arakloukh, lieu près de Mandzguerd, 99.

K'arérès, défilé dans le Liban, 21, 383.

Karmathes, 348, 480.

Kaudêthil, bourg de la Mésopotamie, 276, 451.

Kavadanêk, forteresse de la Cappadoce, 111, 408.

K'éçoun, ville de l'Euphratèse, 259, 280, 289, 302, 320-322, 332, 345, 346, 348, 352, 469-470, 476, 481.

Kélabites, tribu arabe, 394.

Kentzi. V. Hisn-Keïfa..

Kerboga, émir de Mossoul, 221, 434, 467.

Khadab, noble Arménien, 169.

Khaled, scheïkh des Kurdes, 120.

Khaph'tchig, signification de ce mot, 378.

Khar'an ou Harran, ville de la Mésopotamie, 186, 254, 255, 269, 272, 283, 307, 360, 427.

Khardèsch, peuple de race scytique, 89, 404.

Kharpert, forteresse de l'Arménie occidentale, 175, 306, 308, 309, 417, 461, 462.

Kharsina ou Kharschéna, ville de l'Euphratèse, 259, 445.

Khatchadour, chancelier du catholicos Pierre Ier, 85.

Khatchadour Vestès, duc d'Antioche, 130-131, 179, 411, 419.

Khatchig, évêque arménien, 86, 205.

Khatchig le Sourd, prince arménien du district de Thor'évan, 73-74, 399.

Khatchig-Kourkên. V. Kourkên-Khatchig.

Khatchig Ier, catholicos d'Arménie, 34, 35, 388, 389.

Khatchig II, catholicos d'Arménie, 85, 107, 115, 127.

Khazares, 404.

Khedrig, émir de Pergri, 60-61.

Khelath, ville de la Grande-Arménie, district de Peznounik', province de Douroupéran, 394, 447-448.

Khôçôns, village de la Grande-Arménie, district d'Abahounik', dans le Douroupéran, 32.

Khoï, ville de l'Azerbéidjan, 434, 460.

Khoraçan, province orientale de la Perse, et extension de cette dénomination géographique chez les Arméniens, 87, 221, 404.

Khor'aguerd, ville dans le nord-est de la Grande-Arménie, 377.

Khosrov III, roi arsacide d'Arménie, 423.

Khosrov, émir turk, 185-186.

Khosrovouhi, mère de saint Jacques de Nisibe, 382.

Khoujasdan ou Khouzistan, province de la Perse occidentale, 121, 409.

Khouril ou Khauril, gouverneur de Mélitène pour les Grecs, 212, 230, 430-431.

Khozan. V. Palahovid.

Khsouloukh, gouverneur d'Edesse, 198.

Kidjajidji, 113-115, 408.

Kilidj-Arslan Ier, fils de Soliman et sulthan d'Iconium, 191, 211-212, 215, 241, 243-244, 263, 264, 422, 446-447.

Kilidj-Arslan II, fils de Maç'oud, 333, 338, 341, 342-344, 348-349, 359, 361, 364, 474-475, 479, 480, 487.

Kiptchak, *Kh'aph'tchakh* et *Kh'eph'tchakh* (la nation des), 304, 460.

Klag, couvent de la Grande-Arménie, appelé aussi Couvent de Saint-Jean-Baptiste ou du Saint-Précurseur, 109, 175, 407, 417.

Kôgh'-Vasil, prince arménien de Kéçoun, 252, 258-259, 264, 266, 269, 272, 280-282, 325, 332, 443, 452, 470, 475.

Kohar-Khathoun, femme du sulthan Daph'ar (Mohammed), 297, 457-458.

Kor' Marzbédouni, général arménien, 370.

Kôra ou Kôri, ville de la Géorgie, 311, 463.

Koreïsch, émir arabe de Mossoul, 49, 80, 401-402.

Koreïsch, émir arabe, 165-166.

Kotchazkaz, Kouschaschdag ou Kouschag, roi de Gaban ou Ph'ar'iços, 3, 194, 424.

K'our, mesure de capacité, 110, 407.

Kourkên ou Goriguê Ier, roi bagratide d'Agh'ouanie, 8, 14, 377.

Kourkên-Khatchig, roi d'Antzévatsik', de la famille des Ardzrouni, 6, 14, 375, 386, 416.

Kourki, roi de Géorgie. V. Giorgi Ier.

Koutoulmisch, cousin de Thogrul-beg, 83-84, 402, 421.

Ksaus, localité du territoire d'Edesse, 132.

Kumusch-Tékïn, chambellan d'Alp-Arslan, 157, 159.

Kumusch-Tékïn. V. Danischmend.

Kurdes, 47, 120.

Kyr, titre grec, 15, 381.

Kyr Jean. V. Zimiscès.

Lampron, forteresse de la Cilicie, 433.

Lance du Christ, 223, 227, 261, 434-435.

Laodicée, ville de Syrie, 373, 426, 439.

Larissa, ville de la Cappadoce, 343, 480.

Lasdiverd, bourg de la Grande-Arménie, 412.

Lazare (couvent de Saint-), dans le district de Darôn, province de Douroupéran, 310, 462.

Léçoun, montagne à l'est d'Edesse, 167.

Ledar, forteresse du territoire d'Edesse, 51, 185, 395.

Léon le philosophe, docteur arménien, 14, 24, 380.

Léon, commandant militaire de Darôn pour les Grecs, 24.

Léon, fils du prince arménien Abel, 90-92, 102-103, 405.

Léon, frère de Nicéphore Phocas, 373.

Léon Ier, fils de Constantin Ier, baron de la Cilicie, 227, 282, 293, 298, 322, 323, 334, 336, 358, 452, 456-457, 469, 470.

Léon II, fils de Sdéph'anê, baron et ensuite roi de la Cilicie, 432, 477-478.

Léon III, fils de Héthoum Ier, roi de la Cilicie, 386.

Léon Valentius, l'un des assassins de l'empereur Nicéphore Phocas, 374.

Liban (mont), 22.

Libarid, prince géorgien, frère de R'ad le Brave et de Zoïad, 84, 87-88, 104, 378, 403, 404.

Ligos, frère d'Abelgharib, prince arménien, et avec lui seigneur de Bir, 293, 450.

Longue-Main, émir égyptien, 36, 390.

Lor'ê, ville de l'Arménie septentrionale, 121, 185, 193-194, 410.

Loulou, émir d'Alep, 292, 456.

Loulou el-Kharàdji, émir d'Alep, 389-390.

Lumière miraculeuse du St-Sépulcre, 233, 246, 251, 391.

Lycandus ou Lycandrus, *Lycanitis*, district de la Cappadoce, 343, 400.

Maç'oud, fils de Kilidj-Arslan Ier, sulthan d'Iconium, 330-333, 336-338, 342, 466, 471, 474, 476, 478, 479.

Maç'oud (Gaïath-eddin), fils du sulthan Daph'ar (Mohammed), 454, 460.

Maç'oud, fils de Boursouky, 468.

Madgyares, 405.

Magistros, titre grec, 378, 380, 429.

Mahaut de Louvain, aïeule de Godefroy de Bouillon, 431.

Mahmoud, émir de Damas, 49.

Mahmoud, fils de Mélik-Schah, 430.

Mahmoud, fils aîné du sulthan Daph'ar (Mohammed), 297, 320, 416, 458, 467.

Mahmoud le Ghaznévide, 429.

Mahuis, comte de Delouk, Aïn-tab et Raban, 311, 316.

Mak'énis ou Mak'énots, couvent de la Grande-Arménie, 434.

Makrizi, émir sarrasin, 436.

Mamigoniens, famille satrapale d'Arménie, 447.

Mamlan, émir de l'Aderbadagan (Azerbéïdjan), 30-31, 32-33, 387, 388.

Manazguerd ou Mandzguerd, ville de la Grande-Arménie, 99-102, 163, 167, 387, 394, 405, 414.

Mandalê (les trois fils de), meurtriers du roi Kakig II, 183-184, 276-279, 451.

Manès, hérésiarque du III° siècle, 138.

Mangou-Tékïn, général d'Azizbillah, khalife d'Egypte, 390.

Mani, émir arabe de Schênav, 276, 450.

Maniacès (Georges), général grec, 48-51, 76, 400. — (Forteresse de), 48-51, 209, 210, 327.

Manoutchê, émir kurde d'Ani, 420, 465. — Ses fils, 313, 319, 465.

Mansour-ben-Djou'ounah-el-'Amery, général arabe, 409.

Manuel, frère de Samuel, roi des Boulgares, 389.

Manuel Comnène (l'empereur), fils de Jean Comnène, 325, 336-337, 352-357, 358-359, 364, 478, 479, 482, 483, 487.

Manuel Comnène, curopalate, 414.

Maraba, district de la Cilicie, 216, 274, 432.

Maragh'i, village de la Mésopotamie, 464.

Marand, ville de l'Azerbéïdjan, 172, 416.

Marasch, ville de l'Euphratèse, 230, 257, 289, 290, 330, 360, 437, 469-470, 474, 476, 487.

Mar-Bartzouma, monastère syrien, dans la Cilicie, 475.

Mar-Ioannès, évêque syrien de K'éçoun, 476.

Marc, métropolite grec de Césarée, 152-154.

Marc, catholicos des Agh'ouans, 193.

Marc, ermite arménien, 259-260.

Marcion, hérétique du II° siècle, 138.

Mardaïtes. V. Maronites.

Mardaschides, dynastie arabe d'Alep, 394, 414.

Mardïn, ville de la Mésopotamie, 253, 464.

Marie, femme de Michel Parapinace, 177, 418.

Marie, sœur de Bardas Sclérus et femme de Zimiscès, 387.

Marie, aïeule de saint Maroutha, 427.

Maronites du Liban ou Mardaïtes, 471.

Maroutha (saint), évêque de Martyropolis ou Meïafarékïn, 202, 427.

Martyropolis ou Meïafarékïn, ville de la Mésopotamie, 47, 307, 394, 484.

Martyrs (église des saints), à Constantinople, 82, 402.

Maschguévor, couvent de la Cilicie, 290, 455.

Massagètes, 398.

Maudoud, émir de Mossoul, 270, 271-273, 275, 279-280, 283, 284-286, 449, 450, 453, 454, 467.

Mauro-Vart. V. Bardas Phocas.

Mecis. V. Mopsueste.

Medjd-eddin, lieutenant de Nour-eddin, 363-364, 486.

Medzpïn. V. Nisibe.

Megnig, localité du territoire d'Edesse, 185.

Meïafarékïn. V. Martyropolis.

Mekhithar de Knaïr, docteur arménien, 85.

Mekhithar le Patrice, chef arménien au service de Radhouân, sulthan d'Alep, 210, 430.

Mekhitharig, docteur arménien, 85.

Mélik-el-Aschraf, sulthan mamelouk d'Egypte, 470.

Mélik-Salik, prince d'Erzeroum, 484.

Mélik-Schah, sulthan, fils d'Alp-Arslan, 172, 196-197, 201, 203, 204, 414, 416, 426, 427.

Mélik-Schah, fils du sulthan d'Iconium Kilidj-Arslan Ier, 466.

Mélik-Thogrul, sulthan, fils cadet du sulthan Daph'ar (Mohammed), 297, 303-305, 310, 320, 416, 458, 468.

Mélissène, gouverneur du district arménien de Bagh'ïn, 103, 405.

Mélissent, fille de Baudouin du Bourg, 431, 472.

Mélitène, *Malathiya*, ville de la Troisième Arménie, 107-108, 211-212, 230, 315, 357.

Menbêdj, ville du nord de la Syrie, 311-312, 373, 384, 426, 450, 463, 468.

Méraga, ville de l'Azerbéïdjan, 451.

Merian ou Mren, place de la Grande-Arménie, 488.

Merwanides, dynastie arabe, de la Mésopotamie arménienne, 394.

Meschar, *Micéré*, ville de la

Petite-Arménie, 73, 315, 416-417.

Michel IV le Paphlagonien (l'empereur), 52, 63, 67-68, 69, 72, 395, 396, 397, 399.

Michel V Calafate (l'empereur), 72, 73, 399.

Michel VI Stratiotique (l'empereur), 103-104, 406.

Michel VII Parapinace (l'empereur), 159, 177, 178, 413, 418.

Michel, frère de Jean Orphanotrophe, 395.

Michel Branas, gouverneur de l'île de Chypre, 482.

Michel Cérulaire, patriarche de Constantinople, 86, 403.

Michel Iasitas, vestarque, préfet de l'Ibérie, 400-401.

Michieli (Dominique), doge de Venise, 314, 465.

Mikhaïl, fils de Constantin, seigneur de Gargar', 313, 464.

Miran (Nasret-eddin), frère de Nour-eddin, 360, 364, 481.

Miran ou Soukman II, prince de Khelath, 361-362, 363, 484, 485.

Mleh, Grand Domestique d'Orient, 12, 13, 379.

Mleh, fils de Léon Ier, baron de la Cilicie, 477, 484.

Modjir-eddin, émir de Damas, 482.

Moezz-lidin-illah, khalife d'Egypte, 17, 22, 372, 382.

Mogk', province de l'Arménie méridionale, 259, 394.

Mohammed, émir de Héms (Emesse), 49.

Mohammed, sulthan. V. Daph'ar.

Mohammed, fils de Gazi, fils de Danischmend, prince turkoman de Cappadoce, 320-322, 324, 326.

Mohammed, fils de l'émir d'Antioche Agh'sian, 221, 434.

Monomaque. V. Constantin X.

Montafek, tribu arabe, 460.

Montagne-Noire ou Amanus, 156, 217, 289, 413.

Montanus, hérésiarque du IIIe siècle, 138.

Mopsueste, Mecis ou Meciça, ville de la Cilicie Champêtre, 4, 334-336, 338, 354, 373, 456, 457, 470.

Morfia, fille de Gabriel, gouverneur de Mélitène, et femme de Baudouin du Bourg, 431.

Mossoul, ville de la Mésopotamie, 263, 315, 401, 449.

Mostadhhir-billah, khalife de Bagdad, 297, 458.

Mosta'li-billah, khalife d'Egypte, 430.

Mostanser-billah, khalife d'Egypte, 177, 417, 425.

Mostarsched-billah, khalife de Bagdad, 459, 460.

Mothi'-lillah, khalife de Bagdad, 13, 369-370, 379.

Mouça, chef turkoman, 444.

Moudar'açoun, village de l'Euphratèse, 173, 416.

INDEX.

Moudéber, localité de la Mésopotamie, 186.

Mousch, ville de la Grande-Arménie, 15, 361, 380, 484.

Moyse, docteur juif de Chypre, 39.

Moyse de Khoren, historien arménien du v° siècle, 258, 444-445.

Myron, huile sainte, 85, 403.

Nacer, général du khalife fathimite Moezz-lidin-illah, 20, 383.

Nacer-eddaula, émir de Meïafarékïn, 47, 110, 394.

Nacer-eddaula, émir de Pagh'êsch ou Bitlis, 49.

Nakhitchévan ou Nakhdchavan, ville de la Grande-Arménie, 125, 378, 592, 410.

Necébïn. V. Nisibe.

Neige rouge, 110, 333, — noire, 268.

Némésius, évêque d'Emesse, au iv° siècle, 412.

Néo-Césarée, *Niguiçar*, ville du Pont, 231.

Nerkiag, plaine de l'Euphratèse, 281.

Nersès (saint) le Grand, patriarche d'Arménie, 43, 184, 202, 212, 359, 392.

Nersès (saint) Schnorhali (gracieux), catholicos d'Arménie, 464.

Nersès de Pakrévant, docteur arménien, 155.

Neschénig, forteresse du territoire d'Edesse, 130-131, 411.

Nestorius, hérésiarque du v° siècle, 139.

Nicée, ville de la Bithynie, 203, 214-215, 421, 432.

Nicéphore Botoniate, l'empereur), 178, 180, 411, 418, 475.

Nicéphore Mélissène, César, 180, 181, 419.

Nicéphore Phocas (l'empereur), 4, 5, 370, 372-374, 379.

Nicéphoritzès, logothète, 418.

Nicolas, Accubiteur de Constantin Monomaque, général des armées d'Orient, 78, 400-401.

Nicolas, patrice grec, 382.

Nicolas Muzalon, patriarche de Constantinople, 235, 438.

Nik, district de la Grande-Arménie, 9, 378.

Nilus, hérétique, 427.

Nisibe, Necébïn, ou Medzpïn, ville de la Mésopotamie, 17, 130, 157, 206, 287, 339, 413.

Nour-eddin, *Noradinus*, fils de Zangui, 329, 333, 349, 350, 351, 352, 356, 360-362, 364, 426, 473, 474, 475, 476, 479, 481, 482, 484.

Nouvelle Troie ou Troade, surnom d'Anazarbe, 216, 432.

Novatien, hérésiarque du iii° siècle, 139.

Océan ou mer Océane, (sens de l'expression) chez les Arméniens, 2, 360.

Oda', aïeul de saint Maroutha, 427.

Odiart ou Hodierne, fille de Baudouin du Bourg, 431.

Odon le Bon, père de Tancrède d'Antioche, 436.

Okhthis. V. Ough'thik'.

Orient, Orientale (Nation), usage et explication de ces deux expressions, 14, 379.

Orient des Perses, signification de cette expression, 17, 381-382.

Ortokides de Hisn-Keïfa et d'Amid, 430.

Oschïn, émir turk, 156-157.

Oschïn Ier, fondateur de la dynastie des princes Héthoumiens, seigneurs de Lampron, 217, 433, 477.

Oschïn II, petit-fils du précédent, 335, 477.

Oschïn (forteresse d'), près de Nisibe, 158, 159.

Osdan, signification de ce mot, 392.

Osdan, capitale du district de R'eschdounik', dans le Vasbouragan, 42, 392.

Osguedzam, beau-père de Thogrul-beg, 100, 405.

Otheïr, émir arabe d'Edesse, 46-47, 394.

Ough'thik', ville dans le nord-ouest de la Grande-Arménie, 79, 361, 400, 485.

Oulough'-Salar, émir turk, 253, 443.

Ouremn, ville de l'Euphratèse, 281, 452.

Oursel, Normand au service de l'empire grec, 415.

Ouzes, Ghozz, Turks Seldjoukides, 89, 126-127, 169, 392, 404, 405, 410.

Ozkend, ville de la Transoxiane, 204, 310, 429.

Pacên, plaine de la Grande-Arménie, 403.

Pag, village, de la Grande-Arménie, 29.

Pagh'èsch ou Bitlis, ville de l'Arménie méridionale, aujourd'hui capitale du Kurdistan supérieur, 49, 394.

Pakourianos, chef géorgien, 388.

Pakrad. V. Bagrat IV.

Pakrad, gouverneur d'Ani pour les Grecs, 123.

Pakrad, seigneur d'Aréventan, 294, 448, 457.

Pakrad, *Pancratius*, frère du prince arménien Kôgh'-Vasil, 443.

Palahovid, Palakohovid ou Khozan, district et bourg de l'Arménie occidentale, 15, 374, 381.

Palou, ville du district de Khozan, 307, 461.

Panéas. V. Césarée de Philippe.

Panig, habitant de Bizou, 184, 420.

Pantaléon ou Léon le philosophe. V. ce dernier nom.

Pâque (erreurs sur l'époque de la), 37-38, 245-246, 390-391.

Partzerpert, forteresse de la Cilicie, 335, 477.

Patriarcat arménien (scission du) 192-194, 423, 424. Son unité rétablie, 202, 423.

Patrice, frère de Tchordouanel, chef géorgien, 390.

Patzinaces, 89, 105, 169, 199-200, 266-267, 404, 405, 427.

Paul, docteur arménien, 151.

Paul, catholicos d'Arménie, 191, 192, 194, 204, 422.

Paul de Darôn, docteur arménien, 310, 462.

Paul de Samosate, hérésiarque du IIIe siècle, 139.

Payen, comte de Seroudj, 283, 293.

Pazguerd, ville de l'Arménie septentrionale, 377.

Pazouni, prince héthoumien, frère d'Oschin Ier, 217, 433.

Pedchni, forteresse de la Grande-Arménie, 9, 71, 378, 397, 398.

Pergri, ville de la Grande-Arménie, 396.

Persarménie, l'une des quinze provinces de la Grande-Arménie, 380, 394.

Pertousd ou Pertous, forteresse de la Cilicie, 264, 345, 348, 447.

Peste générale, 202.

Peznounik', district de la Grande-Arménie, 394.

Ph'aïdagaran. V. Bardav.

Ph'arzman, ville de la Petite-Arménie, 349, 476, 479, 481.

Ph'ers, *Phersès*, chef géorgien, 31, 388.

Phevdatos, chef géorgien 388.

Philarète Brachamius, Curopalate et Grand Domestique, 173-175, 176, 179, 180, 184, 187, 195-196, 416, 421, 434.

Ph'ilibbê, fils de Kotchazkaz, roi de Gaban ou Ph'arhiços, 3, 194, 371.

Ph'ilibbê, guerrier arménien, 10.

Ph'ilibbê, fils de Grégoire Magistros, 378.

Photinus, hérésiarque du IVe siècle, 139.

Phiniminis, ville de l'Asie-Mineure, 441.

Pierre Ier, surnommé Kédatartz, catholicos d'Arménie, 8, 53, 61-62, 63, 70, 85, 87, 107, 376, 397.

Pierre, oncle du prince arménien Kôgh'-Vasil, 265.

Pierre Knapheus ou le Foulon, hérétique du Ve siècle, 139.

Pierre Phocas (l'eunuque), général grec, 373.

Pons, comte de Tripoli, petit-fils de Raymond de Saint-Gilles, 285, 316, 319, 453, 465.

Port Saint-Siméon, *Seleucia Pieria, Sevodi, Soueïdié*, auprès d'Antioche, 197, 426, 440, 486.

Portella, *Tour'n*, passage sur le bord de la mer, entre la

Cilicie et la Syrie, 338, 477.

Poulkhar, docteur arménien, 85.

Pratum palliorum, plaine auprès d'Anazarbe, 467.

Précurseur (couvent du Saint) V. Klag.

Prince, titre particulier aux seigneurs d'Antioche, 474.

Prince des princes, titre arménien. V. Thathoul.

Protospathaire, titre grec, 23, 380.

Proximos, titre grec, 131, 411.

Ptolémaïs ou St-Jean d'Acre, *Acca*, 20.

Quarante (les saints) martyrs de Sébaste, 220.

Raban, ville de l'Euphratèse, 266, 280-281, 289, 302, 324, 332, 352, 360, 448, 476.

Rabounabed, titre arménien, 380.

Rabsacès, général de Sennachérib, roi d'Assyrie, 31, 388.

R'ad le Brave, frère des princes géorgien Libarid et Zoïad, 84, 88, 403.

Radhouân, fils de Tetousch, sulthan d'Alep, 209, 210, 430, 446, 449, 467.

Radomir, roi des Boulgares, 389.

Rafédhites, sectaires musulmans, 304, 460.

Rahaba, ville de la Mésopotamie, 454.

Raimbaud, Frank au service de Philarète Brachamius, 174-175, 417.

Rakka, ville de la Mésopotamie, 360, 483.

Ramla, ville de la Palestine, 19-20, 441.

Randolphe, patrice, 406.

Raymond de Poitiers, prince d'Antioche, 325, 326, 329, 457, 469, 471, 472, 474, 480.

Raymond le Borgne, comte de Tripoli et ensuite prince d'Antioche, 477.

Raymond le Jeune, comte de Tripoli, 484.

Raymond Rupin, prince d'Antioche, petit-neveu de Léon II, 477.

Reclei, *Héraclée*, ville de la Lycaonie, 441.

Reliques des Jeunes gens, 38.

Renaud de Châtillon, prince d'Antioche, 345, 349, 352, 353, 363-364, 480, 482, 486.

R'eschdounik', district de la Grande-Arménie, dans le Vasbouragan, 375.

Réwadi, tribu kurde, 377.

Richard du Principat, cousin de Boëmond Ier, 230-231, 253, 260, 437.

Robert, comte de Normandie, 213, 224.

Robert Guiscard, fils de Tancrède de Hauteville, 433, 436.

Rodolphe, patriarche latin d'Antioche, 452.

Roger, fils de Richard du Principat, 282, 285, 292, 297-300, 452, 453, 457.

Rokn-eddaula Daoud, fils de Soukman, Ortokide, 456.

Romain Ier Lécapène (l'empereur), 395.

Romain II le Jeune (l'empereur), 2, 4, 369, 371, 372.

Romain III Argyre (l'empereur), 45, 50, 51, 52, 393, 395.

Romain IV Diogène (l'empereur), 159-160, 161-162, 166-170, 414, 415.

Romain, patrice et sébastophore, petit-fils de Lécapène, 385.

Romains, dénomination commune aux Grecs du Bas-Empire et aux Latins, 368-369. — (Pays des), Asie-Mineure, 196, 426. — (Pays des), Europe, 319, 467.

Romanopolis, ville de l'Arménie occidentale, 50, 180, 395.

Roupên Ier, premier baron de la Cilicie, 216, 420.

Rouzar'n, serviteur de Georges Maniacès, 49.

Saad-eddaula, prince Hamdanite, fils de Seïf-eddaula, 382.

Sabellius, hérétique du IIIe siècle, 139.

Saces, nation scythique, 409.

Saçounk' ou Sanaçounk', district de la Grande-Arménie, province d'Agh'etznik', 375.

Sadaka. V. Doubaïs.

Safari, ville de la Mésopotamie, 464.

Sahag Marzban, seigneur de Varajnounik', 37, 390.

Sahag le Parthe (saint), catholicos d'Arménie, 192, 423.

Sa'ïd-eddaula, émir d'Amid, 116, 119, 408.

Saïlahan Lasdiverdtsi, docteur arménien, 151.

Saint-Gilles (Raymond de), comte de Toulouse, 213, 223, 227, 241-242, 261, 435, 436, 439, 440, 446, 469.

Sakasdan ou pays des Saces, *Sedjistan*, province orientale de la Perse, 121, 409.

Salamasd, ville de l'Arménie méridionale, 49, 394.

Salamia, ville de l'Asie-Mineure, 441.

Salar-Khoraçan, général de Thogrul-beg, 115-116, 117, 130, 132-133, 408.

Saleh, fils de Mardas, émir d'Alep, 49, 394.

Salikides ou Saldoukhides, princes d'Erzeroum, 484.

Salman, lieutenant de l'émir d'Edesse Schebl, 47, 48.

Samanides, dynastie de la Perse, 372.

Samosate, *Schimschâth*, métropole de la Comagène, 2, 219, 289, 459, 464.

Samoukhd, émir turk, 111-113.

Samuel, docteur arménien, 39, 205.

Samuel, roi des Boulgares, 389, 392.

Sanahïn, couvent de l'Arménie septentrionale, 61, 396.

Sarasar, fils de Sennachérib, roi d'Assyrie, 30, 375.

Sari, général en chef du prince arménien Abirad, 9.

Sarkis, chef arménien, 27.

Sarkis Ier, catholicos d'Arménie, 35, 39, 389.

Sarkis, catholicos à Honi, 176, 180, 211.

Sarkis. V. Serge l'ânier.

Sarkis le Grand ou le Noble, prince de Siounik', 54, 68, 71, 76-77, 396.

Sarkis Sévanetsi, docteur arménien, 151.

Sarouantavi ou Sarouantik'ar, château fort de la Cilicie, 440.

Sassan (maison de), 14, 379-380.

Sbramig, mère de Mekhithar, 6, 25.

Schabôran, ville de l'Arménie orientale, 463.

Schabouh, gouverneur du prince ardzrouni David, fils de Sénékérim, 41, 67, 392.

Schah-Armên ou Schahi-Armên (roi d'Arménie), titre des souverains musulmans de Khelath, donné aussi à Aschod III, roi bagratide d'Ani, 370, 381.

Schah-banou ou Schah-banoun, sœur de Mélik-Salik et femme de Miran Soukman II, 484.

Schahenschah ou Schahïn-schah (roi des rois), titre de plusieurs souverains bagratides, 16, 39, 125, 155, 370, 381.

Schahïnschah, fils de Maç'oud, sulthan d'Iconium, 479.

Schahvarid, émir de Séboun, 49.

Schaki, ville de l'Arménie orientale, 311, 463.

Schalab, lieu situé sur le territoire d'Edesse, 132.

Schamaki, ville du pays des Agh'ouans, 463.

Schamkar ou Schamkor, ville de l'Arménie orientale, dans la province d'Oudi ou de Koukark', 311, 463.

Schath le khazir, fils de Dchapoukh, 463.

Schathar, ville de l'Arménie orientale, 463.

Schebib, émir musulman, 51.

Schebl, émir arabe d'Edesse, 46, 394.

Schebl, émir de Khar'an, 49.

Scheïzar, ville de Syrie, 275, 292, 306, 390, 446, 451, 471.

Schems-eddaula, fils de l'émir d'Antioche Agh'sian, 434.

Schênav, place forte de la Mésopotamie, 272, 275, 450.

Schendchê ou Sindja, affluent de l'Euphrate, 307, 461.

Schéref-eddaula. V. Schoreïh-Hedjm.

Schéref-el-Mé'âli, fils d'Elmélik-el-Afdhal, général des armées égyptiennes, 251, 441, 442.

Schété (désert de) ou Scythie, dans la Basse-Egypte, 226, 435.

Schirag (maison de), 25, 385.

Schirvan, ancienne capitale de l'Aghouanie, 311, 463.

Schmerschakh, village de la Mésopotamie, 464.

Schòl, village de la Mésopotamie, 464.

Schoreïh-Hedjm, surnommé Schéref-eddaula, fils de Koreïsch, et émir de Khar'an, 186, 190, 191, 195, 421, 422.

Schough'r, couvent de la Cilicie, 286, 290, 454.

Scythes, nom sous lequel les Arméniens désignent quelquefois les Turks, 351, 481.

Sdéphanè, fils de Léon Ier, prince r'oupénien, 338, 344-345, 346, 365, 477, 481, 487-488.

Sébaste, ville de la Cappadoce, 87, 111-113, 166, 357, 375, 393.

Sébaste, Pansébaste, etc., titres grecs, 475, 483.

Séboun, ville de la Mésopotamie? 49.

Séhoun, *Seyhoun*, ville du nord de la Syrie, 22, 384.

Seïf-eddaula Abou'l-Haçan-Aly, petit-fils de Hamdan, 368, 370.

Seldjouk, chef turk, auteur commun des princes seldjoukides, 421.

Seldjoukides de Perse (liste généalogique des), 416.

Semaine (Grande), 422, 442.

Semaine (Petite), 252, 442.

Sempad II, roi bagratide d'Ani, 124, 371, 377, 379, 410.

Sempad, gouverneur d'Ani pour les Grecs, 187, 421.

Sempad Thor'netsi, prince de Dchahan, 14, 24, 380.

Sénékérim Jean, roi du Vasbouragan, 6, 14, 30, 44, 375, 393.

Sept-Loups, guerrier de l'armée des Dilémites, 11.

Serge (saint), martyr, 150.

Serge (Sarkis) l'ânier, hérétique, 150.

Serguévéli, montagne de la Grande-Arménie, 12, 378-379.

Seroudj, ville de la Mésopotamie, 232-233, 279, 437, 450.

Serpents (nation des), d'origine scythique, 89, 404.

Sévan, lac, île et monastère de la Grande-Arménie, 413.

Sévavérag, ville de la Mésopotamie arménienne, 2, 120, 130, 395.

Sévodi ou Soueïdié. V. Port Saint-Siméon.

Sévortik', district de l'Arménie septentrionale, 377.

Sidon, *Seïd*, ville du littoral de la Syrie, 21.

Siméon, patriarche de Jérusalem, 236, 438.

Simon, soldat syrien, 325.

Sinakérer, fils de Taguïn-Sévata, roi de Gaban ou Phar'içós, 194, 397, 424.

Sindjar, ville de la Mésopotamie, 454.

Sindjar (le sulthan) frère du sulthan Daph'ar (Mohammed), et souverain du Khoraçan, 297, 310, 458, 463.

Sipar ou Sippara, ville de la Babylonie, 413.

Sis, ville de la Cilicie, devenue la capitale de ce pays, depuis le règne de Léon II (1198-1219), 289, 423.

Soliman, fils de Koutoulmisch, prince Seldjoukide, 187-188, 190-191, 194, 421, 422, 425, 434.

Soliman, fils d'Ilgazi, prince ortokide, 307, 450, 461.

Sophie (église de Sainte-), à Constantinople, 34, — à Edesse, 262.

Soubléon. V. Zoublas.

Soukman, fils d'Artoukh, 210, 217, 254-255, 256-257, 430.

Soukman el-Kothby, roi de Khelath, 275, 276, 447-448, 450, 451.

Souprous, forteresse de la Cilicie orientale ou de l'Euphratèse, 465.

Sourên Bahlav, branche de la famille des Arsacides de Perse, 382.

Sulthan d'Arménie, 266, 447.

Sulthan-Schah, fils de Radhouân, souverain d'Alep, 314, 444, 456, 466.

Syméon, domestique de Bardas Phocas, 389.

Syncelle, dignité ecclésiastique, 87, 403.

Tadj-eddaula Alp-Arslan-el-Akhras, fils de Radhouân, 456.

Tadj-elmolouk Bouri, fils de Toghtékïn, 320, 468.

Tafroc, *Tatos*, noble Arménien, 431.

Taguïn-Sévata, fils de Ph'ilibbê, roi de Gaban ou de Ph'ar'içõs, 194, 397.

Tahégan, monnaie arménienne, 7, 376.

Tamerlan, *Timour-Leng*, 464.

Tancrède, neveu de Boëmond Ier, prince d'Antioche, 213, 224, 229, 242, 244, 254, 255, 256, 260, 266-267, 270, 272, 274, 280-281, 301, 433, 436, 446, 448, 452.

Tang, monnaie arménienne, 365, 485.

Tarkhaniotès (Joseph), général Ouze d'origine, au service de l'empire grec, 168, 415.

Tarouïns, place forte de la Grande-Arménie, 392.

Tarpnats-K'ar (Rocher des forgerons), localité de la Grande-Arménie, 422.

Tarse, *Darson, Tarsous*, ville de la Cilicie champêtre, 4, 334, 373, 433, 470, 482.

Tavadanos, duc d'Edesse, 118-119.

Tavthoug, chorévêque d'Ardzen, 84, 403.

Tchemeschgadzak, ville de

l'Arménie occidentale, 16, 374.

Tchordouanel (Georges), 10.

Tchordouanel, chef géorgien, 390.

Tchordouanel, neveu du prince géorgien Libarid, 87, 88.

Tchordouanel, fils de Thornig Mamigonien, 407.

Tégor ou Didgor, montagne de Géorgie, 304, 460.

Tellbâscher ou Thil-Avédiats, ville et forteresse au nord de la Syrie, 218, 267, 275, 292, 301, 330, 332, 333, 433, 459, 472.

Témirak, seigneur de Sindgar, 453.

Terdchan, district dans le nord-ouest de la Grande-Arménie, 23, 385.

Térénig, fils de Kourkên-Khatchig, roi d'Antzévatsik', de la famille ardzrouni, 26, 27, 28-29, 375, 386.

Térénig-Aschod, frère d'Abouçahl-Hamazasb, roi ardzrouni d'Antzévatsik', 386.

Têsnatzor, vallée près d'Edesse, 51, 395.

Tetousch, sulthan, fils d'Alp-Arslan, 163, 194, 195, 205-206, 207-209, 414, 425, 426, 427, 430, 432.

Tevïn, ville de la Grande-Arménie, 80, 81, 82, 365, 401, 402, 488.

Thaddée (saint), apôtre de la Grande-Arménie et de l'Agh'ouanie, 4, 133, 193, 372.

Thaddée, littérateur arménien, 85.

Thathoul, Prince des princes, gouverneur de Marasch pour les Grecs, 229-230, 257, 294, 437.

Thavplour, bourg de la Petite-Arménie, 115, 408.

Thelbagh'd, forteresse de la Mésopotamie arménienne, 90, 405.

Thelgouran, forteresse et bourg de la Mésopotamie, 276, 451.

Thelkhoum, district et forteresse dans le sud-ouest de la Grande-Arménie, 81, 115, 157, 163, 401.

Thelmouzen, ville de la Mésopotamie, 280, 452.

Thelthovrav, forteresse de la Mésopotamie, 163, 415.

Théodora, sœur de l'impératrice Zoé, 102-103, 406.

Théodora, femme de Foulques, roi de Jérusalem, 352, 482.

Théodore (l'eunuque), Domestique de l'Orient, 406.

Théodore, métropolite de Mélitène, 34.

Théodore, catholicos d'Arménie, 191, 201-202.

Théodore le Noir, l'un des meurtriers de Nicéphore Phocas, 374.

Théodoric, frère d'Ischkhan d'Edesse, 187.

Théophano (l'impératrice),

femme de Nicéphore Phocas, 5-6, 373-374.

Thersidj, forteresse du territoire d'Edesse, 211.

Thil-avédiats. V. Tellbâscher.

Thil de Hamdoun, forteresse de la Cilicie, 219, 281, 338, 341, 434, 479.

Thimatsis, corps de milices, 21, 383.

Thlitouth, forteresse de la Mésopotamie arménienne, 157, 413.

Thlag, localité du territoire d'Edesse, 132.

Thodormê, frère du roi de Géorgie David II, 311.

Thogrul-Arslan, fils du sulthan d'Iconium Kilidj-Arslan Ier, 466.

Thogrul-beg, chef de la dynastie des sulthans Seldjoukides de Perse, 51, 80, 83, 98, 99-102, 111, 115, 303, 378, 395, 397, 402, 405, 409.

Thorgom, petit-fils de Japheth et père du fondateur de la nationalité arménienne, Haïg, 426.

Thoridj, forteresse du territoire d'Edesse, 130.

Thornig (Léon), patrice, 82-83, 401, 402.

Thornig, fils de Mouschegh', prince de Darôn et de Saçoun, 109, 173-175, 176, 407.

Thoroçag, seigneur de Thelbagh'd, 90.

Thoros, seigneur de Haschdiank', 390.

Thoros, fils de Héthoum, et curopalate d'Edesse, 208, 209, 210-211, 216, 218-221, 228-229, 429, 434.

Thoros Ier, fils de Constantin Ier, baron de la Cilicie, 227, 257, 274, 276-279, 432, 444, 452, 470.

Thoros II, fils de Léon Ier, baron de la Cilicie, 334-337, 340, 341, 345, 348, 349, 353-355, 360, 364, 365, 475, 476-477, 478, 479, 481, 482, 483, 488.

Thoros Alakòcig, catholicos, 180, 211, 430.

Thourer, ville de la Petite-Arménie, 281, 452.

Thourk de Bagdad, créé par Zimiscès gouverneur de Damas, 19.

Tiflis, *Deph'khis*, capitale de la Géorgie, 304, 305, 315, 461.

Tigrane Ier, roi arsacide d'Arménie, 1, 291, 368.

Timothée, docteur arménien, 151.

Timour-Tasch, fils d'Ilgazi, Ortokide, 307, 312, 313, 444, 461.

Tmanis, ville de la Grande-Arménie, 311, 463.

Toghtékïn, émir de Damas, 217, 285, 292, 315-318, 320, 432-433, 434, 442, 453, 456, 458.

Tortose, *Antaradus*, ville de la côte de Syrie, 440.

Tour'n. V. Portella.

Trazarg, couvent de la Cilicie. 291, 320, 455.

Tremblements de terre, 34, 40, 79, 202, 287, 345, 389.

Tripoli de Syrie, 22, 257, 269-270, 373, 390, 449.

Trisagion (l'hymne du), dans l'Eglise arménienne, 412.

Troade. V. Nouvelle-Troie.

Turkan-Khatoun, femme du sulthan Mélik-Schah, 203, 257, 428, 429-430.

Tyr (la ville de) 314, 465.

Tyropée, château fort de l'Asie-Mineure, dont la position nous est inconnue, mais devait se trouver entre la Phrygie et la Cappadoce, 387.

Tzeguen-Dchour, district de la Cappadoce, 276.

Tzelgou, roi des Patzinaces, 199, 427.

Tzoraked, district de l'Arménie orientale, 377.

Tzoravank', couvent de la Grande-Arménie, province de Vasbouragan, 396.

Tzork'. V. Gaban.

Vaçag, fils d'Abirad, Bahlavouni, 9, 177, 185, 418.

Vaçag le Bahlavouni, seigneur de Pedchni, généralissime des Arméniens, 9-12, 376, 378.

Vaçag, fils de Grégoire Magistros et duc d'Antioche, 378, 418.

Vaçag, renégat géorgien, 362.

Vaçag, prince de Siounik', 376.

Vaçagavan, bourg dans la province de la Quatrième Arm., 6.

Vahan ou Vahanig, catholicos d'Arménie, 15, 29, 30, 371, 381, 386.

Vahga', forteresse de la Cilicie. 227, 436.

Vahram. V. Grégoire Vahram.

Vahram le Bahlavouni, généralissime des Arméniens, 69-70, 80, 396, 397, 398.

Vahram, gouverneur de K'éçoun, 324.

Valarsaguerd, ville de la Grande-Arménie, district de Pakrévant, province d'Ararad, 388.

Valentin, hérésiarque du IIe siècle, 138.

Van (mer de). V. Vasbouragan (mer de).

Var', sixième ton de la musique arménienne, 289, 455.

Varajnounik', districts de la Grande-Arménie, 37, 390.

Varak, couvent de la Grande-Arménie, 7, 44, 375-376, 393.

Varsam, fils de Philarète Brachamius, 421.

Vartahéri, village de l'Euphratèse, 286.

Vartau, moine du couvent de Sanahïn, 85.

Vasbouragan, l'une des quinze provinces de la Grande-Arménie, 29, 41, 378, 392, 393. Mer de — 274, 401, 450.

Vasil, fils d'Aboukab et gouverneur d'Edesse pour les Grecs, 99, 126-127, 180-181, 186, 405, 410, 411.

Vasil-Dgh'a', successeur de Kògh'-Vasil, prince arménien, 265, 282, 293, 447, 452.

Vasil, frère du patriarche saint Nersès Schnorhali, et seigneur de Gargar', 464.

Vasilag, noble Arménien, 169.

Vatchakan, roi de Gaban ou de Ph'ar'iços, 3, 194.

Vatchê, chef géorgien, 31.

Veilles (divisions de la nuit chez les Arméniens en quatre), 435.

Vespasien (couronne et épée de), 213, 431.

Vestès, Vestarque, titre grec, 400, 411.

Vgaïacêr. V. Grégoire Vahram.

Vikên, fils de Tchordouanel, 407.

Voile, partie du costume ecclésiastique chez les Arméniens, 172, 416.

Vrêan, émir de Guergécéra, 49.

Waléran, cousin de Josselin de Courtenay, 294, 306-310, 312-313, 457, 462.

Wolf, duc de Bavière, 441.

Xanthii, tribu scythe, 404.

Xiphilin (Jean), patriarche de Constantinople, 133.

Yagou-Arslan, fils de Seldjouk, 421.

Yakoub, général de Kilidj-Arslan II, 338.

Yakoub-Arslan, prince de la maison des Danischmend de Cappadoce, 343-344, 361, 478, 479, 480, 487.

Yezdedjerd II, roi de Perse, 427.

Youcef, meurtrier du sulthan Alp-Arslan, 171, 415.

Youçouf, émir turk, 120.

Zaïd, forteresse, la même que Kharpert, 475.

Zangui (Emad-eddin), fils d'Ak-Sonkor, atabek de Mossoul, 320, 326-328, 426, 467, 468, 472, 473.

Zarévant, district de la Persarménie, 386.

Zengui ou Zangou. V. Hourazdan.

Zepon, nom de localité, 49, 394.

Zimiscès (l'empereur Jean), Kyr Jean, 5-6, 15, 16-22, 25, 26, 373-374, 381-384, 385, 386, 387.

Zoé (l'impératrice) fille de Constantin IX, 45, 52, 72, 73, 395, 399, 400.

Zoïad, frère du prince géorgien Libarid et de R'ad le Brave, 88, 404.

Zòrinag, forteresse de l'Arménie, 208, 429.

Zòrvri-Gozer'n, couvent de la Petite-Arménie, 173.

Zoublas ou Zoublou, forteresse de la Cilicie, 324, 470.

Zourzau, place forte dans le Liban, 22, 384.

ERRATA

P. 21, l. 22 : Daschkhadamatsis, *lisez :* Daschkhamadatsis.
  91, 14 : les frères d'Abel, — les fils d'Abel.
286, 18 : Schougr, — Schough'r.
319, 28 : Gurou, — Guros.
324, 2 : Schoublas, — Zoublas.
340, 16 : le roi Iezdedjerd, — le petit-fils d'Iezdedjerd.
370, 12 : les sulthans d'Egypte Ikhschidites, — les émirs d'Eg. Ikhsch.
371, 19 : (1 avril 406-31 mars 407), — (1 avril 958-31 mars 959).
 — 25 : Ph'ilibê, — Ph'ilibbè.
372, 8 : de 972. — de 974.
383, 21 : *Thimatsi'*, — *Thimatsik'*.
 — 29 : Daschkhadamatsik', — Daschkhamadatsik'.
415, 5 : ou *Tarchanaiôtès*, — ou *Tarachaniôtès*.
434, 2 : au nord-ouest, — au sud.
437, 17 : Guillaume Bras-de-fer, — Guillaume du Principat.
447, 30 : en 1110, — en 1112.
454, 18 : de Josselin de Courtenay, — de Josselin le Jeune.
472, 10 : le 18 avril, — le 13 novembre.
520, 19 : Daschkhmadatsis, — Daschkhamadatsis.
527, 16 à 22 : Au lieu des deux articles « Ismayl (Kothb-eddin) » et « Ismayl », — Ismayl (Kothb-eddin), frère d'Argoun, cousin et beau-frère de Mélik-Schah, et beau-père de Daph'ar (Mohammed), 204, 207, 297, 429, 448.

Tableau généalogique des Danischmend, article ABOU'LKACEM, l. 5 : de Zaïd (Hisn-Keïfa), — de Zaïd et de Hisn-Keïfa.

Addition à la note 3 du chap. CCLIV.

Noveïri ajoute qu'après avoir reçu Bezah à composition, l'empereur Jean Comnène, violant la foi jurée, massacra ou fit prisonniers une partie des habitants.

www.ingramcontent.com/pod-product-compliance
Lightning Source LLC
Chambersburg PA
CBHW070400230426
43665CB00012B/1193